桂林年鉴

GUILIN YEARBOOK

2009

桂林市地方志编纂委员会　编

方志出版社

图书在版编目（CIP）数据

桂林年鉴. 2009/ 桂林市地方志编纂委员会编.—北京：方志出版社，2009.12
ISBN 978-7-80238-676-1

Ⅰ. 桂… Ⅱ. 桂… Ⅲ. 桂林市—2009—年鉴 Ⅳ.Z526.73
中国版本图书馆 CIP 数据核字（2009）第 204064 号

桂林年鉴（2009）

编　　者：桂林市地方志编纂委员会
责任编辑：夏红兵
出 版 者：方志出版社
（北京市建国门内大街 5 号中国社会科学院科研大楼 12 层）
邮编 100732
网址 http://www.fzph.org
发　　行：方志出版社出版发行部
（010）85195814　85196281
经　　销：新华书店总店北京发行所
法律顾问：北京市大禹律师事务所
印　　刷：深圳市佳信达印务有限公司
开　　本：889×1194　1/16
印　　张：34
字　　数：1236 千字
版　　次：2009 年 12 月第 1 版　2009 年 12 月第 1 次印刷
印　　数：0001~1500 册
ISBN 978-7-80238-676-1/K·348　定价：168.00 元

编 辑 说 明

一、《桂林年鉴》是中共桂林市委、桂林市人民政府主办，桂林市地方志编纂委员会编纂的地方综合年鉴，是全面系统地记述桂林市行政区域自然、政治、经济、文化、社会等方面情况的年度资料性文献，是反映桂林市情的大型百科全书。旨在为桂林市经济社会的全面发展服务，为构建富裕、文明、和谐新桂林服务，为编修地方志书积累资料。《桂林年鉴》每年出版一卷，已连续出版 15 卷。

二、《桂林年鉴（2009）》的编纂，坚持以邓小平理论、“三个代表”重要思想为指导，贯彻落实科学发展观，以《地方志工作条例》《地方志书质量规定》为依据，着重记载 2008 年桂林市经济和社会发展的基本情况及大事、要事、新事，个别重要内容有上溯或下延。

三、本年卷共设特辑、特载、大事记、桂林市概貌、中国共产党桂林市委员会、桂林市人民代表大会、桂林市人民政府、中国人民政治协商会议桂林市委员会、纪检·监察、民主党派·工商联、人民团体、政法、军事、劳动和社会保障·人事、外事·接待、旅游业、城市建设、环境保护、交通、信息产业、工业、农业·水利、商业、非公有制经济、对外开放、财政·税务、银行·证券·保险、工业园区建设、行政管理、教育、科学技术、社会科学、文化、广播·电视·新闻·出版、卫生·体育、社会生活、区县简介、人物、附录等 39 个类目。上年卷类目中的国防改为军事。全书共设 220 个分目，1332 个条目。彩色插页 80 页，部类照片 40 幅，黑白插图 71 幅。

四、《桂林年鉴》内容层次设 3 层，在类目下设分目，分目下设条目(少数分目下无条目)，条目为年鉴的基本单位，用黑体字加【 】号作条目标题，一般先有一概略介绍行业、事业的概况条目，后按一事一目的原则设置条目。

年鉴内容层次的设置，大体上按科学分类和社会分工相结合的原则归类和排列，机构、企事业单位等排序和层次一般不表示其地位和规模。

五、为便于读者查阅，本年卷检索系统，卷首设中文目录、英文目录，英文目录列至分目标题；卷末有索引，索引采用内容分析法，并按汉语拼音字母顺序排列。

六、本年鉴采用的文稿，均由桂林市各县(区)、市直各部门及各有关单位专人提供，并经单位领导审核。部门提供的主要数据，因统计口径不同等原因，可能与市统计局公布的数字有出入，引用资料时请加以区别。

七、本年鉴中称“桂林市”、“全市”是指桂林市所辖 5 城区、12 县；“市区”是指桂林市所辖 5 城区。

桂林市地方志编纂委员会

名誉主任：刘　君　李文杰

主　　任：李志刚

副 主 任：韦广雄　束　华　温大龙　粟增林　潘永建
陈丽华　石东龙　王大平　张晓武　钱尚志
唐群森

委　　员：侯　翔　陈亚伦　蒋仕林　章熙骏　刘康禄
秦立伟　钟　平　林业江　粟卫宏　孙以万
张小玲　韦文功　唐　敏　康纪权　朱名华
黄家城　刘克新　何年养　莫庭金　邓康康
司筱莉　唐柳林　凌　霄　王正阳　陆　斌
唐　诚　邓建民　兰　茵　王　忠　胡辽光
阳靖溪　谢　彬　李志刚　周开发　何秋明
于超凡　陆华军　刘　涛　钟国仕　周明忠
毛登峰　徐朝凯

《桂林年鉴（2009）》编辑人员

主　　编：唐群森

副 主 编：颜志坚　徐朝凯　谢小英　徐李宁　万景华
蒋彦秀　王家胜

编　　辑：章曼伊　关玉成　胡小春　曾荣平　廖志良
潘树能　李春瑜　吴有春　文雪梅　陶树青
覃丰展　伍已忠

编辑部主任：谢小英（兼）

工作人员：李　力

目　　录

特　　辑

特　　载

大　事　记

桂 林 市 概 貌

中国共产党桂林市委员会

桂林市人民代表大会

桂林市人民政府

中国人民政治协商会议桂林市委员会

纪检·监察

民主党派·工商联

人　民　团　体

政　　法

军　　事

劳动和社会保障·人事

外事·接待

旅 游 业

城 市 建 设

环 境 保 护

交 通

信　息　产　业

工 业

农业·水利

商　业

非公有制经济

对　外　开　放

财政·税务

银行·证券·保险

工业园区建设

行　政　管　理

教　　育

科　学　技　术

社 会 科 学

文 化

广播·电视·新闻·出版

卫生·体育

社　会　生　活

区　县　简　介

人　物

附　录

索　引

Contents

Special Report

Special Documents

Chronicle of Major Events

Profile of Guilin

Guilin Municipal Committee of the Communist Party of China

Guilin Municipal People's Congress

Guilin Municipal People's Government

Guilin Municipal Committee of the Chinese People's Political Consultative Conference

Disciplinary Inspection and Supervision

Democratic Parties and the Federation of Industry and Commerce

Demos Organizations

Legal System

Military station

Labor and Social Security and Personnel Affairs

Foreign Affairs and Reception

Tourism

Urban Construction

Environmental Protection

Transportation

Information Industry

Education

Scientific and Technology

Social Sciences

Culture

Broadcast and Television and Press and Publication

Health and Sports

Social Life

General Situation of District and Counties

Figures

Appendix

Index

中国一张漂亮的名片——桂林

城市性质：

首批中国历史文化名城

著名国际风景游览城市

城市数字：（2008年）

行政区划：12县5城区

面积：27809平方千米

年末总人口（户籍人口）：508.32万人

五城区人口：75.93万人

全市生产总值（GDP）：883.02亿元

第一产业增加值：171.51亿元

第二产业增加值：399.45亿元

第三产业增加值：312.06亿元

人均生产总值：17435元

财政收入：85.55亿元

全社会固定资产投资：485.96亿元

社会消费品零售总额：277.89亿元

城镇居民人均可支配收入：14636元

农民人均纯收入：4465元

接待国内外游客人数：1626.90万人次

国内游客：1501.88万人次

海外游客：125.02万人次

旅游总收入：100.26亿元

旅游景点：

AAAAA国家级旅游景区：2处(漓江景区、乐满地休闲世界)

AAAA国家级旅游景区：16处

AAA国家级旅游景区：12处

全国重点文物保护单位：11处

城市荣誉：

首批中国历史文化名城（1982年）

中国重点风景旅游城市（1986年）

全国双拥模范城市（六连冠：1992年、1994年、1996年、2000年、2003年、2007年）

首批中国优秀旅游城市（1998年）

首批全国十大文明风景旅游示范点（漓江风景区 1998年）

全国青年文明号模范城市（1998年）

全国创建文明城市工作先进城市（1999年、2005年）

国家园林城市（2003年）

全国园林绿化先进城市（2003年）

最佳中国魅力城市（2004年）

国家卫生城市（2005年）

全国科技进步先进市（2005年）

国家环境保护模范城市（2005年）

全国绿化模范城市（2007年）

中国十大休闲城市（2007年）

中国青年喜爱的旅游目的地（2007年）

国家节水型城市（2007年）

国家知识产权示范城市创建市（2008年）

中国国际友好城市交流合作奖（2008年）

全国社会治安综合治理优秀地市（2005~2008年）

桂林市政区图

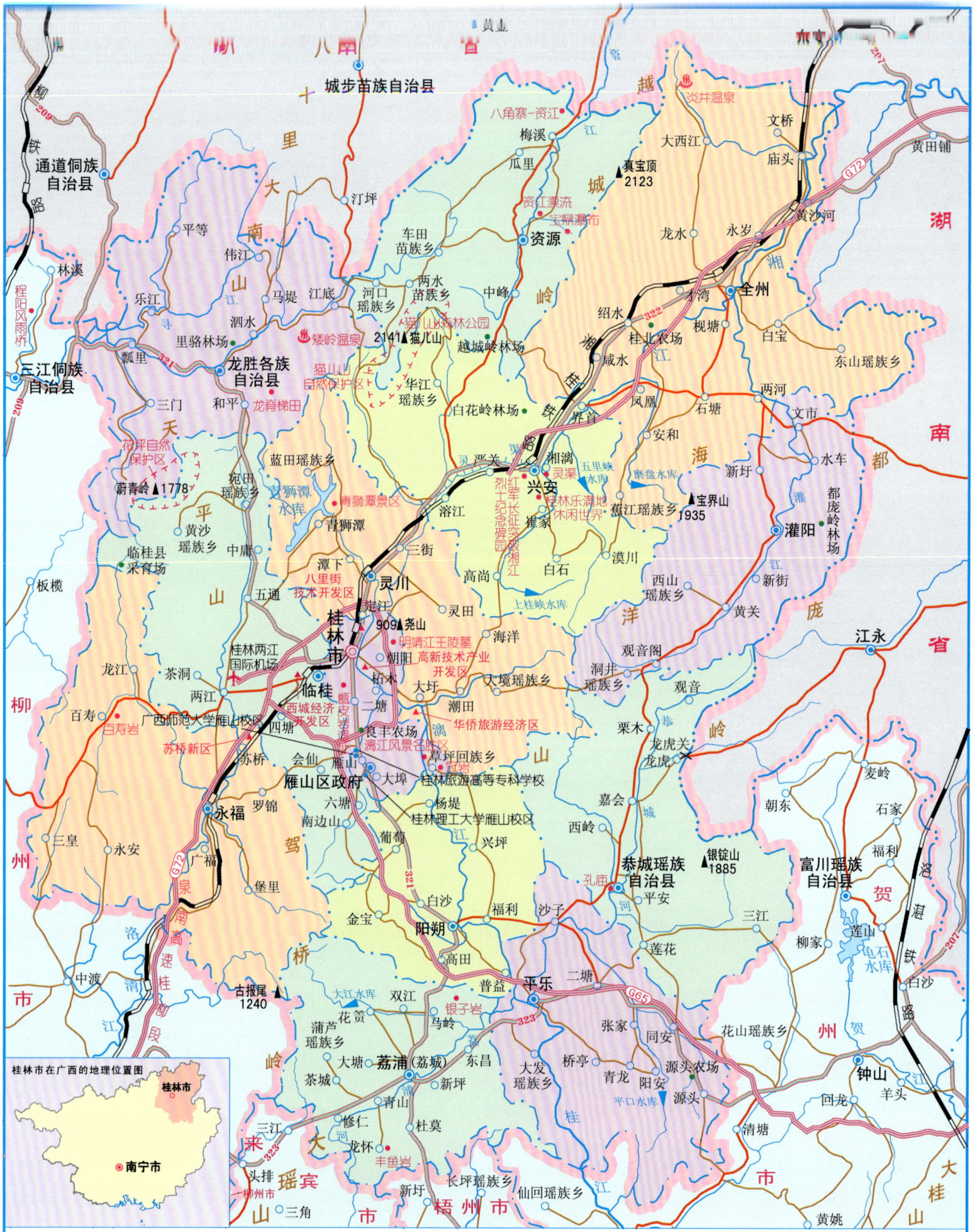

图例

地级市政府驻地	地级市、地区界	国道及编号	旅游风景点
县政府驻地	县界	省道	温泉
镇、乡政府驻地	自然保护区界	县道	2141▲猫儿山 山峰及高程
开发区	铁路及车站	河流、水库	
省、自治区界	高速公路	渠道	

比例尺 1：1 140 000

注:本图上境界不作为划界依据。

广西地图院编制　　审图号：桂S(2009)40号　　2009年11月

桂林市区街道图

广西地图院编制

审图号：桂S（2009）40号

2009年11月

桂林抗击雨雪

2008年1月12日至2月中旬，桂林市遭受历史罕见的低温雨雪冰冻灾害，这场灾害面积之广、时间之长、危害之大、损失之严重，历史罕见。全市112个乡镇受灾，100多条输电线路中断，200多条公路中断，1000多个通信基站无法正常运行；农作物受灾面积超过14.7万公顷，受灾人口291.12万，造成直接经济损失超过199.35亿元。桂林是广西受灾最严重的地方。面对突如其来的灾害，桂林市军民在自治区党委、政府的正确领导下，认真贯彻落实中共中央总书记胡锦涛在广西考察工作时的重要讲话精神,团结一致，众志成城，顽强拼搏，取得了抗灾救灾工作的胜利。

①

④

②

③

冰冻灾害

冰雪灾害情景

① 覆冰严重的南吐线　林希平 摄
② 冰雪折断的毛竹林　蒋得斌 摄
③ 冰雪世界　鹭鸶 摄
④ 冰雪履盖的乡村　黄雷 摄
⑤ 冰雪围困的通信基站　张克祥 摄

桂林抗击雨雪

①

②

③

冰冻灾害

冰雪灾害情景

① 冰雪围困的全州县城　唐艳兰 摄
② 冰雪世界　谢世民 摄
③ 被冰雪压垮的输电设施　林希平 摄
④ 冰雪封路　白先仪 摄
⑤ 冰冻农家　市委宣传部供稿

桂林抗击雨雪

2008年2月5~6日，中共中央总书记、国家主席、中央军委主席胡锦涛来到桂林市考察抗灾救灾工作。图为胡锦涛在资源县中峰乡八坊村竹子水屯看望受灾村民

新华社记者　鞠鹏　摄

冰冻灾害

党和政府关怀

2008年2月14～15日，国家农业部部长孙政才率专家在桂林指导灾后农业恢复生产。图为孙政才在全州县才湾镇与饲养户交谈，了解受灾情况　　文衍坤 摄

2008年1月31日，自治区党委书记郭声琨到资源县查看灾情，慰问受灾群众　　黄雷 摄

桂林抗击雨雪

2008 年1月31日，自治区主席马飚在资源县资源镇金山村调子寨查看受灾情况　　李凯 摄

2008年1月31日，自治区副主席、桂林市委书记高雄在资源县查看灾情　　黄雷 摄

冰冻灾害

党和政府关怀

2008年1月30日，市政协主席李文杰到阳朔兴坪镇龙尾村，为受灾群众送上御寒的棉被和慰问金

张迪 摄

2008年1月31日，市委副书记李志刚奔赴灾区了解灾情

黄雷 摄

桂林抗击雨雪

2008年2月14日，中共桂林市委常委（扩大）会议召开，传达学习贯彻中共中央总书记胡锦涛在桂林视察时的重要讲话精神，部署灾后重建工作 黄雷 摄

2008年2月10日，广西电网公司在桂林市中心广场举行抗冰灾保供电全面胜利誓师大会 唐侃 摄

冰冻灾害

救灾重建家园

2008年2月25日，桂林市在漓江剧院举行抗灾救灾重建家园文艺晚会　　黄雷　摄

2008年5月12日，召开全市抗击雨雪冰冻灾害工作总结表彰大会　　黄雷　摄

桂林抗击雨雪

受灾村民在野外等待搬运紧急空投的救灾物品　　唐艳兰 摄

驻桂部队官兵冒着严寒把钢材运到山上救灾施工现场　　唐艳兰 摄

电力抢修队队员在抢修工地上吃除夕年夜饭　　曹文 摄

冰冻灾害

救灾重建家园

桂林供电局组织青年突击队抢修受损的输电设备　　林希平 摄

清除道路积雪　　蒋升芊 摄

运送抢修设备上山　　谢世民 摄

广西壮族自治区成立50周年大庆

中央代表团慰问桂林市

2008年12月14日，由全国政协副主席、中央代表团副团长李兆焯率领的广西壮族自治区成立50周年大庆中央代表团第五分团，带着党中央、国务院对桂林市各族人民的深切关怀和全国人民的深情厚谊，抵达桂林市开展慰问活动。

李兆焯一行在自治区政协主席马铁山，自治区党委常委、纪委书记石生龙，自治区副主席陈章良及桂林市委书记刘君、市长李志刚等随同下，走村屯、进农户、入果园、访高校，让奋力推进科学发展、和谐发展、跨越发展的桂林各族干部群众备受鼓舞。

中央代表团抵达桂林时，受到桂林人民的热烈欢迎

中央代表团向桂林市赠送纪念品

全国政协副主席、中央代表团副团长李兆焯看望和慰问昊华南方桂林橡胶有限公司员工

（摄影：黄雷　唐侃）

各族干部群众

中央代表团一行参观桂海碑林

中央代表团参观桂林三金集团并慰问该企业员工

全国政协副主席、中央代表团副团长李兆焯率团慰问广西师范大学师生并参观办学成就展后欣然题字

全国政协副主席、中央代表团副团长李兆焯在阳朔县白沙镇的蕉芭林万亩金橘高产优质栽培示范基地与果农亲切交谈

全国政协副主席、中央代表团副团长李兆焯率团在阳朔县白沙镇古板村委凉水井村与村民拉家常

中央代表团在阳朔县白沙镇万亩金橘园里合影留念

北京2008奥林匹克火炬

2008年6月6日，北京2008年奥林匹克火炬接力广西桂林站传递活动起跑仪式在桂林国际会展中心举行。在起跑仪式上，自治区副主席、桂林市委书记高雄和北京奥运火炬广西传递组委会主任、自治区副主席李康分别代表桂林市和广西壮族自治区致辞。市长李志刚主持起跑仪式。

9时20分，圣火护卫队员从火种灯中引出圣火，点燃第一支祥云火炬，再由北京奥组委执行副主席兼秘书长王伟交给自治区主席马飚。马飚高举“祥云”火炬来回挥动，在现场一片欢呼声中交给第一棒火炬手——桂林籍奥运举重冠军唐灵生。随后，马飚高声宣布：“北京2008年奥运会火炬接力广西桂林传递活动开始！”在全场2500多市民“奥运加油、中国加油”的欢呼声中，奥运圣火开始了在桂林的传递。11时30分，最后一棒火炬手——桂林籍举重世界冠军肖建刚手持火炬跑向火炬传递的终点并点燃圣火盆，奥运圣火在桂林的传递圆满结束。数十万市民自发走上街头，高喊“奥运加油、中国加油”口号，文明、热烈、有序迎接奥运圣火。

①

① 5日，奥运圣火火种抵达桂林。图为迎接现场
② 自治区副主席、桂林市委书记高雄致辞
③ 自治区副主席李康致辞
④ 桂林市市长李志刚致辞
⑤ 北京奥组委执行副主席兼秘书长王伟将祥云火炬交给自治区主席马飚
⑥ 自治区主席马飚将奥运火炬交给第一棒火炬手——桂林籍奥运举重冠军唐灵生
⑦ 唐灵生高举火炬起跑

（摄影：黄雷）

②

③

接力广西桂林站传递活动

④

⑤

⑥

⑦

北京2008奥林匹克火炬

欢迎奥运圣火的桂林人民与四川灾区人民心连心

火炬传递途中

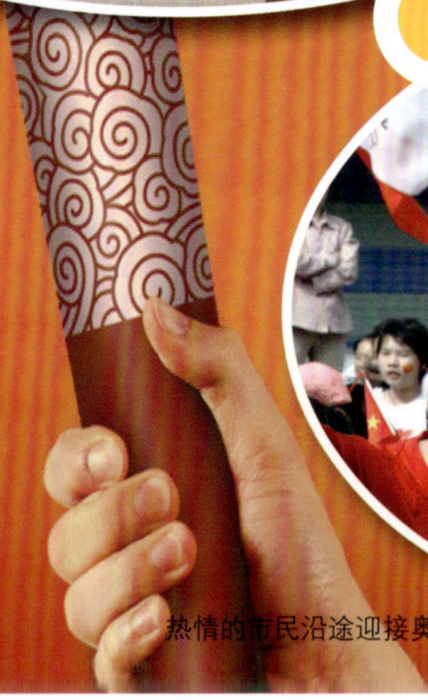

热情的市民沿途迎接奥运圣火

接力广西桂林站传递活动

最后一棒火炬手——桂林籍举重世界冠军肖建刚用手中的火炬点燃圣火盆

在奥运圣火回收仪式上，王伟与李志刚共举奥运接力纪念火炬向观众致意

火炬手代表、桂林市各界爱心人士代表为四川灾区踊跃捐款

（摄影：黄雷　唐侃）

新桂林　新辉煌

——桂林地市合并10周年掠影

①

②

1998年8月27日，国务院批复广西壮族自治区人民政府，同意桂林市和桂林地区合并，组建新的桂林市。11月8日，召开新桂林市成立大会，并举行市级领导机构挂牌仪式。

桂林地市合并10年间，桂林改革开放和现代化建设成就辉煌。城市建设日新月异，“两江四湖”工程连江接湖、清淤截污、显山露水、修路架桥、绿化美化，从根本上治理城市环境，让跨入新世纪的桂林城展现出自信而迷人的风采；“厕所革命”、百条小街小巷改造、城市防洪等大量便民惠民工程，让广大市民分享改革发展成果。全市工业经济高速发展，高新技术产业方兴未艾，园区建设突飞猛进。桂北传统优势产业——农业经济呈现突破式发展，全市粮食、蔬菜、水果总产量和人均产粮、产果、产菜均名列广西第一；商贸服务业持续繁荣，对外贸易主要经济指标均位居广西各城市前列；旅游产业不断丰富旅游产品，做强做大，不断提升经济效益和社会效益。全面实施“保护漓江，发展临桂，再造一个新桂林”的发展战略，临桂新区建设和老城疏解提升取得重大进展。全市社会稳定、秩序良好，各项事业步入全面发展的轨道，并取得了突出的成绩。1998～2008年，桂林市先后获得自治区级文明城市、中国优秀旅游城市、全国青年文明号模范城市、全国创建文明城市工作先进城市、国家卫生城市、国家园林城市、国家环境保护模范城市、全国绿化模范城市、全国双拥模范城6连冠、全国科技进步先进市、国家节水型城市、全国社会治安综合治理优秀地市、中国国际友好城市交流合作奖等十多项荣誉称号。

③

① 市委书记刘君在大会上致辞
② 市长李志刚主持庆祝大会
③ 2008年11月8日，桂林地市合并10周年庆祝大会在甲天下广场举行
④ 白治区、桂林市领导为桂林地市合并10周年大型图片展剪彩
⑤ 自治区、桂林市领导参观桂林地市合并10周年大型图片展
⑥ 市民参观桂林地市合并10周年大型图片展
⑦ 庆祝大会会场

（摄影：黄雷　吕建伟）

新桂林 新辉煌

——桂林地市合并10周年掠影

绿水抱城流

木龙湖与漓江交汇

杉湖与漓江交汇

（摄影：黄雷）

新桂林　新辉煌

——桂林地市合并10周年掠影

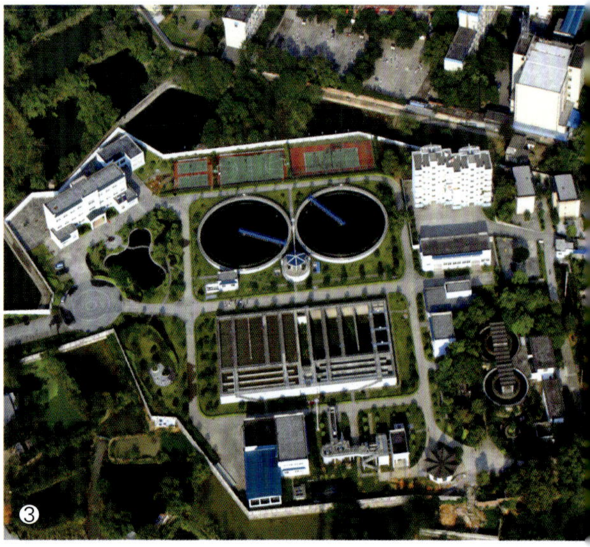

① 2008年10月桂梧高速公路正式通车　吕建伟 摄
② 桂柳高速路苏桥立交　黄雷 摄
③ 北冲污水厂　黄雷 摄
④ 南洲大桥　黄雷 摄
⑤ 国电永福发电有限公司　黄雷 摄
⑥ 兴安海螺水泥有限责任公司　黄雷 摄
⑦ 高新七星区新貌　黄雷 摄

新桂林　新辉煌

——桂林地市合并10周年掠影

AAAA国家级旅游景区——灵渠　　　　黄雷 摄

首批AAAAA国家级旅游景区——漓江　林京学 摄

大型山水实景演出——《印象·刘三姐》　　黄雷 摄

桂剧《大儒还乡》　　李凯 摄

恭城瑶族自治县红岩村　　林京学 摄

新桂林　新辉煌

——桂林地市合并10周年掠影

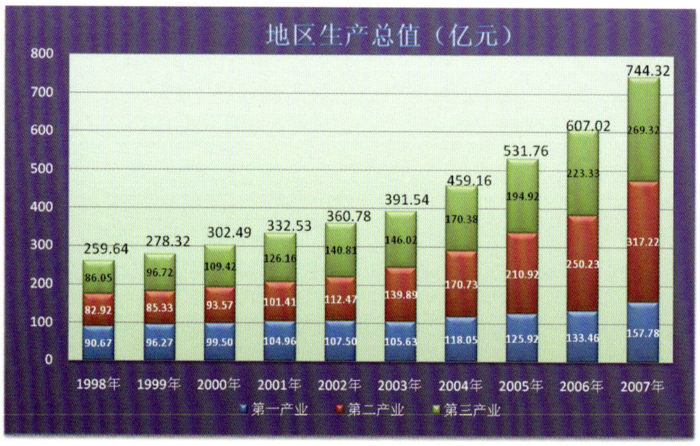

地区生产总值（亿元）

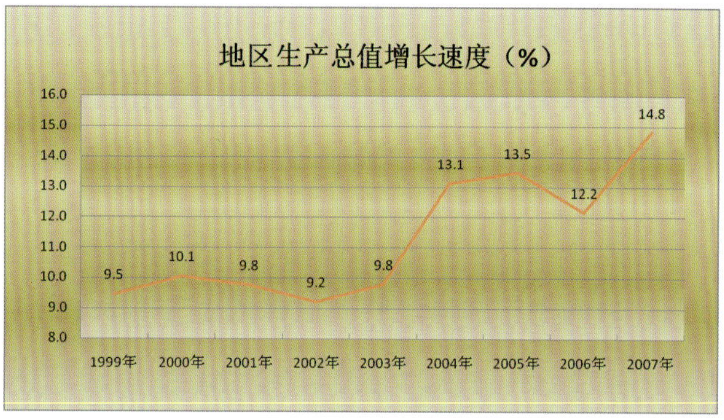

地区生产总值增长速度（%）

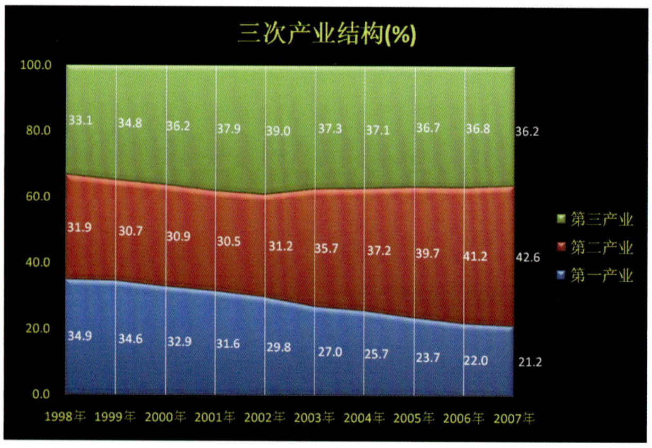

三次产业结构(%)

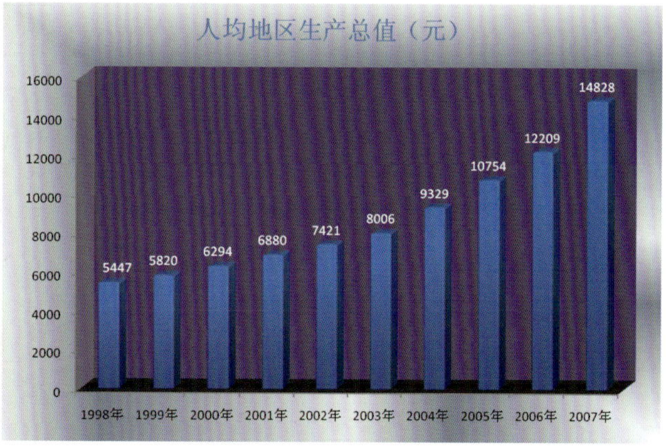

人均地区生产总值（元）

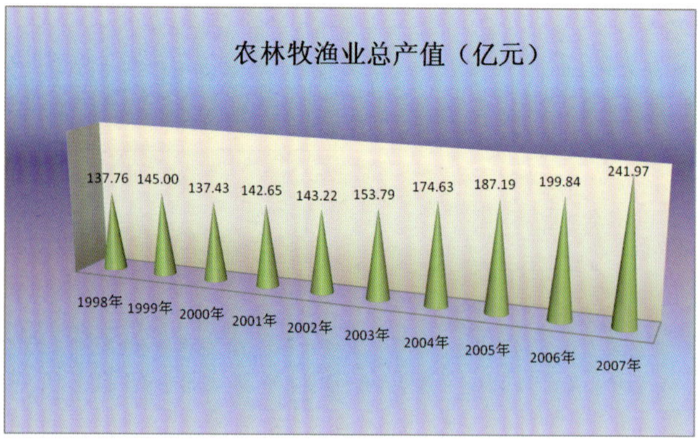

农林牧渔业总产值（亿元）

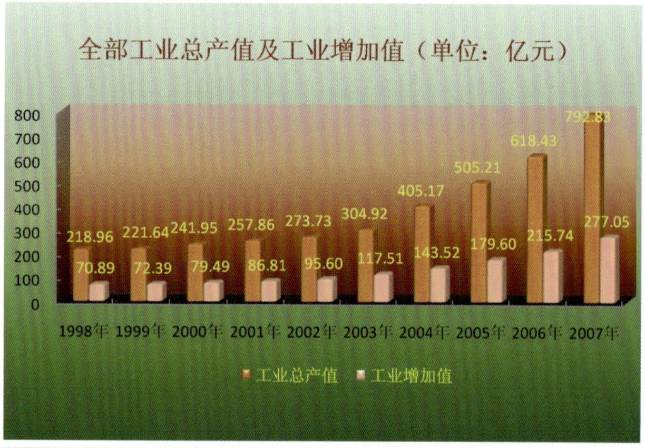

全部工业总产值及工业增加值（单位：亿元）

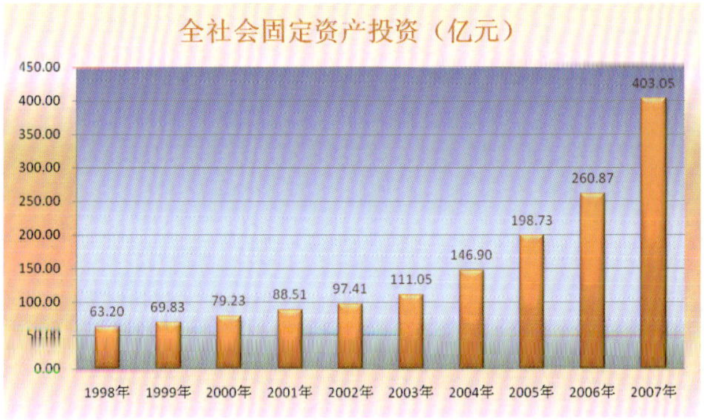
全社会固定资产投资（亿元）
63.20 69.83 79.23 88.51 97.41 111.05 146.90 198.73 260.87 403.05
1998年 1999年 2000年 2001年 2002年 2003年 2004年 2005年 2006年 2007年

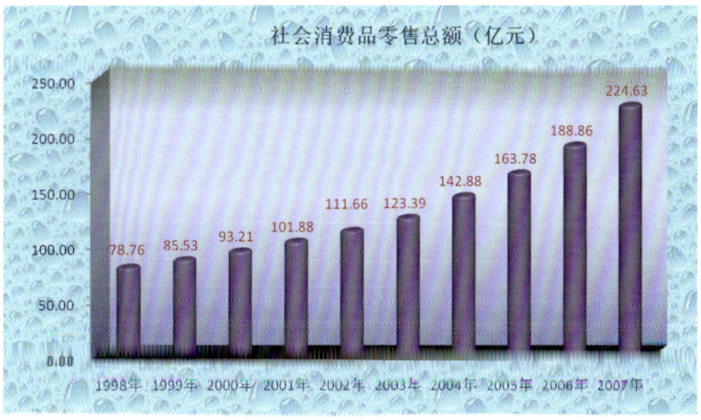
社会消费品零售总额（亿元）
78.76 85.53 93.21 101.88 111.66 123.39 142.88 163.78 188.86 224.63
1998年 1999年 2000年 2001年 2002年 2003年 2004年 2005年 2006年 2007年

接待旅游总人数（万人次）
504.00 898.53 963.37 1009.22 1095.80 854.29 1111.43 1205.08 1337.95 1530.64
1998年 1999年 2000年 2001年 2002年 2003年 2004年 2005年 2006年 2007年

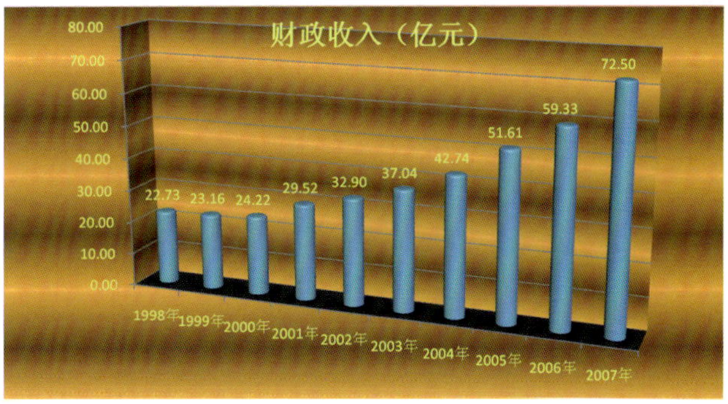
财政收入（亿元）
22.73 23.16 24.22 29.52 32.90 37.04 42.74 51.61 59.33 72.50
1998年 1999年 2000年 2001年 2002年 2003年 2004年 2005年 2006年 2007年

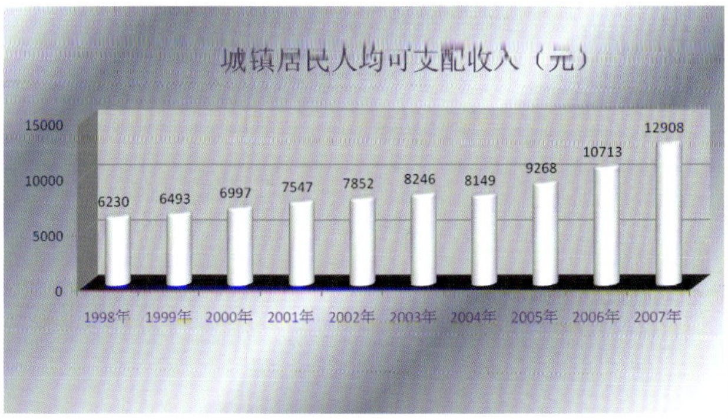
城镇居民人均可支配收入（元）
6230 6493 6997 7547 7852 8246 8149 9268 10713 12908
1998年 1999年 2000年 2001年 2002年 2003年 2004年 2005年 2006年 2007年

农民人均纯收入（元）
1731 1801 1939 2063 2194 2354 2638 3003 3391 3908
1998年 1999年 2000年 2001年 2002年 2003年 2004年 2005年 2006年 2007年

（市统计局 供稿）

美丽桂林

——中国一张漂亮的名片

①

2008年10月7～9日，“美丽桂林——中国一张漂亮的名片”桂林风情大型摄影图片展在比利时首都布鲁塞尔的欧盟议会大厦展出。此次图片展是应欧盟议会议员高里克的邀请，经外交部驻欧盟使团的精心安排，由桂林市人民政府主办、欧洲议会协办。这是欧洲议会首次举办中国单个城市的图片展。

风情展共展出了200多幅图片，分为风光桂林、桂林风情、历史桂林、时尚桂林、人文桂林、名人与桂林等6个部分，展示了桂林迷人的山水风光、悠久的历史文化和民俗风情，其中100多幅精美的桂林山水图片令参观者赞叹不已。

②

③

① 桂林市市长李志刚在开展仪式上致辞
② 中国驻欧盟使团大使宋哲致辞
③ 欧盟议会波兰籍议员高里克主持开展仪式
④ 欧盟议会议长珀特林致辞
⑤ 珀特林参观“美丽桂林”风情展
⑥ 珀特林与桂林市代表团团长李志刚、副团长牟信勇及代表团成员合影
⑦ 图片展吸引众多参观者

（摄影：黄雷）

美丽桂林

——中国一张漂亮的名片

杉湖双塔

清澈漓江

（摄影：滕彬）

漓江渔歌

水墨漓江

阳朔风光

第二届联合国世界旅游组织

桂林市市长李志刚在论坛开幕式上致辞

桂林市委常委、副市长、宣传部部长陈丽华主持论坛开幕式

各国与会代表在聆听演讲

联合国旅游组织助理秘书长杰弗瑞·利普曼在论坛上发言

旅游趋势与展望国际论坛

2008年12月17～19日，第二届联合国世界旅游组织旅游趋势与展望国际论坛在桂林举行。联合国世界旅游组织、博鳌亚洲论坛、亚太旅游协会以及30多个国家和地区的政要及旅游界人士200多人出席此次论坛。

与会代表游览桂林美景

小组会议

与会代表在象山景区参观

与会代表在靖江王城景区参观

（摄影：黄雷　唐侃　吕建伟）

外事活动

2008年12月18日，市委书记刘君在桂林榕湖饭会见前来出席第二届联合国世界旅游组织旅游趋势与展望国际论坛的世界旅游组织助理秘书长杰弗瑞·利普曼　　市外事办公室　供稿

2008年9月1日，市长李志刚在漓江大瀑布饭店会见美国亨利·施恩公司副总裁瑞克·格拉斯　　市外事办公室　供稿

2008年9月17日，市长李志刚在榕湖饭会见前来访问的越南共产党中央候补委员、广宁省人民委员会主席武德担

市外事办公室　供稿

2008年10月14～15日，中国—东盟新闻部长会议在桂林举行

吕建伟　摄

东盟国家的新闻部长们在靖江王城景区参观　　　　唐侃 摄

中国—东盟新闻部长会议期间，中方记者在漓江游船上采访缅甸宣传部长　　　　吕建伟 摄

2008年9月25日，越南共产党前中央总书记黎可漂游览漓江风光　　　　市外事办公室 供稿

2008年6月7日，韩国济州市交响乐团在桂林市少年宫春天剧场举行“歌颂桂林市与济州市兄弟友情”特别演奏会　　　　莫洲保 摄

沉着应对 逆势而上 旅游业勇创新高

桂林市旅游局

2008年，桂林市旅游局带领全市旅游行业奋起抗击自然灾害造成的不利影响，沉着应对国际金融危机冲击，以“优质服务年”活动为主线，全力提升旅游服务质量和服务品牌，拓展中高端客源市场、优化客源结构。全年接待游客总人数1626.9万人次，比上年增长6.2%，其中接待境外游客125.02万人次，国内游客1501.88万人次。旅游收入突破百亿大关，增长17.25%。旅游接待人数和旅游收入均创历史最高水平。

①

②

③

④

① 市长李志刚宣布2008年桂林旅游优质服务年活动启动
② 2008桂林山水文化旅游节旅游合作签字仪式
③ 兴安第二届桂林米粉节开幕仪式
④ 中国国家旅游局副局长张希钦宣布2008桂林山水文化旅游节开幕
⑤ 联合国世界旅游组织助理秘书长杰弗瑞·利普曼在第二届联合国世界旅游组织旅游趋势与展望国际论坛上发表专题演讲
⑥ 市旅游局干部职工向地震灾区捐款
⑦ 全市旅游优质服务经验交流会
⑧ 第十一届海峡两岸旅行业联谊会
⑨ 阳朔西街
⑩ 美丽桂林

实施技术创新 推进科技

桂林市科学技术局

2008 年，桂林市科学技术工作紧紧围绕市委、市政府的中心工作，突出重点，主动服务，大力开展技术创新和产品创新，提高自主创新能力，为全市经济社会发展提供有力支撑。全年组织实施技术创新项目 521 项，社会总投入达 13.5 亿元；获国家科技兴贸、火炬计划、重点新产品计划、中小企业创新基金项目及自治区科技立项 72 项，获得科技经费 3930 万元，比上年增长 18.3%。加大科学研究和技术开发计划项目实施，高新技术产业发展迅速，全年高新技术产业产值 232 亿元，比上年增长 36%，占全市工业总产值的 22.6%。专利申请量和授权量大幅上升，申请量和授权量均居自治区第一。推动行业和全社会科技进步的优秀科技成果不断涌现。科技成果获 2008 年度市级科技进步奖 32 项，荣获自治区科技进步奖 16 项；全市通过市级以上鉴定的科技成果 40 项，其中技术水平达国际先进水平的 2 项，国内领先水平的 11 项，国内先进水平的 16 项。2008 年，桂林市被列为广西唯一的国家知识产权示范城市创建市，被认定为广西科技兴贸出口创新基地（橡胶工业）。

① 自治区领导视察中国化工橡胶桂林有限公司，该公司全钢子午线巨胎研制获国家科技支撑计划项目960万元专项支持
② 自治区领导到桂林国家高新区星辰电力电子有限公司调研
③ 2008年，桂林市颁发科技进步奖32项。图为市委书记刘君等市领导为获奖代表颁奖
④ 2008年8月，桂林市被列为广西唯一的“国家知识产权示范城市创建市”
⑤ 市长李志刚代表桂林市与广西大学签署市校科技合作框架协议
⑥ 开展形式多样，内容丰富的科普活动
⑦ 桂林市13家单位联合在市中心广场开展知识产权大型宣传活动。专利集市成为活动的一大亮点
⑧ 举行桂林市首届医药企业创新论坛暨产学研合作经验交流会，促进桂林市医药企业的技术创新
⑨ 专家现场指导金橘“三避”技术的应用
⑩ 专家现场指导金槐产业的发展。全州县被国家科学技术部列为“科技富民强县专项行动计划”试点县之一

林市人民政府——广西大学市校科技合作框架协议签
⑤

科学发展 创新桂林
2009年桂林市科技活动月开幕式暨大型科普宣传
⑥

⑦

桂林市首届医药企业技术创新论坛暨产学研合作经验交流会
⑧

⑨

⑩

推进国有企业改革改制 增强国有经济活力

桂林市国有资产监督管理委员会

2008年，桂林市国有资产监督管理委员会认真落实“保护漓江，发展临桂，再造一个新桂林”的战略决策，按照“深化国有企业公司制股份制改革，健全现代企业制度，优化国有经济布局和结构，增加国有经济活力、控制力、影响力”的要求，继续推进国有企业改革改制，积极招商引资，盘活国有资本，确保国有资产保值增值，促进企业做大做强。年内，完成桂林桂风机械总厂、桂林市无线电五厂等6家企业的改革改制，启动桂林化纤总厂和桂林电缆厂2户国有企业政策性破产清算工作。通过资产划转，充实、壮大市国有资产投资经营有限公司、市经济建设投资总公司投融资平台。组织开展市属经营性国有资产清产核资工作，市属经营性国有资产总额146.68亿元，总负债119.79亿元，净资产30.64亿元。

① 市国资委党委书记、主任秦立伟陪同国务院国资委副主任李伟考察桂林
② 市国资委组织领导班子成员到部队参观学习
③ 市国资委党委副书记、副主任黎家林及相关科室人员在桂林第二造纸厂生产车间了解情况
④ 2008年4月20日，武汉瑞弛机械制造有限公司和桂林桂风机械总厂举行重组协议签约仪式
⑤ 市国资委领导班子到临桂新区管委会了解新区规划建设情况
⑥ 市国资委召开市属国有企业安全生产工作会

加强交通基础设施建设　全面推进交通事业发展

桂林市交通局

GUILINSHI JIAOTONGJU

桂林市交通局局长刘克新到平乐县调研农村公路建设情况

市级重点工程磨盘山客运港码头改扩建工程开工仪式

市交通运管执法人员上路检查出租车营运情况

2008年建成通车的阳朔县神山至古板农业生态旅游路

2008年建成通车的阳朔至平乐高速公路

推进农业产业化建设　农业农村经济实现健康发展

桂林市农业局

永福县机防队进行水稻病中害统防统治

农业部部长孙政才和自治区副主席陈章良视察冰冻雪灾农作物受灾情况

2008年，桂林市农业局积极推进农业产业化、标准化、规模化建设，克服百年不遇的低温雨雪冰冻灾害影响，完成各项农业农村经济发展指标，实现大灾之年农业农村经济健康持续发展。全市实现农林牧渔业总产值276.32亿元，增长7.0 %，农业增加值171.51亿元，增长6.0%；农民人均纯收入4465元，增加557元，增长14.3%。粮食实现连续5年增产，播种面积达36.08万公顷，总产量达185.19万吨，增长2.4%。经济作物（不含蔬菜、水果）播种面积5.38万公顷；蔬菜种植面积15.54万公顷，总产量达302.4万吨；水果面积15.38万公顷，总产量217.74万吨，增长6.1%；食用菌加速发展，面积2398.50公顷，增长11.0%。

自治区副主席陈章良在副市长蒋炳穗和自治区农业厅总农艺师白先进陪同下考察桂林市优质葡萄生产

市农业局局长邓康康在全州县指导抗灾救灾恢复农业生产

自治区农业厅厅长张明沛在副市长蒋炳穗和市农业局局长邓康康陪同下检查桂林市免耕栽培马铃薯高产示范基地

全州县食用菌生产基地

加快漓江补水枢纽工程建设

桂林市水利局

GUILINSHI SHUILIJU

2008 年，市水利局发扬抗灾精神，围绕自治区党委关于“保护漓江、发展临桂、再造一个新桂林”的战略部署，立足于解决桂林市水多、水少、水脏的问题，根据桂林市科学发展三年规划的目标任务，积极争取资金 7.7 亿元，完成 73 座水库的除险加固任务，共解决农村饮水不安全人口 63769 人。全年建设渠道工程 89 处，水源工程 64 处，修建渠道 77.5 千米。恢复和改善灌溉面积 2866 公顷。桂林市防洪及漓江补水枢纽工程 2008 年获得国家立项，通过国家水利部审查，并于年底在兴安县小溶江枢纽工程现场开工，标志着桂林人民梦寐以求的民心工程正式实施。

① 桂林市防洪及漓江补水枢纽工程开工奠基仪式
② 除险加固后的全州县磨盘水库
③ 桂林市城北防洪大堤
④ 桂林市铁西排涝泵站
⑤ 桂林市南溪河排涝泵站

农村扶贫成效显著

桂林市扶贫开发领导小组办公室

副市长蒋炳穗与各县签订第三批整村推进扶贫开发责任状

2008年，桂林市共完成扶贫投入3.13亿元，累计实施扶贫项目1103个。完成种植优势产业3890公顷，低产改造824公顷，养殖牲畜152871头、家禽36万羽，项目覆盖贫困户27655户。修通村四级公路和通村屯道路284条，882.5千米，桥梁31座935延米，解决了10.5万人的行路难问题。修建人饮工程110处，铺设饮水管道290千米，解决2850户1.3万人的饮水难问题；建沼气池3220座，改造茅草房1400座，改善了4000多户贫困群众的生活环境。举办各种培训班216期，接受培训的贫困群众达2.4万人次。286个贫困村人均增收达340元，绝对贫困人口减少1.1万人，4.5万相对贫困人口脱贫。

永福县黑石岭贫困村新建的扶贫桥梁

市扶贫办党组书记、主任陈连发下乡检查工作

恭城瑶族自治县兰洞村委库区移民新村——黄竹岗自然村貌

资源县马家村红提产业基地

改革创新卓越贡献媒体

桂林日报社

2008年，桂林日报社充分地发挥正确舆论导向作用，坚持“三贴近”原则，不断创新报道形式和方法，报纸的亲和力、吸引力和感染力进一步增强，主流媒体优势进一步凸显。

面对各种难以预料、历史罕见的重大挑战和考验，以及全球金融危机和经济发展增速减缓等诸多不利因素影响的情况下，沉着应对，科学决策，广告收入仍较2007年增长了6.39%；发行工作继续平稳运行。《桂林日报》《桂林晚报》《体坛导报》的电子报上线开通，桂林日报社实现了报纸从传统平面媒体向网络媒体发展的新跨越。整体建设继续保持稳步推进、稳步发展的良好发展态势。

年内，桂林日报社获桂林市“抗击雨雪冰冻灾害工作先进集体”和自治区“抗击雨雪冰冻灾害集体二等功”荣誉称号，报社机关党委分别获市直机关“先进基层党组织”和全市“先进基层党组织”荣誉称号，《桂林日报》荣获中国报刊广告30年“改革创新卓越贡献媒体”称号。

① 市委书记刘君到报社考察并看望报社采编工作人员
② 报社与北京大学新闻与传播学院合作
③ 报社积极开展对外交流活动
④ 报社承办的“感动中华——桂林航天展”现场
⑤ 报社荣获自治区“抗击雨雪冰冻灾害集体二等功”荣誉称号
⑥ 《桂林日报》荣获中国报刊广告30年“改革创新卓越贡献媒体”称号

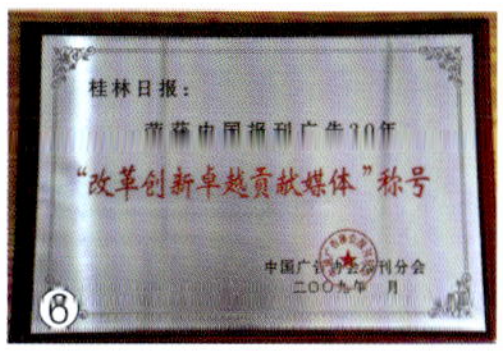

桂林市获全国社会治安综合

中共桂林市委政法委员会　桂林市社会治安综合治理委员会

①

②

2008年，桂林市始终坚持“发展是第一要务，稳定是第一责任”，把社会治安综合治理工作纳入经济社会发展总体规划，建立健全综治责任体系，狠抓各项综治措施的落实，在抓基层、打基础、促联动、重建设上下工夫，深入开展创建“平安桂林”活动，全面提升维护社会稳定工作的整体水平，社会大局持续和谐稳定，人民群众对社会治安满意率逐年提高，为推动全市经济社会又好又快发展提供了有力保障。

年内，桂林市被自治区命名为“2008年自治区平安市”，12县5城区全部被命名为“2008年自治区平安县（区）”。2009年5月18日，桂林市获全国社会治安综合治理的最高荣誉“长安杯”，并获得2005~2008年全国社会治安综合治理优秀地市称号。秀峰区被评为全国平安建设先进县（市、区）。

③

治理“长安杯”佳奖

⑤

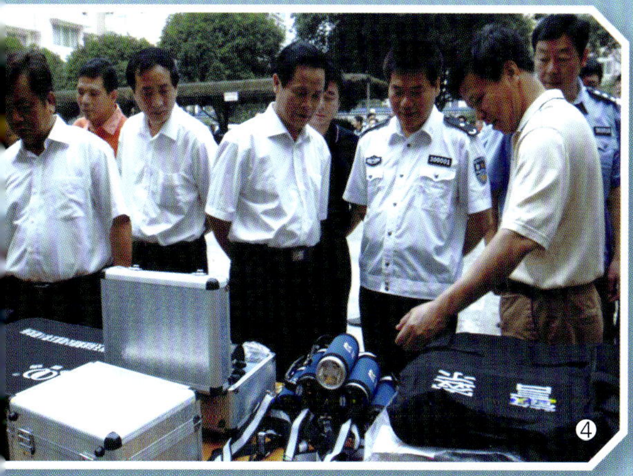
④

⑥

① 市委、市政府在两江国际机场举行隆重的接杯仪式，欢迎市委书记刘君从北京捧杯载誉归来

② 与综治委成员单位签订年度社会治安综合治理目标管理责任状

③ 市长李志刚出席全市平安建设暨流动人口服务管理工作会议

④ 市委副书记東华，市委常委、政法委书记蒙永福检查民警单警装备

⑤ 在桂林市开展平安校园建设活动中，市委政法委领导深入广西师范大学调研

⑥ 市委常委、政法委书记蒙永福检查流动人口暨出租房屋服务管理工作

⑦ 阳朔西街社区治安巡防队员在巡逻

⑦

桂林市获全国社会治安综合治理“长安杯”佳奖

综治工作站、矛盾纠纷调解工作站、报警点建设

灵川镇群众工作中心揭牌

大力弘扬见义勇为精神,表彰奖励见义勇为市民

欢迎“中国骄傲”殊荣获得者黄钦华烈士遗属赴京领奖载誉归来

2008年北京奥运火炬在桂林平安传递

桂林市公安刑警破案神速,赢得失主赞誉

公正司法　构建和谐

桂林市中级人民法院

2008 年，桂林市中级人民法院坚持围绕“公正司法，构建和谐”目标，充分发挥审判职能作用，依法打击犯罪，维护社会安定；积极化解矛盾纠纷，努力构建和谐社会；开展清理执行积案，维护市场经济秩序；推进审判综合大楼整体搬迁规划，创建“五化法庭”，法院物质基础建设取得重大成就。年内共有 44 个集体和 119 名个人受到上级表彰，龙胜各族自治县人民法院获“全国模范法院”称号。

市中级人民法院院长卢火雄带头办案，担任审判长宣读判决书

最高人民法院院长王胜俊在桂林市中级人民法院检查指导工作

葡萄牙大法官纳西门托一行在桂林市中级人民法院参观

法院全面建设成绩斐然，龙胜各族自治县人民法院获“全国模范法院”称号

白治区高级人民法院院长罗殿龙在桂林市中级人民法院检查指导工作

法院整体搬迁规划顺利推进，“五化法庭”创建任务全面完成。图为资源县人民法院新审判大楼

同呼吸 共命运 心连心

桂林警备区

2008年，桂林警备区坚持以中共十七大精神和中央军委主席胡锦涛一系列重要指示为指导，全面贯彻落实科学发展观。按照“主动发展、和谐发展、安全发展”的要求，推动警备区部队建设又好又快发展，圆满完成年度各项任务，部队和民兵预备役工作有新进步。年内，8名官兵荣立三等功，63名官兵受嘉奖，2个团级单位获广西军区全面建设先进团级单位，4名官兵获广西军区优秀机关干部。

市委书记刘君看望警备区机关官兵

警备区官兵参加桂林市抗洪抢险

广州军区司令员章沁生到警备区视察

高科技民兵侦察分队

开展植树造林活动，绿化第二故乡

组织民兵点验

把驻地当故乡　视群众为亲人

中国人民武装警察部队桂林市支队

中国人民武装警察部队桂林市支队主要担负执勤、处突、反恐和城市武装巡逻、警备纠察等任务。2008 年，该支队党委坚持以中共十七大精神为统揽，贯彻落实科学发展观，围绕“在新的起点上开创支队建设新局面，高标准实现‘两个确保’”的建设目标，不断理清思路、探索新办法、培育新风气、树立新形象，有力地推动部队全面建设又好又快发展，部队建设呈现出稳中有进、全面发展、整体提高的良好态势。阳朔县中队、龙胜各族自治县中队被广西武装警察总队评为标兵中队，二中队、四中队、九中队和临桂、永福、兴安县中队被广西武装警察总队评为先进中队。

支队官兵担负自治区成立50周年大庆中央慰问团桂林慰问期间安全保卫任务

支队官兵在2008北京奥运会桂林火炬传递点火仪式中执勤

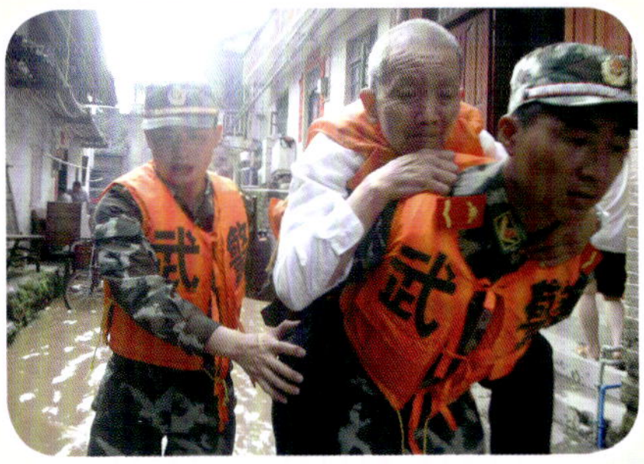

支队官兵在平乐县救出被洪水围困群众

支队满服役期老兵为漓江“洗脸”

大队官兵在全州县东山瑶族乡抢修电网

保一方平安

2008 年，桂林市公安机关积极预防、打击犯罪活动，加强公安行政管理和基层、基础建设，确保全市社会政治、治安大局稳定，为打造“平安桂林”，构筑和谐社会作出重要贡献。年内，共立刑事案件 15610 起，破案 5175 起，其中破大案 4884 起、逮捕 5348 人、劳动教养 430 人。积极参与抗雪救灾，共出动警力 3 万余人次，救助受困群众 28.6 万人，为群众办好事 5.1 万余件，捐款 11 万余元，疏导分流滞留车辆 10 万余辆。年内有 4 个集体、12 名个人获公安部表彰；80 个集体、146 名个人获自治区级表彰。4 名个人立个人一等功，4 个集体、19 名个人立二等功。

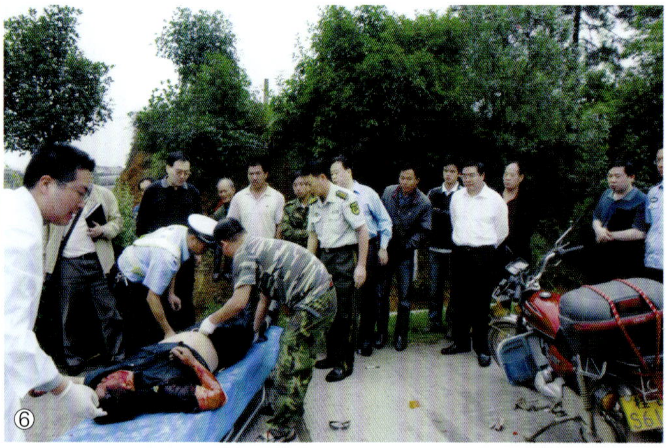

① 市领导和局领导对2008年北京奥运会火炬接力桂林传递安保工作多次进行研究
② 市领导刘君、石东龙、黄济贤在七星交警大队视察工作
③ 2009年1月17日，副市长、市公安局局长黄济贤等领导带头参加冬修水利劳动
④ 为确保2008年北京奥运火炬传递安全畅通，市公安局多次组织火炬传递演练
⑤ 加强警力，确保奥运火炬桂林传递活动安全畅通
⑥ 副市长、市公安局局长黄济贤在车祸现场指挥救援工作
⑦ 桂林市百姓最喜欢的十佳社区民警
⑧ 设卡检查
⑨ 秀峰公安分局举行退赃仪式
⑩ “六一”前夕，市公安局计财科到永福县苏桥镇盘僴小学慰问，送去一批学习、体育及生活用品

故忠诚卫士

桂林市公安局

③

④

⑦

⑧

⑨

⑩

加强治安管理 维护社会稳定

桂林市公安局治安管理支队

市领导和市公安局领导检查保安工作

支队与市公安局签订责任状

2008年，桂林市公安局治安管理支队以维护稳定为中心，以维护经济发展、维护人民群众的根本利益为重点，坚持队伍建设与业务工作两手抓的工作方针，充分发挥“防范、管理、打击、服务”职能作用，全面实施各项工作措施，取得明显成效。全年共办理出生登记48227人，死亡登记15869人；市外迁入45684人，迁出46554人。办理第二代居民身份证1182258人次，累计办证1353556人次；办理暂住证69342人次，办证率达95.36%。共发现受理各类治安管理案件5528起，查处4988起，查处违法人员13179人，查获违反治安管理团伙507个成员2877人。

支队领导慰问困难群众

在全州县凤凰乡现场解决村民入户口问题

支队领导进行法律法规讲座

金豹武装押运公司的保安正在执行押运任务

构建和谐社会　打造平安桂林

桂林市公安局治安巡逻（防暴）警察支队

2008 年，桂林市公安局治安巡逻（防暴）警察支队紧紧围绕构建和谐社会、打造“平安桂林”的目标，积极开展社会主义法治理念教育活动，坚持抓基层，打基础，苦练基本功，推进正规化建设，注重加强巡逻防范，严厉打击各类违法犯罪行为。全年共投入巡逻警力 58000 余人次，出动巡逻车辆 6000 余台次。主干道“两抢”案件群众报警发案 240 起，比上年减少了 34.2%；主干道“两抢”案件无群众报案有 166 天；主要景点公园保持零发案。全年共破获各类刑事案件 177 起（其中现发案件 56 起），查破治安案件 1685 起，抓获各类违法犯罪人员 5210 人。

自治区公安厅领导到支队检查指导工作

体能训练

苦练基本功

机动巡逻

武装执勤

压事故 保畅通 营造良好交通环境

桂林市公安局交通警察支队

市委书记刘君深入基层视察交警队伍建设工作

2008年，桂林市公安局交通警察支队围绕“压事故、保畅通”的目标，确保道路交通安全畅通，为桂林经济社会快速发展营造了良好的交通环境。

一是规范执法行为，打造现代化公安执法信息平台，创建和谐警民关系，推动队伍建设迈上新台阶。二是开展道路交通秩序综合整治，预防减少道路交通事故，优化市区道路交通秩序，全年全市道路交通事故发生298起，死亡193人，受伤359人，经济损失72.37万元，比上年分别下降43.02%、14.22%、49.01%、57.82%，全市未发生一起死亡10人的特大交通事故。三是圆满完成抗击冰冻灾害、2008年奥运火炬桂林传递安全保护、2008年北京奥运会维护稳定、自治区成立50周年大庆维护稳定、第五届泛珠大会道路交通安全专项整治等一系列重大交通安全警卫任务。

2008年4月28日，为在2008年北京奥运会期间营造良好道路交通安全环境，桂林市启动文明出行交通安全巡游活动的大型道路交通安全宣传活动

稻草铺出安全路

民警在雨中救助被困车辆

为增强群众对交通管理工作的全面深入了解，增进警民和谐关系，桂林市公安局交警支队定期举行“警营开放日”活动

为强化……的交通秩序及治安管理，交警进行武……动

完善消防安全体系 加强基础设施建设

桂林市公安消防支队

2008 年，桂林市公安消防支队全面加强消防基础设施建设，全方位完善消防安全体系，强力推进“十一站一中心”的建设规模，结束了 12 县中 6 县无消防站、3 县无消防车的历史。新增 41 辆执勤消防车，新购装备器材 12 大类 680 余件(套),实现了车辆和装备器材的总量翻番，有效地提高了部队的战斗力。同时，完成了全市 34 个重点城镇的消防规划编制，农村城镇的消防规划实现从无到有的突破；新增市政消火栓 526 具，总数达 1725 具，全市消防水源覆盖率由 2006 年的 72.2% 上升 100%。支队狠抓消防监督和队伍管理工作，圆满完成了以“防火、灭火及应急救援”为中心的各项工作任务，并取得了良好的成绩。

自治区副主席、公安厅厅长梁胜利在桂林检查指导消防器材装备工作

市长李志刚代表市政府向消防支队赠送价值600万元的消防车

自治区消防总队、自治区公安厅现役办领导参加桂林市消防指挥中心进驻暨消防车辆交接仪式

消防官兵扑救火灾

五支队消防官兵在桂林海关大楼开展高层建筑消防演练

新建的桂林市消防指挥中心

全面贯彻落实科学发展观　各项事业全面进步

叠　彩　区

①

②

③

叠彩区位于桂林市区北部，辖叠彩、北门街道办事处和大河乡，下设15个社区居委会、15个村委会。行政区域面积52平方千米，其中城区面积7.5平方千米。该区商贸物流、交通旅游区位优势明显。2008年末常住人口13.45万，人口自然增长率4.99‰。全年地区生产总值39.80亿元，其中第一产业增加值0.82亿元，第二产业增加值11.10亿元，第三产业增加值27.89亿元。人均地区生产总值2.96万元。农林牧渔业总产值1.35亿元，工业总产值22.10亿元，全社会固定资产投资额完成20.56亿元，社会消费品零售总额32.91亿元，商品出口总额1140万美元，实际利用外资1.07亿美元。财政收入2.17亿元，其中一般预算收入1.27亿元。城镇居民人均可支配收入14703元，人均消费性支出9988元。农民人均纯收入4640元，人均生活费支出5220元。

2008年，该区圆满完成中山北路立面改造，城区旧貌初换新颜。“飞地工业”入驻秧塘园区成果凸现，沃尔玛落户辖区引爆新一轮商机。华源房地产等商住开发势头强劲给城区增辉添彩。以花卉、水果为特色的城郊特色农业景象万千。城区各项事业全面进步，社会和谐稳定。

④

① 区委中心组学习实践科学发展观专题学习会
② 城区基础设施不断完善。图为新建的横跨漓江联接东二环路的南洲大桥
③ 北极广场新貌
④ “飞地工业”——广汇低温深冷设备制造项目正式投产，首获1500万元订单，实现开门红
⑤ 房地产开发势头强劲，休闲宜居特色显现。图为华源·碧水嘉园小区一角
⑥ 商贸物流日趋繁荣。图为广运·美居商贸城二期隆重开业
⑦ 特色农业效益显著，鲜花争艳果飘香
⑧ 群众性文化活动丰富多彩，积极打造群众文化强区
⑨ 爱心捐款，情系灾区，支援四川地震灾区人民

坚持科学发展观 建设富裕文明和谐新荔浦

荔浦县

投资1亿元的桂林微邦生物技术有限公司酶工程生产魔芋甘露低聚糖产业化项目落户荔浦县。图为县长罗永东在开工仪式上致辞

荔浦县12层以上的14栋小高楼启动建设，进展顺利。图为县委书记黄本和（前排左四）参加首座20层建筑金茂大厦破土动工仪式

荔浦县位于桂林市南部。321、323国道交汇于县城，荔江河过境。辖10个镇和3个乡，县人民政府驻荔城镇，行政区域面积1758.62平方千米。2008年末人口37.64万，其中农村人口32.2万。有壮、瑶等少数民族7.3万人。2008年全县实现地区生产总值57.68亿元。农林牧渔业总产值23.09亿元，工业总产值66.5亿元。财政收入3.57亿元。全社会固定资产投资完成20.6亿元。社会消费品零售总额18.68亿元。城镇居民人均可支配收入14409元。农村居民人均纯收入4598元。主要旅游景区（点）有AAAA国家级旅游景区银子岩、丰鱼岩和荔江湾，AAA国家级旅游景区天河飞瀑，还有鹅翎寺、荔浦文塔、银龙古寨等旅游景点。著名地方产品有荔浦芋、荔浦马蹄、木衣架、食品等。是中国荔浦芋之乡、广西木衣架生产基地和中国衣架生产基地。

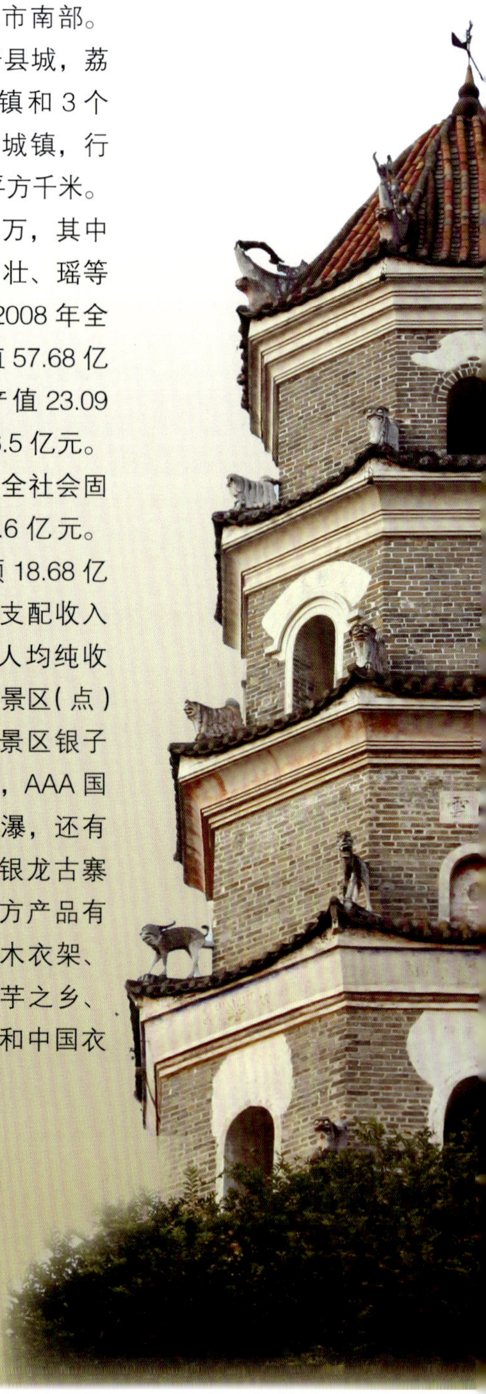

②

③

④

⑤

① 荔浦县城全景风貌
② 荔浦县工业集中区成功跻身自治区A类工业产业园区，获“中国衣架生产基地”称号。图为规模宏大的衣架生产车间
③ AAAA国家级旅游景区、全国农业旅游示范点——荔江湾
④ 荔浦县旅游业蓬勃发展，2008年成为广西唯一的拥有3个AAAA国家级旅游景区的县。图为AAAA国家级旅游景区——荔浦银子岩
⑤ 荔浦县积极开展社会主义新农村建设，村民富起来，生活越来越好。图为小青山屯农民新居
⑥ “皇室贡品”荔浦芋
⑦ 荔浦县青山镇享有“中国马蹄之乡”的美誉，清水马蹄罐头销往国内外，获2008北京奥运会指定产品
⑧ 建于清乾隆四十八年（1783年）的荔浦文塔

⑥

⑦

⑧

桂林市承接产业转移的重要基地

苏桥经济开发区

苏桥经济开发区位于桂林市永福县苏桥镇内，开发区建设范围124.02平方千米，规划用地总面积68.01平方千米，人口22万人。完成规划开发面积10.22平方千米。1996~2008年苏桥经济开发区通过财政支持、银行贷款、招商引资、土地开发等形式，投入建设资金约50亿元，基础设施日臻完善，“两园”路网发达，供排水、供电全部到位，实现了“七通一平”入驻条件。2008年，该开发区共有落户企业72家，投产企业28家，协议利用资金70亿元，在建企业44家。全部企业达产后可形成产值70亿元、税收5亿元。年内，该开发区围绕“两年打基础，三年上规模”的发展目标，狠抓园区规划，全面启动和推进园区基础设施和配套服务设施建设，“水、电、路、房、校、所”齐头并进，成为桂林市向西重点发展的承接东部产业转移和市内“退二进三”的重要基地。

自治区党委书记郭声琨在苏桥经济开发区视察指导工作

市委书记刘君在艺宇印刷包装有限公司指导工作

市委副书记束华出席澳林制药盐酸头孢甲肟规模扩大生产、万辆客车生产基地等新开工项目奠基仪式

市长李志刚在苏桥召开的全市推进工业发展现场工作会上

副市长巫家世在中国橡胶集团橡胶产业园项目现场指导工作

全国环境优美乡镇

——阳朔县阳朔镇

2008年，阳朔镇党委、政府团结带领全镇人民，科学统筹、迎难而上、较好完成年度目标任务。全镇实现生产总值6.29亿元，财政收入3666万元，增收518万元。完成全社会固定资产投资8.18亿元，其中工业完成固定资产投资3205万元；农业总产值达1.35亿元，水果总产量1.36万吨；工业完成总产值4.71亿元，工业增加值341万元，增长1.2%。城镇居民人均可支配收入1.74万元，农民人均纯收入4917元，增长2.13%。年末全镇居民存款余额1.84亿元，增长10.4%，贷款余额1.2亿元，增长28.3%。全年接待旅游总人数485万人次，旅游总收入6.5亿元。实施重点建设项目7项，完成投资24.82亿元。

年内，阳朔镇环境建设快速发展，成为自治区首个获国家环境保护部命名的全国环境优美乡镇，获第六届城市市容环境综合整治“南珠杯”县城A类优秀奖。

市领导检查城镇规划建设

阳朔县、镇领导深入农村调查研究

《印象·刘三姐》实景演出

受外国游客青睐的旅游环保步行街一西街

创建全国环境优美乡镇工作考核会

桂林水果集散重地

阳朔县白沙镇

白沙镇位于阳朔县中部，全镇总面积 154.2 平方千米，耕地面积 2600 公顷，其中水田 1600 公顷。是自治区重点镇。全镇辖 16 个村（居）委会，115 个自然村，总人口 4.7 万人，G321 国道贯穿境内，桂梧高速公路在白沙镇设有道口。

白沙镇已发展成为桂北最大的水果和苗木集散地之一，金橘种植业为农业主导产业，种植面积超过 2333 公顷，年产量超过 4 万吨。大理石开采加工为工业主要产业。至 2009 年 6 月，全镇共有乡镇企业 1088 个，从业人员 7298 人，实现营业收入 16235 万元。白沙镇旅游资源丰富，遇龙河、AAAA 国家级旅游景区世外桃源成为旅游业龙头。新农村建设由建设试点扩展到古板、蕉芭林、大竹山、插花桥等 4 个村委 19 个自然村。2008 年共完成 14 个自然村总长 19.5 千米的村道硬化，完成立面改造 98 户。

集镇污水处理厂

龙潭门新农村

蕉芭林金橘种植基地

贯穿该镇的桂阳公路绿化带、慢车道

白沙市场新大门

旅游景区——世外桃源

中国历史文化名镇

阳朔县兴坪镇

镇党委书记黄锡亮、镇长黄爱荣陪同县领导检查古镇保护工作

镇党委书记黄锡亮、镇长黄爱荣下乡慰问关怀贫困户

兴坪镇位于阳朔县东北部，距县城 25 千米。该镇历史悠久，至今有 1740 多年历史。全镇总面积 305.4 平方千米，辖 14 个村委会和兴坪街、渔业 2 个居民委员会，总人口 4.5 万人，是一个多民族聚居乡镇。集镇区规划面积 3.8 平方千米，建成区 1.5 平方千米，人口 6000 多人。2008 年，全镇实现生产总值 5.33 亿元，增长 21.9%。完成全社会固定资产投资 3.14 亿元，增长 9.92%；组织财政收入 512.2 万元，增长 14.7 %。农民人均纯收入 4850 元，增长 10.3%。全年接待中外游客 200 多万人次，旅游收入 3.7 亿元。1996 年，兴坪镇被国家建设部列为全国城镇建设试点城镇；2000 年 9 月，兴坪镇被自治区政府确定为自治区小城镇建设重点集镇；多次荣获自治区“南珠杯”先进城市、优秀乡镇称号；2007 年，兴坪镇被国家建设部和国家文物局命名为中国历史文化名镇。

中国历史文化名镇

兴坪古镇全貌

渔村古色古香的马头墙

旅游景点——九马画山

民间艺术之乡

阳朔县福利镇

镇领导深入田间地头调研

福利镇位于阳朔县城东部，全镇总面积222.8平方千米，耕地面积2931.87公顷。辖16个村民委员会，1个居民委员会，118个自然村，总人口4.79万人，有壮、瑶族等少数民族4400多人。福利镇盛产果蔗、淮山、金橘、沙田柚、板栗、柑橙、瘦肉型母猪等名特优农林牧渔产品，农产品年产值均达3000万元以上。规划建设233.33公顷工业集中区建设，先后引进林威香业有限公司、桂林独峰建材有限公司、瑞峰木业有限公司等规模企业落户福利。2008年全镇财政收入602万元，城镇居民人均可支配收入5322元，农民人均纯收入4936元。

福利镇具有传统特色的工艺品——画扇畅销国内外，国家文化部授予“中国民间艺术之乡”。

规模企业落户福利镇

“五月八” 民俗文化节活动

公司+农户+基地的种鸭养殖场

福利黑皮果蔗

淮山丰收

中国人寿保险股份有限公司桂林分公司

2008年，中国人寿保险股份有限公司桂林分公司积极实施市场竞争策略，突破重重困难，战胜各种挑战，公司实力、行业地位和社会影响力进一步提高。全年保费规模达10.8亿元，比上年增长37%，计划完成率120%，在中国人寿保险广西国寿系统排名第一，占桂林寿险市场份额高达68.63%，连续12年蝉联桂林寿险市场份额第一。

2008年7月，公司成为广西国寿系统第一个晋升一级档案室的市分公司。市档案局领导向公司总经理赵跃颁发“一级档案室”证书

2008年9月26日，公司与中国人民解放军第181医院举行“国寿客户住院、理赔一站式服务”启动仪式

2008年2月23日，公司营销人员把3.51万元捐赠款和大米等生活品送到资源县河口乡葱坪村灾区群众手中

2008年6月15日，公司在西山公园举办“第二届国寿客户节”主题公园活动

象山对外营业柜面荣获2008年中国人寿“全国十佳”柜面称号

中国农业银行桂林分行

党委书记、行长　陈汝雄

履行社会责任，为贫困学子捐资

行领导慰问离退休老人

2008 年，中国农业银行桂林分行做好股份制改革的各项工作，面向“三农”，服务城乡，充分发挥县域商业金融骨干支柱作用，全行各项业务得到健康、协调、稳健发展。全年完成 15 个网点自助区的改造，全部实现功能分区。

年末，全行各项存款余额 166.95 亿元，比年初增加 14.35 亿元；本外币各项贷款余额 81.02 亿元，增加 12.46 亿元；实现中间业务收入 8904.6 万元，增加 971.6 万元；实现账面经营利润 2.93 亿元；清收不良贷款本息 2.97 亿元，收回资金 8900 多万元。优良法人客户贷款占比为 90.39%。累计发卡总量达 188 万张，银行卡特约商户总量达 834 户，网银注册客户 5 万多户。年累计一星级以上个人优质客户总数为 8.5 万多户。惠农卡的发放量、授信户数、授信金额、贷款余额、贷款增量多项指标均列在自治区系统前列。

小额农户贷款催火农家游

小额农户贷款为农民带来实惠

服务高新企业

为文化旅游助力

与知名零售商联袂回馈社会

支持农业产业化龙头企业

Lijiang Waterfall Hotel
Guilin

桂林漓江大瀑布饭店

★★★★★

饭店外景

桂林漓江大瀑布饭店地处桂林市中心，与秀丽的漓江，碧波荡漾的杉湖，城徽象鼻山，桂林市的客厅——中心广场，繁华的正阳步行街亲密接触。出则繁华，入则宁静，商务休闲，相得益障。距机场 25 千米，火车站 3 千米。该饭店是广西首批全国“金叶”级绿色旅游饭店，开业以来屡获殊荣。是观光旅游和商务办公的理想选择。

“九天银河”瀑布

金碧辉煌的饭店中堂

第二届联合国世界旅游组织旅游趋势与展望国际论坛在该饭店隆重召开

欧中酒店管理专家委员会中国区会议在该饭店召开

接待奥运火炬传递选手

承接第十一届海峡两岸旅行业联谊会住宿、餐饮接待任务

具有六声道同声传译系统的现代化多功能厅

江景标准间

加强城市管理 美化市容环境

桂林市城市管理监察支队

支队领导在研究部署工作

2008 年，桂林市城市管理监察支队围绕 “城管执法队伍形象建设年”、“法律法规知识宣传年” 的工作目标，努力建设一支高素质的城市管理执法队伍。年内，加大督察、指导、协调、考评工作的力度，支队共下发整改通知书 1505 份，处理来信、来访和电话投诉 1078 个；清理占道经营、超门槛经营、乱贴挂广告、查处违章人力三轮车和损坏市政设施等行为共 57985 起；查处漓江市区段各类违法违规案件共 5901 件。加大拆除违法建筑力度。全年市区共拆除违法建筑、违章搭盖面积达 40 万平方米，完成全年任务 166%。完成了中央、自治区领导到桂视察、2008 年北京奥运会桂林火炬传递等重大活动的市容环境卫生保障工作。获桂林市直机关工委先进基层党组织等称号。

支队文明执法蔚然成风

支队深入社区、学校，解答群众疑问，受理相关投诉

拆除违法建筑

支队进行队列考核，推动城管队伍整体形象建设

桂林路灯 灿烂辉煌

桂林城市照明管理处

团结奋进的领导班子

处领导在现场指导工作

桂林城市照明管理处隶属于桂林市市政公用事业管理局，全处共设 6 个科室及 2 个维修养护所，下辖桂宇照明工程处(国有)和劳动服务公司(集体)，职工 117 人。

该处担负着全市道路、景观照明的维护、管理及设计、安装任务。

2008 年，该处在管理上下工夫，突出抓好设施管养工作，使亮灯率、设施完好率、检修及时率、群众满意率、设施保洁率均达到或超过行业标准。2008 年，新装灯杆 2023 基、路灯 4934 盏，更换、维修线路 500 多千米、灯杆 1100 基、灯炮 3.6 万多只，路灯亮灯率月均达到 99.83%。推广使用高效节能产品，全年节约电费 100 余万元。

日常维修养护

西环路路灯改造

加班加点安装电杆

绚丽的夜景

❶ 联达商业广场，2007年桂林市“城乡清洁工程”示范工地
❷ 自治区主席马飚一行视察新落成的联达商业广场
❸ 桂林彰泰鸣翠新都项目，荣获广西安全文明工地称号
❹ 桂林市万福路工程
❺ 漓江大瀑布饭店，中国建筑工程鲁班奖工程
❻ 南宁怡景西湖新天地广场，荣获2008年全国优秀 QC小组奖和广西安全文明工地称号
❼ 南宁绿都商厦，35层，高度120余米，建筑面积 8万余平方米

南宁绿都商厦

福达集团下属——襄樊福达东康曲轴有限公司

桂林福达集团有限公司

自治区党委书记郭声琨等领导在福达集团检查指导工作

桂林福达集团有限公司是一家以生产销售发动机曲轴、汽车离合器、齿轮、变速器等汽车零部件和低速汽车、专用汽车为主营业务的企业集团，2008年，该集团总资产13亿多元，员工近3000人，总部设在桂林市西城工业区，集团拥有12家全资或控股子公司。集团下属高新技术企业有桂林福达股份有限公司、桂林福达曲轴有限公司、襄樊福达东康曲轴有限公司。集团及下属公司全部通过QS 9000和TS 16949质量管理体系认证。该集团获全国优秀诚信企业、广西优秀企业、五一劳动奖状等荣誉称号，是广西企业50强。

福达集团具有年产发动机曲轴100万根、汽车离合器150万套、螺旋锥齿轮10万套、变速器3万台和低速汽车、专用汽车2万辆的生产能力，是国内发动机曲轴和汽车离合器的龙头企业。汽车离合器、发动机曲轴、低速汽车为广西名牌产品，其中汽车离合器为国家免检产品。主要客户有东风、上汽通用五菱、福田、玉柴、东风康明斯、奇瑞、吉利、比亚迪、日本日野、美国伊顿、意大利菲比特等50多家国内外汽车和发动机生产企业，部分产品出口美国、俄罗斯、意大利、日本等国家。

自动化生产线

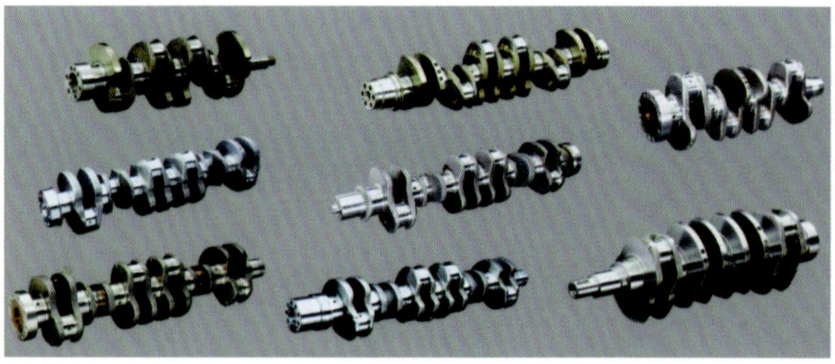

福达东康曲轴有限公司生产的发动机曲轴

12 月 18 日，第二届联合国世界旅游组织旅游趋势与展望国际论坛在桂林开幕。

（黄雷 摄）

党和国家领导人视察桂林

【胡锦涛视察桂林】 2月5~6日，中共中央总书记、国家主席、中央军委主席胡锦涛到桂林考察抗灾救灾工作。随行的主要人员有中央书记处书记、中央办公厅主任、中央机构编制委员会办公室副主任令计划，中央书记处书记、中央政策研究室主任王沪宁，中央财经领导小组办公室主任、国家发展和改革委员会副主任、党组副书记朱之鑫，民政部部长、党组书记李学举。在自治区党委书记、人大常委会主任郭声琨，自治区主席马飚，自治区党委秘书长车荣福及桂林市领导陪同下，胡锦涛一行深入到灾情严重的山区农村和担负抗灾救灾重任的基层单位，实地了解保交通、保供电、保民生的落实情况，慰问灾区各族干部群众，带来中共中央、国务院、中央军委的深切关怀和新春祝福。

5日下午，胡锦涛乘坐专机刚抵达桂林，就在机场亲切看望了正在执行救灾任务的广州军区某集团军陆航团官兵。胡锦涛同官兵们一一握手，对他们坚决执行中共中央、中央军委的指示，迅速投入抢险救灾斗争，帮助受灾群众排忧解难，给予了充分肯定。胡锦涛代表中共中央、中央军委，向官兵们表示亲切的慰问。随后，他脱下外套，与正在执行救灾任务的广州军区某集团军陆航团的官兵一起装运救灾物资。离开机场，胡锦涛直接前往桂林市南城百货超市，考察灾后节日市场供应和物价情况。5日晚，胡锦涛亲切接见了抗灾救灾先进人物代表。连夜召开会议，同自治区和桂林市的有关负责同志一起研究灾情，商量抗灾救灾的对策，部署下一步的重点工作。6日上午，胡锦涛驱车前往桂林市灾情最重的资源县考察，进山的路上，胡锦涛看望了正在执勤的护路队员和电力职工。临近中午，胡锦涛来到了资源县中峰乡八坊村竹子水屯，该屯以种植毛竹、林木为主，灾害对群众生产生活造成严重影响，胡锦涛亲切慰问受灾群众，并指示当地干部安排好灾区群众生活，着手开展生产自救，搞好灾后重建。下午，胡锦涛视察桂林市力源食品有限公司和桂林市公安局交通警察支队秀峰大队。

在桂林考察途中，胡锦涛反复强调，抗灾救灾的任务依然十分艰巨。各级党委和政府一定要继续把抗灾救灾作为当前最紧迫的任务，坚定必胜信念，优先保交通、保供电、保民生，奋力夺取抗灾救灾斗争的全面胜利。要集中力量，千方百计恢复电力供应和交通通畅，全力以赴，切实安排好受灾地区群众生活；早做谋划，积极开展灾后重建和生产自救工作；着眼长远，抓紧研究完善应急管理机制。

【李兆焯视察桂林】 3月20~21日，全国政协副主席李兆焯一行在自治区政协副主席李达球陪同下视察桂林。

12月14~15日，全国政协副主席李兆焯率中央慰问团第五分团在自治区政协主席马铁山、自治区党委纪委书记石生龙、自治区副主席陈章良等陪同下到桂林视察工作。在桂林期间，首先视察了阳朔县蕉芭村、古板村及阳朔县金橘生产基地，听取了基地金橘生产情况汇报。视察了桂林三金药业有限公司、昊华南方（桂林）橡胶有限公司、广西师范大学。

12月27日，全国政协副主席李兆焯在桂林视察工作。

【蒋正华视察桂林】 4月30日~5月4日，全国人大常委会副委员长蒋正华一行在自治区人大常委会副主任覃瑞祥的陪同下视察桂林。在桂林期间，视察了漓江旅游资源、阳朔西街、愚自乐园、“两江四湖”环城水系、兴安灵渠、乐满地等。

【蒋树声视察桂林】 5月26~27日，全国人大常委会副委员长、民盟中央主席蒋树声一行在自治区人大常委会副主任邵博文等人陪同下视察桂林。在桂林期间，视察了阳朔县高田民族中学，并观看了《印象·刘三姐》。陪同视察的领导有民盟中央副主席李重庵、徐辉。

【张德江视察桂林】 10月12~13日，中共中央政治局委员、国务院副总理张德江一行在自治区党委书记、人大常委会主任郭声琨，自治区主席马飚，自治区人大常委会副主任覃瑞祥，自治区副主席杨道喜、林念修，自治区政协副主席蒋培兰等陪同下到桂林参加贵广铁路开工动员大会。到达桂林后，张德江首先来到贵广铁路开工现场，听取了有关人员对贵广铁路项目情况汇报，参加了贵广铁路开工仪式，并为贵广铁路工程奠基。在开工仪式会场，张德江接见了参加贵广铁路建设的部分单位和职工。陪同视察的领导有：国务院副秘书长张勇，国家发展与改革委员会副主任张茅，国家铁道部党组书记、部长刘志军，国家铁道部副部长卢春房及广东省、贵州省部分领导。

【乌云其木格视察桂林】 11月23～25日，全国人大常委会副委员长乌云其木格一行在自治区人大常委会副主任覃瑞祥等陪同下到桂林视察工作。在桂林期间，视察了“两江四湖”环城水系和漓江旅游资源等。（周立明）

第二届联合国世界旅游组织旅游趋势与展望国际论坛在桂林举行

第二届联合国世界旅游组织旅游趋势与展望国际论坛12月17～19日在桂林举行，该次大会由联合国世界旅游组织、亚太旅游协会、博鳌亚洲论坛、香港理工大学共同合办，桂林市人民政府、自治区旅游局承办。亚太旅游协会战略资讯中心主任约翰·考道斯基、博鳌亚洲论坛高级总监姚望、香港理工大学旅游学院院长田桂成、中国国家旅游局特别代表程文栋以及自治区旅游局局长陈建军、桂林市市长李志刚出席开幕式，并分别致辞。此外，出席论坛开幕式的还有来自美国、英国、瑞士、澳大利亚、日本、韩国、马来西亚、新加坡、泰国、印度、印尼、柬埔寨、老挝、尼日利亚、俄罗斯、伊朗、斯里兰卡、菲律宾等国家、地区政要，国家旅游局和旅游协会高层官员、旅游业界代表近200人出席会议。

联合国世界旅游组织助理秘书长杰弗瑞·利普曼在开幕式上致辞说，在全球金融危机的形势下，旅游业受到了很大的冲击，联合国世界旅游组织正在积极研究和探索科学的行业发展和管理体制，来帮助成员国应对当前的旅游业发展；旅游产业是一个绿色、清洁新型的产业，旅游业是一个套餐产业，可以促进就业，带动很多相关产业的发展。开幕式由桂林市委、副市长、宣传部部长陈丽华主持。

桂林市市长李志刚在开幕式上致辞，对联合国世界旅游组织再次选择桂林作为举办地表示感谢。李志刚指出：全球金融危机及其所带来的经济衰退必然会对旅游业的发展产生一定程度的负面影响。在此背景下，大家齐聚桂林，围绕目前的经济形势以及近年来对旅游业产生较大影响的趋势潮流进行高层次、宽领域的研究和探讨，必将进一步增进各国各地区旅游业的交流与合作，共同突破困境，推进世界旅游业的繁荣与发展。世界各国在旅游发展方面创造和积累了许多先进的经验和做法，很值得桂林学习和借鉴，此次旅游趋势与研究大会形成的积极成果，是促进桂林旅游发展的宝贵财富。必将对桂林旅游业加速发展起到积极的推进作用。

在论坛上，世界旅游组织市场趋势与竞争部副主任桑德拉·卡夫奥作了世界旅游组织最新旅游指标的主旨发言；亚太旅游协会战略资讯中心主任约翰·考道斯基作了2008年亚太地区国际旅游及2009年展望的主旨发言；中国旅游研究院学术研究委员会主任魏小安作了2008年中国旅游及2009年展望的主旨发言。

在小组会议上，围绕经济放缓及其对旅游需求影响的话题，瑞士洛桑大学高等商学院旅游研究院皮特·柯尔勒教授作了全球经济不均衡与旅游增长的专题发言；姚望作了全球经济放缓对亚太旅游业影响的专题发言；田桂成作了亚太地区旅游宏观新趋势的专题发言。各国专家围绕“2009年及以后——在短期内主要客源市场将如何反应”的命题进行了探讨。美国商务部旅游与旅行业办公室负责人罗恩·埃德曼作了《美国客源市场——经济将如何影响旅游行为》为题发言，世界旅游组织专家徐博士作了《中国人出境游——激增市场中的模式不断变化》为题发言，日本公社VWC两千万旅游促进办公室总经理FumiyoshiAkisawa作了《日本人出境游——恢复有何变化》为题发言，韩国、澳大利亚等国家的专家也作了专题发言。

会议期间，各国专家对漓江、世外桃源、愚自乐园等景区景点进行了考察。（年晓）

特

载

2009年1月6日，中国共产党桂林市第三届委员会第六次全体会议召开。
（黄雷 摄）

中国共产党桂林市第三届委员会第六次全体会议上的讲话

中共桂林市委书记　刘君

（2009 年 1 月 6 日）

同志们：

这次全会的主要任务是，深入学习贯彻党的十七届三中全会、中央经济工作会议精神、总书记胡锦涛在纪念党的十一届三中全会召开30周年大会上的重要讲话和自治区党委九届七次全会及自治区经济工作会议精神，听取和讨论市委常委会工作报告，审议《中共桂林市委员会关于贯彻党的十七届三中全会和自治区党委九届七次全会精神　推进农村改革发展的实施意见》。现在，我受市委常委会委托，向全会作工作报告。

一、2008 年的工作回顾

2008 年是极不平凡的一年，任务艰巨、形势变化快、挑战前所未有。一年来，我们在自治区党委、政府的领导下，坚持以邓小平理论和“三个代表”重要思想为指导，深入贯彻党的十七大和自治区党委九届六次全会精神，全面落实科学发展观，以开展继续解放思想大讨论活动为动力，以加快发展为第一要务，一手抓抗灾救灾，一手抓经济社会发展，在自然灾害造成巨大困难的情况下，仍保持了经济的平稳增长，取得了经济社会发展的新成绩。预计全年全市完成生产总值 902.65 亿元，比上年（下同）增长 12.6%；完成财政收入 85.6 亿元，增长 18%；完成全社会固定资产投资 486.17 亿元，增长 20.6%；城镇居民人均可支配收入 14529 元，增长 12.6%；农民人均纯收入 4416 元，增长 13%。各项社会事业蓬勃发展，党的建设和民主法制建设扎实推进，民生问题进一步改善，社会和谐稳定，人民安居乐业。这一年，市委常委会主要抓了以下几个方面的工作：

（一）奋起抗灾救灾，取得了抗灾救灾的全面胜利

年初，我市遭遇了历史罕见的雨雪冰冻灾害，进入主汛期又遭遇了 50 年不遇的洪涝灾害。冰冻雪灾使全市 291.12 万人受灾，占总人口的 58.2%，造成直接经济损失超过 199.35 亿元；洪涝灾害，受灾人口达 179.67 万人，造成直接经济损失 23.14 亿元。面对严重的自然灾害，党中央、国务院给予了亲切关怀，特别是总书记胡锦涛在 2 月 5 日亲临桂林视察灾情、慰问群众，给了我们极大的鼓励。在自治区党委、政府的正确领导下，我们始终把抗灾救灾作为执政为民的头等大事，团结和带领全市人民，开展了一场声势浩大、场面悲壮的抗灾救灾人民战争。各级领导干部身先士卒，靠前指挥，发挥领导核心作用；广大党员干部发挥“白天一面旗，晚上一盏灯”的先锋模范作用，充分体现了“一个党组织就是一个坚强的战斗堡垒，一名干部就是一根工作的标杆，一名党员就是一面战斗的旗帜”的要求，取得了抗灾救灾的全面胜利。同时，积极响应党中央、国务院的号召，按照自治区党委、政府的部署，以最大的努力和实际行动支援灾区，全市共为四川地震灾区募集资金（含物资折款）7393.42 万元，为夺取抗震

救灾斗争的阶段性胜利作出了积极的贡献。

（二）深入开展解放思想大讨论活动，在继续解放思想上迈出了新步伐

按照自治区党委的统一部署，上半年，我们按照总书记胡锦涛视察桂林时提出的“四新”要求，扎扎实实开展了继续解放思想大讨论活动，取得了预期的效果。在活动中，认真开展了学习考察、调查研究、征求意见、专家点评等系列活动，不断深化了对市情的认识，在加快临桂新区建设、处理好保护与发展的关系、培育优势产业等重大问题上进一步统一了思想，形成了共识，理清了思路。出台了《关于加快临桂新区建设的决定》《关于加快苏桥经济开发区开发建设的决定》《临桂新区被征地农民培训就业和社会保障暂行办法》等31个政策性文件，解决了一系列关系到全市大局和长远发展的重大问题以及群众最关心最突出的民生问题。进一步转变了干部作风，提高了机关行政效能，有力地促进了各项工作的开展。

（三）制订桂林科学发展三年计划，提出了经济建设、社会建设新目标

自治区上半年工作会议和自治区党委九届六次全会召开以后，我们及时召开了市委常委扩大会、全市上半年工作会议和市委三届五次全会进行学习传达。并将事关全市长远发展的31个重大问题，由四家班子领导牵头组织开展专题调研。8月30日召开市委三届五次全会，审议通过了全市科学发展三年计划，明确提出要继续解放思想，不断抢抓机遇，立足市情，发挥优势，扩大开放，加强合作，全面实施“保护漓江，发展临桂，再造一个新桂林”的发展战略，以临桂新区建设和老城疏解提升为突破口，全力塑造中国风景游览城市和国家历史文化名城新形象；以加快发展支柱产业和县域经济为重点，强力推进工业化城镇化进程，不断开创科学发展、加快发展、跨越发展的新局面。根据这一总体要求，全会还提出了科学发展三年计划的主要预期目标：即全市生产总值年均增长16%，到2010年达到1413.94亿元（现价），人均生产总值达到27340元；财政收入年均增长18%，到2010年达到119.12亿元；工业化率达到2.55，城镇化率达到40.2%；城镇居民人均可支配收入和农民人均纯收入分别年均增长13%和10%。科学发展三年计划的制定，为走出一条后发展、欠发达城市跨越式科学发展之路，为“十一五”发展乃至与全国同步实现小康社会目标奠定了坚实基础。当前，我市科学发展三年计划正在有力组织实施。

（四）坚持以经济建设为中心，确保了大灾之年经济新发展

我们克服了严重自然灾害的影响，始终以灾后恢复重建为主线，抓好经济发展，确保大灾之年经济仍然取得较好发展。

全力推进工业化进程，工业经济快速发展 大力开展园区基础设施建设大会战，不断提升园区的服务功能和承载能力，促进优势项目向园区转移。狠抓企业科技进步和自主创新，培育壮大优势产业。强化工业经济运行和煤电油运协调服务，积极开展节能降耗，抓好安全生产，工业经济质量和效益进一步提高。预计全年工业总产值可实现1035亿元，增长30.9%，其中规模以上工业总产值完成638.58亿元，增长35.8%。全年节能38万吨标准煤，为历年节能量之最。

狠抓灾后生产恢复，实现了大灾之年农业增产、农民增收 面对严重的雨雪冰冻灾害、洪涝灾害和特大的“两迁”虫灾，我们采取行之有效的措施，扎实开展生产自救和灾后恢复生产，努力做到冬季损失春夏补，农业损失工业补，竹木损失加工补，种养损失劳务补，把灾害损失降低到最低程度。同时，全面贯彻落实党的惠农政策，稳步推进农业产业化，大力发展质量农业、品牌农业。全市实现粮食总产185.19万吨，增长2.4%；蔬菜面积15.54万公顷，总产295.8万吨；水果总产215.6万吨，增长5%以上；全年农业总产值有望增长6%。

拓展市场，强化管理，旅游业实现恢复性增长 千方百计克服雨雪冰冻灾害和四川地震灾害造成的影响，深入开展“优质服务年”活动，创新旅游营销方式，大力拓展高端市场。加强与国际旅游组织、旅游协会、跨国集团、航空公司、旅游商社和知名媒体的长期合作，建立了广泛的营销网络。成功举办“桂林山水文化旅游节”，进一步宣传了桂林的旅游优势。旅游业呈现出恢复性发展势头。预计全年接待游客超过1600万人次，增长6.3%；实现旅游总收入100.26亿元，增长17%。在大力发展旅游业的同时，着力抓好商品流通和消费。预计全年社会消费品零售总额达277.46亿元，增长23.5%。

加大推进力度，项目建设进展顺利　坚持把重大项目建设作为优化调整结构、转变发展方式的重要抓手，及时协调、切实解决项目建设中的实际问题，取得了较好的效果。预计全年完成重大项目投资58.06亿元。列入自治区层面统筹推进的桂林防洪及漓江补水枢纽工程和机场路改造等10个重大项目全面开工。精心组织了交通基础设施建设大会战，交通建设项目实现了新突破，全年完成投资22.9亿元，占年度计划101.9%。

加大工作力度，招商引资成效显著　始终把招商引资作为做强产业、做大城市的重要工作，创新招商方式，狠抓招商引资大兑现，资金到位率和项目落地率都取得了新的成效。全年新批外商投资企业22家，合同外资额1.7亿美元；实际利用外资1.7亿美元，增长82.5%。全市新签市外境内项目585个，项目总投资260.29亿元。实施市外境内项目1019个，市外到位资金226.94亿元，增长34.92%。特别是在第五届中国—东盟博览会上，全市内资签约项目数和金额位居自治区第一，外资签约项目数和金额居自治区第二。

（五）坚持建新改旧并举，城市建设取得了新成效

一是坚定不移地实施“保护漓江，发展临桂，再造一个新桂林”的发展战略，扎实稳步推进临桂新区建设。设立了临桂新区党工委和管理委员会；出台了加快临桂新区建设的一系列政策措施；制订了新区总体规划、行政商务中心区城市设计方案和各项基础设施专项规划；完成土地征收338.47公顷；启动了机场路扩建改造和万福路延长线等交通基础设施建设项目。二是全面实施疏解和改造提升计划。加快了西环路三期、东二环路、中隐路一期、横塘路等城市交通路网的建设，启动了金鸡路、六合路等改造工程，开工了穿山桥、雉山桥的改造重建工程，北极广场、西门菜市路口等重要交通节点的改造正在设计当中，一批市区停车场开工建设，部分已竣工投入使用。以自治区成立50周年大庆为契机，对总长39千米的6条城市主干道路1300多栋楼房的立面进行了“穿衣戴帽”改造。投入5790万元完成了城市污水处理、路灯改造等15项市政工程建设。深入开展文明城市创建活动，深化“城乡清洁工程”，进一步美化净化亮化了城乡环境。此外，加快推进了湘桂走廊和旅游通道沿线县城、重点城镇的建设，城乡面貌明显改观。

（六）着力抓好文化产业发展，文化建设取得新成果

广西国际文化旅游演艺之都等4个文化产业项目落户桂林，启动了桂林博物馆、艺术品交流一条街等文化产业项目。开展了抗冻救灾“三下乡”慰问活动和募捐晚会、表彰大会文艺演出。成功举办了2008·桂林山水文化旅游节等系列活动，促进了文化与旅游的结合。继续开展“漓江之声”、“第二届桂林读书月活动”、“桂林百姓文化大讲坛”等群众文化活动，深受群众欢迎。“读书月”、“百姓文化大讲坛”已成为惠及广大人民群众的文化品牌。同时，实施了一批基层文化站、图书馆等公共文化设施建设，城乡文化事业得到较快发展。

（七）以灾后重建为重点，民生问题得到新改善

紧紧围绕灾后重建，全力实施为民兴办的18件实事，民生问题得到进一步改善。教育事业全面发展，职业教育攻坚工作进展顺利。科学普及和科技创新工作不断加强，科技应用、技术改造和产品创新成效明显。体育事业进一步发展，全民健身运动蓬勃开展。全部启动了50个自然村新农村建设试点、1000个自然村（屯）道路硬化、3750个自然村新农村建设规划编制工作，并有部分完成。医疗卫生体制改革不断深化，新农合全面铺开，参合农民344.43万人，参合率达89.09%，超过广西平均水平。高度重视就业再就业，全年新增就业人数6.2万人，下岗失业人员再就业人数1.27万人，城镇登记失业率3.88%。全市基本养老保险、失业保险、基本医疗保险、工伤保险、生育保险参保全面完成了任务，社会保障体系进一步健全完善。人口与计划生育工作整体水平进一步提高，全市人口出生符合政策生育率达92%。社会救助体系逐步完善，城乡居民最低生活保障制度、农村五保供养制度、农村特困救助制度全面落实。投入1.56亿元完成了对因冰冻雪灾倒塌和洪灾水毁民房的1.3万户4.7万间民房的恢复重建工作。

（八）健全制度，拓宽渠道，民主政治建设取得了新成绩

坚持和完善人民代表大会制度，召开全市人大工作会议，出台了《关于进一步加强人大工作

的决定》，加强人大工作；不断创新人大代表依法履职的内容和形式，完善了人大代表绿色通道制度和代表视察制度，支持人大抓住事关全市经济社会发展的重大问题和人民群众普遍关心的热点难点问题，加大监督工作力度，加强执法检查。坚持和完善中国共产党领导的多党合作和政治协商制度，支持政协围绕团结和民主两大主题履行职能，创新政协工作；定期参加政协委员“晨会”，支持政协开展专题调研，听取政协委员、各民主党派、工商联对全市经济社会发展重大问题的意见和建议。切实加强统一战线工作。进一步推进党建带工建、带团建、带妇建，充分发挥群团组织在联系服务群众、维护社会稳定的作用。高度重视基层民主工作，搞好城乡社区建设，加强基层政权建设，健全政务公开、厂务公开、村务公开、校务公开等制度，人民群众民主参与积极性进一步提高。全面推进依法治市进程，广泛开展法制宣传教育，坚持依法办事，推进依法行政，规范行政行为。加强国防后备力量建设。扎实推进“双拥”工作，进一步密切了军政、军民关系。

（九）高度重视，精心策划，确保了重大活动圆满成功

一是成功组织了北京奥运火炬接力桂林传递活动，实现了“安全、顺畅、和谐、热烈”的目标，充分展示了桂林的良好形象。二是精心组织参加了第五届中国—东盟博览会，取得了丰硕成果。三是精心组织了桂林地市合并10周年庆典和山水文化旅游节，向海内外来宾充分展示了桂林地市合并10年来的巨大成就和发展优势，加强了与海内外旅游界的沟通与合作。四是组织开展了自治区成立50周年大庆的系列纪念活动和迎接中央代表团到桂林慰问活动，并取得圆满成功，受到中央慰问团和自治区党委的高度评价。五是继续开展文明城市创建活动，认真做好第五轮自治区文明城市和第二次全国文明城市的迎检工作，进一步美化了城市环境，提升了城市品位。

（十）继续开展平安建设活动，确保了社会和谐稳定

始终坚持把维护社会稳定放在首位，扎实推进平安桂林建设。认真落实维护社会稳定责任制和突发公共事件应急管理工作机制，扎实开展县委书记“大接访”活动，及时果断地化解矛盾纠纷。认真做好群防群治工作，积极开展多种形式的严打整治专项行动，稳、准、狠地打击各种刑事犯罪活动。加强安全生产监管，有效遏制了重特大生产安全事故的发生。全市社会和谐稳定，较好实现了“五个坚决防止”、“三个杜绝、一个减少”的目标。

（十一）开拓创新，进一步推进了党的建设新的伟大工程

按照党的十七大部署，以党的执政能力建设和先进性建设为主线，以改革创新为动力，全面加强党的建设，为桂林改革发展提供了坚强的组织保证。

着力加强领导班子思想组织建设。分期分批举办副处级以上领导干部培训班，认真抓好十七大精神的学习培训。认真学习贯彻《中共中央关于进一步完善地方党委领导班子配备改革后工作机制的意见》，坚持班子集体领导和个人分工负责相结合的制度，切实发挥各级党委班子“总揽全局，协调各方”的核心领导作用。认真贯彻执行民主集中制，改进领导作风，着力提高领导班子的凝聚力和战斗力。严格执行《党政领导干部选拔任用工作条例》，严把干部选拔任用关，创新领导干部选拔任用机制，着力提高选人用人公信度。

切实加强基层组织建设。充分发挥基层党组织推动发展、服务群众、凝聚人心、促进和谐的作用。特别是在抗击雨雪冰冻灾害、抗洪抢险斗争中，充分发挥基层党组织的战斗堡垒和党员先锋模范作用，涌现了一批先进基层党组织和优秀共产党员。通过推行“公推直选”和“两推一选”，完成了农村、社区“两委”换届选举工作。

不断加强党风廉政建设。制订了《桂林市建立健全惩治和预防腐败体系2008～2012年工作规划实施细则》，从整体上推进惩治和预防体系建设。认真落实党风廉政建设责任制，深化从源头上预防腐败工作。坚决纠正各种不正之风和严肃查处违纪违法案件，严惩腐败分子。深入开展反腐倡廉教育和廉政文化活动，努力使党员领导干部始终保持共产党人的政治本色，筑牢拒腐防变的思想道德防线。

以上报告是市委常委会一年来的主要工作。这些工作的开展和各项成绩的取得，是党中央、国务院亲切关怀和自治区党委、政府正确领导的结果，是我市各级党组织团结带领广大干部群众奋力拼搏的结果。各位委员、候补委员对我们的工

作给予了真诚帮助和大力支持。借此机会，我代表市委常委会，向全市各级党组织和广大干部群众，向市委各位委员、候补委员，表示衷心的感谢和崇高的敬意！

但是，在看到成绩的同时，我们也清醒地认识到，一年来，我们的工作还存在一些不足和问题，在加强和改进上需要作出不懈努力。首先，我们要深入学习贯彻科学发展观，全面系统把握精神实质和根本要求，着力在用科学发展观武装头脑、指导实践、推动工作上下工夫，进一步提高领导科学发展的能力。其次，针对当前经济发展进程中面临的机遇和挑战，要牢牢把握经济发展的主动权，研究切实可行的应对措施，控制经济下滑，把握发展机遇，强力推进城市建设、重大基础设施建设、工业发展、县域经济发展等重点工作，尽快改变经济总量小、城市不大不强、产业不大不强、后劲不足的现状。要充分激发各级干部干事创业激情，健全完善各种工作机制，营造良好发展环境，推动工作开展。要进一步关注群众热点难点问题，化解矛盾，维护社会和谐稳定。

二、2009 年主要工作

今年是中华人民共和国成立 60 周年，也是实施科学发展三年计划的关键之年，机遇和挑战前所未有。做好今年的各项工作，完成各项目标任务，有效化解金融危机冲击，对于继续保持我市经济的持续稳定发展，具有十分重要的意义。今年和今后一个时期全市经济社会发展的总体要求是：坚持以邓小平理论和“三个代表”重要思想为指导，深入学习贯彻科学发展观，全面落实党的十七届三中全会、自治区党委九届七次全会、中央和自治区经济工作会议精神，立足桂林实际，科学谋划发展，实施一大战略，狠抓两大经济，做强五大产业，推进“三化”进程，坚持走农业稳市、文化立市、旅游兴市、工业强市之路，全面完成科学发展三年计划，努力实现科学发展、加快发展、跨越发展，让桂林城市靓起来、企业强起来、市民雅起来、百姓富起来。实施一大战略，就是坚定不移地实施“保护漓江，发展临桂，再造一个新桂林”的发展战略；狠抓两大经济，就是狠抓园区经济和县域经济；做强五大产业，就是把汽车及零部件、食品饮料、锰业、机械电器、电子信息作为重点产业发展；推进“三化”进程，就是加快工业化、城镇化和农业产业化发展。

贯彻这一总体要求，经过充分分析论证，确定了今年全市经济发展的预期目标：生产总值预期目标增长 12%，力争 14%，确保突破 1000 亿元；财政收入预期目标增长 12%，力争 14%，确保实现 95.8 亿元，力争达到 100 亿元；全社会固定资产投资确保完成 608 亿元，力争达到 778 亿元。围绕这一任务目标，我们必须充分把握国家为应对全球金融危机相继出台保增长、扩内需、调结构的政策措施，以更加积极的姿态、更加开放的眼光、更加宽广的胸怀、更加务实的举措，狠抓工作落实，确保目标任务的全面完成，为全面实现科学发展三年计划奠定坚实的基础。

在经济建设方面：必须把保持经济平稳较快增长作为首要任务，切实转变经济发展方式，加快构建现代产业体系，着力增强经济发展的竞争力。一要充分把握国家实施积极财政政策和适度宽松货币政策的机遇，切实把扩大投资作为今年工作的重中之重。要以项目为载体，大力争取国家投资，积极培育多元化投资主体，充分发挥银行投资的主渠道作用，千方百计扩大投入，确保投资高速增长。二要认真落实中央和自治区一系列扶持企业发展的优惠政策，扶持企业调整产品结构和经营策略，千方百计帮助企业渡过难关；以汽车及零部件、食品饮料和农产品深加工、锰业、机械电器、电子信息、橡胶制品、医药及生物制品、竹木加工、建材、电力生产等优势产业为重点，以技术创新和品牌建设为核心，全力推进企业技术改造，做大做强支柱产业，提高企业核心竞争力；加强园区建设，继续提升园区的承载能力和服务功能，为更多大项目进驻园区创造条件。三要全面贯彻落实党的十七届三中全会和自治区党委九届七次全会精神，以我市农村改革发展的实施意见为指导，着力推进我市农村改革，加快现代农业发展，确保农业增长、农民增收、农村稳定。四要进一步发挥优势、整合资源，培育品牌、打造精品，完善管理、优化服务，着力推进旅游方式转型，提升壮大旅游业。五要积极推进文化体制改革，加快培育文化强优企业，加快文化产业发展，努力把文化资源优势转化为经济优势。六要继续深化国有企业改革，加快推进农村改革和行政管理体制改革，不断排除发展的体制机制障碍。要继续解放思想，扩大开放，着力在招大商、引强商上下工夫，进一步增强发展活力。

在城市建设方面：要全面实施自治区党委、政府提出的“保护漓江，发展临桂，再造一个新桂林”的发展战略，充分把握良好机遇，整合资源，加大投入，把今年确定为“城市建设高潮年”，迅速掀起以临桂新区建设、老城区疏解提升和各县城、重点镇为主战场的城市建设新高潮。

在社会和民主政治建设方面：要继续推进教育、卫生、科技、文化、体育、计划生育等各项社会事业发展；要切实加强能源资源节约和生态环境保护，增强可持续发展能力；要实施积极的就业政策，加强社会保障体系建设，着力解决人民群众最关心、最直接、最现实的利益问题，切实保障和改善民生，千方百计维护社会和谐稳定；要继续加强国防后备力量建设，推进“双拥”工作取得新成绩；要进一步加强基层政权建设，健全民主制度，广泛听取人大代表、政协委员、各民主党派、工商联的意见和建议，推进决策的民主化、科学化；切实加强统一战线工作，加强对群团工作的组织领导，充分调动方方面面的积极性和创造性，凝聚发展合力。

在党的建设方面：要紧紧围绕提高领导水平和执政能力，认真开展学习实践科学发展观活动，进一步加强基层组织建设和干部队伍建设；继续深化宣传思想工作，努力营造积极向上的社会舆论环境；坚持标本兼治、综合治理、惩防并举、注重预防的方针，扎实推进惩治和预防腐败体系建设，筑牢拒腐防变的坚强防线。

同志们，今年是实施科学发展三年计划的关键之年。做好今年的各项工作，任务艰巨、使命光荣。全市各级党组织和广大党员干部要坚持以邓小平理论和“三个代表”重要思想为指导，深入贯彻落实科学发展观，在自治区党委的正确领导下，团结和带领全市各族人民，抢抓机遇，攻坚克难，锐意进取，开拓前进，确保全面完成各项任务，以优异的成绩迎接新中国成立60周年。

桂林市人大常委会工作报告

——2009年2月5日在桂林市第三届人民代表大会第五次会议上

桂林市人大常委会副主任　韦广雄

各位代表：

我受市人大常委会的委托，向大会作工作报告，请予审议。

一、过去一年的主要工作

2008年是极不平凡的一年。面对复杂、多变、严峻的形势，市人大常委会在中共桂林市委的领导下，坚持以邓小平理论和“三个代表”重要思想为指导，认真学习贯彻党的十七大精神，深入贯彻落实科学发展观，坚持党的领导、人民当家作主、依法治国的有机统一，围绕加快发展这个第一要务和全市工作大局，切实履行宪法和法律赋予的职责，开拓进取，扎实工作，充分发挥地方国家权力机关的职能作用，为促进我市经济社会发展和社会主义民主法制建设作出了积极贡献。

一年来，常委会共举行会议10次，举行主任会议20次，听取和审议“一府两院”专项工作报告14项、执法检查报告6项，提出审议意见13份，作出决议、决定13项。

(一)围绕中心，促进发展，依法行使重大事项决定权

根据宪法和法律的规定，常委会对涉及我市带有根本性、全局性、长远性的问题，适时依法作出决议、决定。常委会听取和审议了市人民政府关于2007年市本级决算及审计工作报告、2008年上半年国民经济和社会发展计划执行情况和预算执行情况报告以及市人民政府提请的2008年市本级财政预算调整方案，分别作出了关于批准2007年市本级决算、2008年市本级财政预算调整方案的决议。为加快实施“保护漓江，发展临桂，再造一个新桂林”发展战略，推进临桂新区建设，常委会在就临桂新区建设有关项目的可行性论证、投资规模、融资渠道、偿债能力等进行深入调研的基础上，及时、认真地审议了市人民政府《关于提请审议给予临桂县环城北路改造工程项目提供财政专项补偿资金的议案》，作出了批准该议案的决定，同意市人民政府给予临桂县环城北路改造工程项目提供财政专项补偿资金。同时要求市人民政府健全政府债务管理机制，控制好债务规模，防范财政风险，确保市本级财政收支平衡；加强项目监督管理，加快项目建设，保质按时竣工发挥作用。通过发挥人大常委会依法行使重大事项决定权的职能作用，围绕全市工作大局议大事、定大事，有力地保障和促进了我市经济社会的科学发展、和谐发展。

(二)加强和改进监督工作，促进依法行政、公正司法

常委会始终坚持以科学发展观为指导，从我市实际出发，通过综合运用听取和审议“一府两院”专项工作报告、组织执法检查、开展视察调研等基本监督方式，选择涉及改革发展稳定方面的重大问题和关系人民群众切身利益的热点难点问题开展监督工作。不断加强和改进监督工作，努力增强监督实效，促进了法律法规的贯彻实施，推动了“一府两院”相关工作的深入开展。

加强对“十一五”规划实施的监督。常委会听取和审议了市人民政府关于《桂林市国民经济和社会发展第十一个五年规划中期评估情况报告》。为做好审议工作，常委会专门成立了专题调研工作领导小组和3个调研组，分别听取了市人民政府42个部门的汇报，对12县5城区政府执行“十一五”规划的情况进行了了解，实地视察了市、县(区)的部分重点建设项目，形成调研报告，提出了有针对性的审议意见。通过这项工作，加强了对“十一五”规划实施情况的监督，改变了过去重规划编制、轻执行评估的状况，维护了规划的严肃性和权威性，推进了我市经济管理工作的科学化、制度化，有力地促进了“十一五”规划目标任务的顺利实施。

加大对计划、预算的监督。加强计划和预算监督，是加强和改进人大监督工作的一项重要内容。按照监督法要求，常委会把对计划和预算的严格监督，作为年内的一项重要工作来抓，先后听取和审议了市人民政府的5个专项工作报告。在工作中，常委会重视加强调研工作，改进调研方法，全面掌握监督事项的真实情况，提出客观准确的审议意见；同时讲求科学方法，正确处理监督与支持的关系，既敢于触及监督中的难点，又支持政府解决好一些具体问题，从而强化了计划和预算的监督力度，促进了市三届人大四次会议批准的国民经济和社会发展计划与财政预算目标任务的完成。

加强对重大项目的监督。为了加快临桂新区建设，确保重大项目建设顺利推进，常委会听取和审议了市人民政府《关于临桂新区规划建设情况的报告》、《关于机场路扩建改造情况的报告》，提出了建设性意见，促进了临桂新区建设和机场路的扩建改造。

加强对生态建设和环境保护工作的监督。常委会组织调研组对我市城市污水处理和城市排水管理情况进行调研，并听取和审议了市人民政府的专项报告。审议提出了要依据国家有关法规，结合我市实际，编制出台城市排水管理办法，加大城市污水处理设施建设项目资金投入，加快建设和完善雁山污水处理厂，抓好临桂新区排水设施规划建设，重视解决好污水处理后的污泥处置和城中村污染问题等意见。

加强对职业教育工作的监督。常委会在组织对我市三年职业教育攻坚第一年工作情况进行深入调研后，听取和审议了市人民政府关于贯彻自

治区《关于全面实施职业教育攻坚的决定》情况的报告，有针对性地提出了意见和建议，促进了职业教育教学改革的深化，推进了职教项目建设，增强了职业学校发展后劲。

加强对人大决议、决定贯彻落实情况的监督。为推动市人大及其常委会作出的决议、决定得到有效的贯彻执行，常委会通过组织专题调研的方式，分别对市人大及其常委会近年来作出的关于加强桂林市城区道路交通基础设施建设改善道路交通拥堵状况、关于允许在市区限制性销售燃放烟花爆竹、关于加强消防基础设施建设完善城市消防安全体系、关于进一步加强网吧及网络游戏管理等决议、决定的落实情况进行调研，并听取和审议了市人民政府的相关工作报告，进一步强化了对人大决议、决定执行情况的监督。通过对有关情况的了解，市人民政府在贯彻落实上述决议、决定中做了大量工作，取得积极成效。尤其是去年市三届人大四次会议通过《关于加强桂林市城区道路交通基础设施建设、改善道路交通拥堵状况的议案的决议》后，市人民政府认真抓好贯彻执行决议的研究部署，积极采取有力措施，改善城区交通基础设施，整治交通拥堵节点，抓紧施工有关的路桥建设改造项目，城区路网建设取得了较大进展。

加强普法和执法情况的监督。为加强对普法、执法情况的监督，加大依法治市工作力度，常委会听取和审议了市人民政府《关于"五五"普法规划中期执行情况专项工作的报告》，并根据年初确定的工作要点，有重点、有计划地开展执法检查，先后对港口法、治安管理处罚法、文物保护法、民族区域自治法、农产品质量安全法、渔业法、农民专业合作法、民族乡行政工作条例、历史文化名城名镇名村保护条例和自治区水路运输管理条例等10部法律法规的贯彻实施情况进行了检查。在执法检查中，注意改进方法，增强实效，促进了"一府两院"依法行政、公正司法。

重视和加强信访工作。常委会重视人民群众来信来访工作，把信访工作作为联系群众、了解民情的窗口和维护人民群众合法权益的一项重要工作来抓，建立了领导分工责任制和信访信息网络，完善了信访件交办、转办和督办工作程序，建立了12县5城区人大系统信访数据网络上报体系和信访月报制度，有效地拓展了信访信息渠道，提高了信访工作效率。一年来，共接待群众来信来访1074件，已直接办复782件，转有关部门办理292件；办理上级人大交办件27件，并对全国人大转来的11件重复信访件实行专人负责，都已全部办结。同时，还收到涉法涉诉信访件42件，经认真审查，均区别情况给予解释或转交有关单位处理。

（三）依法行使人事任免职权，加强任免工作

常委会坚持党管干部与人大依法任免国家机关工作人员的有机统一，充分发扬民主，严格依法办事，完善有关任免制度，及时任免国家机关工作人员，为地方国家机关的正常运转提供了坚实的组织保证。一年来，共依法任免国家机关工作人员70人次。常委会任命国家机关工作人员，坚持对拟任命人员与常委会组成人员见面、使用无记名表决、颁发任命书等制度，增强了人事任免工作的透明度。同时，按照市人大常委会《关于决定任命、任命地方国家工作人员的规定》，举办了受任命地方国家工作人员第一期法律学习班，共79人参加学习，增强了受任命干部的公仆意识和自觉接受人大监督的意识，提高了人事任免工作质量。

（四）进一步加强代表工作，充分发挥代表作用

常委会认真贯彻中央5号文件关于进一步发挥人大代表作用、加强人大常委会制度建设的若干意见的精神，把加强代表工作作为重点，积极探索代表工作的新路子，采取多方面措施，努力加强和改进代表工作，密切与代表的联系，为代表依法履职提供保障，支持和保证人大代表依法执行职务，充分发挥代表作用。

认真办理代表建议、批评和意见。为切实做好代表建议的办理工作，常委会通过了《关于人大代表建议、批评和意见处理办法》，改进和完善了代表建议的办理程序，使代表建议办理工作更加制度化、规范化。市三届人大四次会议期间共收到98件代表建议、批评和意见，常委会及时将代表建议按程序进行交办（其中10件代表建议作为重点督办），并加大了代表建议的跟踪督办力度，使代表建议得到及时办理，实现了100%的答复率。经向市人大代表征求意见，代表对建议办理工作基本满意率达95.2%。组织开展了评选表彰市三届人大四次会议代表优秀建议和承办

建议先进单位活动，进一步增强了人大代表提交建议、承办单位办理代表建议的责任心和荣誉感。

切实加强和改进代表工作。一是拓宽代表知情知政渠道。常委会坚持邀请代表列席常委会会议制度，邀请代表参与常委会组织的执法检查和工作调研，组织召开有相关单位参加的代表意见告知会，及时向代表寄送常委会公报，将“一府两院”的重大工作部署和常委会的审议内容和作出的决定、决议通报代表，为代表更好地依法履职创造了条件。二是密切与代表的联系。坚持常委会领导接待代表日制度，完善了走访代表和联系代表工作方案，使常委会在闭会期间与代表的沟通与交流得到了加强。三是积极组织代表培训。去年6月，常委会举办了市三届人大代表第二期培训班，共有200多名代表参加，进一步提高了代表的综合素质。四是精心组织代表活动，制订印发了2008年市人大代表小组活动指导性计划，组织代表开展调研、视察等活动，督促各县(区)制订落实了市人大代表小组活动方案，推动了代表小组活动的活跃开展。五是努力为代表履职创造良好条件。为代表编辑印发了市三届人大代表履职经验选编和市三届人大四次会议代表建议合订本以及市人大代表通讯录，订制发放了有关学习资料和电子U盘，方便了代表的学习和工作。

(五)加强同各级人大的联系，积极做好有关工作

协助上级人大开展工作。积极配合全国人大、自治区人大在我市开展的有关法律法规的立法调研和执法检查工作。受自治区人大常委会委托，组织完成了本选区的自治区人大代表小组年中专题调研和视察活动。

加强同外地市人大常委会的联系。继续加强与兄弟市人大的联系，互相学习，交流沟通，共同提高。先后出席了在无锡、永州、崇左等地召开的自治区内外城市人大工作联席会。成功举办了全国22城市人大常委会第二轮第十二次联席会议，获得了与会城市的一致好评。组织人大干部职工参加自治区人大系统第二届职工运动会，取得较好成绩，展示了我市人大干部队伍的精神风貌。

加强与县、区人大的联系和工作指导。召开了全市县、区人大工作座谈会，交流了工作经验，促进了县、区人大工作。坚持邀请县、区人大常委会负责人列席常委会会议制度，一年来共邀请36人次列席常委会会议。各专委会通过召开座谈会等形式，加强对县、区人大对口工作部门的联系和指导。

积极开展对外友好往来。常委会组团成功出访韩国、日本，同时做好了加拿大中加友好代表访问团、韩国友好访问团等多批外宾的接待工作。

重视人大宣传工作。加强了与宣传部门、新闻单位的联系，改进了人大常委会依法履行职责的日常性报道和人大工作的专题性报道，报道质量和宣传效果有了新的提高。举办了第七届宣传人民代表大会制度好新闻评选活动，评出获奖作品43件。继续以创新精神办好《桂林人大》杂志、《桂林人大》网站，刊物和网站质量有所提高，成为我市宣传人大制度和人大工作的重要阵地。

(六)坚持正确政治方向，不断加强自身建设

常委会始终坚持正确政治方向，把加强思想、作风、制度建设以及机关干部队伍建设放在重要的工作位置上，不断提高履职水平。

一是深入学习贯彻党的十七大精神和胡锦涛等中央领导同志的重要讲话精神。2008年初，正当我市遭遇历史罕见的严重雨雪冰冻灾害关键时候，总书记胡锦涛来到广西，发表了重要讲话，为我们夺取抗灾救灾全面胜利和进一步解放思想、推进改革开放提供了强大的精神动力。同年3月，总书记胡锦涛在全国“两会”党员负责人会议上，对做好新形势下的人大工作提出了“第一要坚持正确政治方向；第二要增强工作实效；第三要提高依法履行职责的能力”的要求。吴邦国委员长也多次在全国人大常委会会议上就坚持正确政治方向、努力把人大工作提高到一个新水平、切实加强常委会自身建设等问题作了重要讲话。对此，常委会多次组织组成人员、主任会议成员和机关干部，结合学习贯彻党的十七大精神，结合开展继续解放思想大讨论活动，结合新时期人大工作实际，认真学习领会胡锦涛等中央领导同志的重要讲话精神，从而进一步明确和坚定了人大工作的政治方向，把思想和行动统一到了中央对人大

工作的要求上来，落实到人大各项具体工作之中。

二是扎实开展继续解放思想大讨论活动。按照市委的统一要求，常委会机关制订了继续解放思想大讨论活动方案，有组织、有步骤地在机关上下开展了大讨论活动。在开展活动过程中，坚持把继续解放思想大讨论活动与深入学习党的十七大精神和总书记胡锦涛在广西考察工作时的重要讲话精神结合起来，与贯彻实施“保护漓江，发展临桂，再造一个新桂林”的重大战略结合起来，与做好新形势下人大工作结合起来。努力把继续解放思想大讨论活动的成果落实到抢抓机遇、加快发展的实际工作中，以思想大解放，促进工作大转变。通过开展继续解放思想大讨论活动，使人大机关干部队伍素质得到进一步提高，为常委会更好地依法履职，在围绕中心、服务大局上更有作为，不断开创人大工作新局面奠定了坚实的思想基础。

三是认真贯彻落实自治区党委《关于进一步加强和改进人大工作决定》和自治区人大工作会议精神。2008 年 7 月，自治区党委下发《关于进一步加强和改进人大工作决定》和召开自治区人大工作会议，对新形势下坚持和完善人民代表大会制度、加强和改进党对人大工作的领导、支持和保证人大及其常委会依法行使职权、进一步发挥各级人大代表作用、加强各级人大及其常委会自身建设等重要问题作了明确规定，对做好自治区人大工作进行全面部署，提出了任务和要求。会后，市人大常委会采取多种形式，深入学习宣传自治区党委决定精神和自治区人大工作会议精神，并努力贯彻落实到工作中。在积极配合自治区人大调研组到我市部分县区调研、检查决定落实情况的同时，常委会党组主动向市委汇报全市人大工作情况，争取市委更大支持，解决好贯彻执行决定中的困难和问题。在市委的高度重视下，常委会就贯彻落实决定精神，组织有关人员进行调查了解，召开了县、区人大常委会主任会议和办公室主任会议征求意见，并结合实际，草拟了市委《关于进一步加强和改进人大工作决定》，协助筹备了全市人大工作会议。2008 年 12 月，市委作出《关于进一步加强和改进人大工作决定》，并隆重召开全市人大工作会议，更进一步指明了我市人大工作的前进方向，也更进一步增强了我们做好新形势下人大工作的信心和力量。

四是切实加强人大干部队伍建设。常委会坚持求真务实、走群众路线，不断改进工作作风，加强调查研究和视察活动，努力掌握社情民意，真实反映群众的呼声，使人大监督工作更有实效。积极组织机关干部参加“学习贯彻十七大精神征文比赛”活动、干部读书月活动，着力提高干部队伍的理论素养。开展创建“五型机关”、“四好干部”、以“八荣八耻”为主要内容的社会主义荣辱观教育实践活动和坚持廉政勤政、促进科学发展主题教育活动。认真落实党风廉政建设责任制，加强从政道德教育、党的优良传统和作风教育，增强人大干部廉洁自律、勤政为民的意识。加强对机关干部的培训，完成了机关科级干部晋升、配备、调整和选调工作，提高了干部队伍的整体素质。

各位代表，2008 年常委会工作所取得的成绩，是市委正确领导、常委会组成人员共同努力、全体市人大代表和市“一府两院”大力支持的结果。在此，我谨代表市人大常委会，向全体人大代表，向所有关心和支持人大工作的各级组织、社会各界，表示衷心的感谢，并致以崇高的敬意！

各位代表，过去的一年，常委会的各项工作虽取得了一定成绩，但仍存在着一些问题和不足，主要是：程序性的监督较多，实质性的监督不够，监督工作还没有取得有效突破；依法行使重大事项决定权工作还比较薄弱，实效还不明显；自身建设还需进一步加强等。这些问题和不足，常委会将在今后的工作中认真加以改进。

二、今年的主要工作任务

各位代表，2009 年是新中国成立 60 周年的大庆之年，是全面实施科学发展三年计划的重要之年，也是攻坚克难、抢抓机遇、实现跨越发展的关键之年。在新的一年里，市人大常委会将在中共桂林市委的领导下，坚持以邓小平理论和“三个代表”重要思想为指导，全面贯彻党的十七大和十七届三中全会精神，深入贯彻落实科学发展观，坚持党的领导、人民当家作主和依法治国有机统一，紧紧围绕市委三届五次、六次全会作出的决定和关于进一步加强和改进人大工作的决定，从维护和促进全市改革发展稳定的大局出发，切实履行法定职责，为坚持和完善人民代表大会制度，推进我市社会主义民主政治建设，建设富裕文明和谐新桂林作出新的更大的贡献。

（一）进一步贯彻落实党的十七大精神，深入学习实践科学发展观，努力把人大工作提高到一个新水平

牢固树立党的观念、政治观念、大局观念、群众观念和法治观念，进一步统一思想，明确任务，落实措施。扎实开展深入学习实践科学发展观活动，提高以科学发展观统领人大工作的能力和本领。全面贯彻自治区党委、市委《关于进一步加强和改进人大工作的决定》以及自治区、全市人大工作会议精神，加强对全市贯彻落实情况的督促检查。紧紧围绕市委三届五次、六次全会提出的全面完成科学发展三年计划，实现科学发展、加快发展、跨越发展的目标任务，切实履行职权，努力在继续解放思想上迈出新步伐，在坚持改革开放上实现新突破，在推动科学发展上取得新进展，在促进社会和谐上见到新成效。

（二）按照围绕中心、服务大局、突出重点、讲求实效的要求，切实加大监督力度，增强监督实效

一是突出发展主题，把市委的工作重点、政府的工作难点列为常委会会议的重要议题，充分发挥人大职能作用，强化监督力度，今年重点围绕“三农”工作、重大项目建设、城乡低保、代表建议办理等方面问题，听取和审议“一府两院”的专项工作报告。二是进一步加强改进计划和预算执行情况的监督，重视我市经济发展和运行质量，着力完善以预算审批为重点的监督制度，督促深化部门预算监督，加大对预算外资金的监督力度。三是加强政府重大建设项目的监督力度，组织开展有关视察活动。四是加强审议意见的督促落实，督促常委会对临桂新区建设、机场路建设等重点项目的审议意见落到实处，确保审议意见不走过场，收到实际效果。五是进一步深化“五五”普法教育，加强人民代表大会制度和以宪法为核心的民主法制宣传工作，大力推进领导干部学法制度，努力营造依法治市的良好氛围。六是继续有重点、有计划地开展执法检查工作，将对公路法、防震减灾法、水法、科学技术进步法、律师法、中小企业促进法等法律法规开展执法检查，督促“一府两院”严格执法、公正司法。七是依法开展对司法机关的工作监督，在增强监督实效上下工夫，推动法律法规的正确实施，确保法律得到尊重和维护。八是开展工作调研，围绕农业农村工作、城市市容卫生、节能减排、漓江饮用水保护、药品食品卫生安全、全民健身活动、打击盗版维护版权、广播电视数字化等人民群众普遍关心的热点问题，开展调研工作。

（三）进一步加强代表工作，充分发挥代表作用

进一步密切与人大代表的联系，完善常委会领导接待代表日、重要情况通报会、常委会组成人员联系代表、代表列席常委会会议制度，形成多层次、多渠道、多形式与代表联系的工作格局。积极组织代表开展闭会期间视察、执法检查、评议和调研活动，努力拓展代表的知情知政渠道。加强对代表小组活动的指导，不断增强闭会期间代表小组活动的实效。认真受理和交办代表对我市各方面工作提出的建议、批评和意见，加强对代表议案、建议的督办工作，改进和完善办理程序，着力抓好重点议案、建议的办理进度和质量。加强代表培训工作，继续组织代表进行专题培训学习，不断提高代表依法履职的能力和水平。

（四）进一步加强常委会自身建设，着力提高依法履职水平

加强常委会及其机关的思想、作风和制度建设，增强常委会组成人员的责任意识和使命意识，始终保持开拓进取、奋发有为的精神状态。进一步转变工作作风，深入实际，调查研究，不断提高工作效率和服务水平。继续加强常委会各项工作制度和机关规章制度建设，推进制度创新，狠抓制度落实，使人大工作依法有序，科学规范。进一步加强机关党的建设和干部队伍建设。加大对人大工作的新闻宣传力度，全面提高我市人大宣传工作水平。

各位代表，让我们在中共桂林市委的领导下，高举中国特色社会主义伟大旗帜，坚持以邓小平理论和“三个代表”重要思想为指导，深入贯彻落实科学发展观，坚定信心，抢抓机遇，迎难而上，奋发进取，扎实工作，为进一步推动我市科学发展、和谐发展、跨越发展和建设富裕文明和谐新桂林作出新贡献，以优异成绩迎接新中国成立60周年！

政府工作报告

——2009年2月4日在桂林市第三届人民代表大会第五次会议上

桂林市市长　李志刚

各位代表：

现在，我代表市人民政府向大会作工作报告，请予审议，并请各位政协委员和其他列席人员提出意见。

一、2008年工作回顾

2008年是极不寻常的一年。面对复杂多变的形势和来自多方面的严峻挑战，我们认真贯彻自治区党委、自治区政府的决策部署，在市委的正确领导下，全面落实科学发展观，以开展继续解放思想大讨论为动力，把加快发展作为最大的政治、最硬的道理、最紧迫的任务，制订和实施科学发展三年计划，团结带领全市人民，克难攻坚，奋力拼搏，较好地完成了市三届人大四次会议确定的年度目标任务。全市实现地区生产总值883.02亿元，(比上年，下同)增长12.9%；财政收入85.55亿元，增长18%；全社会固定资产投资485.96亿元，增长20.6%；社会消费品零售总额277.89亿元，增长23.7%；节能减排达到自治区控制指标要求；城镇居民人均可支配收入14636元，增长13.4%；农民人均纯收入4465元，增长14.3%；城镇登记失业率3.98%；人口自然增长率6.17‰。三次产业结构由上年的21.2∶42.6∶36.2调整为19.4∶45.2∶35.4。我市荣获“全国创建文明城市工作先进城市”、中国国际友好城市交流合作奖，成为广西唯一的“国家知识产权示范城市创建市”。各项事业加快发展，社会保持和谐稳定。

(一)抗击自然灾害取得胜利，应对金融危机措施有效

2008年初，我市遭遇百年罕见的低温雨雪冰冻灾害，全市291.12万人受灾，直接经济损失199.35亿元；6月又遭受50年一遇的洪涝灾害，179.67万人受灾，直接经济损失23.14亿元。面对连续的自然灾害，在总书记胡锦涛亲临指导和党中央、国务院亲切关怀下，在自治区党委、政府和市委的正确领导下，我们坚持把抗灾救灾作为执政为民的头等大事，一手抓抗灾救灾与灾后重建，一手抓经济社会发展，生产、生态恢复，因灾倒塌房屋和损毁基础设施重建工作顺利完成，取得抗击严重低温雨雪冰冻灾害和洪涝灾害的全面胜利。

正当我市经济全面恢复增长的时候，9月下旬以来，我们又受到国际金融危机的冲击，经济增速放缓。对此，我们及时研究、沉着应对，全面贯彻落实中央一系列关于进一步扩大内需、保持经济平稳增长的政策措施，动作快、工作实，加强经济运行调控，加快项目建设，千方百计帮助企业解决困难，保持了全市经济平稳较快发展的势头。

(二)工业主导地位增强，综合经济实力跃上新台阶

工业经济快速发展，主导作用逐步凸显　工业总产值突破千亿元大关，达1024.37亿元，增长29.6%。工业对全市经济增长贡献率达55.5%。

规模工业总产值631.83亿元，增长34.4%；新增产值超亿元企业31家，总数达138家，其中20亿元以上企业（集团）4家，10亿元～20亿元企业6家，5亿元～10亿元企业15家，1亿元～5亿元企业113家。优势产业不断壮大，食品饮料产业提前实现产值超百亿元目标，达109.76亿元。园区建设成效显著，新增自治区批准的A类工业集中区3个，B类工业集中区2个，基础设施建设完成投资6.80亿元，新建标准厂房51.50万平方米，新增入园工业企业92家。全市新开工工业项目490项，比上年增加50项，总投资73.95亿元。高新技术产业有新发展。企业"退二进三"搬迁改造有序推进。非公工业经济进一步壮大，产值占工业比重67.8%。县域工业发展强劲，规模工业总产值增长46.8%。

农村经济持续发展，特色农业效益显著　全力抓好灾后恢复重建工作，实现大灾之年农业增产、农民增收、农村稳定。全年完成农林牧渔业总产值276.32亿元，增长7%，其中粮食、水果、蔬菜、食用菌、毛竹、花卉、中药材、养殖等10大特色农业产值占81%。粮食连续5年增产，总产量185.19万吨。粮食、水果、蔬菜、食用菌面积和产量均居自治区前列。农业产业化有新进展，新增重点龙头企业26家、农村合作组织563家，分别辐射带动56.68万户和21.86万户农民增收。全市财政支农资金投入13.1亿元，增长67.7%，其中落实国家惠农政策补助资金5.73亿元，增长169%。劳务经济持续活跃，全市外出就业农民工达100万人次。

旅游效益明显提高，第三产业稳步发展　《桂林市旅游发展总体规划（修编）》通过评审。成功举办2008桂林山水文化旅游节、第十一届海峡两岸旅行业联谊会、第二届联合国世界旅游组织旅游趋势与展望国际论坛等系列活动。积极开展区域旅游合作，启动桂林机场口岸台胞签注，新开通桂林至大阪、桂林至吉隆坡两条国际航线。深入开展旅游"优质服务年"活动。桂林国旅等3家旅行社进入全国百强旅行社行列。加强景点景区建设，新增龙胜温泉旅游度假区等3个AAAA国家级旅游景区。精心策划和推出一批旅游产品和线路，全年接待国内外游客1626.9万人次，增长6.3%，旅游总收入突破百亿元，达100.26亿元，增长17.2%。交通运输、商贸物流、金融保险、邮政通讯、租赁中介等现代服务业持续健康发展，实现第三产业增加值312.06亿元，增长11%。

（三）城市建设迈出新步伐，城镇面貌发生新改观

积极贯彻自治区党委、政府"保护漓江，发展临桂，再造一个新桂林"的战略部署，临桂新区建设和老城改造提升同步推进，城市建设取得新成效。

临桂新区建设初步启动　新区总体规划获自治区政府批复，完成新区中心区城市设计（国际）方案的征集，新区中心区控制性详细规划通过评审，编制了新区市政基础设施、园林绿地系统、公共服务设施、水资源、电力电信、道路交通系统、人防工程等一批专项规划。出台《关于加快临桂新区开发建设的决定》《临桂新区农村集体土地被征收后的人员安置办法》等政策，组建临桂新区管理机构，理顺新区体制机制。成立新区投资公司，积极筹集新区建设资金，落实中国农业发展银行广西分行第一批5亿元贷款、中国建设银行广西分行8亿元贷款。全面开展新区土地调查和征地工作，土地调查面积1.62万公顷，累计获批用地800公顷，已征收301.53公顷。机场路改造工程、新区及秧塘工业园供水管网等基础设施项目加快建设。

老城区改造扎实推进　完成《桂林市城市总体规划（修编）纲要》初步方案论证和《秀峰区琴潭控制性详细规划》《雁山区科教园控制性详细规划》以及榕杉湖等5条特色街区规划方案。启动横塘路、中山北路等一批重要交通节点项目建设，其中福利路改造完工通车；续建的西环路三期、东二环路、中隐路等建设项目基本完工，灵三绕城高速公路顺利建成通车。完成机场路、中山路、信义路、东环路、解放西路、上海路等近40千米城市主干道以及城区至临桂机场路路段、城区至灵川高速公路路段1300多栋临街楼宇的立面改造工程。深化拓展"城乡清洁工程"，完成市区部分主次干道、重要节点和景区周边户外广告整治及照明工程。花化彩化滨江路，绿化美化城市广场、道路节点，全市城市绿化覆盖率达40.4%。

城镇建设进展加快　全州县、恭城瑶族自治县、阳朔县、荔浦县县城和全市39个乡（镇）完成总体规划修编。各县加快县城道路、给排水、垃圾处理、公厕、路灯、河堤等基础设施建设。湘桂走

廊、旅游通道沿线县城和重点乡(镇)建设提速,永福县完成"旅游型、工贸型、综合型小城镇"示范工程建设,阳朔镇、荔城镇、全州镇等一批旅游名镇、商贸重镇、工业强镇加紧建设,小城镇辐射能力不断提高,全市城镇化率达36.9%,增加1.6个百分点。

(四)开放合作成效显著,重大项目建设实现新突破

深入开展"大兑现、大服务、大招商"活动,推进"央企入桂"、"百企入桂"工作,中国电力投资集团公司、中国五矿集团公司等世界500强和国内知名企业落户桂林。引进风力发电机生产、太阳能光伏、LED照明应用等一批高新技术项目;积极促成新疆广汇、立白集团、华泽集团、康密劳公司等增资扩产。完成7家国有企业改制重组,引进资金2.5亿元。与自治区农村信用联社、中国农业发展银行广西分行分别签订150亿元和120亿元的金融合作框架协议。全年新签市外境内项目587个,总投资261.89亿元,其中新签并落实亿元以上项目51个,内资自治区外到位资金居自治区第三;实施市外境内项目1025个,到位资金256.77亿元,增长52.7%;新批外资项目22个,实际利用外资1.7亿美元,增长82.9%,居自治区第二。全年合同项目履约率超90%,开工投产率超50%,资金到位率30%。外贸进出口总额10.11亿美元,增长27.7%,其中出口6.95亿美元,增长31%。

全年实施重点项目147项,完成投资70.75亿元。一批重大基础设施和重大产业项目建设取得突破。桂林市区至阳朔、阳朔至平乐、全州至兴安等高速公路竣工通车,贵广铁路和湘桂铁路复线扩能改造项目如期开工,两江国际机场A380备降场工程顺利进行,桂林市防洪及漓江补水水利枢纽工程开工建设;鸿瑞科技光盘二期生产线、兴安海螺水泥二期技改等项目竣工投产,中国化工橡胶桂林有限公司全钢载重子午胎、桂林电力电容器公司超高压电力电容器生产基地等重大项目快速推进,莱茵生物制药、华力重工临桂生产基地等新项目全面开工,桂林福达集团汽车零部件产业园、桂林广运实业有限公司液化天然气深冷设备制造等在建重点项目进展顺利,为我市今后的发展打下良好基础。

(五)节能减排工作力度加大,生态环境建设呈现新面貌

开展"节能减排攻坚战"专项行动,依法关闭一批小砖瓦窑、小冶金等落后产能企业。阳朔、兴安县污水处理厂分别通过验收,雁山区和荔浦、临桂、灵川县污水处理工程建设进一步加快。全市万元生产总值能耗下降4.5%。节能38万吨标准煤,化学需氧量和二氧化硫排放总量分别控制在4.28万吨和6.37万吨以内。积极抓好低温雨雪冰冻灾害中受损林木清理和林区基础设施修复工作,完成迹地更新1.31万公顷、人工造林3.15万公顷,全市森林覆盖率达66.5%。新增沼气池2.11万座。启动市级医疗废弃物处置中心、临桂镇猪头岭城市生活垃圾填埋场建设。加强矿山秩序整治,乱采滥挖等破坏矿产资源行为得到有效遏制。生态环境质量继续保持自治区领先地位,全市环境空气质量优良,主要河流水质达到质量标准。进一步加强漓江流域自然生态保护,漓江风景名胜区环境更加优美。平乐、荔浦、临桂县荣获国家环境保护部授予的"国家级生态示范区"称号,全州、灌阳、永福县"国家级生态示范区"通过验收初审;恭城瑶族自治县"国家可持续发展实验区"通过国家科学技术部验收;阳朔镇成为自治区第一个国家级环境优美乡(镇)。

(六)保障和改善民生,和谐社会建设取得新成绩

社会保障和就业得到新发展　社会保险覆盖面继续扩大,出台提高机关事业单位养老保险个人缴费标准等政策,参保人员待遇持续改善;启动城镇居民医保工作,第一批参保3.5万人,低保对象、重度残疾人员全部纳入医保范围;失业保险基金实现市级统筹。临桂新区和11个县建立了被征地农民社会保障与促进就业相结合的安置制度。安排6462.78万元支持就业工程,开发公益性岗位4851个,新增就业6.2万人,其中下岗失业人员再就业1.27万人。城区动态消除零就业家庭,99个社区达到充分就业社区标准。新增农村劳动力转移就业6.3万人,全州县被评为全国劳动力转移就业工作示范县,资源县成为全国人力资源市场建设试点县。社会救助制度不断完善,社会福利事业进一步发展。

为民办实事全面落实　继续把为民办实事作为保障和改善民生工作的重要途径,筹集资金13.04亿元,全面完成18件实事,取得了预期的

社会效益和经济效益，职教攻坚超额完成20所中等职业学校改（扩）建工程25%的投资建设任务；资助贫困家庭大学新生6245人；新型农村合作医疗制度4城区1县，新增参合农民68.73万人，11家国有困难企业6313名退休人员参加医疗保险问题得到解决；新建廉租房5万平方米，新建经济适用房21.47万平方米，超额完成自治区下达的任务；免费向市民开放西山、南溪山、穿山、虞山和园林植物园5个公园；为缓解城市交通压力，对北极广场、芦笛路铁路道口等交通节点实施治理改造，启动胜利桥、雉山桥、穿山桥重建改造项目；建成100个社区警务室；新种毛竹052万公顷、毛竹低改4.14万公顷；完成413个农村文化图书室建设；新建成30个县乡计划生育服务站（所）；新改（扩）建78个乡（镇）兽医站；实施通乡油路、通行政村等级路面硬化工程16项，建设里程167.42千米；完成1029个自然村（屯）内道路硬化1216.7千米，受益农户26.7万人，创建633个文明卫生村；完成50个自然村新农村试点建设，受益农户1.6万人；编制3838个20户以上自然村（屯）新村建设规划，涉及81.3万农村人口；完成3000户农村困难群众和残疾人危房改造；实施农村人口饮水安全工程434处，解决12.2万人饮水安全问题，15个民族乡的人畜饮水和村寨防火基础设施得到加强。

社会事业取得新进步　成功举办北京奥运会火炬在桂林传递、桂林地市合并10周年庆典和迎接自治区成立50周年大庆等大型活动。实施农村义务教育“两免一补”政策，向37.8万农村学生免费提供国家课程教科书，向10.9万名农村困难寄宿学生提供补助7169万元，免除4.6万名城市义务教育阶段公办学校学生杂费。全社会科技项目投入13.8亿元，实施高新技术项目521项，实现工业新产品产值79.8亿元，增长38.3%；专利申请1055件，授权量578件，均居自治区第一。文化普及工作成绩显著，读书月和百姓文化大讲坛活动深入人心，成功组织国家舞台艺术精品工程展演和首届中国山水画艺术双年展。建成社区卫生服务机构36家，市区覆盖率达89.1%；有效处置问题奶粉事件和传染病防控。举办首届全市少数民族传统体育运动会，群众体育活动蓬勃开展。人口计生工作整体水平继续保持自治区领先地位，获得全国流动人口计划生育工作先进单位，灵川县获全国人口计划生育优质服务工作先进县。创建全国社会治安综合治理优秀城市取得阶段性成果。普法工作有序开展，人民调解工作成效显著，积极开展大接访活动，有效促进矛盾纠纷排查和化解工作，治安防控体系进一步完善，社会治安持续稳定。产品质量和食品药品监管进一步加强，安全生产继续稳定好转。民兵预备役建设水平、国防动员能力不断提高。

此外，民族事务、宗教、监察、审计、人事、统计、新闻出版、编制、外事、接待、机关事务、档案、供销、地震、民防、法制、侨务、农机、发展研究、地方志、社会科学、对台、房改、住房公积金管理、妇女儿童、老龄、残疾人等各项事业取得新进展，中直、区直驻桂单位不断取得新成绩。

各位代表！一年来，我们按照“务实、高效、清廉、法治”的要求，坚持科学决策、民主决策，大力推进依法行政，切实加强行政监督，进一步转变政府职能，精简和规范行政审批，拓宽政务公开渠道，提高政府执行力、控制力和公信力，政府自身建设不断加强。我们认真执行市人大的决议决定，自觉接受市人大的监督，加强同市政协的联系，支持政协委员发挥参政议政作用，认真办理人大代表和政协委员的议案、建议和提案，办复人大代表建议96件、议案1件，办复政协委员提案282件。广泛听取各民主党派、工商联、无党派人士意见，支持工会、共青团、妇联等人民团体更好地发挥作用。

回顾2008年的工作，我们深感每一步发展、每一份成就都来之不易。成绩的取得，是我们认真贯彻党的十七大、十七届三中全会精神和落实总书记胡锦涛在桂林考察时作出的“努力在继续解放思想上迈出新步伐，在坚持改革开放上实现新突破，在推动科学发展上取得新进展，在促进社会和谐上见到新成效”重要指示的结果，是党中央、国务院亲切关怀，自治区党委、政府和市委正确领导的结果，是市人大、市政协监督和支持的结果，是市政府坚持贯彻科学发展观、励精图治的结果，是全市人民团结一心、艰苦奋斗的结果。在此，我谨代表市人民政府，向全市各族人民和来桂工作的建设者，向给予政府工作大力支持的人大代表和政协委员，向各民主党派、工商联、无党派人士、人民团体和离退休老同志，向驻桂各单位、驻桂人民解放军、武警官兵，向所有关心支持桂林发展的海内外朋友，表示崇高的敬意和衷心的感谢！

在总结成绩的同时，我们也清醒地看到，我市经济社会中还存在不少困难和问题，主要是：由于国际金融危机持续蔓延等多种原因，我市经济发展受到很大阻力，经济运行中一些突出问题和深层次矛盾未能得到根本解决；农业受灾频繁，农村基础设施比较薄弱，统筹城乡发展面临困难增多；劳动就业、社会保障、教育、医疗卫生等涉及群众切身利益方面还有不少问题需要认真加以解决，安全生产工作还要进一步加强，政府工作与人民的期望还有差距。我们一定高度重视这些问题，以对党对人民高度负责的使命感和紧迫感，采取有效措施，千方百计加以克服和解决。

二、2009年工作总体要求和目标任务

2009年可能是新世纪以来我市经济最为困难的一年。由于金融危机导致的国际经济环境明显恶化，世界经济增长明显放缓，我国经济困难明显加大，我市面临的压力多年少有，面对的挑战前所未有。但今年也是蕴含重大机遇的一年，必须充分认识我市发展面临的诸多积极因素和有利条件：一是中央实行积极的财政政策和适度宽松的货币政策，有利于争取资金和项目。二是我市实施"保护漓江，发展临桂，再造一个新桂林"发展战略，加快临桂新区建设和老城改造提升，为桂林发展提供了广阔的空间。三是贵广铁路、湘桂铁路复线扩能改造、漓江补水水利枢纽工程等一批重大项目的集中开工建设，对拉动我市经济增长将产生积极促进作用。四是我市正处于工业化、城镇化快速发展阶段，投资和消费潜力大，加速发展动力强。五是经过30年改革开放，我市综合经济实力不断增强，建立了较好的体制、物质和技术基础，干部群众强市富民的愿望极为迫切，有利于我们集聚力量，跨越发展。

我们必须充分认识并把握这些有利条件，增强战胜困难的信心和决心，积极进取，化压力为动力，化挑战为机遇，化危机为转机，要敢于打破常规，采取非常办法、非常措施、非常力度、非常政策，全力推动经济社会又好又快发展。

今年政府工作总体要求是：坚持以邓小平理论和"三个代表"重要思想为指导，深入学习贯彻科学发展观，全面落实党的十七大、十七届三中全会和自治区党委九届七次全会、市委三届六次全会精神，立足桂林实际，科学谋划发展，实施一大战略，狠抓两大经济，做强五大产业，推进"三化"进程，坚持走农业稳市、文化立市、旅游兴市、工业强市之路，全面实施科学发展三年计划，努力实现科学发展、和谐发展、跨越发展，让桂林城市靓起来、企业强起来、市民雅起来、百姓富起来，加快建设产业发达、生态环保、文明和谐、城乡协调发展的现代化山水宜居城市和国际旅游城市。

经济社会发展预期目标是：生产总值增长12%；财政收入增长12%；全社会固定资产投资增长25%；社会消费品零售总额增长16%；万元生产总值能耗降低4.33%；二氧化硫、化学需氧量排放总量控制在自治区指标之内；城镇登记失业率控制在4.5%以内；城镇居民人均可支配收入增长13%，农民人均纯收入增长11%；人口自然增长率控制在8‰以内；居民消费价格指数涨幅控制在5%以内。

三、2009年主要工作部署

完成今年经济社会发展的各项目标，需要经过艰苦努力才能实现，必须以新思路谋求新发展，以新举措赢得新突破，扩内需、保增长，抓项目、增投资，调结构、强工业，促三农、重民生。重点抓好以下工作：

（一）抓项目保增长，增强投资对经济的拉动力

扩大投资是当前及今后一个时期拉动我市经济增长最直接、最有力、最有效的途径和办法，必须把项目建设作为今年工作的重中之重，力争实现全社会固定资产投资的重大突破。全年计划统筹推进重点项目186项，总投资941.51亿元；预备项目90项，总投资455.34亿元。

千方百计促进项目集中开工　分时段组织一批建设条件落实、具备开工条件的重大项目，争取把计划在今后几年开工的项目提前到今年开工。今年计划开工的重点项目100个，总投资430.89亿元，年度计划投资85.7亿元。重点推进桂林至三江、阳朔至鹿寨高速公路、资源（梅溪）至龙胜生态二级公路、桂林两江国际机场航站楼扩建等交通项目，中国化工橡胶桂林有限公司橡胶产业园、桂林电力电容器公司风力发电机产业化等产业项目，桂林电网新建及改（扩）建、资源金紫山

风电场(一期)等能源项目以及桂北竹木制品深加工等项目开工建设。

千方百计推进续建重大项目建设　今年续建重点项目86项，总投资510.62亿元，年度计划投资88.41亿元，力争一批项目竣工投产。重点推进桂林市防洪及漓江补水水利枢纽工程、贵广铁路、湘桂铁路复线扩能改造、两江国际机场A380备降场工程、兴安至桂林市区高速公路、现代中药产业化生产基地、广西师范大学、漓江学院雁山校区二期和三期、桂林旅游高等专科学校新校区二期、桂林工学院雁山新校区、桂林市卫生学校雁山新校区、桂林市相思江生态园一期等重大续建项目建设。

千方百计储备一批重大项目　进一步落实项目工作责任制，加快项目前期工作进度，加强沟通服务和监督检查，着力帮助项目业主解决建设用地难、征地拆迁难、融资难等突出问题。抓好项目储备库建设，围绕关系发展全局、延伸产业链、培育超百亿元产业、完善交通能源水利等基础设施、促进社会发展、改善民生、加强生态环保等重点领域谋划一批大项目。市、县区财政加大项目前期工作经费投入，滚动使用，确保项目顺利推进。

(二)坚持产业优先，确保工业经济平稳较快发展

贯彻工业强市战略，围绕重点企业和核心技术，大力调整产业结构和产品结构，狠抓园区建设，完善产业体系，提高企业整体竞争能力。

把帮助企业解困作为当务之急　认真落实中央和自治区扶持企业发展的各项政策，开展“企业优质服务年”活动，努力做好煤电油运和资金等生产要素的组织协调，在煤电补贴、融资贴息、产品营销、运输调度、劳动保障等方面帮助企业渡过难关。继续实施重点企业帮扶责任制，落实重点企业技改贴息资金，扩大工业担保公司资金规模，加强银企合作，加大金融支持力度，鼓励有条件的企业尽快上市或发行债券，多渠道解决企业融资难问题。积极帮助中小企业苦练内功，加强管理，增强抗风险能力。整合服务资源，完善服务体系，为企业顺利发展提供高效服务。

大力发展优势产业　编制完善优势产业发展规划，以产业链为核心，集中力量发展壮大汽车及零部件、食品饮料、锰业、机械电器、电子信息5个规划超100亿元的产业，橡胶制品、医药及生物制品、竹木加工、建材、电力生产5个规划超50亿元的产业，促进主导产业升级和集群化发展。重点推进中国化工橡胶桂林有限公司年产100万条全钢载重子午胎、500万条半钢子午胎和10万条工程胎，桂林福达集团年产10万吨精密锻件锻造中心，桂林华力重工机械有限责任公司履带式锚杆钻机生产线，桂林橡胶机械厂5000型硫化机生产线改造等项目建设进度。加快推进桂林三金药业股份有限公司现代中药产业化生产基地项目、桂林南药股份有限公司青蒿琥酯高新技术产业化、桂林康密劳铁合金有限公司整厂搬迁及产品升级改造、桂林恭城龙星锌业有限公司年产10万吨电锌技改扩建等续建项目。全年完成工业固定资产投资200亿元，其中完成更新改造投资80亿元。

加快工业园区建设　做好园区规划，进一步明确园区产业定位，积极推动优势产业向工业园区聚集，努力把园区建设成为布局集中、用地集约、产业集聚、服务集成的重要平台和承接产业转移的主要载体。全市园区基础设施建设投入8亿元以上，加大园区和县域工业集中区路网、电网、给排水、污水处理、标准厂房建设力度，尤其要加快高新区信息产业园、苏桥经济开发区汽车工业园和橡胶工业园、西城经济开发区万福工业园规划建设步伐。大力推动桂林客车集团有限公司、桂林三金药业股份有限公司、桂林南药股份有限公司等一批企业“退二进三”搬迁改造，新入园企业100家以上。

大力发展县域工业　加大对县域工业指导力度，充分发挥各县资源特色优势，推进县域工业经济快速发展。县域工业要围绕农产品加工、食品、医药、矿产、机械、建材等产业，加强项目策划和招商引资，培育壮大特色产业，延长产业链，提高附加值。以市带县，积极推进县域承接市区产业辐射，发展配套产业。加快县域工业集中区建设，推动县域工业企业“退二进三”，优化产业结构，不断提高县域工业竞争力。

(三)加强“三农”工作，促进农业发展农民增收

以党的十七届三中全会精神为指导，以农业发展、农民增收、农村稳定为目标，提升特色效益农业，推进农业产业化，加强农村基础建设，提高现代农业发展水平。

提升特色效益农业　完善农业发展规划，促

进特色产业和农产品向优势区域集中，提高农业规模化、标准化和产业化水平。积极研发、培育和推广良种，加快良种基地建设，启动超级稻示范推广工程，稳定粮食播种面积37.87万公顷以上、总产量193万吨以上。突出发展粮食、果蔬、畜禽、中药材、竹木花卉等优势产业，大力发展品牌农业。加快漓江、资江、湘江三大流域现代农业示范区建设，实施秋冬种开发和作物间套种技术示范项目，推进“优果工程”，加快出口产品基地建设，创建“三避”技术应用示范市。大力推广“猪——沼——果——灯——渔”等循环农业发展模式，创建循环农业示范市。加快桂阳公路、机场路、桂黄公路沿线观光农业带建设，不断拓展农业功能。继续抓好林业生态恢复工程建设，重点发展毛竹。扎实推动千头牛场、万头猪场建设和规模渔业开发。加快科技兴农步伐，推进农业实用技术培训，实施科技入户工程。加强柑橘黄龙病等动植物疫病虫害防控，完善农业标准体系、农产品质量安全监测体系，确保农产品生产和消费安全。

推进农业产业化　引导农产品加工企业向县域工业园区集中，农民向企业集中，推动城乡统筹发展。推进临桂新区、平乐二塘、兴安百里农产品集中加工物流园区建设。实施农业产业化“十百千万”行动计划，建立完善龙头企业和专业合作社合作机制，重点扶持2家国家级、10家自治区级、30家市级重点龙头企业，培植60家运作规范、带动能力强的农业专业合作社，切实抓好农产品销售。大力推广“公司＋基地＋农户”产业化发展模式，着力打造240个特色效益突出、支柱产业明显的专业村，提高农业生产经营组织化程度。

加强农村基础建设　严格执行各项强农惠农政策，畅通鲜活农产品运销绿色通道，减轻农民负担。加快农村劳务输出和就地转移速度，培育劳务品牌。加大农村沼气、饮水安全工程和乡村公路建设。继续完善农村电网改造，基本实现城乡同网同价。规划恢复农田水利基础设施建设，加快全市中型水库除险加固工程建设，继续推进青狮潭及竣山水库等大中型灌区节水改造工程。继续实施千乡万村现代农机装备推进工程，全面启动第三批“整村推进”82个贫困村规划建设。进一步抓好新农村建设，重点在阳朔县创建“桂林山区新农村建设示范带”。

（四）扩大消费需求，发展以旅游为龙头的现代服务业

充分发挥我市作为世界级旅游目的地的龙头辐射带动作用，推动以旅游为龙头的现代服务业大发展，努力提高消费对经济增长的贡献率。

推动旅游转型升级。大力推进旅游产品由观光型向观光、休闲、度假、会展等复合型旅游转变，旅游产业由粗放型向集约型转变，由简单数量扩张型向规模、质量、效益型转变，由满足游客基本需求向多层次需求转变，提高旅游产业对财政的贡献率。打造精品旅游项目，创新以漓江游览为核心的旅游开发模式，增创一批AAAA国家级以上景区。抓好“旅游精品建设年”主题活动，重点推出山水风光、休闲度假、历史文化、民俗风情、环保生态、户外运动等6条精品旅游线路。整合资源，改造和提升旅游休闲服务设施，鼓励发展差异性旅游项目。大力开发旅游商品，培育壮大旅游商品生产基地，完善旅游商品质量保证体系，规范发展旅游购物市场。加快旅游通道工程建设，大力推进阳朔县、兴安县、龙胜各族自治县等特色旅游区发展，着力塑造一批主题旅游城镇和农业旅游品牌，全力打造大桂林旅游圈。扶持壮大旅游企业集团，推动优势旅游产业集群发展。切实加大旅游市场营销力度，不断扩大与世界旅游组织、境外旅游集团、国内旅游商社、知名媒体的合作，巩固发展国内旅游市场，千方百计恢复入境旅游市场，积极拓展国内外中高端客源市场。承办第三届联合国世界旅游组织旅游趋势与展望国际论坛，全力办好桂林山水文化旅游节，召开桂林旅游产业发展大会。依法规范和整治旅游市场秩序，切实提高旅游从业人员素质，提升旅游服务质量。

积极发展房地产业　贯彻中央、自治区促进房地产业健康发展的系列政策措施，坚持政策扶持、规范市场、有序供应土地等多措并举，调整和优化住房供应结构，鼓励普通商品房住房消费，抓好廉租房建设，增加保障性住房供给，发展二手房市场和住房租赁市场。利用我市优势，适度开发高中端商品住房。鼓励房地产开发向临桂新区、县城和重点镇延伸。推进农民住房建设与新农村建设、“城中村”改造相结合，加强村（屯）规划和建房技术服务，鼓励农民拆旧建新，促进农村住房消费。

努力扩大城乡消费　加快推动特色餐饮业、服务业发展，推进传统商贸服务业转型升级。积

极发展金融保险、信息服务、科技服务、商务服务等生产性服务业。大力发展通信、广电、咨询等新兴服务业。合理布局老城区和临桂新区商业网点、农贸市场及商业步行街，加强城市物流配送体系、县区物流园区基础设施和商品市场建设，扶持壮大旅游商品和农产品批发市场，不断完善社区商业和服务业等便民设施。扩大食品、文化、休闲等消费需求，继续开展促进农产品流通“510”活动，继续实施“万村千乡市场工程”，加快农家店建设改造，做好“家电下乡”工作。支持大中型流通企业向小城镇延伸经营网络，推动城乡联动消费。

（五）坚持市县联动，掀起城市建设新高潮

迅速掀起以临桂新区建设、老城疏解提升和各县县城、重点镇为主战场的城市建设新高潮，努力打造旅游名胜地、历史文化名城和高新技术产业基地。

全面推进临桂新区建设　加快各类专项规划编制与整合，推进临桂新区控制性详细规划、修建性详细规划与临桂总体规划有效衔接。重点启动市民中心、中心商务区、中心公园、拆迁集中安置区等重大项目建设。积极推动新区水环境综合整治、新区园林景观环境、市政道路交通、给排水及环卫等基础设施建设。扎实推进机场路改造、万福路西延长线一期、临苏路、新区核心区路网、临桂垃圾和污水处理等工程建设。积极支持教育卫生、文化体育、旅游休闲、商住娱乐等优势资源向新区转移。鼓励银行、保险、证券、信托及期货、产权交易等机构入驻新区。扩大秧塘工业园规模，带动相关产业迁入。充分发挥新区城建投融资平台作用，鼓励各类社会资本参与新区开发建设。

精心改造提升老城区　完成桂林市城市总体规划修编纲要报批，扩大控制性详细规划覆盖面，完善桂林市老城改造等专项规划编制。加快建设以高新区信息产业园、英才科技园、铁山工业园为基础的高新技术产业基地，以秀峰区琴潭文化休闲娱乐园、叠彩区商贸物流园、象山区旅游度假园为基础的旅游、商贸、服务基地，以雁山区科教园为基础的科教、文化基地。用1年左右的时间，完成北起铁封山、鹦鹉山，西至环城西路、银锭路，南至上海路，东至施家园路、穿山路、东江路、上关总面积约10平方千米的老城区范围内临街建筑立面改造和道路、街区的绿化、美化、亮化。推进特色街区、历史文化街区建设。加快“三桥十路”重（扩）建及改造工程建设，改善城市外环及市内交通路网节点；做好西外环路规划和前期准备工作。逐步启动，分步实施，重点推进“两江四湖”二期、南溪河及青狮潭西干渠改造等城市水系及周边环境综合治理。进一步加强城市道路交通管理，改善城市交通状况，优先发展公共交通，加强停车场、公交配套设施建设，完善城市道路交通监控系统。深化拓展“城乡清洁工程”，推进“城中村”改造，加强农贸市场、专业市场和周边环境及道路整治。加快“数字城管”建设，进一步健全城市管理长效机制，提高城市服务能力和管理水平。

推进特色城镇建设　继续完善县域总体规划、乡（镇）和村（屯）规划修编，优化城乡空间布局。依托交通干线、旅游通道、百里生态小康文明长廊，加快全州、兴安、灵川、阳朔、荔浦、永福等县城建设，构建以市区为中心，全州、荔浦县为副中心，县城和重点建制镇为支撑，大小结合、功能互补、特色鲜明的桂北城镇群。推进恭城瑶族自治县城乡经济社会发展一体化建设试点，加快临桂县五通、平乐县同安等30个重点小城镇路网、供水等项目建设。开展以漓江两岸、景区景点周边、城乡结合部、重要公路沿线为重点的村容村貌整治。从今年起，用3年时间实施主要交通干线村镇房屋立面改造，改善农村居住环境。

（六）坚持改革创新，增强经济发展活力

深化各项改革，推动自主创新，加快推进对科学发展有重要作用的体制机制建设，力争在关键领域和重点环节取得新突破。

推进农村综合改革　进一步完善农村土地基本经营制度，有序引导农村土地（山林）承包经营权流转。积极抓好农村集体林权制度改革试点，推进林木采伐管理、林地林木流转、林业投融资配套改革。加快农村小型水利管理体制改革，探索农村小型农田水利乡管民用、适当收费模式，鼓励社会资金投入水利建设。推进农业技术推广体系改革，健全农村社会化服务体系，切实改善基层农业技术推广条件。

深化国有企业改革　推进国有企业改革改制，推动国有经营性资产战略重组。积极探索不良资产处置、困难企业退出和停产企业改革重组的途径和方式。推进国有资本经营预算体系建设，加强国有资产管理，规范国有产权交易行为，确保国有资产保值增值。鼓励和支持民间资本参与国企改革，为国企加快发展注入新的活力。推进集体企业改革，发展多种形式的集体经济、合作经济。

支持非公有制经济发展　放宽市场准入，完善服务体系，鼓励非公有制企业搞活资本运营，疏通非公有制企业融资渠道，减轻非公有制企业负担，形成各种所有制企业平等竞争、相互促进的新格局。

继续推动财税金融改革　深化部门预算、国库集中收付和政府采购制度、规范津贴补贴、非税收入管理等改革。推动农村合作金融机构改革，完善地方金融服务体系，创新地方融资产品。鼓励上市公司和优质企业通过资本市场融资。发挥投资公司的投融资平台作用，增强金融对经济社会发展的支持力度。依法加强财政收入征管，千方百计增加财政收入。调整和优化财政支出结构，建立完善市本级对城区财政收入增长激励机制。执行结构性减税政策，减轻纳税人负担。落实出口退税率调整政策，研究制定支持经济增长的财税政策。加强财政监督，从严控制一般性财政支出，公务购车、会议、公务接待、党政机关出国（境）等经费预算实行零增长，集中财力支持经济社会发展。

提高自主创新能力　加大“全国科技进步示范市”创建力度，进一步完善国家高新区体制机制，推动以企业为主体、市场为导向、产学研相结合的区域创新体系建设，鼓励企业与高校院所联合建立研发机构、技术联盟等创新组织。扎实推进“国家知识产权示范城市创建市”工作，大力实施知识产权和技术标准战略。加大科学研究、技术开发与技术改造的财政投入，推进优势产业工程技术研究中心和企业技术中心建设。加快桂林市国家橡胶及橡胶制品质量监督检验中心建设。创新人才培养、引进和使用机制，大力培养和积聚高层次创新型人才、高技能人才和新型农村实用人才。动员和组织广大科技人员服务经济一线，加快技术研发和科研成果转化，提高企业自主创新能力。

（七）扩大开放合作，提高开放型经济水平

坚定不移地实施开放带动战略，充分利用两个市场、两种资源促进我市经济社会和谐发展、跨越发展。

深化多区域合作　发挥区位、旅游、农林、高新技术产业优势，主动融入北部湾经济区开放开发。不断深化与国内先进省、香港和澳门特别行政区、台湾地区及日韩、东盟、欧美等经济文化交流合作，积极参加中国—东盟博览会、桂台经贸交流会，参与泛珠三角、泛北部湾、大湄公河次区域合作，继续加强与周边城市合作交流，推进多区域合作向深层次、宽领域发展。

全力抓好招商引资　围绕优势产业、新区建设、基础设施、园区开发以及企业自有核心知识产权等重点，以空间换时间、资源换产业、存量换增量，以延长产业链、发展壮大主导产业为目标，以企业为主体，充分发挥行业协会、中介机构的作用，加强对国内先进省、香港和澳门特别行政区、台湾地区和日韩定点定向招商。坚持大招商、招大商，加大“央企入桂”、“百企入桂”工作力度，增强承接产业转移的针对性和有效性。进一步健全招商引资目标管理责任制、评价考核机制，深入开展招商引资项目大兑现活动，不断完善绿色通道建设，扎实推进签约项目落地、开工，确保实现引进市外境内实际到位资金228亿元，实际利用外资1.78亿美元，引进投资亿元以上项目25个，履约率达93%，开竣工率达55%，资金到位率达35%。

确保出口稳定增长　巩固传统产品和市场。以建设国家科技兴贸出口创新基地（生物医药）、广西科技兴贸出口创新基地（橡胶工业）为平台，调整出口商品结构，开拓中东、东欧、南美、非洲等新兴出口市场。加大承接加工贸易产业转移工作力度，培育和发展新的外贸增长点。力争全市外贸进出口总额11.3亿美元，其中出口7.65亿美元。

（八）发挥文化优势，塑造国家历史文化名城新形象

坚持文化立市，加快文化产业发展，提升桂林历史文化名城的影响力和竞争力，把文化资源优势转化为经济优势。

加强文化基础建设　推进图书馆、文化站、农家书屋等基层文化设施建设，逐步免费开放全市博物馆、纪念馆。继续开展百姓文化大讲坛、读书月、“漓江之声”为代表的群众文化活动，打造成具有桂林特色的文化品牌。结合纪念新中国成立60周年，推出一批体现桂林山水和历史文化特色的文艺精品，继续举办国家戏剧精品工程展演、办

好当代名家画桂林等活动。启动靖江王陵大遗址保护工程为核心的王府历史文化建设项目。积极推进桂林文化产业园建设，抓好桂林抗战文化历史博物馆、桂林大剧院一期工程，启动桂林市广播电视中心、文化艺术品交流展示等一批重点项目。加强历史文化名城保护和非物质文化遗产的传承。

打造特色文化产业　继续扶持做大做强《印象·刘三姐》、愚自乐园、乐满地休闲世界等文化产业项目，着力培育一批全自治区、全国著名文化产业品牌。重点培育新闻出版、演艺会展、游戏动漫、书画经营等文化产业。鼓励县区发展地方特色文化产业。积极稳妥推进文化体制改革，增强各类文化团体创新活力。加强文化市场建设与监管，营造良好的文化产业发展环境。

（九）抓好节能减排和生态保护，努力建设生态桂林

牢固树立保住青山绿水也是政绩的理念，坚持走生产发展、生活富裕、生态良好的可持续发展之路，加快建设生态桂林、环保桂林。

抓好节能减排工作　把节能减排作为统筹人口、资源、环境协调发展的重要工作，强化节能减排目标责任制和“一票否决”制，完善环境保护和节能减排相关措施，对新（改）扩项目依法全面进行能源消耗和环境影响评价，坚决依法淘汰不符合国家产业政策的小砖瓦窑、小冶金、小水泥、小造纸等落后产能企业，全面开工启动12县县城污水处理、垃圾处理项目建设，确保完成节能减排目标任务。

严格保护耕地资源　科学制订并严格实施土地利用总体规划，坚持占用耕地补偿制度，探索建立耕地保护基金和分类分级保护的激励机制，建立完善耕地保护目标责任制。切实节约用地和集约用地。

保护改善生态环境　全面启动创建桂林生态市工作，做好迎接“国家园林城市”、“国家环保模范城”和“国家卫生城市”复检。进一步加强漓江流域生态保护综合治理整顿工程，积极探索漓江生态保护补偿机制。建立健全森林管护长效机制，重点抓好猫儿山、花坪、千家洞等国家、自治区自然保护区防护林、天然林资源保护以及会仙湿地恢复与保护和水土流失治理等生态工程。坚决取缔污染水源地的养殖场所。大力加强生态县建设，积极创建全国环境优美乡（镇），切实抓好农村环境保护工作。继续整治采石、采泥、采沙场，开展石山复绿试点，做好地质灾害防治工作。

（十）切实改善民生，加快发展社会事业

坚持发展经济与改善民生相结合，始终以实现好、维护好、发展好最广大人民的根本利益为出发点和落脚点，进一步加大投入，促进社会事业协调发展。

千方百计扩大就业　把就业工作摆在更加突出的位置，建立健全工作目标责任制，强化政策扶持、创业培训、创业服务“三位一体”的工作机制，把抓项目、扶企业、保岗位作为解决就业问题的主要措施，重点解决农村富余劳动力特别是返乡农民工和城市低收入家庭就业问题。按照“三清两培一扶持”的要求，积极实施“全民创业技能培训计划”和“返乡农民工技能培训行动”，扶持鼓励经济能人和返乡农民工自主创业，以创业带动就业。大力开发公益性就业岗位，帮扶零就业家庭、“4050”人员等困难群体实现就业和再就业，全面消除城镇零就业家庭，建设充分就业社区，积极开展公共就业服务体系建设，以服务促进就业。全年新增城镇就业人数6.6万人以上，新增农村劳动力转移就业8.3万人以上。加快劳动争议调解仲裁机构实体化建设步伐，加强劳动争议矛盾纠纷处置，切实保障劳动者合法权益。

完善社会保障体系　实行企业职工基本养老保险自治区级统筹，实施失业保险、工伤保险市级统筹。推进机关事业单位养老保险制度改革、农村社会养老保险制度改革，进一步做好企业退休人员社会化管理工作。稳步提高社会保险对象待遇水平，企业离退休人员基本养老金在2008年平均水平的基础上增加10%左右。全面建立和实施被征地农民培训就业和社会保障制度，保障被征地农民权益。继续拓展新农合，新增参合农民7万人。扩大住房公积金制度覆盖面，加快发展社会福利事业，推动社会福利服务向适度普惠型发展。

统筹发展社会事业　均衡发展义务教育，巩固“两基”成果，加强农村中小学校舍和师资队伍建设，提高普通高中和职业教育办学质量。做好自治区示范性普通高中复查评估验收迎检工作。加快桂林市培智学校、聋哑学校、第七中学搬迁项目进程。加快桂林高等职业技术学院筹建，支持

各高等院校的建设与发展。加强科技交流与合作,大力普及科学知识。健全覆盖70万人口的城市社区卫生服务体系,覆盖率达90%;继续创建400个文明卫生村,完成11个县(区)农村初级卫生保健规划国家终期评估达标。推进市中医院医技大楼、乡(镇)卫生院、社区卫生服务中心等公共卫生设施项目建设。深入开展全民健身活动,加强体育基础设施建设,积极备战自治区第十二届运动会。加强农村广播电视节目覆盖工作,推进广播电视数字化。认真落实计划生育家庭奖扶制度,巩固人口和计划生育成果,稳定低生育水平。加大文明城市创建力度,深入开展双拥创建活动,落实各项优抚政策,加强国防预备役力量建设。

切实为民办实事　继续从解决群众最关心、最直接、最紧迫的问题入手,筹集资金5亿元以上,全力办好10项实事:

1. 社会保障惠民工程。全面实施市、县城镇居民基本医疗保险制度,实现城镇居民参保20万人以上。实施新农合信息化网络管理项目建设,全市新农合参合率达90%以上。

2. 教育惠民工程。继续推进职教攻坚工程,完成20所中等职业学校改(扩)建工程50%的投资建设任务。资助普通高中家庭经济困难学生,资助贫困家庭子女上大学。

3. 城乡社会服务工程。实施3000个自然村新农村建设规划编制,涵盖农村人口27万户。新建55个新农村建设试点。完成31个计生服务站(所)建设。完成28个司法所建设。实施"扶残安居"工程,对1000户残疾人危房实施改造,建设残疾人综合服务大楼。

4. 村村通工程。继续实施通行政村等级路面硬化工程,完成30个行政村通油路或水泥路。继续实施1500个自然村(屯)内道路硬化。继续实施村村(屯)通广播电视工程。实施6800个20户以上通电自然村(屯)通广播电视。

5. 农村人口饮水安全工程。修建农村饮水工程340处,解决20万农村人口饮水安全问题。

6. 农村沼气工程。新建农村沼气池2.4万座,调整农村能源结构,改善农村卫生环境。

7. 少数民族村寨防火改造工程。对龙胜各族自治县、资源县、临桂县167个50户以上连片木结构民族村寨实施防火综合整治,保障民族村寨防火安全。

8. 廉租住房保障工程。落实廉租房保障制度,开工建设廉租房2万平方米,逐步解决城市低收入家庭住房困难。

9. 城市水环境综合整治工程。实施訾洲生态公园建设工程,改善老城景观生态环境,增加市民休闲场所。

10. 城市道路环境综合整治工程。继续实施市区重要交通节点改造,重点建设穿山桥、雉山桥、中隐路、六合路、金鸡路,缓解市区交通压力。实施市区部分街区路灯安全隐患治理工程,消除安全隐患。

(十一)加强民主法制建设,维护社会和谐稳定

巩固和扩大基层民主　加强基层政权建设,推进村务公开、民主管理与"基层党建三级联创"相结合,扩大村(居)民自治范围,做到村(居)民自治制度化、规范化、程序化。强化社会公共服务功能,着力打造现代城市社区品牌。积极探索农村社区新模式。强化企业民主管理,确保国有集体控股企业100%建立职代会和厂务公开等民主管理制度。加强法制宣传和普法教育,推动法律服务规范化和法律援助工作。保障公民特别是少数民族、妇女儿童和残疾人的合法权益。

加强安全生产和食品药品监管　高度重视安全生产,严格落实政府安全生产监管责任和企业安全生产主体责任,依法严厉查处各类安全生产违法违规行为,切实防范和遏制重特大安全事故。健全产品质量和食品药品安全责任体系,严格市场准入,深化专项治理,强化源头监控和市场监管,构建保障产品质量安全的长效机制。

切实维护社会稳定　坚持预防为主、调解为先的方针,加强社会矛盾纠纷排查调处和预警体系建设,继续开展大接访活动,强化"属地管理、谁主管谁负责、一岗双责"信访维稳工作制度,建立社会稳定风险评估机制。加强维稳队伍建设,提高处理信访问题和群体性事件的能力,不断健全信访工作机制,从源头上解决影响稳定的突出问题。进一步推进完善"天网"工程,提高执法服务质量,做到"打、防、控、管、疏"并举,加强社会治安综合治理,扎实推进平安桂林建设。

各位代表,严峻的形势、艰巨的任务对政府工作提出了新的更高要求,我们必须加强政府自身

改革和建设，增强落实科学发展观的自觉性和坚定性，努力提高破解难题、促进科学发展的领导能力，着力建设人民满意的政府。必须提高依法治市水平，自觉接受人大和政协监督，拓宽各民主党派、工商联和无党派人士参与决策的渠道，重视发挥工会、共青团、妇联的桥梁纽带作用，推进决策科学化、民主化、规范化。进一步加强政务服务中心建设，完善行政管理体制，削减审批事项，简化审批程序，缩短审批时限，形成科学合理的审批机制。进一步完善应急管理体系建设，逐步提升我市抗击各种自然灾害以及突发公共事件处置能力和抗风险能力。进一步强化政府部门执行力，大兴调查研究之风，使政府各项工作更加符合客观实际，更加体现群众意愿；大兴求真务实之风，使政府各项事业经得起实践、群众和历史的检验；大兴诚信服务之风，推进诚信体系建设，营造良好的投资软环境。进一步落实政府廉政建设责任制，弘扬艰苦奋斗、勤政为民的优良传统，坚决纠正损害群众利益的不正之风。

各位代表，回顾过去，取得成绩令人鼓舞，展望未来，宏伟蓝图催人奋进。新的一年，新的起点，新的希望！机遇和挑战考验着我们，事业和使命召唤着我们。让我们更加紧密地团结在以胡锦涛同志为总书记的党中央周围，高举中国特色社会主义伟大旗帜，以邓小平理论和"三个代表"重要思想为指导，深入贯彻落实科学发展观，抢抓机遇，以昂扬向上的斗志、坚忍不拔的毅力、求真务实的作风，全力以赴保增长，千方百计保民生，加大力度保稳定，以更加开拓进取的工作干劲、更加奋发有为的工作状态、更加扎实有力的工作措施，团结拼搏，只争朝夕，为把桂林建设成为产业发达、生态环保、文明和谐、城乡协调发展的现代化山水宜居城市和国际旅游城市而努力奋斗，以优异成绩向新中国成立60周年献礼！

中国人民政治协商会议
桂林市第三届委员会常务委员会工作报告

——2009年2月3日在政协桂林市第三届委员会第四次会议上

桂林市政协副主席　王大平

各位委员：

我受政协桂林市第三届委员会常务委员会的委托，向大会作工作报告，请予审议。

一、2008年工作回顾

2008年是我市加快富裕文明和谐新桂林建设取得新成就的一年。面对复杂严峻的国内外经济形势和严重的自然灾害，在中共桂林市委的坚强领导下，全市各族人民同心同德、顽强拼搏、迎难而上，夺取了抗击历史罕见的雨雪冰冻灾害和50年不遇的洪涝灾害的全面胜利，全市经济实现平稳较快增长，社会主义政治建设、文化建设、社会建设以及生态文明建设取得新的显著成就。一年来，市政协及其常委会在中共桂林市委的领导下，坚持以邓小平理论和"三个代表"重要思想为指导，深入贯彻落实科学发展观，牢牢把握团结和民主两大主题，紧紧围绕全市中心工作履行职能，注重用创新思路拓宽履职领域，用创新方法增强履职实效，用创新举措推进政协工作，各项工作扎实推进，为促进我市经济社会发展作出了积极贡献。

（一）认真学习，增强履行职能的责任感和自觉性

常委会始终把学习放在政协各项工作的首位。一是以中心组学习会、主席会、常委会等形式，组织政协领导班子和政协常委学习中共十七大和十七届三中全会精神，学习邓小平理论和"三个代表"重要思想，学习科学发展观重要论述，学习总书记胡锦涛视察广西时的重要讲话精神，学习市委三届四次、五次全会精神；按照市委的统一部署，扎实开展继续解放思想大讨论活动。通过学习讨论，进一步增进了参加市政协的各党派、团体、各族各界人士的共识，牢固树立了围绕中心，服务大局的意识，提高了为建设富裕文明和谐新桂林服务的自觉性和积极性。二是召开主席会议、常委会议、专门委员会会议，学习贯彻《中国人民政治协商会议章程》和中共中央、自治区党委以及中共桂林市委关于加强人民政协工作的有关文件精神，把学习贯彻《中国人民政治协商会议章程》和上述文件精神同政协履行职能结合起来，同加强政协组织自身建设结合起来，同推动人民政协实践创新结合起来，使《中国人民政治协商会议章程》和中共中央、自治区党委、中共桂林市委关于加强人民政协工作的文件精神深入贯彻到市政协的各项工作之中，增强了各级政协组织和委员按政协章程和文件精神办事的自觉性，提高了履行职能的制度化、规范化和程序化水平。

（二）围绕中心，服务大局，为加快全市经济社会发展献计出力

我们坚持把促进发展作为履行职能的第一要务，注重发挥政协的优势，找准切入点，对涉及我市科学发展的重点问题，深入开展调查研究，提出意见和建议，为市委、市政府决策提供依据。

——抓住重点议大事，为实施"保护漓江，发展临桂，再造一个新桂林"战略决策贡献智慧。漓江保护与开发问题，是市委、市政府一直高度重视的问题，为配合做好工作，去年上半年，我们组织提案委员会、经济科技委员会以及相关委员、专家学者就"漓江流域保护及可持续发展"这一课题，进行深入的调查研究，形成了《关于漓江流域保护与可持续发展调研报告》以及7个分报告，并召开常委会议专题协商。调研报告对漓江流域的总体规划、水源林保护、污染治理、漓江水量减少、水量分配、节约用水、滥采漓江河沙、建立漓江旅游新模式、农民利益保障等具体问题进行了深入研究和探讨，从高起点规划、完善生态补偿机制、加快上游水库建设、建立水量分配制度、依法采沙等方面，向市委、市政府提出了建设性的意见和建议，对促进漓江流域的保护和开发发挥了积极的作用。

——上下联动聚合力，推动桂林老城疏解提升工作的实施。为配合实施市委、市政府作出的"建立新区、疏解老城，组团发展、重点向西，优化布局、完善功能，建设现代化的山水宜居城市和国际旅游城市"的重大决策，我们把推进桂林老城疏解提升工作作为去年工作的重中之重，充分发挥政协组织人才荟萃、智力密集、联系面广的特点和优势，组织调研组赴广州等地学习老城区改造建设经验以及各地政协促进老城区开发建设的做法，深入本市各城区及工业企业调研了解情况，分别召开驻桂部队、高校、市直有关部门、各界代表及有关专家座谈会，广泛听取各方面的意见，在充分调查研究的基础上，形成了《关于"疏解提升桂林老城"的调查报告》以及与之相关的5个分报告。就"城中村"改造、党政机关搬迁、工业企业"退二进三"、老城的贸易市场建设、老城历史文化挖掘与旅游发展等问题提出了意见和建议。市政协三届九次常委会议对此作了专题协商，并通过调查报告。为使各级领导和社会各界更直观的了解桂林老城区的现状及存在的问题，我们还制作了长达50分钟的"疏解提升桂林老城"调研短片，并将之连同专题调研报告，分别报送市委、市政府及有关领导参阅，市委、政府主要领导对调研报告、调研短片反映的问题和建议高度重视，指示有关部门认真研究，不少可操作性强的意见和建议融入了工作决策。

——关注全局谋发展，为全市又好又快发展建言献策。在市政协三届三次会议期间，委员们认真听取和协商讨论政府工作报告和其他报告，以高度的责任感和使命感，积极建言献策，对政府工作报告及其他报告提出建设性的意见和建议。会后将委员们的意见和建议汇总，以《市政协委员协商讨论市政府工作报告综述》的方式提交市

政府研究参考。全会上，我们还组织大会发言，各民主党派桂林市委会、市工商联、群众团体以及委员积极建言献策，围绕对台招商引资、会展经济、市区江湖塘保护、做强光机电产业、科技成果转化、发展果蔬产业、承接产业转移、农村留守儿童成长等问题提出了不少有价值的意见和建议。

各专委会也结合各自工作特点积极开展调查研究，向市政府及相关部门提出建议。教文卫体委员会会同农工党桂林市委会对临桂新区医疗卫生设施问题进行了专题调研，从整合市区现有医疗卫生资源支持临桂新区建设等四个方面提出了意见和建议；还会同民盟桂林市委会，对我市农村教师队伍建设问题进行了专题调研，形成了《关于我市农村教师队伍建设的建议》的调研材料，从合理核定农村中小学教师编制等五个方面提出了意见和建议。社会法制委员会对如何推进社会保障制度建设开展了专题调研，形成了《完善我市城乡保障制度，推进社会保障制度建设》的调研报告，从建立综合性社会救助体系等 8 个方面提出了意见和建议。这些调研报告，针对性强，重点突出，得到了市委、市政府有关部门的重视和采纳。

（三）积极探索，不断推进政协工作创新

按照《中共中央关于加强人民政协工作的意见》的要求，我们积极探索，进一步创新了履行职能的方式。第一，召开“专题研讨会”，拓展政协工作新内容。研讨会的议题为当年市政协开展的重点调研课题。去年，我们先后围绕“漓江流域保护与可持续发展”、“疏解提升桂林老城”等两个议题分别召开研讨会，市委、市政府领导以及市直有关部门的主要负责人出席研讨会，听取委员专题发言。在听取委员的意见和建议后，市委书记、市长、分管的副市长针对委员们提出的需要重视和解决的问题立即作出相应的工作部署，促进了漓江流域生态保护和桂林老城的疏解提升工作。第二，创新政协提案办理方法。建立市政协领导领衔督办重点提案、各专委会参与督办重点提案的制度，由过去只有提案委督办提案，改为各专委会都参与督办提案。第三，建立市政府向市政协常委会通报全市经济社会发展情况的制度。从去年起，市政协召开常委会议，邀请市政府领导出席并向政协常委通报当年全市经济社会发展情况。通过建立这一制度，使政协常委们及时了解全市的经济运行情况和市政府当前开展的主要工作以及施政措施，有利于政协常委更好地围绕全市中心工作履行职能。第四，创新召开“委员晨会”的方式。“委员晨会”是本届政协为委员搭建经常性的高层次协商议政平台而开展的一项工作。去年，我们又对该项工作进行了创新，由每位副主席牵头组织召开一次，各专委会负责承办。去年我们先后就我市“少数民族地区发展”、“城市农贸市场改造”、“城乡公共卫生体系建设”、“投资软环境建设”、“城市文化品位提升”、“如何发挥驻桂高校职校作用”、“农业产业化建设”等专题，在充分调查研究的基础上召开委员晨会，104 名委员出席了“晨会”。市政府对委员晨会高度重视，相关副市长以及市委、市政府有关部门的负责人每次都亲自到会听取意见，认真解答委员们提出的具体问题，促进了相关问题的解决。第五，创办“政协委员论坛”。去年，经中共桂林市委批准，我们在桂林电视台开辟了《政协委员论坛》专题节目。6 月初，第一期《政协委员论坛》节目，围绕“临桂新区规划与建设”主题开播，邀请自治区、市政协委员就新区建设的重要性和必要性以及规划、环保、建设资金筹措等问题在电视上进行协商讨论，促进了社会各界了解和支持市委、市政府的决策和部署。

（四）关注民生、认真履职，政协经常性工作扎实开展

一年来，我们立足自身特点和优势，认真抓好提案、视察等工作，鼓励支持参加政协的单位和委员以提交提案、参加视察等方式开展民主监督，引导委员关注民生、深入调研、了解民情、反映民意，提出批评和建议，发挥政协协调关系，汇聚力量，建言献策，服务大局的作用。

——加大提案工作力度，提案工作水平有新提高。我们认真贯彻全国提案工作座谈会议精神，把提案工作作为切实履行政协民主监督职能的一项重要工作来抓。通过采取认真遴选重点提案，跟踪督办重点提案，走访提案承办大户，建立市政协领导督办重点提案，各专委会参与分析、督办提案，市政府向市政协常委会通报提案办理情况，召开提案工作表彰会等措施，促使提案由数量型向质量型转变，提案办理由答复型向答复落实型转变。一年来，共收到提案 326 件，经审查立案 296 件，提案质量有新的提高，涉及政治、经济、文

化和社会生活的各个方面，为市委、市政府及有关部门掌握实情、制定政策、改进工作起到了积极作用。

——认真组织好委员视察，促进民生问题解决。去年，我们紧紧围绕全市中心工作，选择市委、市政府重视，委员关注，群众希望解决的问题，组织委员进行视察，积极协助和督促市政府职能部门做好工作。为配合市委、市政府抓好全市职业教育攻坚工作，我们组织委员深入到市供销技校、市职教中心进行视察，针对存在的问题及时向有关部门反映，促进了相关部门对职业教育工作的重视；为进一步推进我市的法律援助工作，我们组织委员深入到市司法局、市法律援助中心进行视察，对视察中发现的问题及时督促有关部门解决。此外，我们还组织委员对本市的精神卫生、民族宗教、农村体育、住房公积金管理等方面的工作进行了视察，促进了问题的解决和工作的实施。

——政协文史资料征集、新闻宣传工作取得新进展。去年，我们开展了抗战时期桂林音乐文化活动、桂林大规模城市建设和环境保护工程、越南学校和医院在桂林等文史资料的征集工作，搜集到各种资料286万字，编辑桂林文史资料《抗战时期桂林音乐文化活动》，全书52万字；与市有关单位联合举办桂林抗战文化研究30周年暨音乐家张曙诞生100周年纪念活动，进一步推动桂林抗战文化研究，丰富了桂林文化城的底蕴。加强了政协新闻宣传工作，在做好常规新闻宣传报道工作的同时，重点组织好重要会议和重大活动的集中新闻宣传报道，突出宣传市政协履行职能的新思路、新成果。配合自治区政协做好广西宣传人民政协职能、作用好新闻评选活动，促进了政协新闻宣传工作的深入开展。《桂林政协网》努力创新办网的工作思路，为委员提供学习和交流的平台，发挥了政协新闻宣传主阵地的作用。

——慈善救助工作成效显著。去年初，我市发生严重的雨雪冰冻灾害，灾情发生后，我们积极组织抗灾募捐活动，组织市各民主党派、工商联负责人、部分驻我市的自治区政协委员赴冰冻雪灾严重的兴安县慰问抗灾第一线的电力职工；市政协领导还分别深入阳朔、全州、兴安县和龙胜各族自治县检查指导抗灾救灾工作；发动市慈善会、市仁济慈善基金会的理事、常务理事和市政协委员、社会各界人士为灾区捐款捐物，共募集到救灾款449.6万元，外套服装1.49万套(件)，毛毯、毛衣2688床(件)，以及一批其他物资。5月12日，四川汶川发生特大地震，我们响应党中央、国务院和市委、市政府的号召，把支援汶川地区抗震救灾作为一项重要工作来抓，及时采取各种有效措施，发动社会各界人士为地震灾区捐款捐物，共募集到救灾款821.59万元以及一批救灾物资。我们开展的上述两次救灾募捐活动，所募集到的全部款物，都按照市委、市政府的统一安排及时拨付给受灾地区，支援了灾区重建工作。其中，直接援建的四川省绵阳市游仙区涪江桂林小学，目前正在建设之中。此外，我们还组织市慈善会出资30万元，与市总工会联合举办了为期三个月的慈善职业技能培训班，为114名下岗、失业、低保以及家庭特别困难的人员免除食宿、学杂费，提供三个专业的职业技能培训，使他们顺利通过了上岗资格考试。为帮助他们尽快摆脱贫困，市慈善会还积极想办法为他们联系工作单位，使他们全部找到了新工作。

(五)扩大联谊，促进交流，为全面提高对外开放水平多做工作

一年来，我们坚持充分运用政协联系面广的有利条件，积极开展各种形式的联谊活动。进一步加强了与市政协港澳委员、特邀委员的联系，及时向港澳委员通报情况，听取意见。组织联谊委员会的委员对我市的港、澳、台、侨资企业情况进行调研，走访港、澳、台、侨人士在我市创办的企业，了解他们的生产经营情况，听取他们的意见，协助他们解决一些实际问题，鼓励他们为我市经济发展多作贡献。“两航起义”纪念日前夕，慰问在桂林的“两航起义”人员和他们的遗孀，带去党和政府对他们的关怀，鼓励他们为祖国和平统一多做工作。

热情接待全国各级政协来桂林视察和考察的客人，参加了在江苏省徐州市召开的全国历史文化名城政协联系会议第十八次会议，会上，我们作了《发展文化产业，提升历史文化名城品位》的交流发言，扩大了桂林历史文化在全国的影响。在自治区政协的指导下，组织驻我市的自治区政协委员到贺州市就旅游资源开发利用情况进行视察；协助全国政协台联界委员考察团做好在我市调研的有关工作，协助全国政协民族、宗教界委员

视察团做好对我市民族宗教工作情况的视察；协助今区政协工作调研组做好对我市贯彻落实《中共中央关于加强人民政协工作的意见》情况的调研。

（六）加强自身建设，为开展政协工作打好基础

我们一是把充分发挥市各民主党派和无党派人士的作用，作为加强自身建设的重点，巩固和发展参加市政协的各民主党派、无党派人士的团结合作。分别定期召开各民主党派桂林市委会、市工商联负责人、秘书长座谈会，了解他们履行政协职能的情况，征求他们的意见和建议；市政协组织的委员视察、调研以及开展的重要活动，都邀请市各市民主党派、工商联负责人和无党派人士参加；市政协各专委会与各民主党派桂林市委会开展联合调研。二是加强了专委会的工作。进一步充实了专门委员会的领导，各专委会建立健全了工作制度，结合各自特点，在履行职能中更加注重实效。组织委员参加市委、市政府有关部门开展的调查、检查活动，担任政府部门和司法机关的特约监督员，就专项工作进行督查，通过建议和批评进行民主监督。三是丰富界别活动形式，发挥委员主体作用。通过举办界别座谈会、组织调研、视察、联谊等形式的界别活动，增强了政协会议、活动的界别特色，使政协会议、活动充分反映各界别代表的声音，切实发挥了政协委员在履行职能中的主体作用。四是加强市政协机关的自身建设。在市政协机关中开展了解放思想大讨论活动，提高了机关干部的服务水平和服务质量；加强了市政协机关党的建设，认真搞好机关党委的换届工作，增强了机关党组织的战斗力和凝聚力；加强了市政协机关的组织建设，充实了机关的工作人员；加强了市政协机关的制度建设，建立并完善了政协机关工作制度，提高了工作效率；组织开展了形式多样的文体、联谊活动。

各位委员，常委会一年来的工作成绩，是中共桂林市委高度重视，正确领导的结果，是市人大、市政府和各级党政机关大力支持的结果，是各民主党派、工商联、无党派人士和人民团体共同努力的结果，更凝结着广大政协委员的智慧和心血，也离不开社会各界及新闻媒体的大力支持。在此，我代表市政协常委会，向所有支持和关心政协工作的各级领导和同志们、朋友们，表示衷心的感谢！

在总结过去一年工作的同时，我们也清醒地认识到，我们的工作还有许多方面需要继续拓展和深化，履行职能还存在一些薄弱环节，制度化、规范化、程序化建设还有很多工作要做，专题调研的质量还有待于进一步提高，对县、城区政协工作指导还有待于进一步加强等。我们真诚地希望广大委员对常委会的工作提出意见和批评，以利于把各项工作做得更好。

二、2009 年工作安排

2009 年是我市全面实施科学发展三年计划的关键之年，在新的一年里，常委会工作的总体要求是：以邓小平理论和“三个代表”重要思想为指导，全面落实科学发展观，认真贯彻中共十七大以来提出的一系列重大战略思想和市委三届六次全会和全市经济工作会议精神，以团结和民主为主题，紧紧围绕促进我市经济又好又快发展、紧紧围绕推进和谐桂林建设、紧紧围绕发展我市社会事业和关注民生，认真履行政治协商、民主监督、参政议政职能，为我市科学发展、和谐发展、跨越发展贡献智慧和力量。

（一）开展学习实践活动，深入贯彻落实科学发展观

科学发展观是我国经济社会发展的重要指导方针，是发展中国特色社会主义必须坚持和贯彻的重要战略思想，也是政协履行职能、发挥作用的重要指导方针。我们要深入学习、全面把握科学发展观的科学内涵、精神实质和根本要求，把学习实践科学发展观与政协履行职能的实践结合起来、与促进各党派团体和各族各界人士的团结合作结合起来、与加强政协的自身建设结合起来，着力转变不适应、不符合科学发展要求的思想观念，着力解决政协履行职能过程中影响和制约科学发展的突出问题，着力构建有利于政协促进科学发展的体制机制，切实把科学发展观落实到政协工作的各个环节，使政协各项工作更加符合科学发展观的要求。要根据形势的需要，有针对性地加强委员的学习培训，组织委员认真学习党的各项重大方针政策，学习政协章程和人民政协理论知识，学习市委三届六次全会和全市经济工作会议精神，学习履行职能必需的经济、科技、法律、管理、历史、文化等方面的知识，进一步提高委员服

务科学发展的意识和参政议政水平。要以庆祝新中国成立60周年和人民政协成立60周年为契机，全面总结新中国成立以来特别是在改革开放的伟大历史进程中，我市政协工作取得的成绩和经验，深入探索政协工作的特点和规律，切实加强人民政协理论建设，不断推进人民政协事业的发展。

（二）围绕党委、政府的中心工作，认真履行职能

一是精心组织各个层面的政治协商活动。要突出民主协商的特点，加强对我市在推动科学发展，和谐发展，跨越发展中重大问题的协商讨论，特别要加强对涉及全市广大群众切身利益的公共政策在决策前的协商沟通。要进一步推进民主协商的制度化、规范化和程序化，提高市政协常委会议、委员晨会、专题研讨会的协商实效，强化各专委会与政府部门的协商。二是加强民主监督工作。要选择社会管理及一些事关构建和谐桂林建设的重大问题，继续组织市政协委员进行专项视察，并对视察结果及所提出的建议做好跟踪和回访。要充分利用政协提案的方式开展民主监督工作，要以提高提案质量、办理质量和服务质量为主线，以落实各项提案办理制度为前提，以办理重点提案为龙头，完善工作机制，促进办理质量的提高和提案的落实，把提案工作提高到一个新的水平；组织好市政协委员参加有关部门的调查和专项检查活动。三是继续开展好参政议政。要坚持对涉及我市全局和带有宏观性、前瞻性的问题开展调查研究，多提出为人民群众排忧解难的建言，多思考破解我市改革难题的良策，提高参政议政的实效性。要以促进全市经济又好又快发展为目标，紧紧围绕市委三届六次全会和全市经济工作会议作出的推进农村改革发展、实施“一大战略”、狠抓“两大经济”、做强“五大产业”、推进“三化进程”以及走农业稳市、文化立市、旅游兴市、工业强市之路等重大决策中的重点课题开展调研，尤其要按市委、市政府对新一年工作的总体要求，就推进投资高速增长、加快产业发展和工业结构优化升级、促进农业增产农民增收、发展以旅游为龙头的现代服务业、加快推进临桂新区建设和老城区疏解提升、提高外向型经济水平、加快发展社会事业等关系全局发展的课题，深入调查研究，积极提出建议。要充分发挥政协委员的专业优势和各专门委员会的综合优势，加强与社会各方面的合作，切实把参政议政职能履行好。

（三）加强团结合作，协调关系，充分发挥政协在和谐桂林建设中的作用

要充分发挥政协作为中国共产党领导的多党合作和政治协商重要机构的作用，加强各党派团结合作。支持各民主党派桂林市委会以本党派名义在履行职能中发表意见和主张，加大对民主党派提案的跟踪促办力度，与各民主党派桂林市委会、市工商联联合开展调研、视察等活动，为他们参加协商、议政、建言创造条件。继续定期召开各民主党派桂林市委会、市工商联负责人座谈会，协商讨论各民主党派市委会、市工商联共同关心的事务。加强与各界群众的联系。通过下基层调研、召开社情民意座谈会、编报《社情民意》信息等方式，广泛了解和反映各阶层群众的利益诉求。积极做好理顺情绪、化解矛盾、促进团结的工作，协助解决一些影响社会和谐稳定的突出问题，促进桂林平安建设。广泛团结包括非公有制经济人士、自由择业知识分子等在内的新社会阶层人士，为他们有序政治参与创造条件。继续关注我市少数民族工作的新情况和新问题，巩固和发展平等、团结、互助和谐的社会主义民族关系。认真贯彻党的宗教政策，积极引导我市宗教界与社会主义社会相适应。加强与有关部门合作，维护在我市经商办实业的港、澳、台、侨人士合法权益，使他们更好地为我市经济建设服务，多做促进祖国和平统一的工作。继续做好桂林城市建设与环境保护工程和越南学校、越南医院在桂林等文史资料的征集、编辑出版工作。

进一步加强对市慈善会和市仁济慈善基金会的管理，完善各项制度，积极利用这两个平台募集扶贫济困资金，开展形式多样的社会救助工作。加强与境内外慈善机构的联系和合作，做好新加坡支显宗基金会、加拿大文化更新研究中心在我市的捐资助学项目的落实工作，为和谐桂林建设贡献力量。

（四）抓好自身建设，完善工作规范，提高政协工作水平

一是加强专委会工作。把提高科学履职能力、建言献策能力、团结和谐能力，作为专委会建设的重要目标。进一步丰富专委会活动内容，完善专委会工作的各项制度，推进市政协经常性工

作有序开展。二是进一步发挥委员在政协工作中的主体作用。精心合理地安排委员活动，创办委员活动中心，创建委员活动小组，继续办好《政协委员论坛》，为委员履行职能创造良好的环境和条件。三是进一步发挥界别作用，完善界别活动的组织机制，为界别活动提供服务保障，探索界别与有关部门联系的渠道，拓展界别履行政协职能的形式，通过界别密切联系群众，努力增进社会各阶层及不同利益群体的和谐团结。四是加强对县、城区政协的联系和指导，及时沟通情况，促进合作交流。五是加强政协机关的思想、作风、制度建设，努力在市政协机关营造勤于学习、善于思考、勇于实践的风气，增强机关干部队伍的全局意识、服务意识和创新意识，努力造就一支政治坚定、作风优良、学识丰富、业务熟练的政协工作干部队伍。

各位委员，同志们，展望新的一年，我们充满信心和希望。让我们高举邓小平理论和"三个代表"重要思想伟大旗帜，紧密团结在以胡锦涛同志为总书记的中共中央周围，在中共桂林市委的领导下，全面落实科学发展观，同心同德、开拓创新、扎实工作，为我市科学发展、和谐发展、跨越发展，让桂林城市靓起来、企业强起来、市民雅起来、百姓富起来作出新的更大贡献，以优异的成绩迎接新中国成立60周年和人民政协成立60周年。

关于桂林市2008年国民经济和社会发展计划执行情况与2009年国民经济和社会发展计划(草案)的报告

——2009年2月4日在桂林市第三届人民代表大会第五次会议上

桂林市发展和改革委员会主任　章熙骏

各位代表：

受市人民政府委托，现将我市2008年国民经济和社会发展计划执行情况及2009年国民经济和社会发展计划草案提请市三届人大五次会议审议，并请市政协委员和其他同志提出意见。

一、2008年国民经济和社会发展计划执行情况

2008年是非同寻常、极不平凡的一年。在市委的正确领导下，在市人大监督指导及市政协帮助支持下，各级各部门深入学习实践科学发展观，贯彻落实中央一系列宏观调控政策，振奋精神，顽强拼搏，经受了复杂形势的严峻考验，夺取了抗灾救灾的重大胜利，经济呈现增长较快、结构优化、价格回稳、民生改善的良好局面，较好地完成了市三届人大四次会议审议批准的国民经济和社会发展各项目标任务。

(一)经济平稳增长，产业结构优化

初步统计，2008年全市实现生产总值883.02亿元，比上年增长12.9%，增速自2004年起连续5年达到两位数。分产业看，第一产业增加值增长6.0%；第二产业增加值增长17.7%，其中工业增加值增长19.0%；第三产业增加值增长11.0%。三次产业结构由上年的21.2∶42.6∶36.2调整为19.4∶45.2∶35.4，第二产业比重上升了2.6个百分点，经济结构进一步优化。全市财政收入85.55亿元，增长18.0%。

(二)工业经济较快增长

贯彻工业强市战略，工业投资力度不断加大。完成工业投资166.35亿元，比上年增长25.5%。强力推进工业园区建设大会战，新建标准厂房51.50万平方米，新增入园工业企业92家，高新区、西城经济开发区和苏桥经济开发区基础设施建设进一步完善，一批工业重点项目相继建成投产，园区产业聚集效应初步显现。2008年，全部工业总产值突破1000亿元大关，达到1021.37亿元，增长29.6%。工业增加值350.71亿元，增长19.0%，超出预期目标1.3个百分点。工业增加值占生产总值的比重提高到39.7%，提升了2.5个百分点，高于自治区3.1个百分点。重点企业不断发展壮大。全市年产值超亿元的重点工业企业由上年的107家增至138家。县域规模工业发展势头强劲，县域规模工业总产值增长46.8%。

2008 年国民经济和社会发展计划主要指标执行情况

指　标	计算单位	2007 年实际		2008 年计划执行情况		
		绝对值	增长	计划增长	初步统计	增长
全市生产总值	亿元	744.32	14.8%	14%	883.02	12.9%
财政收入	亿元	72.50	22.2%	16%	85.55	18.0%
全社会固定资产投资	亿元	403.04	54.5%	30%	485.96	20.6%
社会消费品零售总额	亿元	224.63	18.9%	16%	277.89	23.7%
外贸进出口总额	亿美元	7.92	36.1	20%	10.11	27.7%
其中:出口总额	亿美元	5.31	24%	20%	6.95	31.0%
实际利用外资	亿美元	0.93	38.1%	20%	1.70	82.9%
市区居民消费价格总指数	上年=100	106.6	6.6	涨幅略低于上年实际涨幅	105.9	5.9
城镇居民人均可支配收入	元	12908	20.5%	12%	14636	13.4%
农民人均纯收入	元	3909	15.2%	8%	4465	14.3%
万元生产总值能耗	吨标准煤	1.1417	-3.6%	-3.5%	1.0903	-4.5%
化学需氧量排放总量	万吨	4.2	4.74%	4.42 万吨	4.28 万吨以内	1.9%
二氧化硫排放总量	万吨	5.8	-3.33%	5.83 万吨	6.37 万吨以内	9.8%
城镇新增就业人数	万人	6.44	—	5.6 万人	6.20	—
城镇登记失业率	%	3.98	—	4.5	3.98	持平
人口自然增长率	‰	7.37	—	8	6.17	-1.2

(三)农业和农村经济稳步发展,社会主义新农村建设扎实推进

扎实抓好灾后恢复重建,确保大灾之年农业增产、农民增收、农村稳定。全市实现农业总产值276.32 亿元,增长 7.0%,农业增加值 171.51 亿元,增长 6.0%。特色农业效益显著。农业产业化经营迈出新步伐,新增重点龙头企业 26 家,新增农村合作组织 563 家,分别辐射带动农民56.68 万户、21.86 万户。中央支农惠农政策落实到位,全年落实国家、自治区支农惠农政策资金5.73 亿元,增长 169.0%。水利基础设施建设得到加强,农村生态继续得到改善。毛竹生产取得新成绩,新种毛竹 0.52 万公顷,改造受灾毛竹4.14 万公顷。全年新建农村沼气池 2.11 万座。年内解决 12.20 万人饮水安全问题。社会主义新农村建设试点工作扎实推进。建成新农村试点村50 个,完成 1029 个自然村(屯)的道路硬化。第二批整村推进的 82 个贫困村建设工作稳步推进。农村行政村通公路比例提高到 96.0%。

(四)投资在高位平台保持增长,临桂新区建设初步启动

全市完成全社会固定资产投资 485.96 亿元,增长 20.6%。全市重点项目共完成投资 70.75亿元,为年度计划投资目标的 56.2%。新开工项目 60 项,开工率为 82.0%。我市列入自治区层面统筹推进的 10 项重大项目全部实现开工建设,开工率为 100%。年内有 13 个重点项目竣工投产。交通能源项目建设继续保持良好势头。桂梧高速公路阳朔至平乐段、桂林至阳朔段、全州至兴安高速公路、灵三绕城高速公路竣工通车,东二环路七星段和叠彩段基本通车。贵广铁路、湘桂铁路复线扩能改造工程、桂林两江国际机场 A 380备降场工程开工建设。兴安至桂林高速公路基本完成征地工作。桂林至三江、阳朔至鹿寨高速公路、桂林两江国际机场航站楼扩建工程等项目的前期工作加快推进。能源方面,中石化羊角山油库扩容改建、220 千伏临桂秧塘送变电工程、恭城刘家洞系列电站、龙胜大云水电站等项目实现开工建设。柳州至桂林成品油输油管线工程、柳州至桂林天然气管道工程的前期工作加快推进,2009 年初可开工建设。胜利桥、穿山桥、雉山桥重建工程顺利启动,新建福利路、横塘路等一批重要交通节点项目,完成市区 40 千米城市主干道及城区至临桂机场路路段、城区至灵川高速公路路

级1300多栋临街楼宇立面改造。全年城市基础设施重点项目完成投资40.27亿元。

临桂新区建设初步启动。加强组织保障，组建了中共桂林市临桂新区工作委员会、桂林市临桂新区管理委员会。临桂新区中心区控制性详细规划获得自治区评审通过，其他各专项规划正在加快推进，新区项目库建设取得阶段性成果。机场路改造工程可研报告获自治区批复，以临桂县环城北路为切入点，争取中国农业发展银行广西分行贷款工作取得实质性进展，第一批5亿元贷款已经落实，并开工建设。万福路西延长线的各项前期准备工作正在加快推进。

（五）以旅游业为龙头的第三产业稳步发展

深入开展"桂林旅游优质服务年"活动，积极应对严重自然灾害和全球金融危机带来的冲击，及时采取一系列恢复市场和经营的强有力措施，旅游市场迅速恢复。全年接待国内外游客人数1626.90万人次，增长6.3%。实现旅游总收入100.26亿元，增长17.2%，增幅高于预期目标7.2个百分点，旅游总收入增幅高于国内外游客人数增幅10.9个百分点。商贸物流、交通运输、金融保险等服务业健康发展。实现社会消费品零售总额277.89亿元，增长23.7%，增幅高于预期目标7.7个百分点。第三产业实现增加值312.06亿元，增长11.0%。

（六）开放合作步伐加快，企业改革工作取得新进展

我市对外开放深入发展，不断加强与东盟国家、港澳台、泛珠三角、长三角以及其他各省区市的合作，加强跟踪服务，促进项目大兑现，招商引资、"百企入桂"、承接东部产业转移取得新进展。全市新签市外境内项目587个，实施市外境内项目1025个，到位资金256.77亿元，增长52.7%。全市实际利用外资金额1.70亿美元，增长82.9%，实际利用外资金额在自治区14市中排第二位。合同项目履约率超过90.0%，开工投产率超过50.0%，资金到位率达30.0%。全市外贸进出口总额10.11亿美元，增长27.7%，其中出口6.95亿美元，增长31.0%。

继续深化国有企业产权制度改革，完成了7家国有企业的改制重组工作，引进新疆广汇、武汉瑞驰、广西万润等一批企业落户桂林，累计到位资金2.50亿元。基本完成国有独资投融资平台组建工作，通过划入相关资产，市国有资产投资经营有限公司注册资本达到8.50亿元，市经济建设投资有限公司达到10亿元，为国有投融资平台开展投融资业务，投资临桂新区建设创造了条件。

（七）节能减排工作取得新成绩

坚决贯彻落实国家和自治区节能减排的决策和工作部署，制订了《桂林市节能减排工作目标责任制考核办法》、《桂林市节能减排专项资金使用及管理暂行办法》。通过采取一系列降低能源消耗、减少污染排放的措施，努力提高资源、能源利用效率、保护生态环境。全市节能减排取得了积极的成效。2008年计划实施的22个减排项目已全面动工，其中18个项目已完成，通过环保验收并投入运行。今年关停计划淘汰的198家小砖厂的任务已全面完成，其中：关停177家，技改21家。计划关停的13家工业类企业全部关停，淘汰了落后产能19.6万吨。万元生产总值能耗1.0903吨标准煤，下降4.5%，比预期目标多下降1.0个百分点。万元工业增加值能耗1.463吨标准煤，下降15.6%。化学需氧量和二氧化硫排放总量分别控制在4.28万吨和6.37万吨以内。

（八）注重改善民生，社会各项事业又有新发展

城乡居民收入继续增加。全市城镇居民人均可支配收入和农民人均纯收入分别为14636元、4465元，分别增长13.4%和14.3%，分别高于预期目标1.4和6.3个百分点。

劳动就业和社会保障工作取得新成绩。全市城镇新增就业6.20万人，安置城镇下岗失业人员再就业1.27万人，城区动态消除零就业家庭。城镇登记失业率为3.98%，控制在4.5%的预期目标以内。实施百万农民培训工程，新增农村劳动力转移就业6.30万人。不断完善城乡最低生活保障制度。全市农村纳入低保的贫困人口实现应保尽保和分类施保。建立健全灾害应急救助制度。完善了以财政供养为主、五保村和敬老院集中供养与托付分散供养相结合的新型农村五保供养制度。逐步完善城市居民临时困难救助制度。12县5城区全面实施新型农村合作医疗制度，参合农民344.43万人，平均参合率达89.1%，超过自治区平均参合率2.17个百分点。城市居民医疗保险试点已经启动。城市社区卫生服务工作取得新成效，建成社区卫生服务机构36家，市区覆

盖率达到89.1%。

科技对经济社会发展的支撑引领作用进一步增强。启动实施《桂林创新计划(2008～2010年)》,全社会科技项目投入13.80亿元,实施技术创新项目521项。新培育创新型企业5家,培育孵化科技型企业32家。组织开发新增创新产品113个、创新技术85项。建设科技创新示范基地11个。专利申请和授权量均列自治区第一。我市成为广西唯一的"国家知识产权示范城市创建市",广西唯一的恭城瑶族自治县"国家可持续发展实验区"顺利通过国家验收。兴安、全州、灵川、永福县及所属部分乡(镇)、村被列入自治区第二批新农村建设科技示范县、示范乡(镇)、示范村(试点);职业教育攻坚开局良好,启动市职教园的建设,职业学校项目建设进展顺利。超额完成20所中等职业学校改扩建工程,超额完成中职招生任务,桂林师范高等专科学校顺利通过教育部高职高专办学水平评估并获优秀等级。资助贫困大学新生6245人。安排农村义务教育阶段家庭经济困难寄宿生生活费7169万元,补助学生10.90万人;人口计生工作整体水平继续保持在自治区先进地位,各项指标执行情况较好;全市把为民办实事作为保障和改善民生工作的重要载体,筹集资金13.04亿元,年初确定的18件为民办实事项目全面完成。

扶贫、气象、地震、测绘、体育、妇女儿童、老龄、残疾人事业等其他各项社会事业都取得新成果。精神文明建设和法制建设得到进一步加强。

2008年我市克服了严重自然灾害的影响,经济运行情况好于预期,实现了经济社会发展持续稳定增长,但从主要指标执行情况来看,生产总值、全社会固定资产投资完成情况不够理想。横向比较,我市主要经济指标在自治区14个城市中的排位依然靠后,与"目标不变,任务不减"的要求、与自治区强劲发展的势头、与全年工作目标相比,仍有较大的差距。一是严重自然灾害造成较大影响。据统计,年初低温雨雪冰冻灾害造成直接经济损失199.35亿元。6月中下旬遭受洪涝灾害,又造成损失23.14亿元。初步估算,2008年的自然灾害将拉低全年经济增长约2个百分点以上。二是上半年物价上涨幅度大。1～6月食品、服务、工业原材料、农资、化肥等价格水平仍然没有明显的下降,给我市提高人民生活水平和发展生产带来较大困难。三是工业创新及适应市场能力不足。煤电油运持续偏紧,工业品进、出厂价格"高进低出"影响规模以上工业增长。中小企业贷款难依然存在,部分企业因种种原因停产、减产,工业企业利润增长乏力。四是重点项目建设推进工作难度加大。主要表现为资金、土地瓶颈更加突出,征地拆迁工作难度加大,前期基础工作滞后,成熟项目储备不足,重大项目推进工作机制有待进一步完善等等。

这些问题,我们已经高度重视,正在组织研究,在今后的工作中将采取有力措施,努力加以解决。

二、2009年经济社会发展主要目标和任务

今年是新中国成立60周年,也是实现"十一五"规划目标和实施科学发展三年计划的关键之年。做好全年的经济社会发展工作,对于有效应对国际国内复杂严峻形势、保持我市经济发展的良好势头和社会和谐稳定,意义重大。

根据目前国内外形势的新变化以及我市经济运行趋势的分析判断,今年很可能是新世纪以来我市经济最为困难的一年,也是蕴含重大发展机遇的一年。国际金融危机虽然导致全球经济增长放缓,但我国作为全球经济的新兴经济体,应对国际金融危机有巨大的国内市场空间,国际产业资本转移仍然看好我国,在世界经济调整中仍可保持较快发展,这为我市利用两个市场两种资源提供新的契机。经过30年改革开放,我市综合经济实力不断增强,具备了较好的体制基础和物质基础,工业化城镇化加快推进,加快发展的潜力大、动力强。中央实施积极的财政政策和适度宽松的货币政策,有利于我市扩大投资规模,办成一些多年想办的大事。党中央、国务院十分关心和支持广西发展,正在抓紧研究制定加快广西经济社会发展的政策措施,我市一批重大项目开工和竣工,为加快发展奠定坚实基础。我们务必坚定信心、抓住机遇、正视挑战、全力以赴,努力在逆境中奋力而上。

根据自治区、全市经济工作会议部署,按照在优化结构、提高效益、降低消耗、保护环境的基础上,我市经济增长力争高于自治区平均速度的要求,提出2009年我市经济社会发展主要预期目标:生产总值增长12%;全社会固定资产投资增

长25%；财政收入增长12%；社会消费品零售总额增长16%；万元生产总值能耗降低4.33%，二氧化硫排放量、化学需氧量排放总量控制在自治区下达任务指标以内；外贸进出口总额增长12%，实际利用外资增长4.7%；城镇新增就业人数6.6万人，城镇登记失业率控制在4.5%以内；城镇居民人均可支配收入增长13%，农民人均纯收入增长11%；居民消费价格指数涨幅5%以内；人口自然增长率控制在8‰以内。

提出以上经济社会发展主要预期目标，基于以下几方面考虑：一是与我市实现全面建设小康社会目标相衔接，努力体现科学发展、和谐发展、跨越发展的要求。二是提出经济增长12%的预期目标，符合保增长的要求，有利于增强信心、稳定预期、扩大就业、增加收入和缓解矛盾，体现坚持用发展的办法解决前进中的问题。三是提出投资增长25%以上的预期目标，符合桂林实际，扩内需尤其是扩大投资是当前及今后一个时期拉动我市经济增长最直接、最有力、最有效的途径和办法。四是体现调优结构、注重民生的要求，既提出经济总量增长预期目标，又提出结构调优、对外开放、社会事业、就业和社会保障、人民生活等方面的预期目标，以及节能减排、人口控制等约束性指标，力求实现速度与质量结构效益相统一、经济发展与社会发展相协调、内部经济与外部经济相均衡。在不确定因素增加的形势下，实现经济增长12%的预期目标是不容易的，需要经过加倍努力才能做到。在实际工作中，要以更高的目标要求去奋力争取。

做好今年的经济社会发展工作，必须把保持经济平稳较快增长作为首要任务，紧紧抓住中央扩大内需，实施新一轮扩大投资消费的难得机遇，全面贯彻落实中央宏观调控政策和自治区的各项措施，加大投资项目建设和扩大消费力度，加大结构调整和转变发展方式力度，加大社会建设和着力解决涉及群众根本利益的突出问题力度，加大体制机制创新和深化开放合作力度，加大临桂新区开放开发力度，促进经济社会又好又快发展。着力做好以下10项工作：

（一）着力扩大投资规模

把握和用好国家实施积极财政政策和适度宽松货币政策的有利机遇，坚持扩大投资规模与优化投资结构更好地结合起来，以非常措施和非常力度，着力拓宽投融资渠道，力争实现全社会固定资产投资重大突破，增强投资对经济增长的拉动作用。

1. 全力管好用好2008年第四季度中央安排我市5.52亿元的新增投资。按照国家和自治区的要求，加强对项目的全过程监督检查，落实地方配套，加快建设进度，严把工程质量关，确保新增中央投资在规定时限内形成实物工作量，努力提高投资效益。

2. 以非常的措施做好项目融资工作。一是更多地争取中央投资。按照中央投资的方向和重点，在“三农”、重大基础设施、自主创新及产业升级、节能减排、生态环境、民生工程、社会事业等重点领域和薄弱环节，继续跟踪争取2009年中央预算内资金、国债资金和各种专项建设资金项目申报方案的落实工作，抓紧落实建设条件，加强汇报跟踪衔接，争取更多的项目投资。二是大力争取银行扩大信贷规模。积极争取商业银行政策支持，扩大我市信贷投放规模。加强金融主体建设，增加金融资源供给量。深化农村信用社产权制度改革，加快小额贷款公司的试点和推广工作，探索建立农村信贷担保机制。以项目为纽带，强化政银和银企合作，落实好自治区农村信用社、中国农业发展银行广西分行签订的150亿元、120亿元金融合作框架协议，充分利用保险资金、邮政储蓄资金支持项目建设。三是千方百计扩大直接融资规模。充分发挥已建立的投融资平台作用。加快企业上市步伐，推动已上市企业通过增发、配股、发行可转债等方式实现再融资。四是进一步扩大社会投资。加大“央企入桂”、“百企入桂”力度，扩大合作领域和规模。深入开展招商引资项目大兑现活动。落实鼓励引导社会投资的优惠政策，建立公共公用产品合理投资补偿机制，鼓励和促进社会资金投入公共公用事业项目建设。五是进一步统筹整合政府性资源，集中有限财力办大事。加快盘活政府投资经营资产存量，扩大再投资能力。加大对中央财政安排我市投资项目的配套支持力度。重点支持企业技改、重大基础设施、社会公益、节能减排和生态环保等重点项目以及投融资平台建设。

（二）推动产业优先发展，加快工业结构优化升级

坚持产业优先发展，培育壮大产业和大企业。

年内实现全市工业增加值增长16.2%。

加快推进工业园区(县域工业集中区)基础设施建设,尽快搭建好承接产业转移平台,力争2009年园区基础设施建设投入8亿元以上,新入园企业100家以上;结合临桂新区建设,加快推进市区工业企业"退二进三"搬迁改造;大力发展"飞地工业",切实解决我市发展工业空间瓶颈问题。

加大对企业扶持力度,抓紧研究出台新办法,进一步建立和完善对企业发展的支持和服务体系,采取重点帮扶、技改贴息、政策和资金支持等方法,集中力量加快汽车及零部件、橡胶制品、食品饮料、锰业、机械电器、电子信息、医药及生物制品、竹木加工、建材、电力生产等优势特色产业发展,尽快形成产业集群优势。全力推进中国化工橡胶桂林有限公司橡胶产业园、桂林三金现代中药产业化、桂林正菱第二机床有限公司齿轮及机床生产基地、桂林福达公司年产10万吨精密锻件锻造中心建设项目、桂林电力电容器公司风力发电机产业化项目和桂林康密劳铁合金有限公司整体搬迁等一批产业化项目开工建设。

(三)推进农村改革发展,着力加强"三农"工作

全面贯彻党的十七届三中全会和中央、自治区农村工作会议精神,认真落实各项支农惠农政策,加大农业投入,夯实农业基础,稳定粮食生产,增强农业综合生产能力,促进农民增收。实现第一产业增加值增长6%以上。一是积极构建现代农业产业体系。大力实施粮源基地建设、沃土工程等重大增粮工程,计划发展超级水稻6万公顷,稳定粮食总产量193万吨以上。种植13.33万公顷高效经济作物,建成一批高标准、高质量、无公害的农产品生产基地。二是加快推进农业产业化。加大农业龙头企业培育力度,完善信贷担保、贷款贴息、用地用电等扶持政策。三是加快以水利为重点的农业基础设施建设。抓住中央增加对"三农"投入的机遇,掀起水利建设新高潮。加快桂林市防洪及漓江补水水利枢纽工程、市县防洪工程建设。突出抓好以农村饮水安全为重点的民生水利工作,年内解决20万农村人口饮水安全问题,完成已批复的34座大中型和重点小型病险水库的除险加固,实施青狮潭和峻山水库等大中型灌区节水改造工程。扎实推进新农村建设,加强农村住房建设和改造,改善农村面貌。继续实施一批通达工程、通乡通村油路、乡镇客运站和渡口改桥等项目,新建沼气池2.40万座。用好农机购置补贴政策,加快农业机械化和农机产业发展。四是完善农村社会化服务体系。加快建立农业科技推广服务网络,建立完善动物疫病防控体系、植物保护体系、产品质量安全体系和农村信息综合服务体系。五是做大做强县域经济。加快县域承接产业转移的步伐,引导劳动密集型、资源加工型产业向县域集聚,加快把农产品加工业培育成为县域经济的主导产业。

(四)加快发展旅游业,着力扩大消费需求

加快旅游高端化进程,实现从传统旅游业向现代旅游业的转型升级。重点打造山水观光、休闲度假、会展商务、历史文化、民俗风情、城市旅游、乡村旅游、红色旅游、专项与特种旅游产品。办好桂林中国国际旅游博览会、桂林山水文化旅游节。大力提升国内旅游,大力发展入境旅游。继续推动我市旅游产业从单一观光型向观光和休闲度假型转换升级,构建有特色的旅游产品体系。完善旅游基础配套设施体系、营销体系,推进旅游市场化、产业化和旅游商品品牌化,全年实现旅游总收入增长20%以上。

稳定房地产业发展。进一步鼓励普通商品住房消费,落实和完善促进住房消费的财税、信贷政策,减少住房转让环节营业税负,减轻居民购买普通商品住房负担。加强住房建设规划,调整和优化住房供应结构。加快发展二手房市场和住房租赁市场。鼓励房地产开发向县城和重点镇发展,扩大房地产市场总体规模。加快农村住房建设。加大农房建设信贷支持,鼓励农民拆旧建新、利用空闲宅基地建房和置换宅基地建房。

积极刺激居民消费。加强城乡商品市场体系的规划建设,加快实施"万村千乡市场工程"、"双百市场工程"、农村商务信息服务工程建设,做好"家电下乡"工作,举办美食节、文化节、商品展销会,活跃消费品市场。进一步完善消费品质量安全体系建设,开展市场秩序专项整治活动,切实加强消费者权益保护。

发展现代服务业。加快建设面向东盟、内外贸一体化的区域性现代物流基地、园区和现代物流配送中心。加强商品市场体系规划,完善市场体系建设,发展连锁经营,形成多层次、多类型的

现代物流配送格局。大力发展金融、证券、保险、会展、信息、咨询、会计等生产性服务业和医疗卫生、社区服务、文化休闲等消费性服务业，继续提升传统商贸、饮食服务业。加快拓展现代服务业领域，提高服务业的比重和水平，力争全市第三产业增加值增长12%以上。

（五）强力推进临桂新区建设，加快城镇化步伐

强力推进以临桂新区为重点开发建设。加快启动临桂新区、苏桥工业园、雁山科教园区市政、环卫、商贸、公共服务等基础设施建设，力争实现临桂新区基础设施与老城区一体化、城市功能基本完善，产业集群基本形成、人口集聚初具规模的目标。加快工业园区基础建设步伐，提高园区承载项目建设的能力。重点推进机场路改造工程、万福路西延长线、核心区路网、临桂新区拆迁集中安置区、中心公园、市民服务中心，以及供水、排水、垃圾和污水处理、燃气、通信、供电等基础设施项目，力争2009年完成投资15亿元以上。加快30个重点小城镇的路网、供水等项目建设，完善城镇基础设施。

（六）切实扩大开放合作，提高外向型经济水平

深入实施开放带动战略，不断拓展发展空间。积极参与中国—东盟自由贸易区、泛北部湾经济圈、桂台、泛珠三角等区域经贸合作，进一步拓展和深化与欧美日韩等其他国家及中国港澳台地区的开放合作。继续优化出口商品结构、贸易方式结构和经营主体结构，着力培育一批出口稳定增长的高新技术产品出口基地。重点抓好机电产品和生物医药为主的高新技术产品出口；进一步加强招商引资工作，努力扩大利用外资规模，提高利用外资质量。抓住国家加工贸易政策调整的机遇，找准产业转移的承接点，采取产业链招商、以商招商等多种方式，集中力量引进一批科技含量高、辐射带动力强、发展前景好的配套协作型龙头项目，提高项目履约率、资金到位率和项目开工率；认真做好外商直接投资项目的审批和服务工作。继续在交通、生态、环保、扶贫和城市环境整治等重点领域筛选项目，争取更多项目利用国外优惠贷款。

（七）大力推进改革，加快形成科学发展的体制机制

深化国资监管体制和国有企业改革。把国企改革的重点落到以发展为目标，实施资产再重组，提高国有资产的整体运营效益上来。积极支持民间资本参与国有企业改革；积极推进农村各项改革。推进农村土地承包经营权流转、农村集体林权制度改革、农村小型水利管理体制改革。加快农村社会化服务体系建设，重点推进基层农技管理体系改革和农村金融改革，引导更多信贷资金和社会资金投向农村；继续深化财税改革。进一步完善一般性转移支付办法与政府间财政关系，逐步扩大“乡财县管”改革范围。深化部门预算、国库集中支付和政府采购制度改革。深化非税收入管理改革，完善政府收入体系。积极落实增值税转型改革和燃油税改革，贯彻实施新修订的增值税以及营业税、消费税暂行条例；积极推进行政管理体制改革。大力推进行政审批制度改革。2009年再取消和调整一批审批项目，加强对已取消审批项目的后续监管。进一步深化投资体制改革，减少投资审批项目，规范核准和备案管理办法；深化社会体制改革。进一步推进教育、文化、卫生、计生等领域的改革，建立促进社会公平正义的体制机制。完善义务教育经费保障机制，建立职业教育经费投入保障机制、校企合作新机制。积极推进文化事业单位改革，推进国有文化单位的公司制改造试点改革工作。加快推进覆盖城乡的基本医疗保障制度建设，建立国家基本药物制度，健全基层医疗卫生服务体系，促进基本公共卫生服务均等化。加强计划生育服务体系建设。

（八）着力抓好环境保护和节能减排，保护好桂林的青山绿水

加大环境整治和保护力度。大力推进城市建设和管理，改善人居环境；进一步加强污染综合防治和生态保护，继续抓好植树造林、封山育林、退耕还林、防护林、石漠化治理和水土保持等生态保护工程，以及重点江河、城市环境综合治理、重点污染源治理、环境安全监控体系等一批环保项目建设。加快对漓江支流（城区段）桃花江、小东江、灵剑溪、宁远河、瓦窑河的环境综合整治，加强对漓江河段的管理，大力保护漓江流域水源地、沙洲、河床、河堤和基本农田，坚决治理漓江挖沙、沿岸乱建房屋等现象，严禁采石、砍伐林木等破坏和影响漓江生态环境的行为；继续实施“城乡清洁

工程”,加强城乡环境卫生和容貌秩序的管理,根本解决脏乱差的问题。继续抓好城市绿化美化,保护建设好城市绿地;以保护、恢复和扩大森林植被为重点,大力保护和恢复天然林,增加森林覆盖面积;加快城市供水、排水、污水和垃圾处理、环境综合整治、消防基础设施等建设,加紧解决市区内涝问题。开工建设阳朔县污水处理厂二期、城镇生活垃圾处理等项目,进一步完善医疗废弃物处置中心基础配套,确保各种化学污染物排放量控制在国家下达的目标之内;继续加大对青狮潭水库及县、乡(镇)水源地的综合整治力度,确保居民饮水安全;全力抓好桂林市县一批防洪排涝工程等续建重点项目,集中力量建设桂林市防洪及漓江补水水利枢纽工程等一批重点项目,提高防灾减灾能力;抓紧组织对兴安灵渠向漓江加大输水综合开发利用项目的可行性论证。

抓好节能减排工作。严格责任制和“一票否决”制,把节能减排作为促进科学发展的重要抓手,列入政府目标考核体系,形成以政府为主导、企业为主体、全社会共同推进的工作格局,力争万元生产总值能耗控制在1.0431吨标准煤以内,比上年下降4.33%;严格新上项目节能审批,确保新上项目单位能耗不超标,坚决杜绝新上高污染项目;加大淘汰落后产能的力度和高能耗、高污染行业的专项治理整顿;关停不符合国家产业政策的小冶炼、小钢铁、小造纸、小水泥、小化工;全面实施“退城进园”,鼓励企业通过搬迁加大技改力度,促进节能减排,改善城市环境;突出抓好全市重点能耗大户的节能减排工作,运用市场机制促进节能环保,加大节能减排执法力度与考核奖惩,确保重点企业节能量不低于6.10万吨标准煤的目标;化学需氧量排放总量、二氧化硫排放总量控制在目标范围以内。

(九)切实保障和改善民生,加快发展社会事业

坚持把发展经济与改善民生结合起来,进一步加大民生投入力度,加快涉及民生问题的制度建设,加快各项社会事业发展,促进社会和谐发展。千方百计稳定就业。

继续抓好城乡统筹就业工作,落实好促进就业的各项政策,鼓励新增劳动力自谋职业和自主创业,充分发挥政府投资和重大项目带动就业的作用,农村劳动力转移就业培训6.35万人,新增农村劳动力转移就业8.3万人以上,新增城镇就业6.6万人以上,城镇登记失业率控制在4.5%以内;完善社会保障体系。继续深化养老保险制度改革,完善城镇职工基本医疗保险制度和生育保险制度,努力解决国有关闭破产企业、困难企业职工和退休人员、华侨农场职工、农民工等特殊群体的医疗保障问题。建立起以资助城乡困难群众参加基本医疗保险、日常医疗救助、大病医疗救助为主体,以临时医疗救助、慈善医疗援助为补充的“五位一体”的城乡医疗救助体系;加大扶贫开发力度,提高扶贫开发水平。组织力量对第二批82个整村推进贫困村扶贫开发进行检查验收。全面启动第三批82个贫困村“整村推进”扶贫开发,加快贫困人口脱贫致富步伐,力争第三批村2009年实现时间过半、任务完成过半的目标。加大库区移民工作力度,加强水库移民培训就业工作,进一步改善库区移民生产生活条件;继续优先发展教育事业。确保财政“三个增长”,加大教育基础设施建设投入,继续抓好农村中小学校舍维修改造、初中校舍改造工程和农村寄宿制学校、中职基础能力建设项目、特殊教育学校建设项目建设工作。继续加快广西师范大学漓江学院雁山校区二期、桂林工学院雁山新校区一期、桂林旅游高等专科学校新校区二期等一批大中专院校迁建校区或扩建,启动桂林师范高等专科学校新校区和桂林市广播电视大学与桂林市职工大学合并成立桂林高职院建设;兴起文化建设新高潮。积极推动桂林文化产业园建设。扎实推进6800个20户以上已通电自然村通广播电视工程建设,进一步提高广播电视覆盖水平。加强体育基础设施建设;推进建立基本医疗卫生制度。完善城镇职工、居民医疗保险制度,巩固和完善新型农村合作医疗制度,参合率达到90%以上。大力加强县医院、乡镇中心卫生院、县卫生监督所等基础设施建设,健全基层医疗卫生服务体系。加强计生技术服务站(所)建设和人口计生信息化建设,全面落实计生奖扶政策,全面推进“生育关怀”行动,稳定低生育水平,提高出生人口素质;加强城市信息化和电子政务建设,实施数字化城市管理工程,建设城市交通智能控制中心,提高现代化城市管理水平;筹集资金,全力办好社会保障惠民工程等10件实事。

(十)突出抓好宏观分析与运行调节,开展

“十一五”规划调研

全力配合自治区做好国务院出台支持广西经济社会加快发展政策措施的相关工作。密切关注经济形势变化，跟踪分析国家宏观调控政策走向。分解落实年度工作目标和任务，强化计划执行的跟踪检查。加强经济运行监测预测，及时提出对策建议。抓好市场价格调控。认真落实国家粮食最低收购保护价政策，完善价格调节基金制度。适时疏导部分重要商品价格和收费矛盾，进一步加强民生价格和收费监管力度，继续开展涉企和涉农价费检查，加强市场价格监督检查和巡查。

加快推进“十一五”规划和重点专项规划的组织实施，抓紧做好“十二五”规划前期研究工作，深入分析未来一个时期国内外发展环境变化趋势，准确把握我市经济社会发展进入新阶段的特征，找出制约经济社会长期发展的重点难点问题，并提出有效破解这些问题的路径和方向，形成编制“十二五”规划的基本思路。

三、2009年桂林市重大项目建设初步考虑

加速推进项目建设、加快扩大投资规模，是我市实现保增长的重要动力、扩内需的重要内容、调结构的重要抓手。必须把项目建设尤其是重大项目建设作为今年工作的重中之重和关键举措，进一步加大重点领域和薄弱环节建设力度，以抓好项目开竣工为重点，尽快上一批支持“三农”、改善民生和发展社会事业、完善基础设施、促进结构调整和自主创新、加强节能减排和生态建设等方面的项目。初步考虑，今年我市统筹推进建设的重大项目共186项，总投资941.51亿元，年度计划投资174.11亿元。预备开工90项，总投资455.34亿元，年度计划投资24.84亿元，享受重点项目同等待遇，一旦建设条件成熟，立即转为重点新开工项目。

（一）新开工项目

共100项，总投资430.89亿元，年度计划投资85.7亿元。项目主要包括：

1. 工业方面，开工建设30项。重点支持中国化工橡胶桂林有限公司橡胶产业园、桂林三金现代中药产业化、桂林正菱第二机床有限公司齿轮及机床生产基地、桂林福达集团年产10万吨精密锻件锻造中心建设项目、桂林电力电容器公司风力发电机产业化项目和桂林康密劳铁合金有限公司整体搬迁等一批产业化项目开工建设。

2. 城市基础设施方面，开工建设28项。重点支持万福路西延长线一期、福利路改扩建工程、六合路、金鸡路改造工程、红岭路建设工程、阳江路、东安路、育才路、东环路人行道、临桂新区拆迁集中安置区、临桂新区核心区路网、市民服务中心、山口生活垃圾填埋场，以及市、县一批污水、生活垃圾处理项目的开工建设。

3. 农林水方面，开工建设14项。重点支持桂北竹木制品深加工项目、绿色农产品加工及连锁配送项目、中央储备粮桂林直属年产3万吨大米加工、仓储项目、广西康华现代农业水稻示范基地建设项目、阳朔旺泉牧业有限公司福利标准化养猪场、灌阳甘薯纯化提取天然色素建设项目、恭城月柿系列产品深加工改扩建工程等项目的开工建设。

4. 交通方面，开工建设6项。重点支持桂林至三江、阳朔至鹿寨高速公路、桂林两江机场航站楼扩建、龙胜瓢里至传素红色旅游公路（龙胜段）、资源县（梅溪）至龙胜生态二级公路、荔浦县南环绕城公路等项目的开工建设。

5. 能源方面，开工建设3项。重点支持资源金紫山风电场（一期）、220千伏雁山（宝象）变电站项目、灌阳220千伏送变电工程等项目的开工建设。

6. 社会发展方面，开工建设13项。重点支持广西师范大学漓江学院雁山校区二期、桂林职教攻坚项目（一期）、桂林市广西医科大学中加护理职业学校、桂林师范高等专科学校新校区、桂林市第七中学、聋哑学校、培智学校搬迁、桂林雁山动漫展示制作研发及雁山区综合商业服务建设工程项目（一期）等项目的开工建设。

7. 经贸流通方面，开工建设6项。重点支持桂林高新七星区商业物流中心、桂林临桂新区物流配送中心项目、桂林花园时代购物广场、中国桂林义乌小商品批发城、桂林市城北现代物流配送中心等项目的开工建设。

（二）续建重大项目

共86项，总投资510.62亿元，年度计划投资88.41亿元。项目主要包括：

1. 工业方面21项，重点支持中国化工橡胶桂林有限公司企业搬迁及产品改造提升、特高压电

力电容器生产基地、青蒿琥酯高技术产业化及整体搬迁工程、汽车油电混合动力系统产业化、桂林福达集团汽车零部件产业园等续建项目。

2. 农林水方面5项，重点支持桂林市防洪及漓江补水水利枢纽工程、7座中型水库除险加固、青狮潭水库灌区续建配套与节水改造工程等续建项目。

3. 城市基础设施方面26项，重点支持桂林机场路改造、中隐路二期改造工程(含胜利桥改造工程)、穿山桥系统改造工程、桂钢片区改造工程、雁山新城中心环线道路工程等续建项目。

4. 交通方面7项，重点支持贵广铁路、湘桂铁路复线扩能改造、兴安至桂林高速公路、两江国际机场A380备降场工程等续建项目。

5. 能源方面10项，重点支持中石化羊角山油库扩容改建、220千伏临桂秧塘送变电工程、220千伏茶江送变电工程、恭城瑶族自治县刘家洞系列电站、220千伏灵川木马输变电工程、柳铺水电站建设等续建项目。

6. 社会发展方面11项，重点支持桂林医学院新校区、桂林电子科大信息科技学院新校区、广西师范大学雁山校区三期、桂林工学院雁山新校区、桂林旅游高等专科学校新校区二期、桂林华奥国际射击射箭比赛训练基地等续建项目。

7. 经贸流通方面6项，重点支持桂林美居商贸城、桂林国际旅游商品批发城改造(A区)、城北装潢材料批发市场、桂林市百业乌石物配中心等续建项目。

为实现重大项目建设目标，必须着力加快项目前期工作。一是进一步完善统筹推进新开工重大项目工作机制。充分发挥新开工项目部门联席会议的作用，统筹投资主管部门、前置审批相关部门、项目所在县(区)、项目建设业主、项目咨询设计招标监理施工单位、金融机构和监督管理部门，合力推进项目新开工。完善滚动调整机制，对一些意义重大但前期工作尚未成熟的项目，待其前期工作达到一定深度后，再适时增补列入重大项目开工计划。建立督查督办机制和考核激励机制。二是加快项目审批核准速度。对需要国家审批核准的项目，落实部门和领导责任，加强跟踪衔接，争取国家早批复早核准早落实。对属市属审批权限的项目，进一步下放项目审批核准权限，除国家明文规定必须由国家和自治区审批外，其余全部下放项目审批核准、备案机构同级的相关部门审批；对新开工重大项目继续实行联合审批；改进项目咨询评估审查工作，规范工作程序，优化办理流程，精简申请材料，压缩办理时限。加强行政审批全程指导和规范服务。三是着力解决用地难问题。积极争取一些重大项目通过列入国家专项规划，使用国家用地指标。新增建设用地指标优先安排自治区层面新开工重大项目和急需建设项目。项目选址尽量少占耕地，不占用基本农田，尽可能利用存量土地，更多地满足中小项目建设用地。切实加强征地拆迁工作，落实自治区基础设施重大项目建设用地征地拆迁补偿新标准，切实保护被征地农民和拆迁户的利益。四是加强项目管理。进一步完善项目法人责任制、资本金制、招标投标制、工程监理制及工程质量责任制，健全项目跟踪管理和监控制度，加强项目督查和稽查，确保把项目建设成为优质项目、安全项目、廉政项目。五是狠抓项目前期工作。充分认识做好项目前期工作的重要意义，采取有效措施，扎实推进各项项目前期工作，力争更多的建设项目进入国家和自治区的计划盘子。增加对前期工作经费的投入。根据全市经济工作会议精神，市、县区财政加大项目前期工作经费的投入。着力推进项目的前期工作进度，抓紧谋划储备一批事关全局的重大项目，研究临桂新区专项规划和项目盘子，结合贵广铁路和湘桂铁路建设，加快桂林现代物流规划的修编，全面推动“两江四湖”二期，桃花江、小东江、相思江、宁远河、南溪河、瓦窑河、灵剑溪、乌金河综合治理和西外环路等一批项目前期工作，彻底打通市内、市外道路节点和“断头”，缓解交通瓶颈。积极做好国家提倡的循环经济、节能、节材、节水、节地和资源综合利用等方面的项目储备。

各位代表，2009年是市委和政府全面贯彻落实党的十七届三中全会精神，全面推进桂林中心城市向西发展的关键年份，创造性地做好全年各项工作至关重要，责任重大。我们坚信，只要坚持科学发展观，坚决贯彻落实国家、自治区的重大决策，在市委和市政府的正确领导下，在人民代表、政协委员的监督、支持和帮助下，依靠全市人民的共同智慧和力量，以奋发有为的精神、求真务实的作风，真抓实干，开拓进取，以优异的成绩迎接新中国成立60周年！

关于桂林市全市和市本级2008年预算执行情况及2009年预算草案的报告

——2009年2月4日在桂林市第三届人民代表大会第五次会议上

桂林市财政局局长 钱尚志

各位代表：

受市人民政府委托，现将全市和市本级2008年预算执行情况及2009年预算草案提请桂林市第三届人民代表大会第五次会议审议，并请政协各位委员和其他列席会议的同志提出意见。

一、2008年全市和市本级预算执行情况

2008年，全市各级财政部门在市委的正确领导下，在市人大及常委会、政协的监督支持下，坚持以邓小平理论和“三个代表”重要思想为指导，深入贯彻落实科学发展观，以促进经济发展为主线，统筹财政与经济协调发展，全面推进依法理财，各项财政工作均取得较好的成绩，圆满地完成了市三届人大四次会议确定的各项财政收支计划，全市预算完成情况良好。

（一）2008年全市预算执行情况

2008年全市组织财政收入85.55亿元，完成预算的101.72%，(比上年，下同)增长18.00%。预计全市财政总收入142.04亿元，财政总支出119.75亿元，收支相抵，扣除结转下年继续使用的专款等15.89亿元，全市当年财政收入大于支出6.40亿元。

全市财政总收入的构成是：1. 一般预算收入45.18亿元，完成预算的107.44%，增长24.40%。2. 转移性收入75.70亿元，其中：增值税和消费税税收返还收入6.65亿元，所得税基数返还收入2.91亿元，与自治区共享四税返还收入5.01亿元；自治区财力性转移支付收入30.35亿元。3. 上年结余收入21.16亿元。

全市财政总支出的构成是：1. 一般预算支出116.37亿元，完成预算的120.86%，增长40.69%。2. 转移性支出3.18亿元，其中：体制上解支出1.74亿元，专项上解支出1.44亿元。3. 调出资金0.20亿元。

由于决算尚未完成，现向各位代表报告的2008年全市预算执行情况与实际执行情况相比会有一些出入。待全市决算编成后再按《中华人民共和国预算法》和《广西壮族自治区预算监督条例》的有关规定，报市人大常委会备案。

（二）2008年市本级预算执行情况

2008年市本级组织财政收入30.42亿元，完成预算的100.43%，增长16.48%。预计市本级财政总收入43.98亿元，财政总支出36.13亿元，收支相抵，扣除结转下年继续使用的专款等4.72亿元，当年财政收大于支3.13亿元。这个预计数与年度决算数相比会有一些出入，待2008年市本级决算正式编成后，再按照有关法规规定报请市人大常委会批准。

市本级财政总收入的构成是：1. 一般预算收入15.95亿元，完成预算的102.97%，增长19.04%。2. 转移性收入15.57亿元，其中：增值税和消费税税收返还收入2.37亿元，所得税基数返还收入1.19亿元，与自治区共享四税返还收入1.71亿元；财力性转移支付收入10.30亿元。3. 下级上解收入4.59亿元，其中城区体制上解和税收增量分成收入3.72亿元，专项上解收入0.87亿元。4. 上年结余收入7.87亿元。

在市本级一般预算收入中，税收收入完成9.97亿元，增加1.14亿元，增长12.96%。其中：增值税1.26亿元，增加0.15亿元，增长14.02%；营业税2.23亿元，减少0.06亿元，下降2.63%（主要由于房地产等企业销售收入及营业税下降幅度较大）；企业所得税1.39亿元，增加0.43亿元，增长45.36%；个人所得税0.53亿元，减少0.01亿元，下降2.02%（主要是由于国家调整个税起征点及税率等因素，致使该项收入比上年减少）；城市维护建设税0.80亿元，增加0.02亿元，增长2.04%；房产税0.59亿元，增加0.06亿元，增长12.07%，印花税0.04亿元，增加0.01亿元，增长43.38%；城镇土地使用税0.40亿元，增加

0.24亿元，增长153.08%；土地增值税1.03亿元，增加0.62亿元，增长152.37%；车船使用和牌照税0.03亿元，增加0.02亿元，增长318.99%；耕地占用税0.59亿元，增加0.57亿元，增长2954.64%（主要由于一次清欠收入增加较大）；契税1.08亿元，减少0.92亿元，下降45.98%。

非税收入完成5.98亿元，增加1.41亿元，增长30.78%。其中：专项收入0.64亿元，增加0.05亿元，增长9%；行政事业性收费收入3.71亿元，增加3.29亿元，增长767%（主要是由于2008年根据自治区要求将政府非税收入纳入综合财政预算管理相应增加）；罚没收入0.77亿元，增加0.07亿元，增长9.44%；国有资源（资产）有偿使用收入0.24亿元，减少0.34亿元，下降58.54%；国有资本经营收入0.61亿元，减少1.61亿元，下降72.59%；其他收入0.01亿元，减少0.05亿元，下降91.21%。

市本级收入增长的主要原因：一是市政府加强领导，各级财税部门认真抓好各项税收基础工作，加强重点税源监控，大力推行税收管理系统改革，不断更新征管手段，征管措施到位，应收尽收。二是进一步完善和执行财政收入增长激励机制，及时兑现奖罚政策，调动各级、各部门组织收入和均衡入库的积极性。三是征收部门重点抓好以销售不动产为主的一体化管理，采取有效措施加大欠税的清收力度，使城镇土地使用税、土地增值税、耕地占用税等税大幅增收，如城镇土地使用税完成0.40亿元，增长153.08%；土地增值税完成1.03亿元，增长152.37%；耕地占用税完成0.59亿元，增长2954.64%。四是市本级实施财政综合预算，促进了非税收入的增长。

市本级收入减少的主要原因：

2008年税收收入保持平稳较快增长，但税收增速逐月回落，呈高开低走态势。主要原因有：

一是国民经济增速逐步减缓的运行态势集中反映在税收收入上。2008年全市GDP增长12.9%，回落2.2个百分点。伴随着GDP增速的回落，工业增加值和工业企业利润增速大幅度减缓。在2007年全市税收前百名企业中2008年有过半数的房地产企业销售收入及营业税下降，房地产交易行为类税收增速全面下滑。如近年来快速增长的契税今年增长状况不佳，2008年市本级契税比上年减收0.92亿元，下降45.98%。

二是国家为“保增长、扩内需”等调控目标而出台税收政策的减收效应集中显现。除了2008年初出台的新企业所得税法、个人所得税费用扣除标准提高等税收政策继续造成收入减少外，下半年以来，为促进经济增长和扩大内需，国家密集出台了若干项减税政策，减收效应逐步凸现。

三是特大自然灾害重创我市经济。2008年初，我市遭受了历史罕见的低温雨雪冰冻灾害，全市291.12万人受灾，曾使全市710家规模以上工业企业停产，旅游商贸企业也受到较大影响，直接经济损失199.35亿元；6月部分县又遭受特大洪灾，179.67万人受灾，电力、电信、交通等设施遭到重创，工农、商贸、旅游业损失严重，直接经济损失23亿余元。

市本级财政总支出的构成是：1.一般预算支出32.14亿元，完成预算的122%，增长33.26%，剔除自治区追加各类专项补助7.73亿元，完成调整预算的92.64%。2.转移性支出3.78亿元，其中体制上解和专项上解支出2.31亿元，补助下级支出1.47亿元。3.调出资金0.21亿元。

在市本级一般预算支出中，一般公共服务6.03亿元，完成预算的127.36%，增长27.27%；国防0.04亿元，完成预算的94.52%，下降16.24%（主要由于2008年底基建支出结转下年使用，按可比口径计算实际增幅20.25%）；公共安全3.68亿元，完成预算的110.26%，增长56.96%；教育4.67亿元，完成预算的128.38%，增长66.32%；科学技术0.66亿元，完成预算的159.12%，增长23.08%；文化体育与传媒0.79亿元，完成预算的99.95%，增长19.42%；社会保障和就业4.39亿元，完成预算的213.55%，下降8.19%（主要由于从2008年起养老保险实行省级统筹，剔除这个因素的影响，增长9.8%）；医疗卫生2.44亿元，完成预算的100.68%，增长41.63%；环境保护0.74亿元，完成预算的214.04%，增长300.38%（主要由于2008年安排节能减排2000万元）；城乡社区事务1.83亿元，完成预算的93.69%，下降19.31%（主要由于一次性因素所致，扣除这个因素的影响，增长24.5%）；农林水事务2.63亿元，完成预算的188.58%，增长124.93%；交通运输1.61亿元，完成预算的212.09%，增长235.35%；工业商业金融等事务2.12亿元，完成预算162.56%，下降1.35%；其他支出0.51亿元，完成预算16.24%，增长200.88%。

市本级一般预算支出增减的主要原因：

一是2008年初，我市遭受了历史罕见的低温雨雪冰冻灾害，6月部分县(区)又遭受特大洪灾，电力、电信、交通等设施遭到重创，工农、商贸、旅游业损失严重。全市抗灾救灾以及灾后恢复生产、灾后重建任务十分艰巨。

二是2008年是北京奥运年，又是自治区成立50周年，我市各界为迎奥运火炬及庆祝自治区成立50周年，开展了丰富多彩的活动。为确保奥运火炬在桂林顺利传递及自治区成立50周年庆祝活动顺利开展，市本级财政安排适量资金用于活动所需安全保卫等方面的设备购置及经费支出。

三是根据市政府的工作安排，2008年市政府继续加大对民生的投入力度，在年初预算安排的基础上，追加用于为民办实事职教攻坚、解决我市交通"瓶颈"、城镇居民医保以及新农村建设等项目，促进了我市社会和谐发展。

四是根据2007年12月颁布的《广西壮族自治区非税收入管理条例》规定，2008年我市加强政府非税收入管理，将政府非税收入纳入综合财政预算，统筹安排，严格实行"收支两条线"管理，相应增加安排相关支出。

五是四川省汶川县发生了8.0级特大地震后，为全面贯彻落实党中央、国务院国务院关于抗灾救灾的指示精神，确保我市支援灾区抗灾救灾工作有力、有序、有效进行，根据自治区党委、政府要求，对2008年市本级机关事业单位经费预算进行压减，筹措资金用于支援灾区抗灾救灾工作。

二、2008年为完成全年预算所做的主要工作

为确保财政预算的顺利完成，我们重点做了如下主要工作：

(一)努力克服重重困难，确保财政收入稳定增长

2008年，我们接连经历了一些难以预料、历史罕见的重大挑战和考验，严重低温雨雪冰冻灾害、洪涝灾害，以及四川汶川大地震和国际金融危机、国家宏观政策调整等不利因素影响，对全市经济、财政造成极大冲击，财政收入增长困难重重。为此，全市各级财政部门在市委、市政府的坚强领导下，积极面对，沉着应战，采取果断措施，确保了财政收入的稳定增长。一是及时对全市财政收入任务深入分析研究，并按县区、按征管部门进行纵向、横向分解，对各级各部门的入库进度按时间进度进行细化，明确各县区、各收入征管部门的任务和目标。二是进一步完善行业收入目标责任制、县区财政收入目标考核管理办法等收入增长激励机制，新出台了"县区财政收入上台阶奖"、"企业纳税贡献奖"、"十大纳税进步企业奖"等一系列奖励办法，及时兑现奖罚政策，调动各级各部门组织收入和均衡入库的积极性。三是采取有效措施加大欠税的清收力度，使城镇土地使用税、土地增值税、耕地占用税等大幅增收。四是继续做好企业纳税排名情况公示，鼓励企业依法纳税、诚信纳税。五是切实履行财政部门牵头组织收入的职责，加强与国、地税和金库等部门联系，做好企业与银行之间的协调工作，共同协商解决收入入库过程中资金困难等问题，确保收入及时足额入库。六是严格契税的减免，清缴欠税，确保契税应收尽收。七是切实落实"收支两条线"管理办法，进一步加强国有资源有偿使用收入、国有资本经营收入、罚没收入等非税收入征管，努力挖掘非税收入的潜力。

(二)加强财政支出管理，确保各项重点支出

一是按照公共财政要求和经济社会发展需要，区别轻重缓急，按照有保有压、有进有退的原则，早编细编支出预算，优先确保工资、政权机关运转、社会保障以及农业、教育、科技按法定比例增长的资金需要，加大对就业、职工安置、支农、扶贫、公共安全、文化、计生等的保障力度，大力压缩公用经费开支，切实节减专项支出，集中财力物力支援抗灾救灾和经济建设。根据《自治区党委、自治区人民政府关于厉行节约全力支援灾区抗灾救灾的通知》要求，2008年市本级机关事业单位压减公用车辆和办公经费887万元。二是积极筹措资金，支持做好与老百姓切身利益密切相关的实事，落实好行政和参公管理事业单位干部职工津贴补贴，落实偿债资金，确保政府债务的按时归还。三是严格执行预算，按预算进度、按计划拨款，确保各项社会事业发展的资金需要和市委、市政府重大决策的贯彻落实。认真审核各类追加报告，加强与预算单位沟通，按照需要与可能提出建

议,从严控制追加支出,硬化预算约束。

(三)支持城市建设和经济发展,做大经济财政"蛋糕"

一是积极参与建立和完善临桂新区建设投融资机制。与市发改委等有关部门加强联系和沟通,争取和促成广西农业发展银行向临桂县环城北路改造工程(机场路改扩建工程临桂段)贷款5亿元。二是通过争取国债、基本建设投资、工业发展专项资金等筹集资金8亿余元,支持城市基础设施、重点工业园区及临桂新区的建设,有力推动了我市经济建设的发展。三是积极支持"1234"工程的实施,对全市100强工业企业实施重点跟踪,促进工业企业做大做强。全年共拨付0.08亿元用于2007年度工业经济工作表彰奖励。四是继续支持国有企业改革,推进国有经济结构调整。大力支持企业"退二进三"实施异地搬迁改造和扩大再生产。五是努力促进中小企业的发展壮大。积极向上级财政部门申报扶持资金项目82个,申报财政资金1.2亿元,获得支持0.68亿元;稳妥开展中小企业融资担保和企业债务代偿业务,全年共办理担保额2亿余元,办理代偿金额4.61亿元,有效缓解了企业资金压力,支持了企业的生产发展。

(四)支持社会事业发展,构筑和谐社会

一是积极筹措资金13.04亿元,支持18件为民办实事项目,取得了预期的社会效益和经济效益。二是积极组织并落实抗冻救灾(含灾后重建)资金3.8亿元,为帮助受灾群众渡过难关,恢复生产生活提供资金支持,有效地保障了生产自救和脱贫解困。三是及时安排拨付资金5.1亿多元,确保了粮食直补、综合直补、各种良种补贴和涉农补贴以及成品油补贴、生猪储备等相关政策的全面兑现。四是关心弱势群体基本生活,安排社会保障资金0.31亿元,做好了慰问困难群体、解决7家困难企业2900多名困难职工的基本生活费、对困难企业军转干部生活补助、对市区环卫工人岗位补贴和社会保险补贴发放等工作。五是拨付各级补助资金2亿余元,推进新型农村合作医疗扩面工作。安排资金0.05亿元,正式启动城镇居民基本医疗保险试点工作。六是大力支持再就业工作,安排0.65亿元支持就业工程,扎实推进下岗失业人员小额信贷担保。七是支持教科文卫事业发展,免除4.6万名城市义务教育阶段公办学校学生杂费,向10.9万名农村困难寄宿学生提供补助0.72亿元,健全农村义务教育经费保障机制,全面启动职业教育攻坚工作;积极推进社区公共卫生服务改革,整合卫生资源,努力解决群众看病难、看病贵问题。八是安排资金0.04亿元,确保奥运火炬在桂林的传递取得圆满成功。

(五)加强农业农村工作,积极支持新农村建设

一是贯彻落实《中华人民共和国农业法》,确保农业法定增长和支农支出占财政支出、支农支出中用于改善农业生产条件和农业科技应用的比重逐年提高。2008年全市农林水事务支出13.33亿元,增长81.47%。二是加大农业综合开发力度,完成2007年度项目投资0.61亿元。三是支持农村基础设施建设。安排资金实施了1029个自然村(屯)内道路硬化、创建633个文明卫生村、农村居民饮水、防火安全工程等项目建设。四是启动"家电下乡"工程,做好资金拨付工作,给农民以实惠,进一步拉动内需。

(六)稳步推进财政改革,创新财政管理机制

一是继续深化财政国库管理制度改革,巩固完善已取得的改革成果。将非税收入纳入国库集中收付,并进一步完善支付系统。推动县、区实施国库集中收付,目前市属12个县已全部启动了改革试点,试点单位共253个,运行情况良好。二是向纵深推进"收支两条线"和"票款分离"管理办法。不断完善非税收入管理基础工作,建立政府非税收入收缴管理系统,实现了"单位开票、银行代收、财政统管"的收缴管理方式,不仅解决了政府非税资金结算和会计核算问题,而且在"以票控费"和支出管理进一步细化方面打下了基础,也为我市非税资金的规范化、科学化和制度化管理提供了保证。三是继续完善政府采购工作,摸索建立政府采购工程备案监管制度,纠正了不少明显违法违规的行为,减少了财政性资金流失的现象。全年采购预算金额约7.5亿元,增长110%以上,节约率为17%。四是建立市本级部门预算专项项目库,完善部门预算基础信息库。按照"以收定支、收支平衡"的原则,严格部门预算审批和批复。五是加大推进部门综合预算改革力度,统筹预算内外财力。结合加强非税收入管理的要求,进一步规范非税收入收支管理,规范资金缴拨程序,制订了《桂林市政府非税收入资金

拨款审批程序》和《桂林市预算单位非税收入支出核定办法》。将我市本级政府非税收入的收支统筹安排，纳入地方一般预算和基金预算管理。六是继续完善市对辖区财力补助办法，调动辖区政府发展区域经济、增加财政收入的积极性。为规范财力分配关系，为市政府代拟了《关于桂林市苏桥经济开发区财政收入划分的决定》和《关于桂林市临桂新区财政收入划分的决定》，建立市县利益共享机制，为市政府实施宏观调控、支持全市经济的社会事业发展提供了体制保障。

（七）加强财政财务管理及财政监管工作

一是进一步做好行政事业单位资产清查工作，为建立资产管理的长效机制打下基础。二是加强国债资金、世行项目、外国政府贷款项目的监管，提高资金使用效益；加强了政府债务监控，切实防范财政风险。三是开展对价格调节基金手续费使用、土地收入的支出、农业综合开发、救灾等财政专项资金和国债资金使用的检查，加强财政专项资金使用的跟踪问效。共查出违规资金0.36亿元，应追缴入库金额0.23亿元，已追缴入库金额0.13亿元。四是加强基本建设财务管理，完善财政性投资评审管理制度，做好重点工程项目竣工财务决算批复，共完成单项工程预结算评审572个，审核资金62亿元，核减金额9.8亿元，核减率15.8%。五是加强信息动态监控，通过账户监控系统，充分发挥财政监督作用。六是加强财政、税收法律法规宣传，认真清理财政、税收、规费优惠政策贯彻落实兑现情况，严格执行财政法规，自觉接受人大监督及审计监督，促进依法理财治税。

2008年，全市各级各部门通力合作和共同努力，较好地完成了全年的预算任务。但是，我们也清醒地认识到，我市经济运行的固有矛盾和问题仍然比较突出，前进中又出现了一些新情况、新矛盾、新问题，主要体现在：一是国际金融危机对实体经济的冲击仍未结束，我市消费和企业投资意愿减弱，项目建设进展放缓，房地产市场不旺，企业出口订单减少，中小企业流动资金紧缺，部分企业停产半停产，工业增长速度回落，农民工返乡人员增多，就业压力加大。二是财政收入总体规模仍然偏小，全市各项事业加快发展的资金需求与我市的财政承受能力之间的矛盾日益尖锐。三是在目前财政体制下，我市旅游业的经济外溢性越来越明显，多年来桂林市在旅游基础设施和软环境建设方面的巨大投入无法弥补。四是临桂新区建设压力巨大。贯彻落实自治区党委、政府关于“保护漓江，建设临桂，再造一个新桂林”的战略决策部署，发展临桂新区，是桂林今年及今后相当长时期工作的重中之重。要完成上述目标任务，涉及到大规模的基础设施建设，工业企业、党政机关、学校等单位的搬迁、重建，初步测算需投入资金500亿元，这对财政基础薄弱的我市是一个严峻的挑战。五是加快财政改革，提高财政资金使用效益等各项完善财政管理的工作，仍需要进一步加强。这些问题要在今后的工作中认真研究并逐步解决。

三、2009年全市和市本级预算草案

根据市委、市政府和自治区财政厅关于财政工作的部署和要求，2009年全市和市本级财政预算的指导思想是：

高举中国特色社会主义伟大旗帜，以邓小平理论和“三个代表”重要思想为指导，深入贯彻落实科学发展观，全面贯彻党的十七大、十七届三中全会和自治区党委九届六次、七次全会、市委三届六次全会及自治区、全市经济工作会议精神，贯彻实施积极财政政策，综合运用各种财税政策措施支持转变经济发展方式，促进财政收入与经济增长的协调发展；优化财政支出结构，保证法定支出和重点支出需要，切实加大以改善民生为重点的社会建设投入力度，集中财力办大事；继续深化财政管理体制改革，加强财政管理，健全财政监督，推进财政科学化、精细化管理建设，促进全市经济社会又好又快发展。

按照上述指导思想，2009年全市财政收入要比上年增长12%，实现财政收支平衡，略有结余。

（一）2009年全市财政预算草案

2009年全市组织财政收入计划95.82亿元，比上年增长12%。全市财政总收入计划113.84亿元，财政总支出107.63亿元，收支相抵，扣除结转下年继续使用的专款等1.73亿元，预计净结余4.48亿元。

全市财政总收入的构成是：1. 一般预算收入51.64亿元，比上年增长14.31%。2. 转移性收入55.72亿元。在转移性收入中，增值税和消费税税收返还收入6.78亿元，所得税基数返还收入

2.91亿元,与自治区共享四税返还收入5.01亿元;财力性转移支付收入28.21亿元。3.上年结余收入6.40亿元。4.调入资金0.08亿元。

全市财政总支出的构成是:1.一般预算支出101.88亿元,增长37.17%。2.转移性支出5.55亿元。在转移性支出中,体制上解支出1.74亿元;专项上解支出2.43亿元;其他专项支出1.38亿元。3.调出资金0.2亿元。

各位代表,现在报告的2009年全市预算是代编的预算,是一个指导性的指标,待各县、城区预算经各级人民代表大会批准后,我们再按有关规定和程序,汇总后报市人大常委会备案。

(二)2009年市本级预算草案

2009年拟安排市本级组织财政收入34.07亿元,比上年增长12%。预计市本级财政总收入32.97亿元,财政总支出31.23亿元,预计结转下年继续使用的专款等0.89亿元,当年净结余0.85亿元。

市本级财政总收入安排情况是:1.一般预算收入18.01亿元,比上年增长12.88%。2.转移性收入7.24亿元。在转移性收入中,增值税和消费税税收返还收入2.41亿元;所得税基数返还收入1.18亿元;与自治区共享四税返还收入1.71亿元;财力性转移支付收入1.93亿元。3.下级上解收入4.59亿元;4.上年结余收入3.13亿元。

市本级一般预算收入中,税收收入11.28亿元,(比上年。下同)增加1.31亿元,增长13.16%。其中:增值税1.30亿元,增加0.04亿元,增长3.5%;营业税2.45亿元,增加0.22亿元,增长10%;企业所得税1.54亿元,增加0.15亿元,增长11%;个人所得税0.68亿元,增加0.15亿元,增长28.13%;城市维护建设税0.96亿元,增加0.15亿元,增长19.21%;房产税0.66亿元,增加0.07亿元,增长12.01%;印花税0.05亿元,增加0.01亿元,增长24.87%;城镇土地使用税0.45亿元,增加0.05亿元,增长13.01%;土地增值税1.25亿元,增加0.22亿元,增长21.32%;车船使用和牌照税0.04亿元,增加0.01亿元,增长13.9%;耕地占用税0.71万元,增加0.11亿元,增长19.2%;契税1.19亿元,增加0.11亿元,增长10.45%。

非税收入6.73亿元,增加0.74亿元,增长12.41%。其中:专项收入0.78亿元,增加0.14亿元,增长21.78%;行政事业性收费收入4.15亿元,增加0.43亿元,增长11.54%;罚没收入0.86亿元,增加0.09亿元,增长12.3%;国有资源(资产)有偿使用收入0.28亿元,增加0.04亿元,增长16.99%;国有资本经营收入0.65亿元,增加0.03亿元,增长6.13%。

市本级财政总支出的构成是:1.一般预算支出27.25亿元,比2008年年初预算增长17.17%。2.转移性支出3.78亿元,其中:上解上级支出2.31亿元,补助城区、县支出等1.47亿元。3.调出资金0.2亿元。

市本级一般预算支出主要项目的安排情况是:基本公共管理与服务5.74亿元,比2008年年初预算(下同)增加2.02亿元,增长54.48%;国防0.08亿元,增加0.04亿元,增长89.52%;公共安全2.96亿元,增加0.2亿元,增长7.33%;教育2.90亿元,增加0.35亿元,增长13.84%;科学技术0.47亿元,增加0.05亿元,增长12.75%;文化体育与传媒0.86亿元,增加0.22亿元,增长35.02%;社会保障和就业2.17亿元,增加0.20亿元,增长10.04%;医疗卫生2.58亿元,增加0.58亿元,增长29.01%;环境保护0.41亿元,增加0.08亿元,增长24.51%;城乡社区事务1.32亿元,减少0.16亿元,下降10.93%(主要由于计算口径不一,按可比口径增长11.78%);农林水事务1.01亿元,增加0.11亿元,增长12.06%;交通运输0.04亿元,增加0.01亿元,增长13.88%;采掘电力信息等事务0.78亿元,粮油物资储备及金融监管等事务0.26亿元(以上两个科目为2009年政府收支新增科目);其他支出5.67亿元,增加0.83亿元,增长17.27%(其中总预备费0.5亿元,偿债准备金1.3亿元,其他3.87亿元,待分解到相关项目)。

(三)2009年本级预算支出安排保障的重点

2009年市本级将贯彻实施积极财政政策,按照促进增长、调整结构、推动改革、注重民生的原则,合理安排政府性投资,调整和优化政府投资使用结构,重点加大对民生、以水利为主的农业基础设施、保障性安居工程、节能减排等的支持力度。重点安排情况是:

1.实施积极财政政策,保持经济平稳较快发展。一是贯彻积极财政政策。配合国家实施积极财政政策,进一步增加政府性投资,专项安排扩大内需配套资金，保障各项扩大内需项目的配套资金需求。同时加大重大项目前期工作经费投入，并建立项目前期工作经费流动管理机制，推动重大项目前期工作的顺利开展。二是筹措资金保障交通事业优先发展，安排1.45亿元资金用于市区主要交通节点改造，缓解市区交通“瓶颈”压力。三是积极引导和鼓励社会资金对我市工业的投资，加大对我市工业及工业发展载体建设的扶持力度，促进我市工业结构进一步调整和优化。支持有市场、有效益的中小企业发展。鼓励有条件的企业尽快上市或发行债券，多渠道解决企业融资难问题。做好园区规划，加大园区投入力度，全市园区基础设施建设投入8亿元以上。

2. 继续加大“三农”投入，加快推进农村改革发展。一是加强农村基础设施和环境建设。筹措资金，实施村村通工程、农村饮水安全工程，农村沼气工程以及实施50户以上连片少数民族村寨防火工程等。二是加强农业基础设施建设，安排城市防洪和漓江补水资金0.4亿元。三是支持农村医疗卫生事业发展。安排新型农村合作医疗补助资金0.25亿元，市本级财政补助标准由人均5元提高到7元，不断增强新型农村合作医疗的辐射力。

3. 进一步加强和发展民生，支持解决涉及人民群众切身利益的问题。一是千方百计扩大就业。把解决农村富余劳动力特别是返乡农民工就业作为工作重点，按照“三清两培一扶”的要求，落实创业税收优惠、小额担保贷款、资金补贴等政策措施，安排专项资金0.05亿元用于加强就业培训、开发公益性就业岗位，帮扶零就业家庭、“4050”人员等困难群体实现就业和再就业；二是完善社会保障体系。实施市、县城镇居民基本医疗保险制度，实现参保人数20万人以上。实行企业职工基本养老保险自治区级统筹，失业保险、工伤保险市级统筹。推进机关事业单位养老保险制度改革、农村社会养老保险制度改革，完善企业离退休人员社会化管理。稳步提高社会保险对象待遇水平，力争企业离退休人员基本养老金水平在2008年平均水平的基础上增加10%左右。全面建立和实施被征地农民就业和社会保障办法，保障被征地农民权益。继续拓展新农合，新增参合农民7万人，确保参合率达到90%以上。加快发展社会福利事业，推动社会福利服务向适度普惠型发展。安排资金实施廉租房保障工程，开工建设廉租住房2万平方米，逐步解决城市低收入家庭住房困难问题。三是统筹发展社会事业。均衡发展义务教育，资助减免市属中等职业学校桂林籍农村新生和城市家庭经济困难新生50%的学费，资助贫困家庭子女上大学；安排专项资金1.3亿元实施职教攻坚。安排资金健全覆盖70万人口的城市社区卫生服务体系，覆盖率达到90%，加强农村广播电视节目覆盖工作，实施20户以上6800个自然村“广播电视村村通”建设工程。安排0.15亿元完成31个计生服务站所建设，巩固人口和计划生育成果，稳定低生育水平。四是继续改善城市环境，安排訾洲生态公园工程建设资金，改善老城景观生态环境。

四、抢抓机遇，加快发展，确保2009年预算的完成

2009年是新中国成立60周年，是实现“十一五”规划目标和实施科学发展三年计划的关键之年；同时也可能是新世纪以来我市经济最为困难的一年，更是蕴含重大机遇的一年。一是中央实行积极的财政政策和适度宽松的货币政策，特别是党中央、国务院将专门出台加快广西发展的政策措施，贵广高速铁路、湘桂铁路、漓江补水工程等一批重大项目的启动，对我市经济发展将起到极大的促进作用。二是我市正在实施“保护漓江，发展临桂，再造一个新桂林”战略部署，加快临桂新区建设和老城改造提升，为我们加快发展提供广阔的空间。三是我市正处于工业化、城镇化快速发展阶段，投资和消费潜力大，加速发展动力足。总的来说，2009年我市的机遇大于挑战，按照GDP预计发展水平，综合考虑增收和减收的因素，全市和市本级财政收入增长12%的目标是积极稳妥的。

为圆满完成2009年预算任务，要努力做好如下几个方面工作：

（一）坚持以组织收入为中心不动摇，确保财政收入又好又快增长

要进一步加大收入组织力度，在确保完成全年收入任务的基础上，努力提高财政收入质量。切实把服务经济发展作为财政的重要职能，突出扶持重点，支持科技创新和节能减排；改进扶持方式，除安排财政补助和资本金注入外，采取以奖代补、财政贴息以及有偿使用等方式更好地发挥资

金效益。激活发展动力,鼓励各县区转变经济发展方式,积极培植财源,激励各级财政在保证收入质量的前提下积极做大财政"蛋糕"。

一是严格执行税收法规,依法治税,依率计征,做到应收尽收。二是继续完善《桂林市城区财政收入增长考核奖励办法》、《桂林市工业发展考核奖励暂行办法》、《桂林市纳税贡献考核评比和奖励暂行办法》、《桂林市县区财政收入上台阶奖励暂行办法》等财政收入增长激励机制,努力增加可用财力。三是继续做好企业纳税情况公示,鼓励诚信纳税、依法纳税,促进财政收入又好又快增长。四是进一步拓展政府非税收入管理范围,加大非税收入的收缴力度,推进部门综合预算改革,确保政府财力的完整性。

(二)着力优化财政支出结构,完善适合科学发展要求的公共财政体系

按照市场经济和公共财政要求,根据财力和公共需求变化,进一步调整优化支出结构,着力改善和保障民生。一是要严格控制一般性支出,坚持勤俭办一切事业,制定完善一般性开支标准,推进服务型、节约型政府建设。对公务购车用车、会议经费、公务接待费、出国(境)经费等实行零增长。二是继续增加对农业、科技、教育的投入,不断提高公共服务水平。三认真落实政府为民办实事资金,促进人民生活水平不断提高。四是继续加大对社会保障的投入,积极拓宽筹资渠道,全面实施新型农村合作医疗,扩大城镇居民基本医疗保险覆盖面,妥善解决关闭破产企业退休人员基本医疗保障问题,建立健全城乡居民的社会保障体系。五是完善促进就业再就业的各项财税政策。六是将卫生事业投入的重点转向公共领域,加快城市和农村医疗救助制度建设,推进城镇居民医保和农村新农合等事业的发展,重点解决市属困难企业退休人员参加医疗保障问题。七是支持加强社会防控体系建设,提高应对各种突发事件和抵御风险的资金保障能力。

(三)支持经济建设,推进社会各项事业的发展

拓展财政支持经济发展的思路,集中力量,统筹资金,积极支持加快推进工业化、城镇化进程。在大力支持经济发展同时,做大财政"蛋糕"。一是要继续推进全市财源体系建设,重点支持重点工业企业、工业园区的发展,强力推进投资和项目建设,加快发展中小企业,促进经济加速发展。二是进一步支持旅游业的发展,强化对旅游、税收、企业财务的监管,提高旅游对财政的贡献率,并带动第三产业的全面发展。三是加大对"三农"投入力度,继续推进社会主义新农村建设。通过加大农业基础设施、农业产业化企业和示范基地扶持力度,推进农业综合开发、扶贫工作,促进农业增产和农民增收。四是积极支持推进城乡建设和管理,继续加大融资筹资和争取财政资金力度,突出抓好临桂新区建设,改善发展环境。五是坚持统筹社会其他各项事业,促进社会和谐发展。

(四)积极稳妥推进财政改革,加强财政管理工作

一是推进财政体制改革,建立完善市本级对城区财政收入增长激励机制,完善临桂新区和苏桥经济开发区的市县利益共享机制。二是深化税收制度改革,根据中央有关规定,做好2009年增值税转型改革实施工作,促进企业增加投资,推动产业结构调整和技术升级。三是积极推进国有资本经营预算改革,进一步完善国有企业收入分配制度。四是加强行政事业单位资产管理,切实建立资产管理与预算管理相结合的机制。五是继续深入推进部门预算、政府收支分类、国库集中收付、政府采购等预算制度改革,完善相关的制度建设。

(五)创新财政监督,规范理财行为

一是要强化依法理财、依法行政意识,认真贯彻实施广西壮族自治区财政监督条例和非税收入管理条例。二是要进一步完善财政监督管检查工作,切实抓好财政专项资金、重点建设项目资金等监督检查工作,开展财政项目资金绩效评价,提高资金的使用效益。三是加快构建部门预算动态监督机制,构建事前、事中和事后相结合的部门预算支出监督机制。四要构筑"金财"工程信息化管理平台,完善财政管理信息系统。四是要大力开展会计基础规范化工作,推进会计信用体系建设。

各位代表,做好2009年财政工作,任务艰巨,使命光荣。我们将在市委的正确领导下,自觉接受人大对财政工作的依法监督,认真听取人民政协的意见和建议,牢固树立和落实科学发展观,坚定信心,开拓创新,奋发进取,扎实工作,不断开创财政工作新局面,争取全面完成各项财政工作任务,为建设和谐桂林作出更大的贡献。

12月7日，桂林市防洪及漓江补水枢纽工程在兴安县小溶江水利枢纽工程所在地开工建设。自治区副主席陈章良出席开工动员大会并宣布工程开工。图为开工现场。
（唐侃　摄）

2008 年大事

1 月

1 日 晚，桂林市2008年新年交响音乐会在漓江剧院举行。

3 日 全市经济工作会议召开。

4 日 桂林市连续第六次获全国双拥模范城荣誉称号。

同日 在第十七届广西科技活动周表彰奖励大会上，桂林市有32个项目荣获广西科学技术进步奖，7名科技工作者获得自治区第六批优秀专家称号。

7 日 桂林市再就业援助和公益性岗位专场招聘会在西凤路市人才资源市场举行，全市近百家用人单位为“4050”（男性50岁，女性40岁以上的下岗失业人员）人员及零就业家庭人员提供800个工作岗位。

8 日 2008年桂林旅游优质服务年启动仪式在桂林电视台演播大厅举行。

8～9 日 国家文化部党组书记、副部长于幼军率调研组一行对桂林市文化事业和文化产业进行调研。

12 日 “继承与发展——第四届全国中国画名家学术邀请巡回展”在桂林市美术馆开幕，展期3天。

13 日～2 月 4 日 全市遭受罕见雨雪冰冻灾害。13日，寒潮前锋抵达桂林，气温下降。14日，资源县气温降至零下1.1℃，出现雨夹雪并形成雾凇。全州、兴安、灌阳县和龙胜各族自治县气温均降至0℃以下，低洼处结冰。15日，市区气温降至2℃，灵川以北各县均发布寒潮预告和路面结冰预警。资源县公路客运班车全部停运。16日，冰冻天气加剧，全州县公路进入紧急状态，冰冻线路班车停运，部分路段开始撒盐除冰。18日17时，110千伏桂林电网南旺线被覆冰压断，只有1条110千伏线路与灌阳、兴安县联络供电，资源县电网“脱离”桂林电网。19日，桂林北部各县结冰情况严重。20日18时15分，220千伏大南线因覆冰损坏，造成跳闸，导致桂林大网供应全州、资源、灌阳、兴安县电力负荷受到严重限制，局部地区断电。22日，全黄高速公路全线封闭，3000多辆北上车辆滞留。市政府成立抗灾抢险领导工作小组，对灾区展开抢险救援工作。23日，市委、市政府全面启动防灾抗灾减灾救灾应急预案。26日，桂林全境结冰，市区气温降至0.3℃，通信受阻。27日，市区气温降至零下1.5℃，除平乐县外，市属各县气温均在0℃以下，市气象局发布红色预警信号。衡枣、全黄高速公路交通封闭。28日，市区多处桥梁结冰，桂林电网3条220千伏线路因冰冻有2条中断，市区供电告急。全市进入抗灾救灾紧急状态。29日，国家民政部确定桂林市冰雪灾害进入国家救灾应急规程二级响应。按照“打通京珠高速，交通分流全国一盘棋”的指令，疏导全黄高速、国道322线交通。30日，全州道路开始疏通，无滞留车辆。市内大型商场限定在下午6时停业。31日，广西电网唯一一条向桂林输电线路因覆冰出现故障，市区供电仅靠国电永福发电有限公司单机孤网运行送电。2月1日，全黄高速、国道322线再度封闭，大量车辆堵塞。2日，天气好转。滞留车辆全部疏通完毕。4日，灾情逐渐好转，部分供电线路修复，交通基本畅通。

18 日 市桂剧团策划郑点在北京举行的中国策划评价活动揭晓发布暨商务策划高峰论坛上，荣获“中国策划20年十大策划专家”称号。

26 日 桂林八桂斋成立50周年“名山、名水、名城、名店、名家、名作美术作品邀请展”在桂林国际会展中心八桂斋画廊举行，展期3天。

29 日 灵川至三塘绕城高速公路建成。该路全长11.7千米，总投资15.54亿元。该项目是经国家发展和改革委员会批复的广西第一批重点急需建设的交通基础设施项目之一,也是广西高速公路首批 BOT 项目。

30~31 日 自治区党委书记、自治区人大常委会主任郭声琨到遭受冰冻灾害最严重的资源县检查指导抗灾救灾工作。

30 日~2 月 1 日 自治区主席马飚到桂林查看冰冻灾情。

31 日 国家民政部、中国人民解放军总后勤部紧急调拨的 4250 件大衣、3 万床棉被于当晚从南宁运抵桂林。

2 月

2 日 国家民政部紧急调拨支援桂林、柳州、贺州 3 市的 17700 件大衣由两架空军大型军用运输机由山西长治飞抵桂林两江国际机场。

同日 广西启动电煤紧急调运工作。8 列电煤专列、2.4 万吨电煤先后从钦州港发出运往国电永福发电有限公司。

3 日 广州军区派飞机对桂林电网受损情况进行巡视。

4 日 自治区党委书记、自治区人大常委会主任郭声琨一行,到灌阳县查看灾情。

同日 中共桂林市委书记、市人大常委会主任高雄在迎春团拜会上对全市抗灾救灾工作进行再动员、再部署,要求全市上下行动起来,万众一心,众志成城,坚决打赢这场抗灾救灾硬仗。

5~6 日 中共中央总书记、国家主席、中央军委主席胡锦涛在桂林考察抗灾救灾工作。

6 日 市委常委会举行专题会议学习贯彻中共中央总书记胡锦涛到桂林考察抗灾救灾工作的重要指示。

14~15 日 国家农业部部长孙政才到桂林指导灾后农业恢复生产。

15 日 自治区主席马飚在桂林市检查指导灾后重建和生产自救工作。

18~19 日 由中共中央宣传部委派、国家文化部组织的中央慰问灾区文艺演出团到灌阳县和驻桂 75120 部队进行慰问演出。

20 日 自治区副主席、中共桂林市委书记、桂林市人大常委会主任高雄接见到桂林检查指导抗冰保电灾后重建工作的中国南方电网党组书记、董事长袁懋振。

21 日 市灾害性雨雪冰冻天气抗灾救灾领导小组举行新闻发布会宣布:鉴于全市灾情基本趋于稳定,抗击雨雪冰冻灾害由应急抢险抗灾转入全面恢复重建阶段,从即日起,终止全市抗灾救灾紧急状态。

24 日 政协桂林市第三届委员会第三次会议在市直机关小礼堂开幕;26 日会议闭幕。

25 日 市三届人大四次会议在漓江剧院开幕;28 日会议闭幕。

同日 第十一届海峡两岸旅行业联谊会在桂林国际会展中心开幕。

26 日 由中国文学艺术界联合会(简称中国文联。下同)副主席、书记处书记冯远带队,中国文联和中国红十字会共同组织的慰问团赴资源县灾区慰问演出。

同日 22 时 28 分,桂林电网最后 1 条因灾停运的 110 千伏麻百线抢险成功恢复供电,桂林电力主网因灾停运线路及用电户全部恢复供电。

3 月

1 日 桂林市工业化“十一五”规划(修编)通过国家发展和改革委员会、国务院发展研究中心、国家财政部等方面的专家评审。

2 日 “中国山水画艺术双年展”签字仪式在桂林举行。画展由中国美术家协会、桂林市政府共同主办,每两年一届在桂林举行。

2~3日 中华全国供销合作总社党组成员、副主任赵显人一行,到桂林市指导灾后农资供应工作。

6~10日 自治区副主席、中共桂林市委书记、桂林市人大常委会主任高雄率桂林市党政代表团先后到浙江、江苏、上海学习考察。

6~10日 市长李志刚率桂林市党政代表团考察贵阳、合肥和扬州城市新区建设。

20~21日 全国政协副主席李兆焯在桂林视察工作。

28日 市委、市政府作出关于加快临桂新区开发建设的决定。

31日 全市继续解放思想大讨论领导干部大会在市直机关小礼堂召开。

同日 桂林通过国家知识产权试点市工作验收。

同日 自治区副主席、中共桂林市委书记、桂林市人大常委会主任高雄在榕湖饭店会见中国工商银行行长杨凯、副行长牛锡明、首席风险官魏国雄一行。

同日 市人民政府公布第一批桂林市市级非物质文化遗产名录,共84项。

4月

6日 自治区副主席、中共桂林市委书记、桂林市人大常委会主任高雄在榕湖饭店会见中国电子集团董事长熊群力。

9日 广西抗灾救灾先进事迹报告团在桂林举行报告会。

13日 市委在临桂新区规划建设总指挥部召开继续解放思想大讨论第三次会议。

15日 市长李志刚在中国香港拜会中央人民政府驻香港特别行政区联络办公室副主任黎桂康。

同日 桂林市首批奥运服务班10人赴北京,到奥运总部饭店和主会场“鸟巢”服务。5月第二批35人赴北京。

16日 广西灾后恢复重建和促进农业粮食生产政策落实情况汇报会在桂林召开,中共桂林市委书记、市人大常委会主任高雄向国务院办公厅督查组汇报桂林市相关情况。

27日 自治区副主席、中共桂林市委书记高雄会见中国扶贫基金会副会长陈开枝一行。

28日 第二届桂林米粉节在兴安县开幕。

30日~5月4日 全国人大常委会副委员长蒋正华在桂林视察工作。

5月

1日 桂林穿山、西山、南溪、虞山4个公园即日起向市民免费开放。

4日 桂林市苏桥经济开发区成立,苏桥工业园和福龙工业园两园合一。

10日 桂林市工艺美术协会成立大会在桂林旅游高等专科学校举行。该协会由从事工艺美术旅游产品生产、销售、科研、设计教育等单位和个人自愿组成的行业性、非盈利的社会组织。会员单位70余个,会员400余人。

12日 全市抗击雨雪冰冻灾害工作总结表彰大会在漓江剧院举行。

同日 14时28分,四川汶川县发生8级地震。桂林市出现较明显震感,市地震局接到市区及10县群众关于地震感受的电话报告。

13日 市民政局在《桂林日报》上发布公告,公布接收捐款账号。8点30分,市民政局收到市民邓东生给四川地震灾区的捐款。此后,热心市民纷纷到市民政局捐款。

14 日　桂林市红十字会发出为四川地震灾区募捐倡议书。

15 日　市委、市政府发出倡议书，倡议全市社会各界和全体市民，积极开展向地震灾区捐款活动。当天上午，市四套班子领导和市直机关干部职工 300 余人向四川地震灾区捐款 111200 元。晚上，副市长粟增林率桂林市慰问团赴四川绵阳市慰问。

同日　桂林市派出的 3 位应急无人机飞控小组与国家减灾中心的专家一起，对四川北部地震重灾县——北川县进行灾情航拍。

16 ~ 22 日　由桂林工学院专家牵头的抗震减灾专家组在四川郫县进行灾后房屋安全检测。

23 日　中非共享发展经验高级官员研讨会在桂林举行。会议由国家财政部、商务部及国务院扶贫开发领导小组办公室主办。

同日　桂林投资环境说明会在韩国庆尚南道昌原市举行。

24 日　桂林市鑫鹰电子科技有限公司在正阳步行街展出 19 张该公司研发的无人机在四川汶川地震中北川县城拍摄到的图片。

26 ~ 27 日　全国人大常委会副委员长、民盟中央主席蒋树声一行在桂林调研。

29 日　市委常委、常务副市长束华在榕湖饭店会见到访的中国香港廉政公署代表团。

6 月

1 日　临桂新区中心区城市设计方案在市中心广场公示，听取市民意见。

3 日　桂林市转变干部作风加强机关行政效能建设总结电视会议在市直机关小礼堂召开。

5 日　2008 年北京奥运会圣火火种抵达桂林。6 日，2008 年北京奥运会火炬接力广西桂林站传递活动举行。13 日，桂林市举行 2008 年北京奥运会火炬接力广西桂林站传递活动总结表彰会。

7 月

1 日　桂林园林植物园向市民免费开放。

3 日　阳太阳百岁庆贺暨“人民艺术家”荣誉称号授予大会在榕湖饭店举行，自治区主席马飚为阳太阳颁发“人民艺术家”荣誉证书。阳太阳为广西首位获得自治区政府授予的“人民艺术家”。

10 日　香港贸易发展局总裁林天福率香港经贸代表团一行到桂林考察。

13 日　桂林科技新城核心区一期工程启动。该项目是自治区 2008 年统筹推进重大新开工项目，计划投资 40 亿元，一期工程投资 8.9 亿元。

14 日　50 名桂林特警赴四川灾区执行维护社会治安任务。

15 ~ 16 日　桂林市总工会第三次代表大会召开。

23 日　“抗震救灾　众志成城——2008 中国抗震救灾大型新闻图片展”在桂林展览馆开幕。

24 日　桂林市漓江风景名胜区管理委员会办公室、漓江风景名胜区管理局成立，并举行挂牌仪式。

26 日　大型公益文化品牌“桂林百姓大讲坛”1 周年庆典在“广西省立艺术馆”旧址举行。开讲以来共举办各类讲座 52 场，现场听众 3 万多人次。

27 日　市气象台发布年内首个高温橙色预警信号，市区及大部分县当天下午最高气温达 37℃。

28 日　市委、市政府举行庆祝中国人民解放军建军 81 周年暨立功官兵表彰大会。

8 月

1 日　国家知识产权局确定桂林市为国家知识产

权示范城市创建市。

3～6日　共青团桂林市第三次代表大会召开。

6日　桂林市博览事务局挂牌成立。

9～10日　全市继续解放思想大讨论第五次会议暨“十一五”规划后三年科学发展调研成果交流会在永福县召开。

11日　桂林籍运动员李文全与队友夺得2008年北京奥运会射箭男子团体赛铜牌。

12日　桂林两江国际机场A 380机型备降场扩建工程动工,工程投资约1亿元。

18日　上海世界博览会宣传片摄制组到桂林漓江、阳朔西街、大榕树、兴坪等地取景拍摄。

22日　市委召开全市领导干部大会,自治区党委常委、自治区党委组织部部长陈向群宣读自治区党委的决定:高雄已任自治区副主席,不再担任中共桂林市委书记、常委、委员;刘君任中共桂林市委委员、常委、书记;束华任中共桂林市委副书记;粟增林任中共桂林市委常委。

27～28日　桂林市妇女第三次代表大会召开。

28日　市委书记刘君、市长李志刚率桂林市党政考察团在柳州市进行学习考察。

29日　全市上半年工作会议在榕湖会议中心举行。

30日　中国共产党桂林市第三届委员会第五次全体会议在榕湖饭店会议中心召开。会议审议并通过《中共桂林市委员会关于桂林市国民经济和社会发展第十一个五年规划后三年科学发展计划的意见》。

同日　自治区政协主席马铁山到桂林调研。

同日　自治区党委常委、自治区纪委书记石生龙在桂林会见国务院国有资产监督管理委员会纪委书记贾福兴一行。

9月

1日　自治区党委常委、自治区纪委书记石生龙到桂林调研。

8日　中共桂林市委书记刘君在榕湖饭店会见以中国国民党原中央常务委员洪玉钦为团长的台湾休闲考察团一行。

同日　“中国旅游人联盟”成立大会在桂林举行。

11日　第四届广西“见义勇为英雄”评选活动展开,桂林市见义勇为英雄鲍光蛇、刘发龙、唐林、庞绍忠被列为正式候选人。

12日　桂林市政府主办、桂林日报社承办的“感动中华——桂林(安厦)航天展”暨“2008桂林房·车节”在桂林国际会展中心开幕。

20日　桂林市“2008文明创城我行动”志愿者服务月活动在中心广场正式启动。

20～22日　中国“长寿与发展高峰论坛”在永福县召开。

22日　市长李志刚会见以中国美术家协会副主席尼玛泽仁为首的中国山水画家一行。

10月

1～7日　第三届桂林永福国际养生福寿节举行。

6日　“中法保护世界文化多样性高层论坛——中国艺术研究院与法兰西学院艺术院文化对话”在雁山园开幕。

7日　由桂林市政府主办、欧洲议会协办的“美丽桂林”风情展在比利时首都布鲁塞尔欧盟议会大厦开展。当天,市长李志刚会见出席“美丽桂林”风情展开幕式的托伦市市长米哈乌·扎莱斯基。

12日　第十届中国国际高新技术成果交易会广

西合作项目签约仪式在深圳会展中心举行，广西首个多层电路板生产基地落户桂林。

13日　贵广铁路开工动员大会在灵川县甘棠江特大桥桥址举行，中共中央政治局委员、国务院副总理张德江宣布开工并为工程奠基。贵广铁路设计全长857千米，设计时速200千米，工期6年，投资估算总额858亿元。

同日　中国—东盟博览会新闻部长会议代表在桂林考察。

15日　参加第五届中国—东盟博览会的马来西亚代表团在桂林进行旅游产品推介。

17日　第三届长城国际男科论坛暨亚太性功能障碍学会地区会议（GIAF）在桂林召开，欧美、亚太地区10多个国家246家医疗单位428名代表参加会议。

17～18日　市长李志刚率桂林市代表团参加2008年杭州国际友好城市市长峰会。李志刚在峰会论坛上发表演讲，阐述桂林旅游坚持人与自然和谐、走可持续发展道路的理念。

18日　桂林首条旅游观光公交线路——“旅游观光1号”开通。

19日　市委召开常委（扩大）会议，传达学习中共十七届三中全会精神和自治区党委常委扩大会议、自治区领导干部大会精神。

19～20日　中国—东盟港口合作高官会第一次会议在桂林举行。

22日　中共桂林市委书记刘君、市长李志刚率桂林代表团参加第五届中国—东盟博览会开幕式。

26日　由中共中央统战部、中国统一战线杂志社主办的中国统一战线宣传报道工作研讨会在桂林召开。

同日　桂林橡胶机械厂子午线轮胎液压硫化机系列荣获2008年度中国石油和化学工业协会科技进步二等奖。

27日　市委召开常委扩大会议，研究贯彻全国人大常委会委员长吴邦国考察广西时重要讲话精神。

31日　庆祝桂林市科学技术协会成立50周年座谈会在榕湖饭店国际会议中心举行，刘君、李志刚等市领导出席。

11月

2日　以陈小军为组长的中央综治检查验收组对桂林市社会治安综合治理和平安建设工作进行检查验收。中共桂林市委书记刘君向检查组汇报桂林市2005～2008年社会治安综合治理及平安建设工作情况。

6日　桂林市国有资产投资经营有限公司挂牌成立。

6～8日　自治区成立50周年中央新闻采访团到桂林进行为期3天的采访。

8日　桂林市在甲天下广场举行桂林地市合并10周年庆祝大会。自治区党委常委、自治区常务副主席李金早向大会发来贺信，自治区人大常委会副主任覃瑞祥、自治区副主席高雄出席大会；中共桂林市委书记刘君，市长李志刚，市政协主席李文杰，市人大常委会副主任韦广雄等市四家班子领导参加大会。大会由李志刚主持。当天，“新桂林　新辉煌——桂林地市合并10周年大型图片展”在桂林国际会展中心开幕。

同日　2008·桂林山水文化旅游节举行。该旅游节由旅游、文化、体育、美食、网络互动、展销、演艺7大板块16项主题活动组成。桂林山水文化旅游节因故中断8年恢复举办。14日，2008·桂林山水文化旅游节桂林特色美食展在联达商业广场开幕。

同日　中国国际友好城市大会在北京举行颁奖晚会，桂林作为广西唯一当选城市荣获中国国际友好城市交流合作奖。

11 日　首届中国山水画艺术双年展在市美术馆开幕。

12 日　自治区副主席陈章良，中共桂林市委书记刘君、市长李志刚在榕湖饭店会见中国航天科研训练中心主任陈善广，及到桂林疗养恢复的航天英雄费俊龙、聂海胜、翟志刚、刘伯明、景海鹏等。

13 日　第二期全国少数民族代表考察团一行到桂林进行为期两天的考察。

15 日　2008·桂林国际酒店用品暨户外旅游休闲运动用品博览会在桂林国际会展中心开幕。

20 日　雉山桥旧桥拆除爆破成功。

20～21 日　中华全国总工会副主席、书记处书记、党组副书记乔传秀一行 8 人到桂林开展调研活动。

22 日　桂林市第十五届“解放杯”长跑赛在市中心广场举行，纪念桂林解放 59 周年。

同日　中共桂林市委书记刘君在漓江大瀑布饭店会见中国化工橡胶总公司总经理张肃泉一行。

23 日　市长李志刚在榕湖饭店会见中国化工橡胶总公司总经理张肃泉一行。

23～25 日　全国人大常委会副委员长乌云其木格在桂林视察工作。

25 日　全市奥运期间信访维稳工作总结表彰大会暨自治区成立 50 周年大庆维稳安保动员大会在市委召开。

26 日　市长李志刚在榕湖饭店会见中国科学院院士袁道先、国家国土资源部科技与国际合作司司长彭齐鸣一行。

同日　中央电视台新闻中心《法治在线》栏目组到阳朔县采访入围全国“我最喜爱的人民警察”活动的桂林市公安民警李道军。

26～27 日　市政府召开《桂林市志（1991～2005）》评稿会，自治区地方志专家对志稿进行了评议。

26～28 日　桂林市首届少数民族传统体育运动会在市体育馆举行。

30 日　全州至兴安段高速公路开通运行。该路段全长 61.475 千米，于 2006 年 7 月 14 日破土动工，由广西高速公路局与中国中铁股份有限公司合作投资兴建。

12 月

3 日　以全国政协常委、全国政协人口资源环境委员会主任、国家人口和计划生育委员会原主任张维庆为组长，全国政协委员、全国政协提案委员会副主任毛林坤为副组长的中央深入学习实践科学发展观活动指导检查组，到桂林市恭城瑶族自治县对学习实践科学发展观活动进行检查指导。

同日　桂林市召开纪念党的纪律检查机关恢复重建 30 周年大会。

4～6 日　中共中央委员、全国供销合作总社党组书记、理事会主任李成玉一行在桂林开展深入学习实践科学发展观调研和考察。

7 日　桂林市防洪及漓江补水枢纽工程在小溶江开工。

同日　“2008·美在广西”全球广播旅游知识竞赛活动获奖听众代表座谈会在桂林举行。

9 日　中国人民解放军总后勤部组成的全国人大代表视察组，在张文台上将率领下，到桂林市视察“三农”工作。中共桂林市委书记刘君、市人大常委会副主任韦广雄会见了视察组一行。

11 日　中共桂林市委书记刘君、市长李志刚率桂林市代表团到南宁参加自治区成立50周年庆祝大会及相关庆祝活动。

13日 中共桂林市委书记刘君在漓江大瀑布饭店会见参加自治区成立50周年庆祝活动的中央代表团成员、北京大学常务副校长岳素兰,北京大学党办主任、校办主任缪劲翔一行。

14~15日 中央代表团副团长、全国政协副主席李兆焯率中央代表团第五分团,在桂林市开展慰问活动。

15日 由联合国教科文组织(UNESCO)在地球科学领域批准成立的第一个国际二类研究中心——国际岩溶研究中心(IRCK)在桂林岩溶研究所挂牌。

17~19日 第二届联合国世界旅游组织旅游趋势与展望国际论坛在桂林举行。

18日 "2008桂林特色旅游纪念品、工艺品征集活动"结束。作品《画中酒》获金奖,《山水花鸟双屏风》《合成仿古石——家居饰品系列》《团扇——印刷系列》获银奖。

19日 桂林至阳朔高速公路竣工通车。该路全长67千米,投资26.3亿元,设计时速120千米。

同日 修编后的《桂林市旅游发展总体规划》通过评审组的评审。

23日 《桂林市土地利用总体规划大纲(2006~2020年)》在桂林宾馆举行的论证会上通过国家、自治区和桂林市十多名专家的审查评议。

25日 桂林市在市委第一会议室举行全市纪念改革开放30周年理论研讨会。

27日 全国政协副主席李兆焯在桂林视察工作。

2008年友好往来

1月

6日 俄罗斯健康旅游考察团一行20人到永福进行长寿生态旅游考察。

26日 日本加古川市市长樽本庄一率团到桂林访问。

12月18日,评委和观众在观看桂林特色旅游纪念品、工艺品展品。
张广宁 摄

3 月

14 日　副市长陈建军在桂林宾馆会见韩国旅游发展局广州办事处局长朴忠敏一行。

17 日　桂林籍巴西华人蒋早胜与巴西华人工商联合会的同仁,到共青团桂林市委员会向希望工程办公室捐赠一台宣传车,市委常委、副市长牟信勇出席捐赠仪式。

19 日　市人大常委会副主任熊显元在桂林宾馆会见加拿大加中议会协会共同主席约瑟夫·戴伊一行。

22 日　市委常委、副市长牟信勇在漓江大瀑布饭店会见美国飞行协会会长拉里·球伯、美国亚洲假日旅行总裁马里宽,以及 3 名美国飞虎队队员一行。

26 日　市长李志刚在榕湖饭店会见到访的印度驻广州总领事馆总领事班浩然。

4 月

9 日　市委常委、副市长、市委宣传部部长黄丹在榕湖饭店会见来访的日本稻穗会理事长永野忠相夫妇。

14 日　副市长巫家世在榕湖饭店会见到桂林考察投资的马来西亚新加坡华商商务考察团一行。

16 日　市人大常委会副主任韦广雄应邀率桂林市友好代表团一行 8 人访问韩国。

18 日　新西兰黑斯廷斯市民团一行 26 人到桂林访问。

同日　“中·日桂林书画联合展”在花桥展览馆开幕。画展由桂林市文化局和日本国风月舍主办。

28 日　市委常委、副市长、市委宣传部部长黄丹在榕湖饭店会见到访的泰国卫生部精神卫生司代表团一行。

5 月

6 日　市人大常委会副主任汤杰在榕湖饭店会见了到访的拉脱维亚女议员代表团。

15 日　葡萄牙最高法院代表团一行在桂林访问。

17 日　市委常委、常务副市长束华率桂林市经贸考察团在日本熊本市考察访问。

6 月

7 日　韩国济州市交响乐团一行 74 人在桂林少年宫春天剧场举行“歌颂桂林市与济州市兄弟友情”特别演奏会。

11 日　由泰国卫生部精神卫生司技术发展局局长苏帕拉爱卡斯维率领的泰国精神卫生专家访问团一行,结束为期 6 天的访问离开桂林。

21 日　美国急救协会专家代表团一行 9 人在桂林进行学术交流。

同日　市人大常委会副主任汤杰在榕湖饭店会见由苏丹妇女总联盟总书记、国会议员拉加·哈桑·哈里为团长的苏丹妇女代表团一行。

7 月

31 日　桂林市高中生代表团一行 20 人应邀访问日本熊本市。

8 月

5 日　以日本茨城县美浦村议会议长沼崎光芳为团长的美浦村教育访问团一行,到临桂县进行为期 3 天的友好交流与访问。当天上午,临桂县政府与美浦村代表签订友好交流协定书。

14 日　市政协副主席王大平在榕湖饭店会见日本第 28 次小松日中友好代表团一行。

9 月

1 日　市长李志刚在漓江大瀑布饭店会见以副总裁瑞克·格拉斯为团长的美国亨利·施恩公司商务考察团一行。

8 日 由美国休斯敦大学组织的中国语言文化体验团一行 23 人到桂林育才小学进行参观交流。

17 日 市长李志刚在榕湖饭店会见越南共产党中央候补委员、广宁省人民委员会主席武德担一行。

25 日 市委常委、副市长牟信勇在桂林宾馆会见到访的日本著名宗教团体阿含宗代表团一行。

27 日 市委常委、副市长牟信勇在榕湖饭店会见由会长郑京哲率领的韩国济洲青年联合会代表团一行。

10 月

10 日 市委常委、副市长牟信勇率桂林市代表团访问拉脱维亚尤尔马拉市。

16 日 副市长刘明昱在榕湖饭店会见到访的日本取手市市民友好访问团一行。

20 日 市委常委、副市长牟信勇在榕湖饭店会见到访的美国休斯敦市商务代表团一行。

22 ~ 25 日 由瑞士新闻俱乐部组织的瑞士新闻代表团一行 16 人在桂林访问。

24 日 市政协副主席莫玲玲在桂林宾馆会见到访的马达加斯加中国友好协会代表团。

25 日 中共桂林市委副书记束华在榕湖饭店会见到访的以总书记德瓦南・维拉素米为团长的毛里求斯工党代表团。

11 月

16 日 自治区副主席陈章良在榕湖饭店会见新西兰驻中国大使包逸之及夫人等一行。

28 日 市政协副主席、市慈善事业会副会长王大平在榕湖饭店会见到桂林考察的新加坡支显宗基金会董事长支徐放一行。

12 月

5 日 市长李志刚在榕湖饭店会见印度驻华大使拉奥琪一行。

7 日 自治区副主席陈章良在桂林榕湖饭店会见到桂参加广西新农村生态家园富民工程启动仪式的世界银行中蒙可持续发展局副局长 EdeJorgeIjjasz – Vasquez 一行。

8 日 市委常委、统战部部长李文升在榕湖饭店会见到访的德国联邦议员阿诺尔德・瓦兹和曼弗雷德・格龙德。

12 ~ 13 日 由美国国家人文基金会、美国总统艺术人文委员会等美国官方文化机构代表组成的文化代表团在桂林市进行文化交流访问。

17 日 市长李志刚在桂林宾馆会见前来出席第二届世界旅游组织旅游趋势与展望国际论坛的世界旅游组织助理秘书长杰弗瑞・利普曼一行。

同日 市委常委、组织部部长潘永建在榕湖饭店会见到访的越南谅山省省委组织部代表团一行。

18 日 中共市委书记刘君在榕湖饭店会见出席第二届联合国世界旅游组织旅游趋势与展望国际论坛的世界旅游组织助理秘书长杰弗瑞・利普曼一行。

27 日 俄罗斯马里埃尔国立歌剧芭蕾舞剧院应邀在漓江剧院上演了百年经典芭蕾舞剧《天鹅湖》。 （陶树青）

桂林市概貌

2008 年桂林美景。（滕彬　摄）

建 置 沿 革

汉元鼎六年（前111年），置始安县，辖地包括今桂林市区和临桂、灵川、阳朔、永福、鹿寨等县及兴安、龙胜等县部分地域，县治在今桂林市区，属荆州零陵郡。今之灌阳、全州、资源县以及平乐县、恭城瑶族自治县部分地域也属零陵郡地；今之龙胜各族自治县属武陵郡；今之荔浦县属苍梧郡。

东汉改始安县置始安侯国，治所在今桂林市区。

三国吴甘露元年（265年），在零陵郡南部设始安郡，辖始安（今桂林市区及临桂、兴安、灵川、阳朔、荔浦、永福等县地）、平乐（今平乐、恭城县地）、荔浦、尚安（今阳朔县地）、熙平（今阳朔县地）、永丰（今荔浦县地）等县，今之全州、灌阳、资源县属荆州零陵县，今之龙胜属荆州武陵。始安郡、始安县治所均在今桂林市区，仍属荆州管辖。

西晋，始安郡改属广州。

南朝刘宋年间，始安郡属湘州；南朝梁天监六年（507年）析广州于苍梧、郁林境置桂州，领郡县，大同六年（540年）州治迁至今桂林市区。

唐至德二年（757年），改始安县为临桂县，以后历五代十国、宋、元、明、清均称临桂县，为桂州、广南西路、静江府、静江路、广西行中书省、广西三司（布政使司、提刑按察使司、都指挥使司）、漓江道、桂林道、广西行省治所驻地。唐乾元元年（758年），桂州领临桂、理定（今永福县地）、灵川、阳朔、荔浦、永丰（今荔浦、永福县地）、建陵（今荔浦县地）、纯化（今鹿寨县地）、永福、临源（今兴安县地）10县。今之全州、灌阳县属零陵郡，今之平乐县、恭城等县先后属乐州、昭州、平乐郡。

宋广南西路包括今广西和雷州半岛及海南岛等地区。南宋绍兴三年（1133年）桂州升为静江府。

元至元十五年（1278年）改静江府为静江路。

明洪武元年（1368年）复为静江府；洪武五年（1372年），静江府改为桂林府，桂林作为广西东北地区行政区域的名称，从此时开始。洪武二十七年（1394年）全州由属湖广永州府改属广西桂林府，初领灌阳1县。

清前期同明制，乾隆六年（1741年）析义宁县西北地置龙胜厅，属桂林府。光绪三十二年（1906年）析永宁州并永福、融、柳城、雒容4县地置中渡厅，属桂林府。

民国元年（1912年），撤临桂县，县事由桂林府兼管，广西省治迁往南宁。民国2年（1913年）设桂林县，并废府设道。桂林道辖桂林、全州、兴安、灌阳、灵川、龙胜、义宁、古化、中渡、永福、阳朔、平乐、恭城、荔浦、修仁、蒙山、贺县、昭平、富川、钟山20县。民国25年（1936年）广西省治迁回桂林。民国29年（1940年）改桂林县为临桂县，析城区八桂、白龙、培风、义南、东江、凤北6镇及太沙、柘木、东附廓、三合、北附廓、西南附廓6乡置桂林市，治所在今桂林市区，直属广西省政府。1949年8月，广西省治从桂林市撤往南宁市。

中华人民共和国成立后，桂林市为省（自治区）直辖市，桂林行政区专员公署驻今桂林市区，辖临桂、灵川、义宁、永福、百寿、龙胜、兴安、全州、灌阳、资源、阳朔11县。1951年8月，龙胜县改为龙胜各族联合自治区（1955年，改称龙胜各族联合自治县，义宁县并入灵川县）。1952年，百寿县并入永福县，资源县并入全州县，鹿寨县划入桂林专区。1954年，灵川县并入临桂县，恢复资源县制。1958年6月，平乐专区改为梧州专区，荔浦、恭城、平乐县划归桂林专区管辖，鹿寨县划回柳州专区。1960年7月，桂林地、市机关合并。1961年5月，地、市分开。同年，恢复灵川县制，归属桂林地区。1981年7月，阳朔县和灵川县大圩公社的潜经、草坪大队以及茯荔大队的吴家、杨家两个生产队划归桂林市管辖。1983年10月，临桂县划归桂林市管辖。1998年8月27日，国务院批复同意桂林市和桂林地区合并，组建新的桂林市。市人民政府驻象山区榕湖南路。新的桂林市辖原桂林市的临桂县、阳朔县和秀峰区、叠彩区、象山区、七星区、雁山区以及原桂林地区的灵川县、荔浦县、永福县、全州县、兴安县、灌阳县、资源县、平乐县、龙胜各族自治县、恭城瑶族自治县。9月4日，自治区人民政府发出《关于桂林市和桂林地区合并成立新的桂林市的通知》。9月8日，自治区党委、自治区人民政府召开桂林地市合并工作动员大会，宣布桂林市和桂林地区合并，

组建新桂林市。11月8日,召开新桂林市成立大会,并举行市级领导机构挂牌仪式。(市志办)

地 理 概 况

【位置面积】 桂林市位于广西壮族自治区东北部,地处北纬24°15′23″~26°23′30″、东经109°36′50″~111°29′30″之间,境域南北长236千米、东西宽189千米。北部及东北部与湖南省通道、城步、新宁、东安、永州、双牌、道县、江永8县(市)交界,东南部与广西壮族自治区贺州市富川、钟山、昭平3县和梧州市蒙山县、来宾市金秀县及柳州市鹿寨县毗邻,西部与广西壮族自治区柳州市三江、融安2县接壤。总面积27809平方千米(其中市区565平方千米),占广西总面积的11.75%。

2008年桂林市土地面积

表1　　　　单位:平方千米

指　　标	面　　积
全市土地总面积	27809
市　区	565
秀峰区	54
叠彩区	52
象山区	88
七星区	97
雁山区	274
阳朔县	1428
临桂县	2202
灵川县	2287
全州县	4021
兴安县	2344
永福县	2806
灌阳县	1837
资源县	1954
平乐县	1919
荔浦县	1759
龙胜各族自治县	2538
恭城瑶族自治县	2149

(市志办)

【地形、地貌、山系、水系】

地　形　桂林市地处南岭山系的西南部,地形总体上呈北高南低的趋势,即北、东、西三面环山,地势较高;中部及南部、东北部为岩溶山地与平原、谷地区,地势较低平。其中,从全州、兴安到灵川、桂林市区、临桂一线有"湘桂走廊"之称,是广西的东北门户。

地　貌　桂林市地貌特点是四周山地环绕,山地丘陵面积广大;岩溶地貌发育完美;地貌类型多样,可分为中山、低山、丘陵、岩溶石山和河谷平原五大类。中山主要分布在桂林市的北部、西部和中部海洋山等地;低山主要分布在各大山脉的四周,中山、低山总面积大约占全市面积的一半左右。丘陵多分布于中低山与河流谷地之间。境内石灰岩地层分布广泛,岩层厚、质地纯,加上受地质构造的作用和长期的侵蚀、切割,形成了沿桂江与湘江两岸分布的典型岩溶石山与河流谷地平原。典型的岩溶石山海拔标高200米~500米不等,有峰丛洼(谷)地和峰林平原等类型。其地貌特点是正负地形相间出现,即在相对平缓的地表耸立着一个个相对独立或簇状陡峭石峰;或在底座相互连接的石峰间散布着众多大小不一的洼地(或谷地)。石峰内或地下多洞穴或地下河,即所谓"山山有洞,洞洞奇观"。负地形为洼地、谷地和平原,平均海拔高程150米左右。尤其是桂林市城区至阳朔县长约80千米漓江沿岸的峰林地貌最为典型,形成了千峰环抱、山环水绕、碧水青山、奇峰倒影、洞奇石美的独特景观,被世人美誉为"山水甲天下",成为世界闻名的旅游胜地。石山之间分布有河流与平原。平原可分河谷平原与岩溶峰林平原两大类。岩溶石山、丘陵与平原约占全市总面积的47%。此外,在资源县县城向北部和西北的白垩纪红色砂岩分布区,由于地表水系的长期侵蚀,形成了一个沿资江分布,面积达125平方千米的丹霞地貌。

山　系　主要为中低山和岩溶山地。山系主要呈北北东走向。北部有猫儿山、越城岭;东部和中部有都庞岭、海洋山;西北和西部有大南山、天平山;南部有驾桥岭和大瑶山,主要山体海拔标高均在1000米~1500米以上,其中位于兴安县与资源县交界处的猫儿山主峰海拔标高达2141.5米,为南岭及广西的最高峰,有华南第一高峰之称。猫儿山、越城岭、海洋山和都庞岭构成了珠江和长江水系的分水岭;在分水岭南北两侧,沿湘江和漓江河谷,分布形成西南—东北走向的兴安—全州河谷平原和西北—东南走向的岩溶山地—河谷平原区。

水　系　桂林市河流水系发达。全市共有大小河流100余条,其中流域面积在50平方千米以上河流35条,分属长江流域的洞庭湖水系与珠江流域的西江水系,为典型的雨源型山区河流。分山地型与岩溶丘陵平原型两大类。山地型河流多位于碎屑岩分布区,区内降雨量充沛,地表水系发达,河流曲折多弯,流域形成树枝状水系网络;河流坡降大,水流湍急、落差大,多峡谷、险滩,是开展漂流等水上运动的良好地域;而岩溶丘陵平原型河流多位于碳酸盐岩分布区。流域内地表地下岩溶发育,致使地表水系不发育,地下多发育有地下河或伏流,地表与地下水系共存。属于长江流域洞庭湖水系的有资江、湘江(包括其支流灌江),流域总面积约占全市总面积的30%。其中,湘江境内河流长190千米,流域面积7049平方千米;资江境内河流长83千米,流域面积1300平方千米。属于珠江流域西江水系的有桂江、洛清江和浔江,约占全市总面积的70%。其中,桂江平乐县城以上段又称漓江,境内河流长约288千米(其中漓江长214千米),流域总面积12669平方千米;洛清江境内河段长103千米,流域面积2806平方千米;浔江境内河段长139千米,流域面积3868平方千米。在湘江和西江两大水系之间,古代修建有著名的灵渠(位于兴安县城西南)将两大水系沟通。另外,在临桂县会仙附近的相思埭,也有一条古运河将漓江水系与柳江水系(通过洛清江)沟通。

(中国地质科学院岩溶地质研究所供稿)

资源·物产

桂林市盛产水稻,是广西主要粮食生产基地之一,又是优质水稻生产基地。粮食作物主要有水稻、玉米、红薯、小麦、黄豆;经济作物主要有苎麻、甘蔗、花生、荔浦芋、荸荠、木薯、烟叶、油菜、西瓜等。蔬菜主要有辣椒、大蒜、番茄、南瓜、苦瓜、豆角、生姜、白菜、萝卜、莲藕等。桂林是广西水果生产基地之一。水果主要有柑橘、沙田柚、月柿、红枣、板栗、葡萄、梨、桃、李、枇杷、石榴、杨梅等。野生果类有中华猕猴桃、山楂、杨梅、酸枣、山葡萄等。名优特产品主要有白果、沙田柚、罗汉果、荸荠、荔浦芋、月柿等。

林业资源丰富,是广西的主要林区之一。2008年,林业用地面积187.72万公顷,有林面积157.62万公顷,森林覆盖率达66.46%。植物种类有199科564属1415种。森林总蓄积量为4916万立方米。国家Ⅰ级保护的珍稀植物有"活化石"——银杉、南方红豆杉、银杏、资源冷杉、桫椤等;Ⅱ级保护的珍稀植物有福建柏、黄枝油杉、长苞铁杉、白豆杉、观光木、马尾松、榉木、楠木、水青冈、厚林、小叶红豆(紫檀木等)。用材林主要有杉、松、毛竹等。经济林主要有白果、板栗、油茶、油桐、棕等。主要林产品有杉木、松木、毛竹等商品材,还有白果、板栗、生漆、油菜子、油桐子、棕片、松脂、笋干、香菇、蕨菜等。动物种类1593种,隶属68目295科。国家Ⅰ级保护的珍稀动物有黄腹角雉,Ⅱ级保护的珍稀动物有红腹角雉、穿山甲、大鲵(娃娃鱼)、白鹇、毛冠鹿、猕猴、大灵猫、小灵猫等。

已发现有用矿产40种,其中探明储量的34种。主要矿产有煤、铁、锰、铅、锌、钨、锡、金、钽、铌、萤石、钾长石、滑石、大理石、花岗岩、硅灰石、白云石、石灰石、高岭土、矿泉水等。其中,滑石、铅、锌、锰、重晶石、饰面石材、矿泉水是储量较大的优势矿种,滑石和重晶石是大宗出口矿产品。

(市志办)

旅游资源

【概　况】　桂林市旅游资源丰富、类型多样,拥有世界发育最为完美、最典型、集中而丰富的岩溶地貌。按照《中国旅游资源普查规范(试行稿)》对旅游资源进行分类,桂林具有地文景观类、水域风光类、生物景观类、古迹及建筑类、消闲求知类、购物类等全部6大类,67个基本类型,占全部74个基本类型中的90.5%。

2008年末,桂林市有2处AAAAA国家级旅游景区(漓江景区、乐满地休闲世界)。16处AAAA国家级旅游景区(芦笛景区、"两江四湖"景区、七星景区、象山景区、王城景区、冠岩景区、古东瀑布景区、愚自乐园景区、世外桃源景区、银子岩景区、灵渠景区、龙胜温泉景区、丰鱼岩景区、穿山景区、尧山景区、荔江湾景区）。12处AAA国家级旅游景区（会仙岩景区、经典刘三姐大观园景区、碧莲峰景区、资江景区、阳朔蝴蝶泉景区、聚龙潭景区、图腾古道景区、十二滩漂流景区、雁山园景区、九马画山漂流景区、鉴山寺景区、天河瀑布）。世外桃源景区、阳朔文化古迹山水园、芦笛景区、七星景区、象山景区、阳朔蝴蝶泉景区、漓江景区、资江漂流景区、尧山索道景区9个单位通过ISO 9000国际质量标准体系认证。世外桃源景区、阳朔文化古迹山水园、芦笛景区、七星景区、象山景区、漓江景区、尧山索道景区7个单位通过ISO 14000国际环保标准体系认证。1处国家级（漓江）和3处自治区级（龙脊梯田、青狮潭、八角寨—资江）风景名胜区；3处国家级森林公园（资源八角寨、龙胜温泉、桂林龙泉）；3处国家级自然保护区（花坪、猫儿山、千家洞）。11处全国重点文物保护单位（兴安灵渠、靖江王府和王陵、李宗仁官邸和故居、八路军办事处旧址、新石器时代甑皮岩遗址、唐代至清代石刻、秦城遗址、江头村和长岗岭村古建筑群、燕窝楼、恭城古建筑群、湘江战役旧址）和59处自治区级文物保护单位。

【中心区域景点】

漓江景区　AAAAA国家级旅游景区。漓江，发源于兴安县的猫儿山，流经灵川县、桂林市区、阳朔县，在平乐县与恭城河汇合，全长214千米，是桂林风光的精华，中国山水风光的典型代表。漓江是喀斯特地形发育最典型的地段，酷似一条青罗带，蜿蜒于万点奇峰之间。从桂林至阳朔约83千米的水程，深潭、喷泉、飞瀑参差，沿江风光旖旎、碧水萦回、奇峰倒影、田园阡陌，美不胜收。兼有“山清、水秀、洞奇、石美”四绝，还有“洲绿、滩险、潭深、瀑飞”之胜。乘船游览漓江，可见绿岛芳洲、渔舟红帆、鹰击长空、鱼翔浅底。漓江景观因时、因地、因气候而有不同变化。春天，岚雾缭绕，烟雨缥缈，江山空濛；夏日，上下天光，碧绿万顷，万山刚毅；秋时，江峰如洗，满山飘香，硕果累累；冬季，两岸白雪，山水清灵，纯净高雅。构成一幅绚丽多彩的画卷，人称“百里漓江、百里画廊”。

“两江四湖”景区　AAAA国家级旅游景区。由漓江、桃花江、榕湖、杉湖、桂湖、木龙湖水脉交通构成桂林中心环城水系，谓之“两江四湖”。1000多年前，桂林就形成了完整的护城河水系。20世纪末，重新疏通了这条千年古水道，再现了桂林“千峰环野立、一水抱城流”的水城奇观。其主要景区包括：以木龙古渡、古城墙为主景，宝积山、叠彩山等为背景的体现城市文化为特色的木龙古水道主景区；以山林自然野趣为特色的桂湖景区；以体现“城在景中、景在城中”山水城市空间特征为特色的榕杉湖主景区。

象山景区　AAAA国家级旅游景区。桂林市象山景区辖象山、伏波山、叠彩山。景区占地23.88万平方米，地处市中心漓江西岸，开发历史悠久，集奇山、秀水、异洞、美石于一身，还有丰富的摩崖石刻、佛像及诸多历史文化遗迹。不论从自然景观和人文景观来看，都是桂林山水文化的精华，在国际上享有很高的知名度。

七星景区　AAAA国家级旅游景区。位于漓江东岸，面积134.7公顷，因有七星山、七星岩而得名，是桂林市最大、历史最悠久、景点最多的综合性公园。七星山七峰并峙，宛如北斗星座，北四峰象斗魁，称普陀山，南三峰象斗柄，称月牙山。著名的七星岩就在普陀山山腹。岩洞雄厅深邃，洞中石钟乳、石笋、石柱、石幔等千姿百态，蔚为奇观。桂林山水的精品“三山两洞一条江”，其中“两洞”即是指七星岩、芦笛岩。七星景区具有典型的岩溶地貌景观，集山、水、洞、石、庭院、林木、文物等精华，其主要景观有花桥、普陀山、七星岩、驼峰、月牙山、桂海碑林、栖霞禅寺以及华夏之光广场等。

芦笛景区　AAAA国家级旅游景区。位于桂林市区西北郊，因洞口长有一种可做笛子的芦荻草而得名，是一个以游览岩洞为主、观赏山水田园风光为辅的风景名胜区。芦笛岩洞深240米，游程500米。洞内有大量奇麓多姿、玲珑剔透的石笋、石乳、石柱、石幔、石花。主要景点有狮岭朝霞、红罗宝帐、盘龙宝塔、原始森林、水晶宫、花果山等景观。被誉为“大自然的艺术之宫”。从唐代起，历代都有游人踪迹，现洞内存历代壁画77则。自1959年发现并开发后，已建有餐厅、茶室、水榭、湖池、曲桥，并设游船，广植花木。

穿山景区　AAAA国家级旅游景区。位于桂林市漓江东岸，距市中心约3千米，因园内山峰穿山而得名。主要有穿山、塔山、月岩、穿山岩、寿佛塔等胜景。主要景观有天鹅湖、一线天、水帘洞、岜蕾脚、龙戏龟、卷曲石等。穿山是桂林的名山之一，自古负有盛名，主峰有一穿洞，空明正圆，好似一轮明月高挂，因此得名月岩。登上月岩，不仅可以欣赏到摩崖石刻，还可以眺望漓江和桂林城景。"塔山清影"是桂林"老八景"之一。

王城景区　AAAA国家级旅游景区。主要景观为靖江王府，是全国重点文物保护单位，位于市区中心地带，又称桂林王城。墙高门深、气势森然，建于明洪武五年(1372年)，洪武二十六年(1393年)筑城墙，是中国历史最长且保存得最完好的明代藩王府，清朝时为广西贡院，现为广西师范大学本部校区。位于王城内的独秀峰，孤峰突起，陡峭高峻，气势雄伟，被称为"南天一柱"，宋人王正功的诗句"桂林山水甲天下"就刻在此。

经典刘三姐大观园景区　AAA国家级旅游景区，广西首批民族风情旅游示范点，是一座以壮族歌仙刘三姐命名、弘扬广西少数民族文化的大型游乐园。占地面积6500平方米，各类民族建筑面积8500平方米。水域面积1800平方米。分为前园、后园，前园主要是刘三姐文化及少数民族风情展示，还有电影刘三姐的场景再现和大型民族歌舞；后园鸟语世界是桂林最大的鸟类生态园。

会仙岩景区　AAA国家级旅游景区。与市区内的独秀峰、伏波山、叠彩山遥相呼应，是桂林主要山峰之一，相对高度50多米。由3.5亿年前浅海生物化学沉积的石灰岩组成，主要有几组几乎垂直的裂隙切割，从山顶直劈山脚，通过水流作用，形成旁无坡阜的孤峰。会仙岩山体扁圆，端庄雄伟，峭拔峻秀，有"独树一帜"之誉。山上建有日华亭、月华阁、星华台等。晨熹夕照，披上太阳的光辉，俨然一位鹤发童颜的神仙，故又被称为"紫仙山"。

虞山公园　位于桂林市城北，园内虞山、皇泽潭、韶音洞素有仙山、仙河、仙洞之名。传说华夏文明始祖之一的虞帝南巡曾到此地，秦朝人立庙纪念，延续至今已有2000多年历史，使虞山和虞帝庙附着浓郁的儒宗文化色彩，积淀了十厚的历史文化底蕴。虞山公园的造园手法新颖，风格独树一帜，古今结合，东西兼容，精巧雅致，主要景点有虞帝庙、怡沁园、三绝碑、五福塔、闻韶楼、韶音洞、九重天、美泉宫等。

桂林海洋世界　全国海洋科普教育基地，桂林市青少年科技教育基地。位于市区南溪山南侧，占地面积2万多平方米。将象鼻山、七星岩、月亮山、漓江等桂林山水风光，用造景手法微缩到30多个展示缸体中，将海洋生物与桂林山水巧妙融合于一体，再现亿万年前迷人景观，重构史前图景。分为表演区、观赏区、海底隧道区、热带雨林瀑布区、大堡礁区等游览区。馆内有100多个缸体，展示着世界各地江、河、海域800多个品种、上万只珍稀鱼类和海洋生物。

【东部区域景点】

尧山景区　AAAA国家级旅游景区。位于桂林市东郊，距市中心8千米，主峰909.3米，是桂林市区内最高的山峰。尧山冈峦起伏，气势磅礴，植被丰茂，杜鹃遍野，是一处自然风光和古代陵墓集中的风景名胜区。山上建有索道和滑道。主要景观有茅坪庵、寿佛庵、天赐田、白鹿禅寺遗址、天赐泉、尧山杜鹃、尧山冬雪等。

冠岩景区　AAAA国家级旅游景区。地处雁山区草坪回族乡东南，位于风景秀丽的漓江中段，其自然景观、田园及风土人情独具特色。景区有冠岩地下河游览区、乡吧岛地景艺术园、电动管轨车、重力管轨车、云雾山冠岩饭店等旅游项目及配套设施，形成了以冠岩地下河为中心的集观光、会议疗养、食宿娱乐为一体的大型综合游览区。

古东瀑布景区　AAAA国家级旅游景区。在灵川县大圩镇古东村蝴蝶山麓，距桂林市区28千米。瀑群大小不一、宽窄不同、扬沉各异，有鸳鸯、连理、三叠、犀牛、神象、卧牛、仙女、仙台、漂绫、莲蓬、飞马瀑等。溪旁水声叮咚，飞流喷雾，崖石嶙峋，古树苍翠，气象万千，目不暇接。

靖江王陵　全国重点文物保护单位。靖江王陵位于市区东北尧山山麓。国家级大遗址保护重点园区。距市中心约5千米，是明王朝分封在靖江(桂林)历代诸王的陵园。靖江王共传了13代，有11代葬尧山，规模宏大，为中国最大的藩王群陵，素有"岭南第一陵"之称。

【南部区域景点】

阳朔西街　位于阳朔县城，全长517米，宽8米。街道为大理石路面，两侧房屋建筑古色古香，地方特色浓厚，是阳朔县的标志性景点。西街有着浓郁的历史文化气息。荟萃各种旅游纪念品、小吃于街市，其充满了异国情调的夜景更是风情万种,风俗浓郁,是闻名中外的“洋人街”、“地球村”。

印象·刘三姐　是全国文化产业示范基地、广西文化产业示范基地、广西民族风情旅游示范点。获中国乡土文化艺术特别贡献奖、首届文化部创新奖和第三届中国十大演出盛事奖、最佳导演奖等奖项。印象·刘三姐,是锦绣漓江·刘三姐歌圩景区之核心工程,由著名导演张艺谋、王潮歌、樊跃任总导演,67 位中外著名艺术家参与创作,是全国第一部全新概念的“山水实景演出”。表演舞台为 2 千米的漓江水域及 12 座背景山峰,构成全世界最大的天然剧场,成功注释了人与自然的和谐关系,创造出天人合一的境界,被誉为“与上帝合作之杰作”。

碧莲峰景区　AAA 国家级旅游景区,位于阳朔县城漓江码头旁。为阳朔县城标志之一,因形似含苞欲放的碧莲而得名,集自然风光、文物古迹、人文景观、艺术展示为一体的旅游景区。景区内有一条刻满历代碑文的风景道,共有大小石刻 20 多件,石崖悬壁上有清代著名书法家王元仁任阳朔代理知县时所书写的“带”字巨幅摩崖,高近 6 米,宽近 3 米,笔画行云流水、龙腾虎跃,字中含“一带山河,少年努力”等深刻寓意,还有民国 24 年(1935 年)吴迈所书“桂林山水甲天下,阳朔堪称甲桂林”诗句等。山上有迎江阁、鉴山楼、瀑布溪流著名景观。

世外桃源景区　AAAA 国家级旅游景区。距离市中心 49 千米,取意于《桃花源记》,秀美的山水、田园风光与浓郁的民情民俗相交融。是集吃、住、游、购为一体的综合性农业旅游景区。整个景区完全与周围的良田、村舍连在一起。淳朴的乡间气息和明媚的湖光山色融为一体,古朴的民风与现代气息相结合,游客在饱览山水秀色的同时,既可领略到少数民族的风情,也能了解到当地居民的生活习性、农业生产,满足游客回归自然、返朴归真的情思。

图腾古道景区　AAA 国家级旅游景区。位于阳朔县。景区展出的有石器、陶器、自然图腾柱、古老的弓弩、充满野性诱惑的肢体语言和原始生活场景,再现了桂林先民居住、生活、宗教、狩猎和甑皮文化的历史风貌。整个景区具有故事的动态性,视觉的审美性,蕴藏着深刻的文化内容。

蝴蝶泉景区　AAA 国家级旅游景区。位于阳朔月亮山风景区。占地面积 3.6 万平方米,为追溯生态旅游景点,集奇山、秀水、幽洞、田园风光为一体。开展观赏景观、追溯历史、登山保健、环保科普、休闲度假多项旅游活动,景区游览主要有蝶洞、蝶桥、蝶山、蝶缘、蝶厅和“梁祝表演”等。

愚自乐园景区　AAAA 国家级旅游景区。位于雁山区大埠乡。该景区是以艺术为本,兼具休闲功能的多元化综合性景区。从 1997 年开始,桂林愚自乐园景区举办了 9 届国际雕塑创作营,来自中国和美国、意大利、日本、瑞典、法国、德国、捷克、荷兰等 47 个国家和地区的 100 多位艺术家在这里创作了 200 多件艺术作品,风格各异、生动精美。

雁山园景区　AAA 国家级旅游景区。位于雁山镇东侧,始建于 1869 年,占地 19.07 公顷。原为乡绅的私家园林,后为清代两广总督花园。雁山园景色秀丽,山情水趣,自成一体。园林建造吸纳了丰富的风水理论精髓。被誉为园林建设与风水结合的成功典范,被郭沫若誉为“岭南第一文化名园”。园区的主要景点有龙道、飞来河、沉鱼潭、公子楼、小姐楼、水榭、神樟树及雁山植物四宝,是桂林漓江画派创作基地。

银子岩景区　AAAA 国家级旅游景区。位于荔浦县马岭镇荔桂公路东侧,银子岩属层楼式溶洞,已开发游程约 2 千米。景区包括下洞、大厅、上洞 3 部分,汇集了不同地质年代发育生长的各种类型的钟乳石,特色景点数十个,以音乐石屏、广寒深宫、雪山飞瀑“三绝”和佛祖论经、独柱擎天、混元珍珠伞“三宝”等景点为代表,栩栩如生,形象逼真。

丰鱼岩景区　AAAA 国家级旅游景区。位于荔浦县三河乡东里村,因岩内地下河盛产油丰鱼而得名。丰鱼岩全长 5.3 千米,有 3.1 千米地下河可乘舟游览。丰鱼岩游览是“陆、水、空”相结合的游览线路,陆路观景 2 千米,空中高架列车观田园风光 1.8 千米,洞厅中有一根高达 9.8 米,而直径只有 14 厘米的石笋,上下大小基本一致,堪称一绝。

荔江湾景区　AAAA 国家级旅游景区。位于桂林市荔浦县东南部,荔江湾全长 10 千米,宽 100 米~500 米,面积 500 公顷。该地山形奇特,峰丛林立,溶洞与山水相连,河水如玉带般环绕群山,故为“荔江湾”。建有水月庵、红石庙、观音庙、八卦仙宫和八卦山庄。游览项目有象鼻岩、灵乡仙阁、壁画神韵——天下奇观、水月庵、古道山区助学、灵芝洞探宝、阡陌陆上行、中华龙舟楫橹、观“青山晚照”、竹林氧吧、体验古人劳作朴韵、泛皇家之舟、渔家与鱼鹰捕鱼、刘三姐水乡歌圩、瑶池仙女下凡表演等。

天河瀑布景区　AAA 国家级旅游景区。位于荔浦县蒲芦乡，集原始森林、瀑布、瑶族风情为一体，构成了别具特色的旅游度假胜地。海拔1500 多米，深山幽静，郁郁苍苍，鸟语花香，潺潺流水，具有“幽、奇、绿、静、美”的特点。瀑布地处峰峦叠嶂、树木茂盛中，落差达 88 米，宛如天河之水，因而得名天河瀑布。

阳朔山水园　AAA 国家级旅游景区。位于阳朔码头旁，集山水绝色于一体，一条古道纵贯南北，沿途有瀑布溪流，古钓台，蟠龙古桥，盆景园等数十处景点，北望龙头山，南瞻鉴山楼，有迎江阁等诸多古迹及历代诗文石刻。

九马画山漂流景区　AAA 国家级旅游景区。位于阳朔县漓江景区九马画山附近，是漓江边上最精华的景色，集漂流、溯溪、露营、徒步、攀岩、野战、滑道、户外拓展的综合型休闲旅游景区，可选择徒步或骑车游览。九马画山峡谷漂流景区青峰环绕，绿树簇拥，保持了原生态幽雅的环境。漂流河道从云涌八仙景点开始，全长 3.5 千米，整体落差达 180 米。

恭城文武庙　文庙始建于明永乐八年(1410 年)，位于恭城瑶族自治县西山南麓，整座庙宇气势恢弘，是迄今广西规模最大、保存最完整的宫殿式明代建筑，是自治区文物保护单位。武庙始建于明万历三十一年(1603 年)，整座建筑重檐歇山，翼角飞翘，脊山花饰泥塑，龙凤呈祥，明暗八仙，人物花鸟，栩栩如生，为自治区重点文物保护单位。

聚龙潭度假公园　AAA 国家级旅游景区。位于阳朔县。为水陆兼游的地下溶洞，全长约1000 米，最高处约 25 米，最宽处约 30 米。洞内钟乳石琳琅满目，如巨龙腾飞，如游龙戏水，形态逼真、惟妙惟肖，形成了神姿仙态的大自然艺术宫殿。主要景点有水晶宫、老人守宝、群峰倒影、蟠桃盛会、天妃护航、雪莲倒开、玉凤承露等 40 余处。

鉴山寺景区　AAA 国家级旅游景区。位于阳朔县云集山下，距县城约 6 千米。鉴山寺总建筑面积约 6000 平方米，为典型的仿唐代古建筑，主体殿阁按南北走向依山而建，自山门到天王殿、大雄宝殿、藏经阁，逐次上升，整体布局庄重、古朴典雅、气势恢弘。特设有介绍鉴真大师一生的鉴真纪念馆。

【西部区域景点】

龙胜温泉景区　AAAA 国家级旅游景区。位

九马画山。

李凯　摄

于龙胜各族自治县城东北32千米的矮岭溪边。温泉由地下1200米深处岩层涌出，水温在45°C～58°C之间，水中含有十多种于人体有益的微量元素。温泉地处幽谷，四周碧峰林立，冬暖夏凉，四季如春，是旅游、疗养、消闲、避暑的胜地。

龙脊梯田 位于龙胜各族自治县和平乡。梯田如链似带，从山脚盘绕到山顶，小山如螺，大山似塔，层层叠叠，高低错落，集壮丽与秀美为一体，堪称天下一绝。春来，水满田畴，如串串银链山间挂；夏至，佳禾吐翠，似排排绿浪从天泻；金秋，稻穗沉甸，像座座金塔顶玉宇；隆冬，雪兆丰年，若环环白玉砌云端。

资江景区 AAA国家级旅游景区。位于资源县，由资江、八角寨、宝鼎瀑布景区组成，被地质、园林、旅游专家誉为"高品位的国家观赏园林"，堪称世界一绝。以典型的丹霞地貌、浪漫的资江漂流、浓郁的民族风情为特点，方圆40千米的八角寨被誉为"丹霞之魂"；资江集幽、险、秀、奇于一体，长40多千米，90多处景点无不神形毕俏。

十二滩漂流景区 AAA国家级旅游景区。位于临桂县宛田瑶族乡东北部。集探险、森林度假、民俗风情为一体的综合性景区。因漂流河道有惊险刺激的12道主滩而取名十二滩。途经66道河滩，12道主滩，漂流全程13.5千米。主要景观有一仰滩、两跳滩、三抛滩、四筛滩、夹排滩、蚂拐滩、鱼跳滩、牛角滩、门砍滩、滑石滩、黑石滩、平安滩等。

【北部区域景点】

乐满地休闲世界 AAAAA国家级旅游景区。位于桂林市兴安县志玲路。集观光、休闲、旅游、度假于一体，规模宏伟、规划完整、设施完善。主题乐园包括：美国大西部、中国城、梦幻世界、港口水上游乐区等特色景观区；"激流泛舟"、"过山车"、"海盗船"等惊险刺激的游乐设施；森林度假村建有数十座小木屋，露营平台依山势错落散布在高岗松林之间；高尔夫俱乐部建有18洞标准高尔夫球场。

猫儿山景区 位于桂林市北部，地跨兴安、资源县和龙胜各族自治县。猫儿山主峰海拔2141.5米，号称"华南第一峰"，是漓江、浔江、资江发源地。景区内风景秀丽，气候宜人。景点包括华南绝顶、穿仙洞、通天道、华南虎、猫岳佛光、睡美人、铁杉荟萃、漓江源、杜鹃花廊、龙潭、十里大峡谷、剑崖大瀑布以及第二次世界大战期间美国援华飞机（飞虎队）失事之地等，整个景区是集科教、览胜、探险、猎奇、度假、避暑、竹木经济开发、缅怀革命先烈与纪念国际友人为一体的综合性旅游景区。

灵渠景区 AAAA国家级旅游景区。位于兴安县城东。有"北有长城、南有灵渠"之称，公元前214年建成。灵渠由大小天平、铧嘴、泄水天平、南北渠、陡门、秦堤等主要工程组成，设计灵巧，工艺精湛，与都江堰、郑国渠同被誉为秦代三大水利工程。

秦城水街 位于兴安县城灵渠沿岸，沿灵渠而建，长约1千米。沿街建筑古老而富有岭南特色，楼台亭阁、小桥连廊精巧典雅。秦城水街整体分为古建设文化、古桥文化、古石雕木雕文化、古灵渠文化、岭南市井风俗文化5个主题。主要景观有秦文流觞、娘娘桥、万里桥、七层佛塔、北街里、马嘶桥、湖广会馆、漓江书院、照壁砖雕、百米浮雕、三将军墓等。

天湖 位于全州县才湾镇。距全州县城49千米，真宝鼎东侧，海拔1600多米，由高山草地、原始森林和13座水库组成的湖泊群。是狩猎、避暑、登山、赏花、休闲、度假胜地，典型的高山湖泊景观。

月岭古民居 位于灌阳县城北面文市镇月岭村。该村为灌阳县古老文明的村庄，已有700多年的历史。祖居为唐氏家族，至今一脉相传28代无一旁姓。月岭古民居是自治区内保存较为完整的古民宅群落。村落三面环山，背依灌江，树木葱茏、瓜果飘香，周围有许多保存完好的古建建筑。有"孝义可风"石牌坊、步月亭、文昌阁、催官塔、百岁亭、将军庙、古石寨、唐孔林墓等古建筑。村中还有步月仙桥、步月岩、白驹岩、沙江晚渡、古井旋螺、上井石泉、双发井等自然景观。

黑岩 位于灌阳县城北面的苏东村和小龙村之间，距县城7.5千米，为国内罕见的地下暗河溶洞。位处一个四面青山环抱的盆地，其间阡陌纵横、果树成林、芳草萋萋、鲜花缤纷，一派幽静美丽的田园风光，仿佛是世外桃源。洞内最宽处为45米，最高处35米，地下河最深处8.5米。有超过1000平方米的"大厅"或"长廊"有十余处，堪称"天下第一水洞"。

表2　　桂林市主要旅游景区景点一览表

区　域	主要景区(点)
桂林市区	“两江四湖”、芦笛岩、叠彩山、伏波山、七星景区、象鼻山、桂海碑林博物馆、愚自乐园、八路军桂林办事处旧址、王城景区、靖江王陵、冠岩、穿山公园、南溪公园、西山公园、桂林海洋世界、尧山景区、经典刘三姐大观园、虞山公园、甑皮岩、燕京啤酒(桂林漓泉)股份有限公司工业旅游示范点、梦幻漓江、龙脊魂、李宗仁官邸、桂林美术馆、西林植物园等。
漓　江	指自桂林解放桥码头至阳朔码头段，水程83千米，可称百里漓江，是喀斯特地形发育最典型的地段，塑造了世界上至美的山水奇景，是桂林山水的集中表现和精华所在。百里漓江，可分为桂林至草坪、草坪至兴坪、兴坪至阳朔3个景区。主要景点有訾洲、净瓶山、冠岩、黄布滩、兴坪、渔村等。
阳朔县	素有“桂林山水甲天下，阳朔堪称甲桂林”之称，是桂林山水的重要组成部分。境内各种奇特山峰2万多座，大小河流16条，漓江流经县境56千米。主要风景区景点由县城景区、大榕树景区、兴坪景区、杨堤景区、福利景区、印象刘三姐、阳朔西街、遇龙河、世外桃源、碧莲峰、历村、月亮山景区、蝴蝶泉、聚龙潭、鉴山寺、莲花岩、龙颈河漂流、图腾古道等构成。
临桂县	九滩瀑布、雄森熊虎山庄、花坪、十二滩漂流、古桂柳运河、李宗仁故居、刘三姐茶园、义江缘运动休闲山庄、红溪、五通浮州塔、东宅江瑶寨蝴蝶谷、岚岩生态长寿村等。
灵川县	漓江古东景区、青狮潭、大圩千年古镇、东江生态旅游区、世纪探古乐园、海洋银杏林、江头古民居、毛洲三岛农家乐等。其中，青狮潭为自治区级旅游度假区和风景名胜区。大圩古镇是明代以来广西四大古镇之一。
全州县	湘山寺、炎井温泉、天湖、三江口、龙岩洞、燕窝楼、溪竹山、童母岩、千年古樟、虹饮桥、觉山铺、关岳庙、凤凰嘴、大坪渡、语录山等。其中，湘山古寺素有“楚南第一刹”之美称，系公元756年唐代高僧无量寿佛所建，历朝皇帝5次膜拜。
兴安县	乐满地休闲世界、灵渠、秦城水街、红军长征突破湘江烈士纪念碑园、超然派度假山庄、秦家大院、世纪冰川大溶洞、古严关、猫儿山、五里峡水库等。红军长征突破湘江烈士纪念碑园是国家级革命教育基地。
永福县	永宁州城、板峡湖景区、金钟山旅游度假区、百寿岩、孔雀山庄、龙江社边农家乐、白马山庄等。其中永宁州古城建于明成化十三年(1477年)，为广西保存最完整的古城之一。
灌阳县	九龙岩、赤壁山、灌江山峡、太子山风景旅游区、月岭古民居、黑岩、千家洞、九如堂、新圩阻击战遗址、灌阳烈士陵园、米珠山农家乐等。
资源县	资江、八角寨、天门山、宝鼎瀑布、五排河漂流、福满园温泉等。其中八角寨、资江为自治区级风景名胜区，八角寨为国家森林公园。
平乐县	桂江生态游、千年古镇、仙家温泉、千年古榕、冷水石景苑等。其中，千年古榕由10株千年古榕构成，榕津街尾有2株古榕并立，树根凌空交汇，形成一座5米高的自然大拱门，可通车辆，人称“连理古榕”。
荔浦县	银子岩、丰鱼岩、龙怀文化景区、长滩河漂流、鹅翎禅寺、荔江湾、龙皇山、天河瀑布、银龙古寨等。
龙胜各族自治县	龙脊梯田、龙胜温泉、龙胜温泉国家森林公园、大唐湾景苑、龙脊古壮寨、岩门峡漂流、彭祖坪、平安壮寨、银水侗寨、玉龙滩、白面红瑶寨、三门红瑶寨、坳背农家乐、红军楼、红军岩、黄洛红瑶寨、金车农家乐、金竹壮寨、勒东农家乐、里排农家乐、细门红瑶寨、玉牙谷等。
恭城瑶族自治县	恭城文庙、武庙、周王庙、红岩生态旅游村、湖南会馆、朗山古民居、大岭山桃花源景区、茶江水上乐园、横山瑶寨、社山生态旅游景区、豸游周氏祠堂等。

(唐飞鸿　辑)

人　口

2008年末，桂林市户籍常住人口1567918户(5城区237301户，12县1330617户)，5083215人(5城区759275人，12县4323940人)，比上年末增加25379户，37044人。其中，城区人口增加2342人；12县增加34702人。桂林市总人口中，男性2650433人，女性2432782人，男女性别比为108.95∶100。全年出生53768人，出生率为10.58‰。其中，男性28837人；女性24931人。死亡22539人，死亡率4.43‰。其中，男性14058人，女性8481人。全年迁入56117人，迁出50703人。

表3

2008年桂林市人口统计表

地区别	总户数（户）	年末总人口（人）		
		合　计	男	女
桂林市	1567918	5083215	2650433	2432782
市辖区	237301	759275	377306	381969
秀峰区	36582	110121	52952	57169
叠彩区	42193	134489	66629	67860
象山区	83342	229649	114226	115423
七星区	56862	210050	106722	103328
雁山区	18322	74966	36777	38189
阳朔县	91550	312364	162227	150137
临桂县	131945	477882	248104	229778
灵川县	112288	365923	186991	178932
全州县	255314	784360	426825	357535
兴安县	124910	371373	193032	178341
永福县	80313	275847	145030	130817
灌阳县	98278	285789	154870	130919
资源县	56221	170147	88795	81352
平乐县	127515	440988	231412	209576
荔浦县	114101	376419	194704	181715
龙胜各族自治县	50707	172835	89007	83828
恭城瑶族自治县	87475	290013	152130	137883

表4

2008年桂林市人口年龄结构统计表

地区别	年末总人数（人）	年龄结构			
		18岁以下	18岁～35岁	35岁～60岁	60岁以上
桂林市	5083215	850280	1534194	1950658	748083
市辖区	759275	105223	257212	295009	101831
秀峰区	110121	15490	30723	47012	16896
叠彩区	134489	18867	35691	58460	21471
象山区	229649	31870	69934	95916	31929
七星区	210050	26384	93173	69202	21291
雁山区	74966	12612	27691	24419	10244
阳朔县	312364	51421	93523	119533	47887
临桂县	477882	94425	144257	170022	69178
灵川县	365923	55040	110577	143794	56512
全州县	784360	143447	235594	297342	107977
兴安县	371373	53842	113382	148375	55774
永福县	275847	46500	83284	105521	40542
灌阳县	285789	51371	78821	109193	46404
资源县	170147	30669	50138	64973	24367
平乐县	440988	79663	134923	160667	65735
荔浦县	376419	57219	105508	152244	61448
龙胜各族自治县	172835	26655	47562	71486	27132
恭城瑶族自治县	290013	54805	79413	112499	43296

表 5　　2008 年桂林市人口变动统计表

地区别	出生(人)			死亡(人)			迁入	迁出
	合计	男	女	合计	男	女		
桂林市	53768	28837	24931	22539	14058	8481	56117	50703
市辖区	6399	3301	3098	2561	1468	1093	21804	23406
秀峰区	957	492	465	438	209	229	1805	2455
叠彩区	938	468	470	606	354	252	2233	837
象山区	1879	990	889	747	427	320	5863	3324
七星区	1862	954	908	551	334	217	8404	16425
雁山区	763	397	366	219	144	75	3499	365
阳朔县	2942	1567	1375	1558	948	610	2161	1833
临桂县	5971	3263	2708	1707	1078	629	4525	3587
灵川县	3529	1846	1683	1712	1058	654	4244	2156
全州县	10047	5631	4416	2850	1887	963	6070	5168
兴安县	4097	2148	1949	1134	750	384	2896	2156
永福县	3319	1785	1534	1055	640	415	2142	2071
灌阳县	2813	1580	1233	1499	943	556	3093	2014
资源县	2008	1085	923	934	573	361	1089	948
平乐县	4613	2468	2145	2108	1347	761	2694	3034
荔浦县	3209	1666	1543	2858	1745	1113	2014	1557
龙胜各族自治县	1758	874	884	1305	805	500	1241	976
恭城瑶族自治县	3063	1623	1440	1258	816	442	2144	1797

（唐志红）

行　政　区　划

2008 年，桂林市下设秀峰区、叠彩区、象山区、七星区、雁山区 5 个城区及阳朔县、临桂县、灵川县、全州县、兴安县、永福县、灌阳县、资源县、平乐县、荔浦县、龙胜各族自治县、恭城瑶族自治县 12 个县。区县下辖街道办事处 12 个、镇 64 个、乡 54 个、民族乡 15 个，分辖社区居民委员会 212 个、村民委员会 1655 个。

秀峰区　辖街道办事处 3 个，社区居民委员会 19 个，村民委员会 7 个。其中，秀峰街道办事处下设乐群、解东、东华、解西、中心广场、百梓、榕湖 7 个社区居民委员会；丽君街道办事处下设甲山、桃花江、骝马山、丽君、中隐、丽狮、九岗岭、篦子园 8 个社区居民委员会；甲山街道办事处下设长海、红头岭、福利路、琴潭 4 个社区居民委员会，矮山塘、新立、桥头、甲山、唐家、东莲、官桥 7 个村民委员会。

叠彩区　辖街道办事处 2 个，乡 1 个，社区居民委员会 15 个，村民委员会 15 个。其中，叠彩街道办事处下设宝积、叠彩、鹦鹉、虞山、回龙、观音阁、芦笛、九华 8 个社区居民委员会；北门街道办事处下设清风、锦绣、城北、圣隆、铁路、金河、凤集 7 个社区居民委员会；大河乡下设大河、四联、新民、群力、上阳家、蒙正、潘家、尧山、大村、白竹干、清风、五福、星华、乌石、南洲 15 个村民委员会。

象山区　辖街道办事处 3 个，乡 1 个，社区居民委员会 29 个，村民委员会 8 个。其中，象山街道办事处下设五美、西城、文明、虹桥、文新、安新、安家洲 7 个社区居民委员会；南门街道办事处下设龙船坪、天鹅、雉山、银锭、民族、甘棠、东安、新竹、竹林、金竹、翠竹 11 个社区居民委员会；平山街道办事处下设同心、银海、龙泉、力创、平山东、平山西、大风山、瓦窑、将军桥、溪园、猴山 11 个社区居民委员会，同心、平山 2 个村民委员会；二塘乡下设涟塘、阳家、红光、万福、四合、北芬 6 个村民委员会。

七星区　辖街道办事处 3 个，乡 1 个，旅游经济区 1 个，社区居民委员会 28 个，村民委员会 16 个。其中，七星街道办事处下设码坪、龙隐、七星、空明、桂大、漓东、大圆盘、毅峰、穿山东、穿山、施家园、毛塘路、师大育才、横塘、轮胎厂、金星 16 个社区居民委员会；东江街道办事处下设花园、五通、漓江、江通、六合、杜山桥、朝阳、羊角山、辰山、电子科技大学、猫儿山、桂工建干 12 个社区居民委员会；穿山街道办事处下设七星、三联、樟木、和平、光辉、屏风、穿山、汇丰8个村民委员会；朝阳乡下设西南、湖塘、丫吉、岩前、新建、合心6个村民委员会；华侨旅游经济区下设竹江、马家坊2个村民委员会。

雁山区　辖街道办事1个，镇2个，乡1个，民族乡1个，居民委员会3个，村民委员会37个。其中，雁山镇下设雁山居民委员会，东立、枫林、周家、文家、三合、果园、罗安、良丰、兴隆、竹园、莫家、云塘、五塘、茶江、三立15个村民委员会；柘木镇下设柘木居民委员会，辖苏家、卫家渡、窑头、柘木、龙门、禄坊、李家、何家8个村民委员会；大埠乡下设李沺坪、塘头、付上、草底、黄宿、八恺、黎家、大埠、付中、陶家、腊山11个村民委员会；草坪回族乡下设草坪居民委员会，草坪、潜经、大田3个村民委员会。

阳朔县　辖镇6个，乡3个，社区居民委员会15个，村民委员会99个。其中，阳朔镇下设莲峰、屏风山、北门厄、鲤鱼井、东岭、风鸣6个社区居民委员会，矮山、木山、骥马、樟桂、高洲5个村民委员会；白沙镇下设白沙街居民委员会，白沙、观桥、遇龙、白面山、旧县、立龙、石塘、蕉芭林、大竹山、蔡村、都林、古板、插花桥、扶龙、五里店15个村民委员会；福利镇下设福利居民委员会，福利、渡头、新寨、双桥、枫林、将军、老梧、青鸟、绛村、顺梅、龙尾、垌心、忠和、夏村、锁石、屏山16个村民委员会；兴坪镇下设兴坪、渔业2个居民委员会，兴坪、桥头铺、西山、古皮寨、书家堡、白山底、思的、大源、西塘、江村、画山、大坪、渔村、水洛14个村民委员会；葡萄镇下设福旺居民委员会，福旺、葡萄、西岭、周寨、杨梅岭、下岩、垌村、报安、陵陂、马岚、仁和11个村民委员会；高田镇下设高田居民委员会，高田、安定、下山、朗梓、古登、龙村、蒙村、龙潭、凤楼、桥头、乐响11个村民委员会；金宝乡下设金宝街居民委员会，红莲、阳朔垌、长乐、大桥、大利、延村、枫木寨、新村、马鞍、大水田、久大、金宝12个村民委员会；普益乡下设普益居民委员会，普益、上观、木桥、留公、勇村、古乐、上游、大山8个村民委员会；杨堤乡下设杨堤居民委员会，杨堤、浪洲、浪石、地水洞、忠南、唐家、土岭7个村民委员会。

临桂县　辖镇5个，乡4个，民族乡2个，社区居民委员会6个，村民委员会161个。其中，临桂镇下设榕山、虎山、金水3个社区居民委员会，大律、二塘、兰塘、秧塘、水口、独峰、花堽、凤凰、上全、天华、麒麟、灵山、塔山、乐和、庙头、沙塘16个村民委员会；六塘镇下设六塘居民委员会，羊田、三塘、道莲、广洞、岩岭、船岭、清泰、小江、罗塘、清塘、大村、保联、诚正、诚桂、六塘15个村民委员会；会仙镇下设新立、马面、文全、新民、山尾、睦洞、四益、燕山、矮山、陶淑、七里、寺山、大联、会仙、同助、陂头16个村民委员会；两江镇下设两江居民委员会，二圳、山口、保全、信果、古定、宝山、大洲、城联、高寨、琅琥、车梁、两江、高妙、洲村、大厦、培塘、渡头、贺村、罗城、上宅、宿棠、高塘、粟村、油麻、谢家、河沙26个村民委员会；五通镇下设五通居民委员会，五通、泗江、桐山、罗江、柳山、三友、仁和、大塘、西南、江门、蓬莱、杨梅、西山、板屋、保宁、伍家、上祥、北塘、西塘、浔江、白马、步厄22个村民委员会；南边山乡下设朗联、钱村、东山、五敬、南新、玉联、富汴、塘头、军洞、永平、升平、永忠、靖远13个村民委员会；四塘乡下设新村、界牌、大湾、土桥、李家、四塘、大约、腊村、横山、刘村、江西、太平、自信、面村、岩口15个村民委员会；茶洞乡下设茶洞、护山、花岭、定安、富合、江洲、仁义、温良、安乐、保合、三合11个村民委员会；中庸乡下设江泉、华境、三联、中庸、穴田、合峰、高田7个村民委员会；宛田瑶族乡下设宛田、瓮洲、中江、柳厄、河北、小河、楠木、庙坪、东江、平水、陶善、永安、洞头、合作、流峰15个村民委员会；黄沙瑶族乡下设黄沙、翻水、宇海、滩头、围岭5个村民委员会。

灵川县　辖镇6个，乡3个，民族乡2个，社区居民委员会18个，村民委员会129个。其中，灵川镇下设城北、城中、城南、五厂、三一〇、新桂、七彩、八荣、九龙9个社区居民委员会，同化、禾家铺、粑粑厂、莫家、大面、双洲、木马、民治、灵宝、双潭、王家、甘棠12个村民委员会；大圩镇下设大圩社区居民委员会，大圩、敢兴、崴村、廖家、朱家、李家、高桥、上桥、雄村、下张、南积、西马、涧沙、袁家、秦岸、茯荔、毛洲17个村民委员会；定江镇下设八里街、兴坪2个社区居民委员会，莲花、宝路、粟家、赤江、定江、法源、金灵7个村民委员会；三街镇下设三街社区居民委员会，三街、狮象、普贤、五福、龙门、龙坪、广化、千秋、溶流、溶江、潞江11个村民委员会；潭下镇下设潭下居民委员会，老街、潭下、码头、合群、蔡岗、枣木、庄屋、砖塘、大义、东头、薛家、大庙、大泉、合堡14个村民委员会；古狮潭镇下设古狮潭、公平2个社区居民委员会，古狮潭、一介、新江、田心、岩山、山上、联合、五美、公平、和平、四合、易家、油塘、九屋、江头、塘社、苏勒、柯皂、莲塘、石洞、黄梅、西岭、东源、泗江24村民委员会；潮田乡下设潮田社区居民委员会，潮田、留村、毛村、富足、吒头、深井、旺塘、南圩、太平、寨底10个村民委员会；大境瑶族乡下设大境、永同、新寨、金竹、淞江、乐育、黄泥江、群英8个村民委员会；海洋乡下设海洋社区居民委员会，江尾、国清、海洋、九连、大庙塘、水头、尧乐、大塘边、新民、小平乐、滨洞、思安头、安泰13个村民委员会；灵田乡下设灵田、会林、永正、龙口、东田、力水、四联、正义、上长岗、下长岗10个村民委员会；兰田瑶族乡下设兰田、两合、南坳3个村民委员会。

全州县　辖镇9个，乡7个，民族乡2个，社区居民委员会11个，村民委员会273个。其中，全州镇下设民主、建设、和平、光明、北门、集才6个社区居民委员会，前进、七一、龙岩、大新、竹溪田、福坪、柘桥、水南、绕山、邓家埠、大贵、青龙、田伟13个村民委员会；黄沙河镇下设黄沙河街居民委员会，石城、秀峰、黄岗、竹下、大路底、麻川、竹塘、新铺里、右江9个村民委员会；庙头镇下设庙头街居民委员会，李家、建新、深福、兆村、白果、黄土井、仁街、宜湘河、歌陂、石洞、湾山11个村民委员会；文桥镇下设文桥、新塘、定美、百仁、紫岗、江头、圳头、洋田、杨福、易福、蛟潭、锦福、涑禄、邓家、长坪、白毛、神溪、栗水18个村民委员会；大西江镇下设大石江、广福、鲁屏、沙子坪、文家、良田、峡口、东江、西美、满稼、香花、月塘、锦塘、炎井、五星15个村民委员会；龙水镇下设龙水、安陂、百福、桥渡、同安、辛田、光田、金田、芳杰、长井、山陂、塘前、亭子江、大联、大仙、坦口、全佳、朝阳、全福19个村民委员会；才湾镇下设天湖社区居民委员会，才湾、小塘、金堂、南一、邓吉、田心、岩泉、秦家塘、白石、七星、驿马、紫岭、永佳洞、五福、新村、南洞16个村民委员会；绍水镇下设市场社区居民委员会，二美滩、下柳、洛口、沿河、霖源、柳甲、绍兰、秀石、高田、福壁、塘口、三友、松川、大渭洞、桐油、庙山、大惠17个村民委员会；石塘镇下设石塘街居民委员会，会铁炉、乐中、广竹、乐南、料塘、扒子岭、川溪、下乐、茅坪、仁金、兴平、寿福、青山、坳背、贤家寨、青田、儒辉、蒋家岭、朝南、贤山、西头、沛田、沙田、白竹田、件大、白露、双坪、东板田、枫木山、水澄、马安岭31个村民委员会；永岁乡下设永岁、滕家湾、沙子湾、湘山、石岗、梅潭、双桥、昔厦、大岗、港底、大源屋、乐家湾、绕龙水、鲁塘底、长春塘、南阳、左江17个村民委员会；枧塘乡下设安德、江东、高峰、枧头、珠塘、土桥、金山、芳塘、昌郑、棠荫、金屏、塘福12个村民委员会；咸水乡下设白竹塘、蕉川、洛江、古留、鲁塘、龙田、西岭、铁源、人和、南宅、黄沙、车田12个村民委员会；凤凰乡下设和平、畔毗、湾里、水西、七里、大毕头、望高、山头、新民、三里、大坪、石沙、塘底、三塘、棕树、麻市、萃西、萃东、萃英、立岗20个村民委员会；蕉江瑶族乡下设万板桥、大源、蕉江、界顶、小湾、吐紫塘、太白地、大拱桥8个村民委员会；安和乡下设安和、六合、平岗头、四所、水架桥、广塘、青龙山、大广塘、文塘、江明、大塘、太平、聚贤洞、白岩前14个村民委员会；两河乡下设两河、下刘、上刘、新富、上宅、白水、鲁水、桂家、五桂岭、源东、黄泥冲、百板洞、厚桂、田乾、美田、大田16个村民委员会；白宝乡下设白宝、桐福、梅莲、霞头、茅兰、文甲庄、磨头、北山、水晶坪9个村民委员会；东山瑶族乡下设清水、竹坞、上塘、小禾坪、黄腊洞、石枧坪、白岭、六字界、黄龙、古木、斜水、雷公岩、白竹、锦荣、大竹坪、三江16个村民委员会。

兴安县　辖镇6个，乡3个，民族乡1个，社区居民委员会10个，村民委员会115个。其中，兴安镇下设城西、城中、朝阳、葆贞、灵湖、双灵、灵渠7个社区居民委员会，护城、柘园、福在、自治、塘市、红卫、南源、东界、冠山、三桂、道冠、董田、粉洞、源江、石坑15个村民委员会；湘漓镇下设花桥、渔江、洲上、灵源、义和、龙禾、双河、沿河、麦源、力头、邓家、阳安、普头、江口14个村民委员会；高尚镇下设高尚田街居民委员会，尚义、茗田、直义、金山、江东、高田、堡里、济衷、东源、仁和、龙田、西河、乐群、东河、灵龙、凤凰16个村民委员会；严关镇下设杉树、同志、灵坛、塘堡、仙桥、清水6个村民委员会；溶江镇下设溶江街居民委员会，辖一甲、廖家、莲塘、车田、千家、五甲、半圩、富江、司门、龙源、茶源、中洞、永安、新文、佑安、塔边、坪寨17个村民委员会；界首镇下设界首街居民委员会，界首、石门、大洞、城东、合家、百里、宝峰、和平、五一、兴田、苏家11个村民委员会；漠川乡下设榜上、福岭、白面、桩子、保合、桥头、长洲、显里、艳林、保林、协兴、久中、财金13个村民委员会；白石乡下设鳌头、三友、塘口、门家、高圩、白竹6个村民委员会；崔家乡下设上塘、长冲、崔家、三义、田心、长田、粉山、高泽8个村民委员会；华江瑶族乡下设千祥、升坪、同仁、锐炜、洞上、小河、杨雀、高寨、水埠9个村民委员会。

永福县　辖镇4个，乡5个，社区居民委员会6个，村民委员会93个。其中，永福镇下设凤城、向阳、龙泉3个社区居民委员会，坪岭、银洞、湾里、泡口、四合、塘堡、曾村、樟峡、南雄、渔洞、大苏11个村民委员会；罗锦镇下设镇上社区居民委员会，高崇、岭桥、崇山、尚水、星草、林村、江月、米田、下村、上笑、大西、永升、金福13个村民委员会；百寿镇下设寿城社区居委会，东岸、朝兑、朝阳、双合、新隆、白果、江岩、三河、山南、石龙、双桥11个村民委员会；苏桥镇下设苏桥社区居委会，树桥、大罗、太平、良村、石门、大埠、盘洞、黑石岭8个村民委员会；堡里乡下设保里、罗田、黄元、波塘、拉木、三多、清坪、茶料、河东、合顺、胜利、九槽12个村民委员会；广福乡下设广福、龙溪、大石、龙桥、马陂、矮岭、德安、上寨8个村民委员会；三皇乡下设三皇、荣田、江头、六龙、大路、马安、华山、桐木、文明、清水、古城11个村民委员会；永安乡下设永安、军屯、太和、喇塔、独州、永富、凤凰、永新、枫木9个村民委员会；龙江乡下设龙山、仁合、双江、兴隆、西河、驿马、保安、上维、龙隐、丹江10个村民委员会。

灌阳县　辖镇3个，乡4个，民族乡2个，社区居民委员会3个，村民委员会138个。其中，灌阳镇下设城北、城中、城南3个社区居民委员会，城关、莫家、胡家、鹤龙、上王、秀凤、长坪、大仁、福星、文化、三联、仁江、仁柜、车田、仁狮、仁义、雷坪、仁合、鱼塘、马头、翻身、大源、徐源、苏东、仁渡、排埠江26个村民委员会；黄关镇下设黄关、中秀、唐官、李官、东阳、大竹山、陡水、兴秀、联德、正江、大倚、猫儿石、商家、顺溪、龙吟15个村民委员会；文市镇下设文市、大湾、西就、瑶上、吉田、吉头、月岭、玉溪、清塘、桂岩、勒塘、集全、北流、同仁、王道、陈家坪、昭仪、会湘、马莲、达溪、联合21个村民委员会；洞井瑶族乡下设洞井、桂平岩、椅山、太和、石家寨、保良、野猪殿、大竹源、小河江9个村民委员会；观音阁乡下设文明、桃花、自振、大井塘、立强、盘江6个村民委员会；西山瑶族乡下设李家、罗家、鹰嘴、盐塘、小源、南江、茶源、北江、下涧、大坪10个村民委员；新街乡下设新街、永富、马山、三树、车头、葛洞、龙炼、龙云、烈溪、邓家、龙中、石丰、虎坊、坪涧、娘北、飞熊、上甫、叶官、三江、青箱、江口21个村民委员会；新圩乡下设新圩、桂阳、平田、新卫、光明、和睦、国豪、共耕、龙塘、潮立、龙桥、小龙、大龙、解放、合力、洪水箐16个村民委员会；水车乡下设水车、修睦、璃碧、伍家湾、官庄、合成、上泡、下泡、三皇、德里、大营、东流、江塘、同德14个村民委员会。

资源县　辖镇1个，乡3个，民族乡3个，社区居民委员会3个，村民委员会71个。资源镇下设街道、沈滩2个居民委员会，大合、城关、石溪头、石溪、浦田、金山、修睦、官洞、马家、文洞、永兴、天门、晓锦、同禾14个村民委员会；中峰乡下设上洞、八坊、福景、枫木、社岭、官田、大源、中峰、大庄田、车田湾10个村民委员会；梅溪乡下设梅溪街居民委员会，铜座、大滩头、咸水口、咸水洞、胡家田、沙坪、梅溪、大坨、三茶、茶坪、坪水底、戈洞坪、随滩13个村民委员会；瓜里乡下设瓜里、大田、白水、水头、金江、田洞里、大坪头、香草坪、文溪、义林、白竹11个村民委员会；车田苗族乡下设车田、石寨、坪寨、黄保、龙塘、粗石、田头水、脚古冲、海棠、木厂、白洞、黄龙12个村民委员会；两水苗族乡下设凤水、社水、和平、烟竹、白石、塘洞6个村民委员会；河口瑶族乡下设高山、立寨坪、大湾、猴背、葱坪5个村民委员会。

平乐县　辖镇6个，乡3个，民族乡1个，社区居民委员会11个，村民委员会134个。其中，平乐镇下设上关、中关、下关、长滩街4个社区居民委员会，龙窝、南洲、马渭、龙练、金山、月城、水源、大塘、同乐、南佛、宝沙、江口、中华、太平、潮水、上游、上盆、高埠、民安、民益、江右、江左、密山渡、桃林、长滩、裕丰、湖塘、龙田、六合29个村民委员会；二塘镇下设二塘街居民委员会，里渡、二塘、茶林、沙冲、乐塘、谢家、高桥、和平、大水、矮山、甑山、大展、新华、周塘、燕塘、九龙、马家、牛角18个村民委员会；沙子镇下设沙子街居民委员会，保和、围梓、维新、沙子、安隆、义和、治平、保安、安全、协中10个村民委员会；同安镇下设同安街居民委员会，旺塘、仁塘、屯塘、李家、华山、大里、同安、桃村、平山、沙江、妙贝、迴龙12个村民委员会；张家镇下设张家街、榕津街2个社区居民委员会，湖洋、朝仙、钓鱼、燕水、涟田、老埠、水山、张家、古龙、榕津、屯鸦、香花12个村民委员会；源头镇下设源头街居民委员会，启善、源头、坭塘、金华、玄武、山口、下坝、珠山、螺山、木林、金川、高龙、九洞、义洞、兰洞、古营、莲塘17个村民委员会；阳安乡下设古端、阳安、双合、石面山、陶村、平口、加东、雷峰、久宜、善福10个村民委员会；青龙乡下设大刚、青龙、豆地岭、马田、平地、郡塘、莲塘、平西8个村民委员会；桥亭乡下设桥亭街居民委员会，六冲、桥亭、显堆、苍源、人和、平石、仁德、上堡8个村民委员会；大发瑶族乡下设黄龙、大发、苍板、印山、塘冲、四冲、福瑶、广运、大田、巴江10个村民委员会。

荔浦县　辖镇10个，乡2个，民族乡1个，社区居民委员会21个，村民委员会123个。其中，荔城镇下设城北、城南、城东、城西、中山、沿江、建新、沙洞、篓园9个社区居民委员会，五里、沙街、金雷、黄寨、桥富、安疆、古城、南雄、田岭、岭松、寨脚11个村民委员会；东昌镇下设栗木社区居民委员会，东阳、义敏、河北、滩头、民强、盘瑶、思贡、安静、龙田、环河10个村民委员会；新坪镇下设兴坪社区居民委员会，凤岗、广福、桂东、大瑶、双和、高寨、安民、汉田、兴义、八鲁、长滩、黄竹、清江13个村民委员会；杜莫镇下设杜莫社区居民委员会，寨村、三保、张村、金鸡、上龙、屯顿、龙珠、六部、下樟、榕洞10个村民委员会；青山镇下设青山社区居民委员会，永华、永镇、拱秀、松林、荔江、青云、满洞、永兴、三联、大明10个村民委员会；修仁镇下设建陵社区居民委员会，三诰、横水、大榕、念村、平村、福旺、四育、木山、塔石9个村民委员会；大塘镇下设大塘社区居民委员会，花岗、苏结、绥福、大莫、盘村、古屯、庆华、西隆、兰洞、富德、高岸11个村民委员会；花篢镇下设花篢社区居民委员会，大江、人安、福灵、南源、大同、江华、凤联、相付8个村民委员会；双江镇下设两江社区居民委员会，太和、江埠、永坪、保安、双安、官相、永吉、龙坪、永福、同福10个村民委员会；马岭镇下设马岭社区居民委员会，合安、德安、广安、福德、克新、大地、洞田、文华、永明、新寨、凤凰、同善、长安、地狮14个村民委员会；龙怀乡下设新安社区居民委员会，三河、庆云、东坪、德庆4个村民委员会；茶城乡下设茶香社区居民委员会，过村、坪社、屯留、清良、文德5个村民委员会；蒲芦瑶族乡下设蒲芦社区居民委员会，万福、万全、黎村、中板、占立、福文、桥乐、下龙8个村民委员会。

龙胜各族自治县　辖镇3个，乡7个，社区居民委员会6个，村民委员会119个。其中，龙胜镇下设城南、城北、桂龙、城西4个社区居民委员会，城关、双河、勒黄、都坪、平野、崇楼、岭田、上孟、金车、拐江、双洞、日新、山东、南门14个村民委员会；瓢里镇下设瓢里街居民委员会，大云、上塘、瓢里、交洲、六漫、界泉、思陇、梅洞、平岭、孟化10个村民委员会；三门镇下设三门街居民委员会，交其、大滩、洪寨、安康、双朗、双江、鸡爪、古坪、同烈、大罗、花桥、大地、花坪13个村民委员会；和平乡下设和平、大柳、白水、岳武、摆岭、白石、金江、龙脊、平安、黄江、马海、中禄、大寨、小寨、江柳15个村民委员会；泗水乡下设周家、细门、三舍、八滩、泗水、潘内、马骆、里茶、里才9个村民委员会；江底乡下设江底、泥塘、建新、李江、城岭、龙塘、地林头、围子8个村民委员会；马堤乡下设马堤、牛头、百湾、张家、龙家、芙蓉、里市、东升8个村民委员会；伟江乡下设甘甲、洋湾、布弄、中洞、里木、新寨、大湾、崇林8个村民委员会；平等乡下设庖田、广南、平等、龙坪、半河、新元、固洞、蒙洞、寨枕、平定、硬州、罗汉、小江、城田、太平、平熬、甲河、琉璃、东社、昌背、隆江21个村民委员会；乐江乡下设金坪、乐江、江口、凉坪、石京、石甲、光明、独镜、地灵、大雄、宝赠、铜锣、西腰13个村民委员会。

恭城瑶族自治县　辖镇3个，乡6个，社区居民委员会8个，村民委员会117个。其中，恭城镇下设茶东、茶南、茶西3个社区居民委员会，洲塘、门楼、孟家、满塘、化育、白马、西河、江贝、同乐、乐湾、天堂、庄埠、渡雷、古城14个村民委员会；栗木镇下设栗木街、栗木矿区2个社区居民委员会，苔塘、上枧、马路桥、大营、石头、上宅、栗木、大合、大枧、高岭、五福、建安、六岭、良溪、常家、上灌、泉会17个村民委员会；莲花镇下设莲花居民委员会，莲花、竹山、枧头、笔山、朗山、湖山、门等、东寨、岩口、崇岭、老君、坪岭、独石、凤岩、势江、东科、杨梅、龙围、坪冲、黄泥岗、蒲源、桑源、兰洞23个村民委员会；平安乡下设和平、大岭、下山源、陶庄、人江、北洞源、北溪、巨塘、新街、桥头、路口、三新桥、绹马坪、黄埠、土陂15个村民委员会；三江乡下设大地、三联、黄坪、三寨、栗田、十八岭、对面岭、三江、安冲、洗脚岭10个村民委员会；嘉会乡下设嘉会街居民委员会，辖白燕、共和、太平、嘉会、吉山、豸游、苏陂、西南、秧家、泗安、松林、大山、白羊13个村民委员会；西岭乡下设西岭居民委员会，新合、下宋、八岩、挖沟、虎尾、费村、西岭、三合、新安、杨溪、罗卜、龙岗、德良、岛坪、营盘、东面、椅子17个村民委员会；观音乡下设观音、洋石、狮塘、水滨4个村民委员会；龙虎乡下设龙虎、狮子、源头、龙岭4个村民委员会。　(秦丽萍)

经济与社会发展

【概　况】　2008年，桂林市落实国家宏观调控政策，积极应对国际金融风暴，克服各种困难，全市经济呈现增长较快、结构优化、价格稳定、民生改善的良好局面，社会各项事业全面发展。全年实现生产总值883.02亿元，(比上年，下同)增长12.9%。其中，第一产业增加值171.51亿元，增长6.0%；第二产业增加值399.45亿元，增长17.7%；第三产业增加值312.06亿元，增长11.0%。第一、二、三产业增加值占生产总值的比重分别为19.4%、45.2%和35.4%。第一、二、三产业对经济增长的贡献率分别为9.4%、59.7%和30.9%。全市人均生产总值(以户籍人口数计算)17371元，增加2607元，按可比价格计算，增长11.9%。全年财政收入85.55亿元，增长18.0%。全社会固定资产投资485.96亿元，增长20.6%，全市完成工业投资166.35亿元，增长25.5%，其中更新改造投资63.09亿元，增长14.3%。全年外贸进出口总额(海关数)10.11亿美元，增长27.7%。其中，出口6.95亿美元，增长31.0%；进口3.16亿美元，增长20.8%。实现贸易顺差3.79亿美元。

【农业和农村经济稳步发展】　2008年，桂林市扎实抓好灾后恢复重建，确保大灾之年农业增产、农民增收、农村稳定。全年实现农林牧渔业总产值276.32亿元，增长7.0%。其中，农业产值144.21亿元，增长3.4%；林业产值17.42亿元，增长36.9%；牧业产值99.49亿元，增长8.2%；渔业产值7.14亿元，增长5.3%；农林牧渔服务业产值8.06亿元，增长8.7%。全年农作物播种面积61.69万公顷，增长2.1%。其中，粮食作物播种面积36.08万公顷，增加0.59万公顷；蔬菜播种面积15.54万公顷，增加0.27万公顷。年末实有耕地面积26.30万公顷，增长0.3%。农田有效灌溉面积21.83万公顷，增长0.6%，其中新增有效灌溉面积0.12万公顷。全年粮食产量185.19万吨，增长2.4%；油料产量3.96万吨，增长12.5%；蔬菜产量308.40万吨，下降0.2%；水果产量217.74万吨，增长6.1%。

【工业经济持续快速增长】　2008年，桂林市贯彻工业强市战略，工业投资力度不断加大。完成工业投资166.35亿元，增长25.5%。推进工业园区建设大会战，新建标准厂房51.50万平方米，新增入园工业企业92家，高新区、西城经济开发区和苏桥经济开发区基础设施建设进一步完善，一批工业重点项目相继建成投产，园区产业聚集效应初步显现。全市工业增加值350.71亿元，增长19.0%。规模以上工业增加值210.90亿元，增长23.3%；产品销售率93.25%；工业品出口交货值48.75亿元，增长12.6%。规模以上工业经济效益综合指数202.17点，提高9.4点；主营业务收入555.97亿元，增长27.2%；利税总额52.75亿元，增长0.6%。

【重大项目建设取得新突破】　2008年，桂林市列入自治区层面统筹推进的10项重大项目全部实现开工建设。年内有13个重点项目竣工投产。交通能源项目建设继续保持良好势头。桂梧高速公路阳朔至平乐段、桂林至阳朔段、全州至兴安高速公路、灵三绕城高速公路竣工通车，东二环路七星段和叠彩段基本通车。贵广铁路、湘桂铁路复线扩能改造工程、两江国际机场A380备降场工程开工建设。兴安至桂林高速公路基本完成征地工作。桂林至三江、阳朔至鹿寨高速公路、两江国际机场航站楼扩建工程等项目的前期工作加快推进。能源方面，中国石油化工股份有限公司羊角山油库扩容改建、220千伏临桂秧塘送变电工程、恭城瑶族自治县刘家洞系列电站、龙胜各族自治县大云水电站等项目实现开工建设。柳州至桂林成品油输油管线工程、柳州至桂林天然气管道工程的前期工作加快推进。胜利桥、穿山桥、雉山桥重建工程顺利启动,新建福利路、横塘路等一批重要交通节点项目,完成市区40千米城市主干道及桂林城区至临桂机场路路段、桂林城区至凤川高速公路路段1300多栋临街楼宇立面改造。全年城市基础设施重点项目完成投资40.27亿元。

【消费品市场健康发展】 2008年,社会消费品零售总额277.89亿元,增长23.7%。按区域分,市区消费品零售额156.22亿元,增长23.5%;县域消费品零售额121.67亿元,增长23.9%。按经济类型分,国有经济实现零售额17.62亿元,增长23.8%;集体经济实现零售额11.31亿元,下降2.6%;其他各种不同类型经济零售额248.96亿元,增长25.2%,其中个体经济实现零售额146.30亿元,增长23.8%。按行业分,批发和零售业实现零售额229.94亿元,增长24.5%;餐饮业实现零售额45.84亿元,增长20.3%;其他行业实现零售额2.11亿元,增长13.0%。

【旅游市场迅速恢复】 2008年,桂林市深入开展"桂林旅游优质服务年"活动,积极应对严重自然灾害和全球金融危机带来的冲击,采取一系列恢复市场和经营措施。全年接待国内外游客1626.90万人次,增长6.3%。其中,国内游客1501.88万人次,增长7.1%;海外游客125.02万人次,下降2.8%。旅游总收入100.26亿元,增长17.2%。其中,国内旅游收入73.78亿元,增长26.4%;海外旅游收入26.48亿元,下降2.4%。

【社会事业全面发展】 2008年,全市普通中小学招生12.58万人。其中,普通中学7.69万人;小学4.89万人。全市小学入学率为98.8%,下降0.8%;小学毕业升初中的比例达100%,初中毕业升高中的比例达87.85%。

全市科技项目总投入13.80亿元,增长24.3%。全年组织实施科技项目175项。其中,国家级项目21项;自治区级项目82项;市级项目72项。全年科技成果31项,受理专利申请量1055件,授权专利578件。全年获科技进步奖43项,其中自治区级进步奖16项,市级进步奖27项。

年末全市拥有专业艺术表演团体17个,全年演出2132场次,公共图书馆13个,图书藏量332万册,剧场18个,文化站135个;电影放映单位17个,放映电影39267场次;博物馆5个,接待观众33万人次。

全市各级各类医疗机构床位数1.30万张。其中,综合性医院床位8897张;妇幼保健院床位945张。卫生技术人员18465人,其中,执业医师7667人,注册护士6875人。

全年向上级输送各类优秀运动员22人,获国际奖牌8枚,其中,获金牌3枚,银牌4枚,铜牌1枚。

【人民生活继续改善】 2008年,全市农民人均纯收入4465元,增长14.3%;城镇居民人均可支配收入14636元,增长13.4%。全年城镇居民人均生活消费支出9471元,增长12.6%。全年参加城镇基本养老保险45.26万人,增长11.7%。其中,参保职工33.28万人,增长8.9%;参保离退休人员11.98万人,增长20.2%;参加城镇职工基本医疗保险45.03万人,增长12.4%;参加城镇医疗保险农民工2.79万人,增长224.4%;参加失业保险25.81万人,增长2.5%;参加工伤保险25.73万人,增长19.6%;参加生育保险23.90万人,增长12.1%。全年有17个县(区)开展了农村合作医疗保险,344.43万人参加了新型农村合作医疗,参合率达89.1%。全年城市医疗救助人数0.41万人,农村医疗救助15.00万人。城镇居民得到政府最低生活保障6.90万人,增长3.0%;农村居民得到政府最低保障23.30万人,下降3%。年末拥有社会福利机构888个,增加28个;各种社区服务设施152个,综合性社区服务中心54个。 （蒋振峰）

党政机关、直属事业单位、党派团体和部分自治区直属单位及其领导人

中国共产党桂林市委员会

书　记:高　雄(任至8月)　刘　君(8月任职)

副书记:张秀隆(任至1月) 李志刚 束 华(8月任职)

常 委:高 雄(任至8月) 张秀隆(任至1月) 刘 君(8月任职) 李志刚 温大龙 束 华 黄 丹(任至8月) 粟增林(8月任职) 徐锦蓉 潘永建 蒙永福 陈丽华(9月任职) 李文升 石东龙 牟信勇(挂职)

秘书长:石东龙

副秘书长:陶运改 孟海天 李晓荣 郭 琳 谭兴元(6月任职)

市委工作部门

市委办公室副主任:石玉琳(7月任职) 李素芬(7月任职)

组织部

部 长:潘永建

副部长:李向荣 康纪权 王广玲 王惠琴 秦金敏 李安平(8月任职)

宣传部(挂市委对外宣传办公室、市人民政府新闻办公室牌子)

部 长:黄 丹(任至6月) 陈丽华(10月任职)

副部长:梁建平(任至8月) 李继荣 麻跃红(兼) 唐建林 李 滨

市外宣办

主 任:陈 松

统一战线工作部(挂市委台湾工作办公室、市人民政府台湾事务办公室、宗教事务局牌子)

部 长:李文升

副部长:陈丹娅 莫新民

台 办

主 任:刘汉军

副主任:李辉祥 蔡振生

宗教局

局 长:庾祥元

政法委员会

书 记:蒙永福

副书记:徐昌旺 蒋汉学(任至7月) 匡田生 周国新 蒋朝仲

委 员:卢火雄 李全义 孙以万 李昌富 戴广生 秦益贵 唐恢豪 廖英志 邹玉章(7月任职)

市社会治安综合治理委员会办公室(与市委政法委员会合署办公)

主 任:蒋汉学(任至5月) 蒋朝仲(5月任职)

副主任:陈国清(兼) 蒋建成 范远明(5月任职)

政策研究室

主 任:陶运改

副主任:邓晓强 王清荣 谢凤琼 蔡泽军 唐庆林 龚财金

机构编制委员会办公室

主 任:张 慧

副主任:李惠琼 陈强华

直属机关工作委员会

书 记:陆炳仁

副书记:涂卫东 李建国 唐成康(7月任职)

委 员:王 琳 赵立洪 吴江宁 邓 晖 刘 成

市委、市人民政府信访办公室(由市委办领导)

主 任:韦名华

副主任:周东青 黄 云 蒋海波

老干部局(由市委组织部领导)

局 长:王广玲

副局长:梁承武 张福良 朱 斌

机要局(在市委办挂牌)

局 长:何金莲

副局长:袁石平

督查室(在市委办挂牌)

主 任:李晓荣

副主任:唐建琦 钟树才 梁 兵 石玉琳(任至7月) 李安平(任至8月) 陈桂生(7月任职)

保密委员会办公室(市保密局,在市委办挂牌)

局 长:孟海天

副局长:马齐国 程正祥

精神文明建设委员会办公室(在宣传部挂牌)

主 任:李 滨

副主任:任松林 黄立平

市委直属事业单位

中共桂林市委党校

校 长:李志刚(任至10月) 束 华(10月

任职)

常务副校长:李长友

副校长:伍　云　戴爱民　唐炳贵　黄華新

市行政学院(在市委党校挂牌)

院　长:李长友

副院长:唐炳贵　康纪权(兼)

中共桂林市委党史研究室

主　任:何　平

副主任:李世民　朱袭旺　王伍益　童庭阶

桂林日报社

党组书记:毛登峰

副书记:林秀文

社　长:毛登峰

副社长:林秀文　唐茂云

总编辑:林秀文

副总编辑:吕金华　全政红　唐禄贤　覃龙新

老龄工作委员会办公室

主　任:刘　斌

副主任:阎朝华　王西生　陈前仕

中国共产党桂林市纪律检查委员会

书　记:徐锦蓉

副书记:张小玲　李建平　肖祥华

常　委:蒋述旺　袁小明　李晓华　李　永　邹炳林

桂林市人民代表大会常务委员会

党组书记:高　雄(任至9月)　刘　君(9月任职)

副书记:韦广雄(2月任职)

主　任:高　雄(任至9月)

副主任:韦广雄　熊显元　黄　阐　邓中星　汤　杰

秘书长:鲁圣发

副秘书长:马菊荣　戴小军　侯　翔

桂林市人民代表大会常务委员会办公室

副主任:赵海兵(7月任职)　蒙少强(7月任职)

市人民代表大会专门委员会

法制委员会

主任委员:冯永贤

副主任委员:黄家友　许礼祥

财政经济委员会

主任委员:秦继虹

副主任委员:李远红　彭建强

城乡建设环境与资源保护委员会

主任委员:周益平

副主任委员:唐贤江　杨威伍

旅游委员会

主任委员:张海明

副主任委员:陈瑞宁

教育科学文化卫生委员会

主任委员:彭振德

副主任委员:陈国忠　唐运国

民族华侨外事委员会

主任委员:袁　喜

副主任委员:兰基椿　叶　卫

农业委员会

主任委员:唐华忠

副主任委员:蒋人明　兰　辉

人事代表联络工作委员会

主　任:王　榕

副主任:陈兰香　黄　玲

调查研究室

主　任:谢迪辉

副主任:张　扬　张国林

桂林市人民政府

市政府党组书记:张秀隆(任至2月)　李志刚(2月任职)

副书记:東　华

市　长:张秀隆(任至2月)　李志刚(2月任职)

副市长:東　华(任至9月)　陈建军(任至9月)　粟增林　黄　丹(任至7月)　陈丽华(10月任职)　牟信勇(挂职)　黄俊华(10月任职)　刘明显　巫家世

秘书长:张晓武(6月任职)

副秘书长:张晓武(任至6月)　齐　军　褚　民　樊伊宁　赵国宝　张执雪　何　兵　赵仲华

市政府工作部门

市政府办公室副主任:黄声奎(7月任职)

罗建章(7月任职)

督查室(在政府办公室挂牌)

主　任:夏荣岗

副主任:韩建红　肖勇辉　李绍政　周凤琴

法制办

主　任:李　斌

副主任:刘铁军　罗建章(任至7月)　张　林(7月任职)

处理土地、山林、水利纠纷办公室(在政府办公室挂牌)

主　任:褚　民

副主任:黄声奎(任至7月)　熊跃林　陈立高(7月任职)

打击走私领导小组办公室

副主任:赵文财

旅游产业发展指导委员会办公室

主　任:樊伊宁

漓江风景名胜区管委会办公室(在市政府办公室挂牌)

爱国卫生运动委员会办公室(在市政府办公室挂牌)

主　任:邓恢裕(8月任职)

发展和改革委员会(挂物价局、国防动员委员会国民经济动员办公室、西部大开发领导小组办公室、信息化工作领导小组办公室牌子)

党组书记:章熙骏

主　任:章熙骏

副主任:李惠民　李才银　刘红光　王志洪

物价局局长:章熙骏

副局长:吴琪志(任至5月)

国防动员委员会国民经济动员办公室主任:章熙骏

西部大开发领导小组办公室副主任:李　勇

信息化工作领导小组办公室主任:章熙骏

副主任:高　亮

经济委员会(挂中小企业局牌子)

党组书记:刘康禄

副书记:刘春虎

主　任:刘康禄

副主任:杨克林　莫国才(7月任职)

中小企业局局长:刘康禄

副局长:刘春虎　盛宁江

教育局

党组书记:钟　平(任至8月)　梁建平(8月任职)

副书记:钟　平(8月任职)

局　长:钟　平

副局长:宁小保　黄启宏　蒋　平　张建生　时　曦

科学技术局(挂知识产权局、科技教育领导小组办公室牌子)

党组书记:林业江

局　长:林业江

副局长:唐新明　朱远武　杨秦毅　钟可安

知识产权局副局长:廖旺明

民族事务委员会

党组书记:粟卫宏

主　任:粟卫宏

副主任:赵天明　姚　岚　潘天秀

公安局

党委书记:孙以万

副书记:文社教

局　长:孙以万

副局长:刘大海　蒋继品　莫建平　李群锋　商云鹏　李　杰　刘小平

监察局(与市纪律检查委员会机关合署办公)

局　长:张小玲

副局长:袁小明　马友元

民政局

党组书记:韦文功(任至9月)　刘开仁(9月任职)

党组副书记:韦文功(9月任职)

局　长:韦文功

副局长:刘　斌(兼,4月任职)　朱　平　李　荣　易经屏　刘修祥(7月任职)

司法局

党组书记:唐　敏

副书记:粟志发

局　长:唐　敏

副局长:粟志发　唐顺生　吴秀杰　曾忠东

财政局

党组书记:钱尚志

局　长:钱尚志

副局长:江冰欣　卫　东　黄福岗　钟　涛

(7月任职)　刘桂峰(9月任职)　黄宏忠(9月任职)

人事局

党组书记:康纪权

局　长:康纪权

副局长:王琪民　林文云　刘卫东(9月任职)

劳动和社会保障局

党组书记:朱名华

局　长:朱名华

副局长:凌振华　林年萍　罗学仁　魏承林(7月任职)

建设与规划委员会(挂房产管理局牌子)

党组书记:黄家城

主　任:黄家城

副主任:董林寿　肖永泰　张克俭　谷海洪　伍建民(兼)　黄　钦(7月任职)

房产管理局党组副书记:伍建民

局　长:黄家城(兼)

副局长:伍建民　张洪伟　杨绍武

交通局(挂国防动员委员会交通战备办公室牌子)

党组书记:熊良斌(9月任职)

副书记:刘克新(9月任职)

局　长:刘克新

副局长:林亚胜　骆远明　魏　海　谭永源

交通战备办主任:李正毅

水利局(挂防汛抗旱指挥部办公室牌子)

党组书记:莫庭金

局　长:莫庭金

副局长:俸光义　叶桂忠　肖振荣　黄东明

防汛抗旱指挥部办公室主任:　唐官荣

农业局

党组书记:邓康康

局　长:邓康康

副局长:樊小林　陆国保　刘　翔　邱　云(6月任职)　蔡立圭(7月任职)

商务局(挂口岸办公室、整顿和规范市场经济秩序领导小组办公室牌子)

党组书记:司筱莉

局　长:司筱莉

副局长:林冬生　沈秋林　应元胜　苏绍坤(7月任职)

文化局

党组书记:唐柳林

副书记:谢文富

局　长:唐柳林

副局长:谢文富　刘洪伟　杨俊新

卫生局

党组书记:凌　霄

局　长:凌　霄

副局长:陈敏玲　周爱民　裴　军(8月任职)

人口和计划生育委员会

党组书记:王正阳

主　任:王正阳

副主任:伍振清　伍华梅　毛志红

审计局

党组书记:陆　斌

局　长:陆　斌

副局长:蒋基林　蒋新友　钟晓梅　姜方龙　唐正柱

环境保护局(挂环境保护委员会办公室牌子)

党组书记:唐　诚

局　长:唐　诚

副局长:梁新强　陈晓克　曹伯翔(任至12月)

环境综合治理办公室副主任:陈惠民(12月任职)

广播电视局

党组书记:邓建民

局　长:邓建民

副局长:魏　雷　何先启　李汉春

体育局

党组书记:兰　茵

局　长:兰　茵

副局长:朱国瑞　陈小珠　倪伟华

统计局

党组书记:胡辽光

局　长:胡辽光

副局长:黄明贵　傅卫华　李　琪

新闻出版局

党组书记:王　忠

局　长:王　忠

副局长:王　耘　邓学艺(任至9月)

林业局(挂绿化委员会办公室、森林防火指挥部办公室牌子)
党组书记:阳靖溪
副书记:莫卯生
局　长:阳靖溪
副局长:廖业桂　廖业中　蒋海平　蒋若海　孙桂春
森林防火指挥部办公室主任:王焕喜(7月任职)
绿化委员会办公室主任:廖业中

安全生产监督管理局(挂煤矿安全监察局、安全生产委员会办公室牌子)
党组书记:谢　彬
局　长:谢　彬
副局长:付　强　陈国民　邱小谋　莫若林(7月任职)

旅游局
党组书记:李志刚
局　长:李志刚
副局长:陈运春　庞铁坚　何明华　李　娅　张志红(7月任职)

粮食局
党组书记:周开发
局　长:周开发
副局长:王　蔚　雷芳斌　李道勇　秦伟民

园林局
党组书记:何秋明
副书记:张子模
局　长:何秋明
副局长:张子模　李剑明　李　兰　陈建国

市政公用事业管理局
党组书记:于超凡
局　长:于超凡
副局长:毛献青　石　明　戴大文

市容管理局
党组书记:陆华军
副书记:李伟明
局　长:陆华军
副局长:李伟明　谢裕江　阳建诚

机关事务管理局
党组书记:高　榕
局　长:高　榕
副局长:赵国安　吴殷丹　董桂志　王　宁

外事办公室(挂侨务办公室牌子)
党组书记:钟国仕
副书记:贺继孟
主　任:钟国仕
副主任:宁　松　陈　红　陆建林
侨务办公室主任:贺继孟
副主任:骆丽萍　余治水(2月任职)

接待办公室
党组书记:郭　琳
主　任:郭　琳
副主任:马剑峰　王　玲

政府国有资产监督管理委员会
党委书记:秦立伟
副书记:赵　克　黎家林
副主任:赵　克(任至3月)　黎家林　任卫国　蒋春华(7月任职)

人民防空办公室
党组书记:唐名金
主　任:唐名金
副主任:张快育　龙兴俭　蒋太炳

市扶贫开发领导小组办公室
党组书记:陈连发
副书记:邓孟纯
主　任:陈连发
副主任:邓孟纯　刘　忠　霍新奎

市政府直属事业单位

档案局(档案馆)
党组书记:赵荣桂
局(馆)长:赵荣桂
副局(馆)长:周　汨　陈　剑

市地方志编纂委员会办公室
主　任:唐群森
副主任:徐朝凯

市人民政府发展研究中心
党组书记:邓晓强
主　任:邓晓强
副主任:戴国刚　张菊生

市人民政府驻北京联络处
主　任:秦　彤
副主任:徐　冰　唐仕福

市人民政府驻南宁办事处主任:杨河兰

农业机械化管理中心
  党组书记:潘绍山
  主　任:潘绍山
  副主任:李益民　蒋小辉　黄秋[illegible]
投资促进局(挂非公有制经济发展服务中心牌子)
  党组书记:刘　涛
  副书记:陈哨林(兼)
  局　长:刘　涛
  副局长:耿志琦　肖　源　马　魁　叶　琴(6月任职)　李树生(6月任职)
非公有制经济发展服务中心
  主　任:刘　涛
  副主任:耿志琦　肖　源
中国共产党桂林市非公有制经济组织工作委员会(设在投资促进局)
  书　记:刘　涛(兼)
  副书记:陈哨林
市水产畜牧兽医局
  书　记:卢建民
  局　长:卢建民
  副局长:李荣安　韦绍芳　王道平　韦冰冰
桂林图书馆
  馆　长:丰雨滋
  副馆长:杨邦礼　钟　琼
环境卫生管理处
  党总支副书记:沈传新
  主　任:沈传新
  副主任:王大云　卢献民　邓安源
旧城改造办公室
  党总支副书记:秦伟光
  副主任:秦伟光　陈小荣
工业合作联社
  党委书记:李维平
  主　任:李维平
  副主任:韦　杰
供销合作社
  党组书记:易建民
  主　任:易建民
  副主任:蒋大生　聂林峰　曾祥君　廖梅影
地震局
  局长:莫小云
  副局长:王卫平　蔡正林(2月任职)
房屋拆迁管理办公室
  支部书记:莫小云
住房制度改革委员会办公室
  主任:陆荣祥
住房公积金管理中心
  主　任:陈　灿

法院·检察院

市中级人民法院
  党组书记:卢火雄
  党组副书记:蒋挺雄(8月任职)
  院　长:卢火雄
  副院长:蒋挺雄　李高泉　彭卫国　李忠林　黄健康(9月任职)
县(区)人民法院
  院　长:李永松(临桂)　俸　萍(阳朔)
    蒋明华(秀峰)　梁禄森(叠彩)
    裴　邕(七星)　曾德平(雁山)
    麻秋德(象山)　李忠林(全州)
    赵祖景(兴安)　杨胜男(资源)
    戴波初(龙胜)　安　涛(灌阳)
    余忠良(灵川)　陈伟辉(永福)
    赵卫东(平乐)　李　斌(恭城)
    张德生(荔浦)
市人民检察院
  党组书记:李全义
  副书记:王　荐
  检察长:李全义
  副检察长:王　荐　邓国星　张景源　周鸿广(9月任职)
县(区)人民检察院
  检察长:罗昌勤(临桂)　严　平(阳朔)
    刘跃飞(秀峰)　胡川平(叠彩)
    邹定华(七星)　杨卫东(雁山)
    李劲松(象山)　杨新初(城郊)
    侯大良(全州)　陶建立(兴安)
    王荣利(资源)　唐陆林(龙胜)
    刘冰轮(灌阳)　蒋小勇(灵川)
    阳莉琳(永福)　龚金长(平乐)
    蒋向东(恭城)　秦荣科(荔浦)

中国人民政治协商会议桂林市委员会

党组书记:李文杰

副书记:王大平
主　席:李文杰
副主席:王大平　莫玲玲　袁绪祥　李世荣　容作信　蒋廷春　王德明　雷　迅
秘书长:袁湘南
副秘书长:苏甲杏(2月任职)　赵友姣　邓家元　阳明朗(任至2月)　陈亚伦　程海超(2月任职)
市政协办公室副主任:龙镇凯(7月任职)　李绍香(7月任职)

提案委员会
主　任:王广平
副主任:唐佳军(兼)　肖振荣(兼)　朱名江　莫尚贵　宁　松(兼)　黄旭斌(兼)

经济科技委员会
主　任:张瑞清
副主任:刘满云　李小元　王传爱(兼)　刘　翔(兼)　汤桂荔(兼)　李克强(兼)　黄　涛(兼)　覃丽青(兼)

教文卫体委员会
主　任:苏甲杏(任至2月)　阳明朗(2月任职)
副主任:陈小珠(兼)　蒋　平(兼)　凌　霄(兼)　郑　毅(任至2月)　李小明　毛登峰(兼)　唐　原(兼)　唐柳林(兼)

社会法制委员会
主　任:杨湘林
副主任:唐克力　吴世新　朱丽芬(兼)　李高泉(兼)　张小玲(兼)　赵天明(兼)　莫建平(兼)　徐昌旺(兼)　庾祥元(兼)　蒋挺雄(兼)

文史资料委员会
主　任:周德荣
副主任:王广义　王清荣(兼)　王　忠(兼)　何林夏(兼)　林京海(兼)　梁　潮(兼)　唐晓敏(7月任职)

联谊委员会
主　任:赵友姣
副主任:程海超(任至2月)　钟国仕(兼)　王　嬝(兼)　王晓燕　司筱莉(兼)　刘　涛(兼)　李　何(兼)　李戊伍(兼)　任树东(2月任职)

人民团体

总工会
党组书记:张耀中
主　席:莫玲玲
副主席:张耀中　王兆钧(任至7月)　丁存德(任至7月)　丁　玫　张　强(7月任职)　宋伊宁(7月任职)

中国共产主义青年团桂林市委员会
党组书记:迟　威(任至7月)　甘永辉(7月任职)
书　记:迟　威(任至7月)　甘永辉(7月任职)
副书记:诸葛亚　植　琳(任至4月)　卢　毅(8月任职)　石小松(8月任职)

妇女联合会
党组书记:闻建成
主　席:闻建成
副主席:桂文英　朱丽芬　莫秋萍(8月任职)

科学技术协会
党组书记:陈　礼
主　席:陈　礼
副主席:秦大臻　莫绍芬　蒋旭明(7月任职)

文学艺术界联合会
名誉主席:黄继树
党组书记:刘纪春
副书记:王志梧
主　席:王志梧
副主席:张　震　陈滨江　戴延兴(兼)　覃国康(兼)

社会科学界联合会
党组书记:周明忠
主　席:周明忠
副主席:邓云波　邓端祥　黄家城(兼)　唐建明(兼)　王达金　欧阳飚(兼)　何林夏(兼)

归国华侨联合会
主　席:陈丹娅
副主席:李戊伍　严月英(兼)　黄世辉(兼)

残疾人联合会
党组书记:潘　燕
理事长:潘　燕
副理事长:王子桂　吉　喆　李孝平

红十字会

名誉会长:雷喜平　吴心敦
会　长:汤　杰
副会长:彭振德(兼)　文建洲(兼)　钟国仕(兼)　凌　肖(兼)　邓建民(兼)　朱名华(兼)　江冰欣(兼)　秦　茹
台湾同胞联谊会
会　长:吕　虹(兼)
副会长:尹惠卿　李会先(兼)　粟林德(兼)
中国国际贸易促进委员会桂林市委员会(中国国际商会桂林分会)
会　长:司筱莉
副会长:王晓树

民主党派·工商联

中国国民党革命委员会桂林市委员会
主　委:李世荣
副主委:唐佳军(兼)　梁　潮(兼)　吴　方　区　捷(兼)
中国民主同盟桂林市委员会
主　委:王德明
副主委:秦素琼(兼)　李　何(兼)　包惠明(兼)　黄旭斌
中国民主建国会桂林市委员会
主　委:郑　毅
副主委:严慕荣　海　强(兼)
中国民主促进会桂林市委员会
主　委:容作信
副主委:杨秦毅(兼)　李生英　帅晓菊(兼)　林　梅(兼)
中国农工民主党桂林市委员会
主　委:雷　迅
副主委:邓　健(兼)　曾定国(兼)　姚　岚(兼)　唐　原
中国致公党桂林市委员会
主　委:陈　仲
副主委:麦永雄(兼)　王　娘　周顺平
九三学社桂林市委员会
主　委:　顾正飞
副主委:朱名日(兼)　张国林(兼)　覃　珑
工商业联合会
党组书记:覃新民
主　席:汤桂荔
副主席:周克玉　梁世辉　唐佳军　王传爱(兼)　蒋小龙(兼)　谢振元(兼)　邓家桦(兼)　宋毅珏(兼)　李连芳(兼)　陆　萍(兼)　陈伟民(兼)　陈哨林(兼)　林元琳(兼)　林谋龙(兼)　罗　欣(兼)　秦本军(兼)　唐延绍(兼)　谢少文(兼)　黄丽娟(兼)

区、县机构

秀峰区
中共秀峰区委员会
书　记:阳春喜
副书记:程　权　覃　澍
中共秀峰区纪律检查委员会
书　记:相恒心
秀峰区人大常委会
主　任:阳春喜
副主任:王锡林　廖天福　谢碧芳　李冬林
秀峰区人民政府
区　长:程　权
副区长:赵祝生　杨玉霜　宁　静　王　昕　王诗宏
秀峰区政协
主　席:胡运江
副主席:张建平　谢荣勋　邓　健(兼)　秦素琼(兼)

叠彩区
中共叠彩区委员会
书　记:杨启义
副书记:廖桂生(任至9月)　蒋汉平
中共叠彩区纪律检查委员会
书　记:王　芊
叠彩区人大常委会
主　任:杨启义
副主任:凌寒生　罗祥颁　阳庆平　张文武(10月任职)
叠彩区人民政府
区　长:廖桂生(任至9月)
副区长:黄洪斌　毛喜才　田继阁　李玉清　孙敬东
叠彩区政协
主　席:李曼华

副主席:陈邦权　廖成飞　严慕荣(兼)　林　梅(兼)

象山区

中共象山区委员会

书　记:熊良斌(任至9月)　石春莲(9月任职)

副书记:黄福喜　袁国华(8月任职)

中共象山区纪律检查委员会

书　记:聂国如

象山区人大常委会

主　任:李开生

副主任:张凤国　张复查　吴回元　刘宏才(3月任职)

象山区人民政府

区　长:黄福喜

副区长:江建和　袁国华(任至8月)　周政英　易立林

象山区政协

主　席:吕继彬

副主席:谢建敏　李慎球　麦永雄(兼)　潘　玲(兼)

七星区

中共七星区委员会

书　记:郑小猊

副书记:石春莲(任至9月)　郑钧洪

中共七星区纪律检查委员会

书　记:韦天喜

七星区人大常委会

主　任:郑小猊

副主任:赵佑生　唐龙华　冯小洪　阳炳春

七星区人民政府

区　长:石春莲(任至9月)

副区长:黄文干　王　芳　肖立华　秦　伟　阳　明　聂　云(10月任职)

七星区政协

主　席:陆新元

副主席:曾德云　梁朝德　覃　珑(兼)　张一新

桂林国家高新区

工委班子

书　记:郑小猊

副书记:何运保

管委会班子

副主任:何运保　唐　俊　肖立华　王朝胜　文方辉　阳　明

雁山区

中共雁山区委员会

书　记:刘开仁(任至9月)　廖桂生(9月任职)

副书记:杨思情　郑　伟

中共雁山区纪律检查委员会

书　记:黄社富

雁山区人大常委会

主　任:苑　兆

副主任:廖发有　袁学成　陆科明　刘永莉

雁山区人民政府

区　长:杨思情

副区长:石自强　赵海强　江基发　李　何　李　红

雁山区政协

主　席:江雨巧

副主席:何昌剑　卢宗全　阳玉凤　林正坚(兼)

阳朔县

中共阳朔县委员会

书　记:谭　峰

副书记:唐天生　刘迎春

中共阳朔县纪律检查委员会

书　记:陈连生

阳朔县人大常委会

主　任:覃自保

副主任:莫连苟　李永健　张　猛　蔡龙德

阳朔县人民政府

县　长:唐天生

副县长:谢灵忠　黄　燕　朱鹃屏　李自军　徐永康

阳朔县政协

主　席:周永善

副主席:梁孝凤　陈庆武　覃丽虹(兼)　海　强(兼)

临桂县

中共临桂县委员会

书　记:蒋　勇(任至10月)

副书记:叶兆泉　齐　军(兼,4月任职)　唐修相　唐小忠

中共临桂县纪律检查委员会

书　记:伍国民

临桂县人大常委会

主　任:陆良弟

副主任:李常苟　唐德良　韦金养　李燕青

临桂县人民政府

县　长:叶兆泉

副县长:何新明　刘　鹃　刘修荣　蒋　明　秦　艳　植　琳(5月任职)

临桂县政协

主　席:张凌发

副主席:阳朝琪　欧翠兰　汪厚章　李顺意

灵川县

中共灵川县委员会

书　记:余秋平

副书记:孔德有　欧阳美

中共灵川县纪律检查委员会

书　记:秦学文

灵川县人大常委会

主　任:赵成孙

副主任:秦松标　李志仁　刘佩龙　刘甲秀

灵川县人民政府

县　长:孔德有

副县长:蒋文明　张　洪　蒋永刚　秦德生　骆文兵(3月任职)

灵川县政协

主　席:王树军

副主席:秦旺福　申天赐　秦壬娣　包惠明(兼)

全州县

中共全州县委员会

书　记:蒋炳穗

副书记:贺志刚　谭兴元(任至8月)　唐修璇(8月任职)

中共全州县纪律检查委员会

书　记:唐超斌

全州县人大常委会

主　任:黄尚华

副主任:朱传禄　邓顺耀　蒋述生

全州县人民政府

县　长:贺志刚

副县长:邓执和　秦世江　赵奇玲(9月任职)　肖必忠　唐忠祥(任至9月)

全州县政协

主　席:欧文忠

副主席:唐继雨　康庚莲　陶　韬　经孝端

兴安县

中共兴安县委员会

书　记:粟定成

副书记:王建毅　毛义德

中共兴安县纪律检查委员会

书　记:秦凌云

兴安县人大常委会

主　任:盘祥书

副主任:黄金科　唐社林　韦　辉　吴海峰

兴安县人民政府

县　长:王建毅

副县长:彭代元　文　斌　丁东弟　齐桂平　谭建国

兴安县政协

主　席:唐卫平

副主席:邓昭贵　莫子标　陈和平　刘婉秋(兼)

永福县

中共永福县委员会

书　记:赵德明

副书记:文建中　迟　威(4月任职)　秦成枝　古保华

中共永福县纪律检查委员会

书　记:唐沐林

永福县人大常委会

主　任:于顺弟

副主任:朱政光　黄显新　徐玉红　卢秀明

永福县人民政府

县　长:文建中

副县长:唐纪文　唐火祯　王宜琼　罗代璋　雷　陈

永福县政协
主　席:刘永祥
副主席:梁家世　王承林　黄泽治　姚贵英(兼)

灌阳县

中共灌阳县委员会
书　记:杨　程(任至9月)　邹长新(9月任职)
副书记:邹长新(任至9月)　沈荔芳(9月任职)　唐开国
中共灌阳县纪律检查委员会
书　记:吴永合
灌阳县人大常委会
主　任:蒋小林
副主任:周日球　宾怀贵　袁高明　唐莉姣
灌阳县人民政府
县　长:邹长新(任至10月)　沈荔芳(10月任职)
副县长:谢小明　范科君　向国庆　余桂兰　邓晓斌
灌阳县政协
主　席:何运国
副主席:戴增发　魏大政　陆健康　赵桂花(3月任职)

资源县

中共资源县委员会
书　记:唐厚军
副书记:黄永跃　唐春洪
中共资源县纪律检查委员会
书　记:王志明
资源县人大常委会
主　任:唐纯武
副主任:吴承权　唐碑生　容小敏　谢永功
资源县人民政府
县　长:黄永跃
副县长:曾富沅(4月任职)　杨松飞　莫　军(任至9月)　胡焕忠　区　捷　唐忠祥(9月任职)
资源县政协
主　席:程正华
副主席:李芳明　卢盛炳　唐祥林　罗晓君(兼)

平乐县

中共平乐县委员会
书　记:黄书明
副书记:文　飞　卿树祥
中共平乐县纪律检查委员会
书　记:袁天赐
平乐县人大常委会
主　任:谢海明
副主任:赖道周　黄家乐　于　江　彭钦凤(3月任职)
平乐县人民政府
县　长:文　飞
副县长:钟德臣　陆智成　唐　文　甘坤荣　高建娟(11月任职)
平乐县政协
主　席:赖焕斌
副主席:何世球　江石清　李子佳(兼)　伍成红(兼)

荔浦县

中共荔浦县委员会
书　记:黄本和
副书记:罗永东　蒋昌桂
中共荔浦县纪律检查委员会
书　记:唐金华
荔浦县人大常委会
主　任:胡贵生
副主任:满景灏　张　翔　吴土得　高祖斌
荔浦县人民政府
县　长:罗永东
副县长:陈代昌　韦绍艺　罗　毅　谢　东　孟　璇
荔浦县政协
主　席:覃　舜
副主席:谭　军　张元喜　韦玉波　李庆节

龙胜各族自治县

中共龙胜各族自治县委员会
书　记:许建忠
副书记:杨通鸣　彭志明
中共龙胜各族自治县纪律检查委员会

书　记:黄枝君

龙胜各族自治县人大常委会

主　任:王茂超

副主任:侯秋英　李健胜　陆　峰

龙胜各族自治县人民政府

县　长:杨通鸣

副县长:王少萍　韦秋燕　粟宁群　贲黄文　曾小明

龙胜各族自治县政协

主　席:杨建中

副主席:沈姬英　赵桂成　蒋伟宁(3月任职)　梁　潮(兼)

恭城瑶族自治县

中共恭城瑶族自治县委员会

书　记:唐云舒

副书记:奉海峰　沈荔芳(任至9月)

中共恭城瑶族自治县纪律检查委员会

书　记:蒋战平

恭城县人大常委会

主　任:李庆才

副主任:刘功友　陈　波　陈念翠　孟定金

恭城瑶族自治县人民政府

县　长:奉海峰

副县长:钟　麟　林武民　唐寿元　王桂英　郑建忠

恭城瑶族自治县政协

主　席:林中贤

副主席:吴艳琴　林　堃　蒋述卫　余　军

临桂新区

工委班子

书　记:刘明昱(兼,4月任职)

副书记:齐　军(4月任职)　叶兆泉(兼,4月任职)

管委班子

主　任:刘明昱(兼,5月任职)

副主任:齐　军(5月任职)　张克俭　刘红克　唐修相　肖　源　秦土六　陈建国　黄福岗　植　琳　王小平

苏桥经济开发区管委会

工委班子

书　记:文建中(兼,4月任职)

副书记:迟　威(4月任职)　秦成枝(4月任职)

管委班子

主　任:迟　威(5月任职)

副主任:秦成枝　肖立华　雷　陈　王吉才　戴大文　卢秀明　马　魁　赵塞经

中央及自治区直属单位

桂林市工商行政管理局

党组书记:李　涛

局　长:周作智

副局长:王传爱(任至2月)　刘炜明　韦志德　张显意

桂林市国家税务局

党组书记:李文涛

局　长:李文涛

副局长:汪鸿秋　苏　轰　蒋万春　胡芝明(10月任职)

桂林市地方税务局

党组书记:李秋有

局　长:李秋有

副局长:钟春年　宁少林　袁理兵　梁喜书

桂林市国土资源局

党组书记:赖月亮

副书记:何年养　谭国政　宾帅全

局　长:何年养

副局长:谭国政　宾帅全　姚元富　王小平　张保玉　毛喜才

桂林市质量技术监督局

党组书记:钟显魁

局　长:钟永明

副局长:衣　鹏　沈祖亮

桂林供电局

党委书记:李昌富

党委副书记、纪委书记:陈邦宇

局　长:党广平

副局长:周安如　张晓峰　晏家进

桂林烟草专卖局

党组书记:霍文义

局　长(经理):霍文义

副局长(经理):植文红　龚家荣　李　斌　佘和权

桂林气象局

党组书记:唐伍斌
局　长:唐伍斌
副局长:薛荣康　葛意活
桂林海关
党组书记:张　宁
关　长:张　宁
副关长:虞德钊(10月任职)　安文广(2月任职)　王希龙(6月任职)
桂林出入境检验检疫局
党组书记:陈柱坤
局　长:陈柱坤
副局长:张　潇
桂林公路管理局
党委书记:周荣光
副书记:蒋继红　谭建伟
局　长:蒋继红
副局长:李苑茜　蒋小钦

金融机构

中国人民银行桂林市中心支行
党委书记:刘靖波
行　长:刘靖波
副行长:陆宝江　陈　杰　谷壮海
国家外汇管理局桂林市中心支局
局　长:刘靖波
副局长:谷壮海
中国银行业监督管理委员会桂林监管分局
党委书记:熊小军
局　长:熊小军
副局长:李耀清　李庆雄(7月任职)
中国农业发展银行桂林分行
党委书记:蒋群星
行　长:蒋群星
副行长:戴运财(任至3月)　陈春花(3月任职)　唐海宁(3月任职)　范絮桂(12月任职)
中国工商银行股份有限公司桂林分行
党委书记:潘福常(任至7月)
党委副书记:李晓波(7月任职)
行　长:潘福常(任至7月)
副行长:李晓波(7月任职)　江尧夫(任至8月)　龙立滨　陆俊权
中国农业银行桂林分行
党委书记:张小杲(任至3月)　陈汝雄(5月任职)
党委副书记、纪委书记:胡晓江
行　长:张小杲(任至3月)　陈汝雄(5月任职)
副行长:胡晓江　何志坚(任至11月)　梁乾观(9月任职)
中国建设银行股份有限公司桂林分行
党委书记:陈创胜
行　长:沈铭明　陈创胜
副行长:王祖培　周广宁　唐家健(任至9月)　廖日升(9月任职)　李　毅
中国银行股份有限公司桂林分行
党委书记:李云飞
行　长:李云飞
副行长:王宽明(任至7月)　胡爱萍　祝木生　彭继强(12月任职)
交通银行股份有限公司桂林分行
党委书记:张　娟(任至4月)　高　青(4月任职)
行　长:张　娟(任至4月)　高　青(4月任职)
副行长:王建国　秦士华
桂林市商业银行
党组书记:王　能
董事长:王　能
监事长:李　云
副行长:于志才　李兴华　阳峻屹　卿毅新
中国人民财产保险股份有限公司桂林市分公司
总经理:徐　海
副总经理:韦民安　刘春禄　李　林
中国人寿保险股份有限公司桂林分公司
总经理:赵　跃
副总经理:张　文　沈　潜
中国太平洋财产保险股份有限公司桂林中心支公司
总经理:关志明
副总经理:温若玲　刘　莉
中国太平洋人寿保险股份有限公司桂林中心支公司
总经理:潘　毅
副总经理:钟桂华　余　峰

(各单位供稿)

中国共产党桂林市委员会

8月30日，中国共产党桂林市第三届委员会第五次全体会议召开。

（黄雷　摄）

重 要 会 议

【全市经济工作会议】 该会议1月3日召开。市四家班子领导，市中级人民法院院长、市人民检察院检察长，各县区党政主要负责人，市委各部门、政府各委办局和有关单位及市30家重点企业的负责人参加会议，市委副书记李志刚主持会议。

会议传达贯彻自治区经济工作会议精神，总结2007年的经济工作，研究部署2008的工作任务。会议确立2008年桂林市经济工作的指导思想是：以邓小平理论和"三个代表"重要思想为指导，全面贯彻中共十七大精神，坚持以科学发展观统领全局，紧紧围绕中央、自治区的工作部署和市委三届三次、四次全会精神，以迎接自治区成立50周年和地市合并10周年为契机，以工业化城镇化为主导方向和核心战略，突出抓好临桂新区建设和优势产业发展，着力转变经济发展方式，加快结构调整，继续深化改革，大力推进开放合作，切实加强节能减排，更加注重改善民生，扎实推进社会主义新农村建设，推动经济社会又好又快发展。按照2020年桂林市要实现与全国同步进入小康，生产总值必须在2000年的基础上翻2.51番，人均国内生产总值翻2.3番要求。目标是：全市生产总值增长14%，力争增长16%；财政收入增长16%，力争增长18%以上；全社会固定资产投资增长30%，力争增长35%；万元生产总值能源消耗比上年降低3.5个百分点；城镇居民人均可支配收入增长12%，力争增长14%；农民人均纯收入增长8%，力争增长10%，城镇登记失业率控制在4.5%以内；人口自然增长率控制在7‰以内。会议还明确了完成2009年经济社会发展目标和任务的措施和要求，并对各项工作作了具体部署。

【市委常委会学习贯彻胡锦涛视察桂林时的重要指示专题会议】 1月12日~2月中旬，桂林遭遇罕见冰冻灾害，全市291.12万人受灾，造成直接经济损失超过199.35亿元。2月5~6日，中共中央总书记、国家主席胡锦涛到桂林视察指导抗灾救灾，并就抗灾救灾和广西的工作作了重要指示。

2月6日下午，中共桂林市委常委会召开了学习贯彻中共中央总书记、国家主席胡锦涛视察桂林指导抗灾救灾的重要指示专题会议。会上，市委书记高雄传达了中共中央总书记、国家主席胡锦涛讲话的主要精神。会议要求全市要认真做好总书记讲话精神的传达学习宣传贯彻；要保通路，千方百计恢复交通运输；要保供电，千方百计恢复受灾地区电力供应；要保民生，千方百计安排

3月1~2日，中共桂林市委继续解放思想大讨论务虚会议在临桂秧塘工业园区召开。
黄雷 摄

好受灾地区群众生活；要迅速推进灾后重建工作，确保大灾之年大发展。

【全市开展继续解放思想大讨论务虚会】 3月1~2日，全市开展继续解放思想大讨论务虚会在临桂新区秧塘工业园区召开，会议贯彻落实《自治区党委关于开展继续解放思想大讨论活动的通知》精神，学习中共中央总书记、国家主席胡锦涛在广西考察工作时的重要讲话和自治区党委书记郭声琨给全自治区领导干部的新春寄语，紧密联系实际，就如何破解影响桂林市科学发展、加快发展的陈旧观念和传统习惯，如何完善体制机制，如何解决干部工作作风的突出问题，敞开思想、畅所欲言，提出了进一步解放思想，加快临桂新区建设，推进全市改革和发展的思路和措施。市委书记高雄对全市开展继续解放思想大讨论活动进行了动员部署。会议围绕加快临桂新区建设主题进行了讨论，拉开了全市开展继续解放思想大讨论活动的序幕。

【市委三届五次全会】 8月30日召开。市委委员54人、候补委员7人出席会议。市纪律检查委员会委员和有关方面负责人列席会议。全会由市委常委会主持。全会听取了市委副书记、市长李志刚代表市委常委会所作的工作报告，审议通过《中共桂林市委员会关于桂林市国民经济和社会发展"十一五"规划后三年科学发展计划的意见》，市委书记刘君在全会上作重要讲话。

全会认为，制订桂林市经济和社会发展第十一个五年规划后三年(2008年~2010年)科学发展计划，对于加快桂林经济社会发展，全面加快建设小康社会步伐具有重大意义。并提出了桂林市"十一五"规划后三年科学发展计划的总体要求是：解放思想，抢抓机遇，立足市情，发挥优势，扩大开放，加强合作，全面实施"保护漓江，发展临桂，再造一个新桂林"的发展战略，以临桂新区建设和老城疏解提升为突破口，全力塑造中国风景游览城市和国家历史文化名城新形象；以加快发展支柱产业和县域经济为重点，强力推进工业化城镇化进程，不断开创科学发展、加快发展、跨越发展的新局面。会议围绕总体要求，提出了"十一五"规划后三年科学发展的主要预期目标及实现目标任务的措施。全会通过《中国共产党桂林市第三届委员会第五次全体会议公报》。

（吴东才）

重 要 决 策

【加快临桂新区开发建设】 3月25日，为贯彻实施国务院批准的《桂林市城市总体规划》"城市建设主要是向西发展"的战略规划，落实自治区党委关于"建设新区、疏解老城，组团发展、重点向西，优化布局、完善功能，为产业发展拓宽空间，给经济发展提供依托，建设现代化的山水宜居城市和国际旅游城市"，"保护漓江，发展临桂，再造一个新桂林"的发展战略，市委、市政府作出加快临桂新区开发建设的重要决策，制订下发了《中共桂林市委员会 桂林市人民政府关于加快临桂新区开发建设的决定》。市委、市政府认为加快临桂新区开发建设是推进新一轮经济发展的关键举措，是呼应北部湾经济区开放开发的迫切需要，是保护漓江、保护名城的必然选择，是构筑区域交通枢纽城市的基本要求。市委、市政府确定临桂新区开发建设的总体思路、功能定位、基本原则、建设范围和目标任务是：

总体思路。以邓小平理论和"三个代表"重要思想为指导，以科学发展观为统领，以加快发展为主线，以改革开放为动力，以市民中心区建设为切入点，以项目建设为载体，以招商引资为突破口，以产业和人口聚集为支撑，进一步解放思想，创新管理体制机制，坚持高起点规划、高标准建设、高强度投入、高效能管理，把临桂新区作为桂林继续解放思想的先导区、综合配套改革的试验区、统筹城乡协调发展的示范区进行开发建设，努力实现"保护漓江，发展临桂，再造一个新桂林"的战略目标。

功能定位。临桂新区定位为桂林城市新的政务、经济、文化、商务中心，工业、物流、商贸基地，按此定位进行功能布局和规划建设。临桂新区中心区是集政务、商业、商贸和文化生活为一体的新城区，空间结构应体现一心两带、双核双轴、双十向心的城市意向，几大核心功能原则上分散布局在各片区内，构筑山——水——城融为一体的城市特色，形成建筑与自然环境和谐共生的生态新城。市民中心区位于万福路两侧、大皇山北侧，兰塘河以北、沙塘河以西，总面积约3平方千米。市民中心区必须突出"道城先造景"和优势资源集中注入的理念，形成集行政、商务、会议、公园、广场为一体的桂林城市新中心。

基本原则。一是科学规划原则，做到历史文化与现代文明结合、社会发展与环境保护协调、社会效益与经济效益统一。二是环境保护原则，开发与保护并重，建设与优化并举，实现临桂新区开发建设与生态环境和谐共赢。三是市县共建原则，调动各级干部群众的积极性，集中人力、物力、财力建设新区。四是简政高效原则，按照精简、统一、高效的要求，形成权责明确、运转协调、快速推进的管理体制机制。五是市场运作原则，运用市场机制，实现临桂新区开发建设效益最优化、最大化。

建设范围。临桂新区规划用地总面积约54.1平方千米，由临桂新区中心区、临桂县城建成区、西城工业区、庙岭组团等主要部分组成。

目标任务。整体规划，统筹安排，分期开发。三年打基础，主要建设市民中心、中心公园、内外交通设施、公共配套设施、工业集中区、物流园区。五年上规模，建设商务中心、商贸中心、体育公园并进行娱乐与商业开发；完成市民中心和中心公园建设；工业集中区、物流园区集聚效应显现；实现老城和新区交通一体化，初步形成城市功能配套、产业集聚发展、人口初具规模的新城雏形。十年基本建成，全面完善新区的综合服务功能，新区与周边区域的整合开发与联动，形成山水文化、历史传承、生态环保和国际化元素突出，聚集40万人口的产业发达、文明和谐、城乡协调发展的现代化城市新区，实现老城与新区的共同发展。

【加快发展文化产业】 为贯彻落实中央、自治区关于深化文化体制改革和加快文化产业发展的精神，进一步推动文化产业发展，加快桂林市文化产业强市步伐，促进全市文化大发展大繁荣，6月3日，市委、市政府制订下发了《中共桂林市委员会　桂林市人民政府关于加快发展文化产业的决定》。市委、市政府认为发展文化产业是中央在新形势下繁荣社会主义先进文化的重大战略部署，桂林市作为世界著名的旅游城市和历史文化名城，文化底蕴深厚，文化资源丰富，发展文化产业具有得天独厚的优势，加快发展文化产业具有重要意义。

桂林市加快发展文化产业的指导思想是：以"三个代表"重要思想为指导，深入贯彻落实科学发展观，以提高市民人文素质、提高城市文化品位为目标，强化基础，面向未来，突出重点，创新发展，努力构建特色文化新格局，开创文化产业新局面，促进文化经济一体化发展，为构建社会主义和谐社会提供良好的思想保证、精神动力、智力支持和文化环境。

桂林市化产业发展的总体目标是：以桂林市丰富的文化资源为依托，以结构调整为主线，以改革创新为动力，科学规划，重点突破，大力发展以文化旅游业为代表的主导文化产业；培育一批知名文化品牌，形成一批在全国、自治区有较大影响的强势文化产业；着力构建"地域特色鲜明、产业优势明显、发展重点突出、总体实力不断增强"的文化产业发展格局，实现文化产业强市的战略目标。

【加快苏桥经济开发区开发建设】 7月14日，市委、市政府制定下发了《中共桂林市委员会　桂林市人民政府关于加快苏桥经济开发区开发建设的决定》。市委、市政府认为加快苏桥新区开发建设可以有效整合资源，拓展产业空间，进而形成与临桂新区相呼应、良性互动的产业发展格局。苏桥经济开发区开发建设思路、定位、原则、范围和目标是：

总体思路。以邓小平理论和"三个代表"重要思想为指导，以科学发展观为统领，以加快发展为主线，以改革开放为动力，以基础设施建设为抓手，以招商引资为突破，以产业和人口聚集为支撑，进一步解放思想，抢抓机遇，主动呼应北部湾经济区开放开发，融入临桂新区开发建设，创新管理体制机制，整合桂林国家高新区苏桥园、永福县福龙园生产要素，依托并扩大苏桥镇公共社会服务资源，把开发区建设成为桂林乃至广西的重要工业基地和桂林综合性产业新城。

功能定位。开发区定位为具有时代特征和地方特色的桂林综合性产业基地，重点发展机械、汽车及零部件、能源、电器、电子信息、生物制药、轻工制造等产业，把开发区建成优势工业突出，产业布局优化、综合服务功能完善，与临桂新区相呼应的综合性产业新城。

基本原则。一是科学规划原则，做到历史文化与现代文明结合、社会发展与环境保护协调、社会效益与经济效益统一。二是环境保护原则，开发与保护并重，建设与优化并举，实现新区开发建设与生态环境和谐共赢。三是市县共建原则，调动各级干部群众的积极性，集中人力、物力、财力建设新区。四是简政高效原则，按照精简、统一、高效的要求，形成权责明确、运转协调、快速推进的管理体制机制。五是市场运作原则。运用市场机制，自求平衡，实现新区开发建设效益最优化、最大化。

建设范围。开发区建设范围是苏桥镇的行政辖区面积124.02平方千米。

目标任务。整体规划，分期开发，滚动发展，两年打基础，三年上规模。继续实施园区基础设施大会战，注重公用设施和公益项目同步建设，加快工业集中区和物流园区建设，加大招商引资力度，推动产业集聚初具规模，基础设施和公共服务基本完善，人口集聚达到一定规模，产业新城建设显现雏形。到2020年，在开发区构筑较大规模的产业集群，聚集22万人口，综合服务功能全面完善提升，实现市、县(区)交通一体化，形成临桂新区—苏桥经济开发区产业带，新区建设成为布局合理、功能齐全、经济发达、社会文明、环境优美的桂林产业新城。

【制订“十一五”规划后三年科学发展计划】 11月8日，市委下发了《中共桂林市委员会关于桂林市国民经济和社会发展“十一五”规划后三年科学发展计划的意见》。

全市科学发展三年计划的总体要求是：坚持解放思想，抢抓机遇，立足市情，发挥优势，扩大开放，加强合作，全面实施“保护漓江，发展临桂，再造一个新桂林”的发展战略，以临桂新区建设和老城疏解提升为突破口，全力塑造中国风景游览城市和国家历史文化名城新形象；以加快发展支柱产业和县域经济为重点，强力推进工业化城镇化进程，不断开创科学发展、加快发展、跨越发展的新局面。

围绕总体要求，全市科学发展三年计划的主要预期目标是：全市生产总值年均增长16%，到2010年达到1413.94亿元(现价)，人均生产总值达到27340元(现价)；财政收入年均增长18%，到2010年达到120亿元；万元生产总值能耗在前两年的基础上年均再降4.2%，工业化率达到2.55，城镇化率达到40.2%；城镇居民人均可支配收入和农民人均纯收入分别年均增长13%和10%。

市委认为要突出重点，产业优先，全面实施科学发展三年计划。坚持工业主导地位，加快现代工业发展步伐。“十一五”规划后三年工业增加值年均增长21.8%以上，2010年工业增加值达到608.15亿元(现价)；工业化率达到2.55，初步进入工业化中级阶段。发展优势产业；做大企业规模；完善产业发展支撑体系；调整优化产业布局；加快产业化进程；健全农村社会化服务体系；打造旅游精品，发展高端旅游；拓展旅游发展空间，延长旅游产业链条；坚持旅游与商贸相结合，促进商贸物流业发展；积极推进文化体制改革；着力打造特色文化品牌；加快临桂新区建设；加快老城改造提升步伐；坚持中心城镇带动战略；加强城镇基础设施建设；加大招商引资力度；切实转变外贸增长方式；大力改善招商引资环境；进一步完善社会保障体系；全力创建平安桂林；大力促进人与自然和谐发展；解放思想，转变作风，确保科学发展三年计划的实现。 (吴东才)

组 织 工 作

【概　况】 2008年，市委组织部以中共十七大精神统揽组织工作全局，在领导班子建设、干部队伍建设、人才队伍建设、基层组织建设和组织部门自身建设上取得新的进步。全年全市共发展党员8872人。其中，女党员4311名；少数民族党员1693名；35岁及以下的党员7912名；高中以上学历党员7873名；工作在一线的党员2735名。

【干部人事制度改革】 年初，市委组织部拓宽干部选拔任用的渠道和范围，在全市范围内公开选拔15个市直单位副处职领导岗位，共有1016名各类干部踊跃报名，946人符合报考条件，842人参加考试，职位最高竞争比例达133:1。经过笔试、面试、考察和公示等程序，公开选拔任用14人担任副处职领导。加强干部队伍建设，对全市干部队伍现状进行调查研究，向自治区反映桂林地市合并造成干部积压、军转干部偏多和干部年龄严重老化的特殊情况，按照领导干部任用条例规定的配比数，科学设置非领导职务，解决部分长期得不到提拔的优秀干部的职务及级别问题。注重坚持把平时考核与抗灾、应对重大突发事件等关键时刻的考核有效结合，提拔了在抗冻救灾中表现突出的3名干部到县处级工作岗位。

【基层组织建设】 2008年，市委组织部深化“三级联创”工作，全面推进基层党组织建设。制订下发《关于在全市开展优化基层党组织设置工作的意见》，按照功能型、地域型、联合型、协会型和产业链型优化基层党组织设置，调整和建立各种类型党支部，使党员更加方便地参与党组织活动。制订下发《关于加强基层党内民主政治建设的意见》，在尊重党员的主体地位，保障基层党员的民主权利，推动各级领导班子的民主议事决策上作探索。成立了市、县、乡、村及社区“两委”换届领导网络机构，落实选举经费1479万元，加大对村级选举的培训和指导力度；全面推动“公推直选”，强化监督，保障选民权利；完成全市1655个行政村和208个社区的“两委”换届选举工作，配强了基层党组织、村委及社区班子。组织开展面向全国大学毕业生选聘“村官”工作，推广“农事村办”。完善基层党组织服务群众工作的网络建设，年内，全市所有社区、行政村都建立群众服务中心，村委、社区的工作作风和干部的服务观念得到提高。

【党员发展教育管理】 2008年，市委组织部着眼改善党员队伍的结构和分布，重点在生产、工作一线，青年、妇女、少数民族，高知识群体和各类人才中发展党员；加大在流出、流入人群中发展党员工作力度，推进在新经济组织、新社会组织中培养发展党员工作；开展农村“双培双促”活动试点工作，并进行总结推广。年内，全市共发展党员8872人。其中，女党员4311名，占发展总数的48.59%；少数民族党员1693名，占发展总数的19.08%；35岁及以下的党员7912名，占发展总数的89.18%；高中以上学历党员7873名，占发展党员总数的88.74%；工作在一线的党员2735名，占发展党员总数的30.83%；经团组织“推优”加入党组织的5494名，占发展党员总数的61.93%。提高“双带”能力，做好农村党员培训，开展“专家服务进万村、党员帮扶进万家”活动，为全市灾后恢复生产提供了组织保证和人才、技术支撑。全市共落实培训经费980多万元，举办各类培训19000班（次），培训党员54万多人（次），提高了农村党员素质。加强流动党员的管理，对全市8020名流出党员，423名流入党员进行了信息采集，为7850名流动党员发放了《流动党员小读本》。协调做好高校毕业生党员、曙光研究院转制前退休党员及原普天电信设备厂党员组织关系的管理及转移事宜，全年共开具党员组织关系介绍信8829份。

【干部队伍建设】 2008年，市委组织部按照围绕继续解放思想、加强理论武装、坚持贯彻民主集中制、改进领导工作方式方法、切实增强领导班子成员的执政能力等内容提出了“五个领导班子”的新要求，推进全市领导班子及领导干部的思想政治建设。按照领导干部任用条例规定，选好配强了临桂新区和苏桥经济开发区两个党工委和管委会的领导班子；解决了政法部门部分领导级别过低的历史遗留问题，确定了高配级别的职位及有关职位的补缺。年内，对全市各县（区）及市直单位考察干部294人次，提拔处级干部156人，交流干部74人，接收团职军队转业干部53人。对2006年县（区）换届以来的12县5城区的领导班子和县处职领导干部进行届中考察，确定了拟提拔副处级领导干部人选34人，个别谈话1659人，撰写各种材料571篇，掌握了各县（区）领导班子和领导干部2006年换届以来的工作运行情况。

【干部教育培训】 2008年，市委组织部制订下发《中共桂林市委员会组织部关于2008～2012年全市大规模培训干部工作的实施意见》和《2008年桂林市在职干部教育培训工作要点》，确立2008～2012年干部培训工作的指导思想、总体目标和主要任务。年内，把学习贯彻中共十七大精神、学习实践科学发展观列为2008年干部教育主体班及重点班的必修课；举办了县处级领导干部任职培训班、进修班，中青年干部培训班，少数民族干部、女干部、后备干部、非党干部培训班；会同市直有关部门，组织开展环保、国土资源管理、技术创新等3场基本国策知识专题报告会；围绕建设服务型政府、政策法规、城市规划建设、现代农业与新农村建设等内容，举办了5个自选专题研讨班，全年市本级共办班23期，培训各级各类干部1928人。选调厅级、处级、中青年干部外派培训38批102人次；利用“桂林·两江四湖”、“阳朔·印象刘三姐”等特色课程，培训外省干部2期86人次。

【干部监督】 2008年，市委组织部制订下发《桂林市2009年度深入整治用人上不正之风进一步提高选人用人公信度实施计划》，狠抓干部监督各项工作。深化拓展恭城瑶族自治县“科学规范和有效监督县委书记用人行为”试点工作。贯彻落实领导干部任用条例，对拟提拔干部的材料进行复核，有效避免选人用人上的失误和偏差。做好“12380”举报电话的受理工作，对2008年市委拟提拔的160名干部在《桂林日报》上进行公示，其中有4名同志因举报问题经查实后不予任用，避免了干部“带病提拔”。抓好领导干部离任和任职时间较长的领导干部的审计，全年共审计县处级领导干部17名。严格把握政策，积极与外事、安全、纪检部门协调沟通，对2006年换届以来调整的641名处级以上领导干部实行了报备，全年共办理出国(境)政审手续122人次，没有出现出国(境)滞留不归的问题。

【党员电化教育】 2008年，市委组织部抓好广西百部农村“新型农民”电视专题片的制作任务，在自治区评出的30部优秀“百部新型农民电视专题片”作品中，桂林市有6部作品获奖，其中一、二、三等奖各2部。制作的12部专题片在第五届中国纪录片国际选片会上，获得“十佳纪录片奖”和“党建宣传类银奖”各1部、获党建宣传类铜奖3部。其中，《月亮妈妈》入选“德国世界女性电影电视节”；有2部获中共中央组织部全国第十届党员教育电视片观摩评比优秀奖。做好全市农村党员干部现代远程教育的终端接收站点的选址和建设，第一批1139个采用电信宽带模式终端站点和18个管理平台全部建成，并通过自治区远程教育办专家组验收投入使用。

【后备干部队伍建设】 2008年，市委组织部加强后备干部队伍建设。配合自治区党委组织部完成对桂林市副厅级后备干部的推荐；接收安置了中组部、自治区组织部选派的10名挂职干部；推荐42名正科以上干部到中央、自治区直机关、市直机关、县(区)等单位部门挂职锻炼。抓好新提任副处职领导干部的挂职锻炼工作，全年共安排3批18人新任副处职领导干部到市委、市政府信访办公室挂职锻炼。

【人才工作】 2008年，市委组织部抓好原有人才小高地管理，创建新的人才小高地1个，推荐申报自治区级人才小高地1个。开展推荐评比桂林市第三批拔尖人才工作，完善和充实桂林市高层次人才队伍建设；组织23家市直机关和企事业单位赴北京参加北部湾经济区人才招聘会，引进各类专业技术人才87名。抓好灵川、灌阳、永福县科技特派员试点工作，下派科技特派员155名，带动周边农民科学种养、增收增效。

【学习实践科学发展观试点活动】 2008年，市委组织部按照自治区《关于开展深入学习实践科学发展观试点活动方案》精神，对恭城瑶族自治县和市发展与改革委员会两个试点单位学习活动进行了全程指导。恭城瑶族自治县确立了“推动科学发展，加快‘两化’进程，建设独具生态特色的富裕文明和谐民族自治县”的活动主题，开展了“进村屯、进企业、进社区，找问题、找差距、找路子”的“三进三找”下访问计大调研活动，共征求到各类意见和建议7000多条，解决实际问题500多个，找准了影响和制约科学发展的突出问题；市发展与改革委员会针对存在的突出问题，开展了5个方面23个课题的调研论证，理清发展思路，明确发展举措。两个试点工作受到了中央检查指导组和自治区党委组织部的肯定，认为桂林的试点工作是“真学、真抓、真懂”，其经验为全市开展第二批学习实践活动提供了借鉴。 (唐德华)

宣 传 工 作

【概　况】 2008年，桂林市宣传思想工作以中共十七大精神为指导，深入贯彻科学发展观，按照高举旗帜、围绕大局、服务人民、改革创新的总要求，理论武装、舆论引导、思想政治工作、精神文明建设、文化发展、对外宣传、队伍建设等取得丰硕成果，呈现出特色鲜明、高潮迭起、精彩纷呈的良好格局，为促进全市科学发展、加快发展、跨越发展，加快现代化山水宜居城市和国际旅游城市建设提供强有力的思想保证、舆论支持和精神动力。

【理论武装工作】 2008 年，市委宣传部组织开展全市继续解放思想大讨论，共召开各种座谈会 1800 余次，收到干部群众意见建议 4 万多条，梳理出发展瓶颈问题 1202 个，废止不适宜政策 38 个，完善有关政策 1078 个。抓好中共十七大精神的学习，形成了以各级党委（党组）中心组为龙头，以县处级以上领导干部为重点，理论普及为基础的“三位一体”格局。年内，全市各级党委（党组）中心组共安排了 5 个专题的理论学习，市委中心组专题学习达 10 次，各县（区）和部门党委中心组学习普遍达到 5 次以上。组织开展理论宣讲活动。组织专家宣讲团深入各县（区）和基层单位宣讲中共十七大精神和理论热点问题、民生问题 573 场次。开展理论应用研究。为推进临桂新区建设，组织社科专家进行广泛调研，撰写出《临桂新区产业发展定位及布局研究》报告；针对加强桂林市历史文化名城建设，推出《桂林文化发展战略研究》等课题。《加强和改进桂林市未成年人思想道德建设实效性研究》获广西第十次社会科学优秀成果二等奖，《政府形象传播战略研究》被评为广西优良课题。

【新闻宣传工作】 2008 年，市委宣传部积极做好抗击雨雪冰冻灾害、抗震救灾、2008 年北京奥运会火炬接力桂林传递活动、改革开放 30 周年、自治区成立 50 周年、桂林地市合并 10 周年、解放思想大讨论活动、“保护漓江，发展临桂，再造一个新桂林”等重大活动、重大事件的宣传报道。把握正确的舆论导向，抓好学习，组织市属新闻媒体领导和采编人员学习中共中央总书记胡锦涛视察人民日报社的讲话精神；抓好制度，实行新闻通气会制度；抓好队伍，组织开展了“最佳记者、编辑、主持人”评选活动；抓好网络评论，建立了网络评论员队伍；开展了新闻奖评选工作。

【思想政治工作】 2008 年，市委宣传部实行分类指导，做好基层思想政治工作。一是抓好典型宣传，推荐在抗冻救灾中表现突出的市交通警察支队黄光年为全国抗冻救灾典型，并参加中宣部组织的演讲团到全国各地巡回演讲；推荐黄光年和全州县村干部王向东参加自治区抗冻救灾先进事迹报告团到自治区各地巡回演讲；追授在桂林抗冻救灾中因公殉职的广西电网公司职工蒙笑为桂

4 月 7 日，召开桂林市宣传思想工作暨创建文明城市动员大会。

黄雷　摄

林市道德模范；推荐见义勇为的市工商行政管理干部庞绍忠为自治区党委宣传部宣传的典型。二是做好未成年人思想道德教育，开展校园文化创建活动，抓好第十五届全国青少年“热爱祖国，唱响和谐”爱国主义读书活动。全市有20多万青少年学生参加活动。桂林市获全国、自治区组织特等奖各2个，全国、自治区组织优秀奖各7个。七星区精神文明建设委员会办公室被中央精神文明建设委员会评为全国未成年人思想道德建设先进集体。

【文化工作】 2008年，市委宣传部实施精品工程。全年全市创作作品获国家级奖33件，获自治区级奖46件。其中，《和谐社会人欢欣》获第六届全国四进社区文艺展演一等奖；瑶族铃鼓《一张泥巴照》、壮族师公锣鼓《壮歌飞扬》和桂林大鼓《火凤凰》、桂林竹琴《漓江渔歌》分别获第六届广西曲艺文学奖特别奖和一等奖；《接站》《一碗馄饨面》节目获得广西首届农民工主题文艺会演表演一、二等奖。完善公共文化服务体系，开展群众性文化活动。八路军桂林办事处纪念馆向社会免费开放，其他文化博览单位继续对未成年人、现役军人、老年人、残疾人等特殊社会群体免费开放；新建了阳朔、永福、临桂等县的12个乡镇综合文化站，建成413家农村文化图书室，组织向农村书屋捐赠图书近6万册；灵川、兴安、阳朔县和恭城瑶族自治县的4个文化信息资源共享工程县级中心全部投入使用；广播电视“村村通”工程取得成果，全市数字电视用户达29万户，广播无线覆盖人口达400多万，电视无线覆盖人口达200多万；农村电影放映完成“2131工程”所规定的各项任务。完成了“电视进万家”工程和“西部开发助学工程”。开展社区文化、企业文化、校园文化、农村文化和广场文化，“九岗岭之夜”、“榕湖之春”、“漓东之光”、“象山水月”、“荔江之夏”、“叠彩桂花香”等区域性群众文化活动日益受到当地群众的喜爱。年内，漓江之声、桂林百姓文化大讲坛、桂林读书月创新了组织形式，其品牌效应和价值日益彰显。此外，还开展了文化科技卫生“三下乡”活动、“新春文化月活动”和举办了“2008新春交响音乐会”、抗冻救灾募捐晚会、桂林山水文化旅游节暨地市合并10周年庆典晚会等。推进文化体制改革，发展文化产业。出台了《关于深化文化体制改革的实施意见》《关于加快发展文化产业的决定》等有关文化体制改革的基础性文件；印发了理顺市广播电视管理体制工作的实施方案，市广播电视局与所属台（社）实施“政事分开”、“管办分开”的具体工作得到落实。

【外宣工作】 2008年，市委宣传部利用重大活动加大对外宣传工作。在桂林抗击冰冻灾害、2008年北京奥运会火炬接力桂林传递活动、自治区成立50周年、桂林地市合并10周年庆祝活动期间，展示了桂林的形象。做好境外宣传工作，选定和完善适应国外媒体、境外媒体的采访线路和采访点，组织了采访线工程培训。承办了中国—东盟新闻部长会议桂林段的各项活动。新闻发布制度进一步完善，明确了市直机关和县（区）的新闻发言人，制订了突发事件新闻应急处置办法。举办了桂林山水文化旅游节、桂林两江机场确定为海峡两岸直航签注点等新闻发布会。 （廖严昌）

精神文明建设

【概　况】 2008年，桂林市的精神文明建设以加强社会主义核心价值体系建设为核心，以创建自治区和全国文明城市为重点，开展公民思想道德建设和未成年人思想道德建设；深入开展文明城市、文明行业、文明村镇、文明单位、文明风景旅游区等系列群众性精神文明创建活动，为桂林市的政治、经济、社会快速发展提供了强大精神动力。

【公民思想道德教育】 年内，桂林市围绕加强社会人文核心价值建设，大力宣传全国道德模范提名奖获得者粟玉萍、见义勇为模范庞绍忠和桂林市抗冰救灾先进单位、先进个人，追授了在桂林开展抗冰冻灾害、保供电工作中因公殉职的广西电网公司职工蒙笑为桂林市道德模范。开展道德模范网上行、“我推荐、我评议身边好人”活动，桂林有6人入选中国文明网好人榜，有5人入选自治区道德模范候选人。以春节、元旦、端午、中秋等传统节日为载体，组织丰富多彩的以“我们的节日”为主题的系列文化庆典活动，提高桂林公民思想道德素质。

【文明城市创建】 2008年，桂林市按照中央精神文明建设指导委员会颁布的《全国文明城市测评体系》实施文明城市创建活动。年内，认真开展自治区第五轮文明城市、全国第二轮文明城市的创建工作。通过广泛宣传动员、材料准备和现场准备，先后迎接了自治区和中央文明委测评组的测评工作，圆满实现了年初确定的创建自治区文明城市和全国创建文明城市工作先进城市的目标，获得了申报全国文明城市的资格。将“迎奥运、讲文明、树新风”活动与创建文明城市紧密结合，开展了“迎奥运、讲文明、树新风”文明礼仪大赛，临桂县代表桂林市参加自治区组织的竞赛，获优秀奖。

【文明行业、文明村镇创建】 2008年，桂林市以打造诚信桂林为重点，开展“文明单位讲文明”活动，组织开展了桂林市第二批文明行业、文明窗口的评选和命名工作，命名市级文明行业5个、文明窗口59个。开展“百城万店无假货活动示范街”创建活动，提高了桂林市中山中路阳桥南段商业街和北段商业街2条自治区级示范街的创建水平，桂林市微笑堂实业发展公司获全国无假冒伪劣商品活动示范店。组织市、自治区和全国文明单位、文明村镇的创建申报工作，共推荐16个单位分别申报全国文明单位、全国文明县城、全国文明村镇以及创建工作先进单位；对全市第一至第十一批自治区级的192个文明单位、116个文明村镇进行复核。结合城乡清洁工程，开展了文明卫生系列创建活动，荣获了一批自治区级文明卫生单位。开展文明卫生村创建活动，全年验收达标633个，超额完成年初确定的任务。

【未成年人思想道德建设】 2008年，桂林市完善领导体制和长效工作机制，以学校为阵地，开展校园文化创建活动；以家庭为基础，密切家校联系，加强家庭教育工作；以社区为依托，共同构筑青少年德育网络。组织开展“做一个有道德的人”为主题的“知荣辱、树新风、我行动”道德实践系列活动，组织广大中小学生参与全国“抗震救灾英雄少年”评选。落实《全国未成年人思想道德建设工作测评体系》，在全市范围组织未成年人思想道德建设普遍开展测评工作。年内，七星区精神文明建设指导委员会办公室获全国未成年人思想道德建设先进单位，阳朔县教育局获自治区未成年人思想道德建设工作先进集体。

（王小华）

统一战线工作

【概　况】 2008年，市委统战部按照“扎实做好经济统战，积极探索文化统战，努力构建和谐统战”的思路，加强对县（区）统战部的分类指导和检查督促，支持和协助县（区）统战部优化班子结构，改善办公条件，促进县（区）统战工作的有序开展。及时向各民主党派、工商联和党外人士通报会议精神。全面推进统战工作，为加快建设富裕文明和谐新桂林作出了积极的贡献。加强统战信息工作，全年共编印《桂林统一战线》12期，编发信息400多条，被中央统战部内部工作信息及网站采用13条，被《广西统战信息》《广西统战信息专报》采用140多条。市委统战部获中央统战部中国统一战线杂志社统战宣传工作先进单位。

【非公经济领域统战工作】 2008年，市委统战部深入开展优秀社会主义事业建设者活动，开展优秀社会主义建设者的培养和评选工作，5人获自治区优秀社会主义事业建设者，20人获桂林市优秀社会主义事业建设者。举办了“全民健身与奥运同行”为主题的全市非公有制企业运动会。组织代表团参加首届广西非公有制企业运动会，取得了团体羽毛球第一名、乒乓球第二名、篮球第三名，总分名列第一。组织非公有制企业投身全市抗冻救灾和灾后重建工作，共募集捐款1200万元，捐助物资折合65万元。号召非公有制企业捐款捐物，支援四川灾区抗震救灾，全年累计向灾区捐款2350万元，捐赠物资折合90万元。

【海外统战工作】 2008年，市委统战部加强与港澳广西联谊总会、香港广西同乡会及有关社团的联系，密切与港澳知名人士的关系。全年，接待了香港广西社团总会青年交流团及海外知名人士等20多批100多人次。协助香港同胞成立了中国香港桂林同乡联谊会，吸收会员200多名，联络团结广大香港同胞共同维护香港特区繁荣稳定。引进港澳扶贫助教资金21万元,修建希望小学1所、操场1个,资助23名贫困大学新生入学。抗冻救灾期间,香港知名人士捐赠港币302万元,对桂林市10个县进行救助,救助灾民14264人。

【对台交流】 2008年,市委统战部接待蒋孝严、洪玉钦等台湾知名人士、工商界人士和中国台湾地区客商参观访问团共55批600多人。以第四届桂台经贸合作交流会为契机,促成中国台湾地区客商签约项目6个,投资金额达2.9亿美元。合理合法解决中国台湾地区客商投诉案件24件。弘扬"根"文化,用"同根同种"理念提升民族认同感。组织中国台湾地区客商为桂林冰冻灾区和四川汶川地震灾区献爱心,共向桂林冰冻灾区捐款捐物117万余元;大米16.5吨,棉被1650床,价值20余万元;向四川汶川地震灾区捐款1133万元。

【探索文化统战】 2008年,市委统战部加强与宣传部门、文化部门、新闻媒体以及各高校、各民主党派等的联系,利用新闻媒介大力宣传,营造重视文化统战的社会氛围。建立健全文化统战工作机制,搭建文化统战平台,打造文化统战的大格局。加强统战理论政策和统战工作实际问题的调查研究,全市统战系统完成调研文章40篇,获自治区统战理论研究优秀成果一等奖1篇,二等奖1篇,三等奖2篇,优秀奖2篇。市委统战部被评为自治区统战理论研究优秀组织奖。

【构建和谐统战】 2008年,市委统战部扎实推动多党合作和政治协商制度建设。完善情况通报会、征求意见会、座谈会、交友联系、特约人员聘任等多党合作的相关制度,深化政治交接教育实践活动,促进民主党派各项工作的开展。全年共举行通报会和座谈会12次。推荐7名民主党派成员担任特约检察员,参与执法活动。建立100余名民主党派后备干部队伍,向组织部门推荐一批党派后备干部,协助民主党派举办中共十七大精神学习班等各类培训班14期,培训人员1100多人次。为民主党派组织建设打下良好基础。协助民建桂林市委员会、致公党桂林市委员会完成了委员、常委增补工作。完善党外干部任用机制,向中共桂林市委组织部推荐了12名优秀党外干部,推荐3名民主党派机关干部到基层挂职锻炼;对全市272名党外正科和431名党外副科干部分类建立数据库。全年共选送19名党外干部参加中央社会学院和自治区社会学院培训班、研究班的培训学习。做好民族宗教工作,依法加强宗教事务管理。健全三级宗教信息网络机制,充分发挥其作用。认真贯彻宗教信息定期汇报制度,对重点目标实施监控,及时发现和制止境外宗教势力渗透活动,把影响社会稳定的问题解决在萌芽状态。 (颜晴)

政 策 研 究

【概　况】 2008年,市委政策研究室创新工作思路,发挥政策研究室的职能作用。全年共完成文稿约50万字,起草市委、市政府重要文件、决定、典型经验材料及相关文稿11篇。完成调研课题13个,其中进入市委、政府决策的课题研究成果6个。文稿被省级以上刊物采用8篇,编辑出版市委机关刊物《桂林工作》12期。

【调研课题】 2008年,市委政策研究室围绕市委中心工作和全市经济社会发展中需要解决的问题,完成13个专题的调查研究。调研成果进入市委、市政府决策范围或由有关部门在实际工作中运用有:桂林市区地下管线建设与管理问题的调研(与建规委合作);桂林市区"城中村"改造与村民安置的对策研究(与建规委合作);桂林城市公交事业发展问题的调研,对策建议已进入市政府决策;桂林农村30年改革发展情况的调研,情况综合为市委高雄书记到自治区参加座谈会上发言提供基础材料;提升壮大桂林旅游产业的调研;漓江保护和可持续开发利用的对策研究(与市政协合作),调研成果呈报市委、市政府决策参考;环境保护与科学发展的研究,形成的3篇论文在自治区党委政研系统座谈会交流。简政放权,发展县域经济的调研,调研成果上报自治区综合使用;对桂林市国民经济和社会发展"十一五"规划实施情况进行中期评估的调研(与市发改委合作),评估报告已提交市人大审议通过;疏解提升老城的调研(与市政协合作),成果经市政协常委会讨论审定已上报市委,并以此为基础完成专题电视纪录片“疏解提升桂林老城、塑造旅游历史文化名城新形象”解说词；促进房地产业健康发展的调研（与市建规委合作），材料上报市政府决策参考；桂林市“十一五”以来实施西部大开发战略的情况研究，形成的成果在自治区党委政研工作联席会交流；农业和县域经济、旅游三产和民生问题的综合调研，调研成果供撰写市委三届六次全会报告参考使用。

【重要文稿撰写】 2008 年，市委政策研究室在调研的基础上直接起草或参与起草重要文稿有：桂林市在继续解放思想中破解发展城市与保护漓江困局的情况，为市委书记高雄到自治区参加座谈会发言提供基础材料；桂林 30 年改革发展的经验材料，上报自治区编入《广西 30 年改革大典》；通过对桂林“三农”问题的调研（与政府办合作），以市委、市政府名义写成《关于对自治区党委〈关于贯彻党的十七届三中全会精神推进农村改革发展的决定〉的修改意见》上报自治区；市委《关于贯彻落实党的十七届三中全会和自治区党委九届七次全会精神，加快推进农村改革发展的实施意见（讨论稿）》（与政府办合作）；“加快民营经济发展”，以市政府主要领导名义发表在《广西日报》。

【编纂《桂林工作》】 2008 年初，市委政策研究室确定《桂林工作》指导性、时效性和可读性相结合的办刊原则，并把《桂林工作》由双月刊改为月刊。《桂林工作》全年用稿 276 篇。其中，市领导重要讲话和重要文件 20 篇；县处级干部稿件 76 篇；介绍各种经验 42 篇；工作调研 33 篇；课题研究 19 篇。起到了指导基层、推动工作的作用。

【承办自治区党委政研系统工作座谈会】 2008 年上半年，市委政策研究室承办的自治区党委政研工作座谈会在桂林市举行。自治区 14 个市的市委政策研究室的领导及相关人员 40 多人参加会议。会议围绕贯彻落实科学发展观，促进环境保护与科学发展，加强政研部门创新能力建设，开创新形势下政研工作新局面的主题展开座谈讨论。自治区党委政策研究室的领导传达了中央政策研究室领导和自治区党委书记郭声琨对新形势下做好政策研究工作的指示和要求。与会人员就进一步开创政研工作新局面交换了意见。会议围绕促进环境保护与科学发展的命题，印发各市调研成果 19 篇，为各地工作的开展起到了借鉴作用。

（朱楚林）

党校工作

【概　况】 2008 年，中共桂林市委党校（简称市委党校，下同）开展继续解放思想，推动科学发展的讨论学习，提高教职工的政治素质，较好地完成了干部培训、教学改革、教学科研、校园建设等各项工作任务。年内，加强校园信息化建设，投资近 18 万元采购、安装了硬件防火墙；投入近 12 万元购买了书架、阅览设备和图书 600 余册。

【干部培训】 2008 年，市委党校共完成办班 37 期，参训干部 3515 人次。其中，主体班 17 期，参训干部 943 人次；其他班 20 期，参训人数 2572 人次。年内，所办的培训班以自选专题班居多，主要有企业学习贯彻中共十七大精神培训、建设服务型政府专题研讨、法律法规专题培训、城市建设规划与管理专题培训、群众工作专题班等。

【教学改革】 2008 年，市委党校科学设置教学内容，根据培训特点和发展需要，紧跟形势，将相关热点问题列为专题课程存入课题库，做到按需设课。全年，选取专题 105 个，入库新专题 86 个，其中根据社会热点问题设置了 4 期有关新农村建设的培训班。创新教学方法，年内，创新了案例式、现场教学式、研讨式、“三讲”式、模拟式、对话论坛、辩论式等教学方法。

【科研成果】 2008 年，市委党校在各种学术刊物上发表论文 81 篇。其中，国家级刊物 3 篇；省级刊物 41 篇；地市级刊物 33 篇；市级内刊 4 篇。组织参加各种科研学术活动 11 批 63 人次，提交论文 63 篇，获奖论文共计 48 篇（省部级 38 篇、市级 10 篇）。其中，在广西北部湾经济区建设与沿边经济发展理论研讨会（省级）上获奖 6 篇；参加党校系统改革开放 30 周年理论研讨会及桂林市改革开放 30 周年理论研讨会获奖 8 篇，第二届广西社会科学 2008 年年会获三等奖 1 篇和优秀奖 2

篇。会同广西市场经济研究会、阳朔县人民政府、广西出版社联合举办了广西旅游与科学发展——阳朔现象理论研讨会,收到论文75篇。

【理论宣传】 2008年,市委党校编辑出版《学报》4期共4800册,发表论文71篇。其中,市委党校教研人员发表论文30篇;外部用稿41篇。有3篇文章获中国人民大学报刊复印篇目索引。年内,学报学术品位上新台阶,在《中国知网》的用户总计达2635家,其中涉及27个国家与地区,影响力日渐扩大。全年市委党校职工获第一届广西期刊优秀编辑1人,广西高校学报优秀主编1人,广西高校学报优秀编辑1人。

【队伍建设】 2008年,市委党校抓好干部选用。推行中层领导干部竞争上岗,共有22人得到提拔使用;夯实基层组织基础。采取"公推直选"方式组织基层党组织的换届工作;加强教职工培训,组织参公人员参加行政机关公务员处分条例的培训和考试、专业技术人员参加知识产权的培训和考试。选派10多位教师到自治区党校学习进修,选派外出考察学习的干部达20余人次。鼓励教师申报职称评审,有3名讲师被评为副教授,3名讲师通过副高职称的答辩。 (汪志文)

党史研究

【概　况】 2008年,市委党史研究室出台《关于加强对县、区党史业务工作指导的若干意见》和《2008年度县、区党史工作考评细则》,推出目标责任制、业务指导巡视制、党史征编课题制、年终考核评比制等新举措,党史工作出现新面貌。《中共桂林历史》第一卷完成初稿,全州、临桂、平乐县和恭城瑶族自治县、龙胜各族自治县党史正本一卷出版。出版桂北武装起义60周年纪念文集《越城岭下战旗红》,完成《新桂林新辉煌——桂林地市合并10周年大事记》《桂林市历次党代会》资料征集。完成桂林市抗战时期人口伤亡和财产损失课题调研报告和资料汇总,并上报自治区党委党史研究室。在桂林党建网开办桂林党史网页,举办首届桂北党史论坛。组织参加自治区、桂林市举办的纪念改革开放30周年理论征文评选活动,桂林党史系统有7篇论文获奖。其中,二等奖1篇;三等奖2篇;优秀奖4篇。

【地方党史正本编纂】 2008年,市委党史研究室加强党史正本编写,年底完成《中共桂林历史》第一卷征求意见稿。全州、临桂、平乐县和恭城瑶族自治县、龙胜各族自治县党史正本一卷出版,加上原先已出版党史正本的荔浦、灵川县,全市已有7个县完成党史正本一卷的编撰任务。兴安、灌阳、永福完成初稿,正在修改审定中。全州、荔浦、平乐县和龙胜各族自治县在完成一卷的基础上,已拿出二卷编撰提纲,开始二卷的编写工作。

【党史专题资料征编】 2008年,市委党史研究室结集出版桂北武装起义60周年纪念文集《越城岭下战旗红》,收录2007年纪念桂北武装起义60周年大会讲话、致辞、图片、回忆文章、诗词约10万字。年内,继续开展桂林市抗战时期人口伤亡和财产损失课题调研工作,年底完成调研报告和资料整理汇总,装册51卷11000余页,并上报自治区党委党史研究室。开展重要专题资料征编,完成《桂林市历次党代会》《新桂林新辉煌——桂林地市合并10周年大事记》资料征集工作。9月,市委批转《桂林市社会主义时期党史专题资料征编工作方案》,正式启动在全市开展社会主义时期党史专题征编工作。

【开办桂林党史网页】 7月,市委党史研究室在桂林党建网开办桂林党史专栏网页,建立了党史宣传新阵地。网页设《党史动态》《党史研究》《党史成果》《党史宣传》《党史机构》5个栏目。全年共上传各类稿件141篇、图片64幅。针对开通的党史网页服务,举办了1期党史信息员培训班,培训了各县(区)党史宣传教育信息骨干。

【首届"桂北党史论坛"举办】 9月27~28日,桂林市在荔浦县举办首届"桂北党史论坛"暨全市党史工作现场经验交流会。市委副书记束华,市委副秘书长谭兴元,荔浦县主要领导,12县5城区分管党史工作的领导,12县委党史办公室主任和分管业务副主任,5城区委党史工作负责人以及市委党史研究室人员共70多人参加会议。

市委党史研究室领导就《如何做好社会主义时期的党史工作》作了专题讲座。荔浦县委党史办、平乐县委党史办分别就建立党史工作联络员制度、党史正本编撰作了经验介绍。市委副书记束华要求级党史部门在抓紧抓好党史正本编纂工作的同时,将工作重点转向社会主义建设时期党史资料的征集和党史专题的研究上来,加大对全市重大党史事件、重要党史人物资料的征集力度,紧紧围绕市委中心工作,创新思路,多出党史精品;挖掘桂林丰富的历史资源,总结历届党委的执政经验,做到以史鉴今、以文辅政,为全市经济社会发展服务。 (张林喜)

保 密 工 作

【概 况】 2008 年,桂林市的保密工作深入贯彻落实党和国家的保密工作方针、政策,结合桂林市实际,加强保密管理、依法行政、保密法制建设、保密宣传教育、保密监督检查、保密队伍建设等。有重点地抓好党政机关、要害部门、要害部位的保密工作。通过开展各项保密工作,提高保密工作科学化、管理法制化,为维护国家安全和利益,推进桂林市经济社会全面发展,发挥保障和服务作用。

【保密宣传教育】 2008 年,市、县保密委员会认真组织开展"五五"保密法制宣传。各单位以《中华人民共和国保守国家秘密法》颁布 20 周年为契机,结合实际,开展多层面的保密宣传教育活动。全年全市共召开各种保密工作会议 895 次;印发各种保密宣传资料 10 万多份;出版保密宣传板报 495 期;组织 9900 余人观看了保密录像片。通过各种形式的保密宣传活动,使 200 余万人次受到教育。利用市委党校、行政干校阵地开设保密课,市、县保密局领导讲授保密课。对各级领导及涉密人员 6000 余人进行了保密培训。

【保密监督检查】 2008 年,市、县国家保密局加强对党政机关、要害部门、要害部位、涉密人员的保密监督检查,监督检查单位 956 个,开展保密检查 1350 余次。做好节假日各单位的保密检查。做好公开招考副处级领导岗位笔试入围人员面试的保密防范工作。对市、县辖区内各类国家统一考试和中考的保密监督检查,对辖区内的各类国家统一考试的高考、成人高考,一年 3 次的自学考试、研究生考试、英语四、六级考、医师资格考、司法考、中考的试卷安全保密,加强监督检查。市、县国家保密局在考前对其存放试卷的保密室进行严格检查,在试卷到来和考试期间,对试卷的安全保密,进行全程的保密监督检查,确保桂林辖区的各类国家教育、医师资格、司法统一考试试卷的安全保密。对承印国家秘密载体的印刷厂进行严格保密监督检查,对印刷厂的领导及员工进行保密纪律的宣传、教育,对入围人员执行规章制度情况进行监督检查,确保了国家秘密载体在印刷厂各环节的安全保密。

【要害部门、部位的保密管理】 2008 年,市国家保密局加强对保密要害部门、部位的管理,对全市各单位申报的保密要害部门、部位进行核定,完成了对全市要害部门、要害部位的确定工作。配合自治区国家保密局,对市内军工科研生产单位开展保密资格审查认证和复查工作,严把对外提供资料的审核关,确保国家秘密的安全。

(段代弟)

信 访 工 作

【概 况】 2008 年,全市各级信访部门强化信访工作主体责任,执行信访工作"一岗双责"制度;以矛盾纠纷排查化解为突破口,有效开展"大排查、大接访、大下访、大调处"和"县(区)委书记公开大接访"活动。在全国"两会"、2008 年北京奥运会和第五届中国—东盟博览会等重大活动期间,最大限度地消除越级上访隐患,最大限度地劝返赴邕进京非正常上访人员,扭转了桂林市群众赴邕进京非正常上访多的被动局面,为维护全市社会稳定,密切党群、干群关系,构建和谐社会发挥了信访部门应有的作用。

【解决信访问题】 2008 年,市委、市政府把信访工作列入党委、政府重要议事日程,全年有 11 位市领导到市信访办参加领导接待日活动,接待信访人35批417人次,批办信访件36件。市、县(区)两级信访部门全年共受理群众来信来访(含电话访)34988件次,(比上年,下同)下降8.76%。其中,来信4661件,下降28.9%;来访30327人次,下降4.61%;接待处理群众集体上访1060批20492人次,批数上升1.73%,人数下降7.85%。受理上级交办、领导批办案件194件,上升0.5%;应结案169件,结案率84.03%;受理复查、复核案件64件,结案60件,结案率93.75%;全市群众到自治区集体上访31批341人次,批数下降29.55%,人数下降8.09%。群众到北京非正常上访112人(218人次)。

【信访信息系统建设】 2008年,市信访办公室加快信访信息系统建设和使用,提高信访工作效率和管理水平。至年底,12县5城区全部完成联网开通工作,完成"全国信访信息系统"第一期工程建设。配备专业技术人员,形成系统建设和维护的专业队伍。开展信访系统全员培训,加快信访系统全面掌握和使用信访信息系统。

【领导接访】 2008年,市委、市政府提出全市信访工作的目标是实现三个"下降"、两个"规范"和两个"不发生"(比上年,重信重访明显下降、集体上访明显下降和赴京非正常上访明显下降;规范信访秩序和信访行为;不发生信访恶性案件,重大活动期间不发生大规模群体性非正常到市、赴邕、进京上访事件)。市信访办公室起草并以市委办、政府办名义下发《关于印发2008年桂林市领导干部"公开大接访"和"领导干部下访"活动实施方案的通知》,梳理各类矛盾纠纷208件。5月30日,市委书记高雄部署全市领导干部"公开大接访"和"领导干部下访"活动。7月11日,市委书记高雄率领市信访办公室、交通局和临桂县委等单位和部门领导,带案到临桂县四塘村开展下访活动,解决了群众行路难的问题。7月12日,市长李志刚深入荔浦县带案下访,接待上访群众5批10多人,对群众多次反映河流污染问题,提出了标本兼治的具体措施。截至11月30日,市领导有16人次参加公开大接访,接待群众55批183人次。县(区)委书记、县(区)长参加公开大接访292人次,接待群众974批22691人次,县(区)领导班子其他成员每天有一名领导到信访部门参加公开大接访1295人次,接待群众1147批13347人次。

【为领导决策当好参谋】 2008年,市信访办公室深入开展初信初访、重信重访专项治理工作,1~11月排查出矛盾纠纷736件。做好2008年北京奥运会期间信访维稳工作,全市共派出驻京信访维稳工作150人次,编辑上报信访信息19期,为领导准确研究判断信访工作形势提供参考;在京查找、劝返上访群众39人次,从北京市马家楼、久敬庄集中分流中心接出、送回上访人26人次,出色完成了自治区党委、政府交给的驻北京信访维稳工作任务。针对乡镇信访问题突出、信访力量薄弱问题,市信访办公室向市委建议在乡(镇)成立综治、司法、信访联动服务中心,实行一个窗口对外、一站式服务处理信访问题,得到市领导的采纳;向市委建议并以市委办、市政府办的名义下发了《关于认真做好2008年信访工作的通知》《桂林市信访突出问题逐级研究解决工作机制》,促进了信访工作有序、有效开展。 (*唐剑*)

老干部工作

【概　况】 2008年,桂林市老干部的政治待遇、生活待遇落实,国有企业改制和破产企业离休干部服务管理、老年大学和老干部活动中心建设等取得突出成绩,在推动科学发展、促进社会和谐中发挥积极作用。年末,全市共有离休干部1728人。其中,市直1008人;县(区)720人。红军时期4人;抗战时期186人;解放战争时期1538人。行政机关单位625人;事业单位411人;企业692人。

【老干部思想政治建设】 2008年,全市各级老干部工作部门坚持开展形式多样、内容充实的活动,加强老干部的思想政治建设和党支部建设,把老干部的政治待遇落到实处。坚持和完善老干部政治学习、组织生活、阅读文件、情况通报等8项制度。年初,桂林市遭受罕见冰冻灾害,各级老干部工作部门时刻牵挂老干部的冷暖安危,及时把组织的关怀和温暖送到离退休老干部家中,为老干部提供细心、贴心、周到的服务，确保老干部生命安全和身体健康。2月，1000多名老干部参加市委老干部局组织的闹元宵游园活动。6月，举办了市直离退休干部党支部书记培训班。8月，召开全市老干部情况通报会，市委书记刘君主持会议，市长李志刚作情况通报，市直机关1000多名离休干部和正处以上退休干部参加了会议。11月初，组织全市2570多名老干部在桂林市万福山庄开展郊游活动，为老干部举行保健知识讲座，并将文艺活动贯穿其中，使老干部在休闲的郊游中愉悦身心。

【落实老干部生活待遇】 2008年，全市按照“单位尽责、社会统筹、财政保障”的原则，巩固和完善离休干部“三个机制”(离休费保障机制、医药费保障机制、财政支持机制)，从制度上保障老干部“两费”(离休费、医药费)的落实，保障老干部共享改革发展成果。一是在规范性津补贴方案制订过程中，市委老干部局加强与有关部门协商并报市委、市政府同意，从机制和政策层面上解决了离休干部的生活补贴按在职同级同类人员100%的标准发放，退休干部按在职同级同类人员90%的标准发放问题。二是根据《关于调整因瘫痪等原因长期生活不能自理老干部护理费的通知》，及时提高红军时期参加革命工作的离休干部护理费和因瘫痪等原因长期生活不能自理的离休干部护理费等费用标准。老红军护理费由原来的每人每月600元提高到800元，因瘫痪等原因长期生活不能自理的离休干部护理费由原来的每人每月250元提高到600元。三是为外埠离休干部争取到凭“离休干部证”可以免费参观游览桂林景区景点和乘坐市内公交车方面的优待政策。

【国有改制和破产企业离休干部服务管理】 2008年，市委老干部局会同市财政、劳动和社会保障、国有资产管理委员会等部门，制订了《关于国有改制和破产企业离休干部移交管理服务审批工作的实施办法》，并在企业实施改制、破产过程中，按政策规定一次性提足老干部的离休费、医药费等各项经费，存入财政专项经费账户，确保离休干部利益不受影响。截至年底，市委老干部局共接收了改制、破产企业离休干部51人，代管特困企业离休干部99人。全年市本级财政共支出1500多万元用于解决困难和破产企业老干部的医疗统筹和规范性生活补贴所需经费。

【老年大学和老干部活动中心建设】 2008年，市财政拿出24万元对老年大学校舍进行改造维修，改善了老年大学的学习环境。市委组织部从党费中拨出9万多元经费用于购买新开办的电化教学室多媒体教学设备，建立离退休党员电化教育培训中心。7月，市老干部活动中心成功举办首届全市老干部书画、摄影展及老干部运动会，活动共展出书画作品107幅，摄影作品43幅，共有95幅书画、摄影作品获奖。930多名离退休干部参加了门球、柔力球、乒乓球、台球、麻将、扑克、火炬接力等项目的比赛。 (张成平)

机　构　编　制

【概　况】 2008年，桂林市机构编制委员会办公室(简称市编制办，下同)贯彻国务院《关于深化行政管理体制改革的意见》，深化行政管理体制改革，加强乡(镇)机构编制督促检查，做好事业单位改革基础性工作，创新机构编制管理，为桂林市经济健康、平稳、较快发展和临桂新区建设提供体制服务。

【创新机构设置】 2008年，市编制办积极探索构建临桂新区管理体制，印发了《中共桂林市临桂新区工作委员会桂林市临桂新区管理委员会机构设置主要职能和人员编制方案》，理顺了市与县的职责关系，建立“集约化办公，简洁化管理”的运行机制，并设立市财政局临桂新区分局。按照市委、政府关于加快苏桥新区开发建设步伐的要求，印发了《中共桂林市苏桥经济开发区工作委员会桂林市苏桥经济开发区管理委员会机构设置主要职责和人员编制方案》，设立市财政局苏桥经济开发区分局，完善苏桥经济开发区机制平台。按照国家建设部对国家级风景名胜区综合整治的要求以及市委、政府关于加强漓江风景名胜区管理的工作部署，完善漓江风景名胜区管理机构，印发了《桂林市漓江风景名胜管理机构设置主要职责和人员编制方案》，将原在市政府办挂牌的桂林市漓江风景名胜区管理委员会办公室改在市政府办设立，将市漓江风景名胜区管理局从市园林局分离出来，理顺了漓江风景名胜区的执法队伍管理体制，增建漓江风景区专业技术管理机构，充实了市、县、乡三级漓江风景名胜区管理人员编制，健全三级管理联动机制。组建桂林市金融工作领导小组办公室（挂桂林市金融工作办公室牌子），构建政府与金融行业沟通的平台。加强国库资金管理机构建设，在各城区分别成立了国库支付管理中心。完善了市土地储备交易管理机构和市防洪及漓江补水工程水利枢纽管理机构。

【深化行政管理体制改革】 2008年，市编制办围绕桂林发展需要，深入调研市本级行政管理体制中存在的转变职能不到位、职责交叉、权责脱节、机构重叠、效率不高等问题，理顺部门职责。调整和规范了市直机关19个部门24个内设机构及职责；理顺市党政群团机关及参照公务员管理事业单位的管理；理顺公安有关体制，设置刑侦责任区大队和交通警察支队高速公路绕城大队，成立了机场口岸签证办；规范市、县森林公安机构设置，成立了桂林市森林公安局及其有关森林公安分局；核定市、县两级公安机关后勤服务人员控制数，扭转2001年机构改革以来公安缺乏后勤人员编制局面；明确了市博览事务管理局的“三定”（定职能、内设机构、人员编制）规定；设立市少数民族语言文字工作委员会；成立了由市政法委领导的流动人口管理办公室；组建市环境保护局各城区分局、市环境监控和环境信息中心。年内，深化行政管理体制改革，开展专项调研活动。一是对市直部门职能萎缩、人员过多的单位进行调研；二是对军队转业干部安置任务重、机关人员结构不合理的现状进行调研；三是对县级党政群机关行政编制和人员、领导职数配备情况进行调研，探索有效约束机制。

【事业单位机构改革】 2008年，市编制办按照上级编制部门要求继续做好事业单位改革前期准备工作，摸清机构编制底数，探索事业单位分类改革思路，为推进事业单位机构分类改革打好基础。一是整合职能、职责相近的事业单位8个，核销了部分事业编制。二是做好市直事业编制总量控制工作，根据市经济发展需要市本级成立了9个事业单位，所需编制在编制控制总数内解决；撤销职能消失的事业单位13个，将4个事业单位合并为2个，核销编制232名。三是加强对事业单位的编制结构管理，在审批进人使用编制和审批用编计划时，严格审核进人用编的岗位及其计划用编的比例，促进事业单位技术力量比重的提高。四是加快企业办社会的职责剥离，年内完成桂林市接收的5所企业办学校和2所卫生院的编制控制数的核定。五是会同有关部门对市职业教育编制标准和华侨农场体制改革等工作进行调研。

【加强监督检查】 2008年，市编制办贯彻中央编制办和国家监察部联合制定的《机构编制监督检查工作暂行规定》。针对县级机构编制工作重视程度不够和一些县直单位超编等问题，年内，市编制办领导组织下县指导和督促检查12次，督促规范县级机构编制委员会工作规则，并就县直单位超编、乡镇机构编制管理以及县直事业单位理顺和构建等问题进行检查和调研。开展编制信访问题下访活动，督促各县协助有关部门妥善安置机构改革分流人员。开展控制乡镇机构编制和实有人员情况的督促检查专项活动，抽查了6个县10个乡镇。通过督促检查，促进县机构编制委员会制度化建设，杜绝多头呈报、多人审批、多口进人等现象发生，有效控制机构编制的增长，全市乡镇机关、事业编制实现“零”增长，乡镇机关出现较大的空编，确保了乡（镇）机构编制和财政供养人员只减不增目标的实现。

【机构编制管理】 2008年，市编制办完善机构编制管理有关规定，推进和实行机构编制双证管理，建立完善编制台账制，建立计算机管理档案制度，完善《编制使用审批表》和《机关后勤服务人员控制数审批表》，推进机构编制实名制管理。严格执行机构编制委员会“三个一”（一支笔审批、一个文件下达、一个部门承办）制度、进人使用编制报送计划和审批制度，制定《关于进一步完善市直机关和事业单位编制使用有关问题的意见》，按照规定程序研究和解决机构编制问题。年内，全市没有超编。

【事业单位登记管理】 2008年，市编制办规范登记程序，强化事业单位法人登记管理和监督，健全有关台账和档案设施，开展并完善2007年度事业单位法人审查工作，拓展年检通知渠道。加强督办，对无故不参加年检的单位下发督办通知。年内，全市应年检事业单位5158个，年检4848个，年检率94%。其中：市本级应年检642个事业单位，年检率95%；2007年度市本级登记（备案）的事业单位3个；变更登记的310个；注销登记的4个。加强事业单位法人培训和系统业务培训，协助县级举办事业单位法人代表培训班1期，组织市级代表队参加自治区事业单位登记管理技能竞赛获得一等奖。（陈亚青）

市直机关工委

【概　况】 2008年，市直机关各级党组织认真抓好机关党组织的思想、组织、作风、制度和反腐倡廉建设，充分发挥机关党组织和广大党员的先锋模范作用，促进了市直机关党建工作整体水平的不断提升，为推动桂林经济社会又好又快发展提供了坚强的思想和组织保证。

【思想宣传】 2月，市直属机关工作委员会（简称机关工委，下同）将深入学习贯彻中共十七大精神列为全年机关思想理论武装工作的重点进行部署，市直机关各级党组织邀请市直机关党课讲师团成员和有关专家进行专题辅导讲课90多场次，受教育面达1.5万人次。各级党组织党员领导干部上理论教育课350多场次。3月，在市委党校举办市直机关党组织书记理论培训班，围绕科学发展观，创新机关党的建设、继续解放思想等专题进行重点辅导。开展《学习贯彻胡锦涛总书记在广西视察工作时重要讲话精神》专题党日活动。下发《关于认真学习继续开展继续解放思想大讨论活动的通知》和实施方案，组织各级党组织结合自身实际，开展继续解放思想大讨论活动。4月，开展《学习贯彻市委三届五次全会精神》专题党日活动。7月，开展“学习党的十七大精神、加强机关党的建设”为主题和“继续解放思想，推动科学发展”为主题的机关党员干部读书征文比赛活动，共收到征文400多篇。8～10月，开展“继续解放思想，推动科学发展”为主题的机关党员干部读书月活动，编印了1.3万册《深入学习实践科学发展观活动辅导资料》赠送给机关在职党员，并在机关工委建立图书漂流站，为市直机关党员干部创造良好的读书、交流环境。年内更新了《桂林机关党建》网站版面设计，增加机关党建工作简报、热点新闻、继续解放思想大讨论活动、学习贯彻中共十七大精神等专栏，网站全年收到投稿1600篇。

【组织建设】 2月，机关工委修订下发《机关基层党组织工作责任目标考核细则》《桂林市直机关党建目标管理考评办法》，对考核内容进行量化，便于基层党组织在工作贯彻执行。下发《关于在抗寒救灾工作中充分发挥机关党组织的战斗堡垒作用和共产党员的先锋模范作用的紧急通知》，要求市直各基层党组织紧急动员和组织广大党员，做好灾害性雨雪冰冻天气应对工作和受灾群众的安置、帮扶工作。2月和7月，机关工委组织慰问特困党员136人，发放慰问金41700元，使困难党员、老红军党员感受到党的温暖。3月，开展党组织生活创新活动，在市直机关各级党组织开展创建“五型”（学习型、服务型、创新型、诚信型、廉洁型）党组织、“四好”（学习好、服务好、绩效好、形象好）党员、最佳主题实践活动、最佳党日、最佳党课活动，激发广大共产党员参加党组织生活的热情。5月，组织市直机关党组织和广大党员干部职工向四川汶川地震灾区“献爱心”捐款活动和党员缴纳“特殊党费”活动，机关工委所属100多个党组织共向灾区捐款415万多元（直接由市直机关工委接收的票据捐款210多万元），交纳“特殊党费”439.6万元。其中，个人交纳1000元以上的（含1000元）1155人。7月，对114个先进党组织、156名优秀共产党员、85名优秀党务工作者和41名“八桂先锋行”先进个人进行表彰。规范流动党员的管理，发放了“流动党员活动证”，拟制流动党员管理办法。年内，完成了40多个机关党组织换届选举工作。举办3期入党积极分子培训班，培训入党积极分子450多名，发展新党员310名。

【党风廉政工作】 2008年，机关工委加强党组织党风廉政建设。2月，制订年度市直机关党风廉政建设和反腐败工作目标和措施。6月，在《桂林

5月22日，中共桂林市委办公室机关委员会举行党员交纳"特殊党费"支援地震灾区活动。图为捐款现场。
唐侃　摄

机关党建网》开办廉政广角专栏，设置廉政文化建设、纪检信息、党纪条规、办案知识、廉政漫画等6个栏目，加大市直机关党风廉政建设和反腐败工作的宣传教育力度。8月，与市纪检有关部门到市直机关单位进行调研，召开5次市直机关办案协作区工作会议。10月，建立完善《关于领导干部收入申报和个人重大事项报告制度》《机关工委党风廉政建设责任制实施办法》《机关工委党风廉政建设责任制责任追究办法(试行)》《机关工委党风廉政建设述职述廉制度》等6项党风廉政制度。全年接受群众来电来访和咨询业务23人次，接受群众的来信来访和举报共5件，全部办理结案，其中受党纪处分1人。

【群团工作】　机关工会工委　1月，召开了市直机关工会学习中共十七大精神专题辅导和2008年工作会议。春节前开展了慰问机关特困职工活动，共慰问特困职工48户。5月，开展了市直机关职工"迎奥运，庆五一"气排球、拔河比赛活动。6月，推荐选举出席桂林市总工会第三次代表大会的8名机关代表。推荐申报市总工会表彰先进职工之家2个，先进职工小家1个，优秀工会工作者8名，工会积极分子10名，工会之友7名。9月，举行了中秋联谊活动和庆国庆工会干部保龄球比赛。年内，做好基层工会组织的换届选举工作。审批了市直机关17个基层工会组织的换届选举。

机关团工委　3月，组织12个单位团组织共100多人在叠彩区政府广场开展"学雷锋活动"。4月，组织所属团组织开展抗冻救灾各项活动，筹集抗冻救灾捐款3000多元。4月，组织团员青年到陈光烈士墓扫墓。5月，组织评选出市直机关团工委片的2个"五四"红旗团委、2个"五四"红旗支部、14名优秀共青团干。年内，团工委组织所属团组织开展抗震救灾捐款18500多元。完成了5个团组织的换届工作，新成立1个团支部。

机关妇工委　3月，组织1000户机关干部家庭参加中国"人寿杯"节能减排保护环境家庭知识竞赛活动。3月，组织机关单位参加全市"三八红旗手"、"五好文明家庭"评选表彰活动。开展市直机关第三届女子气排球比赛活动，共有30多个单位组队参加。7月份，组织机关200多名妇女干部开展"中华妇女文明礼仪"讲座活动。9月，市直机关妇委会更名为市直机关妇女工作委员会。

（邓晖）

2月25日，桂林市第三届人民代表大会第四次会议开幕。（黄雷 摄）

重 要 会 议

【第三届人民代表大会第四次会议】 2008 年 2 月 24～28 日举行。出席代表 423 名。会议听取和审议了《政府工作报告》《桂林市人大常委会工作报告》《桂林市中级人民法院工作报告》《桂林市人民检察院工作报告》，审查和批准了《关于桂林市 2007 年国民经济与社会发展计划执行情况和 2008 年国民经济与社会发展计划（草案）的报告》《关于桂林市全市与市本级 2007 年预算执行情况和 2008 年预算草案的报告》，批准了桂林市 2008 年国民经济与社会发展计划、桂林市 2008 年市本级预算，并相应作出了决议。会议依法补选李志刚为桂林市市长。

【第三届人大常委会会议】 2008 年，共召开 10 次常委会会议。

第十一次会议 1 月 31 日举行。会议听取和审议了《桂林市人民政府关于执行〈桂林市人大常委会关于进一步加强网吧及网络游戏管理的决议〉情况的报告》《桂林市人大教科文卫委员会对市人民政府执行〈桂林市人大常委会关于进一步加强网吧及网络游戏管理的决议〉工作情况初审结果的报告》《桂林市人民政府关于市第三届人民代表大会第一、二次会议代表建议、批评和意见办理工作情况的报告》《桂林市人大常委会人事代表联络工作委员会关于市第三届人民代表大会第一、二次会议代表建议、批评和意见办理工作情况的报告》；审议和表决通过了《桂林市人大常委会关于表彰市第三届人民代表大会第一、二次会议"代表优秀建议"、"承办建议先进单位"的决定》《桂林市人大常委会关于召开市第三届人民代表大会第四次会议的决定》和《桂林市人大常委会关于市第三届人民代表大会第四次会议列席人员的决定》；审议并原则通过了《桂林市人大常委会工作报告（草案）》，同意将报告提交桂林市第三届人民代表大会第四次会议审议；审议了《桂林市第三届人民代表大会第四次会议议程（草案）》《桂林市第三届人民代表大会第四次会议通过有关事项的方式的规定（草案）》和《桂林市第三届人民代表大会第四次会议主席团和秘书长名单（草案）》，并同意将以上事项提交大会预备会议审议；审议了准备提交市第三届人民代表大会第四次会议审议的其他有关文稿。会议还表决通过了有关人事任免事项，并向被任命人员颁发了任命书。

第十二次会议 2 月 6 日举行。会议表决通过了《桂林市人民代表大会常务委员会关于接受张秀隆辞去桂林市市长职务请求的决定》；听取和审议了《桂林市人大常委会主任会议关于提请审议李志刚为桂林市副市长的议案》，决定任命李志刚为桂林市副市长；听取和审议了《桂林市人大常委会主任会议关于提请审议李志刚为桂林市代理市长的议案》，表决通过了《桂林市人大常委会关于李志刚为桂林市代理市长的决定》；听取和审议并表决通过了《桂林市第三届人民代表大会常务委员会代表资格审查委员会关于代表资格审查的报告》；审议了需提交桂林市第三届人民代表大会第四次会议审议的有关文稿。

第十三次会议 2 月 22 日举行。会议听取和审议并表决通过了《桂林市第三届人民代表大会常务委员会代表资格审查委员会关于代表资格审查的报告》；听取了市人大常委会人事代表联络工作委员会《关于代表出缺情况的说明》；审议了需提交市三届人大四次会议审议的有关人员名单（草案）。

第十四次会议 4 月 11 日举行。会议听取和审议了《桂林市人民政府关于我市临桂新区规划建设情况的报告》《桂林市人民政府关于我市机场路改扩建工程情况的报告》；听取和审议并通过了《桂林市人民代表大会代表建议、批评和意见处理办法》。会议还表决通过了《桂林市人民代表大会常务委员会关于接受田建华辞去桂林市人民代表大会常务委员会委员职务请求的决定》以及其他有关人事任免事项，并向被任命人员颁发了任命书。

第十五次会议 4 月 26 日举行。听取和审议了《桂林市人民政府关于提请审议给予临桂县环城北路改造工程项目财政专项补偿资金的议案》及其说明，审议并表决通过了《桂林市人大常委会关于批准桂林市人民政府为临桂县环城北路改造工程项目提供财政专项补偿资金的决定》。

第十六次会议 6 月 11 日举行。会议听取和审议了《关于2007年桂林市本级财政决算的报告》《桂林市人民政府关于2007年度市本级预算执行和其他财政收支情况的审计工作报告》《桂林市第三届人民代表大会财经委员会关于2007年桂林市本级决算的审查报告》;《桂林市人民政府关于贯彻执行〈中华人民共和国文物保护法〉情况的报告》《桂林市人大常委会执法检查组关于检查我市贯彻实施〈中华人民共和国文物保护法〉情况的报告》;《桂林市人民政府关于贯彻执行〈中华人民共和国农产品质量安全法〉情况的报告》《桂林市人大常委会执法检查组关于检查〈中华人民共和国农产品质量安全法〉实施情况的报告》;《桂林市人民政府关于桂林市城市污水处理和城市排水管理情况的报告》《桂林市人大城乡建设环境与资源保护委员会对市人民政府〈关于桂林市城市污水处理和城市排水管理情况的报告〉的初审意见》。会议表决通过了《桂林市人大常委会关于批准2007年桂林市本级决算的决议》。会议还表决通过了有关人事任免事项,并向被任命人员颁发了任命书。

第十七次会议　7月25日举行。听取和审议了市人民政府《关于桂林市2008年上半年国民经济和社会发展计划执行情况的报告》《关于桂林市全市和市本级2008年上半年预算执行情况的报告》《桂林市人大财政经济委员会关于对桂林市2008年上半年国民经济和社会发展计划与预算执行情况的评价与建议》;《桂林市人民政府关于贯彻执行〈中华人民共和国民族区域自治法〉、〈民族乡行政工作条例〉情况的报告》《桂林市人大民族华侨外事委员会对桂林市人民政府关于贯彻执行〈中华人民共和国民族区域自治法〉、〈民族乡行政工作条例〉情况的报告的初审意见》;市人大常委会执法检查组《关于开展〈中华人民共和国治安管理处罚法〉执法检查情况的工作报告》。会议审议了《桂林市人民政府关于提请授予刘宇一“桂林市荣誉市民”称号的议案》,表决通过了《桂林市人大常委会关于授予刘宇一“桂林市荣誉市民”称号的决定》。会议还表决通过了《桂林市人民代表大会常务委员会关于接受黄丹辞去桂林市副市长职务请求的决定》和其他人事任免事项,并向被任命人员颁发了任命书。

第十八次会议　9月25日举行。听取和审议了《桂林市人民政府关于贯彻执行〈中华人民共和国渔业法〉情况的报告》《桂林市人大常委会执法检查组关于检查〈中华人民共和国渔业法〉实施情况的报告》;《桂林市人民政府关于贯彻执行〈中华人民共和国港口法〉、〈广西壮族自治区水路运输管理条例〉情况的报告》《桂林市人大常委会执法检查组关于检查〈中华人民共和国港口法〉和〈广西壮族自治区水路运输管理条例〉实施情况的报告》。会议表决通过了《桂林市人民代表大会常务委员会关于接受高雄辞去桂林市人民代表大会常务委员会主任职务请求的决定》《桂林市人民代表大会常务委员会关于接受束华辞去桂林市副市长职务请求的决定》和《桂林市人民代表大会常务委员会关于接受陈建军辞去桂林市副市长职务请求的决定》。会议还表决通过了其他人事任免事项,并向被任命人员颁发了任命书。

第十九次会议　10月28日举行。听取和审议了《桂林市人民政府关于“五五”普法规划中期执行情况专项工作的报告》;审议并表决通过《桂林市人大常委会关于许可对市人大代表张安依法采取行政拘留措施的决定》。会议还表决通过了有关人事任免事项,决定任命陈丽华、黄俊华为桂林市副市长,并向被任命人员颁发了任命书。

第二十次会议　12月23日举行。听取和审议了市人民政府《关于桂林市国民经济和社会发展第十一个五年规划纲要中期执行情况的报告》、市人大常委会国民经济和社会发展“十一五”规划中期执行情况调研组《关于桂林市国民经济和社会发展第十一个五年规划中期执行情况的调研报告》;《桂林市人民政府关于我市贯彻广西壮族自治区〈关于全面实施职业教育攻坚的决定〉情况的报告》、市人大常委会职业教育攻坚调研组《关于桂林市全面实施职业教育攻坚情况的调研报告》;《桂林市人民政府关于〈桂林市第三届人民代表大会“关于加强桂林市城区道路交通基础设施建设改善道路交通拥堵状况的议案”的决议〉执行情况的工作报告》;《桂林市人民政府关于提请审议2008年市本级财政预算调整方案(草案)的议案》及说明、市人大财经委员会《关于〈桂林市人民政府关于提请审议2008年桂林市本级财政预算调整方案(草案)的议案〉的审查报告》。会议表决通过了《桂林市人大常委会关于批准2008年市本级财政预算调整方案的决议》。

12月5日，全市县、区人大工作座谈会召开。　　林京学　摄

【全市县区人大工作座谈会】　12月5日在永福县召开。会议交流了全市各县区人大常委会自2006年换届以来的工作情况。市人大常委会副主任韦广雄、熊显元、黄阐、邓中星、汤杰，秘书长鲁圣发，各县区人大常委会主任和办公室负责人出席会议。市人大常委会党组副书记、副主任韦广雄强调，要深刻认识人大的性质、地位和作用，充分认识做好县区人大工作对于推动社会主义经济社会发展和民主政治建设的重要意义，正确摆正人大工作的位置，坚持人大工作原则，切实加强人大常委会及其机关的自身建设，推动全市人大工作在新形势下实现新的发展。　（凃国辉）

重　要　工　作

【贯彻落实自治区人大工作会议精神】　2008年7月，自治区党委下发《关于进一步加强和改进人大工作决定》（以下简称《决定》）和召开自治区人大工作会议。会后，市人大常委会深入学习贯彻自治区党委《决定》精神和自治区人大工作会议精神。在积极配合自治区人大调研组到桂林市部分县（区）调研、检查《决定》落实情况的同时，市人大常委会党组主动向中共桂林市委汇报全市人大工作情况，争取市委更大支持。常委会就贯彻落实《决定》精神，组织有关人员进行调查了解，草拟了市委《关于进一步加强和改进人大工作决定》。2008年12月，市委下发《关于进一步加强和改进人大工作决定》，并召开全市人大工作会议，进一步指明了桂林市人大工作的前进方向。

【支持临桂新区建设】　为加快推进临桂新区建设，市人大常委会在就临桂新区建设有关项目的可行性论证、投资规模、融资渠道、偿债能力等进行调研的基础上，审议了市人民政府《关于提请审议给予临桂县环城北路改造工程项目提供财政专项补偿资金的议案》，作出了批准该议案的决定，同意市人民政府给予临桂县环城北路改造工程项目提供财政专项补偿资金。同时要求市人民政府健全政府债务管理机制，控制好债务规模，防范财政风险，确保市本级财政收支平衡；加强项目监督管理，加快项目建设，保质按时竣工发挥作用。为确保临桂新区重大项目建设顺利推进，市人大常委会听取和审议了市人民政府《关于临桂新区规划建设情况的报告》《关于机场路扩建改造情况的报告》，提出了建设性意见，促进了临桂新区建设和机场路的扩建改造。

【加强对“十一五”规划实施的监督】　2008年，为做好桂林市国民经济和社会发展“十一五”规划实施的审议工作，常委会专门成立了专题调研

工作领导小组和5个调研组,分别听取了市人民政府42个部门的汇报,对12县5城区政府执行"十一五"规划的情况进行了解,实地视察市、县(区)部分重点建设项目,形成调研报告,提出针对性的审议意见。12月23日,市人大常委会听取和审议了市人民政府关于《桂林市国民经济和社会发展第十一个五年规划中期评估情况报告》。

【促进职业教育发展】 年内,市人大常委会在组织对桂林市三年职业教育攻坚第一年工作情况进行深入调研后,听取和审议了市人民政府关于贯彻自治区《关于全面实施职业教育攻坚的决定》情况的报告,有针对性地提出了意见和建议,促进了职业教育教学改革的深化,推进了职教项目建设,增强了职业学校发展后劲。

【督促人大决议、决定的贯彻落实】 为推动市人大及其常委会作出的决议、决定得到有效贯彻执行,市人大常委会通过组织专题调研的方式,分别对市人大及其常委会近年来作出的关于加强桂林市城区道路交通基础设施建设改善道路交通拥堵状况、关于允许在市区限制性销售燃放烟花爆竹、关于加强消防基础设施建设完善城市消防安全体系、关于进一步加强网吧及网络游戏管理等决议、决定的落实情况进行调研,并听取和审议了市人民政府的相关工作报告,强化了对人大决议、决定执行情况的监督。

【重视和加强信访工作】 市人大常委会建立领导分工责任制和信访信息网络,完善信访件交办、转办和督办工作程序,建立12县5城区人大系统信访数据网络上报体系和信访月报制度,拓展信访信息渠道,提高了信访工作效率。年内,共接待群众来信来访1074件,直接办复782件,转有关部门办理292件;办理上级人大交办件27件,对全国人大转来的11件重复信访件实行专人负责,并全部办结。收到涉法涉诉信访件42件,经审查,均区别情况给予解释或转交有关单位处理。

【加强依法任免工作】 2008年,市人大常委会严格依法办事,完善有关任免制度,及时任免国家机关工作人员,为地方国家机关的正常运转提供组织保证。年内,共依法任免国家机关工作人员70人次。市人大常委会任命国家机关工作人员,坚持对拟任命人员与常委会组成人员见面、使用无记名表决、颁发任命书等制度,增强了人事任免工作的透明度。同时,按照市人大常委会《关于决定任命、任命地方国家工作人员的规定》,举办了受任命地方国家工作人员第一期法律学习班,有79人参加学习,增强了受任命干部的公仆意识和自觉接受人大监督的意识。

【加强和改进代表工作】 年内,市人大常委会认真贯彻中央关于进一步发挥人大代表作用、加强人大常委会制度建设的若干意见的精神,采取多方面措施,加强和改进代表工作。为做好代表建议的办理工作,市人大常委会通过了《关于人大代表建议、批评和意见处理办法》,改进和完善代表建议的办理程序,使代表建议办理工作制度化、规范化。加强人大代表培训,举办市三届人大代表第二期培训班,有200多名代表参加,提高了代表的综合素质。市三届人大四次会议期间共收到98件代表建议、批评和意见,市人大常委会及时将代表建议按程序进行交办(其中10件代表建议作为重点督办),并加大代表建议的跟踪督办力度,使代表建议得到及时办理,实现了100%的答复率,代表对建议办理工作基本满意率达95.2%。

【加强同各级人大的联系】 积极配合全国人大、自治区人大在桂林市开展的有关法律法规的立法调研和执法检查工作。受自治区人大常委会委托,组织完成了本选区的自治区人大代表小组年中专题调研和视察活动。继续加强与兄弟市人大的联系,先后出席了在无锡、永州、崇左等地召开的自治区内外城市人大工作联席会,成功举办了全国22城市人大常委会第二轮第十二次联席会议,获得了与会城市的一致好评。加强与县、区人大的联系和工作指导,召开了全市县、区人大工作座谈会,交流了工作经验,促进了县、区人大工作。坚持邀请县、区人大常委会负责人列席市人大常委会会议制度,全年共邀请36人次列席常委会会议。各专委会通过召开座谈会等形式,加强对县、区人大对口工作部门的联系和指导。积极开展对外友好往来,组团成功出访韩国、日本,同时做好了加拿大中加友好代表访问团、韩国友好访问团等多批外宾的接待工作。 (涂国辉)

桂林市人民政府

10月28日，桂林市人民政府和广西大学举行市校科技合作框架协议签字仪式。

（唐侃　摄）

重 要 会 议

【全市性重要会议】

1月3日,市委、市政府召开全市经济工作会议。

1月24日,市政府召开全市发展和改革工作会议。

3月4日,市政府召开全市残疾人事业工作会议。

3月18日,市政府召开全市审计工作会议。

3月28日,市政府召开全市普法依法治理暨司法行政工作会议。

3月31日,市政府召开全市安全生产工作暨市人民政府2008年二季度防范特大安全事故工作会议。

4月1日,市政府召开全市对外开放工作会议。

同日,市政府召开全市环境保护工作会议。

4月8日,市政府召开全市文化工作和"扫黄打非"工作会议。

4月8日,市政府召开全市抗灾救灾及涉农资金监督管理工作紧急会议。

4月11日,市政府召开全市2008年一季度经济运行分析电视电话会议。

同日,市政府召开全市食品安全工作会议。

4月12日,市政府召开全市建设工作会议。

4月29日,市政府召开全市消防工作会议。

同日,市政府召开全市交通工作会议。

4月29日,市政府召开全市水产畜牧兽医工作会议。

6月20日,市政府召开廉政工作电视电话会议。

7月8日,市政府召开全市消防工作会议。

7月25日,市政府召开全市城市管理工作会议。

8月21日,市政府召开全市招商引资项目大兑现工作会议。

8月26日,市政府召开全市节能减排工作会议。

9月9日,市政府召开全市财税工作会议。

10月9日,市政府召开全市林业工作会议。

10月27日,市政府召开全市安全生产、食品安全、节能减排暨第四季度经济运行分析会。

11月28日,市政府召开全市财税工作会议。

12月18日,市政府召开全市经济运行分析会。

【市政府全体(扩大)会议】 2月22日,市政府召开三届四次全体(扩大)会议,讨论和通过了提

1月3日,全市经济工作会议召开

黄雷 摄

请市三届人大四次会议审议的《政府工作报告》等事项。

【市政府常务会议】 2008年,桂林市第三届人民政府常务会议共召开30次:

第二十六次常务会议 1月2日召开,会议讨论、通过了《桂林市2008年国民经济和社会发展主要预期目标(草案)》、研究各种责任状考评方案及2008年为民办实事拟选项目等事项。

第二十七次常务会议 1月9日召开,会议讨论军队转业干部津补贴和消防安全工作等事项。

第二十八次常务会议 2月4日召开,会议讨论市本级公务员规范津贴补贴发放等事项。

第二十九次常务会议 2月11日召开,会议传达、学习中共中央总书记胡锦涛视察桂林灾情时的重要讲话及自治区党委、政府关于抗灾救灾和灾后重建有关会议精神;审议《2008年桂林市经济社会发展主要预期目标(草案)》、市政府2008年为民办实事项目、《政府工作报告》(修改稿);研究关于灾后重建等事项。

第三十次常务会议 2月22~23日召开,会议审议、通过了《临桂新区被征地农民培训就业和社会保障暂行办法》《临桂新区农村集体土地被征收后的人员安置办法(试行)》《临桂新区土地征收工作责任书》《桂林市第九届龙舟赛暨国际龙舟邀请赛方案》《关于全面实施职业教育攻坚的实施意见》《桂林漓江流域现代(生态)农业示范区规划》;审议《政府工作报告》(修改稿)《桂林市临桂县城(临桂镇)总体规划(2007~2025)》《2008年友好交流计划》《关于通报2007年度全市环保目标管理任务完成情况》《桂林市城市管理相对集中行政处罚权工作方案》;研究适当提高市本级政府开发公益性岗位工资标准,市委党校部分人员享受公务员规范津贴补贴,2001年市直机构改革撤销改制单位的离退休人员列入公务员规范津贴补贴实施范围,对评选推荐的全市"两基"工作先进集体和先进个人进行表彰,机场路和万福路道路规划指标,申办2008年"第三届两岸产业市场论坛暨第四届桂台经贸合作交流会",对市审计局2007年岗位目标责任书实行考核,2007年县(区)、市直部门岗位目标管理考评表彰等事项。

第三十一次常务会议 3月3日召开,会议组织学习《中华人民共和国地方各级人民代表大会和地方各级人民政府组织法》,对《政府工作报告》中有关项目的落实进行具体部署;研究昊华南方(桂林)橡胶有限责任公司桂林橡胶机械厂(含化机厂)"退二进三"搬迁改造方案、桂林市水泵厂实施"退二进三"搬迁改造方案、市水泵厂引入桂林广运实业投资有限责任公司增资扩股组建新公司、申报第五轮自治区文明城市、推荐自治区

3月2日,市领导为临桂新区规划建设总指挥部揭牌。

黄雷 摄

机构编制系统记集体和个人二等功等事项。

第三十二次常务会议　3月17日召开，会议研究桂林银海纺织集团改制计提经济补偿金、桂林集琦集团有限公司安置职工及解决历史遗留问题用款、桂林市无线电五厂改组为有限责任公司、桂林化纤总厂实施政策性破产、桂林电缆厂实施政策性破产、桂林客车厂工业集团有限公司收购上海万象汽车制造有限公司50%股权、广西桂林地区五金矿产进出口公司筹集资金安置职工、桂林汽车运输总公司装卸队改制为有限责任公司、市横塘路改造工程实施方案、桂林师范高等专科学校扩增校用土地等事项。

第三十三次常务会议　3月29日召开，会议研究表彰2007年安全生产先进单位及优秀管理工作者先进个人、推荐自治区第六次民族团结进步先进集体和个人、表彰2007年对外开放工作先进单位和先进个人、追认唐田林为革命烈士、市属国有困难企业退休人员参加基本医疗保险等事项。

第三十四次常务会议　4月28日召开，会议听取市安全生产监督管理局关于一季度全市安全生产工作情况的汇报；审议《中共桂林市委　桂林市人民政府关于加快临桂新区开发建设的决定（送审稿）》《关于深化文化体制改革的实施意见》《关于发展文化产业的决定》；审议通过了《桂林市人民政府关于整合中等职业教育资源加快全市职业教育发展的意见》《2008年桂林市国民经济和社会发展计划》；研究桂林量具刃具有限责任公司369名职工要求与单位解除劳动合同办理失业登记、表彰2007年全市劳动和社会保障工作先进县（区）、支持桂林航天工业高等专科学校升为本科、给予桂林旅旅游高等专科学校职业教育专项国债支持、申请向银行贷款回购迎宾路及灵川一级公路收费站股权和新增西环路三期改造工程贷款、新建生活垃圾卫生填埋场和污水治理工程项目利用外国政府贷款、桂林市漓江等景点门票价格调整、阳朔县农业机械化管理中心办公业务用房项目建设、成立桂林市华侨农场改革发展领导小组、资源县“九二一”较大事故结案、全州县“一·一五”较大事故结案、平乐县“九二一”较大事故结案等事宜。

第三十五次常务会议　5月19日召开，会议听取市环境保护局关于节能减排和环境保护工作情况汇报；研究对2007年全市农村能源沼气建设先进单位和个人进行表彰、授予龙胜各族自治县等6县农村沼气建设先进县和阳朔县等11县农村沼气建设优秀县（区）称号、上报桂林市2008年享受政府特殊津贴人选、享受政府特殊津贴高技能人才候选人、调整自收自支事业单位养老保险个人缴费比例、调整市本级灵活就业人员参加基本医疗保险缴费基数和缴费比例、《桂林市2008年社会主义新农村建设工作要点》、兴安镇更名为灵渠镇、全州县划定火化区、桂林国际电线电缆集团有限责任公司兼并桂林市东风被服厂、市2008年度土地储备出让计划、良丰农场土地出让收益及企业税收分配、将桂林市公安局收教所地块进行招拍挂、市烟草公司建设资源县综合经营业务用房项目、桂山旅游宾馆有限公司延缓交纳土地出让金等事项。

第三十六次常务会议　5月26日召开，会议研究叠彩区政府处置闲置教育资产、广西红十字会援建桂林市灾后损毁民房重建项目、2008年新农合配套补助资金市县（区）两级财政分担比例、临桂县成立出租车服务有限公司、桂林银海纺织集团公司毛巾厂漏评门面资产纳入资产重组范围、核销桂林机床股份有限公司不良资产损失、桂林市基础设施建设总公司改制为有限公司、桂林山水高尔夫度假酒店有限公司土地历史遗留问题变更土地使用权类型、给予世界银行项目先进人员表彰和奖励等事项。

第三十七次常务会议　6月21日召开，会议研究桂林城市公共交通建设、机场路道路改造建设、穿山桥系统工程改造、金鸡路和六合路建设、福利路至八定路建设、桂林主城特色街区规划和重点街道立面改造规划等事宜。

第三十八次常务会议　6月23日召开，会议听取市消防支队关于加强桂林市消防基础设施建设完善城市消防安全体系的工作汇报；审议《中共桂林市委　桂林市人民政府关于表彰在2007年目标管理工作中取得显著成绩的县区的决定》《中共桂林市委桂林市人民政府关于加快苏桥经济开发区开发建设的决定》《苏桥经济开发区财政收入划分》《桂林市临桂新区财政收入划分》；研究组建桂林市防洪及漓江补水枢纽工程建设征地移民安置工作组、雉山桥重建方案、桂林奇峰纸业有限公司“退二进三”搬迁改造、阳朔县进行总

9月12日，“感动中华——桂林（安厦）航天展”暨“2008桂林房·车节”在桂林国际会展中心开幕。

李凯 摄

体规划修编、确定桂林地市合并时间、承办全国中老年人健身球操比赛、中缅油气管道工程项目桂林段及站前路建设、市公安局原清理不适合公安工作人员安置到事业单位工作等事宜。

第三十九次常务会议　7月7日召开，会议听取市民政局、市红十字会、市慈善协会关于“五一二”四川汶川地震募捐款物管理使用情况的汇报；研究燕京啤酒（桂林漓泉）股份有限公司年产20万吨啤酒扩建项目、调整使用廉租住房工程款、国营商业企业原承租直管公有非住宅、承诺归还市鑫灿房产公司新建路支路建设资金、举办“2008桂林房车节”和“中国航天展（桂林站）”、授予著名画家刘宇一“桂林市荣誉市民”称号、《全州县城总体规划（2007～2025）》修编、桂林集琦药业股份有限公司与润丰集团合作开发桂林市育才路55号15.33公顷经营性建设用地、国海证券有限责任公司借壳桂林集琦药业股份有限公司上市框架方案调整等事宜。

第四十次常务会议　7月16日召开，会议听取市人口计生工作、市文化产业工作情况汇报；审议通过《临桂新区村庄农房拆迁改造办法（试行）》《桂林市跨县区跨行业纠纷协调机制方案》《桂林市城市控制性详细规划》《桂林市住房建设规划（2008～2012）》《桂林市人民政府信息公开制度》。

第四十一次常务会议　7月29日召开，会议传达贯彻自治区上半年工作会议精神；听取市安全生产监督管理局关于安全生产工作和市为民办实事办公室关于18件实事的工作进展情况汇报；审议通过《桂林市产业联合招商领导机构工作方案》《桂林市人民政府关于推进桂林华侨农场改革和发展的实施意见》《桂林市培智学校聋哑学校第七中学三校搬迁工作方案》《桂林市市本级资助家庭经济困难大学新生入学补助经费管理使用暂行办法》《桂林市城区中小学教育设施布局调整规划（2007～2015）》《2008～2009年桂林市招商项目目录》《关于促进桂林市银行卡产业发展的实施意见》《成立桂林市城镇居民基本医疗保险局际联席会议》；研究解决驻桂查验单位一线人员编制保障国际航班有序发展、2008年桂林市重点项目计划方案、新建生活垃圾填埋场选址、桂林化纤总厂政策性破产清算财产支付信达公司补偿费、桂林电缆厂破产清算、收购广西富丰公司所持有桂林桂福橡胶有限公司债权、《2008桂林山水文化旅游节总体方案（草案）修改稿》给予中山路置业公司企业法人营业执照办理年检、市公安局原调离不适合公安工作人员的工作安排意见、2008年桂林市退役士兵安置、金鸡路和六合路道路改造规划、穿山桥系统改造工程、推荐全国机械工业先进集体劳动模范人选、推荐全国工商行政管理单位先进集体先进工作者候选对象、市政务服务中心大楼装修建设方案等事项。

第四十二次常务会议　8月18日召开，会议审议、通过《关于加快临桂新区产业园区开发建设的实施意见》《临桂新区管委会批准桂林市临桂新区城市建设投资有限公司章程》；研究"十一五"中期评估及后三年计划、举办桂林市第29届"漓江之声"活动、象山景区夜间山水情景演出、推荐全国科技管理系统先进集体和先进工作者、在桂林旅游高等专科学校建设旅游博物馆、支持桂林工学院申报更名大学拨给2000万元建设资金、成立桂林市临桂新区城市建设投资有限公司、收回市第一水产养殖场国有农用土地及市石山绿化站部分国有土地、组建桂林市工业投资担保有限责任公司、中山路延长段（迎宾路收费站—火车始发站）及机场路城市段等六条路街道立面整治规划设计方案、机场路临桂段国有土地回收、与新奥（中国）燃气投资有限公司签订节能减排工作合作框架协议、叠彩区政府加快推进电子衡器厂企业改制、支持建设国家橡胶及橡胶制品质量监督检验中心、撤销陈有平市劳动模范荣誉称号、推荐参加自治区第六次民族团结进步表彰大会的先进集体和先进个人、调整2007年廉租房权属等事项。

第四十三次常务会议　8月25日召开，会议听取市教育局关于职教攻坚、市旅游局关于旅游产业发展、市人大三届四次会议关于加强桂林市城区道路交通基础设施建设及改善道路交通拥堵状况议案的决议执行等情况汇报；研究关于"十一五"中期评估及后三年计划、"两江四湖"工程桂林市榕湖饭店节点及建设"国际餐饮文化街"方案、推荐桂林市统计局为全国统计系统先进集体等事项。

第四十四次常务会议　9月1日召开，会议审议《桂林市防洪及漓江补水枢纽工程水库淹没影响公路改线复建工程选线方案》《广西桂林市防洪及漓江补水枢纽工程建设征地实物指标调查细则》。

第四十五次常务会议　9月8日召开，会议审议《阳朔县城总体规划（2008～2025）修编方案》《关于做好漓江风景名胜区整改工作的意见》《建立作风效能监察联动机制促进行政管理依法高效的暂行办法》《桂林市政府与广西大学市校科技合作机制》《桂林市2008年为民办实事工作目标管理方案》；研究雉山桥重建工程方案及概算事宜。

第四十六次常务会议　9月22日召开，会议审议、通过《桂林市老年人优待办法》；研究表彰2006、2007年度征兵工作先进单位和先进个人、进一步做好残疾人就业保障金征收工作、尽快实施福利路维修工程和黑山路改造工程方案、调整增加中山北路和中山南路路灯改造工程建设资金、明确六合路和金鸡路改造工程项目业主、在桂林市污水处理设施建设中优先考虑使用外国政府

2008年11月20日下午，雉山桥旧桥拆除爆破成功。

唐侃　摄

贷款、确认成立“广西东盟市长大厦股份有限责任公司”政府出资人(法人股东)、在公积金专项治理联合检查前落实国家审计署审计决定书整改、举办桂林市首届少数民族传统体育运动会、中职学校选址等事项。

第四十七次常务会议　10月19日召开,会议研究推荐自治区工商行政管理系统记集体和个人二等功候选对象、增补推荐自治区第六次民族团结进步先进个人候选人、优化穿山桥跨度和墩台设计、环城高速公路出入口总体布局方案、新建生活垃圾填埋场选址、以市政府名义表彰“优秀城市美容师”、调整桂林清风实验学校北片地块出让方案、市供销合作社直属企业退休职工一次性缴纳医疗保险、适当提高市本级开发公益性岗位工资标准、桂林市政府与自治区农村信用社联合社签订加强金融合作框架协议、认定第三批桂林市农业产业化重点龙头企业、庆祝自治区50周年大庆和地市合并10周年重大项目新开工奠基跟踪服务、市重大项目部门联合审批、向自治区上报2009年桂林市经济社会发展计划、自治区成立50周年成就展桂林展馆设计方案等事项。

第四十八次常务会议　10月28日召开,会议研究议军会有关事宜和临桂新区存在的主要问题。

第四十九次常务会议　11月1~2日召开,会议组织学习《中华人民共和国地方各级人民代表大会和地方各级人民政府组织法》,布置修改桂林市《政府工作规则》;审议通过《桂林市工业发展考核奖励办法》《桂林市铁合金产业发展专项规划》《桂林市琴潭组团控制性详细规划》《桂林市临桂新区建设涉及临桂县土地利用总体规划修改方案》《桂林市土地利用总体规划修编工作方案》《桂林市制止休闲娱乐场所欺诈敲诈消费者行为暂行办法》《关于提升和壮大旅游产业的决定(草案)》和《加快桂林旅游产业发展政策措施(草案)》;研究市长、副市长工作分工以及市政府秘书长、副秘书长和市政府办公室各秘书科对应工作安排、市中小企业投资担保有限公司2008年度增资计划的报告、桂林客车工业集团有限责任公司“退二进三”搬迁改造、重点工程指挥部清理情况报告、深圳石油实业有限公司在桂林市开展压缩天然气业务、规划建设桂林兴安至邵阳洞口高速公路、荔浦县城区总体规划修编、桂磨至灵三入口交叉工程规划、武警桂林市支队教导队立项、西环三期增加自来水管项目资金、招收交通协管员调剂警力组建高速公路绕城大队、组建广西桂林漓江农村合作银行、市商业银行参与广西区域性股份制商业银行组建、桂林市卫生学校原校区(崇信路校区)划拨给桂林市中医医院、自治区成立50周年大庆桂林市防洪及漓江补水枢纽工程开工项目、城市立面改造绿化提高工程等事项。

第五十次常务会议　11月10日召开,会议审议、通过《桂林市失业保险基金市级统筹实施办法》《桂林市城镇居民基本医疗保险暂行办法》《桂林市城镇居民基本医疗保险试点工作实施方案》;研究桂林味精食品总厂加快实施依法破产、市地税局干部职工津贴补贴发放、处理原粮油机械厂后续事宜、桂林集琦中药产业有限公司遗留问题等事项。

第五十一次常务会议　11月12日召开,会议传达学习中央、自治区扩大内需促进增长的政策措施,专题研究桂林市贯彻落实中央、自治区扩大内需促进增长的具体意见。

第五十二次常务会议　11月17日召开,会议研究关于桂林市防洪及漓江补水枢纽工程征用林地情况、南宁铁路局进一步移交社会职能人员、桂林市政府投资项目“三超”情况及整改意见和建议事宜、关于恢复使用中山南路公交专用车道、育才路改造建设等事项。

第五十三次常务会议　12月1日召开,会议听取中国化工橡胶总公司在桂林建设年产300万套全钢载重子午胎项目工作进展情况汇报;审议通过《2008年度桂林市农村公路建设养护管理目标责任制》《桂林市关于进一步加强作风效能建设监管工作促进行政管理依法高效运行的暂行办法》;研究12月桂林市重大项目奠基活动方案、东二环路工程概算调整方案、桂林市县(区)规范公务员津补贴、推荐广西“金绣球奖”候选人、五个“十佳”评选办法和“十佳”评选领导小组组成方案、桂林华侨农场偿还债务、广西师范大学等校园内教职工住宅用地、举办中国桂林国际旅游博览会、《桂林市人口死因登记报告工作管理办法》等事项。

第五十四次常务会议　12月16日召开,会议研究《雁山区科教组团控制性详细规划》、东环路(普陀路、环城北二路)人行道改造工程、桂林资江源化工有限公司危险化学品新建项目、桂林鲲鹏化工有限责任公司危险化学品新建项目、桂林鸿帆科技发展有限公司建设项目、国家环境保护模范城市复查、调整居用管道天然气零售价格执行时间、《芦笛旅游度假休闲中心地块出让方案》、对市林业局违规允许荔浦县纸业有限公司以小车抵交育林金的处理意见等事项。

第五十五次常务会议 12月21日召开，会议传达自治区党委常委、组织部长陈向群在市委常委民主生活会上的讲话精神；审议《桂林市关于贯彻落实国务院出台支持广西经济社会加快发展政策措施的若干建议的报告》《关于规范县(区)公务员津贴补贴工作意见》。 (周海荣)

重 要 政 务

【抗击严重雨雪冰冻灾害】 2008年初，桂林市遭遇严重雨雪冰冻灾害。全市12县5城区全部受灾，涉及112个乡(镇)，受灾人口291.12万人。全市因灾直接经济损失199.35亿元。灾情发生期间，市政府全力以赴抗灾救灾，全市抗灾救灾工作取得重大胜利。加大灾后恢复重建，全市共派出的1.7万名工作队员分组驻村，对受灾地区进行拉网式再排查、再核实，确保不漏一村一屯一户一人。全市成立抢修和恢复重建基础设施、技术帮扶、督查指导队驻县进村，重点开展供电及公路设施修复、农业恢复生产技术指导和培训、督促检查等工作，确保供电、道路、市政、通讯、广电、气象等恢复正常。投入1.56亿元完成因冰冻雪灾倒塌和洪灾水毁民房恢复重建1.3万户4.7万间。加大救助救济力度，确保灾民生活得到保障。对雨雪冰冻可能引发的山体崩塌、滑坡、泥石流、环境污染、农作物病虫害、传染病等次生灾害加强防范，确保灾后无次灾无大疫。

【抵御国际金融危机】 2008年，市政府加快项目建设，扩大内需；增加金融资源供给，确保信贷资金到位；采取提供贷款担保等措施，帮助企业克服困难。第三季度，国际金融危机对桂林经济影响加重，桂林市抓住国家扩大内需的契机，加快项目前期工作，加大申报中央投资力度，争取到中央新增投资2.89亿元，保持了全市经济平稳较快发展的势头。

【推进工业化进程】 2008年，市政府抓重点项目建设，扶持重点企业发展，开展园区基础设施建设，狠抓企业科技进步和自主创新，开展节能降耗，强化工业经济运行和煤电油运协调服务，工业经济质量和效益得到提高。全年全市工业总产值1024.37亿元，工业对全市经济增长贡献率达55.5%。规模工业总产值631.83亿元；新增产值超亿元企业31个，总数达138个。其中，20亿元以上企业(集团)4个；10亿元~20亿元企业6个；5亿元~10亿元企业15个；1亿元~5亿元企业113个。优势产业不断壮大，食品饮料产业提前实现产值超百亿元目标，达109.76亿元。园区建设成效显著，新增自治区批准的A类工业集中区3个，B类工业集中区2个，基础设施建设完成投资6.80亿元，新建标准厂房51.50万平方米，新增入园工业企业92家。全市新开工工业项目490项，比上年增加50项，总投资73.95亿元。

【狠抓灾后农业恢复】 2008年，桂林市面对严重的雨雪冰冻灾害、洪涝灾害和特大的“两迁”虫灾，市政府组织开展生产自救和灾后恢复生产。推进农业产业化，发展质量农业、品牌农业，实现了农业增效、农民增收。全年完成农林牧渔业总产值276.32亿元，(比上年，下同)增长7.0%，其中粮食、水果、蔬菜、食用菌、毛竹、花卉、中药材、养殖等10大特色农业产值占81.0%。粮食连续5年增产，总产量185.19万吨。粮食、水果、蔬菜、食用菌面积和产量均居自治区前列。推进农业产业化，新增重点龙头企业26个、农村合作组织563个，分别辐射带动实现增收农户56.68万户和21.86万户。全市财政支农资金投入13.10亿元，增长67.7%，其中落实国家惠农政策补助资金5.73亿元，增长169.0%。

【开拓旅游市场】 2008年，桂林市深入开展“优质服务年”活动，创新旅游营销方式，发展入境高端市场，扩大高端客源。深入开展与国际旅游组织、旅游协会、跨国集团、航空公司、旅游商社和知名媒体的长期合作，拓展多边国际旅游合作领域，启动桂林机场口岸台胞签注，新开通桂林至大阪、桂林至吉隆坡国际航线。加强旅游区域合作，主动融入北部湾经济区，拓宽境内客源市场。举办2008桂林山水文化旅游节、第十一届海峡两岸旅行业联谊会、第二届联合国世界旅游组织旅游趋势与展望国际论坛等系列活动。精心策划和推出一批旅游产品和线路，新增龙胜温泉旅游度假区等3个AAAA国家级景区。全年，全市接待国内外游客1626.90万人次，增长6.3%；旅游总收入突破百亿元，达100.26亿元，增长17.2%。

【推进项目建设】 2008年，市政府抓好项目前期准备，建立重大项目联合审批工作制度，推进重大项目建设。全年，全市实施重点项目147项，完成投资70.75亿元。桂林市区至阳朔、阳朔至平乐、全州至兴安等高速公路竣工通车，贵广铁路和湘桂铁路复线扩能改造项目开工，桂林市防洪及漓江补水水利枢纽工程开工，鸿瑞科技光盘二期生产线、兴安海螺水泥二期技术改造等项目竣工投产，推进了两江国际机场A 380备降场工程、中国化工橡胶桂林有限公司全钢载重子午胎、桂林电力电容器公司超高压电力电容器生产基地等重大项目建设，桂林莱茵生物制药、华力重工临桂生产基地等新项目全面开工，桂林福达集团汽车零部件产业园、桂林广运实业有限公司液化天然气深冷设备制造等在建重点项目进展顺利。

【开展“大兑现、大服务、大招商”活动】 2008年，桂林市深入开展“大兑现、大服务、大招商”活动，推进“央企入桂”、“百企入桂”工作，中国电力投资集团公司、中国五矿集团公司等世界500强和国内知名企业落户桂林。引进风力发电机生产、太阳能光伏、LED照明应用等一批高新技术项目；积极促成新疆广汇、立白集团、华泽集团、康密劳公司等增资扩产。与自治区农村信用联社、中国农业发展银行广西分行分别签订150亿元和120亿元的金融合作框架协议。全年新签市外境内项目587个，总投资261.89亿元，其中新签并落实亿元以上项目51个，内资自治区外到位资金居自治区第三；实施市外境内项目1025个，到位资金256.77亿元，增长52.7%；新批外资项目22个，实际利用外资1.70亿美元，增长82.9%。全年合同项目履约率超90.0%，开工投产率超50.0%，资金到位率30.0%。

【启动临桂新区建设】 2008年，桂林市成立临桂新区规划建设总指挥部，设立中共桂林市临桂新区工作委员会和桂林市临桂新区管理委员会。临桂新区总体规划获自治区政府批复，完成临桂新区中心区城市设计（国际）方案的征集，临桂新区中心区控制性详细规划通过评审，编制了临桂新区市政基础设施、园林绿地系统、公共服务设施、水资源、电力电讯、道路交通系统、人防工程等一批专项规划。出台《关于加快临桂新区开发建设的决定》《临桂新区农村集体土地被征收后的人员安置办法》等政策。成立临桂新区投资公司，积极筹集新区建设资金，落实中国农业发展银行广西分行第一批5亿元贷款、中国建设银行广西分行8亿元贷款。全面开展新区土地调查和征地工作，土地调查面积1.62万公顷，累计获批用地800公顷，已征收301.53公顷。机场路改造工程、新区及秧塘工业园供水管网等基础设施项目加快建设。

【实施老城区改造】 2008年，桂林市完成《桂林市城市总体规划（修编）纲要》初步方案论证和《秀峰区琴潭控制性详细规划》《雁山区科教园控制性详细规划》以及榕杉湖等5条特色街区规划方案。启动横塘路、中山北路等一批重要交通节点项目建设，其中福利路改造完工通车；续建的西环路三期、东二环路、中隐路等建设项目基本完工，灵三绕城高速公路建成通车。完成机场路、中山路、信义路、东环路、解放西路、上海路等城市主干道以及城区至临桂机场路路段、城区至灵川高速公路路段1300多栋临街楼宇的立面改造工程。深化拓展“城乡清洁工程”，完成市区部分主次干道、重要节点和景区周边户外广告整治及照明工程。花化彩化滨江路，绿化美化城市广场、道路节点，全市城市绿化覆盖率达40.4%。

【加快县城城镇建设】 2008年，桂林市完成全州县、阳朔县、荔浦县、恭城瑶族自治县县城和全市39个乡（镇）总体规划修编。加快12县县城道路、给排水、垃圾处理、公厕、路灯、河堤等基础设施建设，推进湘桂走廊、旅游通道沿线县城和重点乡（镇）建设，永福县完成“旅游型、工贸型、综合型小城镇”示范工程建设，小城镇辐射能力提高，全市城镇化率达36.9%，增加1.6个百分点。

【加强节能减排工作】 2008 年,桂林市开展"节能减排攻坚战"专项行动,依法关闭一批小砖瓦窑、小冶金等落后产能企业。阳朔、兴安县污水处理厂通过验收,加快雁山区、荔浦、临桂、灵川县污水处理工程建设。全市万元生产总值能耗下降 4.5%。节能 38 万吨标准煤,化学需氧量和二氧化硫排放总量分别控制在 4.28 万吨和 6.37 万吨以内。

【生态环境建设】 2008 年,桂林市加强生态环境建设。积极抓好雨雪冰冻灾害中受损林木清理和林区基础设施修复工作,完成迹地更新 1.31 万公顷、人工造林 2820 公顷,全市森林覆盖率达 66.5%。新增沼气池 2.11 万座。启动市级医疗废弃物处置中心、临桂镇猪头岭城市生活垃圾填埋场建设。加强漓江流域自然生态保护,生态环境质量继续保持自治区领先地位,全市环境空气质量优良,主要河流水质达到质量标准。平乐、荔浦、临桂县荣获国家环境保护部国家级生态示范区,全州、灌阳、永福县争创国家级生态示范区通过验收初审;恭城瑶族自治县国家可持续发展实验区通过科技部验收;阳朔镇成为自治区第一个国家级环境优美乡(镇)。

【推进文化大发展大繁荣】 2008 年,桂林市实施文化立市发展战略,推进重点文化项目建设,启动桂林博物馆、艺术品交流一条街等文化产业项目,桂林市文化产业示范园区、广西国际文化旅游演艺之都等 4 个文化产业项目正式落户。年内,开展抗冻救灾"三下乡"慰问、募捐晚会和表彰大会文艺演出;举办 2008 · 桂林山水文化旅游节等系列活动,促进文化与旅游的结合;组织国家舞台艺术精品工程展演和首届中国山水画艺术双年展;开展"漓江之声"、"第二届桂林读书月活动"、"桂林百姓文化大讲坛"等群众文化活动。"读书月"、"百姓文化大讲坛"成为惠及广大人民群众的文化品牌。实施基层文化站、图书馆等公共文化设施建设,维护群众的文化权益。

【保障和改善民生】 2008 年,桂林市出台提高机关事业单位养老保险个人缴费标准等政策,参保人员待遇持续改善;启动城镇居民医保工作,第一批参保 3.50 万人,低保对象、重度残疾人员全部纳入医保范围;失业保险基金实现市级统筹。临桂新区和 11 个县建立被征地农民社会保障与促进就业相结合的安置制度。安排 6462.78 万元支持就业工程,开发公益性岗位 4851 个,新增就业 6.20 万人,其中下岗失业人员再就业 1.27 万人。城区动态消除零就业家庭,99 个社区达到充分就业社区标准。新增农村劳动力转移就业 6.30 万人,全州县被评为全国劳动力转移就业工作示范县,资源县成为全国人力资源市场建设试点县。

【办好 18 件为民办实事项目】 2008 年,市政府安排 18 件为民办实事项目,总投资 13.47 亿元,18 件为民办实事项目全面完成,取得预期的社会效益和经济效益。职教攻坚超额完成 20 所中等职业学校改(扩)建工程 25% 的投资建设任务;资助贫困家庭大学新生 6245 人;新型农村合作医疗新增 4 城区 1 县,新增参加农村合作医疗农民 68.73 万人;44 户国有困难企业 6313 名退休人员参加医疗保险问题得到解决;新建廉租房 5 万平方米,新建经济适用房 21.47 万平方米,超额完成自治区下达的任务;免费向市民开放西山、南溪山、穿山、虞山和园林植物园 5 个公园;对北极广场、芦笛路铁路道口等交通节点实施治理改造,启动胜利桥、雉山桥、穿山桥重建改造项目;建成 100 个社区警务室;新种毛竹 5200 公顷、毛竹低改 4.14 万公顷;完成 413 个农村文化图书室建设;新建成 30 个县乡计划生育服务站(所);新(改扩)建 78 个乡(镇)兽医站;实施通乡油路、通行政村等级路面硬化工程 16 项,建设里程 167.42 千米;完成 1029 个自然村(屯)内道路硬化 1216.70 千米,受益农户 26.70 万人,创建 633 个文明卫生村;完成 50 个自然村新农村试点建设,受益农户 1.60 万人;编制 3838 个 20 户以上自然村(屯)新村建设规划,涉及 81.30 万农村人口;完成 3000 户农村困难群众和残疾人危房改造;实施农村人口饮水安全工程 434 处,解决 12.20 万人饮水安全问题,15 个民族乡的人畜饮水和村寨防火基础设施得到加强。

【组织系列重大活动】 6 月 6 日,桂林市成功组织 2008 北京奥运火炬接力在桂林传递活动,实现"安全、顺畅、和谐、热烈"的目标。组织参加第五届中国—东盟博览会并取得丰硕成果,成功接待了东盟十国新闻部长以及国内外重要媒体。组织地市合并10周年庆典和2008年桂林山水文化旅游节,向海内外来宾展示桂林地市合并10年的成就和发展优势。做好迎接自治区成立50周年大庆各项工作,完成各项接待任务。积极开展文明城市创建活动,做好第五轮自治区文明城市和第二次全国文明城市的迎评工作。

【制定桂林"科学发展三年计划"】 2008年,市委、市政府将事关全市发展大局的工作分成31个专题,由四家班子领导分头负责调查研究。明确了桂林市"十一五"规划科学发展三年计划的总体要求:即解放思想,抢抓机遇,立足市情,发挥优势,扩大开放,加强合作,全面实施"保护漓江,发展临桂,再造一个新桂林"的发展战略,以临桂新区建设和老城疏解提升为突破口,塑造中国风景游览城市和国家历史文化名城新形象;以加快发展支柱产业和县域经济为重点,推进工业化城镇化进程。提出桂林市"十一五"规划科学发展三年计划的主要预期目标:即全市生产总值到2010年达到1413.94亿元(当年价),人均生产总值达到27340元;财政收入到2010年达到119.12亿元;万元生产总值能耗在前两年的基础上年均再降4.2%,工业化率达到2.55,城镇化率达到40.2%;城镇居民人均可支配收入和农民人均纯收入分别年均增长13%和10%。

【提高行政效能】 2008年上半年,市政府开展继续解放思想大讨论活动,完善"三项制度"和服务承诺制,转变作风,提高机关行政效能。推进依法行政,切实加强行政监督,转变政府职能,精简和规范行政审批,拓宽政务公开渠道,提高政府执行力、控制力和公信力,政府自身建设得到加强。全年办复人大代表建议96件、议案1件,办复政协委员提案282件。 (林炎钊)

【推进反走私综合治理】 2008年,桂林市反走私综合治理工作以防范和打击偷运走私货物过境、入境旅客夹藏走私物品及市场私货交易为重点,拓展情报信息来源,加大监控管理和检查力度,有效地遏制各类走(贩)私违法活动,维护市辖区进出口贸易秩序和市场经营秩序。年内,全市共查获走(贩)私和违规案件31起(其中在海关旅检现场查获跨国毒品走私特大案件5起),总案值1318万元(不含毒品走私案值),抓获涉案嫌疑人10名。查获毒品可卡因1489克,毒品海洛因8807.3克,象牙制品5.394千克,冻品鸡爪25吨,天然橡胶115吨,卷烟5337条,通信设备及配件、免税设备等一批。 (赵文财)

【"三大纠纷"调处】 2008年,桂林市"三大纠纷"调处工作围绕"化解矛盾,息纷止争,案结事了,和谐共处"主题开展。全年全市共发案1392起(土地纠纷591起,山林纠纷725起,水利纠纷76起),已调结1336起(土地纠纷调结573起,山林纠纷调结690起,水利纠纷调结73起)。全年全市发案中,跨县纠纷33起,调结14起;跨市纠纷3起,调结1起;跨省纠纷10起,调结7起。成功化解正在激化的跨省、跨市、跨县群体案件各1起,避免群众械斗89起,挽回经济损失996万元。处理群众来信1017件,接待群众来访14273人次。 (王建平)

法 制 工 作

【政府法制机构调整】 年初,市法制办公室完成内设机构和人员调配。5月14日,市政府召开全市县(区)政府法制机构建设工作会议,要求各县(区)政府加强政府法制机构建设。8月10日,市法制办公室与市政府办公室机构分离,编制和人员数均为19人。至年末,有11个县的法制办获编制部门下文,解决了编制、级别问题,其余县(区)采取增加人员、添置设施等措施增强法制机构力量,全市政府法制工作机构建设迈上新台阶。

【规范性文件的起草审查】 2008年,市法制办公室共审查规范性文件45件,起草规范性文件5件。主要有《桂林市经济适用住房开发项目招投标暂行办法》《桂林市临桂新区被征地农民培训就业和社会保障暂行办法》《桂林新区集体土地房屋拆迁管理办法》《桂林市制止休闲娱乐场所欺诈敲诈消费者行为暂行办法》《桂林市老年人优待办法》《桂林市城市医疗救助办法(试行)》《桂林市城市规划区被征地农村集体经济预留地管理暂行办法》《桂林市会展业管理暂行办法》等。审查且报备的规范性文件2件，办理自治区法规、规章征求意见文15件，向自治区备案规范性文件5件，起草了《广西漓江生态环境保护条例(草案)》《广西依法行政报告办法》。

【行政复议和应诉】 2008年，市法制办公室收到行政复议案件190件，立案受理185件，不予受理5件。审结167件(其中维持126件，撤销14件，责令履行职责1件，驳回申请3件，中止4件，终止19件)，未审结18件。代表市政府出庭应诉10件。

【政府法制监督】 2008年，市法制办公室承担广西行政执法人员资格考试的相关考务工作，对450多人进行考前培训，组织12个巡查小组对各考场进行巡查，确保全市6567名行政执法人员顺利参加考试。根据《广西政府法制监督规定》，使用《政府法制监督建议书》的形式，纠正了1起行政管理部门不按规定颁发《烟花爆竹经营(零售)许可证》的错误。

【处理涉法事务】 2008年，市法制办公室对拨付资金解除市食品总公司为菜篮子发展中心贷款担保、法院因借款担保案拟强制执行市旅游局财产、桂林工学院和桂林旅游高等专科学校升为大学等问题提供法律意见52件；参与市西环路三期和东二环路工程房屋拆迁、参与明珠大酒店和杉湖大酒店的改制工作、南宁铁路局移交社会职能人员等重大法律事务16件。按照国家审计署要求和市政府的承诺，协助市住房公积金管理中心完成市政府在北京房产的拍卖抵债。 (陈小华)

督　　查

【决策性工作的督办】 2008年，市政府督查办公室(简称市督查办，下同)会同有关部门深入年初遭受严重雨雪冰冻灾害的重灾区，对全市抗击冰冻灾害及灾后重建工作进行指导和督察，对救灾物资、资金的管理使用和发放情况跟踪督察；会同有关部门对全市2007年工作目标任务完成情况进行考核，并对一季度工作计划制订情况进行督察；组成督察指导组，对叠彩、七星、雁山区和临桂新区土地征收进行督察、指导；组织市相关部门对桂林市1～8月经济运行情况进行督察；成立督察组，对全市创建全国文明城市工作进行指导和督查，对12县5城区节能减排工作进行跟踪检查督办，对10件为民办实事项目实行全程跟踪督办；研究部署市级10项重特大安全隐患整治工作，逐项跟踪检查督办，年内，10项安全隐患全部整改完毕。全年，市督查办督办落实市政府常务会议决定事项197项、市长办公会议决定事项13项。

【领导批示件的督办】 2008年，市督查办共督察办理国务院、自治区、市领导批示的专项督察件46件。主要专项督察有：2月，督察处理了桂林量具厂职工因南溪山花卉精品市场建设拆迁引发的纠纷问题。3月中旬，根据自治区领导批示，对广西永明珍珠宫宝有限公司在阳朔县非法占地建设问题进行督察，及时纠正其违法用地行为。4月，成立督察组，对东二环、西三环三期道路建设工作中存在的问题督察协调，促进项目建设的顺利进行。5月，对龙胜各族自治县落实国家审计署2008年冰冻救灾资金审计决定情况进行督察。6月，对临桂、阳朔、荔浦、兴安县和雁山区污水处理厂建设项目进行督办，将建设进度每月整理上报市领导。7月，协调市直有关部门对桂林市无房派出所建设推进工作进行督办，确保无房派出所的如期开工。8月，对象山公园象鼻山立面施工过程中影响市容等问题进行督察。9月，组成督察组对市公安局车管所、劳教所、戒毒所、指挥中心和荔浦县公安局、平乐县公安局、恭城瑶族自治县公安局、七星区公安分局“三基”建设达标情况进行全面督察。10月，对漓江高尔夫球场纠纷问题督察处理。11月，会同有关部门对桂林市民兵武器装备库规范化建设和管理情况进行督察，确保顺利通过广西军区的检查验收。12月，会同市财政局对桂林市落实中央、自治区有关财税优惠政策情况进行督察。

【人大建议议案、政协提案的落实督办】 2008年，市督查办在市三届人大四次会议和市政协三届三次会议闭幕前将所有人大代表建议(含议案转建议)96件，政协提案314件进行初审，并召开建议和提案交办会议，落实承办单位承办任务。

全年,市政府通过督察督办,使所有市人大代表建议、市政协提案和自治区政协提案都在规定的期限内办理完毕并函复提案人。 (程建屿)

发展研究

【概　况】 2008年,桂林市发展研究中心在课题研究、刊物编辑、信息情报收集及研究等方面取得新进展,研究水平迈上新台阶。完成《"科学发展、加快发展、跨越发展"桂林研究报告》《生态市建设规划研究大纲》《用好用足用活政策加快桂林经济发展》等重大研究课题和研究报告。在《建立和完善临桂新区管理体制机制调研报告》等3个研究报告的基础上,代拟市委、市政府《关于加快临桂新区开发建设的决定》《关于加快苏桥经济开发区开发建设的决定》,市政府《关于加快临桂新区产业园区开发建设的实施意见》,研究成果直接进入决策层。完成2008年《政府工作报告》起草工作。《明确产业定位布局　加快临桂新区发展》《建设新区提升老城　推动桂林新一轮发展》《桂林旅游三十年历程探索》研究报告荣获自治区改革开放30年优秀论文奖。主笔《桂林市国民经济和社会发展第十一个五年规划纲要中期评估报告》报市人大常委会审议批准。完成市委、市政府交办的《桂林城区经济社会发展情况调查报告》《完善体制机制加快城区发展》《关于完善城区体制机制的若干意见》等重要报告和文稿20余篇。参与起草《关于深化文化体制改革的实施意见》等4篇政府相关文件。完成6期《桂林发展研究》、12期《经济内参》编辑刊发任务。

【《"科学发展、加快发展、跨越发展"桂林研究报告》】 该研究报告根据市长李志刚提出的就如何贯彻好自治区党委、政府上半年工作会议部署,桂林"怎样才是科学发展,怎样才会加快发展,怎样才能跨越发展"的讲话精神进行专题研究。在深入研究桂林市经济社会发展规律,把握基本市情的基础上,针对桂林市的特点,拿出对策意见。

【《桂林生态市建设规划研究大纲》】 该大纲是《桂林生态市建设规划》课题的中期成果。大纲以原国家环境保护总局颁布的《生态市、生态县建设规划编制大纲》(试行)为指导,按照《生态广西建设纲要》要求,根据市情及特点,以生态学和生态经济学理论为指导,运用系统分析法分析桂林市经济社会发展与生态环境的关系,全面分析生态市建设优势和主要制约因素,提出生态市建设规划方案。规划大纲由总论、建设基础和条件、建设目标、生态功能区划、主要建设任务、重点建设工程和绩效分析、保障措施7部分组成。研究大纲分别通过了相关专家论证、市生态市建设工作领导小组审阅和市政府常务会审议。大纲形成规划文本的基本框架,是撰写规划文本的详细提纲。

【《用好用足用活政策　加快桂林经济发展》】

该课题在学习贯彻中共十七大精神,加速实现"保护漓江,发展临桂,再造一个新桂林"战略目标,建设现代化的生态山水宜居城市和国际旅游名城的大背景下立题。在全面调研和对国家、自治区相关政策进行深入研究的基础上,学习和借鉴先进地市经验,结合桂林实际,提出了桂林市在土地、财税、招商引资、开放合作、产业发展、环境保护等方面用好用活用足相关各项政策,促进桂林经济又好又快发展的对策建议。 (蒋桂珍)

地方志编纂

【概　况】 2008年,桂林市调整了桂林市地方志编纂委员会成员,召开了《桂林市志》评稿会,完成《桂林年鉴(2008)》编纂出版及《广西年鉴(2008)》桂林市文稿撰稿任务。桂林市修志编鉴工作有新成就:《桂林年鉴(2007)》获第四届全国年鉴编校质量检查评比一等奖、第六次广西地方志优秀成果二等奖;桂林市地方志编纂委员会办公室荣获2006~2008年度广西地方志系统先进集体。地方志书进一步发挥市情资料功能,为桂林城市及文化建设提供服务。

【评议审核《桂林市志》文稿】 2008年,市政府下发《桂林市志》编纂实施方案和《桂林市志》文稿评议审核工作意见,严格文稿评议审核制度。

2008 年 11 月 26 日,《桂林市志》评稿会开幕。　市志办　供稿

市地方志编纂委员会办公室派员参加《桂林市志》各编文稿初评会议,提出修改意见。5 月 19 日,市政府办公室对全市第二轮地方志书编纂工作进行督察。全市 221 个修志单位和部门按时完成所承担的志稿自评、初评和修改工作。10 月,市志 66 个篇完成评审稿。

【召开《桂林市志》评稿会】 11 月 26 ~ 27 日,市政府组织召开《桂林市志》评稿会。自治区地方志编纂委员会办公室领导及专家,市四家班子分管领导,市地方志编纂委员会成员,《桂林市志》承编部门分管领导、编写人员等 200 多人参加评稿会。市长李志刚、副市长陈丽华分别在开幕大会和小结会上讲话。《桂林市志》共设总述、大事记和 66 个篇,约 300 万字。此次评稿会,主要对志稿中总述、大事记和 36 个篇进行评议。与会领导与专家对志稿给予肯定,并逐篇逐章逐节地对志稿进行评议,提出了修改意见和具体要求。

【编纂出版《桂林年鉴(2008)》】 2008 年,市地方志编纂委员会办公室编纂《桂林年鉴(2008)》,通过精心提炼文字,加强图片资料宣传,突出城市特色;减小篇幅,压缩文字,使全书更加精炼;加强编辑校对力度,增加交叉校对程序,使错漏降到最低;统一在电脑上编辑,节约成本,提高工作效率。11 月,《桂林年鉴(2008)》由方志出版社正式出版发行。该年鉴全面、系统、准确记录 2007 年桂林市经济和社会发展基本情况,篇幅总量为 40 印张,其中彩色插图 5.5 印张,版面总字数 101.2 万字,精装大 16 开本。

【发挥地方志书的市情资料功能】 2008 年,市地方志编纂委员会办公室利用地情资料为桂林市文化建设、城市建设、桂林市地市合并十周年庆典提供历史资料,为领导决策服务。《桂林市志》记述了历史上桂林城遭受的洪涝灾害,为桂林制订城市防洪工作规划提供参考资料。6 月,市地方志编纂委员会办公室为桂林电视台制作城市防洪和榕杉湖历史等专题节目提供相关资料。6 ~ 7 月,市地方志编纂委员会办公室参与《广西改革大典·桂林篇》编写;10 月,参与桂林市地市合并 10 周年图片展览筹备工作。　(曾荣平)

档　案　工　作

【城区档案局(馆)建设】 2008 年,桂林市 5 城区建立档案局(馆),解决了机构设立和人员编制问题。高新(七星)区、雁山区开展了档案局(馆)的硬、软件建设。高新(七星)区调配一幢近 700 平方米的独体楼房作为档案局(馆)用房,并投入

58万元对档案局(馆)用房进行改造、装修,投入49万元购置档案设施设备。雁山区落实一层近300平方米的楼房作为档案局(馆)用房,并投入15万元用于库房改造及设备购置。

【单位档案室建设】 2008年,桂林市档案局对市教育局、市市容局、市人事局、中国农工民主党桂林市委员会等机关单位建档工作进行指导,完成市人事局、市市容局等8个单位的档案室升级工作;对全市69个机关单位归档文件整理质量进行年检;对市测绘院、市房改办、桂林移动公司等企事业单位档案室定级工作进行业务指导。

【编研征集工作】 2008年,桂林市档案局依托中华民国时期档案资料完成了《60年前,桂林市市长建设桂林的设想》《烈士无名山河有情》等编研文章的写作,并在《桂林日报》上发表。征集到60余张到桂林的国家领导人和外国政要照片、30余件各县百岁老人档案资料、2008北京奥运会火炬接力桂林传递活动情况材料及照片、桂林地市合并10周年庆典资料等;收集到38块市政府历年获得的奖牌、2008年年初全市抗冰冻雪灾资料及照片。接收全市机关单位档案1962卷,电子目录41094条,图书资料报刊2017册,整理图书资料1998册(本)。建立了桂林历史资料图片库。

【档案馆基础业务建设】 2008年,桂林市档案馆争取到国家重点档案抢救经费7万元和市财政配套12万元对馆藏重点档案进行抢救,通过鉴定、修裱、编目、电子扫描等,抢救重点档案500卷裱糊2.6万多页。全年共编目6565卷,文件级目录录入71171条,编写全宗介绍190个。加强档案信息化应用研究,电子文件备案工作开始试点。

(李兆平)

机关事务管理

【概　况】 2008年,桂林市机关事务管理局探索机关事务工作的新思路、新办法、新理念,全面提升机关事务管理、保障、服务的能力和水平,推动机关事务工作科学发展。围绕国有资产管理、节能减排、服务保障、机关后勤服务社会化和创新人才机制等方面开展调研,共形成18份调研报告和5篇学习考察报告。

【机关事务管理】 2008年,市机关事务管理局以管理科学化、规范化为目标,做好财务、国有资产及计划生育管理工作。遵守财经纪律,做好财务预决算、会计核算及局属二层单位的财务审计。规范局经费口单位国有资产的报损、报废等手续,建立资产产权登记和产权变更表,对资产实行分类管理、配置和调配,使各类国有资产发挥效益和作用。开展计划生育的宣传教育、综合服务等工作,完成与市委、市政府签订的人口和计生目标管理责任状任务,全年人口出生率、统计合格率、综合节育率等均达标。

【服务保障】 2008年,市机关事务管理局确保市直机关办公大院和生活区的正常运转,为市委、市政府安排布置大小会议服务1543场次,制作会议横幅833条,打印桌卡、贴条4300张,摆设会议用花4100盆。完成桂林市地市合并10周年庆典活动会场布置和自治区成立50周年营造节日气氛的任务。对通讯维护、房屋和水电维修服务实行承诺服务制并公布服务热线电话,全年共完成各种抢修任务700多人次。完成五美路16号市委、市政府办公大院5块绿化地的整治和美化工程;投入40万余元对机关办公区大楼、机关生活区宿舍楼立面、花坛、路灯等十多处公共设施进行改造,使机关办公区、机关生活区的环境发生明显变化。狠抓安全保卫目标责任制落实,建立安全防范体系,落实安全工作经常性检查、形势分析制度;加强消防工作,重视消防器材的维护保养,确保机关办公区及生活区的正常秩序和安全。开展安全生产大检查,确保全年安全生产无事故。

【公共机构节能工作】 2008年,市机关事务管理局发挥公共机构在建设节约型社会中的表率作用,组织开展2008年市直机关节能宣传周活动和2008年市直机关节能减排攻坚战行动,宣传节能减排的重要意义,倡导节俭文明的生活方式,开展能源紧缺体验活动。开展公共机构单位名录的普查、建立公共机构节能目标考核体系等工作,为制订公共机构节能规划打下基础。

(王爱民)

中国人民政治协商会议桂林市委员会

2月24日，中国人民政治协商会议桂林市第三届委员会第三次会议开幕。

（黄雷　摄）

重要会议

【政协桂林市三届三次会议】 2008年2月23～26日召开。市政协主席李文杰，副主席王大平、莫玲玲、袁绪祥、李世荣、蒋廷春、容作信、王德明、雷迅，秘书长袁湘南以及市政协委员出席会议；驻桂林市的全国政协委员和自治区政协委员及特邀嘉宾列席会议。高雄、李志刚、韦广雄等市领导出席开幕、闭幕会议。24日上午会议开幕大会在市直机关小礼堂举行。会议应出席委员421名，实到委员396名。市委书记高雄在会上发表了讲话。

会议听取并审议通过市政协副主席王大平代表政协桂林市第三届委员会常务委员会所作的工作报告和副主席蒋廷春代表政协桂林市第三届委员会常务委员会所作的提案工作情况报告。与会委员列席了桂林市第三届人民代表大会第四次会议，听取并协商讨论市政府工作报告及其他报告。会议期间，高雄、李志刚、束华、李文升、石东龙等市领导分别参加市政协委员分组讨论，听取委员们对政府工作报告的意见和建议；高雄、李文杰、李志刚、韦广雄等市领导在榕湖饭店九岗岭会议厅会见了参加会议的市政协港澳委员、特邀委员和特邀贵宾，高雄通报了桂林市经济社会发展情况；各民主党派、工商联、总工会、共青团、妇联和市政协有关专门委员会就桂林市经济社会发展的15个专题进行大会发言，围绕对台招商引资、会展经济、市区江湖塘保护、做强光机电产业、科技成果转化、发展果蔬产业、承接产业转移、农村留守儿童成长等问题提出意见和建议。会议通过了政协桂林市第三届委员会第三次会议各项决议。市政协主席李文杰作闭幕讲话。

【政协桂林市三届六次常委会议】 2月15日在市政协三楼会议室召开。市政协主席李文杰主持会议，副主席王大平、莫玲玲、袁绪祥、李世荣、蒋廷春、容作信、王德明、雷迅，秘书长袁湘南及市政协常委出席会议。会议传达学习中共中央总书记胡锦涛在桂林视察抗冻救灾工作时的讲话精神；审议通过了《关于召开政协桂林市第三届委员会第三次会议的决定》《政协桂林市第三届委员会第三次会议议程、日程(草案)》《政协桂林市第三届委员会常务委员会工作报告(讨论稿)》和报告人、《政协桂林市第三届委员会常务委员会关于政协三届二次会议以来提案工作情况的报告(讨论稿)》和报告人、《政协桂林市第三届委员会第三次会议秘书长、副秘书长名单(草案)》、增补政协桂林市第三届委员会委员名单(草案)、增选政协桂林市第三届委员会常务委员会候选人名单

2月24日，市领导与出席市政协三届三次会议的港澳委员、特邀委员、特邀贵宾合影。
黄雷　摄

（草案）；表决通过了有关人事任免事项。

【政协桂林市三届七次常委会议】 2月25日在市政协三楼会议室召开。市政协主席李文杰主持会议，副主席王大平、莫玲玲、袁绪祥、李世荣、蒋廷春、容作信、王德明、雷迅，秘书长袁湘南及市政协常委出席会议。会议审议通过了需提请市政协三届三次会议审议的《政协桂林市第三届委员会第三次会议选举办法（草案）》《政协桂林市第三届委员会第三次会议增选政协桂林市第三届委员会常务委员总监票人、监票人建议名单（草案）》《政协桂林市第三届委员会第三次会议政治决议（草案）》《政协桂林市第三届委员会第三次会议关于常务委员会工作报告的决议（草案）》《政协桂林市第三届委员会第三次会议关于政协三届二次会议以来提案工作情况报告的决议（草案）》。

【政协桂林市三届八次常委会议】 7月11日在市政协三楼会议室召开。市政协主席李文杰，副主席莫玲玲、袁绪祥、李世荣、蒋廷春、容作信、王德明、雷迅，秘书长袁湘南及市政协常委出席会议。会议部署了市政协下半年工作；审议通过《关于漓江流域保护及可持续发展的调研报告》（草案）；审议通过增补任树东、唐晓敏（女）为政协桂林市第三届委员会委员；通过任树东为政协桂林市第三届委员会联谊委员会副主任，唐晓敏（女）为政协桂林市第三届委员会文史资料委员会副主任；通过《关于张小杲同志不再担任政协桂林市第三届委员会委员的决定》。

【政协桂林市三届九次常委会议】 10月7日在市政协三楼会议室召开。市政协主席李文杰，副主席王大平、莫玲玲、袁绪祥、李世荣、蒋廷春、容作信、王德明，秘书长袁湘南及市政协常委出席会议。市委常委、常务副市长粟增林，12县5城区政协主席应邀参加会议。会议传达市委三届五次全会精神和市委书记刘君对政协工作的指示精神，协商通过《关于"疏解提升桂林老城"的调研报告》，听取了粟增林关于桂林市2008年前8个月经济社会发展情况和提案办理情况的通报。会议对下一步的政协工作作了部署。

（苏甲杏　龙镇凯）

重　要　工　作

【提案工作】 政协桂林市三届三次会议期间，市政协委员、各民主党派、工商联、有关人民团体和政协各专门委员会认真履行人民政协职能，积极建言献策，共提交提案326件（其中闭会期间18件）。经审查，立案296件，立案率为90.8%。其中，市政协委员提案238件；市各民主党派、工商联、人民团体、政协各专门委员会集体提案58件。提案内容广泛，涉及城市建设、环境保护方面的提案122件，占41.2%；涉及政治、法律、统战、社会保障方面的提案64件，占21.6%；涉及经济建设、科技方面的提案53件，占17.9%；涉及教育、文化、卫生、体育方面的提案57件，占19.3%。政协桂林市三届三次会议闭会后，市政协与市人大、市政府联合召开了人大代表建议、政协提案交办会，政协提案分别送交75个单位办理，未立案的30件提案转有关单位参考。年内市政协办理提案进行创新，由过去只有分管提案委员会的领导和提案委员会办理提案，改为由市政协全体领导和各专委会都参与办理提案，提高了提案的办理效率。5月21～26日，市政协副主席蒋廷春率提案委员会全体委员对提案承办"大户"进行走访，就部分重点提案的办理落实情况进行了督促检查。截至11月17日，市政协三届三次会议提案全部办复。其中，被市委、市政府及各承办单位采纳，所提问题已解决或列入计划逐步解决的有246件，占83.1%；因条件所限，对难以解决的提案，承办单位也实事求是地向提案人作了解释，提案人满意率和基本满意率为98.6%。

【开展专题调研】 2008年，市政协围绕全市中心工作，组织委员进行专题调研。一是开展漓江流域保护及可持续发展专题调研。为配合实施"保护漓江，发展临桂，再造一个新桂林"战略决策，4月，市政协成立了以副主席蒋廷春为组长，有自治区、市政协委员和有关专家学者80多人参加的专题调研组，对漓江流域的生态状况和漓江沿岸居民的生产生活情况进行为期3个月调研，形成《关于漓江流域保护及可持续发展的调研报告》。

调研报告对漓江流域的总体规划、水源林保护、污染治理、漓江水量减少、水量分配、节约用水、滥采漓江河沙、建立漓江旅游新模式、农民利益保障等具体问题进行了深入研究和探讨，从高起点规划、完善生态补偿机制、加快上游水库建设、建立水量分配制度、依法采沙等方面，向市委、市政府提出了建设性的意见和建议，对促进漓江流域的保护和开发发挥了积极的作用。二是开展疏解提升桂林老城专题调研。为配合实施市委、市政府作出的“建立新区、疏解老城，组团发展、重点向西，优化布局、完善功能，建设现代化的山水宜居城市和国际旅游城市”的重大决策，6 月，市政协成立了以副主席袁绪祥为组长，自治区、市、城区政协委员及有关专家、学者、老干部近 80 人参加的调研组，赴广州等地学习老城区改造建设经验以及各地政协促进老城区开发建设的做法，深入桂林市各城区及工业企业调研了解情况，分别召开驻桂部队、高校、市直有关部门、各界代表及有关专家座谈会，广泛听取意见，在充分调查研究的基础上，形成《关于“疏解提升桂林老城”的调研报告》，就“城中村”改造、党政机关搬迁、工业企业“退二进三”、老城的贸易市场建设、老城历史文化挖掘与旅游发展等问题提出了意见和建议，供市领导作决策参考。三是各专委会专题调研。教文卫体委员会会同农工党桂林市委会对临桂新区医疗卫生设施问题进行专题调研，从整合市区现有医疗卫生资源支持临桂新区建设等 4 个方面提出了意见和建议；还会同民盟桂林市委会，对桂林市农村教师队伍建设问题进行专题调研，形成《关于我市农村教师队伍建设的建议》的调研材料，从合理核定农村中小学教师编制等 5 个方面提出了意见和建议。社会法制委员会对如何推进社会保障制度建设开展专题调研，形成《完善我市城乡保障制度，推进社会保障制度建设》的调研报告，从建立综合性社会救助体系等 8 个方面提出了意见和建议。

【创新委员晨会】 2008 年，市政协对委员晨会工作进行创新，由每位副主席牵头组织召开 1 次，各专委会负责承办。年内，市政协围绕桂林市少数民族地区发展、城市农贸市场改造、城乡公共卫生体系建设、投资软环境建设、城市文化品位提升、如何发挥驻桂高校职校作用、农业产业化建设等专题，在调查研究的基础上召开委员晨会，全年有 104 名委员出席了晨会。市政府对委员晨会高度重视，每次晨会都要求相关副市长以及市委、市政府有关部门的负责人到会听取意见，解答委员们提出的具体问题，促进了相关问题的解决。

【重点调研课题研讨】 8 月 7 日上午，市政协在榕湖饭店国际会议中心召开漓江流域保护及可持续发展专题研讨会。高雄、李志刚、李文杰等市领导，部分政协委员，市直有关部门、灵川县、兴安县、阳朔县及 5 城区负责人出席会议。市政协委员分别就市区防洪及漓江补水、漓江上游水源林的保护、改善漓江水质的对策、开发替代资源规范漓江流域采沙行为、漓江沿岸农（渔、移）民生产生活与两岸农业发展、漓江旅游整体效益的提高、如何做好漓江两岸保护规划等方面进行了发言。11 月 28 日，市政协在榕湖饭店国际会议中心召开疏解提升桂林老城研讨会。刘君、李志刚、李文杰等市领导，部分政协委员，市直有关部门、5 城区、各民主党派、工商联负责人，驻桂部队和高校代表以及有关专家学者参加。会议围绕如何“疏解桂林老城，推进新区建设”进行了深入研讨。

【创办政协委员论坛】 6 月初，市政协在桂林电视台开辟的第一期《政协委员论坛》开播，该专题围绕“临桂新区规划与建设”主题，邀请自治区、市政协委员就临桂新区建设的重要性和必要性以及规划、环保、建设资金筹措等问题在电视上进行协商讨论，促进了社会各界了解和支持市委、市政府的决策和部署。

【组织委员视察】 年内市政协组织委员进行视察，协助和督促市政府职能部门做好工作。为配合市委、市政府抓好全市职业教育攻坚工作，组织委员深入到市供销技校、市职教中心进行视察，针对存在的问题及时向有关部门反映，促进了相关部门对职业教育工作的重视。为进一步推进桂林市的法律援助工作，组织委员深入到市司法局、市法律援助中心进行视察，对视察中发现的问题及时督促有关部门解决。此外，还组织委员对桂林市的精神卫生、民族宗教、农村体育、住房公积金管理等方面的工作进行了视察。

8月11日，在慈善职业技能培训班开班典礼上，市政协领导给困难职工发放职工意外伤害保险单。

白先勇　摄

【文史资料征集】 2008年，市政协开展了抗战时期桂林音乐文化活动、桂林大规模城市建设和环境保护工程、越南学校和医院在桂林等文史资料的征集工作，搜集到各种资料286万字，并编辑出版桂林文史资料《抗战时期桂林音乐文化活动》，全书52万字；与市有关单位联合举办桂林抗战文化研究30周年暨音乐家张曙诞生100周年纪念活动，推动桂林抗战文化研究，丰富了桂林文化城的底蕴。

【加强联谊工作】 市政协运用联系面广的有利条件，积极开展各种形式的联谊活动。进一步加强与市政协港澳委员、特邀委员的联系，及时向港澳委员通报情况，听取意见。组织联谊委员会的委员对桂林市的港、澳、台、侨资企业情况进行调研，走访港、澳、台、侨人士在桂林市创办的企业，了解他们的生产经营情况，听取他们的意见，协助他们解决一些实际问题，鼓励他们为桂林市经济发展多做贡献。"两航起义"纪念日前夕，慰问在桂林的"两航起义"人员和他们的遗孀，带去党和政府对他们的关怀，鼓励他们为祖国和平统一多做工作。热情接待全国各级政协到桂林视察和考察的客人；参加了在江苏省徐州市召开的全国历史文化名城政协联系会议第十八次会议，并作《发展文化产业，提升历史文化名城品位》交流发言，扩大了桂林历史文化在全国的影响。组织驻桂林市的自治区政协委员到贺州市就旅游资源开发利用情况进行视察；协助全国政协台联界委员考察团做好在桂林市调研的有关工作；协助全国政协民族、宗教界委员视察团做好对桂林市民族宗教工作情况的视察；协助自治区政协工作调研组做好对桂林市贯彻落实《中共中央关于加强人民政协工作的意见》情况的调研。

【慈善救助工作】 年初，桂林市发生严重雨雪冰冻灾害，市政协积极组织抗灾募捐活动，共募集到救灾款449.6万元，外套服装1.49万套(件)，毛毯、毛衣2688床(件)，以及一批其他物资。在四川汶川发生特大地震后，市政协及时发动社会各界人士为地震灾区捐款捐物，共募集到救灾款821.59万元以及一批救灾物资，及时拨付给受灾地区，支援了灾区重建工作。组织市慈善会出资30万元，与市总工会联合举办了为期3个月的慈善职业技能培训班，为114名下岗、失业、低保以及家庭特别困难的人员免除食宿、学杂费，提供3个专业的职业技能培训，使他们顺利通过了上岗资格考试，帮助他们尽快摆脱贫困。

（苏甲杏　龙镇凯）

2月29日，中国共产党桂林市第三届纪律检查委员会第四次全体会议召开。

（梁广　摄）

纪　　检

【概　况】 2008年,桂林市党风廉政建设和反腐败工作按照十七届中央纪委二次全会和九届自治区纪委四次全会的部署,围绕市委、市政府中心工作,坚持改革创新,切实抓好反腐倡廉宣传教育、制度建设、监督制约、深入改革、纠风治乱和惩治腐败等重点工作,推进惩治和预防腐败体系建设,全市反腐倡廉建设取得新的进展和成效。

【纪委三届四次全会】 2月29日召开。中国共产党桂林市纪律检查委员会(简称市纪委,下同)委员37人出席会议。全会审议和通过了市纪委常务委员会工作报告和全会公报。自治区副主席、市委书记高雄在会上强调:一要围绕推动科学发展、促进社会和谐,加强监督检查。二要加强思想道德建设,促进廉政勤政。三要坚持把关注民生摆在突出位置,维护群众利益。四要严肃查处违纪违法案件,坚决惩治腐败分子。五要加强监督制约力度,确保权力正确行使。六要深化改革和创新制度,努力从源头上防治腐败。市委常委、纪委书记徐锦蓉代表市三届纪律检查委员会常务委员会作工作报告。总结了2007年全市纪检监察工作,对2008年全市纪检监察工作进行部署。

【自治区农村基层党风廉政建设工作经验交流会在临桂召开】 9月2~3日,自治区农村基层党风廉政建设工作经验交流会在临桂县召开。全自治区各市纪委、区直有关单位负责人出席会议。自治区党委常委、纪委书记石生龙出席会议并讲话。会上,部分市、县(区)单位作了经验交流发言。与会人员在临桂县中庸乡江泉村、宛田瑶族乡瓮洲村,参观考察了临桂县农村基层党风廉政建设工作情况。

【全市纪检监察信访举报工作会议】 9月26日召开。会议总结了中共十六大以来桂林市纪检监察信访举报工作,部署当前和今后一个时期工作任务。要求全市各级纪检监察部门要精心筛选案件线索,发挥案件线索主渠道作用。加强信访信息反映,为领导决策提供依据。加大解决信访问题力度,维护好党员群众的批评权、检举权、控告权和申诉权。建立健全法规制度,严格依纪依法处理信访问题。妥善处理群众来访,维护社会和谐稳定。加强基层基础工作,提高基层预防和妥善处理信访问题的能力和水平。推进信息化建设,提高信访举报工作的效率和管理水平等。在过去5年,全市各级纪检监察信访举报部门共收到信访举报13570件(次),向有关部门反映和提供案件线索3255条,转立案1198件。

【临桂新区建设课题调研】 年内,市纪委监察局成立课题调研组,对如何加强监督,提高行政效能,为临桂新区建设营造良好的发展环境等课题开展调研。课题调研组深入到县、乡(镇)、村以及市直有关部门,分别召开市直有关职能部门领导、乡镇干部、村干部以及社区管理人员座谈会,围绕加强监督检查,提高行政效能,为临桂新区建设营造良好的发展环境,围绕新区建设中群众反映的热点问题和新区建设中如何提供有力的纪律保证,防止发生严重违法违纪行为等问题进行座谈。课题调研组共完成了3篇调研报告,提交市委作决策参考。

【《警世三字经》修订出版】 2008年,市纪委与市委组织部一道,在七星区老干部宾泽文原著的基础上,修订编辑《警世三字经》。《警世三字经》丛书分为《荣辱三字经》和《廉政三字经》,并配有270幅具有民族特色及动漫气息的图片。该丛书以传统的三字文形式和通俗易懂的语言,反映新时代的思想内容和廉政建设的丰富内涵。市纪委将《警世三字经》作为"坚持勤政廉政,促进科学发展"为主题的重要内容之一,组织全市干部进行学习,推进全市的党风廉政建设。

【两广六市廉洁文化摄影桂林巡回展举办】 10月27~29日,由广西桂林、玉林、梧州、贺州和广东云浮、肇庆等市纪委联合举办的"清风廉影"两广六市廉洁文化摄影巡回展在市展览馆开展。展出的295幅优秀作品,是从两广六市纪检监察战线干部职工中的摄影爱好者和各地摄影协会专业会员的作品中遴选而出。该摄影展以"弘扬廉政文化,共建和谐社会"为主题,旨在引导广大党员干部追求健康的文化时尚，陶冶情操，倡导崇廉敬廉的社会风尚。

【加强监督检查】 2008年，市纪委一是加强对抗灾救灾、灾后重建恢复生产工作的监督检查，组织人员深入到受灾地区对灾后重建恢复的政策贯彻落实情况和救灾物资资金调拨、分配、使用情况开展监督检查，确保救灾资金物资及时下拨到位。二是围绕临桂新区建设，深入调查研究，对建设适应桂林经济又好又快发展的政务环境提出具体意见，为市委、市政府决策提供参考依据。三是开展专项执法监察，加强对经营性用地和工业用地"招拍挂"出让制度的监督检查，开展整顿和规范矿产资源开发秩序"回头看"专项治理，治理和纠正国家机关工作人员投资入股矿产资源开发的行为，打击和坚决取缔非法采矿行为；开展环境保护专项整治，对社会影响较大、群众反映强烈的环境污染问题进行挂牌督办，对8名违反环境保护的相关责任人进行了责任追究；对全市易发多发安全事故的领域进行专项检查，全市共查处4起重大安全生产责任事故，给予党政纪处分5人；加强对食品安全监管的监督检查，对婴幼儿奶粉和患儿赔偿监管工作进行了专项检查；加强对落实农村义务教育免除学杂费、"两免一补"政策情况的监督检查，群众受益金额达1.91亿元，免除杂费754万元；强化对社保基金、住房公积金和扶贫、救灾专项资金的监管，严肃查处6起在土地征用、房屋拆迁中损害群众利益的违法违纪行为，对6名相关责任人员进行了责任追究，维护了拆迁中城镇居民的合法权益。

【反腐倡廉宣传教育】 2008年，市纪委在全市开展"坚持廉政勤政、促进科学发展"主题教育活动，给全市1155名处级干部发廉政短信；对119名新任处级干部和中青干部进行廉洁从政教育；开展岗位廉政教育，上岗位廉政教育课15场，4200多名党员干部职工受教育；组织党员干部观看《用生命铸造忠诚》《主要领导干部廉洁奉公警示录》，全市共有31.2万人次观看；组织举办了"清风廉影"两广六市廉洁文化摄影桂林巡回展活动；开展了宣传、学习市工商局干部庞绍忠见义勇为、勤政廉政先进事迹和在抗击冰冻雪灾过程中涌现出来的先进纪检监察干部事迹活动。创新廉政新教育模式，在"桂海碑林"、"红军突破湘江纪念碑陵园"和灵渠"劣政碑"等旅游景点景区建立廉政文化教育示范点，开展廉政教育。全市已建立或正在筹建的廉政文化教育基地（点）13个，初步形成了以廉政文化教育基地为中心、示范点为辐射的覆盖全市的廉政教育体系。

【规范领导干部的廉洁从政行为】 年内，市纪委严格执行领导干部廉洁自律各项规定，开展专项监督检查和治理。加强公务用车管理，纠正超标准超编制配备使用小汽车。查处纠正党政机关违反规定修建楼堂馆所问题5起，面积15650平方米。严肃处理"小金库"和违反规范津贴补贴政策等违反廉洁自律规定的问题9件。清理"小灵通"与单位办公电话捆绑使用437部。压缩出国团组4个，减少出访人员12人。全市各级纪委负责人同下级党政主要负责人谈话650人次，领导干部任前谈话1257人次，诫勉谈话56人次，领导干部述职述廉7236人次，询问质询44人次。

【严格依纪依法办案】 2008年，各级纪检监察机关在全市推行"一案一整改"的工作，办案工作的质量和水平得到提高。全年共受理群众举报2216件，初核案件线索720件，新立案件330件，给予党纪政纪处分340人，其中，县处级干部10人，乡科级干部58人，移送司法机关处理8人，为国家和集体挽回直接经济损失447.22万元。受理商业贿赂举报50件，立案46件，给予党纪处分13人，刑事处理16人，涉案金额452.64万元，挽回经济损失280多万元。专项治理重信重访，开展大接访和领导带案下访活动，开通"12388"纪检监察专线举报电话，及时排查化解社会矛盾纠纷。

【加强对权力的监督制约】 年内，市纪委在市环保局、林业局、卫生局和国家税务局开展廉政风险防范试点工作，共有99个科室和二层机构1132人查找出廉政风险点1242个，制订防范措施1446条，将廉政风险归纳为思想道德风险、制度机制风险、岗位职责风险，针对3类风险对权力运行实施前期预防措施、中期监控机制和后期处置办法，修订制度55条，新增制度58条。加强对重大项目评标现场的监督，督促市政府采购管理部

6月20日,中共桂林市委常委(扩大)会议召开,专题学习贯彻中共中央《建立健全惩治和预防腐败体系2008~2012年工作规划》。图为学习会场全景。

梁广　摄

门落实《中华人民共和国政府采购法》和政府采购相关制度及规定,建立不良供应商记录,政府采购工作进一步规范。全年全市计划采购金额为11.07亿元,实际采购9.03亿元,节约资金2.04亿元。开展行政效能监察,全市共受理行政效能投诉351件,办理结案340件,全市行政审批办结提速89.77%。落实党风廉政建设责任制,对全市县处级党政领导班子和领导干部落实党风廉政建设责任制的情况进行考核,派出检查组重点抽查了17个县(区)和15个市直单位,有15名领导干部受到责任追究。

【惩治和预防腐败体系建设整体推进】 年内,桂林市成立了以市委书记为组长,市委分管领导为副组长的桂林市惩治和预防腐败体系建设工作领导小组及领导小组办公室,制订了《桂林市建立健全惩治和预防腐败体系2008~2012年工作规划实施细则》,将106项反腐倡廉具体工作任务分解到市级33个牵头单位和58个协办单位,确保反腐倡廉各项工作任务的落实。　（王健）

行　政　监　察

【概　况】 2008年,市监察局围绕市政府中心工作,认真履行行政监察职责,积极推进惩治和预防腐败体系建设,结合实际抓亮点,全市行政监察和反腐败工作取得新成效。全年纪检监察立案查处违纪案件330件,其中,政纪案71件,给予政纪处分85人。为推进学习型、创新型、服务型、诚信型、廉政型政府建设作出了贡献。

【从源头上预防和治理腐败】 2008年,市监察局坚持廉政教育,把措施细化到权力运行的各个环节,最大限度地降低腐败风险。开展政务公开、厂务公开、村务公开“三公开”工作,强化政务公开,制订了《2008年桂林市政务公开工作实施意见》,做好政府信息公开指南和公开目录编制、修订工作,政府重大项目决策、审批、建设实行公示制度;深化厂务公开,全市607家企业建立了职代会制度,以职代会为主要载体的厂务公开形式得以确立,公开的内容不断扩展;完善村务公开民主管理制度,将廉政谈话、民主生活会、述职述廉、民主评议等制度向村级干部延伸,促进农村基层党风廉政建设。规范政府采购工作,加强对政府采购的监督管理力度,6月1日~7月31日,市监察局、财政局、审计局联合组成检查组对市直56家采购单位和1家社会代理机构2006~2007年度执行政府采购情况进行重点抽查,查出未经过政府采购金额1414.94万元;未到政府采购办公室办理监管备案手续,自行招标的金额有2.28亿元。加强和完善行政审批工作，督促有关部门继续对规定取消或转移的行政审批项目进行检查清理，防止已取消项目反弹。加强经济责任审计监管力度，年内，市本级全年共完成审计项目19个，审计经济责任人19人，查出违规金额4421万元，负主管责任4421万元；查出管理不规范金额7.62亿元，其中负主管责任7.58元，负直接责任465万元，提出整改意见39条；对审计整改意见落实情况进行监督检查，共补缴各种税收32.48万元，上缴财政6707.66万元，上缴住房改革委员会12.04万元，上缴罚款32.30万元，调账处理175.93万元，清退违规收取款项10.60万元。

【治理商业贿赂】 2008年，全市治理商业贿赂工作对重点部门重点岗位容易形成商业贿赂的环节，开展“回头看”并加以重点治理。年内，全市共受理商业贿赂举报50件，初核50件，立案46件，涉案人员79人，给予党政纪处分13人，刑事处理16人，对县（处）级领导诫勉谈话1人，涉案金额452.64万元，挽回经济损失280多万元。

【加强监督检查　确保政令畅通】 年内，市监察局一是加大自立项目的执法监察力度，全市查出自立项目共16项，收缴违纪金额145万元，给予党政纪处分23人。二是加强抗灾救灾、灾后重建、恢复生产工作的监督检查，协调有关部门建立灾情和物价、道路安全等信息通报制度，5～7月，由监察局牵头组成检查组，对中央、自治区和市救灾款物调拨、分配、使用情况及灾后重建恢复生产有关政策贯彻落实情况进行了监督检查，共检查了7个县、21个县直部门、21个乡镇、14个村委和14个市直重点部门，严肃查处一起挪用救灾资金的案件；及时对各界捐赠的四川汶川抗震救灾款物的流向进行督查，确保捐赠款物及时到达震灾区。三是加强对节能减排、环境保护、土地调控、安全生产等政策贯彻落实情况的监督检查。对12县5城区贯彻落实上级和市政府关于节能减排的决策和工作部署的情况进行了全面督查；继续开展对整治违法排污企业，对8名违反环境保护的相关责任人进行责任追究；加强对全面落实经营性土地“招拍挂”出让制度的监督检查，完善探矿权、采矿权出让制度；对全市易发多发安全事故的领域进行专项检查，查处市本级3起重大安全生产责任事故，给予党政纪处分6人；加强对土地征用、房屋拆迁的监督检查，严肃查处损害群众利益违法违纪行为6起。四是加强对工程建设招标投标项目的执法监督。强化对国有资金投资工程建设项目招标投标的监督管理，规范建筑市场交易行为，全年共办理招标工程134项，工程造价18.25亿元，工程造价平均下降7.27%，为国家和社会节约资金1.33亿元。五是加强对扩大内需政策措施贯彻落实情况的监督检查，参加检查组对12县进行了检查，全市共申报项目385个，总投资7.44亿元，截至2008年12月，向中央申请资金已到位3.23亿元。自治区配套资金到位0.38亿元，市县落实配套资金1.52亿元，业主自筹0.723亿元。

【推进行政效能监察】 年内，市监察局发挥行政效能电子监察作用，实现了第一代电子监察系统向第二代电子监察系统平稳过渡。全年市本级行政审批共接到咨询61件，申请29362件，受理29184件，办结29193件。承诺件的平均办结时间为1.39天，即办件的平均办结时间为5.51分钟；承诺提速为45.25%，办理提速为89.41%。畅通行政效能和外商投诉渠道，完善各级效能监察机构和效能投诉中心，受理行政效能投诉、意见和建议，设立和公示了行政效能投诉、外商投诉电话和网上投诉邮箱，全年市本级共受理各类投诉共93件，其中，来信来访51件，电话投诉35件，网上投诉7件。利用行政效能电子监察系统监控，对重大投资项目在审批环节和落地建设环节的情况实行效能监察，对全市106个重大投资项目进行跟踪监察，督促有关部门协调、处理重大投资项目在建设和发展中遇到的困难和问题，跟踪督办重大投资项目的投诉。建立效能监察联系点，在临桂新区、各工业园区、市外驻桂林商会、协会建立了行政效能监察联系点，直接听取建议、受理投诉、协调关系和处理问题。围绕实现“保护漓江、发展临桂，再造一个新桂林”的战略目标，开展了加强行政监察、确保政令畅通专题调研。

（李晓娟）

3月10日，民革桂林市委员会组织部分农业科技专家到资源县中峰乡指导灾后恢复重建工作。

（民革桂林市委员会　供稿）

中国国民党革命委员会桂林市委员会

【概　况】 2008年，中国国民党革命委员会桂林市委员会（简称民革市委会，下同）共有城区总支部4个，基层支部20个。全年发展党员18人，平均年龄37.2岁。其中，博士学历2人；研究生学历3名；有副高级以上职称4人；女党员5人。至年底，共有党员479人。年内招录公务员2名，机关实有工作人员9人。

年内，民革市委会加强思想建设，积极参政议政，热心社会公益事业。采用专题征文、出板报、举办专题讲座等形式组织党员开展纪念中共中央“五一口号”发布60周年、继续解放思想大讨论、纪念改革开放30周年、庆祝广西壮族自治区成立50周年等活动。

【积极开展抗灾募捐】 2008年1月，桂林遭受历史罕见的低温雨雪冰冻灾害，2月22日，民革党员、高级农艺师韦祖远随同自治区政协副主席彭钊一行深入资源县两水乡院子村开展灾后恢复生产农业技术咨询服务及医疗卫生服务活动。3月10日，组织农科支部赴资源县中峰乡，为受灾户现场传授葡萄、柑橘、毛竹灾后恢复生产技术，指导灾民开展灾后重建和恢复生产自救，并向灾民赠送相关科技图书、技术资料1000多份和价值3000多元的救灾化肥。资源县副县长、民革市委会副主委区捷在抗击冰冻灾害中表现突出，受到中共中央总书记胡锦涛的接见，并被评为广西“三八”红旗手。5月12日，四川汶川遭受里氏8级地震，民革市委会组织和发动党员用各种方式支援灾区，共为地震灾区共捐款19.2万元。

【参政议政工作】 发挥党员中各级人大代表和政协委员的作用，党员中的全国人大代表向惠玲参加全国人大会议向大会提交建议9条，其中《关于改进防火门类产品管理方式的建议》引起国家公安部的重视，派出国家消防局科技处人员到桂林作专题答复。党员中的自治区政协委员向自治区政协提交提案9件，党员中的市政协委员共向市政协提交提案101件。民革市委会提交的《关于将訾洲规划建设成开敞公益性的绿地公园的建议》《关于加强对民营医院及个体医疗、医药市场的管理的建议》等7件提案被市政协评为优秀提案。年内，党员中的各级人大代表、政协委员出席中共桂林市委、市政府召开的各种调研会、协商会、座谈会35人次。民革市委会积极组织党员参加中共桂林市委、市政协组织的有关保护漓江、临桂新城区开发、桂林老城区疏解对策的调研和讨论，开展了“关于城郊失地农民安置对策研究”、“加快推进桂林市中等职业教育对策研究”课题调研。

【做好对台湾工作】 2008年，针对马英九担任台湾地区领导人，台湾局势发生重大变化的情况。民革市委会通过有台湾关系的党员采取“走出去，请进来”等方式做好海峡两岸同胞的联谊工作。支持协助桂林黄埔同学会开展工作，抓好社联人士的学习，帮助桂林黄埔同学后代联谊会圆满换届。同时举办台湾局势讲座，使党员对台湾局势有较全面了解。（林正坚）

中国民主同盟桂林市委员会

【概　况】 2008年，中国民主同盟桂林市委员会（简称民盟市委会，下同）共有基层组织17个。其中，有总支7个；支部8个；小组2个。全年发展新盟员31人，平均年龄38.8岁，具有高、中级职称（职务）的占68.8%。至年底，共有盟员654人。11～12月，先后在叠彩区、象山区、秀峰区、临桂县成立总支部。民盟临桂总支部、桂林工学院总支部获得民盟自治区委员会“全区政治交接学习教育活动”先进集体，13人获得先进个人。

年内，民盟市委会组织全市盟员学习贯彻中共十七大和十七届三中全会精神，开展了学习中共中央总书记胡锦涛在广西考察时的重要讲话精神、解放思想大讨论、纪念改革开放30周年暨自治区成立50周年等学习座谈活动、纪念中共“五一口号”发布60周年座谈讨论和征文活动。并通过聆听报告、座谈研讨、实地考察，开展政治交接教育实践活动。

【参政议政工作】 2008年,民盟市委会向市政协三届三次会议提交了《加强农村教师培训,提高农村教师素质》等集体提案6件,个人提案14件。其中,《关于我市农村教师队伍建设的建议》作了大会发言;集体提案《关于成立"桂林市见义勇为基金会"的建议》被市政协列为重点提案重点督办;集体提案《关于加强农村教师培训,提高农村教师素质的建议》获优秀提案二等奖。年内共完成《关于桂林旅游业如何融入北部湾经济区的问题》《关于高校智力服务地方企业研发实效机制的调研》《稳步推进农民职业技能培训工作,促进农村劳动力转移就业》《中小学基础教育和教师队伍现状及对策》重点调研课题。

【开展社会服务工作】 2008年初,桂林遭遇冰冻雪灾,民盟市委会组织盟员以捐款捐物、义务服务等形式投入抗冻救灾活动。四川汶川"五一二"特大地震后,民盟桂林市委会组织盟员捐款总计2.62万元。积极参与民盟中央发起的"灾后重建家园,爱心汇成希望"活动,收到"特殊盟费"1.82万元,为民盟中央在灾区建立民盟小学作贡献。3月14日,民盟市委会在阳朔县杨堤乡中南俪颖侨心小学举行"烛光行动"启动仪式,捐赠3000元教师培训经费、1065册图书、1台电脑,帮助该校建立完善图书馆和阅览室。民盟桂林中医院支部的10位医疗专家赴阳朔县高田镇开展义诊咨询,并赠送一批价值3000元的药品。

【民盟中央主席蒋树声到桂林调研】 5月26～29日,全国人大常委会副委员长、民盟中央主席蒋树声,民盟中央副主席李重庵、徐辉带领民盟中央"中西部地区中小学基础教育及其教师队伍现状和解决办法"调研组7人到桂林调研。民盟市委会也相应开展了关于桂林市基础教育问题与对策的调研,并向民盟中央调研组汇报了调研成果。

【盟员在岗位工作和社会工作中创佳绩】 在广西第十次社会科学优秀成果奖评选活动中,周作秋的《壮族文学发展史》获著作类成果二等奖;王德明的系列论文《"杉湖十子"研究》获论文类成果二等奖;沈家庄的《粤西词人群体研究导论》获论文类成果三等奖。在桂林市纪念改革开放30周年理论征文评选活动中,魏华龄《桂林抗战文化研究30年》获唯一的特别奖,盘福东、熊传善分别获二等奖、优秀奖。廖昌荫被民盟中央授予抗震救灾先进个人。 (林玉洁)

中国民主建国会桂林市委员会

【概　况】 2008年,中国民主建国会桂林市委员会(简称民建市委会,下同)有总支部5个,支部24个。全年共发展新会员42人。其中,企业高级管理人员15人;新社会阶层人士22人;县(区)级以上人大代表、政协委员5人。至年底,共有会员502人,会员平均年龄53.1岁。其中大专以上文化程度332人;有专业技术职称366人;担任各级人大代表11人、各级政协委员58人。

【推进政治交接教育活动】 年内,民建市委会继续开展政治交接系列教育活动,举办继续解放思想大讨论征文比赛活动,组织开展纪念中共中央发布"五一口号"60周年活动。6月,民建市委会组织基层骨干和机关干部参观自治区各民主党派政治交接教育学习基地——黄姚古镇。10月,民建市委会开展了"会史会章知识竞赛活动"。

【完成相关课题调研】 2008年,民建市委会确定并完成各种年度课题8项。其中,民建自治区委员会参政议政招标课题2项,中共桂林市委分配的重大调研课题3项,桂林市政协分配的大会发言课题2项,民建市委会专题调研1项。民建市委会针对社会上反映强烈的老年人活动场所建设的问题,组成专题课题组与市老龄工作委员会共同调研,撰写了《关于改变老年宫现有管理体制,逐步实现对老年人免费开放的建议》的集体提案,被市政协列为重点提案。年内,民建市委会积极参与市政协年度重点调研课题"漓江流域保护与可持续发展"的调研;参加自治区人大桂林代表团的年度调研课题,完成了《加强对漓江的综合治理　让桂林山水更加秀美》的调研报告;完成上报民建中央委员会和中共桂林市委的《加强漓江生态涵养,设立桂林旅游示范区》调研报告,并代民建中央起草了全国人大、政协两会上的有关漓江保护问题提案《关于加强漓江流域生命涵养和设立桂林旅游经济试验区的建议》。

【庆祝民建市委会成立50周年】 2008年11月18日，民建市委会召开成立50周年纪念大会。民建自治区委员会主委钱学明，中共桂林市委副书记束华，市委常委、副市长、宣传部长陈丽华出席大会。民建自治区委员会主委钱学明代表自治区委员会祝贺大会召开。市委副书记束华代表市四家班子向大会表示热烈祝贺。桂林市政协副主席容作信代表各民主党派、工商联向大会致贺词。民建市委会主委郑毅作了《传承五十年的梦想，铸就新时代的辉煌；同心同德，大步跨越，努力续写桂林民建光辉历史的新篇章》的报告，总结回顾了民建市委会50年的光辉历程。会议表彰了50年来作出突出贡献的集体和个人。

【组织开展公益活动】 1月，桂林市遭受罕见的冰冻灾害，民建市委会发动会员会内捐赠5.99万元，会员及会员企业家会外捐赠38.57万元。并争取到“中华思源工程基金会”和“爱德基金会”灾后重建捐助资金105万元。5月，四川汶川发生强烈地震，民建市委会发动会员捐款8.84万元，会员和会员企业通过其他渠道捐款达180万元。会员席国际、谢一佳、刘征祥、黄海涛、阳税弟5名会员还获得“中国民主建国会全国抗震救灾优秀会员”称号。12月，民建市委会争取到爱德基金会村官培训项目，举办了第三期广西农村基层骨干能力建设暨桂林市贫困农村基层干部培训班，共有60名村官参加培训。同月，民建市委会牵线搭桥的民建“思源工程”桂林电子科技大学助学项目正式启动，资助该校59名学生共计6.8万元。同月，民建市委会在自治区第六次民族团结进步表彰大会上被评为“自治区民族团结进步先进集体”。

【成立专委会和新支部】 2008年5月，民建市委会成立经济委员会、法律与监督委员会、妇女委员会、青年委员会4个专门委员会，加上原已成立的议政调研委员会、企业与社会服务委员会，民建市委会共有6个专门委员会，成员229人，专门委员会直接隶属民建市委会领导。7月，民建市委会第一个高校支部——民建桂林电子科技大学支部成立，有成员7人，其中，教授3人，副教授4人。

（徐子南）

中国民主促进会桂林市委员会

【概　况】 2008年，中国民主促进会桂林市委员

11月18日，民建桂林市委会成立50周年纪念大会举行。

秦胜忠　摄

会(简称民进市委会,下同)共有总支部5个,基层支部38个。全年发展新会员14人,其中大专以上学历10人。至年底有会员581人。其中,男267人;女314人;在职344人。会员平均年龄53.3岁。主要界别分布为文化艺术界76人;教育界411人。

年内,民进市委会配合贯彻落实中共桂林市委的"保护漓江、发展临桂、再造一个新桂林"战略部署开展工作,4月,民进市委会选派骨干会员参加中共广西区委统战部组织的"纪念中共'五一口号'发表60周年"理论研讨会。配合改革开放30周年、自治区成立50周年、民进广西委员会成立50周年庆典活动,为民进广西委员会及中共桂林市委统战部提供会史资料及改革开放、政治交接教育实践活动照片及文稿等。

【参政议政工作】 2008年,民进市委会对《中华人民共和国劳动合同法》在桂林市城区执行情况和全市教育均衡发展的情况进行调研,形成了《〈劳动合同法〉在我市城区实施情况及我们的建议》《我市教育均衡发展的情况及建议》调研报告。市政协全会期间,民进市委会提交了《关于进一步加强对农民工〈劳动合同法〉的宣传,促进我市劳资关系和谐稳定的建议》《关于在全市中小学、幼儿园师生中开展预防地震、消防安全、交通安全演练的建议》《继续加大对乡村教育的投入,促进我市教育均衡发展》《关于加大"政务公开"正面宣传的建议》《关于在广西师大附中新校区附近设置18路公交车上落站的建议》《加快推进我市科技中介服务机构建设》6件集体提案,其中,《关于进一步加强对农民工〈劳动合同法〉的宣传,促进我市劳资关系和谐稳定的建议》被市政协列为年度重点提案予以办理。

【组织建设】 2008年,新成立民进象山区、民进高新(七星)区总支部,确定两城区总支部负责人。11月19日,民进桂林市象山区总支部成立,辖9个支部,会员131人。11月20日,民进桂林市高新七星区总支部成立,辖5个支部,会员98人。

【举办基层骨干学习班】 7月22~23日,民进市委会举办了以继续深入开展政治交接教育实践活动,加强基层组织重点建设工作为主题"2008年暑期基层干部培训班",民进桂林市委委员、支部负责人和机关干部共50余人参加培训。民进自治区委主委陈自力作了《我国政党制度的特点与优势》的报告。培训期间,各支部负责人交换了基层工作的经验和方法,全体人员专程到黄姚"中共广西省工委旧址"、"广西各民主党派政治交接教育基地"参观学习。

11月20日,民进桂林市高新七星区总支部委员会成立大会召开。市政协副主席、民进桂林市委主委容作信(左四)等出席大会。

向左　摄

【开展抗击灾害和支教活动】 年初的冰冻灾害发生后，民进市委会组织机关干部及会员捐款，共组织捐款8万多元。为抗击四川汶川大地震，民进市委会积极募集书画家作品18幅送往民进中央义卖。5月26日，民进桂林中学支部到恭城瑶族自治县嘉会初中开展支教活动，给师生们上示范课并捐赠一批书籍和衣物；5月29日，民进市委会与市民族委员会组成"六一"慰问小组，为恭城瑶族自治县平安乡下山源小学师生送去300多册新书及黑板等教学用具；广西师大附中支部牵线搭桥，促成广西师大附中向大河中学捐赠价值2万多元的投影仪等电教仪器一批、办公桌和课桌椅60多套。 （向左）

中国农工民主党桂林市委员会

【概　况】 2008年，中国农工民主党桂林市委员会（简称农工党市委会，下同）共有总支部6个，支部11个，小组1个，党员472人。全年发展新党员19人，新成立桂林旅游高等专科学校支部、桂林中西医结合医院支部、桂林电子科技大学支部。年内，农工党市委会继续以"政治交接教育学习"为主线，开展"继续解放思想大讨论"系列活动，纪念中共"五一口号"发布60周年座谈讨论及征文活动。获农工党中央"2008年度党刊发行工作先进单位"，农工党自治区委员会"2008年度统战理论研究工作先进单位"、"政治交接学习教育活动先进集体"、"抗灾救灾先进集体"和"2008年度党史问答优秀组织奖"。

【积极参政议政】 2008年，农工党市委会在市政协三届三次会议上作了题为《做大做强光机电产业，加快桂林经济发展步伐》、《关于我市西部新城医疗卫生设施建设的建议》的大会发言及题为《加快发展会展经济，推进桂林经济社会又好又快发展》的大会书面发言。同时，向市政协三届三次会议提交集体提案8篇，其中《关于做好桃花江沿岸自然风貌整体保护规划的建议》被市政协列为重点提案。年内，人大、政协两会期间，农工党市委会各级人大代表、政协委员提交人大建议19件，政协提案36件。并完成"农村卫生三网建设"、"农民饮水安全"、"农产品质量安全检测"3个重点调研课题，其中"农产品质量安全检测"被选为2009年市政协三届四次会议大会发言材料。在不定期召开的市政协委员晨会上，农工党市委会分别就《加大对传染病医院的扶持力度提高我市突发公共卫生事件应对能力》《进一步完善我市农村和城郊居民安全饮水体系建设》《整合资源、提高我市精神卫生工作系统水平》作了专题发言。

【抗灾救灾】 2008年初，桂林遭受严重的冰冻灾害，农工党市委会发动党员为灾区奉献爱心，捐款捐物。1月30日，农工党市委会组织党员向资源县两水乡社水院子捐款4000元。全市农工党员向冰冻灾区捐款约2万元，衣物532件。同时，发挥农工党与农工党自治区委员会联合组成抗冰救灾服务工作队，到资源、全州县开展慰问和医疗、农业科技咨询服务活动，共为灾区群众义诊200余人次，免费发放药品及慰问品。5月12日，四川汶川发生地震，农工党市委会捐款1.93万元，缴纳抗震救灾特殊党费1.95万元，全市农工党员向灾区捐款3.14万元。农工党市委会获农工党自治区委员会"抗灾救灾先进集体"，11名党员获农工党自治区委员会"抗冻灾救灾先进党员"。

【开展基层组织建设年活动】 2008年，农工党市委会出台了"基层组织建设年"活动方案，指导全市各基层组织进行组织建设和创新；在全市范围内进行基层组织情况调研，并形成调研报告；不断完善农工党市委会后备干部人才库，推荐1名后备干部到兴安县任县长助理。年内，有10个支部被农工党自治区委员会评为先进基层组织，10名党员被评为优秀党员。

【发挥优势服务社会】 7月17日，农工党市委会组织医疗专家参加市科普工作联席会议主办的科技、文化、卫生"三下乡"活动，为全州县农民义诊，义诊200多人次。11月5日，配合桂林市读书月活动，农工党市委会副主委唐原为桂林市机关妇女上中医养生保健课。11月13日，农工党市委会开展第20届国际科学与和平周活动，组织专家到资源县两水乡社水院子为小学生举办儿童保健知识讲座，联系捐赠电脑桌40张、书柜2组，

发动广大党员捐赠图书500多本，捐赠各种物质价值近万元。（张君凤）

中国致公党桂林市委员会

【概　况】 2008年，中国致公党桂林市委员会（简称致公党市委会，下同）共发展党员10名。其中，有博士研究生2名；硕士研究生3名；在读研究生4名。至年底，共有党员310名。

年内，致公党市委会加强自身建设，积极参政议政，广泛开展海外联谊工作。《关于桂林市科技成果转换机制的建议》《关于加快桂林国家高新区"一区多园"发展的建议》《关于地方高校结合桂林市中小企业，开发地方旅游产品的建议》《关于加强网吧管理严禁未成年人进入网吧的建议》4篇提案获桂林市政协三届二次会议优秀提案；致公党市委会获中国致公党广西委员会《广西致公》"新闻宣传先进单位"。

【参政议政工作】 2008年，致公党市委会不断健全参政议政工作机制。年内，致公党市委会向桂林市政协三届三次会议提交了《关于加快桂林市新农村文化建设的几点建议》等7件集体提案，致公党员中的市政协委员向桂林市政协三届三次会议提交了《关于专业桂林山水风光照片支持桂林市招商引资和企业宣传的建议》等15件委员提案。陈仲主委向全国人大十一届一次会议提交了《关于取消战略性资源原材料白银出口退税的建议》《关于继续延长转制科研院所税收优惠政策执行期限的建议》2件议案，驻会副主委王嬡向广西政协十届一次会议提交了《关于转换思路，调整机制，加快广西科技成果转换的建议》《关于构建和谐景区促进广西旅游发展的建议》《关于加强桂林市社区医疗结构建设，改善群众就医条件的建议》3件提案。在广西十届一次会议期间，广西政协委员、驻会副主委王嬡提交的《关于合理配置我区卫生资源加强广西社区医疗结构建设的建议》在《广西新闻网》引发热议，并在《法制快报》《南国早报》等刊物上开辟专栏讨论，提案得到了广西卫生厅的充分肯定。桂林市政协三届三次会议期间，致公党市委会提案《关于加强青狮潭水库环境保护的建议》引起了桂林市政府、市政协的高度重视，专门成立桂林市青狮潭水库水源保护领导小组及其办公室，制订了《青狮潭水库水源保护区长效管理工作方案》和《青狮潭水库水源保护区管理办法》，建立青狮潭水库水源保护区日常管理领导机构和管理机制。

【海外联谊工作亮点频出】 2008年，致公党市委会加强与海外侨胞中的代表性人士和社团联系，促进国际间的科学技术与文化艺术的交流与合作。年内，致公党市委会接待了越南胡志明市旅游总公司访问团，访问团与桂林市的有关领导就文化、旅游等项目的交流与合作进行沟通，并进行实地考察；致公党市委会海外联谊委委员、越南政府"和平友谊"勋章获得者、海外联谊"民间大使"的卢美念接待了到桂林访问的大批越南客人，并多次随团考察越南胡志明市、河内市等城市的发展和建设，促成了越南胡志明市师范大学与广西师范大学签订继续合作办学协议。

【参加抗冻救灾和抗震救灾】 2008年，桂林市遭受罕见雨雪冰冻灾害，致公党市委会成立抗冻救灾应急小组，发动党员捐款捐5000多元，捐赠棉被、棉衣等防寒衣物300多件。四川汶川大地震发生后，致公党市委会组织党员捐款3万多元。主委陈仲和党员钟承润被致公党中央评为"五一二"抗震救灾先进个人。

【开展支教活动】 年内，致公党市委会与桂林市民族委员会一起，分别于6月、12月到灵川大境瑶族乡、兴安华江瑶族乡、资源民族中学开展送教下乡活动，为当地学校的老师、学生讲课，并赠送价值7万多元的图书；为推进桂林市基础音乐教育课程改革，推动音乐教育与地方社会文化、经济发展相结合，致公党市委会专门聘请了中央教科所学校教育研究部体卫艺研究中心博士许洪帅，针对《桂林市基础音乐教育课程改革实施情况调查研究》课题，对桂林市2001年实施基础音乐教育课程改革以来进行了一次阶段性调查与成绩总结。同时，致公党市委会与桂林市师范高等专科学校、中央教科所学校教育研究部体卫艺研究中心，联合在民主路小学开展新课程下基础音乐教学研讨活动。（骆家茂　秦丽华）

九三学社桂林市委员会

【概　况】 2008年,九三学社桂林市委员会(简称九三市委会,下同)共有支社17个。全年共发展新社员9名。至年底,共有社员387人。年内,九三市委会不断加强自身建设,继续深入开展政治交接教育实践活动,开展调查研究,积极参政议政,九三市委会的各级人大代表、政协委员提交涉及桂林市经济社会发展的提案、议案和建议64件。积极开展纪念中共中央发布"五一口号"60周年、迎奥运、改革开放30周年的有关活动。在抗击雨雪冰冻灾害和抗震救灾中,九三市委会组织社员开展抗寒救灾、抗震救灾献爱心活动,积极捐款捐物、为灾区群众灾后重建提供科技指导。年内,矿地院支社被九三学社中央评为政治交接教育实践活动先进集体。

【参政议政工作】 九三市委会的各级人大代表、政协委员提交涉及桂林市经济社会发展的提案、议案和建议64件,其中集体提案7件,有2件被列为市政协年度重点督办提案。《关于规范我市机动车占道停车管理的建议》等2件人大建议获市人大三届一、二次会议优秀建议奖,《关于将訾洲规划建设成开敞公益性的绿地公园的建议》等3件集体提案被评为市政协二次会议以来优秀提案,分别获一、二、三等奖;在市政协三届三次会议上,九三市委会作了《大力推广"果蔬品牌工程",发展我市果蔬产业》的大会发言。年内完成《广西高校与企业自主创新合作问题》等3个九三学社自治区委员会调研课题,《桂林农林产业化龙头企业发展对策研究》等3个中共桂林市委、市政协调研课题和《抓好产学研结合,促进高新产业发展》的城区政协调研课题。年内,九三市委会领导、特邀人员参加中共桂林市委统战部、政协及特邀单位组织召开的协商会、座谈会、情况通报会88人次,社员中的各级人大代表、政协委员参加各种考察、视察活动122人次。

【社会服务和社员岗位工作成绩显著】 九三市委会组织社员利用各种方式为年初的桂林雨雪冰冻灾害和"五一二"汶川地震灾区捐款共10万余元,为冰冻灾区群众捐献棉被、衣物百余件,联系海外慈善机构和爱心人士捐款7.8万元、并捐赠价值7.2万元的全新冬衣和一批粮油。3次组织农业专家社员共15人为灾区群众灾后重建提供科技指导。组织科技下乡活动5次,参加人员33人次,发放科普资料上万份,培训人员500余人次。年内,社员在本职岗位建功立业,获国家级、省级鉴定成果12项,国家发明专利3项;有14人获得"省(部)、市级科技进步奖",15人获省级"先进个人"奖,43人获市级"先进个人"奖,1名社员获"桂林市劳动模范"。九三市委会被九三学社中央评为"抗震救灾先进集体"。

(赖慧云　韦征)

桂林市工商业联合会

【概　况】 2008年,桂林市工商业联合会(简称市工商联,下同)下辖17个县(区)工商联,131个乡镇商会,5个行业商会,6个异地商会(外地商人在桂林成立的商会)。年内,新增加企业会员89家,个人会员256名。至年末,全市有会员1.29万人。9月5日,桂林市工商联安徽商会成立。

【招商引资工作成绩显著】 2008年,市工商联邀请香港电子业商会会长苏煜均带领电子商会的企业家到桂林进行投资考察,达成在桂林建设香港科技城项目的合作意向,合作意向总投资规模超过10亿元;市工商联与台湾威京总部集团主席沈庆京联系,达成该集团到临桂新城投资意向。市工商联牵头与中国招商投资网、全国照明电器协会、全国半导体产业促进会联系,引进了"中国LED照明系统国际采购与区域物流中心项目"落户桂林。全年市工商联共接待到访客商及到访的知名企业37批,257人次。并与北京市东城区工商联、南京市工商联、西宁市工商联、保定市工商联、温州市工商联签订了友好商会合作协议。市工商联邀请法国里昂北伊泽尔省工商会企业家一行13人到桂林市进行投资考察并签订经贸合作交流协议。至2008年底,市工商联与58个国内

5月16日，桂林市异地商(协)会举行情系四川灾区爱心晚会。
黄雷 摄

工商联(总商会)及中国香港、澳门、台湾和海外的工商社团建立了友好商会。

【履行参政议政职责】 2008年，市工商联会员有87人当选为自治区、市、县级人大代表；有414人当选为自治区、市、县级政协委员。年初，市工商联组成3个调研组，对《桂林市行业商(协)会组织现状调研报告》、《桂林市“招商引资”领域选择性研究》、《我市非公有制企业执行〈劳动合同法〉的现状及对策》课题进行专题调研，并形成调研报告上交中共桂林市委。在市政协三届三次会议上作了《充分发挥我市商会组织在承接产业转移中的积极作用》的大会发言，提交了《关于规范我市汽车修配行业的建议》等4份集体提案和16份市工商联会员中政协委员个人提案。其中，市工商联提交的《关于建立桂林市劳动争议仲裁三方协调机制的建议》、《缓解桂林城区堵车问题的对策与建议》分别被市政协评为优秀提案二等奖和三等奖；虞华弟撰写的《关于临桂新区开发应关注环保问题的建议》被市政协评为优秀提案三等奖。

【抓好商会组织建设】 2月18日，市工商联召开三届三次执委会，增补桂林国际电线电缆集团董事长周本飞、桂林福达集团董事长黎福超为市工商联副主席。引导建立了市工商联安徽商会。建成市工商联会员资料库，其资料已上报全国工商联资料库。年内，有20名民营企业家被中共桂林市委、市人民政府授予“桂林市有中国特色的优秀社会主义建设者”称号。

【举办民营企业招聘周活动】 5月20～27日，市工商联与桂林市劳动和社会保障局、市总工会和市教育局联合，举办“桂林市2008年民营企业招聘周”活动。共组织了207家民营企业提供2045个就业岗位，有4809人进场求职，1739人签订就业意向，其中下岗失业人员735人，进城务工人员520人，大中专毕业生484人。高新七星区工商联会同区劳动和社会保障局等部门在桂林国际会展中心举办了3场人才双选暨民营企业招聘会，组织262家民营企业提供4685个就业岗位，有近2万人参加招聘会活动，2363人达成就业意向。

【社会公益事业成绩显著】 年初，桂林市遭遇严重雨雪冰冻灾害，市工商联向灾区捐款12万余元、棉衣棉被1110余件(套)以及价值18万余元的粮油和药品等物资。争取自治区工商联向桂林市受灾地区捐献大米3万千克、棉衣300多件。5月12日四川汶川发生大地震，市工商联组织会员捐款、捐物，全市民营企业及工商联干部职工向地震灾区捐款1000多万元，交纳特殊党费10万余元。

(崔建国)

人民团体

5月10~30日,桂林市第十八届青春艺术节举行。图为开幕式上文艺表演。

（李凯　摄）

桂林市总工会

【概　况】　2008年，桂林市共有工会委员会3758个，(比上年，下同)增加453个；基层工会涵盖法人单位7405个，新增893个；工会会员538619人，其中农民工会员125196人。年内，桂林市总工会按照“组织起来，切实维权”的工作方针，围绕中心、服务大局、突出重点、狠抓落实，加强基层组织建设，完善协调劳动关系机制，提高工会维权能力，促进了桂林工会工作的创新与发展，为全市经济发展和社会和谐作出了贡献。桂林市总工会、中国财贸工会桂林市委员会、桂林市教育工会等进行了换届选举。10月14日，桂林市政协副主席、市总工会主席莫玲玲，兴安县人大常委会副主任、县总工会主席韦辉，中国人民解放军第五七一八厂工会主席王海军，燕京啤酒(桂林漓泉)股份有限公司一线职工凤化明等4人代表桂林市50万职工赴北京参加中国工会第十五次代表大会。桂林市总工会被自治区总工会评为2008年度工会工作先进单位。

【桂林市总工会第三次代表大会】　7月15～16日召开，出席会议代表400多名，市四家班子领导出席大会开幕式。自治区总工会党组书记吴玉斌到会祝贺并致辞。市政协副主席、市总工会主席莫玲玲主持会议。市委书记高雄代表市四家班子向大会的召开表示祝贺。大会选举产生桂林市工会第三届委员会委员49名，经费审查委员会委员11名。桂林市工会第三届委员会第一次全体会议选举莫玲玲为桂林市工会第三届委员会主席，丁玫、张强、宋伊宁为副主席；桂林市工会第三届委员会经费审查委员会第一次全体会议选举邹靖为经费审查委员会主任。

【开展建功立业竞赛活动】　年初，桂林市劳动竞赛委员会下发关于开展桂林市2008年度劳动竞赛活动的通知，以产业工会和各主管部门为活动主体，开展适合本行业、本产业特点的劳动竞赛活动。市总工会与市劳动和社会保障局、教育局、科学技术局、经济委员会联合举办桂林市第三届数控技能大赛，开展立式加工中心、床身式数控铣、数控车床比赛，参赛职工100多人；与市劳动和社会保障局联合举办全市焊工比赛，并选拔参赛选手参加自治区焊工大赛，桂林参赛选手获自治区前10名焊接大赛的奖项；组织全市电信、移动、联通、电力等行业的女职工参加本行业岗位技能比赛，参赛人员2000多人；全市卫生系统开展“120急救”技能大赛，参赛代表队22个。

【开展“四技服务”活动】　2008年，市总工会做好工会职工技术协会的组织稳定和发展工作，开展好“四技服务”(技术转让、技术咨询、技术服务、技术培训)。年内，发展职工技术协会组织4个。组织基层技协开展技术改造、技术创新、技术开发和合理化建议等群众性的技术活动。截至11月，市职工技协创收75万元，超额完成岗位目标责任制考核指标。

【劳动安全保护】　年内，市总工会动员和组织规模以上企业参加全国、自治区、桂林市举办的“安康杯”竞赛活动，参赛面达82%，全市获自治区级表彰的优胜企业6个、优胜班组3个、优秀组织单位1个、优秀组织者1人。5月，在全国“安全生产月”宣传会上，桂林市获2007年度“安康杯”竞赛活动国家级表彰的优胜企业30个、优胜班组10个、优秀组织单位10个、优秀组织者10人。年内，市总工会开展企业安全生产监督检查工作，做好职工的职业卫生和安全生产教育。2008北京奥运会期间，对企业的安全生产进行检查监督，共检查7个行业15家企业。开展夏季送清凉活动，慰问企业4家，发放清凉饮料704件。全市企业工会均成立劳动保护监督检查委员会，组建率达100%。

【劳动模范评选和表彰】　2008年，市总工会加大劳动模范评选和表彰力度。一是评选劳动模范，经推荐、审查上报，全市获全国五一劳动奖章5人，全国五一劳动奖状2个，全国工人先锋号4个；广西五一劳动奖章35人，广西五一劳动奖状5个，广西工人先锋号26个。4月下旬，桂林市召开庆“五一”暨劳动模范表彰大会，表彰市劳动模范80人。9月上旬，桂林市召开2007年度劳动竞赛表彰大会，表彰桂林工人先锋号30个，“明星职工”55人。二是慰问劳动模范，春节期间，共慰问各级劳动模范263人，慰问金额77.63万元，其中国家、自治区慰问金72.33万元，桂林市慰问金5.30万元。三是宣传劳动模范事迹，创作颂扬劳动模范的歌曲，制作《劳动模范风采》宣传DVD光碟200张，首次对119名全国和自治区五一劳动奖章获得者和市劳动模范等先进人物的材料及照片进行整理出版，并把劳动模范获得者名字全部雕刻上桂林市劳动模范墙。

【困难职工帮扶】 2008年，全市各级工会广泛开展对困难职工帮扶活动。开展元旦、春节期间送温暖活动，市总工会困难职工帮扶中心在市百货大楼股份有限公司、市总工会招待所设立困难职工优惠基地，为特困职工购买粮油提供优惠，并拨出26万元购买粮油补贴费，为市区每位特困职工补贴160元；12县总工会困难职工帮扶中心共建立特困职工优惠基地15个，给特困职工补贴近20万元；全市各级工会共筹措资金910.78万元，走访慰问特困企业5家、困难企业94家，慰问困难职工30366名、困难劳动模范294名、困难农民工502名。开展灾区慰问活动，年内，市总工会对受灾造成生活困难的567名职工发放救助金110.4万元。开展“金秋助学”活动，市总工会资助大、中、小学生558人，发放金额65.06万元；资助特困职工子女1068人，发放金额130万元。帮助下岗失业人员再就业，全年对下岗失业人员进行职业技能培训2671人次，职业介绍2712人次，实现再就业2653人次。

【开展向四川地震灾区捐款活动】 5月12日，四川汶川发生8.0级地震。市总工会下发《关于向四川地震灾区开展捐款活动的紧急通知》，截止7月29日，市总工会共收到各级工会的捐款235.49万元。其中，直接划拨到市慈善总会175.5万元，全部用于四川汶川抗震救灾活动；划拨到全国总工会点名对口捐助单位60万元；通过市慈善总会支援四川黑水县灾区10万元。

【建立集体合同制度】 2008年，市总工会认真抓好建立集体合同制度工作。一是做好国有（国有控股）、集体企业和改制企业集体合同到期的续签，保证公有制企业集体合同签订率在95%以上，50人以上国有、集体及控股企业建制率基本达100%，其他企业签订率提高2.2%。提倡区域性、行业性集体合同，提高集体合同的签订率和职工的覆盖率，非公有制企业集体合同签订率达到86%。全市10人以上企业2794家，建立集体合同制度的企业2635家，覆盖职工27.2万人，平等协商集体合同建制率达94.3%。二是抓好工资集体协商工作及指导员队伍建设，全市签订工资协议的企业525家，覆盖企业数累计达1726家，占应签企业总数的65%，65%的县（区）工会建立了工资协商指导员队伍。三是集体合同、工资集体协商、女职工特殊权益专项合同电子建档工作初步规范化。

【维护职工权利】 年内，市总工会参与政府部门组织协调处理的重大集体劳动争议案，处理了桂林南药集团股份有限公司和桂林集琦药业园艺场的群体劳动纠纷事件，涉及职工1500多人。与市劳动和社会保障局、公安局、纪检监察局、安全生产监督管理局等9个单位联合开展了整治非法用工打击违法犯罪专项行动，为43名特困职工的劳动争议案件提供协调服务。年内，接待和协调处理来信来访160人次，为困难职工、农民工提供法律援助23人次，为职工群众提供法律法规和政策咨询服务270人次，参与劳动争议仲裁案件审理56件。

【职工重大疾病互助补充保障】 2008年，市职工重大疾病互助补充保障工作新保、续保以及女职工安康保障共计150583份。其中，完成自治区总工会下达的续保任务99785份；完成自治区总工会下达的农民工参保任务363份；完成市总工会下达的职工意外伤害保障工作任务29702份。全年给付患重大疾病的职工221人，给付金额387.9万元。市总工会对患重大疾病且不符合给付条件的职工进行慰问，慰问人数198人，金额11.38万元；为1567名特困职工赠送职工重大疾病互助补充保障，金额6.26万元。

【职工体育活动】 4月26日～8月6日，市总工会举办“迎奥运，讲文明，强素质，促和谐”为主题的桂林市第三届职工运动会。运动会设有入场式方块队形象风貌展示、田径、气排球、乒乓球、羽毛

4月26日，桂林市第三届职工运动会开幕。 黄雷 摄

球、篮球、象棋、围棋、扑克牌、女职工健身操、拔河、徒步漓江健身走12个大项共60个小项的比赛。年内，组织全市4.5万名职工参加"全国亿万职工奥运知识竞赛活动"，有77人获奖，市总工会获全国总工会优秀组织奖。 （李飞燕）

共青团桂林市委员会

【概　况】 2008年，共青团桂林市委员会（简称团市委，下同）共有基层团工委9个，基层团委241个，团总支部1154个，团支部5094个，适龄团员234965人；全年共发展新团员39543人，推荐优秀团员加入中国共产党6495人。年内，团市委以改革开放30周年、北京奥运会、自治区成立50周年及桂林地市合并10周年等重大节庆为契机，开展"祖国发展我成长"、"民族精神代代传"等主题教育活动，推进青少年思想道德建设，激发广大青少年的民族自信心和自豪感。

【共青团桂林市第三次代表大会】 8月5～6日召开，出席会议代表350余名。市领导高雄、李志刚、李文杰、束华、徐锦蓉、潘永建、石东龙出席大会开幕式。共青团广西区委书记全桂寿到会祝贺并致辞。市委书记高雄代表桂林市四家班子向大会召开表示祝贺，对共青团桂林市委5年的工作成绩表示肯定。大会提出桂林共青团今后5年的主要工作任务，听取和审议共青团桂林市第二届委员会工作报告。会议选举产生共青团桂林市第三届委员会委员。选举甘永辉为共青团桂林市第三届委员会书记，诸葛亚、卢毅、石小松为副书记。

【参加抗击救援冰冻灾害工作】 1月，团市委向全市团员青年发出冰冻灾害募捐号召，共募集爱心款70余万元，并积极向团中央、自治区团委争取救灾款项21万元，将救灾款项发放到受灾群众手中。3月，团市委全面启动"团员青年灾后重建服务月"大行动，全市近10万团员青年走上街头、走进村屯、深入农户，以各种形式开展灾后重建志愿服务。团市委在抗灾救灾工作中获桂林市组织捐助灾区先进单位。

【开展帮扶活动】 1月，全市各级团组织开展"青春温暖促和谐——服务青少年月"主题活动，开展了"关爱留守少年儿童，奉献社会——厚丰房地产希望工程"捐赠仪式、"千家青年文明号进社区统一行动日"、"真情暖校园——慰问高校经济困难大学生"迎新春联欢晚会和"福娃爱心送温暖，共享和谐奥运行"等送温暖活动。年内，全市各级团组织共筹集资金7万余元，为100多名家

庭贫困青少年、留守儿童送去生活用品、学习用品等，发放奥运福娃360套。2月，由市侨办牵线搭桥，香港宝莲禅寺捐款112万元在桂林市援建雁山彭安涛希望小学、阳朔陈广南希望小学、荔浦庄永威希望小学、荔浦维民希望小学和兴安陈三妹希望小学。3月，广西梦之岛集团捐款28万元，建成灌阳梦之岛希望小学。巴西华人工商联合会向市希望工程办公室赠送价值10万元的桂林希望工程宣传车。截至10月，桂林“希望工程圆梦行动”共募集捐款92万元，资助了近500名贫困大学生上学。

【开展文化艺术活动】 5月10～29日，团市委牵头举办了桂林市第十八届青春艺术节。艺术节以“激情拥抱奥运、艺术点亮青春”为主题，共开展了奥运知识竞赛、“奥运小天使”健康形象大赛、灾后重建演讲比赛、励志格言征集大赛、开幕式大型文艺晚会、街舞比赛、热力啦啦操大赛及青年歌手大赛等10项活动，展现当代桂林青年积极进取、奋发向上的精神风貌，全市有近20万名青少年参与。11～12月，团市委承办了桂林市第二届读书月演讲和桂林大学生电视辩论赛，全市近千人参加，获桂林市第二届读书月最佳承办单位奖。11月24～26日，“青春建功新农村——2008广西乡村青年文化节”在资源县举行，全自治区14个市的200多名乡村青年参加。

【服务经济发展】 4月，团市委二届八次全委扩大会议通过《关于实施服务桂林新区建设“生力军工程”的决定》，动员全市广大团员青年投身桂林经济建设主战场。12月，团市委召开桂林市第二届青年企业家协会会员大会，深入实施青工技能振兴计划，鼓励企业青年学技术、强素质，为桂林经济社会发展作贡献；开发青年人力资源，引导各行业团员青年增强自主创新意识和创新能力；发挥青年在重点项目建设中的生力军和突击队作用，激励和动员团员青年在推进桂林经济建设又好又快发展和加速桂林市工业化进程中勇挑重担、奋发有为。

（吴庆华　李楠　吴勋）

桂林市妇女联合会

【概　况】 2008年，桂林市妇女联合会（简称市妇联，下同）围绕全市工作大局，履行职责，开展抗击冰灾和灾后恢复生产工作；召开了桂林市妇女第三次代表大会，产生了新一届市妇联领导班子；组织、引导、服务妇女发展，维护妇女合法权益。全年全市各级妇女联合会组织实施项目近20个，金额达800多万元，受益妇女群众8000多人。

5月10日，桂林市第十八届青春艺术节开幕文艺演出。

李凯　摄

【桂林市妇女第三次代表大会】 8月27～28日召开，出席会议代表380名。市四家班子领导出席开幕式。市委书记刘君代表市四家班子同大会召开表示热烈的祝贺，对市妇联的工作成绩给予肯定。自治区妇联副主席周爱平到会祝贺并致辞。大会提出了今后5年工作目标和任务。选举产生了市妇联第三届执行委员会委员，市妇联第三届执行委员会常务委员会委员。选举产生了新一届妇联领导班子，闻建成为市妇联第三届执行委员会主席，桂文英、朱丽芬、莫秋萍、王淑兰为副主席。

【促进城乡妇女发展】 2008年，市各级妇女联合会深化巾帼示范村创建活动，引导农村妇女参与新农村建设，"巾帼示范村"成为新农村建设的新亮点。全市共创建巾帼示范村76个，其中全国级2个，自治区级1个，市级31个。年内，市妇联利用农村妇女科技培训学校、农家女课堂等阵地，与市科委、农业局等部门对农村妇女开展灾后恢复生产、妇女儿童灾后卫生保健防疫知识培训，培训农村妇女6000多人；与市水产畜牧兽医局合作，召开现场推进会，抓好"渔娘庭院兴业"示范项目的落实，引导农村妇女在小庭院发展庭院生态经济。深化"巾帼文明岗"创建活动，重新检查历年获得市级以上称号的"巾帼文明岗"759个，验收和现场指导新申报的"巾帼文明岗"66个。开展城市小额信贷工作，全年累计发放贷款38万元，贷款222人次，受益人数666人。开展"千岗联百村"活动，全市建立岗村联动岗218个，参加岗村联动人数5096人，形成了城乡互动、统筹发展集聚效应。

【维护妇女儿童权益】 2008年，桂林市各级妇女联合会利用节日开展《中华人民共和国妇女权益保障法》《中华人民共和国婚姻法》《中华人民共和国未成年人保护法》、"两纲"等法律法规知识的宣传、咨询、服务活动。市妇联开展女农民工权益保障、出嫁女土地补偿调研和重信重访问题专项治理，推动农村出嫁女、家庭暴力和劳动权益等妇女侵权问题的解决。全年，桂林市各级妇女联合会共接待信访案件2217宗，其中市妇联325宗，处理率达95%以上。针对全市孕产妇住院分娩率低、孕产妇死亡率和新生儿死亡率高的情况，市妇女儿童工作委员会要求各县区妇女儿童工作委员会密切关注孕产妇的住院分娩情况，采取措施，确保母婴安全。

【开展服务民生活动】 2008年，市妇联在抗击冰灾工作，向上级妇联争取到救灾款15万元、救灾毛衣1500件下发到重灾区妇女儿童手中；全市各级妇女组织广大妇女为灾区捐款300多万元；开设"农家女课堂"，组织专家为农村妇女灾后恢复

8月27日，桂林市妇女第三次代表大会开幕。　　黄雷　摄

生产服务。加大实施妇女儿童发展项目力度，争取和实施全国妇联妇女创业循环金项目和桂林市城市下岗女工小额信贷项目，指导兴安、灵川县实施新农村建设生态项目，指导恭城瑶族自治县获得建立春蕾学校项目；启动全市实施“预防艾滋病，健康进家庭”项目，承办了全国妇联在桂林举办的广西接受美国圣徒慈善协会轮椅捐赠项目，全市有50名残疾人获得项目捐赠。

（郑远健）

桂林市归国华侨联合会

【概　况】 2008年，桂林市归国华侨联合会（简称市侨联，下同）开展“送温暖、献爱心”、“侨心工程”等活动，为桂林冰冻灾区、四川汶川地震灾区和桂林困难学校学生募集捐款70多万元；做好海内外联谊工作，接待来信来访150多人次。年内，市侨联、恭城瑶族自治县侨联获广西侨联工作先进集体，李戊伍等4人获广西侨联工作先进个人。

【开展“调研创新年”活动】 2008年，市侨联响应中国侨联开展“调研创新年”主题活动号召，组织侨联干部及部分侨界政协委员到桂林华侨农场开展调研活动，写出了桂林华侨农场现状与发展的情况报告。开展全市归侨侨眷就业及侨资企业吸纳就业情况调查；开展桂林藩王历史文化旅游产业专题调研活动，撰写了关于保护性开发桂林藩王历史文化旅游产业的建议提案，获市政协优秀提案奖。全年，市侨界政协委员撰写提案15件。

【送温暖献爱心活动】 年初，市侨联协助自治区侨联、广西华商会给阳朔、荔浦、资源、全州、兴安、永福县和龙胜各族自治县等冰冻重灾区送去大米、药品、衣服，共折合56万元；组织桂林刘三姐艺术团到兴安县华江瑶族乡和驻桂75120部队进行慰问演出。春节、中秋节期间，市侨联到桂林华侨农场、桂林银海集团、市社会福利院等单位慰问特困归国华侨、侨眷和退休老干部共50户，送慰问金共1万元；争取自治区侨联慰问金2400元，慰问困难归国华侨8户。5月18日，市侨联举行了向四川地震灾区捐款活动，全市侨界向灾区捐款共5.8万元。市侨联通过广西师范大学马峙教授争取美国“王冠川助学基金会”捐款10万元为恭城瑶族自治县新合小学兴建综合教学楼，并给学校捐赠了价值2000元的图书；争取到自治区侨联8000元资助桂林4名贫困大学生。

【联谊活动】 春节前，市侨联与市侨办联合举办2008年迎新春座谈会和联欢会，参加人员500人。年内，市侨联接待了马来西亚、美国、加拿大等国家和中国香港、澳门等观光考察团100人。市侨联领导赴中国香港、澳门参加“桂林—港澳经贸活动周”和香港广西社团总会、澳门海外联谊会庆典活动，协助市委统战部在中国香港成立香港桂林同乡会。

（张永坤）

桂林市台湾同胞联谊会

【概　况】 2008年，桂林市台湾同胞联谊会（简称市台联，下同）高举爱国主义和社会主义旗帜，围绕“大团结、大联合”主题，广泛联系海内外台湾同胞，开展交流交往活动，促进桂台经济、文化合作与交流。年内，市台联先后3次召开理事会，组织学习中央对台工作方针政策和上级有关文件，研讨两岸关系发展形势，促进桂林与台湾的经济、文化合作与交流；参加桂林市冰冻灾害救援工作，为四川汶川地震灾区捐款2万元。

【联谊、调研活动】 2008年，市台联加强联谊工作，春节前夕，向外地友好台联和重点联系对象开展联络交往工作，走访、慰问居住在市区的中国台湾同胞及家属；春节、中秋节期间，市台联召开理事座谈会，研究工作，畅谈乡情友谊，交流学习、工作情况。加强调研活动，参与全市2008年统战理论课题研究，完成了《和平发展成为现阶段两岸关系的主题》课题研究任务。9月下旬，参加市委统战部组织的文化统战工作专题研讨会。市台联尹惠卿的《新形势下社区统战工作的探索与思考》论文，分别获桂林市、自治区2007年度统战理论研究优秀成果一、二等奖。

（尹惠卿）

桂林市红十字会

【概　况】 2008年,桂林市红十字会在组织结构建设、救灾救助救护、红十字知识传播、社会募捐、农建扶贫、造血干细胞捐献、无偿献血及学校红十字青少年、项目实施等工作中取得了较好的成绩。年内,市、县(区)红十字会共接受和分发捐赠的救助、项目款物折合3063.43万元。桂林市红十字会被评为广西抗击冰冻雪灾先进集体,并荣立二等功。

【争取救灾捐赠款】 2008年年初,桂林市红十字会积极为冰冻灾区募捐,共接收社会各界捐赠资金1177.13万元,名家字画9幅,小车1台,其他救灾物品总价值480.86万元。5月,桂林市红十字会向全市发起为四川汶川地震灾区募捐倡议,截至6月底,共募集捐赠资金1354.7万元。6月,桂林市红十字会向洪涝灾害较重的全州、平乐、阳朔、永福等县发放救灾物资价值39.30万元。

【红十字宣传】 2008年,市、县(区)红十字会以抗冰抗震救灾、2008北京奥运会桂林火炬传递、“五八”世界红十字日和预防艾滋病宣传日等活动为契机,先后派出200多人次到厂矿、企业和桂林高校开展红十字知识和干细胞捐献宣传;组织1500多名志愿者在桂林市中心广场、车站等地方开展募捐、认捐宣传,发放宣传资料1万多份,展出板报50多期。争取媒体的支持,共进行红十字工作新闻报道609篇,推动了全市红十字事业的发展。

【造血干细胞捐献工作】 2008年,桂林市红十字会与市中心血站组织造血干细胞志愿服务队,到企事业单位、桂林高等院校及桂林中心广场献血车宣传发动,完成802人份造血干细胞志愿者的血样采集入库任务。对23名人类白细胞抗原(HLA)初配成功的志愿捐献者进行高分辨前的再动员工作。有2名高分辨、体检合格的志愿者成功捐献了造血干细胞给白血病患者,挽救了广州、中国香港2名白血病患者的生命,其中1位志愿者实现桂林市首例境外捐献。

【争取国际国内援助项目】 2008年,桂林市红十字会争取了中国香港红十字会2008年冰冻灾害民房重建、改水改厕项目12个,项目资金共计288万元,重建民房192户;争取中国澳门红十字会民房重建项目1个,项目资金40万元,重建民房17户;争取中国红十字总会乡镇卫生院门诊大楼新建项目5个,为5个乡镇卫生院新建门诊大楼,项目资金112万元;争取澳大利亚红十字会二期、三期健康教育、防震减灾等备灾项目8个,资金26.81万元;争取英国红十字会预防艾滋病项目资金8.9万元印发预防艾滋病宣传手册5万份。全年,桂林市红十字会共争取国内外援助项目28个,项目资金共612万元,改善了受灾群众和弱势群体的境况。　(秦茹)

桂林市残疾人联合会

【概　况】 2008年,桂林市残疾人联合会(简称市残联,下同)完成了换届工作。建立健全了全市乡镇(街道)、村(社区)二级残联和残疾人协会组织机构,市、县、乡、村四级残联组织机构更加完善。完善保障残疾人生活、教育、医疗、康复的措施,走访慰问贫困残疾人3872户,发放慰问金、慰问品折合共计66.4万元。组织开展冰冻灾害抗灾工作,向自治区残联争取救灾款33万元,改造农村贫困残疾人危房1016户。开展扶残助学工作,全市资助贫困残疾学生和贫困残疾人子女上学1931人。

【市残联第三次代表大会】 3月3日召开,出席大会代表188名。市四家班子有关领导出席大会,市委书记高雄在会上发表重要讲话。自治区残联副理事长凌茂娟到会祝贺。会议听取和审议桂林市残联第二届主席团工作报告,确定今后5年桂林市残疾人事业工作任务;选举产生出席自治区残联第五次代表大会代表,推荐自治区残联第五届主席团委员人选;讨论提出《中国残疾人联合会章程》修改意见。会议聘请高雄担任市残

5 月 10 日，参加残疾人运动会的桂林市运动员在训练中。
唐侃 摄

联第三届主席团名誉主席，聘请韦广雄、王大平担任名誉副主席。会议选举产生市残联第三届主席团委员 45 人，牟信勇担任主席团主席，孟海天、赵国宝、潘燕、李玉息（肢体残疾）、黄月福（视力残疾）、何骏（听力残疾）、胡瑜（智力残疾亲友）、范代荣（精神残疾亲友）等担任主席团副主席。潘燕担任市残联第三届执行理事会理事长，王子桂（肢体残疾）、吉喆、李孝平担任副理事长。大会选举产生了市残联第三届主席团和盲人、聋人、肢残人、智残人、精神病人专门协会。

【康复就业服务】 2008 年，桂林市有 11113 人次残疾人得到社区康复和专项康复服务。继续推进七星区、临桂县、资源县开展自治区残疾人社区康复示范县（区）创建活动。年内，全市完成白内障复明手术 2548 例，低视力配发助视器 63 人，盲人定向行走训练共 23 人。市残联扶持灵川县园林聋儿语训中心扩大招生规模，创办了全州县、灌阳县聋儿语训班。全年全市共收训聋儿 66 人，培训聋儿家长 74 人，补助每个聋儿 2000 元训练费，免费装配助听器聋儿 25 人；训练智残儿童 77 人，培训智残人家长 77 人，训练肢残人 105 人。支持七星区、秀峰区成立残疾人工疗站，为 200 名贫困精神病人免费提供了药物，为 168 名贫困精神病人提供住院费补助。11 月，市残联组织实施“长江新里程计划”假肢装配工作，年内为 275 名下肢残疾人装配了假肢；组织开展辅助器具供应服务工作，全年为残疾人提供轮椅、拐杖、助听器、助视器等辅助器具 2171 件，其中为贫困残疾人免费提供 686 件。全年，全市新增城镇残疾人就业 782 人。残疾人就业保障金收取数增长 25%。市残联培训残疾人 1429 人，为 10 户残疾人经营户提供无息贷款。

【扶残安居工程】 2008 年，桂林市继续实施“扶残安居工程”，农村贫困残疾人危房改造再次列入市政府为民办实事项目，截至 11 月，全市农村贫困残疾人危房改造总投资 1590.7 万元。其中，争取自治区残联补助 202 万元；市、县财政投资 404.9 万元；群众自筹和社会捐助 959.8 万元。群众义务献工 25823 个，完成危房改造 1016 户，直接受益残疾人家庭人口 3328 人。

【文体活动】 2008 年 6 月，市残联参加广西“残疾人事业好新闻”评比活动，获一等奖 1 个，三等奖 3 个，优秀奖 19 个。7 月，市残联和市体委联合在市游泳馆承办广西残疾人游泳锦标赛，桂林市代表队获金牌 18 枚，银牌 18 枚，铜牌 15 枚，奖牌总数名列广西第一。8 月，桂林市聋人参加全国聋人游泳选拔赛，获 3 个第三名，3 个第五名。9 月，市残联选派有关人员参加了 2008 北京残奥会观摩活动。 （熊建新）

8月1日，桂林市公安局消防支队在芦笛景区进行反恐联合模拟演习。

（唐艳兰　摄）

社会治安综合治理

【概　况】　2008年，桂林市社会治安综合治理、平安建设工作以确保第29届北京奥运会、第5届中国—东盟博览会、自治区成立50周年庆典活动绝对安全等为重点，抓好矛盾纠纷排查调处工作，妥善处置群体性事件，解决人民群众反映强烈的热点、难点问题，维护社会稳定。推进“平安桂林”建设，实现了“大事不出，中事不出，小事少出，出了小事也能解决在萌芽状态”的稳定工作目标。年内，桂林市被命名2008年自治区平安市，12县5城区被命名2008年自治区平安县（区），其中七星区、秀峰区、象山区、龙胜各族自治县、荔浦县被授予2008年建设平安广西活动先进县（区）。

【维护社会政治稳定】　2008年，对敌对势力、敌对分子的破坏活动严密防范、严厉打击。落实矛盾纠纷排查调处工作机制，全市群体性事件和违法越级集体上访得到控制。全市共排查矛盾纠纷17479起，调结（调解结案）16780起，调结率96%，没有发生在全国、自治区有重大影响的群体性事件和“民转刑”案件。继续开展“严打”专项工作，严重刑事犯罪受到严厉打击，严重暴力性案件和群众反映强烈的“两抢”案件等多发性侵犯财产案件得到遏制。强化专业巡警队、巡防队和群众治保组织建设，加大科技防范的科技含量，致力“天网”工程建设，取得良好的效果。全市刑事案件发案率（与上年比，下同）下降7.95%，8类主要案件下降3.92%，治安案件下降15.82%。

【加强综合治理】　一是在全市144个乡镇（街道）和1850个村（社区）委建立了社会治安综合治理办公室，乡镇（街道）落实专（兼）职人员242名，综治工作延伸到自然村，形成了横到边纵到底的综治防范网络，年内，市命名144个乡镇（街道）为“平安乡镇（街道）”，全市各县区命名1827个村（社区）为“平安村（社区）”，占总量的97.9%。二是开展“五五”普法宣传教育活动，广大群众懂法、知法、守法意识得到加强，桂林市荣获全国“四五”普法先进城市，群众对社会治安满意率达93.82%，对政法队伍满意率达96%，全市社会公众安全感达85.45%，递增0.22个百分点。三是有效遏制交通、消防和安全生产重大事故的发生，年内没有发生在全国、自治区造成重大影响的群死群伤事故，没有发生在重大活动会议期间的重大安全事故，没有发生因火灾、交通和危险品等引发的重大治安灾害事故，其中火灾事故下降32.09%，交通事故下降44.99%。四是延伸

7月27日晚，市公安局治安巡逻警察支队在中山路巡逻，确保奥运会期间桂林市社会治安秩序稳定。

唐侃　摄

综治平安建设工作，全市46个综治成员单位与城区、社区建立了联系点。五是开展综合治理好新闻评比活动，在县、市、自治区及国家级广播、电视、报刊、杂志、网络等媒体上刊登综治信息、介绍经验材料近1800篇。六是加强公共文化场所监督，聘请监督员对网吧、娱乐场所等公共文化场所监督，为解决医院治安问题，在桂林医学院附属医院成立了广西第一家医院警务室。七是对社会治安复杂地区、旅游场所、学校及企业周边环境进行整治，并建立长效管理机制。（蒋生伟）

审　　判

【概　况】 2008年，桂林市法院系统共受理各类案件31135件，审结30838件，结案率99.1%。其中市中级法院受理各类案件6781件，上升20.8%；审结6501件，结案率95.9%。年内有44个集体和119名个人受到上级表彰，龙胜各族自治县法院获全国模范法院。

【打击刑事犯罪】 2008年共受理刑事案件3840件5667人，审结3805件5627人，结案率99.1%，其中市中级法院受理592件773人，审结562件712人，结案率94.9%。继续依法打击危害人身安全的杀人、抢劫、重大伤害等暴力犯罪，重点惩处黑恶势力、入室抢劫、盗抢机动车等团伙犯罪，增强群众的安全感。年内共判处5年以上有期徒刑、无期徒刑、死刑的重大犯罪嫌疑人745人，市中级法院一审判处死刑的刑事案件全部得到高级法院维持并最终得到最高法院核准。依法惩处贪污贿赂等经济领域犯罪，审结261件562人。坚持"宽严相济"的刑事政策，年内共对1802人依法适用非监禁刑，减少社会对立面和不稳定因素。注重审理刑事案件对附带民事诉讼的调解，调结率58.7%，有效缓解社会矛盾。强化对未成年人犯罪的审判工作，坚持"教育、感化、挽救"方针，促使未成年被告人认罪服法、真心悔改、重新做人，全年共审结未成年人犯罪案件396件440人。

【化解矛盾纠纷】 以息诉止争、解决纠纷为目标，在立案庭成立庭前调解合议庭，将调解贯穿于诉讼活动全过程。年内共受理民商事（民事案件、商业案件）案件17910件，审结17661件，结案率98.6%，其中调解、撤诉结案5632件，占31.9%。市中院受理民商事案件2941件，审结2870件，结案率97.6%。妥善审理婚姻、抚养、继承以及家庭财产分割案件3657件，审理劳动争议案件1222件，保护劳动者的合法权益，促进劳动力市场的规范发展和社会保障体系的完善。审理买卖、借款、租赁合同等商事纠纷案件4301件，保护各类市场主体的合法权益。积极依法协调化解行政争议，年内共受理行政诉讼案件547件，审结544件，结案率99.5%。

【清理执行积案】 2008年，全市法院系统以查找可供执行的财产线索为重点，运用查封、冻结、扣押、司法拘留等强制措施，确保案件顺利执行，年内执结各类诉讼案件4919件，执结标的9.69亿元，其中市中级法院执结223件，执结标的5.43亿元。加强执行和解，年内有30%的执行案件通过和解得到解决。加强对弱势群体的保护，市中级法院在执行贵港市公路桥梁公司拖欠廖加益等51名农民工工资纠纷案中，主办法官想方设法为其追回被拖欠的工资101万元。8～12月，积极开展集中清理执行积案工作，采取提级执行、交叉执行、共同执行等措施，完成575件有财产可供执行的案件执行，执结标的1.16亿元。

【践行司法为民宗旨】 全市法院系统加强"立案窗口"建设，完善从接待、咨询、立案到交费的"一站式"服务，推行首问负责制、立案释明制、限时立案移送制。关注特殊群体的司法需求，依法及时为当事人指定辩护人为其提供法律服务，年内共指定辩护人251人，为经济困难的当事人依法缓、减、免交诉讼费81.51万元。坚持畅通信访渠道，实行领导包案、部门督办、责任到人，变上访为下访，年内下访接待群众851人次，再审案件245件，改判53件，妥善处理上级机关交办的重信重访案件95件。

【增强队伍素质】 开展廉政教育，通过上党风廉政教育课、到自治区廉政教育基地（柳州监狱）等形式通过干警廉政教育意识。开展业务培训，全市法院系统通过庭审观摩、案件评析、学历教育、网络培训等，提高法官驾驭庭审、制作裁判文书、适用法律的能力。年内共投入培训费用80余万元，组织干警参加各类培训1427人次，有63名干警通过国家统一司法考试。

【创建“五化”法庭】 年内在全市法院系统开展精神文明建设规范化、组织建设规范化、审判工作规范化、管理制度规范化、物质建设规范化“五化”法庭创建活动，完成30个法庭的“五化”创建任务，使全市的基层人民法庭建筑面积平均达到500平方米以上，并且配备一辆以上汽车、一部以上电话、一台以上电脑、传真机，每个法庭都配备了远程电子签章设备、设置了资料室、配备了资料柜、设立了干警食堂、安装了空调。

【接受人大监督】 2008年全市法院坚持重要工作部署和重大案件及时向人大汇报，听取意见，争取支持。加强与人大代表的联络与沟通。年内接待人大代表来访116人次；走访人大代表123人次；向349位人大代表征求意见；办理人大转办督办事项269件，做到事事有回音，件件有答复。在全市法院开展“百庭观摩评议活动”，共邀请了546名人大代表观摩了48件案件的庭审。健全人民陪审员制度。对95名人民陪审员进行集中培训，人民陪审员参与审理各类案件1534件，推进司法民主建设。（刘新农）

检　　察

【概　况】 2008年，桂林市两级检察院加强和改进法律监督工作。全年共受理侦查机关提请批捕刑事犯罪案件3822件6344人，经审查批准逮捕3389件5436人；受理移送起诉刑事犯罪3633件6118人，经审查决定提起公诉3314件5442人；受理各类职务犯罪案线索169件，立案侦查涉嫌贪污贿赂、渎职侵权犯罪案件130件171人；查处商业贿赂案件27件30人。年内，象山区检察院被评为全国先进基层检察院，叠彩、秀峰、象山区检察院被评为广西先进检察院，市检察院公诉科、灵川县检察院反渎职侵权局被评为桂林市政法系统十佳政法基层单位。全系统有5人被评为广西检察机关先进个人，1人立一等功，4人立二等功，21个单位和部门及88名干警立三等功，12人被评为市级“十佳”干警，8人被评为自治区级“十佳”，3个部门和21名干警获嘉奖。年内共培训检察干警1200余人次，有139人晋升检察官等级，45人通过国家司法考试。

【打击严重刑事犯罪】 全年共受理侦查机关提请批捕刑事犯罪案件3822件6344人，经审查批准逮捕3389件5436人，分别上升0.1%和1.1%。其中，批捕故意杀人、故意伤害、强奸、绑架等侵犯公民人身权利犯罪案件774件1112人，抢劫案306件602人，抢夺案83件145人，盗窃案1174件1764人，诈骗案111件165人，破坏市场经济秩序犯罪案163件417人。共受理移送起诉刑事犯罪3633件6118人，经审查决定提起公诉3314件5442人，起诉率96.5%。其中，起诉破坏社会主义市场经济秩序案144件345人；故意杀人、故意伤害、强奸、绑架等侵犯公民人身权利案806件1215人；毒品犯罪案163件212人；抢劫、抢夺、盗窃、诈骗等侵犯财产案1763件3008人；非法传销案39件114人。收到法院生效判决3009件5023人，有罪判决率99.98%。年内，市检察院起诉了雁山公安分局民警蒋某杀妻案，9月8日，蒋某被市中级人民法院一审以故意杀人罪判处死刑。加强审查批捕、审查起诉工作，依法作出不批捕案件388件836人，作出不起诉案件118件198人；追捕212人，追诉112人；发现公安机关应当立案而不立案的122件199人，通过立案监督程序进行了监督立案，对不应当立案而立案的8件23人依法提出了纠正意见。对重大刑事案件提前介入引导公安机关侦查取证11件40人，向侦查机关发出《提供法庭审判证据所需材料意见书》339件599人，准确打击了严重刑事犯罪。继续推行普通程序简化审案和简易程序审案改革工作，依法建议或同意法院适用普通程序简化审案1136件，适用简易程序审理案1122件。适用多媒体示证出庭案93件，其中普通刑事案件51件，自侦案件42件。对轻罪案件向法院提出量刑建议1092件，法院采纳1092件，提高了办案质量和工作效率。

【查办和预防职务犯罪】 全年共受理各类职务

犯罪案线索169件，立案侦查涉嫌贪污贿赂、渎职侵权犯罪案件130件171人。其中，贪污案33件55人；行贿受贿案46件57人；挪用公款案17件18人；私分国有资产案1件2人；滥用职权案14件17人；玩忽职守案14件16人；违法发放林木采伐许可证案1件1人；非法拘禁案2件2人；非法搜查案1件2人；虐待被监管人案1件1人。决定逮捕职务犯罪案76件88人，移送起诉118件151人，提起公诉121件168人（含积案），不起诉20人。通过查办案件为国家和集体挽回经济损失629.3万元。查办的案件中有大案67件，涉及县（处）级领导干部要案5件5人。涉及金额100万元以上的2件。市检察机关立案查处了广西师范大学审计处基建审计科科长（副处级）刘某受贿案，临桂县财政局工作人员蒋某挪用公款案，灵川县大圩镇土地管理所所长黄某玩忽职守致基本农田4公顷遭破坏案，临桂县临桂镇沙塘村委叶家村第二组组长叶某贪污15万元挪用公款166.35万元案，荔浦县人民医院院长陆某受贿案等。依法公诉严惩了一批贪污贿赂犯罪。开展预防职务犯罪工作、年内进行预防咨询1件，被采纳1件，开展预防警示教育18次，上法制课18次，受教育1900人。

【治理商业贿赂犯罪】 年内，市检察机关开展治理商业贿赂专项工作，立案查处商业贿赂案件27件30人，其中城镇建设领域商业贿赂犯罪12件14人。开展查办在社会主义新农村建设中贪污贿赂犯罪专项工作，立案查处涉农案件13件27人，其中发生在民政社保扶贫领域2件6人，土地城建领域9件16人，交通领域2件5人。侦查终结起诉上述案件40件57人。开展查办危害能源资源和生态环境渎职犯罪专项活动，共立案查处渎职案件19件22人，其中涉及林业部门8件10人，涉及土地管理部门3件3人，涉及房产管理部门2件3人，涉及农村基层工作人员1件1人，涉及城建道路部门2件2人，涉及重大责任事故3件3人。侦查终结起诉12件15人。

【严格诉讼活动法律监督】 2008年，对法院确有错误的刑事判决和裁定依法提出抗诉13件15人，法院改判2件2人，维持原判1件1人，发回重审3件3人。对法院确有错误的民事行政判决和裁定依法向市中级人民法院提出抗诉29件，提请自治区人民检察院抗诉44件，自治区人民检察院支持抗诉39件。法院改判5件，维持原判7件，调解结案1件。对75起法院裁判正确而当事人又提出申诉的案件做好息诉工作，依法维护司法权威。加强减刑、假释、暂予监外执行的监督，共检察监管场所报请减刑2022人，假释438人，暂予监外执行114人，其中发现并纠正报请不当87人次，纠正脱管、漏管罪犯13人。落实纠防超期羁押长效机制，发现并依法纠正超期羁押1人次。依法办理劳改、劳教和被羁押人员刑事犯罪案3件3人，立案查处监管场所执法人员职务犯罪案1件1人。加大接访力度，共受理群众来信来访1075件，市、县（区）两级检察院检察长共接待群众587人次，批办信访案件310件。办结刑事申诉案件11件。确认刑事赔偿案件5件，依法妥善解决群众的合理诉求，化解不稳定因素。全年共办理各种检察技术鉴定346件，出具各类专业检验鉴定332份，其中司法会计鉴定15份，法医检验鉴定145份，文证审查鉴定9份，提供视听资料163份。 （赵解生）

公　　安

【概　况】 2008年，桂林市公安机关积极预防、打击犯罪活动，加强公安行政管理和基层、基础建设，确保全市社会政治、治安大局稳定。年内，共立刑事案件15610起，下降7.95%。破案5175起，其中破大案4884起，逮捕5348人，劳动教养430人。刑事犯罪活动造成1350人伤亡，其中死亡121人，直接经济损失1.1亿元。查处治安案件3485起，处理违法犯罪人员8904人，其中行政拘留2913人。完成了2008年北京奥运火炬桂林传递、自治区成立50周年庆典、桂林山水文化旅游节暨桂林地市合并10周年等68项大型活动的安全保卫。完成了党和国家领导人、重要外宾在桂林市视察、访问的各类警卫任务47批3818人次，其中一级警卫任务2批90人次（内宾1批80人次，外宾1批10人次）；二级警卫任务7批196人次（内宾6批178人次，外宾1批18人次）；三级警卫任务2批28人次（内宾1批9人次，外宾

3月6日，桂林市公安局秀峰分局荣获2007年度自治区优秀公安局揭牌。 黄雷 摄

1批19人次）；其他等级警卫勤务36批3504人次。组织特警支队，赴四川地震灾区执行维护稳定任务。出动警力3万余人次抗击冰冻灾害，救助受困群众28.6万人，为群众办好事5.1万件，疏导分流滞留车辆10万余辆。全年有4个集体、12名个人受到公安部表彰；80个集体、146名个人获自治区级表彰；有4名个人立一等功，4个集体、19名个人立二等功。

【维护社会政治稳定】 开展危害国家安全的组织的斗争，及时侦破危害国家安全案件。年内，共立案25起，破案24起，破案率96%，判刑4人，劳教28人。收缴违法书籍444本、录音带77盘、光碟356张、传单标语1.48万张，其他资料2330份。取缔非法宗教活动2起，拆除非法建筑庙宇1座。开展人民内部矛盾纠纷和不稳定因素排查工作，成功化解、调处不稳定因素161起。建立畅通、高效的信访工作机制，解决重点疑难信访案件36起。加强对互联网的监控，开展违法网站清理和整治网络淫秽色情专项行动，全年共关闭违法网站10个、栏目5个，处置、删除对本地有害信息793条，通报异地有害信息3332条，破获了自治区公安厅督办的系列黑客攻击网吧敲诈案、传播淫秽色情电影等一系列有影响的案件。加强反恐、处置突发事件队伍的建设，健全、完善处置预案，开展“八桂2008反恐演习”、“严重暴力刑事案件学习”，提高了公安机关对突发事件的发现、控制和处置能力。

【严厉打击刑事犯罪】 坚持“命案必破”，保持对刑事犯罪活动的高压态势。年内，共发生命案119起，破获110起，破案率92%，抓获命案犯罪嫌疑人207名。抓获在逃人员1516名，其中命案在逃人员97名，公安部重点在册逃犯117名，外省网上在逃人员311名。成功破获灵川“三一二”入室杀人抢劫案、“九一三”象山区平山北路爆炸案和“四七”象山区瓦窑批发城工商所庞绍忠见义勇为抓捕飞车抢夺犯罪嫌疑人，被打成重伤的案件。开展“打黑除恶”专项斗争，采取异地用警、异地关押、异地办案等措施，共打掉8个恶势力团伙，抓获涉恶犯罪嫌疑人90人，破获各类刑事案件55起，缴获各类枪支6支，管制刀具一批，摸排涉黑线索48条。组织开展为期10个月的“打盗抢抓逃犯”专项斗争，共破获各类侵财案件5958起，抓获各类犯罪嫌疑人7375名，打掉犯罪团伙343个，抓获团伙成员1555名，破获“两抢”案件633起。破案率上升37.2%。加大打击经济犯罪力度，年内，共立经济案件179起，涉案金额8.21亿元。破获经济犯罪案件109起，挽回经济损失3589.76万元，抓获犯罪嫌疑人329人。开展打击传销专项行动，破获传销案件34起，查获传销人员5295人。其中，逮捕131人；教育遣返5203人;缴获赃款61.5万元;冻结存款237.88万元。整顿、规范市场经济秩序,会同有关部门开展整顿农资、药品、烟草、食品等为重点的整治联合行动。查获带病毒柑橘苗13870株,非法卷烟9420条,烟叶、烟丝75千克,假酒529瓶,假冒商品及制假工具一批,价值10万元。严厉打击毒品犯罪,全年共破获毒品案件183起,其中重特大案55起,外籍人员作案1起,逮捕毒品犯罪嫌疑人198名,劳教55名,强制戒毒319名。缴获各类毒品11.9千克。捣毁制毒加工点1个,缴获制毒原料、工艺一批。加强禁毒宣传教育,推进创建"无毒社区",对重点整治的2个县进行挂牌整治和督办。

【强化治安管理】 一是加强对社会面的巡逻控制,在车巡、步巡的基础上,每天出动10辆警车、摩托车,在车站、商场、广场、复杂路段进行巡逻,提高见警率和管事率。实行刑警、交警、巡警、武警联合执勤,全年共设卡1000个,检查机动车13.94万辆,盘查可疑人1.46万人,查获各类刑事案件190起,抓获犯罪嫌疑人329人,查扣涉嫌盗抢机动车276辆。二是开展治爆缉枪专项行动,检查涉爆单位868家次,整改安全隐患55处,收缴炸药7947千克、雷管2668枚、导火索16951米、枪支198支、子弹381发、管制刀具518把。三是加大"扫黄打非"力度,共开展清查整顿行动1224次,清查文化市场443家、经营摊点1183个,查获淫秽光碟1010张,盗版光碟20万张,收缴非法出版物20余万件。查处赌博案件1346起,收缴赌博游戏机1000台,查破涉黄涉娼案件440起。四是维护重点单位、要害部门的安全稳定,指导单位制订处置治安突发事件工作预案137个,督促内部单位落实守卫看护人员509人,对11个重点上访群体落实了控制措施,检查金融网点636个,整改治安隐患28处;开展校园及周边治安整治工作,共查破涉校刑事案件10起,开展学校安全检查1446次,选派中小学法制副校长到校园工作1147次;强化行业场所安全管理。对全市旅馆业、桑拿按摩场所进行3次整治行动,下发整改通知书106份,责令停业整顿54家,治安处罚18家,取缔24家。五是实施社区和农村警务室建设,推进防范压案工作,年内共建立社区和农村警务室406个,配备社区和驻村民警470人。六是推进"天网"工程(城市报警监控)建设,新建1个一级联网管理中心、28个三级监控中心、25个市级道路监控点、150个交警监控点;年内,治安管理信息系统投入使用,全市旅馆业安装率为100%;利用"天网"工程破获刑事案件101起,制止和破获治安案件192起,抓获犯罪嫌疑人173人,挽回经济损失68.5万元。七是构建保安服务网络,12县5城区都成立了保安服务公司;推进金融押运社会化,建立首家押运公司,在全市开展

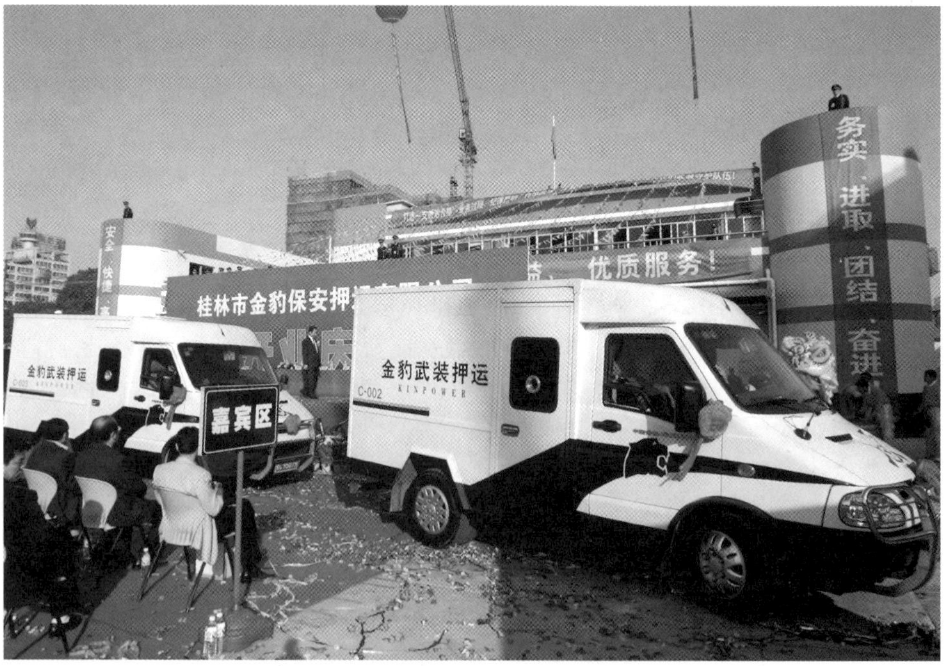

11月27日,桂林市金豹保安押运公司成立。 黄雷 摄

金融守押业务，民用爆炸物品由保安公司统一配送、跟踪使用的管理模式。

【提高公安行政服务水平】　2008年，推进二代身份证换发工作，落实多项便民利民措施，受理群众咨询169万余次，解决各类难题13万件，为群众上门送二代身份证58万件，截至年底，累计发放二代身份证350万余张，全市换证率80.82%。提高出入境管理服务水平，全年共登记、管理境外人员临时住宿55.46万人次，其中外国人39.13万人次；查处涉外案（事）件110起，其中立案查处28起，遣送境外人员5起6人，境外人员死亡8人；受理境外人员申请5269人次；受理各类公民出国（境）申请2.43万人次，审核申请出国（境）人员3.39万人次。做好桂林机场电脑口岸签注、签证工作，为桂林市与中国台湾开通周末包机旅游航线，促进旅游经济发展提供良好条件。建立外语翻译人才库，聘请13名外语翻译，为涉外服务提供了保障。深入户籍管理制度改革，出台了《户口审批手续规范》等规范性文件，下放7项户口审批业务，推出10项便民利民措施，简化户口办理程序，提高办事效率。全年共办理迁入、迁出、户口变动14万人次。完善出租房和暂住人口管理措施，全年共办暂住证3.4万份，办证率98%，登记出租房屋1.12万间。

【强化道路交通安全】　年内，共发生道路交通事故269起，死亡174人，受伤336人，直接财产损失69.55亿元，分别下降44.99%、14.29%、48.07%和47.28%。开展“道路交通安全攻坚战”专项行动，检查登记客运车辆10万余辆，查处无牌无证车辆980辆，查处涉牌涉证违法行为7650起、危险化学品运输车辆交通违法行为760起、无证驾驶621人。加大对危险路段、事故隐患排查整改工作，向市政府提出整改危险路段17起。完善交通基础设施，筹措190万元资金，在重要路口增设了3处信号灯，更新35块大型指路牌和30块交通辅助标示，重新规划市区主要道路标线，增设了3个停车场，规范了行车秩序。强化机动车和驾驶员管理，年内，共办理注册登记机动车辆1.61万辆，变更转移登记1.1万辆，检验合格4.86万辆；驾驶员考试发证2.4万人，补证3.7万人次。

【加强消防安全管理】　全年共发生火灾146起，下降32.09%；死亡9人，上升80%；直接财产损失362.88万元，上升4%。制订《灭火救援应急处置总体预案》等39种预案，完善桂林市应急救援处置联运和跨区联合作战保障机制，成立了灭火救援专家组。开展消防安全专项治理，共检查6830个单位，发现隐患1.04万处，整改9850处。做好农村火灾防治工作，成立了1336个村民义务

10月21日，市秀峰消防大队警官为桂林日报社员工组成的义务消防队传授灭火知识。
黄雷　摄

消防队,47个乡镇成立民兵救火应急分队,配置369台手抬机动泵。搞好消防宣传教育工作,全年共发放消防常识手册20万册,宣传资料25万张、消防公益广告425次,向移动、小灵通200万用户发送消防短信26次,举办消防培训班128期,培训3650人次。 (彭益国)

司法行政

【概　况】 2008年,桂林市司法行政工作突出抓重点、抓基层、创亮点、保稳定,各项工作持续发展。年内,市司法局法制科邬晓雯被评为国家司法考试先进个人,3个部门和单位被自治区评为单项工作先进集体,4人被自治区评为先进个人,4个单位荣立自治区二等功,2个单位荣立自治区三等功,1人荣立自治区二等功、1人荣立自治区三等功。

【普法工作成效明显】 年内,组织全市普法对象学习《中华人民共和国劳动合同法》、《中华人民共和国突发事件应对法》等新颁布、新修订的"八法两条例",全市举办领导干部法制讲座31场次,普法骨干培训班25期,公务员、企业管理者、农村"两委"干部等各类法律培训班57期,参学率达96.3%。进行专项法制宣传,深入开展税法、打黑除恶、禁毒、律师法、劳动合同法等法律法规专题法制宣传教育活动6次,组织法制宣传活动共80多场次,印发法制宣传资料19万份,进行法制文艺演出186场次。推进法律进机关、进乡村、进社区、进学校、进企业、进单位的"法律六进"试点示范单位,7月市委、市政府在永福县召开了全市"法律六进"工作现场经验交流会。

【法律服务意识增强】 全市法律服务队伍规范化建设不断加强,服务领域不断拓宽。年内,共指派6批12名律师参与市领导开展每月一次的信访接待接访工作,使上访群众的涉法问题得到合理解决。对律师、公证中涉及群体性、敏感性案件的代理、辩护、办证工作的规范指导。对作无罪辩护、集团诉讼,涉及政府部门以及影响较大的案件,坚持请示汇报和集体讨论制度,保证了案件质量。年内,全市有675家机关、企事业单位聘请律师担任常年法律顾问,法律顾问办理刑事案件1142件,办理民事、经济、行政案件3468件,办理非诉讼法律事务1031件,均未出现代理不当引发矛盾激化和群体性事件。全市各级司法行政机关开展了以《法律援助条例》为主要内容的法律援助活动,出动人员1100多人次,张贴挂图500多幅,发放各种宣传资料25000多份,接待咨询4600多人次。3月在市中心广场举办了"法律援助广西行—走进桂林"大型宣传活动,发放资料12000份,接受市民免费法律咨询528人次,接受法律援助申请12件。全年全市各级法律援助机构积极为困难群众和弱势群体提供法律援助,共受理各类法律援助事项2605件,其中刑事案件521件,民事、行政案件2084件,接待法律咨询12112人次,其中,受理涉及农民的法律援助案件1218件。全年司法鉴定机构办理各类司法鉴定业务1372件,增长33%。

【基层司法行政事业全面发展】 2008年,全市司法所国债项目建设任务135个,完成122个,完成项目总数的90%,比自治区高出10个百分点。年末,全市139个司法所达标,其中"五好所"11个;一级所87个。安置帮教工作扎实有效。对近5年全市刑释解教人员的情况进行全面摸底,年内全市安置帮教人员2485人,帮教率96%,安置率95%,重新犯罪率为1.85%,实现了控制在3%以下的目标。7月,自治区刑释解教人员安置帮教工作现场经验交流会在荔浦县召开,总结推广桂林市安置帮教工作经验。同时,为开创安置帮教新途径,永福、平乐、兴安、灵川等县分别与桂林监狱等开展"结对子"活动。人民调解工作成效显著。全年共调处各类民间纠纷13746件,调解成功13283件,调解成功率97%,防止民转刑案件131件784人,防止群体性上访214件6689人,制止群体性械斗116起,发挥了解决矛盾纠纷的"第一道防线"作用。

【后勤保障与管理迈上新台阶】 年内,市司法局筹措资金120多万元,完成了解放西路办公楼的全面改造装修和办公桌椅、书柜更新,机关办公人员全部搬迁到解放西路办公,解决了局机关长期两地办公和办公设施陈旧问题。 (袁国平)

军 事

2008年桂林市出色完成年度征兵工作，被评为自治区征兵工作先进单位。图为桂林工学院应征入伍的新兵高兴地离开校园。（李凯　摄）

桂林警备区

【概 况】 2008年,桂林警备区按照"主动发展、和谐发展、安全发展"的要求,努力推动警备区部队建设又好又快发展,圆满完成年度各项任务,部队和民兵预备役工作有新进步。年内,8名官兵荣立三等功,4名官兵被广西军区评为优秀机关干部,63名官兵受到各级嘉奖,所属2个团级单位被广西军区评为全面建设先进团级单位。

【思想政治建设】 年内,桂林警备区紧扣"学习贯彻中共十七大精神"主线,推进部队思想政治建设。团以上党委中心组带领机关完成6个专题的理论学习,开展"坚定中国特色社会主义信念,有效履行我军历史使命"主题教育,狠抓经常性思想政治教育,确保官兵政治坚定和思想道德纯洁。按照"团结和谐、风清气正、坚强有力、奋发有为"的要求加强党委班子建设,开展"讲党性、重品行、作表率"和反腐倡廉警示教育活动,贯彻落实广西军区干部工作会议精神和《干部岗位责任制实施办法》,形成抓主官、强班子、带队伍、促工作的良好局面。

【部队和民兵预备役建设】 2008年,桂林警备区组织首长机关军事理论学习,开展岗位练兵,坚持以考促训,干部队伍组织指挥和谋略水平得到提高。狠抓民兵预备役军事训练,组织专职武装干部集训,培养一批军事训练"明白人"和"带头人"。民兵预备役军事训练强化"四落实"(时间、人员、内容、效果),顺利完成年度训练任务。严把体检、政审关,抓好廉洁征兵,出色完成年度征兵任务。主动作为,履行职能,圆满完成抗击雨雪冰冻灾害、保障奥运火炬传递、抗洪抢险、协助地方维护社会稳定等非战争军事行动任务,桂林警备区被总参谋部、总政治部、总后勤部、总装备部(简称四总部)及自治区评为抗灾救灾先进单位,参谋长李政被四总部评为抗灾救灾先进个人。桂林市、灵川县、灌阳县、阳朔县、龙胜各族自治县、象山区征兵办和17名征兵工作人员被自治区评为征兵工作先进单位和个人。

【部队安全教育】 年内,桂林警备区强化党委统揽地位,确保安全稳定工作落实。召开安全工作专题常委会,各级党委均签订《安全目标责任书》。组织"条令月",对车勤队伍、转业待安置人员进行安全教育整顿,抓好临桂县、秀峰区人民武装部和民兵预备役通信团正规化建设试点,组织现场观摩会,组织官兵、职工进行作风纪律教育整顿,开展安全隐患大排查,对重点人员、车辆管理、营院管理、武器弹药安全、安全保密等问题进行清理整治,强化官兵安全意识,正规部队秩序,消除安全隐患,部队保持安全稳定的态势。加大警备工作力度,实施全方位监督指导。狠抓警备队伍建设,规范执勤程序,全年召开驻军联席会3次,开展打击假冒军车专项行动4次,维护军队良好形象。

【后勤装备保障】 年内,桂林警备区加强后勤装备保障,完成了永福县、兴安县、恭城瑶族自治县人民武装部新营院建设和荔浦县、龙胜各族自治县民兵武器仓库改造工程、警备区经济适用住房等工程建设。抓好民兵武器装备库(室)规范化建设,全州县、灌阳县、荔浦县被广西军区评为先进单位,龙胜各族自治县、兴安县、永福县、秀峰区、七星区、象山区、平乐县、阳朔县、恭城瑶族自治县、叠彩区、雁山区被评为达标单位。

【参与地方建设】 2008年,桂林警备区部队发挥驻军牵头协调作用,组织部队参加地方建设,全年累计向灾区群众捐款30多万元,并捐资10多万元援建灌阳县小龙村小学。调处涉军案件8起,维护了国防利益和军人、军属的合法权益。完善应急信访工作机制,落实信息互通、形势分析等制度,协助地方做好部队退役人员的思想稳定工作。

(苏瑜)

桂林空军学院

【概 况】 2008年,桂林空军学院按照"抓评建、促稳定、强班子、正风气"的思路,完成以教学为中心的各项任务,人才培养质量有新提高,办学层次迈上新台阶,全面建设取得新进步。

【思想政治建设】 2008年,桂林空军学院抓好“坚定中国特色社会主义信念,有效履行我军历史使命”主题教育,开展“与改革同行,乘春风奋进”教育活动,弘扬“席棚炮校”精神。学习宣扬抗震救灾精神,捐款和交纳“特殊党(团)费”127万余元,完成驻地抗击雨雪冰冻灾害和抗洪抢险救灾等任务。年内,参加第六届中国军校大学生电视演讲大赛获银奖。

【教学科研】 年内,桂林空军学院实施新一轮教学改革,调整改革运行体制,促进学科专业建设和教学,完成了各项教学任务。开展科研学术工作,全年共发表学术文章500余篇,获国家发明专利2项,获军队科技进步奖7项,获空军学术成果奖4项,空军军事理论研究优秀论文奖2项,空军优秀电教教材5部。扩大科研立项来源,该学院首次注册为国家自然科学基金依托单位。

【正规化建设和基层建设】 年内,桂林空军学院落实规章制度,开展思想作风纪律教育整顿,加大院内外检查纠察力度,抓好空军“禁酒令”的落实,纠正不良现象,促进学院正规化建设。开展普法活动,整治涉枪涉弹、军车运行等方面存在的问题,加强安全管理,确保部队的安全稳定。落实挂钩帮带制度,加强层次领导和重要时期的指导帮带,组织管理干部岗位练兵、讲课比赛等活动,提高基层干部的能力。

【后勤保障】 2008年,桂林空军学院制订军队重点建设项目实施方案,完成相关专业项目建设和园区网升级改造,启动9个教学场所建设。加强武器装备和装备财务管理,该学院连续4年被空军评为装备“三化达标”(标准化、制度化、科学化)先进单位和装备财务管理先进单位。制订加强工程建设和大宗物资采购工作领导和监督管理的意见、工程建设项目招标实施细则和经费使用管理规定,强化党委对工程建设、物资采购和经费使用的规范管理。加大基础设施建设投入,完成8栋楼房改造。加强校园生态环保建设,实施个性化医疗服务,学院被评为全国绿化模范单位和全军首批生态营区、文明卫生军营。

【拥政爱民】 2008年,桂林空军学院开展军民共建活动,促进军地精神文明建设。年内共组织领导干部和专家教授21人次到地方宣讲党的创新理论;参加桂林市及各城区组织开展的“双拥理论研讨”、篮球赛和摄影大赛,共有1篇文章和5幅摄影作品获奖。完成为灾区运送救灾物资任务、支援阳朔福利镇、平乐县抗洪抢险任务,为灾区捐款12万元。年内学院有8个单位被桂林市及各城区评为军民共建先进单位,7人被评为拥政爱民和军民共建先进个人,1人被自治区评为民族团结进步先进个人。 （钟晓春）

76140 部 队

【概　况】 2008年,76140部队突出重点,真抓实干,圆满完成各项工作任务。部队遂行多样化军事任务的能力稳步提升,后勤服务保障质量明显提高,正规化建设水平有新进步,基层建设基础更加坚实,部队全面建设迈上新台阶。

【思想政治建设】 2008年,76140部队加强对广大官兵的思想政治教育。强化领导机关政治教育,外请辅导报告36场次、观看录像讲座56场次,组织60名领导干部参加上级和分部理论读书班,开展知识竞赛、理论征文、网上论坛和“战士理论学习之星”评选等活动,分部常委共发表理论文章19篇。开展“信念、使命”主题教育活动。举办先进事迹报告会和“讲党性、重品行、作表率”演讲比赛,组织官兵参观驻地企业、瞻仰烈士纪念碑园,请“红色话务班”老战士讲传统,深入开展“举旗帜、强信念、明使命、作贡献”主题实践活动,增强教育效果。广泛开展拥政爱民、隐蔽斗争、传统教育等经常性思想教育,打牢官兵思想政治基础。76140部队、76146部队分别被广州军区评为传统教育基本建设先进单位、预防犯罪综合治理先进单位。

【军事训练】 年内,76140部队努力提高遂行多样化军事任务后勤保障能力,修订完善各类战备方案,与军兵种部队进行现地勘察和对接协同,建立无线电军兵种联勤区域保障网,组织分部机关带应急机动保障分队骨干集训,对应急机动保障分队进行拉动演练，参加广州军区联勤部编组联训和广州军区实兵演习，经验做法被广州军区联勤部转发。第422医院野战医疗所完成南海舰队和四总部组织的演习保障任务，年底派出医疗分队，随南海舰队护航编队赴索马里海域执行任务。贯彻新《军事训练与考核大纲》，年底组织各单位军事行政领导和参谋集训。注重抓好基础训练，共举办各类业务培训42期、培训900多人次。年度军事训练考核总评成绩良好，分部被四总部表彰为全军后勤训练先进单位。

【后勤保障】　后勤改革与管理不断深化。制订并实施资产管理与预算管理相结合的改革方案，在分部机关和76158部队抓试点，第181医院被广州军区确定为全成本核算试点单位。加强审计监督，第303医院综合楼工程结算审计、分部年度预算审计分别被四总部和广州军区评为精品审计项目。严格工程质量监督，工程合格率达100%，分部机关指挥中心工程被广州军区评为优质工程一等奖；抓好营区房地产正规化管理，76144部队、76158部队等10个单位被广州军区评为优秀和达标单位，76143部队被评为全军绿色营区和军区军用土地管理先进单位，分部机关被四总部评为创建文明卫生军营先进单位，76146部队、第181医院等5个单位被广州军区评为创建文明卫生军营先进和达标单位。加强军需物资业务建设，完成年度新式服装发放任务，狠抓给养保障硬件建设，推行先进的组伙形式，76153部队被评为全军菜篮子工程先进单位。开展后勤保障对策研究，共撰写研讨论文26篇，《联勤分部保障能力建设面临的主要矛盾及对策思考》作为优秀论文在总后勤部主办的研讨会上交流。

【基层建设】　年内，该部队坚持抓基层打基础，促进部队全面发展。贯彻《党支部工作条例》，举办了1期建制连队（分队、分库）党支部书记培训班，提高管党务政能力。选准配强基层建设带头人，调整配备连队主官、队（所）长和科室主任。指导帮带26个基层党支部，促进整体提高。开展正确行使民主权利教育和纪检干部“做党的忠诚卫士，当群众的贴心人”主题实践活动，组织官兵学习党纪法规、参加廉政法规知识竞答赛，增强法纪观念。广泛开展“三学”（学雷锋、学李向群、学英模）评比活动，大力宣扬76182部队二连、76155部队“夫妻哨所”等基层建设先进典型，强化争先创优意识。投入150多万元对所有哨所进行全面整治，改善哨所条件；完善基层卫生设施，选派18名医生到仓库值班，提高基层卫生保障能力。年内，共有15个团营单位、56个基层连队（科室、队、所）受到分部表彰；3个连队（科室）被联勤部表彰为基层建设标兵单位，76144部队、第303医院被广州军区联勤部表彰为“全面建设先进单位”，

2月1日，驻桂部队医务工作者冒雪送药到全州县灾区

唐宁远　摄

第422医院被广州军区表彰为全面建设先进旅团单位，第181医院被推荐到军区记集体二等功。

【部队管理】 年内，该部队加强部队正规化建设，整理汇编《各类场所正规化整治标准》、《基层分队日常工作规范》，推广9条切实可行的管理经验，修订完善营院、人员、车辆、安全保密管理等12个规定，明确基层正规化建设标准和要求。组织开展"条令月"活动，编印下发《日常法规常识200问》，分片组织军容风纪检查和条令知识考核，强化官兵条令意识。加强基层骨干建设，选派22名带兵干部参加联勤部正规化管理集训、137名战士参加联勤部队预提指挥士官集训，举办45名士官分队长、班长正规化管理集训，提高一线带兵人的能力素质。学习贯彻《安全条例》，开展"平安迎春"、"预防重大事故案件及政治性问题教育整顿"、"迎奥运、迎国庆、保安全"、"查隐患、保安全"和"安全宣传教育月"等活动，组织拉网式隐患排查，加强对重大节日、奥运会、敏感时期和车辆、兵器室、弹药室、小远散直单位等重点部位的安全防范。76182部队二连安全文化建设纪实片作为预防车辆交通事故成果之一颁发全军学习推广；分部司令部被广州军区评为保密工作先进单位。 （曾庆文）

75120 部 队

【概 况】 2008年，75120部队按照"高举旗帜、加紧备战、从严治军、夯实基础"的思路，坚持基于威胁、基于任务、基于能力搞建设谋发展，狠抓各项工作落实，圆满完成以战备训练为中心的年度工作任务，部队全面建设稳步发展。

【思想政治建设】 年内，75120部队加强中共十七大精神学习，党委机关完成6个专题的学习，所辖各部队组织2期基层干部理论轮训。配合上级抓好所辖75122部队军人核心价值观教育试点，官兵高举旗帜、听党指挥、履行使命的思想政治基础更加牢固，经验被上级转发。按照"团结和谐、风清气正、坚强有力、奋发有为"的要求，落实教育、管理、培训、考评等制度，全面加强干部队伍建设，各级干部履职尽责的能力不断增强，被上级评为地方大学生干部培养先进单位。

【战备训练】 年内，75120部队狠抓经常性战备工作，修订2008年部队建设任务与标准。加强战备设施建设，新建障碍场，完善分队库（室）建设。做好非战争军事行动准备，抗冰救灾任务完成出色。组织新大纲试训论证，组织梳理试训论证资料，被四总部表彰为全军新大纲试训先进单位。部队训练基础不断牢固，圆满完成重大演习任务。

【部队管理】 年内，该部队开展"条令法规月"活动，纠正工作随意性大、条令条例不落实、小远散直单位管理秩序不正规等突出问题，抓好计算机及移动存储介质、超占干部兵员、违规使用通信工具等问题的清理整治。对私自外出、对外乱交往、开快车、搭乘地方摩托车和非营运车辆、上国际互联网、打牌赌博等问题进行集中整治，部队秩序进一步规范，内部环境净化。突出以重要目标、人员、车辆、枪弹、岗哨勤务和危险品的重点管理，狠抓奥运会和野外驻训演习期间部队的安全管理，部队保持安全稳定。

【后勤装备保障】 年内，该部队按照"保战备、保生活"的要求，圆满完成各项保障任务。加强营区综合整治，所辖72122部队营区综合整治标准高，官兵工作、生活条件明显改善。财务管理不断规范，所有伙食单位全部实现经费节余，被四总部评为"资源节约先进单位"。狠抓人才培养和装备管理、训练，部队武器装备的完好率达到四总部规定的标准。加大部队库（室）战备设施建设力度，规范师、团修理车间、仓库的管理。狠抓装备保障能力建设，圆满完成抗灾救灾、驻训演习等重大活动保障任务，完成全军车辆装备维修保养集训现场准备和上级军械装甲装备规范化管理维修集训任务。

【基层建设】 2008年，该部队坚持持续打基础，合力抓基层。组织对建制连队进行调查剖析，查找和梳理存在的问题和矛盾。突出抓以党支部基层组织建设，对所辖基层党支部进行整顿，注重在选准配强主官、优化结构、提高能力素质上下工夫。狠抓基层风气建设，打骂体罚、收受战士钱

2月2日，官兵们在雪地中运送抢险物资。
唐艳兰　摄

物、侵占士兵利益、插手基层敏感事务等问题得到有效控制，基层建设呈稳步发展势头。所辖75121部队和75124部队均被上级评为全面建设先进团队，李向群生前所在连队被评为基层建设标兵连，75120部队修理连团支部被评为全军红旗团支部。（黄志敦）

75660　部　队

【概　况】　2008年，75660部队按照“高举旗帜、狠抓中心、从严管理、确保稳定、谋求发展”的工作思路，狠抓以教学为中心的各项工作落实，全面建设呈现整体推进、平稳发展的良好势头，被广州军区评为安全工作先进单位、地方大学生干部培养工作先进单位和传统教育基本建设先进单位，109人次立功受奖。

【思想政治教育】　年内，该部队各级党委针对党和国家大事、要事、敏感事多的实际，开展了“坚定中国特色社会主义信念，有效履行我军历史使命”主题教育，培育当代革命军人核心价值观，着眼教书育人实际，突出抓好中国特色社会主义理论体系“三进入”（进入教材、进入课堂、进入官兵头脑）工作，确保部队建设的正确方向和高度集中统一。

【教学科研】　2008年，75660部队统筹整合教学资源，科学优化课程设置，精心组织教学实施，开展教学研究，深入推进教学改革，拓展部队职能，教学科研质量稳步提升。年内，完成上级布置的年度教学培训任务，编写完成全军、广州军区教材10余部，发表学术文章130余篇。

【安全稳定】　2008年，该部队树立“安全是硬任务，是第一责任”理念，组织安全常识教育，落实安全制度法规，抓好重大敏感问题防范，投入10余万元改造安全管理设施，开展“奥运安全100天”、“防事故保安全”、“安全条例宣传教育月”等活动，巩固安全发展的良好局面。

【拥政爱民】　年内，该部队围绕促进社会和谐、支援地方建设、增进军政军民团结的目标，开展形式多样的拥政爱民活动。年内派出官兵15人次、车辆20台次参加抗冰救灾行动，运送御寒物资20余吨、电力抢修器材50余吨，捐款近56万元、衣被570余件。配合市政府抓好沿街立面和西环三路改造，为参与奥运火炬传递安保工作的千余名武警官兵提供食宿保障，组织官兵进行植树造林、环境清洁，支持驻地的各项建设。组织驻地党政机关和高校3000多人次到该部过军事日，派出5批30多人次担任校外辅导员，增强地方干部群众和青年学生的国防意识。（黄琴）

75160 部 队

【概 况】 2008 年,75160 部队科学统筹、精心组织、狠抓落实,部队全面建设有新的发展。被四总部评为军事训练一级单位、被广州军区评为安全工作先进单位、被集团军评为全面建设先进单位。

【思想政治】 年内,75160 部队抓好中共十七大精神学习,新兵学习中共十七大精神的做法被中央电视台军事频道报道。注重在工作中践行党的创新理论,把桂北地区抗灾情为军情,发扬“听党指挥、服务人民、英勇善战”的优良传统,部队历时近 1 个月,共出动兵力 8891 人次、车辆 892 台次,参加 12 个县的抗灾救灾工作,疏通道路 200 余千米,疏散人员 700 余人,搬运各类物资 1340 余吨,维修高压电线铁塔 12 座、通信发射基站 70 座,抢修输电线路 440 余千米、通信线路 720 余千米。所属坦克三营获军区抗灾救灾先进单位、汽车连获抗灾救灾集体二等功。

【战备训练】 2008 年,该部队突出抓战备训练落实,完成多样化任务能力增强。部队党委坚持把有效应对多种安全威胁,各种突发事变、提高完成多样化军事任务能力作为军事斗争准备的首要任务。年初,部队专门组织多种课目的战备训练示范观摩和演练,规范部队战备训练程序、方法和路子,并根据部队可能遂行多种任务的需要,加强反恐维稳、抢险救灾等非战争军事行动训练,增强部队应对突发事件的能力。

【营区建设】 年内,该部队加强营区建设,筹措资金 1700 多万元,用于修缮干部、士官住房和基层营房宿舍共 8000 多平方米;狠抓资源节约和生态营区建设,部队基本实现了“营院园林化,住房规范化,设施人性化”。

【共建活动】 加强爱民共建活动,部队与驻地关系融洽、和谐。一是实行定点帮困,2 月,专门安排人员慰问周边村庄孤寡老人、特困户以及李家村小学,对贫困群众给予帮助;二是利用现有医疗设施为驻地群众服务,解决李家村村民看病难问题;三是帮助驻地村民搞好基本设施建设,3 月,为枫林村铺设道路 2000 余米,为李家村维修水沟 600 余米,对训练场附近的龙潭村、枫林村的道路进行整修;四是开展“送温暖、献爱心”捐助活动,号召官兵为冰冻、地震灾区群众捐款共计 100 多万元、棉被衣物 2900 多件套。

(赵桂强 廖均柱)

2 月 14 日,75160 部队官兵奔赴灾区,抗击冰冻雪灾。

白先仪 摄

武警桂林市支队

【概 况】 中国人民武装警察部队桂林市支队(简称武警桂林市支队,下同),主要担负执勤、处突、反恐和城市武装巡逻、警备纠察等任务。2008年,武警桂林市支队党委围绕"在新的起点上开创支队建设新局面,高标准实现'两个确保'"的建设目标,部队建设呈现出稳中有进、全面发展、整体提高的良好态势。阳朔县中队、龙胜各族自治县中队被广西总队评为标兵中队,二中队、四中队、九中队、临桂县中队、永福县中队、兴安县中队被广西总队评为先进中队。

【思想政治教育】 年内,武警桂林市支队围绕提升理性思维层次,提高素质能力,抓好中共十七大精神和科学发展观的学习贯彻。把开展"坚定理想信念,忠实履行使命,永远做党和人民忠诚卫士"主题教育与开展经常性教育结合起来,把中共中央军委主席胡锦涛到桂林视察、抗击雨雪冰冻灾害、抗震救灾、奥运安保、抗洪抢险作为鲜活教材。开展"学习科学发展观有什么用","履行使命怎么干"等群众性大讨论,官兵高举旗帜、听党指挥、履行使命的思想政治基础进一步牢固。

【完成中心任务】 2008年,武警桂林市支队落实党委议中心、主官抓中心、机关保中心的制度,开展正规化执勤等级评定、"三共"(共建、共管、共把安全)和"三个一遍"(对所有执勤目标鉴定检查一遍、到目标单位及其上级走访一遍、对执勤情况分析研究一遍)活动,整治执勤隐患,固定目标全年无执勤事故。科学谋划,精心组织,探索重大勤务特点规律,圆满完成中共中央军委主席胡锦涛到桂林视察警卫、奥运火炬传递、自治区成立50周年大庆安全保卫等重大临时勤务。加强军事训练和针对性演练,开展专勤专训、反恐集训和尖子比武,部队遂行任务能力有新提高。全年参加抢险救灾18起,维护和保障了桂林市社会稳定和人民生命财产安全。

【狠抓安全工作】 2008年,武警桂林市支队贯彻从严治警方针,开展"我为奥运增光彩,我为祖国作贡献"作风纪律整顿、条例学习月活动和安全条例网上集训,强化部队安全发展理念和条令意识。开展安全隐患拉网式大排查,层层签订安全责任状,建立问责问效机制,使排查出的隐患问题得到有效解决和防范。制订有效措施,加强人员、车辆安全、枪弹管控、治酒、预防季节性事故、防止失泄密等方面的管理,确保北京奥运安全保卫、和自治区成立50周年大庆等特殊时期的封闭式管理和任务完成后的常态管理安全稳定。

6月6日,武警官兵在北京奥运火炬接力现场执勤。 黄雷 摄

【后勤保障】 2008年,武警桂林市支队把基层作为保障重心,帮助解决影响基层中队建设发展难题,筹措资金284万元,帮助22个基层单位建起了网络学习室,解决荔浦县中队12万元“四配套建设”(执勤设施、训练设施、生活设施、文体设施)经费。抓好基建工程建设,完成支队油库建设、一大队营院、家属楼整治等工程,启动教导队主体工程建设。加强后勤规范化管理,强化基层党支部的集体理财意识,改善基层伙食质量。加强后勤战备训练,不断提高应急保障能力。

【抢修电网】 1月中旬,桂林市遭受雨雪冰冻灾害,导致各县的电网损坏严重。武警桂林市支队派出官兵1500余人次,到全州县东山瑶族乡、恭城瑶族自治县平安乡和三江乡、永福县抢修电网,受到市领导的高度评价。

【奥运火炬传递安全保卫】 6月6日,2008年北京奥运会火炬接力传递在桂林举行,武警桂林市支队出动700余名官兵,发扬特别能吃苦、特别能战斗的作风,连续奋战在执勤一线,始终本着“服务群众,和谐奥运”的宗旨,依法执勤,文明执勤,圆满完成安全保卫任务。 (王竹富)

人民防空

【概 况】 2008年,桂林市人民防空办公室(简称市民防办。下同)以人民防空应急准备为重点,推进“战备民防、效益民防、和谐民防”建设,取得了抗击冰冻雪灾和民防发展的胜利,全市民防工作实现新突破。

【做好应急准备】 年内,市民防办根据信息化条件下防空袭斗争人民防空组织指挥、通信警报建设的要求,做好指挥通信建设。制订民防应急相关规定和措施,制订应急作战人民防空方案;完善城市防空袭应急预案、配套行动计划、各级各类应急行动方案和保障计划;对全市18个重要目标进行调研,协助重要目标单位制订防护方案;新建3个疏散基地;完善人口掩蔽计划,对各自的任务进行分解细化,形成了具体的措施办法;召开全市民防工程建设工作会议,布置编制民防地下室平战转换方案,完成平战转换预案91个。加大指挥所建设力度,桂林市民防地面指挥所和桂林市军地联合指挥所竣工并投入使用。加快信息化保障体系建设,完成民防指挥自动化软件安装、数据采集和录入工作。召开全市警报器管理维护会议,及时对警报器进行检查维护,组织全市警报试鸣,警报覆盖率、鸣响率分别达95%和100%,全市具备了广播、电视、报纸、短信和互联网等多种媒体发放警报信号的手段。

【民防工程建设】 2008年,桂林市编制了《桂林市2008年人防工程建设计划》《桂林市“十一五”人防工程建设规划》《临桂新区人防建设规划》。规范民防工程的设计与建设管理,修改了《桂林市人防工程建设管理办法》。加快民防工程建设,26个山体民防坑道工程全面恢复开挖;市民防地下指挥所按计划完成扩方任务;火车北站民防工程和市地下指挥所电网改造正在进行;国家山伪装房主体工程全部完工。重点抓好民用建筑修建防空地下室建设,全年共完成民防行政审批42项,市人均民防工事面积名列全国前茅。

【民防法制建设】 加强执法队伍建设。调整民防执法队人员,加强执法人员的培训力度,有6人通过了自治区组织的行政执法考试,取得了执法资格;加强了执法队硬件建设,统一服装,购买执法车辆。规范行政审批程序,健全制度。市民防办行政审批窗口进驻市政府行政审批大厅进行集中办公,民防行政审批程序纳入了基本建设并联审批程序,提高行政效率,规范行政审批流程。加大执法检查力度。全年共进行执法检查210多次,查处违规现象28起,追缴易地建设费107万元,补建防空地下室8900平方米。

【抓好财务管理和创收】 2008年,市民防办严格落实民防建设资金由国家、地方财政和社会共同负担的政策。年内,签订合同95份,收租金90多万元;民防工程设计院完成设计项目20项,创收200万元;火车站民防地下商场创收120万元;城南工事管理中心创收25万元,全年平战收入近600多万元,比上年增长12%。

(刘海科)

10月22日，市劳动和社会保障局主办的第六届桂林市离退休人员运动会开幕。
（黄雷　摄）

劳动和社会保障

【概　况】 2008年,桂林市劳动保障部门在统筹城乡就业、职业技能培训、社会保障体系建设、构建和谐劳动关系等方面取得明显成效。全市城镇新增就业6.2万人,农村劳动力转移就业新增6.82万人,城镇登记失业率3.98%,保持了就业局势的基本稳定。完善社会保障体系,城镇企业职工基本养老保险、失业保险、基本医疗保险、工伤保险、生育保险参保人数分别达到33.28万人、25.81万人、45.03万人、25.73万人、23.90万人;五项社会保险基金征缴总额28.45亿元,首次突破20亿元,(与上年比,下同)增长42.39%。启动市本级城镇居民医疗保险试点工作;失业保险实现市级统筹;机关事业单位养老保险个人缴费比例从2%提高到8%。各类用人单位劳动合同签订率95.6%,全市有1101家企业签订集体合同,涉及职工人数19.21万人。全市劳动保障争议案件达2289件,增长75.67%,结案率95.06%;劳动保障监察受理举报投诉675件,结案率99%。

全年劳动保障工作受国际金融危机影响,异地就业的农民工大量返乡,部分企业出现经营困难,就业需求下降和就业岗位明显减少。桂林市面临稳定企业就业、解决返乡农民工就业和安置大学生就业等新问题。

【推进城乡统筹就业】 全年全市开展就业再就业工作,举办了一系列就业专项活动,推进城乡统筹就业。举办"高校毕业生就业服务系列活动",通过校企对接、民营企业招聘周、招聘会和网络招聘等形式,帮助高校毕业生实现就业。开展"就业援助系列活动",通过"一对一帮扶"、开发公益性岗位等援助措施,帮助就业困难人员、城镇零就业家庭就业。安排就业专项资金,开发和购买公益性岗位,帮助城镇困难人员就业。开展"春风行动系列活动",通过免费职业介绍,提供政策咨询和就业信息,引导农村劳动力和返乡农民工转移就业。全市就业再就业各项目标任务超额完成。全市城镇新增就业6.2万人,完成全年任务的110.71%;领取再就业优惠证的下岗失业人员实现再就业1.27万人,完成全年任务的115.0%;帮助"4050"等大龄就业困难人员实现再就业5900人,完成全年任务的131.11%;城镇登记失业率3.98%,低于年度控制数0.32个百分点;农村劳动力转移就业新增6.82万人,完成任务数的119.66%。资源县被列为全国人力资源市场建设试点县,全州县被评为全国劳动力转移就业工作示范县。

5月21日,民营企业专场大型招聘周在西凤路人才资源市场开幕,47个单位提供960个就业岗位。图为招聘会现场。　文衍坤　摄

【开展职业技能培训与鉴定】 全市劳动保障部门坚持城乡统筹培训，开展再就业培训、创业培训、农村劳动力转移就业职业培训、农村中共党员培训。全年全市共培训下岗失业人员1.35万人，完成全年任务数的123.0%；创业培训2296人，完成全年任务数的127.56%；农村劳动力转移就业职业培训5.7万人，完成全年任务数的126.67%。加大职业技能鉴定，全年培训鉴定合格人数2.19万人，完成全年任务数的109.74%；培养技师、高级技师461人，完成全年任务数的115.25%。

【帮扶就业困难群体】 全市劳动保障部门加大对就业困难群体动态援助力度，重点推进城镇零就业家庭、农村零转移就业家庭、被征地农民等培训扶持工程。全年共开发公益性岗位4851个；发放小额担保贷款434笔827万元；筹集元旦、春节送温暖资金555.15万元，慰问了104家困难企业2.21万名下岗失业人员；为1271名特困人员子女上学给予补贴，560名困难下岗失业人员子女减免学杂费。市区99个社区达到充分就业社区标准，实现了动态消除城镇零就业家庭目标。

【社会保险征缴】 2008年，社会保险覆盖面继续扩大，全市城镇企业职工基本养老保险参保人数达33.28万人，完成市政府下达任务数的105.64%；基金征缴收入18.59亿元，完成任务数的184.02%，其中市本级征缴收入10.35亿元，完成任务数的142.33%。为全市12.27万名企业离退休人员发放基本养老金13.51亿元，增长36%；调整待遇后人均月领取养老金1067.3元。全市失业保险参保人数达25.81万人，完成任务数的100.2%；基金征缴收入1.01亿元，完成任务数的146.2%。基本医疗保险参保45.03万人，完成任务数的111.7%；基金征缴收入8.26亿元（含一次性缴费），完成全年任务的173.2%。工伤保险参保25.73万人，完成任务数的109.4%；基金征缴3279万元，完成全年任务的140.9%。生育保险参保23.90万人，完成任务数的111.7%；基金征缴收入2668万元，完成全年任务的140.4%。机关事业单位养老保险个人缴费比例从2%提高到8%，养老保险参保人数1.54万人（含永福、平乐、临桂、全州、灵川县，恭城瑶族自治县），基金收入7900万元，支付离退休人员养老金7300万元。

【被征地农民社会保障】 2008年，为妥善解决临桂新区失地农民的基本生活问题，市政府下发《关于印发桂林市临桂新区被征地农民培训就业和社会保障暂行办法的通知》，建立了被征地农民社会保障与促进就业相结合的安置制度。至年底，全市有11个县建立了被征地农民培训就业和社会保障办法。市劳动和社会保障局下发受理被征地农民培训就业和社会保障审核的工作规程，妥善解决被征地农民培训就业、养老、医疗、最低生活保障等问题，确保被征地农民失地不失业。全年劳动保障部门共对55项建设用地项目中被征地农民就业和社会保障情况出具审核意见。

【失业保险实现市级统筹】 2008年，桂林市开展了失业保险市级统筹各项工作。市人民政府成立了市失业保险市级统筹工作领导小组和工作机构。市劳动保障部门草拟了《桂林市失业保险基金市级统筹实施办法》，并征求相关部门和各县劳动保障部门、失业保险经办机构意见，多次召开专题会进行修改完善。12月18日，市人民政府下发《关于印发桂林市失业保险基金市级统筹实施办法（试行）的通知》，全面启动实施失业保险基金市级统筹制度。12月30日，市辖各县将所有结余的失业保险基金全部上缴市失业保险基金财政专户。

【启动城镇居民基本医疗保险试点工作】 年内，市人民政府将启动城镇居民医疗保险试点工作列入为民办实事项目。市劳动保障部门成立了城镇居民医保试点工作领导小组和工作机构，制订市级统筹工作实施方案和工作步骤；起草了《桂林市城镇居民基本医疗保险试点工作实施方案》和《桂林市城镇居民基本医疗保险暂行办法》。12月30日，桂林市城镇居民基本医疗保险试点工作启动，第一批参保3.5万人，试点工作率先将9400多名低保对象、1.43万名重度残疾人员全部纳入居民医保范围，为解决贫困人群患病医疗保障问题开辟了新渠道。

【市属国有困难企业退休人员医疗保险获解决】 2008年，解决市属国有困难企业退休人员参加医疗保险是市政府确定的为民办实事之一。市劳动和社会保障局与市国资委、市财政局开展联合审核工作，市医疗保险所共为11家市属国有困难企业6313名退休人员办理基本医疗保险。市财政2480万元资金全部拨付到位，相关参保人员开始享受医疗保险待遇。同时，市劳动和社会保障局组织人员对地方政策性关闭破产企业情况进行调查，向上级争取资金。经自治区劳动和社会保障厅等部门同意，桂林市共有桂林工具厂等4个单位2708人列入解决医疗保险问题对象。中央财政将拨付补助资金1012.03万元，其中811万元补助资金拨付到位，相关对象已参加医疗保险并享受相应的医保待遇。为支持企业改制，市医疗保险所为改制企业累计托管安置退休人员9986人，征收一次性缴纳的医保费1.93亿元。

【调整实施基本医疗保险和生育保险惠民措施】 市劳动保障部门根据基本医疗保险和生育保险基金情况，调整实施了一系列惠民措施：一是增加医疗保险个人账户的使用范围，个人账户由先前只能用于门诊看病和定点药店购药，扩大到可用于支付住院、特慢病起付标准的自付部分；二是降低灵活就业人员参加基本医疗保险的缴费率和缴费基数，缴费率从11%降至8%，缴费基数由按市本级企业在岗职工平均工资缴纳改为按全自治区企业职工平均工资缴纳，降低了参保人员的缴费金额；三是提高医疗保险部分病种结算定额标准，减轻参保人员医药费负担；四是审核批准市区65家零售药店为桂林市城镇职工基本医疗保险定点零售药店，方便参保人员购药；五是市本级提高了14项生育保险的医疗待遇支付标准，提高幅度为10%～40%，涵盖了所有参保单位，增加参保人员生育保险待遇。

【基层劳动保障工作平台建设】 2008年，桂林市投资近200万元建设了22个基层公共就业试点乡镇。同时按照自治区劳动和和社会保障厅提出的基层公共就业机构办公设施建设“六个一”的要求，在全市110个社区开展试点工作，以实物补助方式，为社区配备1台电脑、1套办公设备和公文柜，改善基层劳动保障平台办公条件。

【劳动争议仲裁和劳动关系协调】 年内，执行《中华人民共和国劳动合同法》、《中华人民共和国劳动争议调解仲裁法》、《中华人民共和国劳动合同法实施条例》，加大劳动保障宣传工作力度，劳动者维权意识增强，劳动争议案件成倍增长。全市共立案处理劳动争议案件2289件，增长75.67%，其中，市本级立案处理1234件，县（区）立案处理1055件；处理结案2176件，结案率95.06%。从案件类型看，集体争议案件达32件，涉及人数1106人，分别增长88.3%、241.3%。面对劳动争议明显增多的态势，桂林市加大劳动关系协调工作力度，健全劳动关系协调组织机构，完善劳动关系三方协调机制，促进劳动关系和谐稳定。

【劳动保障监察】 2008年，桂林市劳动保障监察机构通过开展日常检查、举报专查、专项检查、年度审查等形式，组织开展了整治非法用工打击违法犯罪专项行动、预防和解决农民工工资拖欠、清理整顿人力资源市场和非法职业中介等专项行动。全年共审查用人单位3399户，督促用人单位与劳动者补签劳动合同6.05万份，立案查处劳动保障违法案件560件，为劳动者追回被克扣、拖欠的工资460.28万元（不含农民工工资），涉及人数0.58万人；督促612户用人单位申报、补缴社会保险费912.63万元，涉及人数0.74万人；取缔6家非法职业中介机构。加大农民工维权力度，组织对全市各行业农民工工资拖欠情况开展专项检查，共补发农民工工资675.12万元，涉及农民工0.88万人。构建农民工维权长效机制，完善农民工工资保证金制度。加强对水利水电工程项目农民工工资保证金账户的收缴和监管力度，全年累计有6个水利水电工程项目的施工单位存入农民工工资保证金116万元。首次在12县5城区劳动保障监察机构之间开展劳动保障监察业务交叉检查活动，促进了全市劳动保障监察工作质量和执法水平的提高。

【推进创建和谐企业工作】 全市贯彻实施劳动合同法、劳动合同法实施条例及集体合同规定，推进创建和谐企业工作。全市各类用人单位劳动合同签订率达95.6%，有1101家企业签订集体合同，涉及职工人数19.21万人。其中，通过开展以提高农民工劳动合同签订率为主题的“春暖行动”,农民工劳动合同签订率由上年的80%提高到89.28%;建筑、餐饮、服务业劳动合同签订率达到93.26%,提高36%。指导企业健全劳动工资集体协调机制,以建立职工工资正常增长机制为重点,深化企业工资分配制度改革,签订工资集体协议企业共1335家,涉及职工15.3万人。

【劳动保障行政执法监督】 2008年,加大劳动保障法制建设,规范依法行政行为,全年共审查和办理各类规范性文件和行政执法文书603件,涉及企业改制、养老保险等方面的信访复核法律文书26件,其中,工伤医疗保险类559件,占93%。加大行政执法监督,避免和纠正不当行政行为,加强行政执法事后监督工作。全年共受理行政复议8起,结案8起,结案率100%。办理自治区劳动和社会保障厅受理行政复议案件答辩2起。做好政策法规调研工作,组织协调和办理法律法规征求意见稿26件。

【劳动保障信息公开】 市劳动保障部门制订了《桂林市劳动和社会保障局政府信息公开指南》和《桂林市劳动和社会保障局政务公开内容目录》;在桂林劳动保障网站发布劳动保障法律法规政策100多条,处理网上电子来信和问题咨询500多条;劳动保障公益服务热线电话“12333”全年呼入量达3.02万个,平均日呼入量为121人次,总时长9.06万分钟。桂林劳动保障网站和“12333”劳动保障服务热线成为劳动保障部门与劳动者和用人单位相互沟通的便利平台和绿色通道。

【金保二期工程完工】 2008年3月,桂林市劳动保障信息中心正式成立。市劳动保障部门以建设金保工程二期为重点,推进劳动保障信息化工作。5月,金保工程二期建设方案经市人民政府批准,获得建设资金495万元。年内,完成机房改扩建和设备购置安装,设备区面积由60多平方米扩大到120平方米,初步搭建起符合金保工程建设标准的硬件平台和网络平台,实现了与自治区劳动保障信息中心、市本级各社保经办机构、各县(区)就业服务中心的网络连接,并可延伸到街道(乡镇)社区,能满足3~8年劳动保障业务信息化管理需求。9~12月,数据中心受理了人力资源调查87万人的数据时实联网存取及处理工作,网络平台初步应用反应良好。

【人力资源社会保障基本情况调查】 2008年,桂林市被确定为全国开展人力资源社会保障基本情况调查城市之一。调查对象为在市区居住半年以上的居民和在市区企业中工作的农民工。调查内容为城镇居民就业失业、人力资源社会保障法规普及、专业技术和职业技能、职业构成、社会保险参保、劳动合同签订、工作时间、带薪年休假和工资发放等方面的情况,农民工权益保护情况以及劳动人事争议处理情况。11月15~21日,市劳动保障部门、人事部门等单位完成了27个社区共1080户居民和68家企业1000名农民工的调查任务。

【技工教育蓬勃发展】 2008年,技工学校为桂林市经济建设培养输送了大批高素质的技术工人。桂林高级技工学校(桂林技师学院)年内有在校学生3500人,教职工199人,专职教师129人,其中,研究生8人、本科生94人,高级讲师25人、讲师63人,技师28人、高级技师15人。学校开设有机械加工与数控技术、机械维修技术、模具制造技术、汽车检测与维修技术、焊接技术、电子应用技术、维修电工、空调制冷维修、通讯技术、机电一体化、电子商务与产品营销、计算机财会、计算机装配与维护、列车乘务与旅游服务、导游艺术与景区管理、珠宝首饰等专业。年内参加桂林市中等职业学校技能比赛获数控车工团体第一名、家用电子产品维修团体第一名、无线电装接团体第一名、餐厅服务员团体第一名;学校获广西校园环境十佳技校。桂林市第二技工学校开设有车工与数控车床操作技术、数控技术应用、模具钳工、机电一体化、电工电子与制冷技术、焊接技术、汽车维修与驾驶、计算机维护应用、电脑平面设计与多媒体技术、电脑财会、电脑应用与商务、电子设备装接技术等12个专业(工种)。年内在校技工学历学生1216人,技工教育毕业学生346人,毕业生就业率97%,各类职业培训结业学员2000余人。12月初由中央财政补助,投资600万元,建筑面积3287平方米的实训综合楼项目开工建设。学校为广西16个农村劳动力转移就业品牌培训基地之一、广西农民工工作先进集体、桂林市就业与再就业职业培训优秀定点培训机构。数控技术应用专业被纳入广西2008年职业教育重点专业能力建设项目，获自治区财政100万元专项经费。在2008年桂林市中等职业学校技能比赛中，获车工团体第一名、钳工团体第二名。 （秦太平）

人　　事

【概　况】 2008年，桂林市人事人才工作以人才公共服务体系建设为重点，做好大中专毕业生就业和高校毕业生“三支一扶”（支农、支医、支教和扶贫）工作。推进人才小高地建设，引进国外智力，企业博士后科研工作站推荐申报获新成果。组织年度公务员考试录用工作，建立机关事业单位个人工资信息档案，推动公务员管理工作规范运行。年内推进事业单位人事制度改革，完成事业单位公开招聘、职称评审和人事考试工作。职称改革取得新突破，出台了桂林市职称聘任办法。军转干部安置工作圆满完成，桂林市第六次被评为“全国双拥模范城”。

【人才公共服务】 加大人才市场服务功能和人才市场网络建设，健全市场信息服务体系，拓宽高校毕业生就业渠道。全年市人才交流中心代管人事档案3.48万份，集体代理单位135家。开办网上图文招聘会5次，有250多家单位参加招聘；举办大型人才交流大会2次、人才集市48次，进场招聘单位2501家次，进场人数6.1万人次，提供就业岗位3万个。推进人才小高地载体建设，人才项目载体与桂林市产业发展需求密切结合，带动了一批高科技电子信息、生物项目的发展。国家火炬计划重点高新技术企业桂林莱茵生物科技股份有限公司，经国家人力资源和社会保障部批准，成立国家级企业博士后科研工作站，并向自治区人事厅破格申报建设广西第三批人才小高地。年内，推荐上报桂林中西医结合医院刘雪梅、桂林三金药业股份有限公司吕高荣、森林病虫害防治检疫站杨忠武为广西2007年新世纪十百千人才工程第二层次人选；推荐上报钱卫民、李晓铁、梁立天、谭桂发为2008年享受政府特殊津贴人员。全年围绕市重点项目、优势产业，组织申报引进国外智力项目17个，实际执行项目14个，获国家外国专家局资助37.9万元，引进国外专家18人。引进的国外专家推动了企业技术改革和产业发展，其中，法国酿造专家罗伯特为燕京啤酒（桂林漓泉）股份有限公司提供技术改造；日本专家桥本光夫为桂林橡胶机械厂培养一批技术骨干。加强人才选拔和培养，组织桂林市25家用人单位到北京参加广西北部湾经济区急需紧缺人才招聘会，面向社会招聘245个岗位，有1915人次报名，

2月7日，大中专毕业生“双向选择”洽谈会上求职者在寻求就业岗位。 唐侃　摄

初步达成意向168人。做好高校毕业生“三支一扶”工作,及时解决“三支一扶”人员在工作、生活中遇到的困难和问题。在年内召开的自治区“三支一扶”表彰大会上,桂林市作为全自治区的先进代表在会上作典型发言。

【公务员队伍规范管理】 组织年度公务员考试录用工作。全年全市招录公务员215人,有4976人报考。为方便考生,人事部门采取网上报名、网上审查、网上缴费、网上打印的方式,提高工作效率。做好参照公务员法管理事业单位的审核、上报审批工作,对全市第三批847个申报参照公务员法管理的事业单位进行严格审核、把关,推选了208个符合参照公务员法管理的单位上报自治区人事厅审批,有70个事业单位获参照公务员法管理。开展公务员培训。全年举办新录用公务员初任培训1期97人,科级领导任职培训两期189人,《公务员处分条例》培训36期6187人,其他培训6000多人。

【事业单位人员招聘】 年内完成2007年事业单位公开招聘工作人员后续面试考核、体检工作,并为221名录用人员办理了聘用手续。组织2008年全市事业单位公开招聘工作人员工作,全市共有147个事业单位计划招聘625个岗位,有3600多人符合报考条件并参加了公开招聘考试。至年末新录用人员全部办理了入编手续。

【专业技术人员职称评聘】 全年完成424个高级职称的材料审核上报;审核审批专业技术人员中级职称2773人;审核工人技术等级473人;审核聘任高级职称355人、中级职称1128人、初级职称2904人。为解决职称资格与聘任指标的供需矛盾,市人事局下发《关于全市事业单位专业技术职务聘任有关问题的通知》,为全市1万多名取得中级以上职称资格的专业技术人员解决了职称聘用问题,兑现了新的工资。

【办理机关事业单位人员工资】 2008年,市人事局建立个人完整的工资记录,并对照2006年工资改革基础情况和各种调资基础资料,对登录情况进行审核。全年共审核完成34629人的个人工资信息,其中,机关在职人员5115人,离退休人员2628人;事业单位在职人员18929人,离退休人员7957人。完整建立了2006年工资改革以来的全市个人工资档案。审核各类奖金项目,主要审核了市直429个机关事业单位23994人的2007年度年终奖,119个机关和参照公务员法管理事业单位6156人的2007年度目标管理奖。进行年度滚动调资,根据2007年度考核情况,共办理公务员5278人次的晋升级别工资档次和897人次年限到杠晋升级别工资;机关工勤人员和事业单位工作人员18716人次的岗位工资、薪级工资晋档。全年为2007年度计划安置的177名军转干部,新进机关事业单位和市外机关事业单位调入人员892人办理了查档定资;公务员晋升职务调资322人次,事业单位管理人员晋升职务调资187人次、专业技术人员聘任专业技术职务调资1813人次,机关事业单位工人晋升工人技术等级调资413人次。

【军队转业干部安置与管理服务】 全年桂林市接收军转干部246名。年初,人事部门到驻桂部队走访调研,召开市直、中央、自治区直属单位座谈会,听取部门对军转安置的意见和建议,收集并了解2008年转业的军转干部基本情况。组织召开全市军转安置工作会议,下发全市军转干部安置计划。在安置中坚持团职干部和荣立二等功以上人员重点安置、专业技术人员对口安置、受处分人员慎重安置原则,把“双向选择”运用到安置工作中,圆满完成安置任务。加大企业军转干部解困维稳工作力度,为2447名困难企业军转干部发放了生活困难补助;为227名困难企业军转干部办理提前退休手续,并发放养老金;为295名市直困难企业军转干部办理基本医疗保险;为165名下岗失业的企业军转干部发放基本生活保障金。做好自主择业军转干部管理服务工作,为他们办理医疗保险手续、独生子女奖励费,提供创业培训、就业指导、就业推荐等服务。在自主择业军转干部中涌现出了许跃生、张升明等成功创业典型。做好“重点工作对象”的宣传、教育、转化工作,以及生活特别困难的企业军转干部的帮扶工作。全市企业军转干部在重点时期和关键时刻未发生大规模上邕进京上访事件,确保北京奥运会和自治区成立50周年大庆期间的社会稳定。

(王宏润)

10月8日，市长李志刚（左一）、副市长牟信勇（左二）在欧洲议会大厦举办的“美丽桂林”风情展上接受记者采访。（黄雷　摄）

外　　事

【概　况】 2008年，桂林市共接待来自18个国家、地区和国际组织以及国家外交部、中共中央对外联络部等到访团组53批476人次。其中，国家元首级1批；副总理级2批；部长级7批。参与2008北京奥运火炬桂林传递、中国—东盟新闻部长会议、第五届中国—东盟博览会、第三届联合国旅游组织旅游趋势与展望国际论坛的部分工作；在欧盟总部成功举办美丽桂林风情展。加强涉外工作管理，全年共审核审批因公出国（境）团组材料101批349人次；年内，获中国国际友好城市交流合作奖。

【桂林市荣获中国国际友好城市交流合作奖】 2008年11月8日，在北京举行的中国国际友好城市大会上，桂林市荣获友好城市交流合作奖，成为广西唯一获奖城市。国务委员戴秉国、全国政协副主席阿不来提·阿不都热西提出席大会。桂林市作为改革开放的重要窗口，国际友好城市活动一直走在前列。友城交流活动围绕国家外交大局，服务于地方经济建设和社会发展，为桂林市的对外开放作出了贡献。

【外宾来访】 2008年，由于受到冰冻雨雪天气、四川汶川特大地震等多方面因素影响，到访桂林的外宾人数较上年减少三分之二。应邀来访的重点团组有圣马力诺国家元首扎费拉尼、阿马蒂，越南共产党中央前总书记黎可漂，葡萄牙最高法院院长纳西门托，毛里求斯工党总书记德瓦南·维拉素米，越南广宁省人民委员会主席武德担，加拿大加中议会协会共同主席约瑟夫·戴伊等团组。协助参与接待中非共享发展经验高级研讨会官员及丹麦女王丈夫亨里克亲王。

【举办美丽桂林风情展】 10月7日，桂林市在比利时首都布鲁塞尔的欧洲议会大厦举办美丽桂林风情展。市长李志刚率领桂林市友好代表团出席展览并在开幕式上致辞。欧洲议会议长珀特林、副议长马瑞克·西维，欧洲对华关系代表团团长斯特克斯、欧中友好小组主席德瓦，中国驻欧盟使团大使宋哲，及100余名欧洲议会议员和300多名工作人员出席并观看展览。美丽桂林风情展共展出图片200余幅，从山水桂林、历史桂林、风情桂林、人文桂林、时尚桂林和发展桂林6个方面把桂林完整展现，是中国城市首次在欧洲议会大厦举办图片展。新华社、《人民日报》、中央电视台都对该展览进行了报道。

【加强国际友好城市交流】 2008年，桂林市先后多次组团出访日本熊本市、新西兰黑斯廷斯市、韩国济州市，还与布鲁塞尔的托伦市、拉脱维亚尤尔马拉市进行了交流。

日本熊本市　年内，桂林市先后派出3批团组出访熊本：4月18日，市人大常委会副主任韦广雄率领桂林市友好代表团一行8人应邀访问熊本市，会见了熊本市市长、议长，就相互派遣市民友好之翼举行会谈并达成共识。在熊本市期间，代表团参加了熊本市建城400周年纪念活动，参加了熊本城丸御殿落成典礼，21日，韦广雄应熊本大学邀请，发表题为《悠久的历史文化与美丽的桂林山水同辉》演讲，通过友好城市渠道提升桂林知名度。5月23日，副市长束华为团长的桂林市招商团一行26人赴日本招商时访问熊本，该市市长、议长分别会见招商团，并就举办两市结为有好城市30周年庆典活动交换意见。7月31日，桂林市高中生代表团一行20人应邀访问熊本市，通过参观学校、住宿日本家庭加深两市青少年之间的了解和友谊。同时，熊本市有关方面继续同桂林市环保局开展以控制二氧化硫为重点的环保交流；熊本市1名留学生圆满结束在广西师范大学为期1年的留学生活。

新西兰黑斯廷斯市　4月18日，新西兰黑斯廷斯市民团一行26人访问桂林，参观桂林市肉牛厂、罐头加工厂等农牧业企业，寻找合作机会。9月14日，龙胜各族自治县一对新婚夫妇被选中赴新西兰黑斯廷斯市举行婚礼，该市市长主持婚礼，新西兰国会议员参加婚礼，新西兰各主流媒体和中国旅游卫视报道了婚礼盛况。年内，桂林开展桂林山水文化旅游节活动，2名黑斯廷斯代表应邀参加，为活动增添国际色彩；黑斯廷斯市长尤尔自费来桂林考察两市企业的合作前景；由黑斯廷斯议员发起并赞助的旨在宣传两市友好的第二次系列活动——2008“终极挑战”成功举办。

韩国济州市　4月16日，市人大常委会副主任韦广雄率领桂林市友好代表团一行8人应邀出访济州市，考察当地的旅游设施，并就济州市交响乐团访问桂林事宜进行协商。5月20日，副市长束华为团长的桂林市招商团一行26人在赴韩国招商时也访问了济州市。6月5日，济州市副市长兼团长吴仁泽率领济州交响乐团一行74人回访桂林，在桂林举行2场题为“歌颂桂林市与济州市兄弟友情”特别演奏会，为桂林市民带来音乐盛会。9月26日，济州市青年联合会代表团到访，同桂林市青年联合会开展年度交流活动。

与日本其他地区交流　1月27日，日本加古川市长樽本庄一率团来访，同桂林市第二人民医院开展医学交流，邀请桂林市派团参加加古川市民病院新手术大楼落成庆典，并向桂林市贫困地区捐款50万日圆。10月16日，日本取手市副市长度边茂为团长的取手市市民友好访问团一行35人到访，与桂林市市民开展太极拳、书画、乒乓球交流，并与市体育局就双方开展体育交流达成有关共识。8月14日，日本小松地区日中友好协会事务局局长宫野知之一行10人到访，通过桂林慈善总会向四川汶川地震灾区捐款14万日圆。年内，日本阿含宗在中国投资兴建的第7所希望小学在桂林灵川县潮田乡建成。

年内，桂林市“荣誉市民”永野义孝的儿子、日本稻穗会理事长永野忠相，日本慈永会如水馆馆长尾琪辛义先后来访，考察在桂林设立血液透析中心项目选址，形成了《永野透析中心筹备工作会议纪要》。

【桂林市与欧洲友好城市工作取得进展】　10月7日，市长李志刚率领桂林市友好代表团出访欧洲，在欧洲议会大厦会见了应邀从波兰专程到布鲁塞尔的托伦市长米哈乌·扎莱斯基一行，并就双方的交流合作事宜进行会谈。市长李志刚提出两市可在经济、科技、文化、教育等领域开展交流合作，如组织中小学生假期相互交流等活动。托伦市长扎莱斯基希望在2009年适当的时候在托伦市举办桂林风情展，并邀请桂林市代表团届时访问托伦，正式签订友好城市协议。10月10日，副市长牟信勇率桂林市代表团访问拉脱维亚尤尔马拉市，拜会了该市市长尤里斯·格里基斯，就开展两市交流事宜举行会谈。

【因公出访审批】　2008年，市外办加强因公出访审批工作，共受理因公出国(境)团组材料117批349人次。其中，出国团组101批242人次；赴港澳地区16批107人次；经贸类团组79批；其他类团组38批。厅级人员17人次，处级人员131人次，其他人员201人次。出访人数与上年同期相比减少近一半。

10月8日，市长李志刚与波兰托伦市长哈乌·扎莱斯基在欧洲议会大厦举行会谈。
黄雷　摄

【涉外归口管理】 2008年，市外办继续做好全市有关涉外活动的协调和市领导的外事活动安排。全年向市政府提出外事活动来文拟办意见11份，安排市领导出席不同场合的外事活动30余次。编写了《桂林市涉外突发事件应急预案》《桂林市涉港、涉澳突发事件应急预案》。协调处理桂林西山公园苏军烈士墓修缮和迁移事项、瑞士某俱乐部在漓江开展皮划艇运动、一名资源籍出境劳务人员因偷窃被越南警方拘留案等。接待外国驻华使领馆人员9批23人。

【开展外事基础调研】 2008年，市外办结合本职工作重点，开展一系列调研。组织有关人员到5个县、1个城区、8个(委)办局、3个工业园区、10家骨干企业和3所大专院校就涉外工作有关内容开展外事基础调研，并根据调研结果，有针对性地提出工作建议和改善措施。协助自治区外事办公室到桂林开展调研活动，筹备组织了全市副处级以上领导干部外事知识专题讲座、机关企事业单位座谈会、县(区)外事业务负责人座谈会。

(王晓霞)

接　　待

【概　况】 2008年，桂林市接待办公室(简称市接待办，下同)共接待国内、中国香港、中国澳门、中国台湾到桂林检查、调研、采访、学习、考察、访问、旅游以及经贸活动等各类团组共3763批46835人次。其中，接待副总理级以上党和国家领导人8人次；省(部)级领导370人次(含部队副军级以上领导56人次)；港澳台知名人士6批138人次；新闻记者团体652批4520人次。

【中央各部委团组】 主要团组有：1月，国家税务总局副局长宋兰率"国务院产品质量和食品安全"检查组；十届全国人大常委会委员奉恒高一行；国家文化部党组书记于幼军率调研组；国家知识产权局副局长李玉光率工作组。2月，中国文联书记处书记、副主席冯远，中国红十字会副会长郭长江，中国文联副主席、中国曲艺家协会主席刘兰芳等率艺术慰问团；国家电力监管委员会副主席王野平率工作组；国家文物局副局长张柏率考察团。3月，中央直属机关工委副书记、中央直属机关文明办副主任赵凯率精神文明考察组；中华全国供销合作社总理事会副主席赵显人率检查组，国家森林防火指挥部副总指挥、国家林业局副局长雷加富率国家林业工作调研组；国家财政部党组成员张通率调研组。4月，国家旅游局纪检组长王军率考察组；全国人大教科文卫委副主任唐天标，中国医学科学院院长、中国工程院副院长、院士刘德培，国家自然科学基金会副主任、中科院院士沈岩等率"食品安全立法"调研组；国家税务总局纪检组长冯惠敏一行；新华社副社长鲁炜率调研组；全国人大农业与农村委员会主任委员刘明祖一行；中国扶贫基金会副会长陈开枝率慰问团；中宣部副部长、国家广电总局局长王太华率广播影视考察组。5月，全国人大内务司法委副主任委员张学忠一行；中央政府驻香港联络办公室副主任黎桂庆率香港考察团；国家农业发展银行常务副行长刘梅生率工作组。6月，北京市副市长、北京奥组委执行副主席王伟率2008年北京奥运圣火团；全国人大财经委副主任乌日图率《中华人民共和国劳动合同法》调研组；国家民政部副部长姜力率抗冻救灾工作组；中共中央纪委、中央组织部巡视组副部级巡视专员王炜等率巡视组。7月，中国文联书记处书记、副主席冯远出席阳太阳荣誉称号授予大会；全国政协副秘书长、农工党中央副主席刘晓峰率《我国防空防灾应急管理一体化建设改革》调研组；国家审计署副署长石爱中率审计组。8月，国家人力资源和社会保障部副部长何宪率"中央信访"督导组；中央文明办副主任王世明率考察组；全国人大常委会副秘书长李连宁率调研团；国家安全生产监管总局副局长孙华山率工作组；国务院国资委党委委员、纪委书记贾福兴率工作组。9月，国家安全生产监管总局副局长孙华山率工作组；国家卫生部副部长马晓伟率工作组；国家粮食局副局长曾丽瑛率工作组。10月，全国台联副会长史茂林，全国政协常委、全国台联副会长陈杰等率调研团；国家税务总局副局长钱冠林率工作组；国家教育部副部长田淑兰率考察组；国家住房城乡建设部副部长陈大卫率国家住房公积金管理检查组；十届全国政协常委张治，十届全国人大常委庄公惠，十届全国政协常委、中科院院士徐至展，中国工程院院士钱易,十届全国政协常委梁裕宁,十届全国政协常委、中国科学院院士、中国工程院院士陈俊亮,十届全国政协常委、中国科学院院士甘子钊,十届全国政协常委王东,十届全国政协常委陈高华,国务院参事、中国科学院院士唐守正,中国科学院院士崔尔杰等率无党派人士考察团;《人民日报》社副总编米博华、国家广播电影电视总局副局长田进等率工作组。11月,中央党史研究室副主任吕世光率调研组;国家食品药品监督管理局副局长刘怡率"实践科学发展观活动"调研组;全国中华总工会副主席、书记处书记、党组副书记乔传秀率调研组;国家国资委研究中心常务副主任、品牌专家杨子云一行;全国政协民族和宗教委员会副主任金铎,全国政协常委、民族和宗教委员会副主任、中国伊斯兰教协会会长陈广元等率考察团;中国科协书记处书记冯长根一行;国家税务总局副局长宋兰率工作组;全国政协常委、人口资源环境委员会主任张维庆率中央指导检查组;国家中办机要局局长张彦珍率密码研讨组;中国钢铁研究科技集团公司党委书记才让,中央民族大学党委书记鄂义太,全国人大常委会常委龙刚、田玉科、全国政协常委杨春兴等率中央统战部少数民族代表考察团;水利部党组成员、中央纪委驻水利部纪检组长董力率工作组;国家统计局纪检组长章国荣率检查组;国家旅游局副局长张希钦率工作组。12月,中央委员、中华全国供销合作总社党组书记、理事会主任李成玉率"学习实践科学发展活动"调研组;国家计生委副主任王培安一行;国土资源部副部长汪民率工作组;中国关心下一代工作委员会常务副主席郭锡权率工作组;中央代表团筹备办副主任、总务组组长、国管局副局长鉴保卫率工作组。

【自治区领导团组】 主要团组有:1月,自治区人大常委会副主任莫永清、自治区政府副主席高雄、自治区政协副主席黄格胜等率春节慰问团;自治区政府副主席刘新文一行;自治区政协副主席黄格胜一行;自治区政府主席马飚、自治区政府副主席杨道喜等率工作团;自治区党委书记、人大常委会主任郭声琨率工作组。2月,自治区党委政法委书记彭祖意一行;自治区政协副主席彭钊率医疗工作组。3月,自治区政府副主席李康率调研组;自治区人大常委会副主任刘新文等率慰问团;自治区政协副主席黄格胜,自治区高级人民法院院长罗殿龙,41军副军长、少将孔见等率展览团;自治区政府副主席高雄率"自治区重大项目开工"仪式团。4月,自治区党委政法委书记彭祖意一行;自治区政协副主席彭钊率医疗考察组;自治区政协副主席蒋培兰一行;自治区政府副主席高雄一行;自治区人大常委会副主任邵博文率调研组;自治区政府副主席李康一行;自治区政协副主席徐文彦率工作组。5月,自治区政协副主席蒋济雄率工作组;自治区政府副主席李康率火炬接力工作组;自治区人大常委会副主任吴恒率工作组;自治区政协副主席李彬率调研组;自治区党委政法委书记彭祖意率工作组;自治区党委统战部部长黄道伟一行;自治区政府副主席陈章良率调研组。6月,自治区政府副主席李康率工作组;自治区政府主席马飚率铁路检查团;自治区党委组织部部长陈向群率调研组;自治区人大常委会副主任刘新文率工作组;自治区政府常务副主席李金早一行;自治区政协副主席黄日波率调研组。7月,自治区政府主席马飚率"道路城市建设"检查团;自治区政府副主席李康率人口计生考察团;自治区政府主席马飚、自治区党委宣传部部长沈北海、自治区政府副主席高雄、自治区政府副主席李康等出席阳太阳荣誉称号授予大会;自治区政协副主席彭钊率调研组;自治区政府副主席杨道喜率"南广—湘桂铁路"评估团;自治区政府常务副主席李金早率工作组。8月,自治区人大常委会副主任莫永清一行;自治区党委常委温卡华率工作组;自治区党委政法委书记彭祖意率工作组;自治区人大常委会副主任覃瑞祥率《中华人民共和国城乡规划法》调研组;自治区政府常务副主席李金早、自治区高级人民法院院长罗殿龙、自治区人大常委会副主任罗黎明等率人大代表调研团;自治区政协副主席李达球率调研组;自治区政府副主席高雄率工作组;自治区党委组织部部长陈向群率工作组;自治区政协主席马铁山、政协副主席林国强等率工作组;自治区党委常委、纪委书记石生龙率工作组。9月,自治区政府常务副主席李金早率工作组;自治区政府副主席李康率工作组;自治区人大常委会副主任覃瑞祥率《中华人民共和国农民专业合作社》执法检查组;自治区政府副主席陈章良率调研组;全国政协常委、致公党中央副主席、自治区政协副主席黄格胜率调研组;自治区政府副主席陈章良率工作组;自治区人大常委会副主任刘新文率调研组。10月,自治区政协副主席李达球率工作组;自治区政府副主席高雄一行;自治区政府副主席陈章良一行。11月,自治区政府副主席陈章良一行;自治区人大常委会副主任黄永清一行;自治区政府副主席高雄率工作组;自治区政协副主席蒋培兰率调研组;自治区政协副主席彭钊率工作组;自治区人大常委会副主任邵博文一行;自治区党委纪委书记石生龙率工作组。12月,自治区党委组织部部长陈向群率工作组;自治区政府副主席陈章良率工作组。

【外省(直辖市、自治区)团组】 主要团组有:3月,山西省省委宣传部部长高建民率考察团;安徽省人大常委会副主任朱先发一行。4月,宁夏回族自治区人大常委会副主任刘天贵一行;湖南省省委书记张春贤率考察团;陕西省省委政法委书记宋洪武率考察团;辽宁省政协副主席程亚军一行;青海省人大常委会副主任刘晓一行;吉林省人大常委会副主任刘润璞一行。5月,内蒙古自治区人大常委会副主任赵忠一行;云南省省委宣传部部长张田欣率考察团;河北省人大常委会副主任宋长瑞一行;宁夏回族自治区政协副主席陈守信率考察团;黑龙江省人大常委会副主任刘海生一行。6月,湖南省政协副主席何报翔、全国政协常委磨长英等率中南三省考察团。7月,天津市政协副主席陈质枫率考察团。8月,云南省政协副主席白成亮率考察团;黑龙江省副省长于莎燕一行;上海市人大常委会副主任陈豪率考察团。9月,江西省政协常务副主席王林森一行;陕西省人大常委会副主任罗振江一行;江西省人大常委会副主任魏小琴一行。10月,全国人大常委、辽宁省政协副主席贺旻一行;安徽省政府常务副省长孙志刚一行;宁夏回族自治区政协副主席张乐琴一行;江苏省人大常委会副主任赵龙一行;湖北省政协副主席郑楚光率考察团;天津市人大常委会副主任邢明军率考察团;宁夏回族自治区人大常委会副主任马秀芬率考察团;江苏省人大常委会副主任丁解民率考察团;广东省副省长万庆良率考察团;安徽省常务副省长孙志刚率考察团;青海省人大常委会副主任刘春耀率考察团,辽宁省副省长李万才率考察团。11月,湖北省人大常委会副主任任世茂率考察团;河南省政协副主席龚立群一行;天津市人大常委会副主任李润兰率考察团;重庆市人大常委会副主任陈雅堂率考察团;宁夏回族自治区政协副主席陶源一行。12月,山西省人大常委会副主任王雅安一行;陕西省省委组织部部长李锦斌一行;江苏省政协副主席陈宝田一行。

【部队团组】 主要团组有:1月,总参谋部军务部副部长、少将曹拴泽一行;海军南海舰队副政委、少将杨应林一行;广西军区副政委、少将黄深根一行。2月,广西军区副司令员、少将肖石桥率工作组;广西军区司令员、少将刘晓琨一行;广西军区政委、少将李文潮一行;广州军区装备部部长、少将周少风一行。3月,解放军总后勤部副部长、中将左建昌一行;武警黄金总队副政委、少将孙振泽一行。4月,解放军军事法院院长、少将苏勇一行;广西军区政治部主任、少将白念法一行;广西军区司令员、少将刘晓琨,广西军区政委、少将李文潮率工作组;广州军区副司令员郑勤一行;广州军区司令员、中将章沁生,广州军区参谋长、少将徐粉林,广西军区司令员、少将刘晓琨,广西军区政委、少将李文潮率检查组。5月,军事科学院院务部部长、少将聂和兴一行;广西武警总队队长、少将赖建安率2008年北京奥运火炬安检组。7月,广西军区副司令员、少将肖石桥率工作组。8月,北京卫戍区政委、中将李进民一行;广西军区司令员、少将刘晓琨一行;武警部队政治部副主任、少将张补旺,广西武警部队政委、少将邱能扬等率检查组;广西军区副司令员、少将肖石桥率工作组。9月,广西军区副政委、少将黄深根一行;广西武警总队总队长、少将赖建安一行;广西军区司令员、少将刘晓琨率工作组。11月,《解放军报》副主编、少将刘格文一行。12月,广西军区副政委、少将黄深根一行;武警总部副参谋长、少将薛国强率工作组;41军副军长、少将盖龙云一行;41军军长、少将陈平华一行。

【港、澳、台团组】 主要团组有:1月,中国国民党中央常务委员蒋孝严一行。5月,中国香港旅游发展局主席田北俊率考察团。7月,中国国民党中央常务委员洪玉钦率桂台经贸合作交流团;香港电子业商会会长陈其镳率香港经贸考察团;澳

12月3日，中央电视台大型直播节目《壮乡行》在象山景区拍摄。图为外国友人在漓江畔唱山歌，展现桂林民俗文化魅力。 李凯 摄

门基金会行政委员会委员何桂铃、澳门日报社副总经理李业飞等率澳门优异生考察团。8月，台湾谊远科技公司董事长陈致远率考察团。9月，中国国民党中央常务委员、台湾"立法委员"林沧敏、帅化民、朱凤芝，台湾"立法委员"萧景田、张庆忠，中国国民党中央常务委员、原台湾"立法委员"柯俊雄，中国国民党中央常务委员林正峰，台湾佳运集团总裁廖武雄等率台湾休闲考察团。

【知名人士团组】 主要团组有：1月，应氏集团总裁、应昌围棋教育基金会董事长应明皓等一行。2月，中国曲艺家协会党组书记、常务副主席姜昆，中国曲艺家协会副主席、中国广播艺术团艺术总监冯巩，中国广播艺术团著名相声演员戴志诚，中国曲艺家协会《曲艺》杂志执行主编牛群，中国电视台少儿频道著名节目主持人鞠萍，中国铁路文工团著名相声演员陈寒柏、奇志等随同中国文联、中国红十字慰问团；中央电视台著名主持人文清一行。首钢集团董事长朱继民率考察团。3月，中国建材集团董事会主席宋志平率考察组。4月，中国科学院院士钟训正率临桂新区评审团。6月，中国科学院院士叶大年，湖南德天投资集团董事长颜坚生、总裁颜家伟率考察团。9月，联亚集团总裁刘亭率考察团；北京大学校长许智宏一行；中国著名节目主持人杨澜一行；中国美术协会党组书记、常务副主席、画家吴长江，中国美术协会副主席、画家尼玛泽仁，广西政协副主席、画家黄格胜，中国国家画院副院长、画家卢禹舜，书法家张旭光，理论家薛永年，画家姜宝林、赵振川、李宝林、杜大恺、张复兴、崔晓东、何加林、王铁全、许钦松、杜军等参加《首届当代中国山水艺术双年展》；中国信息化产业集团副总经理王绍祥率考察团。11月，中国华夏文化遗产基金会理事长耿莹率调研组；中共中央宣传部率69人中央新闻采访团；中国化工橡胶集团总公司总经理张肃泉、党委书记徐维欣率考察团；中国著名画家白雪石一行；新华社、《人民日报》、中央人民广播电台、中央电视台等自治区50周年大庆采访报道团；中科院院士袁道先率地质工作组。

【桂林地市合并10周年庆典活动接待】 11月6～9日，桂林市召开桂林地、市合并10周年庆典活动。市接待办接待了参加庆典活动的原自治区政协副主席龙川，自治区政协原副主席张文学，自治区人大常委会原副主任陈光明，自治区政协原副主席、自治区委统战部部长姜兴和，自治区人大常委会副主任覃瑞祥，自治区政府副主席高雄等历任桂林地、市四家班子主要领导及自治区各部门、各市主要领导共369人。接待了国家旅游局副局长张希钦、桂林市友好城市——湖南永州市代表团等嘉宾。 （周立明）

旅游业

11 月 8 日,2008·桂林山水文化旅游节开幕。图为开幕式上大型文艺演出。
（黄雷　摄）

概　　述

【概　况】 2008年，桂林旅游行业应对自然灾害和国际金融危机造成的不利影响，以开展"优质服务年"活动为主线，积极拓展中高端客源市场、优化客源结构，加强区域合作和媒体宣传促销，旅游品质和服务质量得到有效提升，全市旅游业呈现良好的发展态势。全年游客接待总人数1626.9万人次，(比上年，下同)增长6.29%，其中接待境外游客125.02万人次，与上年基本持平。实现旅游总收入100.26亿元，增长17.25%。2008年入境旅游接待外国游客占65.14%，中国台湾地区游客占23.14%，中国香港、澳门特区游客占11.72%。

【有效应对各种严峻考验】 年内，受严重自然灾害和世界经济金融危机的影响，桂林市旅游行业沉着应对。年初，严重的冰冻灾害使旅游设施受损严重，旅游经营遭受较大影响，桂林市旅游行业全面投入抗灾救灾攻坚战，并主动暂停接待计划。灾害期间，全市旅游市场平稳，没有发生旅游安全事故，没有发生游客大批量滞留，没有发生重大旅游投诉事件，避免了旅游活动对抗灾救灾可能造成的压力。灾害过后，及时采取一系列恢复市场和经营的措施，旅游市场迅速恢复，旅游业的因灾损失最大限度减轻。"五一二"汶川特大地震发生以后，积极组织游客到四川灾区旅游，支持四川灾区旅游市场振兴。面对全球经济危机对旅游市场带来的巨大冲击，市旅游行业丰富产品线路，为不同需求的消费者提供更加贴心的出行选择。通过有效应对各种严峻考验，全市旅游经济保持平稳较快发展的态势。

【区域旅游合作】 年内，桂林市旅游局成立了北美桂林旅游宣传推广中心。启动桂林机场口岸中国台湾地区同胞签注。加强了广东、广西6城市及中国西部等区域旅游合作。促成了桂林至日本大阪航线通航，开通了桂林至吉隆坡定期航线，支持桂林至韩国釜山的包机飞行。加大与自治区内外城市旅游界的合作，与自治区内主要旅游城市推进泛北部湾旅游开发与合作。与中国南方旅游城市协作体共同邀请全国各大铁路旅行社在桂林召开了"中国旅游人联盟"成立大会。

【科学谋划旅游业发展】 年内，桂林市旅游局完成《桂林旅游发展总体规划》修编并通过专家评审。《桂林旅游发展总体规划》力求准确判断桂林旅游发展大趋势，确定桂林旅游发展目标，规划桂林旅游可持续发展布局，促进加快完善旅游产业体系，全面提升旅游产业素质、综合发挥旅游产业功能，构建面向2020年的桂林旅游高标准、高水平发展蓝图。制订桂林旅游科学发展三年计划，确定了桂林市"十一五"规划后三年科学发展的目标、思路和措施。开展旅游人才小高地建设活动，组织桂林旅游沙龙、旅游局工作沙龙、专家旅游发展讲座，提升壮大桂林旅游产业支新招征文比赛和座谈会、旅游优质服务系列讲座等旅游研究活动，组织旅游园区建设、旅游集群发展、旅游综合改革实验区等多个战略研讨会。编辑发行《旅游研究与实践》杂志4期，编辑《旅游快报》82期，开展《桂林旅游志》等重点课题研究。通过开展旅游理论和实践研究探讨，科学谋划桂林旅游业的发展。 (唐飞鸿)

旅游行业管理

【开展"优质服务年"主题活动】 2008年，桂林市制订"桂林旅游优质服务年"工作方案，在桂林电视台举行"桂林旅游优质服务年"启动仪式直播，举办了旅游优质服务主题演讲比赛和"桂林旅游优质服务年'感动瞬间'摄影大赛"，启动优质服务企业评选活动，评定了67家优质服务企业。与旅行社年检、星级饭店复核、景区等级复核以及有关评先评优相结合，开展了"优质服务年"质量检查。组织举办了以"展风采、树形象、促服务"为宗旨的全市星级饭店服务技能竞赛。"优质服务年"活动的开展，使全市旅游服务质量得到大幅提升。

【旅游市场监督管理】 桂林市维护旅游市场秩序，全年共查获各类违规案件115起，立案处理

12起，无一例复议、诉讼，差错率为零。加强对旅游投诉案件的受理工作，保持投诉电话24小时畅通，全年共接到各类电话和来信862次，其中来信40件，来访39起，有效投诉162起，反映情况443起，咨询141起，求助117起。为游客挽回经济损失11.4万元，已结案158起，有效投诉办结率97.5%。全年游客满意率保持在97%以上，实现了旅游市场健康、持续发展。

【推动旅游县、旅游企业上档升级】 桂林市积极推进创建中国旅游强县、A级景区、示范点的标准化管理和创A创点工作，提升A级景区和工农业旅游示范点服务质量的优质长态化。积极创建中国旅游强县，年内，兴安县通过了自治区旅游局专家组的创建旅游强县验收，灵川县通过了广西优秀旅游县验收。引导旅行社提升经营和服务品质，提高经营效益，推动旅行社做大做强。桂林国际旅行社入选国际旅行社百强，和顺旅行社和桂海旅行社入选国内旅行社百强。争取到近2000万元各级红色旅游专项资金，加强红色旅游景点建设。推进2008年A级景区复核、申报、创建工作，穿山景区、丰鱼岩田园旅游度假区、龙胜温泉旅游度假区被评为国家AAAA级景区，雁山园景区、鉴山寺景区、九马画山漂流景区、天河瀑布被评为国家AAA级景区，全市AAA级以上景区总数上升到29个，保持了全国同类城市高A级景区最多的地位。加快对尧山景区、荔江湾景区申报AAAA景区的创建工作。年内有3家全国工农业旅游示范点、9家自治区工农业旅游示范点通过验收。桂林市旅游咨询服务中心获国家旅游局和全国妇联授予的“巾帼文明岗”，芦笛景区女子导游班陈张柠、桂林市旅游咨询服务中心咨询组李岱珊荣获全国巾帼建功标兵。

【构建旅游公共服务体系新平台】 桂林旅游网从访问者的实际需要出发，提供政务版与资讯版两个版本，与“两广六市”官方旅游网站建立链接，提高网站点击率。建立导游信息查询系统，重新规范和修正网站内所有信息。与12县联手制作、完善了360度桂林游栏目。策划制作了思想大解放、“震在汶川、爱在桂林”以及优质服务桂林行、恭城桃花节、兴安米粉节、资源漂流节等专栏。作为全国试点城市率先开通了全国旅游12301(桂林)咨询热线，拥有网上行政办公功能的“桂林旅游超级办公室”投入使用，最大化提供旅游公共信息服务，增加旅游政务信息化的参与度、应用性、人性化和标准化。 （唐飞鸿）

旅游开发建设

【拓展海内外客源市场】 2008年，桂林旅游开发工作在国内外主要客源市场精心组织了一系列的营销活动，组织参加了意大利米兰展、泰国旅游展、德国柏林展、法国巴黎展、新加坡至马来西亚旅游展、2008年国内旅游交易会、长江三角洲南京旅游交易会、广州国际旅游展销会、华中旅游博览会、中国北方旅游交易会、中国旅游网博会、第八届中国(济南)国际旅游交易会等国际、区域性旅游交易会等。在布鲁塞尔欧洲议会大厦举办了“桂林—中国一张漂亮的名片图片展”。全面启动穆斯林市场开发，对北美、南美、日本、越南、柬埔寨、韩国国外主要客源市场及中国台湾地区，广东、湖南等国内主要客源市场开展针对性自主营销。

【加强国内外主流媒体广告投放】 桂林旅游媒体广告在美国CNN、英国BBC、中国CCTV 9、中国旅游报、中国青年报、台湾旅游刊物等有影响力的媒体上加大投放力度，举办了“桂林·印象”旅游DV大赛暨景区评选活动，在《广西日报》开办了旅游栏目。桂林旅游营销旋风，扩大了桂林旅游目的地城市形象影响力，吸引了大量游客到桂林观光旅游，确保境内外旅游市场的恢复发展。

【举办桂林山水文化旅游节】 2008年，桂林市恢复举办桂林山水文化旅游节，该届旅游节由桂林精品线路推介会、艺术巡游、中国山水画双年展、“桂林—中国一张漂亮的名片”图片展、高尔夫邀请赛、灵川县古东红枫节、恭城月柿节、“我想去桂林”网络互动大赛、第三届中国(桂林)国际市民徒步大会、户外旅游休闲用品博览会等16项活动组成。山水文化旅游节呈现出三大亮点：一是一根主线贯穿，多方位展示桂林旅游品牌，所有活动均围绕“桂林山水文化”，突出“桂林山水甲天下”的旅游品牌，倡导健康、快乐、和谐的现代旅游理念；二是地方和民族特色浓郁，16项活动大多围绕桂林的历史文化和民族风情展开，从多方面展示桂林的山水、人文之美；三是互动性、趣味性强，各项活动选择在白天和夜晚穿插进行，各个县域的活动也贯穿其中，艺术巡游、徒步大会、趣味智力赛等都有很强的参与性，广大市民和游客得以亲身体验山水游活动。

【市县节事资源整合】 桂林市全面整合了市县重大旅游节事活动，打造具有市场效应的特色产品，精心策划并举办了第二届兴安米粉节、永福福寿养生节、临桂十二滩漂流节、蝴蝶谷盘王节、恭城桃花节、月柿节、资源河灯歌节、龙胜侗族大歌节、金秋龙脊活动、荔浦旅游文化节暨汽车拉力赛、古东瀑布红枫节、海洋金秋银杏月、平乐文化旅游节、阳朔渔火节等旅游节庆活动，培育出一批新的旅游经济增长点。（唐飞鸿）

旅游企业

【星级饭店（宾馆）】 2008年末，桂林市有星级饭店72家，其中市区49家，辖县23家。市区星级饭店中有五星级3家、四星级7家、三星级32家、二星级7家，客房8905间、床位17114张。辖县星级饭店中有五星级1家、四星级6家、三星级7家、二星级9家，客房2669间、床位5251张。2008年，新增星级饭店5家，其中四星级3家、三星级2家。取消星级饭店2家。

年内，全市星级饭店围绕旅游“优质服务年”开展工作。市旅游局召开了全市星级饭店优质服务经验交流会，桂林喜来登饭店、桂林漓江大瀑布饭店和桂湖饭店代表分别作了经验介绍；举办了全市星级饭店服务技能竞赛，漓江大瀑布饭店李美平，桂林榕湖饭店向丽萍，桂林喜来登饭店刘妍、许耀志分别获得中式铺床、中餐宴会摆台、西餐宴会摆台、鸡尾酒调制项目第一名。4位选手组队代表广西参加了在青岛市举行的全国星级饭店服务技能大赛。市旅游局与桂林广播电视报、桂林电视台、中国银联广西分公司共同举办了2008年桂林旅游优质服务知名企业评选活动，有21家星级饭店被评为2008年桂林旅游优质服务知名企业。

全年全市星级饭店中星级标志满5年、需进行评定性复核13家，星级标志未满5年、进行年度复核58家，桂林邮电宾馆因改变用途未参加复核被取消星级，金龙航空大酒店被广西星评委限期整改，青江大饭店、金象大酒店、联发商务大酒店、景秀大酒店被警告并限期整改。

（岳江明）

【旅行社】 2008年，桂林市有旅行社104家，其中国际旅行社27家，国内旅行社77家。至年末，全市旅行社资产总额4.56亿元。全年实现营业总收入15.54亿元，下降11.57%，其中，国际旅行社营业总收入10.29亿元，下降10.4%；国内旅行社营业总收入5.25亿元，下降13.77%。利润总额4204万元。接待总人数205.82万人次，其中接待入境旅游者36.36万人次，接待国内旅游者169.46万人次。

年内，积极推进旅行社优质服务，制订下发了《关于认真做好旅游优质服务年工作的通知》，指导和帮助企业开展优质服务工作。召开了全市旅行社总经理会议和全市旅游优质服务经验交流场会，促进全市旅游服务质量全面提升。联合有关新闻媒体和单位开展优秀服务企业评选活动，21家旅行社被评为2008年桂林旅游优质服务知名企业。开展“优质服务质量”工作情况检查，推进“优质服务年”工作深入开展。

全面推行质量标准，指导督促旅行社学习和掌握广西《旅行社服务质量评价》标准，完善充实单位的服务规范和质量管理制度。制订《桂林市旅行社营业部服务质量规范》标准，对旅行社营业部的设立变更、营业场所、服务人员、经营管理、质量监控等方面作系统全面规范。加强对旅游服务质量监管，结合自治区旅游局开展的“旅游市场整顿规范及让游客满意在广西诚信旅游”专项活动，加强对旅游市场秩序的维护和服务质量的检查，重点对旅游合同中对住宿饭店、漓江游览的表述不规范、模糊的用语进行检查，对旅游广告、旅游宣传中的不真实、模糊、超范围经营等虚假广告宣传进行查处。组织旅行社参加全市旅游行业突发公共事件应急预案的演练，加强了旅游安全管理，提高了旅游企业对突发事件的应急处置能

力和协调处理能力。对26家国际旅行社进行服务质量评价,其中,优秀18家、达标6家、不达标2家。 (向爱平)

【旅游车船企业】 2008年末,桂林市从事旅游车船经营业务的单位35家,从业人员6000余人,其中,漓江旅游船舶企业29家,旅游船243艘,客位20058个;磨盘山(含竹江)至阳朔旅游船197艘,客位数为18770个;市区段水上游旅游船46艘,客位数1288个。全年漓江精华运送游客167万人,下降25%,其中,入境游客31.6万人次,下降33.9%;国内游客135.5万人,下降23%。全市拥有10台以上旅游车辆的旅游客运公司(车队)约20家,其中二级资质企业3家,三级资质企业4家,四级资质企业1家,从业人员约3800人。主要企业有桂林旅游汽车运输有限责任公司、桂林骏远交通发展有限公司、桂林美景旅行社、桂林金盛有限责任公司、桂林桂港汽车有限责任公司、桂林丰华运输公司、桂林鑫宇旅游客运公司。

(陈琼珍)

【旅游景区和休闲购物企业】 2008年,桂林市旅游景区和休闲购物企业协会在册会员单位86家,其中旅游景区(点)37家,旅游购物企业38家,餐饮企业7家,文艺演出单位4家,企业从业人数1.5万余人,间接从业人员1万余人。

年内,桂林市旅游景区和休闲购物企业协会对会员单位实行标准化管理,开展行业自律、行业培训、行业服务等方面工作。全市通过ISO 9001、ISO 14001两个国际标准认证的会员企业达20家。景区会员单位中,有国家AAAAA级旅游景区(点)1家,国家AAAA级旅游景区(点)12家,国家AAA级旅游景区(点)8家。

年内,桂林市旅游景区和休闲购物企业协会配合桂林旅游"优质服务年"主题开展各项活动,坚持诚信考核标准,培育发展企业诚信机制,维护桂林旅游市场的健康、稳定和发展。提高企业服务质量和市场竞争力,组织会员单位代表积极参加旅游质量监督员培训,提升企业处理各种应急投诉事件的能力。 (张燕)

【桂林旅游发展总公司】 2008年,桂林旅游发展总公司贯彻"调整、改革、转换"方针,推进基础设施、产品品质、服务质量、安全生产等各项工作全面发展。全年共接待游客463.91万人次,实现营业总收入26259万元,累计投入4447万元用于各景区景点、宾馆饭店等旅游基础设施的建设和维护。

年内,该公司调整盈利模式,加大非门票经济发展力度。首次提出了"大力发展非门票经济",各下属景区结合自身特点,依托产业优势,融合山水文化精华,积极引进新项目、打造新产品、拓展新领域,非门票经济的发展取得初步成效。

年内,该公司成立了桂林旅游发展投资有限责任公司、市场营销分公司,实行经营和管理职能分离,理顺与桂林市国有资产投资经营公司、漓江风景名胜区管理委员会的关系,初步形成多元化的资产资源和协作竞争性的营销资源。

(桂林旅游发展总公司)

【桂林旅游股份有限公司】 2008年,桂林旅游股份有限公司积极开展抗灾救灾、市场营销和再融资工作,恢复和巩固生产经营。冻灾期间,公司积极组织防冻抗灾,确保生产经营安全,确保设施设备安全和员工安全。冻灾之后,迅速开展恢复重建工作,争取了30万元抗灾资金支持资江丹霞公司、龙胜温泉公司、桂林漓江游船公司恢复重建。调整经营策略,加大国内市场促销,保持生产经营健康发展。全年实现营业收入20228.80万元、净利润2315.29万元。年内,该公司举办安全培训班16期,培训员工1368人次。桂林漓江游船公司在桂林市组织的防抗雷雨大风考核中,57艘船取得了优秀率23%、良好率51%、合格率100%的成绩。 (桂林旅游股份有限公司)

2008年桂林市旅游文艺演出场所票价表

表6 单位:元/人

演出单位	票价	演出单位	票价
梦幻漓江	150(普通座)、180(VIP)	刘三姐景观园	白天50、晚上80
桂山之秀	100	印象·刘三姐	普通票188、贵宾票320、总统票680

表 7

2008 年桂林市部分旅游景点门票价格表

景点名称	门票价格(单位:元/人)	景点名称	门票价格(单位:元/人)
芦笛岩	60	月亮山	9
七星岩	35	聚龙潭	45
七星公园	30	聚龙潭奇石宫	23
象鼻山	25	乐满地主题乐园	110
伏波山	15	灵渠	A 票 60、B 票 30
叠彩山	20	猫儿山景区	50
冠岩	60(市民 30)	龙胜温泉	98
乡吧岛	20	资江漂流	90(包船每艘 500,可坐 6 人)
愚自乐园	80(市民 50,贵宾 100)	银子岩	50
尧山索道(单程)	20	丰鱼岩	60
尧山滑道	35	古东瀑布	60
雄森熊虎山庄	80	恭城文庙	15
世外桃源	50	恭城武庙	10
阳朔公园	9	两江四湖环城水系游	普通 149、空调 155
阳朔古榕公园	18	兴安超然派景区	30
阳朔文化古迹山水园	30	龙脊梯田	50

2008 年漓江水上游览项目价格表

表 8

单位:元/人

航线	类别		淡季	平旺季	说明
漓江精华游	桂林—阳朔	超豪华空调船(含自助餐)	380	450	平(旺)季 4 ~ 11 月
		超豪华空调船(不含餐)	275	305	
		普通空调船(含经济餐)	190	210	
市区水上游	龙船坪—叠彩山		45		
阳朔水上游	阳朔外事码头—福利		160		

表 9

2008 年桂林市区星级宾馆(饭店)

宾馆(饭店)名称	星级	客房(间)	床位(张)	地址	电话
喜来登饭店	5 星	430	760	滨江南路	2825588
帝苑酒店	5 星	333	642	临江路 186-1 号	5688888
漓江大瀑布饭店	5 星	646	1164	杉湖北路 1 号	2822881
桂山大酒店	4 星	607	1136	穿山路 42 号	5638888
桂林宾馆	4 星	268	536	榕湖南路 14	2823950
桂湖饭店	4 星	263	494	螺蛳山 1 号	2558899
观光酒店	4 星	271	530	漓江路 20 号	5882688
金龙航空大酒店	4 星	205	367	翠竹路 19 号	3868888
榕湖饭店	4 星	415	785	榕湖北路 17 号	2893811
金龙大酒店	4 星	118	212	漓江路 11 号	5808888
丹桂大酒店	3 星	361	722	中山南路 77 号	3834300
台联酒店	3 星	168	310	中山中路 12 号	2892888
香江大饭店	3 星	259	495	西环一路 141 号	2266666
伏波山大酒店	3 星	151	290	滨江路 121 号	2569898
新凯悦酒店	3 星	282	550	中山南路 72 号	2158888
金象大酒店	3 星	73	138	滨江路 8 号	2808888
环球大酒店	3 星	225	435	解放东路 1 号	2828228
达尔曼酒店	3 星	40	79	红岭路 1 号	3822333
山水大酒店	3 星	184	362	七星路 48 号	5815151
翠园宾馆	3 星	97	210	安新洲 906 栋	3850288
名城大酒店	3 星	87	182	正阳路 6 号	2828331
景秀大酒店	3 星	119	267	临桂路 8 号	2869818
杉湖大酒店	3 星	143	281	中山中路 24 号	2890089

续表 9

宾馆(饭店)名称	星级	客房(间)	床位(张)	地址	电话
桂星酒店	3 星	229	429	七星路 18 号	2188888
京都大酒店	3 星	135	266	翠竹路 8 号	3559998
金嗓子大酒店	3 星	158	310	栖霞路 6 号	2127186
天鹅宾馆	3 星	120	246	苗圃路 18 号	3559988
凯宁七星大酒店	3 星	197	392	漓江路 17 号	5881668
新桂大酒店	3 星	131	260	银锭路 1 号	2169988
烟贸大酒店	3 星	171	357	瓦窑西路 21 号	3612028
联发商务大酒店	3 星	159	317	中山南路 74 号	2151888
桂花香大酒店	3 星	206	388	中山南路 78 号	2153666
柏丽商务酒店	3 星	56	100	解放东路 2 号	3111111
阳光栖霞酒店	3 星	108	227	栖霞路 48 号	5888780
中山大酒店	3 星	117	233	中山中路 2 号	2882999
桂响饭店	3 星	56	116	翠竹路 9 号	2151333
金埔大酒店	3 星	175	326	解放东路 137 号	2816188
核工饭店	3 星	115	217	漓江路 47 号	5611188
贵客 0773 酒店	3 星	110	210	文明路 31 号	2283388
好利来大酒店	3 星	118	230	翠竹路 15 号	3866999
漓峰饭店	3 星	100	201	雉山路 108 号	3556683
教育宾馆	3 星	115	211	雉山路 7 号	3816098
泰和饭店	2 星	50	115	中山南路 65 号	3835504
华侨大厦	2 星	108	216	中山南路 13 号	3832026
临桂大酒店	2 星	121	240	中山南路 78 号	3835662
粮贸大酒店	2 星	152	294	中山中路 1 号	2251666
铁道饭店	2 星	73	143	上海路 22 号	2153000
泰和楼酒店	2 星	55	114	东安路 81－91 号	3557402
南园宾馆	2 星	102	214	中山南路 23 号	3559666

表 10 **2008 年各县星级宾馆(饭店)**

宾馆(饭店)名称	星级	客房(间)	床位(张)	地址	电话
乐满地度假酒店	5 星	431	802	兴安县志玲路	6229898
阳朔百乐来度假饭店	4 星	145	263	阳朔西街 116 号	8822109
龙胜温泉中心酒店	4 星	203	428	龙胜江底乡矮岭乡温泉	7482888
阳朔唐人街酒店	4 星	441	924	阳朔县观莲路	8818989
阳朔桂福大酒店	4 星	130	264	阳朔县抗战路 2 号	8880000
阳朔新世纪酒店	4 星	104	203	阳朔蟠桃路阳朔公园旁	8829703
资源盛源大酒店	4 星	121	210	资源城北开发区	4368888
荔浦丰鱼岩温泉山庄	3 星	160	330	丰鱼岩旅游度假区	7128008
荔浦丰鱼岩宾馆贵宾楼	3 星	98	193	丰鱼岩旅游度假区	7128568
阳朔丽景假日宾馆	3 星	78	142	阳朔西街 117 号	8817198
全州博宇大酒店	3 星	112	206	全州镇中心北路 1 号	8681111
阳朔漓江饭店	3 星	105	200	阳朔蟠桃路 93 号	8816968
兴安兴怡度假山庄	3 星	43	90	兴安崔家乡长冲村	6255667
兴安兴都商务大酒店	3 星	54	106	兴安兴桂中路	6213658
资源天门宾馆	2 星	50	107	资源西延路 7 号	4316858
平乐野牛宾馆	2 星	62	119	平乐黄埔路 56 号	7880333
恭城新华酒店	2 星	46	96	恭城镇拱辰街	8218281
龙胜宾馆	2 星	35	68	龙胜城盛园路	7512503
龙胜大酒店	2 星	36	76	龙胜城兴龙中路	7517718
兴安鸿源大酒店	2 星	33	70	兴安县志玲路	6217882
兴安弘漓大酒店	2 星	34	72	兴桂路 11 号	6216668
灵川新桂苑大酒店	2 星	67	135	八里街大市场	2177898
灵川北极星酒店	2 星	81	147	灵川定江镇新民街 82 号	2175188

(唐飞鸿)

城市建设

2008年市区绿化。　　（李腾钊　摄）

概　　述

【概　况】 2008年，桂林市城市建设和管理部门根据“保护漓江，发展临桂，再造一个新桂林”的战略部署，按照“开发西部、优化中部、提升东部、适度发展南北部”的城市发展思路，抓好各层次规划编制，优化城市结构，拓展城市空间形态，推动基础设施建设与工业园区建设。开展城乡清洁工程和建设领域节能减排工程。启动并完成了一批重大基础设施建设项目，扎实推进为民办实事项目和特色城镇建设，促进经济社会可持续发展。

2008年，桂林市城市建成区面积59.54平方千米。房屋竣工面积356.23万平方米，人均住房面积30.54平方米。市区4座自来水厂日供水综合能力45.5万立方米，平均日供水29.69万立方米。市区液化石油气储气能力6600立方米，市区用气普及率96.88%。市区公共汽车957标台，运营里程3553万千米，年客运总量21430万人次。市区道路长度422.1千米，面积576万平方米，桥梁80座。绿化覆盖面积2403公顷，园林绿地面积2215公顷，公园绿地面积528公顷，人均公园绿地面积6.44平方米，建成区绿化覆盖率40.36%。建成区绿地率37.19%。污水处理厂4座，日处理能力22.85万立方米，排水管道457千米。市区全年污水排放量5560.77万立方米，污水处理率达91.21%。垃圾无害化处理场2座，生活垃圾无害化日处理能力900吨，垃圾清运22.64万吨，生活垃圾无害化处理率达100%。全年道路清扫保洁面积1254万平方米。

【城市规划编制】 2008年，市建设与规划委员会（简称市建规委，下同）全面启动市总体规划修编工作。中国城市规划设计研究院和桂林城市规划设计研究院负责修编的《桂林城市总体规划》，已完成12县5城区现状用地踏勘及历史文化保护规划的调研。《桂林城市总体规划纲要》初步方案完成论证和专题研究。

年初，由桂林市城市规划设计研究院编制的《桂林市临桂县城（临桂新区）总体规划（2008～2025）》通过自治区建设厅组织召开的厅际联席审查暨专家论证会。4月2日，自治区政府批准实施。市建规委组织开展了临桂城区市政基础设施、园林绿化、公共服务设施、水资源研究、电力电讯、道路交通系统、人防工程等专项规划编制工作。全面完成桂林向西发展的5条道路规划设计。开展临桂新区中心区城市设计国际方案征集活动，英国奥雅纳工程咨询（上海）有限公司、新加坡DPC国际规划与设计事务所、桂林市城市规划设计研究院、美国艾斯弧（杭州）建筑规划设计咨询有限公司、澳大利亚吉好地咨询（北京）有限公司、上海同济城市规划设计研究院等6家单位的设计方案入选，美国艾斯弧公司设计的方案经专家评审为优胜方案。该公司结合其他5家设计公司的优秀成果，对方案进行修改、优化和完善。市建设主管部门将设计成果向社会进行公示。11月25日，临桂新区中心区控制性详细规划，通过技术评审。

年内，编制完成《桂林市2008～2012年住房建设规划》《桂林市经济适用住房建设专项规划（2008～2012年）》《桂林市2008年住房建设计划》，并向社会公布，确保90平方米以下住房（含经济适用住房）面积比重达到建筑总面积的70%以上，使城市低收入家庭住房得到保障。编制完成《琴潭组团控制性详细规划》《雁山科教园控制性详细规划》《桂林市“十一五”人防工程建设规划》。訾洲公园、琴潭公园、临桂新区中心公园，“两江四湖”二期工程桃花江郊区段规划方案等规划设计初步完成。《漓江风景名胜区总体规划》获自治区政府常务会议审议并原则通过，已上报国务院审批。

【街道立面整治工程】 2008年，中共桂林市委、市政府为实施创建全国文明城市目标，创造优美和谐的城市环境，决定在桂林市象山、秀峰、叠彩、七星区和临桂、灵川县，开展城市主干道和街区立面改造工程。8月初，市建筑设计研究院、城市规划设计研究院、综合设计院、兰天建筑设计院完成街道整治总体设计方案、建筑单体立面整治设计和施工图设计、工程造价估算等工作，经专家评审通过。市建规委制订《桂林市街景立面整治技术要求》、《城市立面改造工程脚手架搭设安全技术要点》、《桂林市立面改造工程验收暂行规定》。至年底，完成中山路（含中心广场）、解放西路、信义路、东环路、机场路(含城市路段和临桂段)、上海路、桂黄公路出口段、正阳路8大城市主干道和街区立面改造工程,改造线路总长39.19千米,临街楼房立面改造1306栋。在立面街景改造中,同步实施街区绿化和美化,结合主干道街道立面改造,推广建筑节能,规范护栏和空调安装,注重建筑门脸修葺。集中整治拆除影响城市山水景观、遮挡建筑物外观及陈旧破损的大型户外广告245块42418平方米,清理拆除临街不规范门店牌匾7524块41980平方米。街道立面整治,改变了市容市貌,展现出具有桂林地域特点的建筑形式、建筑元素和色彩,达到了保护名城风貌,提高城市品位的效果。 (钟敬华)

规 划 与 建 设

【概 况】 2008年,市建规委按照国务院批准的桂林城市总体规划,科学编制和审批控制性、修建性详细规划,指导、协助12县和5城区编制城镇、乡村规划。办理市重点建设工程和各项建设工程规划选址定点,及时协调、处理因规划、用地、建设方面引发的问题和矛盾。推进工业化、城镇化进程。全年发放建设工程规划选址意见书34件,规划用地面积48.54万平方米;发放建设工程项目规划定点通知书485件,规划用地面积989.54万平方米,规划建筑面积549.94万平方米;发放建设用地规划许可证170件,规划用地面积643.6万平方米;发放建设工程规划许可证521件,建筑面积236.89万平方米;核发建设工程竣工规划验收合格单302件,竣工面积199.87万平方米,其中私房验收7件,面积1108.3平方米。

【城市规划管理】 2008年,市建规委多次组织在市中心广场等地开展《中华人民共和国城乡规划法》等建设法律法规宣传、咨询活动,全年累计分发群众普遍关心的建设法律法规宣传材料1万余份。执行国务院批准的桂林市城市总体规划,继续实行"五个坚持、五个严格控制、六个不批"城市规划建设管理规定,精心规划、强化管理,及时办理重点建设工程和各项建设工程项目规划选址定点,解决和处理市重点建设工程中的疑难问题,确保城市规划通过各项建设工程得以顺利实施。对符合城市规划项目,实行特事特办、程序从简、审批从速,以优质、简便的服务推进雁山教育新城区项目建设,为广西师范大学、桂林工学院、桂林旅游高等专科学校、桂林漓江学院、桂林市卫生学院、桂林市工读学校办理了规划、调整、开工验线等手续。推进高新技术产业开发园区大会战8家重点企业建设项目进度,完成24家入园企业的规划定点建设手续。

【城市规划管理监察】 2008年,市建规委组织全市建设行业313名行政法人学习培训考试,提高干部法律素质和依法行政水平。全年共审批立案查处的违法建筑案件296件,会同市市容局联合立案查处违法建筑案件176件,申请市政府强制执行案件17件。在配合实施城乡清洁工程等城市环境综合整治中,会同有关执法部门联合查处、拆除有碍市容环境等违法建筑40万平方米。加大查处违法建筑工作监察力度,与市城管监察支队组成规划督察组在市区巡查,使新建违法建筑早发现、早制止、早处理。加强对在建工程的规划跟踪检查和竣工规划验收工作,纠正、查处违反规划建设行为40件。

【推行建设行业标准化工作】 2008年2月,市建规委牵头申报的《建设工程安全生产管理规范》、《建设节能管理规范》、《建设工程竣工测量技术规范》、《城市规划设计技术规程》、《建筑物停车配建规划设计规范》、《建设行业管理信息系统技术规范》、《城市道路配套设施规划设计规范》7项地方标准编制,通过自治区质量技术监督局批准。其中,《建设工程竣工测量技术规范》征求意见稿提前完成;《建设工程安全生产管理规范》、《建筑节能管理规范》2项标准完成征求意见稿。并提交自治区建设厅在全自治区广泛征求意见。贯彻ISO 9001:2000质量管理体系标准,建立长效管理机制,规范行政行为,提高了工作效率,提升了服务水平,7月,顺利通过国家认证机构第一次监督审核。

【建设领域课题研究】 2008年初,市建规委与市科学技术局联合对2007年桂林市第四批建设领域科研项目的17个课题进行分类验收,并对所有通过验收的课题颁发成果验收证书。该批研究成果为桂林市的城市规划、城镇建设和工程建设提供了合理参考,为市政府决策提供科学依据。2008年9月,市建规委与桂林工学院土木工程系开展"桂林市数字城市规划的技术方法研究"课题研究,结合桂林市区及所辖12县规划建设实际情况和需求,重点研究"城市规划建设城乡信息一体化系统"建设,通过多种技术方法的综合应用研究,提高桂林城乡规划建设水平和效率,促进桂林数字城市的建设。年内,市建规委申报2008年桂林市建设领域科学研究课题项目34项,有7项已推广应用,27项软科学研究项目通过2008年桂林市第六批科研项目立项审查。

【探索桂林城市建筑文化】 2008年11月1日,《桂林市城市风貌设计导则》通过专家评审,正式颁布为地方性标准并开始实施,为维护桂林风景游览城市和历史文化名城的自然风貌和人文景观提供保障。年内,市建规委举办了为期3个月的桂林城市建筑文化研讨活动,召开不同形式的座谈会,收到学术论文50多篇。与市广播电视局、市电视台、市房产局等单位联合举办城市规划与建设专业电视栏目《规划城市》,播出20集。编辑出版《时空构建》学术杂志,从2007年创刊至2008年底,共出版12期。编辑出版《信息参考》10期,收集网络信息达150万字,为城市规划建设管理工作提供专业性、前瞻性的动态信息服务。

(钟敬华)

小城镇建设

【概　况】 2008年,桂林市各县、乡镇加紧编制各类规划,提高详细规划在建成区的覆盖率。全州、阳朔、荔浦县和恭城瑶族自治县完成城市总体规划修编,已上报自治区批复。资源、永福、灌阳等县的总体规划在修编或调整中。开展了39个乡镇总体规划修编工作,其中资源县梅溪乡,荔浦县新坪镇,龙胜各族自治县瓢里镇、泗水乡、平等乡完成规划编制工作。12县编制完成道路桥梁规划、住宅小区规划、住房建设规划、廉租房工程规划等控制性详细规划和修建性详细规划55项。开展了56个乡镇级控制性、修建性详细规划的编制。全市完成3838个村庄规划任务。至年末,全市已累计完成11000多个村庄规划。

各县加快县城道路、给排水、垃圾处理、污水处理厂、自来水厂、公厕、路灯、绿地和河堤等基础设施建设,县城市容、环境、卫生状况明显改善。平乐、荔浦、临桂县被授予国家生态示范区,全州、灌阳、永福县通过国家级生态示范区验收初审,阳朔县阳朔镇成为自治区第一个国家级优美乡镇。

市建规委根据市政府推荐特色小城镇的要求,在各县政府推荐名单的基础上,确定列入2008年"建设一批工贸型、旅游型、综合性小城镇"的督查乡镇名单和项目内容。年末,阳朔、永福县完成了督查项目内容的建设,其余10县的项目建设进度达65%以上。

【工业集中区规划】 2008年,全市12县以园区建设为突破口,加大各类工业集中区的规划,组织编制《苏桥新区总体规划》《福龙工业园总体规划》《秧塘工业园规划》等,12县完成工业园区规划编制,一批园区规划通过专家评审。全州、永福、兴安、平乐县获自治区A类产业园区资质。

【少数民族村寨防火改造工程】 2008年,市建规委成立少数民族村寨防火改造项目规划建设工作小组,制订《桂林市村寨防火改造工作实施方案》,向市政府专题上报《关于少数民族村寨防火改造工作情况报告》,对承担少数民族村寨防火改造任务的临桂、资源县和龙胜各族自治县进行情况通报,派出专人进行业务技术指导。年末,完成156个村寨的地形图测绘,71个村庄防火改造规划编制,超额完成2008年目标任务,为完成桂林市少数民族村寨防火改造寨改工程奠定良好基础。

(钟敬华)

建　筑　业

【概　况】 2008年,桂林市大力整顿和规范建筑市场和房地产市场秩序,营造健康有序的市场环境。加强对建筑市场和施工现场联动管理力度,加大对外来施工队伍管理。强化建设工程招投标市场管理,监督各级执法队伍的执法活动和重大工程项目的承发包活动,完善投诉举报制度。持续开展建筑市场检查,依法处理违法违规单位和责任人员。加强建筑施工现场质量安全管理。年内,桂林市有建筑业企业431家。其中一级总承包企业4家;二级总承包企业6家。全市建筑业企业共有13518名工程技术管理人员。全年发放施工许可证212项,面积213.5万平方米,造价22.1亿元;办理外来队伍备案409项次,办理建筑工程竣工备案205项,建筑工程竣工总面积91.81万平方米。开展农民工工资拖欠清理工作,全年清欠工资231.15万元。处理了多起恶意拖欠农民工工资事件。 (钟敬华)

【建设工程质量安全监督】 2008年,桂林市建设工程质量安全监督站受理质量安全监督工程项目共392项,建筑面积202.58万平方米,工程造价为16.29亿元;竣工验收150项建筑工程,竣工面积95.62万平方米。抓好建设工程施工质量和施工安全,全年工程一次验收合格率达100%,全市有12项建筑工程因工程质量优良获桂林市第七届"桂花杯"和"2008年度优质工程"奖,有21个施工现场获广西区优安全文明工地。全市全年施工安全事故发生起数及伤亡人数均在目标控制范围内。加强建设工程质量安全监督,采取了行为监督和实体监督并重的方式开展工作。年内,共发现工程质量隐患476起。其中,结构隐患352起;装饰隐患39起;使用功能隐患80起;其他质量隐患5起。发出书面整改通知书513份。开展对深基坑、高大模板、人工挖孔桩等重大危险源施工的专项治理,完善重大危险源施工方案的专家论证制度。建立起重机械备案制度,重点督促全市各施工工地安装"一视频两联动"的物料提升安全操作装置。7月,下发《关于加强桂林市建筑节能施工管理的通知》,推动桂林市建筑节能施工的规范化管理。 (黄伟庆)

【建设工程项目招投标管理】 2008年,桂林市建设工程招标投标管理站依法办理施工工程招标项目195项,工程造价25.26亿元。其中,办理公开招标项目80项,工程造价8.32亿元;邀请招标工程项目115项,工程造价16.94亿元。项目工程造价平均下降7.5%,为国家和社会节约资金1.89亿元。建设工程招投标工作实现2个百分之百(即应招标工程招标率和应公开招标工程的公开招标率都为100%)。年内,参加招投标的市内重点工程项目有:桂林市中隐路改造二期道路及胜利桥重建工程,总造价近5000万元;机场路改扩建工程,总投资30多亿元;桂林橡胶机械厂5000轮胎硫化机装配件车间技术改造工程;上窑污水处理厂改造工程。

【建设工程造价管理】 2008年,桂林市建设工程造价管理站开展桂林市概、预(结)算编审人员换发全国建设工程造价员资格证书工作,桂林市有近700人进行换证。完成《广西市政工程消耗量定额》《广西市政工程费用定额》的宣传贯彻交底工作,参加交底班的工程造价从业人员300多人。参与《广西安装工程消耗量定额》《广西城市园林绿化养护工程定额》的编制。配合自治区造价管理总站,完成城市生活垃圾污水处理项目工程造价控制调研和《广西建筑装饰装修工程节能消耗量定额》的编制调研。 (罗素莉)

【桂林建筑安装工程有限公司】 1953年创建,企业改制前身为桂林市建筑安装工程公司,是广西首家荣获中国建筑工程鲁班奖的市级建筑企业。该公司具有房屋建筑施工总承包一级、市政公用工程施工总承包一级、建筑装饰装修工程专业承包一级等专业施工资质,是集建筑、装饰安装、机械制造、租赁、房地产开发等于一身的综合性建筑施工企业。2008年,该公司完成施工产值5亿余元,竣工面积30.91万平方米,工程质量一次交工合格率100%,获桂林市优质工程4个,无重大伤亡事故。年内,怡景西湖项目部获2008年全国优秀QC小组奖、自治区一等奖。 (陈志宁)

【广西桂林盛丰建设有限责任公司】 1966年创建,企业改制前身为国有桂林市第二建筑安装工程公司。具有房屋建筑工程施工总承包一级、建筑装饰装修工程专业一级、公路工程施工总承包二级、市政公用工程施工总承包二级、消防设施工程专业承包二级、钢结构工程专业施工二级、房地产开发三级等资质。2008年,该公司完成施工面积52万平方米,施工总产值7亿元。年内,桂林航天工业管理高等专科学校新建学生公寓楼获

2008年度广西壮族自治区优质工程称号。

（韦星华）

【广西桂林地灶建设有限公司】 1966年创建，企业改制前身为桂林市第九建筑工程总公司。具有房屋建筑工程施工总承包一级、装饰装修专业承包一级、市政公用总承包二级、金属门窗工程专业承包二级、起重设备安装工程专业承包二级、消防设施工程专业承包三级、钢结构工程专业承包三级等资质企业。2008年，该公司完成生产总值4.88亿元，增长47%，施工面积达110万平方米，在建项目86个，竣工项目19个，竣工面积20.62万平方米。单位工程一次验收合格率100%，全年无重大安全事故。桂林航天工业管理高等专科学校新建学生公寓15号楼、广西师范大学生物试验楼扩建工程等获广西区优质工程。（蒋友娟）

规 划 设 计

【概　况】 桂林市城市规划设计研究院是具有规划设计资质甲级、建筑设计资质甲级、市政设计资质乙级、旅游设计资质乙级的设计院。2008年末，有职工100人，其中在编职工78人。具有高级职称26人，中级职称40人。全年承接规划设计委托134项，建筑设计委托22项，市政设计委托21项；完成规划设计126项，规划面积797公顷，建筑设计21项，建设设计面积22万平方米，市政设计8项（以上项目均含上一年转接项目），共完成设计产值1180万元。

【穿山桥改造规划】 原穿山桥位于漓江路跨越小东江处，为钢筋混凝土双曲拱桥，桥长66米，宽18米，1975年2月建成通车。随着城市发展，该桥已成为桂林市中心区影响连接东西主干道交通的瓶颈地带。2008年，市政府决定扩建穿山桥，11月，桂林市城市规划设计研究院编制完成穿山桥改造规划设计，设计桥长110米，宽46米，机动车道宽25米，边分离带宽2×2米，非机动车道宽2×4米，人行道宽2×4.5；城市二级次干道穿山路在设计中下穿穿山桥。该规划经市规划建设主管部门审查批准，并付诸实施。

【琴潭新区（组团）控制性详细规划】 12月，桂林市城市规划设计研究院编制完成的《桂林市琴潭新区（组团）控制性详细规划》通过市政府审批。桂林市琴潭新区（组团）位于桂林城区西部，东、南以湘桂铁路为界，西到猴山，北临西山。规划区范围总面积13.44平方千米，规划区人口规模为10万人。（李永安）

勘 察 设 计

【桂林市建筑设计研究院】 2008年末，桂林市建筑设计研究院有高级职称63人，中级职称51人，初级职称75人。9月，通过ISO 9000:2000质量管理体系外审论证。年内，完成工程设计190项，设计面积96万平方米，工程设计投资额8.6亿元，完成设计施工图1.9万张。实现工程设计费收入2775万元。年内承接的设计项目主要有：江西宜春市恒丰房地产开发有限公司恒丰时代广场（11万平方米），桂林电子科技大学职业技术学院建筑单体工程（9.6万平方米），湖南中联国际招商投资有限公司中联商业广场（8万平方米），桂林市耀和置业有限公司耀和荣裕（6万平方米），桂林市广通汽车运输有限公司广通综合楼（8.1万平方米），桂林金刚房地产有限责任公司三金花园西组团（7.5万平方米）。承接街景立面改造工程改造建筑总面积132.7万平方米。承接桂林市以外项目33项，设计累计金额1500多万元。该院设计的龙胜温泉中心酒店项目获国家建设部优秀工程勘察设计二等奖。（邱颖）

【桂林市勘察设计研究院】 2008年末，桂林市勘察设计研究院有职工48人。其中，高级职称7人；中级职称12人；初级职称9人；高级技术工人8人；国家注册岩土工程师6人。年内，该院完成临桂新区工程地质调查、雉山桥重建等市重点工程建设勘察项目42个，其中工程勘察完成33个项目。钻孔327个，钻探总进尺2634.1米。搅拌桩、CFG桩、高压旋喷桩等共441根，总进尺8339.7米；上缴税费21.9万元。所有工程项目合格率达100%，优良率达90%。香江苑商住楼工程勘察项目获自治区建设厅优秀工程勘察三等

奖。（梁贵儒）

【桂林市综合设计院】 2008年末，桂林市综合设计院有国家一级注册建筑师4人，一级注册结构工程师4人，注册电气工程师1人，注册规划师1人，注册岩土工程师1人。全年完成建筑设计项目40项，设计产值216万元，规划设计项目9项，规划产值20万元；勘察项目21项，勘察产值52万元。主要设计项目有桂商房地产开发公司、晶都房地产开发公司晶都·公园林润（5.4万平方米），东亿纸品有限公司办公楼、车间、仓库（4.7万平方米），七星区政府六合路至虞山桥头城市街景立面改造，灌阳县城江东区控制性详细规划等。贯彻ISO 9001：2000质量标准，对设计全过程进行控制，全年设计质量合格率为100%。（周清丽）

【桂林市测绘研究院】 2008年末，桂林市测绘研究院有职工61人。其中高级职称5人；中级职称18人；初级职称30人。拥有GPS全球卫星定位仪、全站仪、水准仪、掌上测霸、自动化绘图仪等高精类设备100余台套。该院主要承担城市平面与高程控制测量、地形测量、大地测量、工程测量、地籍图、综合管线图、专题地图制作等任务。全年共计完成测绘总任务308项，完成测绘服务总值4178.3万元。为桂林市总体规划修编、新区规划、小街小巷改造和城市立面改造等城市规划建设测量提供1:500数字化地形图69.595平方千米、1:10000数字化地形图70幅1750平方千米、1:50000数字化地形图28幅11200平方千米和1:250000数字化地形图2幅9600平方千米。完成市场委托测绘，测供1:500数字化地形图21.15平方千米和建筑放线228项，施放建筑桩点4800余点。完成年度储备新区测绘1:500数字化地形图17.71平方千米。完成西片600平方千米航拍科技项目。编制出版《桂林市城区图》《桂林市城区地名图》和全州、永福、临桂、灌阳4县城图，首期印刷12000幅。完成广西建设厅科技立项的《竣工测量技术规范》文本拟写和实验工作。平乐县南洲区1:500数字化地形图测绘项目获广西优质测绘产品（工程）铜奖。桂林市1:1000、1:2000真彩色数字正射影像图工程获广西优质测绘产品（工程）银奖。（闻长彪）

房地产业

【概　况】 2008年，桂林市房地产业健康发展，全年商品房施工面积1161.12万平方米，房地产开发累计完成投资额83.26亿元。年内，桂林市房产管理局完成行政复议7件、行政诉讼10件、民事诉讼6件、劳动争议仲裁2件，无责任败诉案件。《桂林市房地产行业标准化体系》通过ISO 9001：2000质量管理体系认证。加大对中小学校舍进行安全排查，完成市属60所中小学、职业学校的290栋、50万平方米校舍安全检查。桂林市房屋安全鉴定所被全国房屋安全鉴定委员会评为先进单位。加强市场信息系统建设，桂林市被国家住房和城乡建设部列入全国50个房地产市场信息系统建设新增重点城市之一。

【房地产开发企业健康发展】 2008年，桂林市完成28家新成立房地产企业的资质申报、61家开发企业的开发资质重新申报、47家开发企业的开发资质延期申报、18家开发企业开发资质定级申报和24家开发企业资质内容变更申报的初审工作。至年底，全市登记备案合格的房地产开发企业245家。其中，二级企业4家；三级企业70家；四级企业28家；暂定企业143家。全年房地产开发累计完成投资额83.26亿元，增长5.3%；商品房施工面积1161.12万平方米，增长27.4%；新开工面积309.98万平方米，增长19.3%；竣工面积108.63万平方米，增长28.2%；销售面积265.55万平方米，下降8%；空置房33.99万平方米，增长13.8%。竣工开发项目合格率达100%。年内，市区商品房销售均价为4021元/平方米（建筑面积），增长16.92%，环比上涨0.27%。

【产权产籍管理】 2008年，市房产管理局制订《桂林市共有房屋权属登记有关问题实施办法》，对夫妻共有房产实施共同申请登记制度，改变过去共有财产只登记在一方的做法。全年，市房产管理局完成产籍登记179栋，建筑面积61.44万平方米；发放房屋权证22660本，登记面积226.09万平方米；办理抵押登记1.12万宗，面积

64.4 万平方米；商品房合同备案 7779 套，商品房成交额 16 亿元；存量房买卖、赠与、产权登记过户 2919 户，增加共有人登记过户 265 户，面积 27.8 万平方米。整理开发商或大宗房产以单位为主的综合资料 75 户，完成第一期 350 万页及追加的第二期 150 万页的档案整理、扫描、录入、匹配工作。

【直管公房管理】 2008 年，市房产管理局推进直管公有非住宅租金市场租赁工作，除国有商业企业原租赁价格暂时不变外，其余的全部签订市场化租赁合同，完成租金收缴 1840 万元，完成率 128%（含原欠租金）。将《房地产租赁契约》改为《直管公有住宅租赁合同》。推进危旧直管公房和旧住宅小区危旧房屋成片改造工作，对观音阁南二里片区等 6 个点危旧房屋进行可行性分析、项目测算，提出改造建议；调整南新路 83 号～93 号危旧房规划设计；办理安置房源（汇丰村）选址前期调查工作。年内，直管公房维修 18.55 万平方米，产值 216.21 万元，受益户 3303 户。完成城市道路立面改造，改造直管公房 61 个，建筑面积 9.17 万平方米，投入资金 554.22 万元。

【房地产市场整顿】 年内，市房产管理局制订《存量房交易资金托管暂行规定》《存量房交易资金托管办事程序》，保证交易资金安全，防止不良中介企业挪用、占用，损害群众利益。全年共办理托管业务 20 宗，托管资金 1900 万元。12 月，实行开发企业办理商品房预售许可证及预售合同备案，须持监管银行证明方可办理的制度，确保商品房预售款做到专款专用、专款专存。开展房地产中介服务机构备案检查，核换发备案登记证明 68 份，办理新中介公司备案 8 个。举办 2 期经纪人员从业教育培训班，174 人经考试合格取得房地产经纪人员上岗证。对群众举报的 4 家评估机构进行调查，向两家评估机构下达《整改通知书》，并对其违规行为作出处罚。协助和监督有关部门查处房地产市场违规案件 93 件。

【加强物业管理】 2008 年，市房产管理局修订《桂林市物业管理办法》及相关配套规定，实施《前期物业管理招投标办法》《物业服务企业退出项目管理办法》《桂林市物业服务等级分类及收费标准》等制度。做好物业专项维修资金的保值增值工作，收到物业专项资金存款利息累计 419 万元。开展物业管理评选创优工作，安厦·世纪城获 2008 年度全国房地产行业广厦奖，金水湾境界和帝景华庭小区获 2007 年度自治区城市物业管理优秀住宅小区。加强对县（区）物业服务工作的指导，为资源、荔浦、兴安、灵川等县 7 家物业企业办理资质。开展物业经理岗位资格培训 1 期，对全市物业服务企业经理上岗证书进行了统一登记备案，建立档案，为 19 家申报资质的物业服务企业和 82 家落实物业管理意见书的企业办理报批手续。

【廉租住房保障】 2008 年，市政府继续把廉租住房建设列入年度为民办好事重点实事之一，颁布《桂林市廉租住房保障办法》以及年度计划和发展规划，拟订《桂林市人民政府廉租住房制度实施目标责任状》，在全市范围内建立廉租住房保障目标责任制度。积极筹措廉租住房保障资金，市财政廉租住房保障资金 8700 万元，中央预算内投资补助资金 1843 万元，中央财政廉租住房保障专项补助资金 2009 万元。召开由市房产局、监察局、财政局、民政局、房管处、街道办、社区参加的会审会 5 次，审批符合廉租住房保障条件的住房困难家庭 272 户，发放廉租住房租赁补贴 21.3 万元。建立桂林市廉租住房保障对象档案管理系统，对保障对象实行 1 户 1 档管理，定期审验和更新，及时掌握保障对象家庭收入、住房以及人口的变动情况。

2008 年在建的廉租住房项目有：象山区平山北路 21 号点，建筑面积 30410 平方米，户数 744 户；凯风路点，建筑面积 2941 平方米，户数 60 户；七星区尧山路点，建筑面积 3466.52 平方米，户数 76 户；叠彩区芳华路点，建筑面积 3219 平方米，户数 65 户。

【白蚁防治】 2008 年，桂林市白蚁防治范围由房屋和建筑物向水库堤坝、名木古树、旅游景区等公共领域扩展。年内，桂林市白蚁防治所对全市 20 座大中型水库、22 处国家和自治区级文物古迹、8 所医院、61 株古树名木以及银杏林、速生桉林、罗汉果地进行白蚁蚁害调查，形成调查表 122 份，现场照片 128 张，项目调查报告 13 份，并制作了白蚁危害调查电视录像片。11 月 13 日，召开桂林市白蚁防治工作会议,通报桂林市白蚁危害情况。全年桂林市白蚁防治所共承接新建房屋白蚁预防工程项目108项,防治面积241.21万平方米,质量抽验合格率达100%。被中国物业管理协会白蚁防治专业委员会评为年度白蚁防治科技创新先进单位。

【地震灾区房屋安全鉴定】 5月27日~7月5日,市房产管理局先后3批派出房屋安全鉴定专家11人次到四川省都江堰市进行灾后房屋安全鉴定。共鉴定16处寺庙的房屋113栋、3.77万平方米,民用房屋368栋81.5万平方米,得出鉴定报告556份。得到了自治区建设厅、中国物业管理协会等单位的表彰。市房产管理局将地震灾区房屋安全鉴定工作纪实图片、鉴定报告、论文资料编辑,出版了《震后的城市记忆——桂林市房产局赴四川地震灾区房屋安全鉴定纪实》《震后的城市记忆——桂林市房产局赴四川地震灾区房屋安全鉴定报告论文集》书籍和光盘。 (刘开怀)

表11 2008年桂林新增物业管理公司名录

序号	公司名称
1	桂林市金居物业服务有限公司
2	桂林市恒润物业服务有限公司
3	桂林市奥格物业服务有限责任公司
4	桂林永泰物业服务有限公司
5	桂林市景安物业服务有限责任公司
6	桂林众鑫物业服务有限责任公司
7	桂林市润家物业服务有限公司
8	桂林市景泰物业服务有限公司
9	桂林市谊丰物业服务有限公司
10	桂林市正圆物业服务有限公司
11	灵川县明珠物业服务有限公司
12	桂林市义鑫物业服务有限公司
13	广西桂林玉柴物业服务有限公司
14	桂林市星宇物业服务有限公司
15	桂林恒居物业服务有限公司
16	荔浦县滨江物业服务有限责任公司
17	兴安县明园置业有限公司
18	桂林市明珠物业服务有限责任公司
19	桂林鑫雨物业服务有限公司
20	桂林市中正物业服务有限责任公司
21	桂林太阳马物业服务有限公司

表12 2008年桂林市新登记中介公司名录

序号	公司名称
1	合富辉煌房地产咨询服务
2	悦丰房地产营销策划公司
3	亿丰房地产经纪公司
4	新环境房地产经纪公司
5	百吉房产经纪服务部
6	千福房产信息咨询部
7	民丰房产经纪服务部
8	金华房产经纪服务部

市政公用事业

【概 况】 2008年,桂林市市政公用事业管理局(简称市政公用局,下同)开展"管理提升年"专项活动,市政公用行业主要生产经营指标稳步增长,行业管理服务水平得到提高,形成加快发展的良好格局。年内,市政公用局承担的市政重点工程建设项目21项,完成年度投资7853万元。城市道桥市政基础设施完好率、排水水质合格率、路灯亮灯率、自来水出厂水水质合格率均达到或超过国家行业标准。加大节水宣传力度,推广节水器具的使用,全年累计节水1116万立方米,工业用水重复利用率77.1%,工业1万元产值用水量下降至19立方米。

【市政重点基础设施建设】 2008年,市政公用局实施穿山桥改造,雁山污水处理厂系统建设,福利路、横塘路、六合路、金鸡路、黑山路等交通节点整治,中山南路、中山北路、信义路、解放西路、上海路、东环路、机场路路灯改造,万福路供水工程建设,城市内涝整治等21项市政重点基础设施建设项目,累计完成投资7853万元。年内,启动临桂新区停车场、照明、排水、供水、供气、公交等10项市政基础设施专项规划的编制,完成编制8项。中山南路、中山北路、信义路、解放西路、上海路、东环路、机场路路灯改造、瓦窑东路内涝整治、虞山桥东岸南侧匝道、牯牛山泵站管道建设等工程竣工并投入使用。

【城市供水】 2008年,桂林市有大、中型水厂4座和大口井1座,分别为瓦窑水厂(设计日供水能力14万立方米)、东江水厂(设计日供水能力10万立方米)、东镇路水厂(设计日供水能力10万立方米)、城北水厂(一期设计日供水能力10万立方米)、滨江大口井(日设计供水能力1.5万立方米)。总设计日供水能力45.5万立方米,平均实际日供水量24.3万立方米,最高日供水量29.69万立方米。拥有供水管道450千米,服务面积约60平方千米,向各工业园区铺设供水管道,扩大供水能力。市区自来水普及率达97%,自来水源水质达到国家《地面水环境质量标准》Ⅱ类水标准,自来水出厂水质综合合格率达99.99%以上。2008年桂林市自来水水价(不包括污水处理费)为生活用水1元每立方米、工业用水1.36元每立方米、营业用水1.9元每立方米、特种行业用水5元每立方米。自来水水价在自治区范围内处于中下水平。全年自来水公司完成供水量9641万立方米。

【城市排水及污水净化】 2008年,由市政公用局管理的城市排水管道457千米,其中排污管道250.7千米。年内新增排水管道20千米,城市排水管网服务人口59万人,排水管网建设做到雨污分流。完善城市污水收集系统,全市有污水处理厂4座,分别为七里店污水净化厂(设计日处理能力为6万吨)、北冲污水净化厂(设计日处理能力为3.35万吨)、第四污水净化厂(设计日处理能力为10万吨)、上窑污水净化厂(设计日处理能力为3.5万吨)。污水处理能力达到了22.85万立方米每日,实际处理量约为18.28万吨每日。全年生活污水处理量为5560.77万吨,处理量增长7.90%,城市生活污水集中处理率为91.21%,出水水质合格率达100%。COD(化学需氧量)排放总量1578吨,占COD全年允许排放总量的31.20%,削减量1.3万吨。

【城市道路桥梁管理养护】 2008年,市政公用局落实城市主次干道道路管理养护责任,加大对城市道路、桥梁的管理维护力度。年内,组织市政工程管理处对路况较差、群众反映较多的福利路、横塘路等十余条路段进行重点维修,维修车行道路面积11446平方米,人行道路面积6781平方米,纠正违章占道413起,清除路障40余吨。道路维修及时率、完好率达100%。重点维修漓江桥、虞山桥、丽泽桥等桥梁27座。

【路灯设施运行良好】 2008年,市政公用局管辖的市区路灯(景观灯)5.2万余盏,灯杆17940基,线路总长862.26千米。全年新装路灯杆2023基,新装路灯4934盏。更换、维修线路500多千米、灯杆1100基、灯泡3.6万多只、各类电器6.15万只(件),路灯亮灯率月均达到99.83%。推进绿色照明建设,全市有80%以上的城市照明灯光纳入了智能化监控系统。推广使用LED灯和节能灯等高效节能产品,采取设置半夜灯、安装节电器等一系列节能措施,促进节约用电,全年节约电费达100余万元。

【城市燃气保障】 2008年,桂林市区范围内经营瓶装液化石油气燃气企业5家,同时经营瓶装液化石油气及管道天然气的燃气企业1家。液化石油气储气能力6600立方米,天然气储气能力37.8万立方米,年供液化石油气5.3万吨、天然气656.3万立方米,市区液化石油气供应用户达17万余户。2008年新建城市管道天然气中压管网19.8千米,完成住宅小区庭院管道天然气供气管网建设60千米,天然气用户达2.6万余户,城区居民燃气普及率达96.88%。

【优化城市交通】 2008年,市政公用局落实优先发展公交政策,全年新增和更新营运车辆149台,新开线路7条,延伸和调整线路7条。全市共有公交线路56条,其中免费公益线路8条。公交车达957标台,每万人拥有公交车辆11.9标台。为提高运力,方便市民出行,市公交公司将1路、18路、99路车辆全部更换为双层公交车。全年实现载客2.14亿人次,营运里程3553万千米,营业总收入1.34亿元。10月18日,开通了广西第一条公交旅游观光线路。

【办理市政热线投诉】 2008年,桂林市政服务热线电话号为"2800110",热线服务联动系统每天24小时不间断受理市民对市区范围内的道路、桥梁、路灯、供水、排水、公交、燃气等市政公用事业的咨询查询、设施维护、抢险抢修、投诉建议等。全年共接听投诉、咨询电话14.98万个,对职能范围内14.2万件投诉和咨询及时进行办理,办结率达到98.5%,为民办实事7000多件,妥善解决"路不平、灯不明、排水不畅、污水冒溢"等社会关注的热点难点问题。

(桂林市市政公用事业管理局供稿)

园 林 绿 化

【概　况】 2008年,桂林市以创建国家生态园林城市为新目标,强化园林绿化在城市建设中的地位,发挥职能部门和专业队伍的作用,通过科学规划、积极建设、严格管理,营造最适合人居住的城市生态环境,提升城市园林绿化整体水平。至年底,桂林市城市绿化覆盖率达40.36%,城市绿地率达37.19%,人均公园绿地面积8.51平方米,突出了桂林"城在园中,园在城中"的城市特色。

【抗击冰冻灾害】 2008年初,桂林遭受罕见冰冻灾害。市园林局积极组织各绿化管护单位,用遮阴网、塑料薄膜、草绳、支撑竹木等材料给树木"穿衣戴帽",并采取烟熏、树干刷白、树根培土,施防寒肥、涂抗冻剂等措施,对树木进行防寒维护和抢险,最大限度减少城市园林绿化损失。加强管护工作,迅速恢复冰冻灾害受损绿地,全市共补植各种乔(灌)木13万多株、地被2万平方米80余万株,确保城市园林绿化水平不下降。

【新世纪军民绿化行动】 2~5月,桂林市继续开展以石山绿化为重点的全市新世纪军民绿化行动。绿化行动分工作准备、绿化种植、苗木管护、检查验收阶段,发动全市机关、学校、企事业单位和驻桂部队在訾洲、万福路下路头山、铁山工业园黄沙河与雷劈山、桃花江庭江路段、飞凤山、夫子岩山等处进行绿化植树,共栽种樟树、银杏、任豆、枫香、石山榕、夹竹桃等苗木12万株。

【5个公园免费开放】 2008年,市政府确定免费向市民开放西山、南溪山、穿山、虞山、黑山5个公园为年度为民办18件实事工作之一。5月1日,西山、南溪山、穿山和虞山4个公园向市民免费开放,7月1日,桂林园林植物园向市民免费开放。公园免费的对象为全市12县5城区的居民和在市区常住的外来务工人员,市民凭市区及市辖12县的居民身份证、学生证、军官证、士兵证、离退休证、寿星优待证等有效证件,在市区居住的外来务工人员凭有效的桂林市区1年期暂住证均可免费进入5个公园游憩。

【桂林园林植物园建成开放】 7月1日,桂林园林植物园建成并免费向市民开放。桂林园林植物园是在黑山苗圃、黑山植物园基础上建设而成。2008年7月,桂林园林植物园完成一期工程建设,投资6000多万元。该园占地47.9公顷,是桂林市第一个以植物为主题,集科研、科普、观光休闲于一体的综合性公园。园内山环水绕,古木参天,植被丰富,种类繁多,以桂林乡土树种高大乔木为骨架,以彩叶树种和珍稀植物为亮点,按照先保护、后开发的原则,在保持原有植被基础上,引进栽培各类亚热带植物,植物种类达1000多种,品种达2600多种。园内建有珍稀植物区、桂花博览园、茶花园、棕榈园、榕树园、木兰园、银杏园、梅园、樱花园(日本园)、欧洲花园、花卉馆和盆景苑等园区。桂花博览园收集了桂林所有的优良桂花品种,并引种了四川、浙江等地10多个优良品种,共有桂花品种80多个,是国内外同类园区品种最多,也是银桂品种最多的桂花园,为中国取得桂花国际登录权作出了特殊贡献,是全国3个中国桂花品种繁育中心之一。珍稀植物区有国家一级保护植物桫椤、金花茶等珍稀植物,有国家二级保护植物金钱松、柔毛油杉、黄枝油杉、福建柏、兴安楠、蝴蝶果、鹅掌楸、马尾松、花榈木等乔木。

【桂林市公园管理规定颁布实施】 4月18日,市政府下发《桂林市公园管理规定》,适用范围为全市各免费、收费公园,对公园规划建设、园容园景管理、游园管理、安全管理等方面提出了具体要求:一律禁止携带犬类等宠物入园和乱丢垃圾、攀爬树木、侵犯园内动物、在园内水域戏水等不文明的行为,拾荒者、散发传单者都将禁止进入公园。市民进行体育锻炼要在指定的运动场所内进行,禁止在指定范围外开展任何妨碍他人的体育活动。未经公园管理机构同意,不得在公园内进行烧烤、垂钓、宿营等活动。尚未对市民免费开放的公园仍按有关规定对市民实行月(年)票、通卡制度、国家法定节假日期间免费入园及对老人、残疾人、现役军人、儿童等的优惠制度。凡需在公园内开展文化、体育、娱乐、商业等各类活动的,应征得公园管理机构同意,活动产生的声音和音量不得超过环保部门规定的噪音标准。　(李腾钊)

住房公积金管理

【概　况】 2008年，桂林市住房公积金缴存职工28.1万人，制度覆盖率91.31%；公积金归集额为12.52亿元；发放公积金个人住房贷款5.04亿元，职工支取公积金用于购、建房，还贷等5.77亿元，资金使用率68.03%；公积金贷款逾期率控制在0.05%的规定范围内。为全市缴存职工支付年度利息7088.77万元；实现增值收益5849.46万元，向市政府提供廉租房建设补充资金4703.54万元。

【住房公积金归集管理】 2008年，市住房公积金管理中心采取各种措施，促进公积金归集管理业务发展。年内，对在2008年公积金管理工作中取得优异成绩的县（区）政府和700余家缴存单位进行表彰，提高各级政府、部门对公积金管理工作的重视，激发缴存单位的积极性，推动公积金归集管理工作发展。要求各单位在办理组织机构代码年检、变更和换证等手续时，必须出具本单位正常缴存住房公积金的证明，促进企业公积金制度的建立。至年底，全市新增缴存单位304个，新增缴存职工2.17万人，全市公积金覆盖率由上年的88.53%上升到91.31%，继续名列自治区前茅。

【严格住房公积金支取、贷款规定】 2008年，市住房公积金管理中心严格执行公积金支取规定，确保职工应取尽取、专款专用。全年共支取公积金5.77亿元，其中用于住房消费的支取达76%。年初，市住房公积金中心适时调整贷款政策，降低贷款比例，扩大贷款受益面，优先受理90平方米以下的房贷申请，实行10万元的贷款下限保障（12县为7万元），使更多中低收入的职工家庭享受低息贷款的实惠。全年全市共向4664户职工家庭发放个人公积金住房贷款5.04亿元。其中市本级2511户3.09亿元；12县2153户1.95亿元。严格控制贷款风险，对逾期贷款户采取电话催缴、下发律师函、法律诉讼等多种手段催缴，将逾期率控制在0.05%的规定范围内。

【住房公积金管理制度建设】 2008年，市住房公积金管理中心将强化财务、信息、稽查监控作为完善管理制度建设的重点，就固定资产、信息管理、指标考核等内控工作出台管理新规定，完成“银行账户监控系统”等程序的开发、运用，提高管理的规范性、科学性。与相关银行签订《住房公积金存贷业务委托协议》，规范了公积金存贷业务，提高了受托银行工作效率，促进资金的安全、有效运作。

【住房公积金管理专项治理】 2008年，市财政局、市审计局、中国人民银行桂林市中心支行、公积金管委会以及市政协、市政府督察办等部门组成市住房公积金管理专项治理工作领导小组，开展以审计整改为主要内容的全市住房公积金管理专项治理工作，深入全市17个县（区）进行专项督察，解决了部分县财政欠缴公积金、部分单位缴存比例低于5%、信托存款回收等审计整改任务，得到国家、自治区的高度肯定。年内，桂林市公积金月缴存上下限额分别为2672元（12县为2478元）、58元（12县为40元），市住房公积金管理中心对超出或低于标准的缴存行为进行整改，对于缩小收入差距、维护分配公平起到一定作用。市住房公积金管理中心对全市4400多家单位、28万多名职工进行公积金缴存登记年审，对少数没有按条例规定为职工缴存住房公积金的单位提出了处理意见，发出《询问通知书》、《限期整改通知书》100余份，及时纠正缴存单位的违规行为。

（市住房公积金管理中心）

市　容　管　理

【概　况】 2008年，桂林市市容局（简称市容局，下同）开展法律法规知识宣传年活动，规范了行政执法行为。推进环卫基础设施项目建设，开工建设医疗废弃物处置中心，指导各县启动环卫基础设施建设项目。开展全市户外广告和临街牌匾专项整治。开展大规模的集中拆除违法建筑行动，市区共拆除违法建筑面积43.21万平方米。加大漓江和桃花江的保洁力度，组织开展市容秩序和环境卫生专项整治。加强对市区528座开放公厕指导、协调和督察,年内,督促5城区改造和维修公厕30余座,保证公厕设施的正常使用。

【法律法规知识宣传年活动】 2008年,市容局开展“法律法规知识宣传年”、“城管队伍形象建设年”和“环卫基础设施项目推进年”活动。广泛开展法律法规宣传活动,在中心广场开展了一次大规模的市容环卫法律法规咨询活动,各县(区)分别在辖区(县城)设点开展了丰富多彩的宣传活动。组织对全市643名执法人员进行换证考试培训,分南片县城、北片县城举办12县共170名执法人员参加的专题培训。组织全市市容环卫系统的法律法规知识竞赛,县(区)和局系统共23个代表队分四个片进行预赛,经预赛选拔出的8个代表队在电视台演播厅进行决赛。通过一系列活动,更好地规范行政执法行为。

【推进环卫基础设施项目建设】 2008年10月31日,市政府常务会议同意将临桂县临桂镇山口村作为桂林市新建生活垃圾卫生填埋场新场选址。指导各县启动环卫基础设施建设项目,市容局多次组织技术人员深入各县了解项目进展情况,指导和帮助各县垃圾处理设施建设工作。11月12日,市容局开工建设医疗废弃物处置中心,该项目建设地点位于临桂县四塘乡冲口村,占地6666.67平方米,总建筑面积为1584平方米,日处理能力为8吨,总投资为2002万元,已到位资金1253万元。

【开展城市管理工作综合考评】 2008年,为促进县区市容环卫工作,市容局对全市城市管理工作进行综合考评,并首次将12县的城市管理工作列入考评范围。年初,市政府出台《桂林市2008年城市管理工作考评方案》,方案以自治区“城乡清洁工程”5年规划和容貌标准等为依据,对9项工作进行量化。市容局会同市城乡清洁工程领导小组办公室、市精神文明建设委员会办公室、市爱国卫生运动委员会办公室组成考评组,采取日常指导、检查和半年、年终综合考评相结合的办法,采用明查、暗查、巡查、查阅资料等方式,内容涉及12县5城区实施“城乡清洁工程”工作落实情况,特别是示范街区创建、法律法规宣传、城管执法队伍建设、环卫设施规划建设和管理情况等。促进了各县(区)“城乡清洁工程”的开展。

【开展户外广告整治规范行动】 7月,市容局根据市委、市政府开展全市户外广告和临街牌匾专项整治工作要求,在整治工作中做好指导、协调、督促和检查。整治期间共下发限期拆除通知书100多份,依照整治不符合市容市貌要求、与自然山水景观不相协调的大型广告牌的整治原则,对市区其他主次干道、节点的大型广告进行整治,共发放整治函4195份,拆除大型户外广告245块42418平方米、店铺招牌1290块5096平方米、灯杆挂旗627块1291平方米。结合立面改造,全力配合城区抓好广告牌匾整治。

【拆除违法建筑】 2008年,桂林市继续加大查处违法建筑的力度。市容局与城区政府开展大规模的集中拆除违法建筑行动,分别对环城西路、中隐路、机场路、东二环路、高新区信息产业园、雁山高校区周边、临桂新区等处的违法建筑实施拆除,市区共拆除违法建筑、违章搭棚面积43.21万平方米,其中拆除西环路违法建筑9605.82平方米,保证了西环路三期改造工程施工的顺利进行。

【提高漓江保洁质量】 年内,市容局加大漓江和桃花江的保洁力度,日常清洁水滩面积约400万平方米。全年共组织了13次、近2000人次参加的大整治活动,共清理水葫芦400吨,清运淤泥60余吨,打捞生活垃圾、漂浮物260余吨。共查处漓江市区段各类违法违规案件5837件,制止向漓江乱扔垃圾、放养家禽,收缴销毁无证竹筏6条,现场监督竹筏业主自行销毁无证竹筏127条,劝离违章竹筏1468条次,清理整治景区周边占道经营718摊次,劝离在江边尾随兜售人员1205人次。

【建筑渣土监督管理】 2008年,市容局共办理建筑渣土处置证98张、排放证232张、车辆准运证247张,处理违规186人次、违规车辆287台次,共处置建筑渣土18.33万立方米。强化密闭化运输管理,开展拉网式督察,及时跟踪监督施工单位落实整改,对撒漏渣土和乱堆乱倒的建筑垃圾进行及时的清扫和清理,市区建筑渣土运输车辆实行密闭化运输。 (杨达珍)

2008 年“绿色学校”——桂林市机关第二幼儿园。 （李凯　摄）

环　境　质　量

【概　况】　2008年,桂林市环境质量总体维持较高水平。市区环境空气质量达到国家二级标准,全年环境空气质量优良率100%;地表水、地下水水质良好。

【环境空气】　2008年,桂林市环境空气质量评价项目为二氧化硫、二氧化氮、可吸入颗粒物(或总悬浮颗粒物),评价标准采用《环境空气质量标准》(GB 3095-1996)二级标准。

一、市区

全年共监测366天,其中265天空气污染指数(API)为一级,101天空气污染指数(API)为二级,全年环境空气质量优良率100%。

二氧化硫:年平均浓度为0.042毫克/立方米,符合国家环境空气质量二级标准。全年监测日均浓度值范围为0.002毫克/立方米~0.127毫克/立方米,超标率为0。

二氧化氮:年平均浓度为0.031毫克/立方米,符合国家环境空气质量一级标准。全年监测日均浓度值范围为0.003毫克/立方米~0.091毫克/立方米,超标率为0。

可吸入颗粒物:年平均浓度为0.034毫克/立方米,符合国家环境空气质量一级标准。全年监测日均浓度值范围为0.006毫克/立方米~0.142毫克/立方米,超标率为0。

降尘:年平均值为6.15吨/平方千米·月,(比上年,下同)增加41.06%,全年监测浓度值范围为2.48吨/平方千米·月~17.0吨/平方千米·月。

硫酸盐化速率:年平均值为3.13 SO_3毫克/100平方厘米碱片·日,增加414.0%。全年监测值浓度范围为1.06 SO_3毫克/100平方厘米碱片·日~15.80 SO_3毫克/100平方厘米碱片·日。

降水:降水pH值年均值为4.79,酸雨频率为43.9%,比上年降水pH值年均值下降0.31,酸雨频率增加1.5个百分点。全年pH值范围3.36~7.49。

二、各县

2008年,永福县城环境空气质量从国家三级标准提升为国家二级标准,全市12个县城的环境空气质量年均值都符合国家二级标准。

【水环境】　2008年,桂林市地表水水质保护类别依据《桂林市地表水环境功能区划》确定,各水体按GB 383-2002《地表水环境质量标准》相应的标准进行评价。饮用水源水质按GB 383-2002《地表水环境质量标准》Ⅲ类标准评价。青狮潭水库水质按GB 383-2002《地表水环境质量标准》Ⅱ类标准评价。地下水按GB/T 1484-94《地下水质量标准》Ⅲ类标准评价。

一、河流水

2008年,桂林市地表水水质总体良好。12条河流(干、支流)的21个监测断面的水质除花桥断面、潦潭断面、交洲断面枯水期超标外,其余断面全部达标。

二、饮用水源水质

1. 市区

2008年,市区4个自来水厂饮用水源水质中除总氮和粪大肠菌群存在不同程度超标外,其他监测项目均符合国家地表水Ⅰ类~Ⅱ类水标准。

南方的气候特点使得水体较易孳生各类细菌,粪大肠菌群超标的情况普遍存在于南方城市的水体中。经桂林市自来水厂处理后,水源水中的粪大肠菌群指标能达到国家的饮用水水质标准要求,不影响饮用水的水质。

2. 各县

2008年,临桂县城的饮用水由市区自来水厂提供,县城无饮用水水源地。其他11个县城饮用水源水质均达到国家Ⅰ~Ⅱ类水标准。

三、青狮潭水库

2008年,青狮潭水库水质良好,为Ⅲ类水质,但超过其Ⅱ类水功能区保护标准,超标项目为总氮。各断面水质营养状态级别为贫营养至中营养,定性评价为优良。

四、风景湖塘水

2008年,市区风景湖塘水除芳莲池为Ⅳ类水符合保护标准外,其他5个湖塘水质总氮超过其Ⅳ类水的保护标准(为Ⅴ类或劣Ⅴ类)。除芳莲池平水期属于(轻度)富营养,轻度污染外,各断面水质营养状态级别为良好,定性评价为中营养。

五、地下水

2008年，市区地下水水质良好，超标项目呈点状分布，主要污染物是氮化合物、锰和铁。

【声环境】

一、市区

2008年，桂林市区域环境噪声平均值为53.8分贝，按城市区域环境噪声质量等级划分属于较好等级，与上年持平；在监测区域中，暴露在60分贝以上的面积占总网格面积的7.3%，上升0.5个百分点。噪声源构成比中生活噪声占首位，声源强度是交通和工业噪声占首位。

交通干线噪声平均值为68.0分贝，按道路交通噪声质量等级划分属于好等级，上升0.3分贝。

噪声功能区定期监测除3类区（夜间）、4类区（夜间）超标外，其他功能区均达标。夜间超标率50.0%，最大超标7.8分贝。比上年一类区夜间、二类区夜间、四类区夜间有所下降，其他功能区有所上升。

二、各县

2008年，12个县县城的噪声功能区定期监测结果显示：临桂、全州、兴安、永福、灵川、灌阳、资源、平乐县和龙胜各族自治县、恭城瑶族自治县等10个县县城各功能区监测结果均低于国家标准；阳朔县城四类区夜间超标；荔浦县城一类区夜间超标。

环境管理与污染治理

【环保目标责任制】 2008年，桂林市继续执行环保目标责任制，将整治环保热点、难点问题等指标作为重点考核内容。年末，市政府组织有关部门对各县（区）环保目标责任制情况进行检查。各县考评结果：荔浦县政府、龙胜各族自治县政府、兴安县政府、灵川县政府获一等奖，阳朔县政府、永福县政府、恭城瑶族自治县政府、平乐县政府、全州县政府获二等奖，临桂县政府、资源县政府、灌阳县政府获三等奖。城区考评结果：雁山区政府获一等奖；叠彩区政府、七星区政府、象山区政府获二等奖，秀峰区政府获三等奖。市直13个部门考评结果：市政公用事业管理局、市环境保护局、市发展和改革委员会获一等奖，市规划与建设委员会、市市容管理局、市林业局、市园林局、市安全生产监督管理局、市公安局、市经济委员会、市交通局、市卫生局、市工商行政管理局获二等奖。

【城市环境综合整治居自治区首位】 2008年10月17日，国家环境保护部向社会公布2007年全国城市环境管理与综合整治年度报告，并公布7项“城考”（城市环境管理与综合整治定量考核）指标，桂林市“城考”成绩优良，继续名列全国前茅，居自治区首位。桂林市在全国109个环保重点城市中，桂林市空气污染指数（API）≤100的天数、医疗废物集中处置率和城市生活垃圾无害化处理率3项指标获并列第一，“城考”总体成绩较好，但仍需加大环保工作宣传力度和加强对工业企业环境监管，提高工业企业污染物排放稳定达标率。

【建设项目环境管理】 2008年，市环境保护局完成各类对环境有影响的建设项目的环保行政许可384个。对环境影响较大的225个项目编报环境影响报告书（表），对其余159个项目填报建设项目环境影响登记表。对自治区环境保护局审批的桂林辖区内56个建设项目出具审查意见。对不符合国家产业政策的建设项目以及对属于《广西壮族自治区环境保护条例》内禁止建设范围内的建设项目，市环境保护局一律不予环保行政许可。对排放总量超过污染物总量控制指标的、生态破坏严重或者尚未完成生态恢复任务的地区，暂停审批新增污染物排放总量和对生态有较大影响的建设项目。对不能达标排放或超过污染物排放总量规定的企业，不批新项目。对选址不当，影响群众生活环境利益的建设项目，建议业主重新选址。全年不予环保行政许可建设项目40多个，建设项目环境影响评价制度执行率为100%。对资源至龙胜道路两边的15个小水电站，各县拟建设的铁合金、电解锰、水泥等高能耗和高污染的项目以及砖厂建设项目进行调研，写出调查报告，明确审批和管理方面的要求。加大工业园区的管理力度，完善规划环境评价。年内组织审查了荔浦长水岭工业园区、平乐二塘工业园区、资源中锋工业园区等工业集中区的规划环境影响评价，并推行工业企业“入园进区”。通过鼓励、引导，搬迁和改造了桂林市区严重污染环境的工业企业，加快调整产业结构和生产布局。工业集中区的规划环评率达100%。

【“三同时”执行合格率100%】 2008年，市环境保护局加强对新污染源的监控，共出动823人次对135个“三同时”(建设项目中防治污染的设施必须与主题工程同时设计、同时施工、同时投入使用)项目执行情况进行现场检查。对一些未验收的“三同时”项目，监督其项目建设情况和试产运营情况，及时发现和处理污染处理设施试运行过程中出现的问题，掌握企业的排污状况和污染物对周围环境影响的情况，控制了污染源的产生。在第三产业验收工作中，遵守新建项目环保验收程序，环境执法人员深入现场检查，提出监管意见。年内，对全市364个建设项目进行环保设施竣工验收，其中市环境保护局验收项目180个，12个县环保局验收项目184个。达不到审批意见要求，不予通过。“三同时”执行合格率为100%。

【开展环境保护专项行动】 2008年6~11月，为贯彻市政府在全市范围内深入开展整治违法排污企业保障群众健康环保专项行动，市环境保护局开展了对涉铅、涉铬、纸、冶炼、建材、电力、城市生活污水处理等高耗能、高污染行业的专项整治工作。开展对2004~2007年各级督办环境问题的后督查工作，巩固环保专项行动成果；按照国家产业政策，依法淘汰落后工艺。对违法建设不符合国家产业政策的小型造纸、制革、印染等严重污染水环境的生产项目依法进行停业、关闭。对达不到污染物排放标准的企业依法要求停产、搬迁或限期治理，并严格监督和帮助企业尽快完成整改，实现达标排放。加强对排污大户、重点企业的监管。以保护饮用水源为契机，对漓江流域的环境问题开展专项整治工作。将27家企业列为桂林市环保专项行动挂牌督办企业。

【危险废物管理】 2008年，桂林市危险废物主要有工业危险废物和医疗危险废物。工业危险废物主要来自电镀行业，年内，对工业危险废物采取综合利用和安全处置的方式进行处理，处置利用率达到100%，对外排放量为0。医疗危险废物来源于各医疗机构在服务中产生的临床废物，包括一次性输液管、手术残余物、化验废物和传染性废物等，年内，桂林市医疗危险废物产生量和处置量均为1917.21吨，比上年有所下降。

【放射辐射管理】 2008年，桂林市放射源被广泛应用于工业、医疗、通讯、科研等领域。全市放射源的类型主要是密封放射源和非密封放射源。放射源核素主要有^{60}Co、^{147}Pm、^{192}Ir、^{137}Cs等。年内，桂林市涉放射源单位30家，密封放射源共计145枚，主要分布情况为水泥建材行业66枚、医疗机构10枚、教育科研15枚、其他54枚，使用于水泥行业的料位计、医疗行业的治疗仪、造纸行业的测厚仪以及科学研究等。非密封放射源214个，主要分布在医疗行业，使用于医疗诊断和治疗。年内，临桂县又一村办水泥厂的1枚废弃放射源被送自治区城市放射性废物库安全贮存。5月初，广西最大的辐照中心——广西振翰辐照中心于落户桂林，该中心的装源量为40万居里，装有40枚放射源。加强放射性污染源管理。年内，市环境保护局联合公安部门对桂林市涉源单位进行专项检查。对发现的安全隐患提出整改措施和要求，规范安全与防护措施，最大限度降低核辐射对公众、社会和环境的影响。

【环保专项资金项目】 2008年，市环境保护局组织申报2008年中央财政主要污染物减排专项资金项目、中央集中排污费资金、农村环保专项资金项目、中央财政灾后环保监管能力恢复和应急监测补助资金项目、中央环境保护专项资金项目、生态广西建设引导资金项目、环保监测执法业务用房建设项目等中央和自治区环保专项资金项目，共获得中央及自治区各项环保专项补助资金1396.75万元，其中，污染治理能力建设补助资金147.75万元；排污费补助资金238万元；污染减排专项资金591万元；生态广西引导资金312万元；农村环保专项资金108万元。全年下达市本级财政环保专项资金共471.67万元，受补助项目21个，带动环保投资1323.03万元。为提高桂林市申报中央和地方各类专项资金项目的质量，桂林市开展项目库建设，实行动态跟踪管理。至年底，桂林市储备各类环保专项资金项目78个。

【环保执法】 2008年，市环境保护局规范行政执法行为，根据行政执法内设机构和执法岗位配置，将相关法律法规定职定权分解到具体执法岗位，对每一项行政执法工作制订明确的工作步骤、形式和标准，建立内部行政执法责任制。市环境保护局领导与各执法岗位签订行政执法责任书，完善对行政执法行为的过程监控、制度规范和考核程序，严格责任追究，建立办事高效、运转协调、行为规范的环境管理体系。年终对行政执法责任制落实情况进行考核。加强行政执法人员培训，提高依法行政能力。年内，市环境保护局在阳朔县举办全市环保部门行政执法人员培训班，100多人参加培训。加大对环境违法行为查处力度，全年共审查案件34件，否决行政处罚案件1件，撤销处罚案件2件，变更罚款数额5件；对符合听证程序的严格依照听证程序执行。全年依法作出行政处罚决定书135件（一般程序31件，简易程序104件），罚款总额29.92万元。

【排污收费及排污申报】 2008年，市环境保护局及12个县环境保护局排污费征收总计2040万元，排污费解缴入库户数3029家。其中，桂林市环境保护局排污费征收643.1余万元，排污费解缴入库户数760家；12个县环境保护局排污费征收1396.9万元，排污费解缴入库户数2269家。桂林市参加排污申报的单位共计2486家。其中，市区申报单位为1394家，12县申报单位1092家；工矿企业、企事业单位200家，第三产业1194家。

【巩固噪声达标区】 2008年，为加强噪声达标区的巩固管理工作，确保桂林市噪声达标区覆盖率大于60%，市环境保护局制订《2008年桂林市噪声达标区覆盖率工作计划》，并以排污许可证发放为手段，掌握监测数据，动态管理，发现超标单位，及时采取限期治理或整改、行政处罚等措施督促其噪声达标排放。至年底，桂林市噪声达标区面积45.60平方千米，覆盖率占建成区面积58.88平方千米的77.4%。

【烟尘控制区建设】 2008年，市环境保护局制订《2008年桂林市烟尘控制区工作计划》，并下达到各城区。为减少桂林市区二氧化硫的排放量，结合烟控区的工作，对烟尘控制区范围内的炉窑灶进行严格的环境监察制度，做好环境现场监管记录，督促排污者按规定运行其炉、窑、灶，发现问题及时查处，确保污染治理正常运转和达标排放。全年共出动3500多人次，对182台锅炉、窑炉、茶水炉进行现场监督检查。对1家二氧化硫排放超标单位进行限期治理，182个烟尘控制源排放的烟气黑度和烟尘浓度均达规定标准。12月底通过了桂林市政府组织的验收，桂林市烟尘控制区覆盖率继续保持100%。

【加强中、高考期间噪声控制】 2008年中高、高考期间，市环境保护局提出中、高考期间严格控制噪声要求。在中、高考噪声控制期间，组织市环境保护监察支队、市城区环境保护办公室和市环境保护监测中心站安排人员昼夜值班，共出动230多人次，对143起群众投诉进行了现场处理。给桂林的广大考生创造一个安静的复习考试环境。

【第三产业污染治理设施管理】 2008年9月，市环境保护局开展对第三产业企业进行检查的专项行动，共出动374人次，对137家重点企业进行经营项目情况是否与审批的要求相符合，排污处理设施是否运转正常，排污口是否规范化的专项检查。对污染治理设施工作不正常或不正确使用污染治理设施的单位，限期改正，情节严重的予以行政处罚。对丹桂大酒店、香江饭店、台联酒店、景秀大酒店、京都大酒店、翠园宾馆等排污者擅自停用污染治理设施进行查处。并对超标排放大气污染物的香江饭店进行行政处罚。通过加大监管力度，规范了第三产业污染治理设施的管理。

【环境统计】 2008年，市环境保护局对全市337家工业污染源重点调查企业及非重点调查工业企业的排污情况实行整体估算。一是工业“三废”（废水、废气、固体废物）排放、处理及利用，年内，全市工业废水排放量4083.41万吨，工业废水排放达标量3750.74万吨；工业废水中各污染物排放量为：化学需氧量6187.88吨，氨氮87.59吨，石油类3.59吨，挥发酚0.20吨，总氰化物0吨，总砷0吨，总铅0.34吨，总汞0吨，总镉0吨，六价铬0.01吨；工业废气排放量为46.8亿标立方米，工业二氧化硫排放量为38415吨，工业烟尘排放量为10067.13吨，工业粉尘排放量为9621.03

吨。工业固体废物,产生量为 175.09 万吨,综合利用量为 163.40 万吨,排放量为 1.09 万吨,贮存量为 11.15 万吨;“三废”综合利用产品产值为 11630.6 万元。二是污染治理资金和使用效果,全年全市污染治理资金为 6727.6 万元,其中,工业废水治理 3991.9 万元;废气治理 2696.7 万元;其他治理 39 万元。全年安排治理项目 55 个,当年竣工 54 个。全年竣工项目新增设计处理能力为治理废水 2.08 万吨/日;治理废气 19.48 万标立方米/时。三是社会生活污染源,全年全市生活污水排放量为 13685.15 万吨,生活污水中化学需氧量排放量为 36258 吨,生活及其他二氧化硫排放量为 5355 吨,生活及其他烟尘排放量为 3294 吨。

【完成污染减排任务】 2008 年,桂林市主要污染物总量减排目标为:化学需氧量(COD)和二氧化硫(SO_2)排放总量分别控制在 4.28 万吨和 6.37 万吨以内。化学需氧量年度控制目标为 4.38 万吨。市政府印发《桂林市 2008 年主要污染物总量减排计划》,确定二氧化硫(SO_2)减排项目 205 个(7 个列入自治区减排计划),确定化学需氧量(COD)减排项目 25 个(9 个列入自治区减排计划)。市政府将减排指标纳入年度环保目标责任制和节能减排目标责任制,对各县(区)的污染减排工作考核落实“一票否决制”和问责制。至年底,计划安排的 22 个工程减排项目全面动工,19 个项目投入运行,计划安排的结构调整减排项目中有 66 个项目完成关闭和建档工作,其余大部分项目进入关闭程序。市环境保护局重点抓好工业污染源限期治理,逐一审查所有排污企业的污染物排放情况,发现超标的企业,及时要求限期治理或整改。对废气超标的桂林电力电容器有限责任公司下达限期治理任务,并督促其完成治理任务。年内,经国家、自治区核定,桂林市化学需氧量(COD)排放量为 42466 吨,减排 1483 吨。年度二氧化硫(SO_2)排放量为 4.38 万吨,减排 1929 吨。两项指标均达到自治区下达桂林市的控制目标要求,全面完成污染减排任务。

【开展第一次全国污染源普查】 2008 年,按照自治区污染源普查办公室要求,市环境保护局开展第一次全国污染源普查工作,并将污染源普查工作任务纳入 2008 年各县(区)和市直部门的环保目标责任书。全年组织完成培训污染源普查指导员和普查员 2176 名。确定清查对象 32761 家,其中,工业源 5760 家,生活源 10311 家,集中式污染治理设施 22 家,农业源 16668 家。经过拉网清查,确定普查对象 25803 家。其中,工业源 3915 家;生活源 5474 家;集中式污染治理设施 14 家;种植业 8949 家,养殖业 7451 家。至年底,桂林市完成污染源普查数据终审确认工作。

生态环境建设

【全市实现生态示范区创建目标】 2008 年 4 月,桂林市平乐、荔浦、临桂县获得国家环境保护部授予的国家生态示范区称号。市环境保护局组织召开全州、灌阳、永福县的生态示范区创建迎接检查工作会,并对创建工作给予指导,生态示范区试点建设各项建设指标均达到国家标准,12 月通过自治区环境保护局考核验收。至此,桂林市 12 个县全面实现生态示范区创建目标。

【全市 11 县《生态县建设规划》通过专家评审】

2008 年,全州、灌阳、平乐县的《生态县建设规划》通过专家评审。至此,桂林市 11 个县的《生态县建设规划》通过评审,为生态县和生态市创建打下良好的基础。

【环境优美乡镇创建】 2008 年,桂林市全面展开环境优美乡镇、生态村试点的申报工作。制订《桂林市环境优美乡镇和生态村创建工作方案》,下发各县及城区并组织实施。阳朔县阳朔镇、灵川县大圩镇等乡(镇)积极申报,阳朔县阳朔镇通过国家环境保护部的验收,荣获自治区第一个全国环境优美乡镇称号。

环境监测与科研

【环境监测】 2008 年 6 月,市环境监测中心站通过中国合格评定国家认可委员会(CNAS)第三次监督评审,11 月通过自治区质量技术监督局的评审。年内,市环境监测中心站向市环境保护局和市科学技术局申报了《监测专题电子地图集开发》《桂林市环境监测数据信息化研究》《桂林市环境噪声适用区域划分》《桂林市城区污水处理厂有机污染物调查》科研课题,其中《桂林市环境监测数据信息化研究》进入试运行阶段。全年完成水质、空气、噪声等环境质量分析数据27245个。其中,监测数据23270个;质量保证数据3975个。完成废水、废气、污染源噪声、煤质、饮食业的油烟等各项污染源监测数据23653个。环境空气质量日报系统全年正常运转,提供数据4355个,发布空气质量日报及预报366期。阳朔县龙头山水质自动监测站全年正常运转,提供数据2767个,发布水质周报52期。开展室内环境空气污染监测,提供监测数据5800个。

【环保科研】 2008年,桂林市环境保护科学研究所《漓江流域生态环境保护、旅游开发与管理研究》分项课题《漓江流域水污染现状与水环境安全保护》,通过市科技局的评审验收;《桂林市青狮潭水库水源保护区划分及水环境容量研究》获得市科技局立项。《环保"十一五"规划中期评估》工作,包括桂林市"十一五"计划环保专项规划实施评估及主要污染物总量控制计划实施评估完成初稿。由自治区环境保护局布置的《桂林市地下水污染防治现状调查》《饮用水水源地基础环境调查及评估》分别通过相关专家函审及自治区环境保护局验收。由阳朔县环境保护局委托的《阳朔县金宝竹席集中区污水处理厂可行性研究方案》通过市级评审。市环境保护科学研究所全年共承接建设项目环境影响评价文件77项,年底完成编制工作65项。编制的环境评价报告书(表)全部通过评审。

环境保护宣传教育

【环境保护宣传】 2008年,桂林市环境保护局以推进污染减排、生态桂林建设、打击违法排污企业、保障群众身体健康等环保专项行动为重点,开展环保宣传报道。全年在《中国环境报》《桂林日报》等报刊刊登环保新闻稿件256篇。同时,利用桂林环境保护网站进行环保宣传,登载原创和转帖环境保护稿件1403篇,网站点击率达42万余人次。开展环境保护宣传教育活动。年内,市环境保护局与市教育局联合组织开展桂林市中小学生《环境小报》手抄报竞赛;与桂林电子科技大学环境保护志愿者开展纪念世界环境日系列宣传活动;联系广西移动通信有限公司桂林分公司在6月3日发送环保短信30多万条。全年市环境保护局共制作完成桂林市空气质量周报节目52期,创作、摄制《节能减排,我行动》环保公益宣传电视片1部。

【绿色环境保护基地创建】 2008年,桂林市开展申报创建第五批市级"绿色学校"活动,全市有43所中小学、幼儿园进行申报,市委宣传部、市环境保护局、市教育局组织对申报的学校进行现场评估检查,19所中小学、幼儿园获桂林市第五批"绿色学校"。至年底,桂林市已命名112所"绿色学校"。年内,市环境保护局开展自治区第四批绿色环保教育基地、自治区第四批"绿色环保社区(小区)、绿色环保酒店(宾馆)"的创建活动,有2个小区、1家宾馆、1个景区获自治区表彰。

(高江)

10月13日上午，贵广铁路开工动员大会在桂林市灵川县甘棠江特大桥桥址举行。中共中央政治局委员、国务院副总理张德江出席开工动员大会，宣布贵广铁路开工并为工程奠基。图为嘉宾为贵广铁路动工奠基。（新华社记者陈瑞华　摄）

公　路　运　输

【概　况】　2008年，桂林市交通基础设施建设项目投资22.91亿元，完成年度计划101.9%。其中，高速公路建设项目5个，投资13.09亿元；干线公路新建、续建项目8个，投资2.85亿元；农村公路建设项目162个，投资6.79亿元，（比上年，下同）增长39.95%；道路运输站场建设已建成4个农村客运站和12个便民候车亭，在建4个乡镇客运站和8个便民候车亭。投资538万元，完成年度计划102.28%；水运基础设施建设新建、续建项目27个，投资1296.3万元，完成年度计划153.17%。至年末，全市境内拥有公路10976千米，公路密度为39.48千米/百平方千米。其中，二级以上公路1515.81千米，占总里程13.8%。全市133个乡镇100%通公路、100%通油路，1655个建制村有1612个通公路，通达率97.4%，通油路率43.1%。

年内，全市运力运量平衡发展，道路运输经济平稳快速增长。至年末全市拥有各类营运汽车20428辆。其中，营运客车8419辆，营运货车12009辆；新增营运客车133辆，增长1.59%；新增营运货车960辆，增长8.62%。全市道路客运量6646万人次，客运周转量481641万人千米，分别增长4.78%和11.62%，道路货运量2105万吨，货运周转量209244万吨千米，分别增长11.85%和17.74%。新许可道路运输经营业户129户，机动车维修业户12户，开辟客运班线14条，1所驾校由二级升为一级。

桂林公路管理局管养国道3条、省道6条、县道29条、乡道5条、专用道3条，总里程1755.64千米。其中，二级以上公路1086.33千米，占管养公路总里程61.88%；高级、次高级路面里程1656.32千米，占管养公路总里程94.34%；国省干线公路里程975.4千米，其中二级以上公路比例达88.26%，高级、次高级路面里程比例达100%；全部路线的晴雨通车里程、已绿化里程均达到100%；管养公路桥梁372座/15050延米，其中大、中桥梁106座/10489延米，占桥梁总数28.5%；管养公路隧道2道/320延米。

桂林市交通局管养的县乡公路里程8842.09千米，养护工程项目投资6531万元，占年度计划202%。重保线好路率达81.22%，上升3.22%；一般县道好路率67.94%，上升4.94%；乡、村道晴雨通车率97.9%；未列入管养达等乡、村道晴雨通车率85.57%。

【抗灾救灾】　2008年，桂林市遭受雨雪冰冻和洪涝灾害，786条公路受阻和损毁。面对灾情，市交

2月2日，全州公路局派出人员清理积雪，确保道路畅通。
陆吉林　摄

2月2日,受雨雪冰冻影响,大量车辆滞留在桂黄公路上。
蒋明灿 摄

通系统各部门迅速启动应急预案,投入资金663.7万元,为交通运输强提供保障。冰灾期间,市交通系统出动抗灾人员4900人次,设立绕道过境车辆救助服务站35个,制止1000多辆车次在危险道路上运行,疏散旅客6000多人次;桂林公路管理局投入人力8500多人次,资金350多万元,抢通17条国省县乡道371千米公路,疏散分流、滞留车辆15.85万辆,重点保证了通往资源县城、灌阳县城的救灾物资运输线,保证了国道322线桂林至黄沙河公路的畅通,圆满完成了分流京珠高速公路滞留车辆。抗洪期间,市交通系统迅速成立防汛抢险领导小组,制订应急预案,准备200辆抢险救灾应急运力,圆满完成了旅客和重点物资运输任务。

年内,桂林公路管理局、资源公路局、全州公路局黄沙河养护站、兴安公路局升坪养护站、灵川公路局五里排养护站、灌阳公路局灌阳养护站获全国交通行业抗灾保通先进集体;蒋继红、李苑茜、彭国平、蒋明灿、蒋承峥、蒋仕荣、刘明、陆吉林、牟金栋获全国交通行业抗灾保通先进个人。

(刘静 鞠蔚)

【公路服务】 2008年,桂林公路管理局养护工程共完成投资7943.23万元,工程质量合格率100%,优良品率95.2%。该局管养的全部路线好路率达81.56%,国省干线好路率达87.32%。

年内,争取和筹措资金对受冰冻灾害损坏的20条路线共278千米的路面、13座桥梁进行维修。投资280万元完成阳朔县福利至兴坪等5条旅游路线安全保护工程,消除隐患41处;完善G323线荔浦县八里塘至平乐路段安全信息标志、标线,规范了公路安全使用行为;争取资金43.6万元,完善了管养路线上经过学校路段的标志标线,为学生出行安全提供保障。

【龙胜至三江二级公路(桂林段)交付使用】 2008年8月29日,龙胜至三江二级公路(桂林段)工程交付使用。该工程于2003年11月18日正式开工建设,起于龙胜各族自治县县城玉龙桥头,途经龙胜镇、瓢里镇,终于龙胜各族自治县与柳州市三江县交界的思梅村石门塘隧道,全长36.26千米。工程总投资1.43亿元,全线采用山岭重丘区二级公路标准,设计行车速度40千米/小时,路面宽7米,路面为水泥混凝土路面。全线共有大桥3座,中小桥4座,涵洞1797米/100道。

【广西公路安全保障工程(桂林段)通过交工验收】 2008年9月27日,广西公路安全保障工程(桂林段)第一至第五期工程通过交工验收。该工程由桂林公路管理局组建工程建设办公室代行业主职责,历时2年3个月,投入资金2666万元。该工程对国道321线、322线、323线(桂林段),省道201线、202线、305线、306线(桂林段)存在的急弯、陡坡、临江(河)、临崖、视距不良等险要路段进行了综合整治。设置钢筋混凝土护栏14949.15米,波形钢护栏79015米,缆索护栏2044米,浅水沟7491.6米,整治陡坡加小半径平曲线路段3处,开挖视距平台2处,完善了公路的标志、标线等安全设施,增强了安全通行能力。　　(鞠蔚)

【农村客运网络建设】　桂林市、县两级运管部门不断加大农村客运基础设施建设,完善农村道路运输条件。全年4个农村客运站和20个便民候车亭项目列入自治区交通厅站场建设计划,建成阳朔县普益站、荔浦县花垅站、兴安县严关站和全州县才湾站4个农村客运站和12个便民候车亭,投资551万元,占年度投资计划的105%。在建项目有荔浦县东昌站、恭城县莲花站、兴安县百里站和临桂县保宁站4个乡镇客运站和8个便民候车亭。至年底,全市已建有农村客运站36个,便民候车亭80个;农村客运线路333条、客运车辆2823辆,建制村客车通达率85%,农村客运网络日趋合理。

【安全事故防控能力增强】　年内,全市交通部门强化运输安全生产管理,全年交通系统生产安全、消防安全、水运安全和工程建设质量责任事故均为零,发生行车责任事故19起,伤16人,死亡26人,分别下降20.83%、30.4%和18.75%。市交通局加强"三把关一监督"的安全管理:严把运输市场准入关,把安全生产管理规章制度建立情况等作为道路运输经营行政许可的条件之一,督促运输企业落实安全生产主体责任;严把从业人员资质关,监督驾驶学校落实《培训记录》,全年共对近5500名新增驾驶员进行从业资格培训及考核,核发从业资格证5000多本;严把车辆技术状况关,完成车辆技术等级评定1.4万辆次,完成二级维护监督检测9406辆次;加强客运站源头管理。年内,开展行业安全专项检查12次,现场整改存在问题23个,对全市36家四级以下道路客运企业进行安全生产状况评估,规范和提高企业的安全生产管理。开展安全生产培训,组织举办企业安全管理员培训、道路旅客运输驾驶员素质教育、违章驾驶员强化学习及各类从业人员安全学习班9期,培训人员851人,提高了从业人员的素质和安全意识。

【出租汽车管理】　2008年,市交通局重新修订《桂林市出租汽车客运管理规定》,解决出租汽车经营权管理问题,引导出租汽车企业公司化经营,建立市场退出机制。市交通运管部门实行责任包干,督促指导企业做好维护稳定工作,成功解决了桂林市大龙营运有限公司58辆挂靠经营出租汽车的车辆更新问题,确保了出租汽车行业的稳定。

【道路运输专项整治】　2008年,市交通运管部门成立7个稽查组加强对市区道路运输市场的日常监督,采取昼查与夜查相结合、固定稽查点检查与流动检查相结合等方式,开展道路运输专项整治工作。全市共出动稽查人员1.33万人次,检查营运车辆7.83万辆次,查处违章车辆6169辆次(其中无证经营1601辆次,假冒军车6辆次),营造了依法治运、守法经营、规范有序的市场环境。

【农村公路重点项目建设】　2008年,全市农村公路建设里程1483.9千米,投资6.79亿元,为年度计划的141.7%,增长39.95%。其中,通乡油路投资2.12亿元,为年度计划的100.87%;通达工程新建、续建770.1千米,累计投资1.24亿元,为年度计划的101.6%;通建制村沥青或水泥路新建项目17个,续建项目14个,共246.2千米,投资7167.8万元,为年度计划的111.6%。公路建设养护管理目标责任制综合考评、工程建设单项考评、养护管理单项考评3项指标均名列全自治区第一。

【为民办实事项目完成】　2008年,市交通部门完成自治区为民办实事交通建设项目47个,建设里程535.23千米,投资2.82亿元,占计划总投资的101%;完成桂林市为民办实事农村公路建设项目16个,建设总里程167.6千米,累计投资8723万元,为年度计划的106%。

【路政管理】　年内,市交通部门加大路政案件的查处力度,确保做到发现及时、查处及时,有效整治了各类路政违法现象,维护了国家路产路权。市交通部门路政执法部门全年共查处路政案件613起,立案查处54起,结案54起,结案率100%。其中,车辆损毁路产案件49起,人为损毁路产案件5起；审批管线项目12起；拆除违法建筑8处875平方米，清除路障653处；县乡公路收取路产赔（补）偿费和罚款60余万元。

桂林公路管理局全年查处路政案件6204起，案件查处率、结案率均为100%。疏通人为堵塞水沟4106米，清理非交通标志牌674块。清理堆积物604处共7040.08平方米。清理临时违章搭棚235处3145.5平方米。加强治超管理工作力度，全年共投入执法人员6.74万人次，检测车辆77.51万辆，将超限率控制在5.65%以下。

【县乡公路养护】 年内，市交通局强化重保干线养护、水沟路肩的整治、绿化与大中修工程等，全年管养的县乡公路里程8842.09千米，完成养护工程项目投资6239万元。其中，小修保养养护资金1440万元；大中修工程资金2015万元。重保线好路率达81.22%，上升3.22个百分点；一般县道好路率67.94%，上升4.94个百分点；乡、村道晴雨通车率97.9%；未列入管养达等乡、村道晴雨通车率85.57%。 （刘静）

水 路 运 输

【概　况】 2008年末，桂林市辖区内有航道里程687千米，其中通航里程576千米。水路运输企业47个，运输船舶542艘2.33万客位，5670.3载重吨。其中，旅游运输船舶330艘2.07万客位；圩客船59艘2566客位；货物运输船舶75艘5670.3载重吨。水路运输服务企业85个，横水渡口109个，渡船132艘。年内全市共完成水路运输客运量360万人次，客运周转量1.55亿人千米，分别增长6%和7.99%，其中漓江游客运量完成158.8万人次。全年完成货运量7.5万吨，货物周转量4374万吨千米，分别增长15.38%和8%。 （刘静）

【船舶管理】 2008年，全市在册船舶859艘，桂林海事局办理各类船舶登记1049艘次，船舶进出港签证187163艘次；完成安检684艘次，查出缺陷1854项。启用新版“船舶签证簿”，开展小型船舶船名标志管理，至年末，完成了第一批64艘小型船舶船名牌的定制。

【通航管理】 年内，桂林海事局将日常业务工作和百日督查、隐患治理排查结合，重点对市区段、阳朔县兴坪段非法竹筏载客及乡镇渡口、渡船进行专项整治，全年开展巡航、巡检1136次，巡航时间6696小时，出动执法人员2729人次，巡航里程5.27万海里，办理水上水下施工许可手续5次，发布航行通告3次，处理水上交通违法行为115起。

【专项整治】 2008年，桂林海事局抓住漓江航线和旅游客船两个重点，建立了安全隐患数据库，确定了未达标过江电缆高程、渡口渡船无证渡运、平乐砂船无证运输等143项安全隐患。6月初，对76项隐患再次进行挂牌督办，确定整改要求、整改期限、整改责任人、监管单位、督办单位，至12月底，有109项隐患完成整改。针对“风光15－16”船在停泊期间因违规用电导致火灾的事故，该局立即发出《关于加强船舶电气管理确保用电安全的通知》，要求各船舶单位依据船检规范要求进行用电自查整改，同时确定船舶用电检查作为安全检查必检项目。消除漓江草坪段渔艇、“三无船”（无船舶号码、无船籍号、无船舶证件）非法载客安全隐患，与交通、渔政、旅游、公安等部门配合雁山区政府开展了7次联合整治行动，9月，漓江草坪段非法载客现象得到有效遏制并通过验收。开展渡口渡船专项治理，对辖区渡口渡船船体、机电、救生、消防等设备救生开展了全面的安全检查，打击无证驾驶和非法渡运行为，全年深入乡镇渡口检查163天次，检查渡船855艘次，全辖区渡船的船舶所有权登记率达100%。

【创建漓江安全畅通文明清洁航线】 2008年，漓江“安全畅通文明清洁”航线创建活动以信息共享、联席会议、联合培训、联合演习、联合执法等共建活动为主要内容。全年通过桂林漓江GPS监控中心向旅游船舶发送水文信息363条，天气信息363条，浅滩信息363条，雷雨大风预警信息和洪水警报31条，其他安全信息5条，为船舶安全航行提供预警信息保障。召开航区安全形势通报会3次，事故案例分析、港区船舶安全航行、停泊工作座谈会2次，探讨、协商解决漓江航线水上交通安全管理的薄弱环节和应对措施。施行《磨盘山码头水域船舶航行停泊规定》，改善磨盘山水域船舶航行和停泊秩序。推进桂林水上搜救中心筹建工作，7 月 17 日 ~8 月 5 日，联合市安全生产监督局、市交通局组织 240 多艘旅游船舶，近 3000 名船员开展第 23 次防抗雷雨大风演习，提高漓江航线应急反应和救助能力。发挥 GPS 系统的动态监控功能，查处违章船舶 1 艘，协助查处违章船舶 5 艘，通过桂林漓江 GPS 船舶监管系统平台，实现了 GPS 船舶监管中心、旅游船舶、排污站点和现场检查多方联合制约规范船舶生活污水排放工作。

【“海巡 1981”首次完成跨辖区接待】 2008 年，自治区领导考察西江黄金水道，桂林海事局派出“海巡 1981”巡逻船航经漓江、桂江、西江、浔江、郁江、邕江等自治区内河主要干流，进出 22 座船闸，穿越 40 座跨江大桥，行程达 2000 千米，圆满完成首次跨辖区、远航程的接待工作任务，实现了“安全无事故、设备无故障、服务无差错”的目标。

【海事执法改革】 2008 年，桂林海事局通过优化资源配置、改善运作方式、理顺层级关系，打破传统专业分工设置，实现执法工作受理与审批分开、调查与处理分开、执法与监督分开的“三分开”以及动态执法、静态执法与执法督察“三分离”的海事执法模式改革，执法资源得到有效整合，一线执法力量和动态执法效能得到加强，提高了突发事件的应急反应、应急处置能力。（温益琳）

【水运基础设施建设】 2008 年，全市水运基础设施建设新建、续建项目 27 个，累计完成投资 1296.3 万元，完成年度计划 153.17%。完成便民码头建设项目 14 个，投资 135 万元，分别为自治区港航局下达年度计划的 157% 和 165%；磨盘山客运港码头完成改扩建工程投资 399 万元；完成漓江航区更新改造 5 艘客船 490 客位，投资 510 万元，为年度计划 100%；完成乡镇客圩渡船船舶改造 13 艘，投资 74.5 万元，为年度计划 100%。

【磨盘山客运港码头改扩建工程开工】 2008 年 12 月 6 日，磨盘山客运港改扩建工程正式动工建设。全年底已完成投资 399 万元。其中，投资 106 万元（未结算）为配电设备采购及设备安装采购工作；投资 28 万元完成菜市场修建、5 号楼地下管棚和停车场修复工作；投资 70 万元（未结算）部分完成客运大楼及港区供电线路工程改造工作；投资 25 万元完成客运港规划设计及客运大楼的施工设计工作；完成其他投资 170 万元。

【水运企业资质监管】 2008 年，全市共核查水运企业 47 户（其中合格的水运企业 45 个，不合格 2 个），运输船舶 542 艘（合格 528 艘，不合格 14 艘），水路运输服务企业 85 个（全部合格）。依法实施行政许可，全年共实施许可 990 起。其中，新办运输许可证 7 本、服务许可证 8 本；换改运输许可证 9 本、服务许可证 35 本、船舶营运证 380 本；办理注销证 16 本、登记证 1 本、年审合格证 534 本。

【整顿和规范水路运输市场】 年内，桂林市交通部门联合市容局、公安局、旅游局、海事局、工商局等部门共出动执法人员 700 多人次，开展了为期半年的专项整治，确保了辖区内水路运输的安全、有序。完善综合执法机制，督促阳朔县交通局出台控制兴坪渔村航线运量的管理办法，实现有法可依，依法行政、文明执法。加强现场检查力度，市交通航务管理部门共出动现场检查人员 336 人次，检查游船 176 艘次，现场下发整改通知书 8 份；共派出暗查人员 214 人，暗查游船 107 艘次，游客满意率达 98.5% 以上。加大码头及周边环境治理及排筏、渔船非法营运的监管，非法营运得到有效遏制。

【加强水运行业安全管理】 2008 年，市交通局加强渡口渡船安全管理专项整治，强化乡镇船舶安全管理责任制，完善防抗船舶雷雨大风演习等应急反应工作机制，突出对事故隐患的专项整改和对重点时段、重点水域的监管，确保黄金周、汛期等工作安全。

年内，市交通航务管理部门落实乡镇船舶四级管理责任制，督促各县（区）交通主管部门和有船乡镇签订水上安全管理责任状，责任状签订率 100%。牵头制订桂林市 2008 年漓江草坪段安全隐患整改方案。北京奥运会期间，制订奥运特殊时期港口保安工作实施方案，组织相关人员参与反恐演习，强化安全理念。8 月 6 日 ~10 月 9 日，对磨盘山客运港游客登船通道设置旅客登船安检通道，利用 X 光机和录像监控设备设置行李检测点，对旅客行李物品进行检查，共检查旅客 18 万人次，保证了北京奥运会举办期间漓江及磨盘山客运港安全有序。（刘静）

【航道航标维护管理】 2008 年，桂林航道管理局下辖桂林、大圩、阳朔、平乐等 5 个航道分局（站），负责维护桂江上游桂林虞山桥至梧州昭平水电站 190.5 千米的航道及其设施。年内，桂林航道管理局加强日常航道维护管理，重点抓好春节、北京奥运会、国庆节等重大活动期间的航道维护，加强汛期和枯水期航道演变和重点探险的监测工作。坚持按时巡标，确保航标标位准确、颜色鲜明、灯光明亮、灯质可靠、视距足够、信号悬挂及时准确。完成平乐桂江河段多个采砂点的审批换证工作。加强航道信息化建设，应用漓江水位智能监控系统，使用航道管理信息系统，为水运行业提供准确的航行信息，实行航道管理规范化、智能化、透明化。（桂林航道管理局）

铁 路 运 输

【桂林车站】 南宁铁路局桂林车站中心里程为湘桂线 352.10 千米处，下辖桂林站、桂林北站（一场）、二场和桂林南站（平山）4 个站区。2008 年，行政职能机构设办公室、计划财务科、劳动人事科、安全科、技术科、客货运管理科和信息技术科，下属客运、计划售票、货运、运转、平山（桂林南）车间。全站在册职工 771 人。其中，干部 89 人；工人 682 人。

桂林车站主要行车设备为 DMIS 铁路运输调度指挥管理信息系统，采用 JHT 20 - 1 型、CTT 2000 型集中机；行车、调车固定信号均为色灯信号机。道岔、信号控制系统为计算机联锁控制系统。桂林站为一等站，站场有到发线 6 股道，安全线、公务线各 1 条。

全年桂林车站日均接发客车 76.6 列，日均货车到达 44.3 列，出发 63.8 列；日均装车 70.4 辆，日均卸车 126.3 辆，静载重 59.0 吨。运输收入 6.20 亿元，超额完成年计划的 92.5%，增长 14.8%。其中，客运收入 4.48 亿元，完成年计划的 91.1%，增长 6.7%；货运收入 1.72 亿元，完成年计划的 97.7%，增长 1.73%。发送旅客 385.2 万人次，完成年计划 88.5%，增长 3.5%；发送货物 150 万吨，完成年计划的 90.7%，减少 7.9%。停时 19.9 小时/车，比年计划缩减了 0.3 小时/车，中时 1.8 小时/车，比年计划缩减 0.1 小时/次；货物保价收入 175.9 万元，完成年计划的 113%，增长 16.9%。年内，桂林车站继续保持铁道部文明车站、优质货场称号。

9 月 22 日，桂林首趟北京“奥运圆梦之旅”专列出发。
唐侃 摄

客货营销有新突破　年内，桂林车站根据市场变化调整营销思路，向铁路局客运部门提报临客和加挂车计划，优化运能配置。采取灵活的售票方式，在运输淡季把客流重点引向始发车，保持始发车客流稳定；在运输旺季严格把控限售区段，提高始发车的票价率。加大异地票、网上票和席位复用票的销售力度，设立异地票、网上票和席位复用票专项奖，激发干部职工的积极性和主动性，实现增运增收。

安全生产平稳有序　年内，桂林车站加强内部管理，全站在安全意识、内部管理、干部作风、设备质量、现场控制和职工素质等方面认真查摆安全问题283个，解决突出问题167个。完善《安全生产责任制度》等29项安全管理制度。加强易燃品、危险品、易爆品"三品"检查，强化站场封闭式管理，安全生产平稳有序。至年末，全站实现安全生产1234天，劳动安全5421天。　（孟超）

【桂林车务段】　2008年，桂林车务段管辖湘桂线兰家村站－鸬鹚江站间共45个中间站和1个乘务车间，线路全长374千米，其中二等站1个、三等站5个、四等站35个、五等站4个。全段行车设备以单线计轴自动闭塞、半自动闭塞为主，共管辖专用铁道4条、专用线29条。行政职能机构设办公室（保卫科、武装部）、劳动人事科（职工教育科）、计划财务科、技术科、安全科、客货运管理科（路风监察科）、信息技术科；全段共有职工1409人。其中，干部91人；工人1318人。

全年发送旅客95.96万人次，增长0.22%。客运收入5224.88万元，增长12.55%。发送货物539.45万吨，下降17.3%。货运收入实际完成3.30亿元，下降9.3%，运输收入5.19亿元，增长26.5%，停时完成23.6小时，较上年延长1.9小时。

生产经营增运增收　桂林车务段积极应对低温雨雪冰冻灾害和金融危机对运输生产经营的影响，寻找客货增运增收的新亮点和有效途径。加大货运考核奖罚力度，开辟新的货源渠道；优化运输组织，简化办理手续，以便捷的服务吸引新货主；加强铁路与企业合作，稳定老货主，实现增运增收。

强化安全管理　年内，桂林车务段以客运县级站为重点，落实封闭式管理，建立完善各项安全管理制度和应急处置办法，强化现场控制，落实安全生产责任制；强化安全基础管理和班组自控能力，建立和完善安全管理长效保障机制，创新安全基础建设，确保安全生产持续稳定。至年末，全段实现行车无特别重大、重大、较大事故21549天，无一般A类事故10768天，无一般B类事故12489天，无一般C类事故5511天，无一般D类事故656天。无职工因工死亡事故5495天，无重伤事故3296天，无轻伤事故2490天。　（黄志馨）

民　用　航　空

【概　况】　2008年，桂林两江国际机场（简称桂林机场，下同）共完成旅客吞吐量425.94万人次，（比上年，下同）减少40.56万人次。完成货邮吞吐量2.74万吨，减少3087.3吨。旅客和货邮吞吐量分别实现年度预期目标的81.9%和88.4%。安全保障起降42919架次，减少1.9%。专机保障8架次，正确处置特殊情况8次，发现、排除飞机故障65起，抓获犯罪嫌疑人9人，查获枪支弹药、管制刀具、易燃易爆、打火机、液态物品等违禁品150余万件，假身份证31张，地面安全行车240.53万千米。完成中共中央总书记胡锦涛专机，抗冻救灾空投、巡线任务，抗震救灾物资运送专机，奥运航班以及自治区成立50周年大庆中央代表团专机的保障，圆满完成了全年安全目标。至年末，桂林机场共有国内班机航线45条，国际和地区航线6条，由24家航空公司运营，可飞达国内外47个城市。按照全国机场旅客吞吐量、货邮吞吐量及飞机起降架次排名，桂林机场在全国159个民用机场中排名第28位。

【安全管理】　2008年，桂林机场出台《除冰雪工作预案》、《供电应急保障预案》，制订《飞行区运行管理规定》、《危险品运输管理规定》，修改完善《专机保障实施细则》等。桂林机场与各二级机构签订安全责任书，深化、细化安全生产责任制。加强安全教育培训，组织应急救援飞行和应急演练。针对国内外空防安全形势及2008年奥运安保形势，选派人员参加了航空安全信息培训、危险品航空运输培训、66部机型转换培训等安全专业技能知识培训；举办冬季地面交通安全培训和医疗急救培训。强化安全监督检查，开展安全专项

10月开始，桂林两江国际机场候机楼进行全面改造。图为工人在对候机楼外墙装饰改造。 唐艳兰 摄

整治。加强奥运期间对航空安全保卫、飞行区安全运行、航空器活动区地面安全工作的检查，配备武装执勤装备，加装了钉面路障及国际出发、到达厅隔离门等设施，制订机场公司层面的空防安全工作措施20多条。限时对国家民航局保安审计中涉及到的51个项目进行整改，至年底，已完成除航空油库监控系统、机场围界监控系统和围界更新改造以外的全部整改项目。全年共实施安全奖励36起，奖励金额1.65万元。桂林机场实现了第25个安全年。

【航空运输市场经营】 2008年，面对严峻的经营形势，桂林机场加强与航空公司合作，采取各项措施稳定航空运输市场。针对桂林旅游市场受自然灾害及政策调整影响呈现的疲软态势，加强了对市场的调研，为航空公司恢复航线运营、设立运营基地提供数据和可行性分析，为政府和旅游主管部门出台支持、补贴政策提供了决策依据，促成了桂林市政府对韩亚航空公司、曼谷航空公司实行临时航线补贴，争取亚航等航空公司开辟了桂林至吉隆坡、桂林至烟台等12条新航线。增加了飞往北京、上海等枢纽机场航线的航班密度，恢复了桂林航空市场的正常运营。推进与各航空公司的业务洽谈，与12家中外航空公司重签或新签了《地面服务代理协议》，其中与马来西亚亚洲航空公司确立了桂林航线航班五年发展规划，桂林至吉隆坡定期航线已成为桂林机场旅客吞吐量最大的国际航线。探索航空市场开发新模式，开展航空市场宣传，对航线航班进行重点推介；加强自治区内支线航线的开发力度；与无锡、常州、重庆等机场联合开辟航线，实行信息共享、共同调研、明确分工、统一步骤、争取地方政府的政策支持，联合向有关航空公司推介航线，争取开辟新航线。

【提升服务质量】 年内，桂林机场落实和执行服务标准，提高航班正点率，降低行李差错率。全年航班放行正常率96.07%，高于全国平均水平，行李差错率为万分之1.98，旅客满意率为100%，满意度91.38%。全年共受理旅客投诉26起，其中有效投诉1起，没有发生重大投诉和服务质量严重差错。安检站第十通道女子检查分队被自治区评为机场十佳文明班组。

【实施机场扩建工程】 8月12日，A 380机型备降场扩建工程开工。工程投资9940万元，由上海民航新时代机场设计研究院有限公司承担工程设计，中南航空港建设公司负责道面施工，北京中航空港建设工程有限公司负责助航灯光施工，广州民航机场工程咨询监理有限公司担任工程监理。至年底，完成了原有跑道、滑行道、联络道道肩扩宽，助航灯光改造及围界、环场路的迁移等项目。

（蔡德祥　刘晓宁）

9月25日晚21时33分,“神舟七号”载人飞船成功发射,参与飞船部件制造的桂林航天电子有限公司员工无比自豪。（李凯　摄）

概　　述

2008年，桂林市规模以上电子信息产品制造业完成工业总产值38.58亿元，增长（与上年比，下同）51.4%；完成工业销售收入35.84亿元，增长46.5%；完成工业增加值13.70亿元，增长47.9%。全市年末固定电话用户99.23万户，增长5.9%；移动电话用户208.71万户，增长28.2%；计算机互联网用户23.19万户，增长15.2%。完成邮电业务总量71.7亿元，增长22.3%，其中，邮政业务总量1.78亿元，增长3.1%；电信业务总量69.91亿元，增长22.9%。

（韦剑慧）

邮　　政

【概　况】 2008年，桂林市邮政局下辖12个县局。至年末，桂林邮区中心组有自办邮路6条，邮政营业网点163个，储蓄网点72个。全年邮政业务量共完成1.79亿件，速递物流类业务量56.63万件，物流配送2341吨。年末邮政储蓄余额42亿元，增加6.3亿元。

【业务发展】 2008年，桂林市邮政局抓好数据库商函营销项目及账单业务发展，拓展县域中国邮政专送广告业务，全年函件业务量达926.43万件。开发桂林区域商务包裹、直邮包裹业务，拓展“礼品包裹”邮寄市场，全年包件业务量完成13万件。加大报刊发行力度，全年报刊发行完成2885.96万份。加快对公业务发展，9月26日，市邮政局的公司业务第3批6个上线网点对外营业。推进“绿卡村”（一个村全部使用绿卡）建设。提升技术水平，推广应用网络新技术，在营业网点安装全球眼视频监控系统，完成绿卡网、综合网两网互备工程等。

【企业改革】 2月28日，中国邮政储蓄银行桂林市分行挂牌成立。4月，中国邮政储蓄银行桂林市分行下辖的荔浦、平乐、兴安、全州、阳朔、灵川6个县支行挂牌成立，邮政储蓄业务从邮政部门独立出来。速递物流专业化经营进一步深化，4月，临桂、灵川、兴安、全州县邮政局速递物流业务实行专业化经营，成立速递物流营业部。

【服务中小企业】 年内，桂林市邮政局利用邮政网络资金流、信息流、实物流三流合一的网络优势，为中小企业提供服务。向市政府作了关于桂林市邮政服务中小企业有关情况的汇报，积极与市经委沟通，并就做好邮政服务中小企业工作提出了具体建议，服务中小企业工作得到顺利开展。

【提升服务质量】 年内，桂林市邮政局在营业窗口全面开展“建精品窗口，创优质服务”活动、“迎奥运百日优质服务”活动，使服务质量得到提升。北京奥运会期间桂林市邮政局未发生违规经营事件，未发生用户针对奥运邮政禁限寄措施的投诉。做好邮政资费检查工作，桂林市邮政局执行邮政资费政策更加规范，资费管理水平提高。

（黄昱）

中国电信股份有限公司桂林分公司

【概　况】 2008年，中国电信股份有限公司桂林分公司（简称中国电信桂林分公司）下辖12个县分公司。年末，桂林市（含乡镇）共有自主营业厅160个、合作营业厅33个，有职工1838人。年内，中国电信桂林分公司战胜罕见冰雪及特大洪涝等自然灾害对电信部门的破坏，深入推进企业体制机制改革，促进企业持续稳步发展，获广西通信管理局授予的“人民邮电为人民”先进集体。

【抗击灾害保畅通】 2008年1月，桂林市遭遇严重的冰雪灾害，中国电信桂林分公司及下属12个县分公司因灾损失达2279.67万元，全体员工开展生产自救，调集发电机464台，坚持发电保通

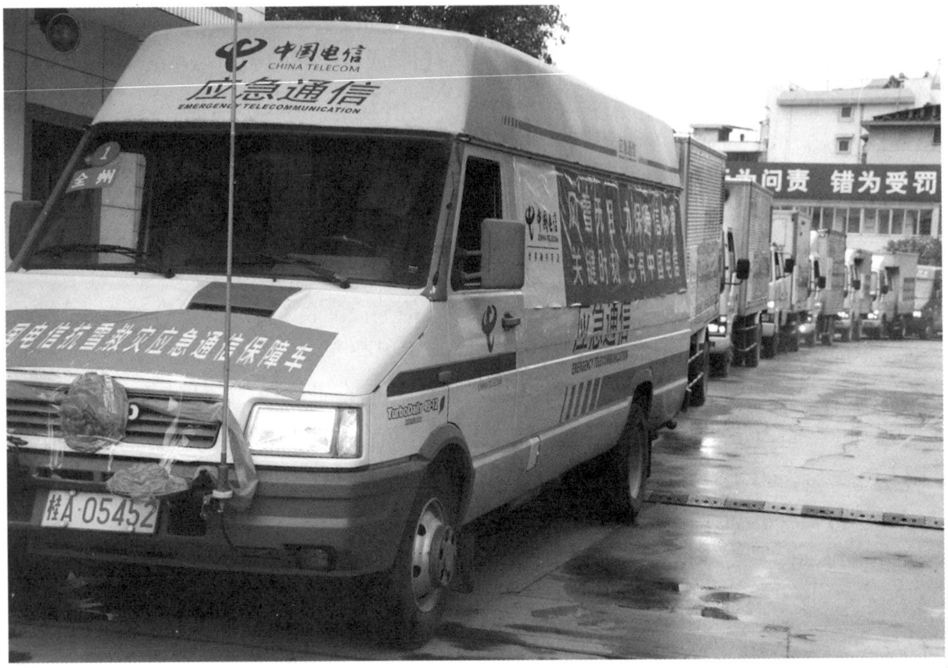

1 月 27 日，桂林电信抗雪救灾应急保障车赴灾区抢修电线路，保障通信畅通。

市委宣传部　供稿

信。同时，调集大量人力、物力进行灾后重建，全力抢修电缆和皮线故障，最大限度地保证用户通信需求和政令畅通。6 月上旬，桂林南部各县遭遇洪涝灾害，中国电信桂林分公司 21 个 ETS 基站、55 个接入网点受灾，杆路倒杆 350 条，39.8 皮长千米光电缆受损，造成直接经济损失达 266.9 万元。灾情发生后，中国电信桂林分公司全力组织，组织职工赶赴抗洪救灾第一线，快速恢复通信畅通。

【开展客户存量保有工作】 年内，中国电信桂林分公司推出小灵通无线市话包月消费政策，丰富小灵通终端，引进代办商在营业厅销售小灵通，推出政企组网优惠、购终端送话费等活动，同时推出小灵通预存话费免费修机活动，保有小灵通客户存量。4 月开始在本地网推出农村电话包月，针对不同的包打范围制订阶梯式包月费用体系。8 月中旬开始在兴安县城进行城市住宅电话包月试点。宽带业务的发展加强了存量客户的续签保有，开展多种消费档次分群营销“多套餐”活动，解决不同层次用户对宽带的消费需求。

【推进转型业务发展】 2008 年，中国电信桂林分公司在全市党政军等机关、事业单位及网吧、酒店等行业，推广行业信息化应用。一是加快医疗卫生信息化转型，10 月，相继与市区及灌阳、荔浦、临桂县的医院签订了新型农村合作医疗系统应用合同，在自治区 14 个地市中率先实现数字医院项目的重大突破，签约建设点位数量在自治区排名第一；灌阳分公司在全自治区第一个签订数字医院和新型农村合作医疗项目；荔浦分公司成功试点了一个乡镇卫生院的数字医院系统，医疗信息化运用成效显著。二是签订并使用平安桂林等系列视频监控网络项目，平安桂林“天网”视频监控一期工程 8 月前顺利完工，并在奥运圣火在桂林传递时正式使用；8 月，“天网”二期工程启动，至年末基本实现桂林的全面覆盖。三是推进“酒店完美联盟”，通过与酒店合作营销，为酒店住户提供使用方便、便宜的电话畅聊、宽带畅游、数码 e 房服务，至 2008 年底，桂林本地网新增签约加盟“酒店完美联盟”业务的酒店 42 家。针对桂林旅游城市的特点，将 22 家签约酒店作为优先推荐酒店，重新宣传号码百事通中的“实名查询”、“查询转接”、“企业名片”子业务。

【承接并优化中国联通 C 网】 2008 年，中国电信桂林分公司积极参与 C 网的资产谈判、网络清查、划分接收等工作，9 月完成 3 次营账（营业账务）系统的并行工作。10 月 1 日，正式从中国联通桂林分公司承接 C 网业务，实现了 C 网的平滑交割、稳定运行。10 月 31 日，CDMA 业务 IT 系统割接，正式开始 CDMA 业务的受理。利用新闻媒体等多种形式开展CDMA宣传。在社会上推出"有奖寻找CDMA信号盲区"活动,提出"无线宽带城市"理念,在桂林生活网论坛及各高校网站论坛上开设中国电信无线宽带城市话题,并在《桂林晚报》上开展征文比赛。11月18日,完成永福县全部站点的预割接;11月29日,桂林本地网357个摩托罗拉旧基站全部替换成华为新基站,改善了因设备老化而导致覆盖性能质量下降等情况。陆续开通新基站69个,网络质量大幅度提升。

【护线工作成效显著】 年初,中国电信桂林分公司开始推行"电缆线路防偷盗护线实施方案",分段分区将护线防盗责任、考核指标落实到部门、乡镇支局,强调责任到人,将护线成效与个人收益直接挂钩。4月开始实施电缆线路外包试点。电缆线路被盗明显下降,全年共发生电缆被盗案件362次,下降55.3%;修复盗损电缆费用287.2万元,下降167%,电缆被盗得到有效遏止。

【服务质量提升】 3月,中国电信桂林分公司开始对社会推出宽带上网畅通服务、预约安装服务、障碍限时修复服务、通话详单查询服务、首问责任制服务5项服务承诺。加强服务基础管理工作,理顺装移机流程,将装、移、修机管控到每个环节,使服务质量得到大幅度提升。通过每周通报5项服务承诺完成情况,对客户投诉处理、营业厅现场检查、客户回访、品牌客户服务限时完成等进行有效监督,从整体上提升分公司服务管理水平。编制《合作营业厅管理办法汇编》、《社会代办管理办法汇编》等,加强对小灵通卖场、合作营业厅、代办点的管理,明确合作营业厅及代办商用户有理投诉和工单差错扣罚流程,解决了代办渠道申诉难的问题。

【深化运行维护基础管理】 中国电信桂林分公司优化投资结构,向转型业务和宽带业务发展倾斜投资,重点保障转型业务项目的建设,全年宽带ADSL端口新增4.32万线;在桂林市南部6县新建成乡镇波分传输系统,缓解了乡镇中继传输不足的瓶颈;对广大农村地区推进光缆进村工作,减少铜缆投资,实施"光进铜退"工程,完成183个点的建设,退铜缆达11万线。

【创新人力资源建设】 中国电信桂林分公司根据企业的经营发展方向,改革创新招聘渠道,拓宽招聘方式,通过向高校、社会招聘专业型成熟人才,多渠道引进企业急需人才,重点引进高级管理和IT、IP、无线通信类人才,满足企业转型发展的需要。创新考核激励机制,强化对新兴业务领域的支撑。成立桂林热线运营中心、呼叫中心、广告运营中心,实行承包经营,充分调动员工的潜能和工作热情。（王娟）

中国移动通信集团广西有限公司桂林分公司

【概　况】 2008年下半年,中国移动广西有限公司桂林分公司(简称中国移动桂林分公司)完成与中国铁通集团有限公司的业务整合。中国移动桂林分公司下辖七星区、叠彩区,全州、荔浦、兴安、临桂、灵川、阳朔、平乐、永福、灌阳、资源县,恭城瑶族自治县、龙胜各族自治县14个分公司。年末有员工1614人,营业服务网点3447个,基站总数达到1413个,客户容量达到208万户。年内,中国移动桂林分公司获自治区总工会授予的"广西工人先锋号"、广西通信管理局授予的"人民邮电为人民"模范集体称号。

【服务奥运】 2008年奥运会期间,中国移动桂林分公司积极完成奥运火炬桂林传递的各项通信保障及服务工作。桂林分公司总经理石强担任火炬手,参加了南宁站奥运火炬传递活动。中国移动桂林分公司选派9名援奥志愿者参与奥运服务;募集2008名志愿者在火炬传递沿线开展了以"用文明力量为奥运加油"为主题的系列活动。

【抗冰灾保通信】 2008年初,桂林市遭遇严重的雨雪冰冻灾害,中国移动桂林分公司受灾基站962个,收入损失约2264万元,话务损失1.07亿分钟。救灾期间,中国移动桂林分公司投入近千台汽油发电机,出动1.43万人次开展通信保障工作,出动抢修车辆1.15万车次,提前5个工作日全部恢复通讯,做到了"道路不通,电力不通,移

1月28日，桂林移动分公司抢修车在冰冻现场抢修。　　鹭鸶　摄

动电话畅通”。2月5日，中国移动桂林分公司坚守在抗灾一线的员工代表受到在桂林视察灾情的中共中央总书记胡锦涛的接见。

【创建乡镇双达标服务厅】 2008年，中国移动桂林分公司制订了业务和服务方面的标准，启动实施乡镇营业所深度营销培训辅导项目及开展双达标（乡镇服务厅及其下属代办点均达标）乡镇厅经理岗位素质提升培训活动，实现了“小窗口”“大作为”，创建了15个双达标服务厅，服务厅的客户满意度在中国移动广西公司系统排名第一。

【中国移动桂林分公司与中国铁通桂林分公司合并】 2008年下半年，中国移动桂林分公司完成与中国铁通桂林分公司的业务整合，成为集移动电话、宽带互联网、固定电话于一体的全业务运营商。年内，公司召开集团客户深度营销专项工作会议，打造高效能的集团客户服务营销体系。与桂林市旅游局签订旅游移动信息化合作协议，共同搭建桂林地区旅游移动信息化服务平台。

（胡素良）

中国联合网络通信有限公司桂林市分公司

【概　况】 2008年12月4日，中国联通桂林分公司与中国网通桂林分公司正式合并，名称更改为中国联合网络通信有限公司桂林市分公司（简称桂林联通）。桂林联通位于桂林市中山中路47号八桂大厦10层～13层，下设12个县分公司。至2008年底，共有员工460多人；G、C两网用户40万户；自有营业厅61个，合作营业厅360个，合作代办点1075个。

年内，桂林联通抓好生产经营，推进改革重组，扎实进行奥运保障服务，全力以赴投入抗灾救灾，立足大局维护企业稳定，改革发展取得新成绩。

【中国联通桂林分公司与中国网通桂林分公司合并】 2008年5～12月，中国联通桂林分公司通过初步清查、交割准备期、交割期、过渡期4个阶段，共完成178个站点、720千米线路的C网资产清查、移交工作；完成中国网通与中国联通红筹公司合并工作。5月，中国联通桂林分公司与中国网通桂林分公司双方就网络资源、客户资源、人力资源共享问题达成共识。12月4日，中国联通桂林分公司与中国网通桂林分公司合并，新公司更名为“中国联合网络通信有限公司桂林市分公司”。

【抗灾救灾】 2008年初，桂林遭遇冰冻灾害，停电直接影响桂林联通基站316个，占全部基站数的50%。面对灾情，桂林联通启动最高抗灾应急预案，从全自治区调拨312名维护人员，出动48台各类车辆、176台发电机到桂林进行抗灾抢修，2月27日，修通全部受损基站，并在2月底完成对123个受灾基站设备、天馈的检查及信号路测及受灾光缆线路的修复工作。

【开展差异化服务】 2008年，桂林联通继续坚持“以客户为导向”的企业经营理念，开展客户品牌的分层服务，针对不同品牌用户开展差异化服务。

年内，桂林联通净增渠道网点 90 个，并在市区及 127 个乡镇建立了营业网点，网点已覆盖到桂林市所有乡镇及部分村屯。

【网络管理与建设】 2008 年，桂林联通探索网络投资与网络运营的管理改革，提升网络盈利能力。加大网络建设，共投资 4764 万元进行大规模的网络建设与优化，年内陆续完成 G 14、G 15、G 16 工程建设，全年新增 GSM 基站 773 个。桂林联通 G 网信号覆盖范围涵盖桂林市所有城区、乡镇和行政村委、重要干道、铁路沿线、旅游景点和厂矿，市区、城区的网络覆盖率达 98% 以上。加强 SCDMA 无线网络建设，新增 SCDMA 基站 17 个，在市内话务密集区新增加站点，保证大灵通网络质量的稳定。为增加 SCDMA 基站的信号覆盖深度，在一些商场加强室内分布，共新增覆盖面积 6.8 万平方米。 （中国联通桂林分公司）

无 线 电 管 理

【全市无线电台站通过国家验收】 2008 年，桂林市无线电管理处做好台站频率登记并录入数据库，做好台站核查清理登记的完善和收尾工作。年初，桂林市管理处成立台站清理登记领导小组，到市区和各县的台站分布点，进行现场验收核对，完成了中国电信、中国移动、中国联通、中国网通在桂林市的分公司等台站数据录入工作。5 月，国家无线电台站数据核查验收组到桂林考核，重点抽查了公安、广播电视、供电等部门的设台情况和数据，肯定了桂林市无线电台站频率数据的准确和完整。经专家组评定，桂林市的无线电台站顺利通过国家无线电管理部门的验收。

【无线电台站和频率监督检查】 年内，桂林市无线电管理处加大执法检查力度。在常规监测基础上，4 月，桂林市无线电管理处共检查 7 家无线电发射设备的研制、生产企业，有 5 家企业持有“型号核准证”，2 家正在办理。同时，对市区内的设台单位进行拉网式的检查，逐一核对台站数据和设备数量，及时掌握存在问题，并制订出解决问题的具体办法。

【服务奥运火炬传递】 为确保奥运火炬在桂林市区的传递，2008 年 5—6 月，桂林市无线电管理处开展了清理非法设置无线电台和非法使用无线电频率的专项执法检查，查处了桂安物业公司等 5 家单位未经批准擅自设台、使用无线电对讲机的行为，暂扣对讲机 8 台，没收对讲机 2 台。在奥运火炬桂林传递期间，桂林市无线电监测站对奥运火炬传递使用频率进行 24 小时不间断监测，并与公安、工商等部门密切协调，查处了一起非法使用奥运火炬传递指挥通信频率的行为，确保了奥运火炬在桂林传递无线电通信的顺利通畅。

【抗冻救灾恢复通信】 2008 年初，桂林市遭遇罕见的冰冻灾害，公共通信全部瘫痪，高山高楼设置的无线电基站大部分不能工作。桂林市无线电管理处组织人员，协助设台单位尽快修复无线电通信设备，并协调其他无线电台投入到抗冻救灾工作中，缓解了抗冻救灾通信困难的局面，为赢得抗冻救灾胜利发挥了无线电通信的特殊作用。

（吴伟）

信息产品制造业和信息化建设

【桂林长海科技有限责任公司揭牌】 2008 年 5 月，桂林市长海机器厂和中国长城计算机深圳股份有限公司共同发起成立的桂林长海科技有限责任公司揭牌，中国最高等级的数据安全保护电脑制造项目正式落户桂林并投产。桂林长海科技有限责任公司主营的是打破国外安全信息垄断技术、国内首款具有完全自主知识产权的安全电脑和特种电脑。

【桂林科技新城项目核心区一期工程启动】 2008 年 7 月，桂林科技新城核心区一期工程启动。桂林科技新城是桂林市与广西农垦局共建项目，是 2008 年自治区统筹推进重大新开工项目。科技新城核心区主要为电子与软件产品生产、软件外包、软件人才培训、展销中心、生活及商业配套设施等。通过产业延伸，带动工控、通信、LED 产业发展，形成 3 万人的产业规模，在 10 年内达到产业销售总额超过百亿元的产业集群，项目将分 4

期进行建设。

【多层电路板生产基地项目开工】 2008年末，多层电路板生产基地项目开工。该项目由桂林广润多层电路科技有限公司与深圳精卓多层线路板有限公司投资，项目金额8000万元，项目建成后预计每年将生产24万平方米电路板，年产值1.92亿元。

【桂林五星网络有限公司获"2007中国最具创新力企业"】 2008年1月，在北京举行的"创新中国——2007中国企业创新论坛"上，桂林五星网络有限公司被推选为"2007中国最具创新力企业"。该公司是通过国家双软认证的软件企业，融合通讯与信息化的系统研发与技术服务，开发的超级办公室平台是基于以客户为核心的新一代网(Customer NGN)构架的融合服务综合业务平台。超级办公系统产品既可以宽带独立业务存在，又可与基础电信组合，面向目标客户，提供特色服务。

【电子政务】 2月，全市首家法院网站——秀峰区人民法院网站开通。该网站设有网上预约立案功能，当事人可在线填写立案资料，办理立案预约。5月，桂林市信息化办公室和市委组织部联合举办了第4期桂林市领导干部信息技术和电子政务培训班，对市直机关50多个单位的处级领导干部培训。6月，市食品安全协调委员会食品安全信息网站正式启用。7月，市纪委通过市行政效能监察系统电子监控平台，实施对全市重大投资项目(内资投资额1亿元以上，外资投资额600万美元以上)跟踪督察，了解重大投资项目在审批环节和落地建设环节的情况，掌握和督促处理重大投资项目建设和发展中遇到的困难和问题。

桂林市第一批"天网之眼"启用。6月，市公安局与中国电信股份有限公司桂林分公司签署"天网"工程合作协议。"天网"工程主要是整合政府、社会各监控资源，实现联网共享，使其覆盖并监控治安重点部位的治安状况。"天网"工程计划在1至2年内，形成以110指挥中心为依托，覆盖社会各行各业和主要路段、重要场所的电子视频监控网络体系。年内，市内部分娱乐场所、网吧及两江四湖周边的监控系统并入110监控系统，成为桂林市第一批"天网之眼"。

网络经营性网站获工商监管标志。9月，市工商局为"桂林生活网"颁发工商红盾标志，这是桂林市工商部门首次为网络经营性网站颁发工商监管标志。经营性网站获颁工商红盾标志以后，一旦发生违法行为，工商部门不仅会对网站实体进行处罚，同时会在工商红盾标志上发布违法记录。上网用户在经营性网站上进行网上消费时，可以查看该网站有无违法违章记录，了解网站的诚信程度，更好地防范欺诈。

桂林市城市智能交通控制系统项目签署。10月，市公安局与西班牙英德拉(中国)公司正式签署了桂林市城市智能交通控制系统项目合同。项目计划利用外资约4000万元。城市智能交通控制系统是世界交通运输领域的前沿课题，其核心是采用现代信息技术、通信技术、计算机技术、控制技术等对传统交通控制系统进行深入改造，以提高系统资源的使用效率、系统安全性，减少资源消耗和环境污染。

【农业信息化】 2008年，继续推进农业信息"进村入户"示范工作。继续实施"三电合一"(电视、电话、电脑)农业信息"进村入户"示范工程，至10月底，全市12个县5个城区全部完成农业信息网络平台建设，其中有13个县(城区)农业局建立了农业信息网站；电视、电话村委覆盖率达到80%以上。全市116个乡镇、街道建立了农业信息服务站，全市乡镇以上农业部门共有信息工作人员564名。

市农业局根据农事季节编辑实用的手机短信，每天向注册手机用户发布实用信息，使农户及时了解最新的农业信息。各县通过"12316三农热线"，为"三农"(农村、农业、农民)提供技术、信息等热线服务。在全市41个村启动建立了"村级网络电视点播系统"试点项目，为农民提供科技知识和信息服务。抓信息员队伍建设，举办2期县、乡(镇)、村级信息员骨干培训班，培训500多人。做好信息采编和网站改版工作，全年信息采集1万余条，居全自治区首位，其中中国农业信息网采用200多条，广西农业信息网采用7000多条；完成了桂林农业信息港网站改版工作，新增设农业生态旅游、农业产业化及视频窗口3个栏目网页。（韦剑慧）

12 月 6 日，桂林三金集团股份有限公司现代中药产业化生产建设项目开工。

（黄雷　摄）

概 述

【概 况】 2008年，桂林市工业系统克服历史罕见的雨雪冰冻灾害和资金短缺、原材料价格大幅波动以及国际金融危机等不利因素影响，全市工业经济在连续5年保持20%以上增幅的基础上，继续高位平稳运行。全年全市工业经济实现三大突破：工业总产值突破1000亿元大关，规模以上工业总产值突破600亿元，食品饮料产业产值突破100亿元。桂林市成为自治区第三个工业产值过千亿元的城市。年内，桂林市被自治区政府评为广西工业发展争先创优先进单位。

【工业总量突破千亿大关】 2008年，桂林市完成工业总产值1024.37亿元，(比上年，下同)增长29.6%；实现工业增加值350.71亿元，增长19.0%，增速高于全市国内生产总值(简称GDP，下同)6.1百分点。其中，规模以上工业完成总产值631.83亿元，增长34.4%；实现工业增加值210.90亿元，增长23.3%；实现主营业收入555.97亿元，增长27.2%。全部工业增加值占GDP的比重39.7%，提高2.5个百分点；工业对全市经济增长贡献率55.5%，提升3.1个百分点，对财政贡献率60%。至年底，规模以上工业企业总数765个，户均产值为8259万元，新增113个，增长22.8%，其中年产值超亿元企业达到138个，新增31个。规模以上工业总产值占全部工业总产值的比重达61.7%。

【加快产业结构调整】 2008年，桂林市按照“汽车及零部件整合提高、橡胶制品做优做强、锰业提升改造、医药及生物制品拓宽领域、食品饮料提高档次、机械电器做精做专、电子信息整机配套”的思路，科学制订和实施《桂林市工业“十一五”中期调整规划》，明确桂林工业重点发展汽车及零部件、食品饮料、锰业、机械电器、电子信息5个年产值超100亿元和橡胶制品、医药及生物制品、竹木加工、建材、电力5个年产值超50亿元的“五大五小”产业。加快产业结构调整步伐。2008年，第一、二、三产业增加值占生产总值的比重分别由上年的21.2:42.6:36.2调整为19.4:45.2:35.4；工业化率达到2.05，提高0.31个百分点。规模以上工业经济效益综合指数202.2个百分点，提高9.4个百分点。规模以上工业全员劳动生产率15.6万元/人，增长28.8%，提高2.1个百分点。

【项目建设扎实推进】 2008年，桂林市实际完成工业固定资产投资166.35亿元，增长25.5%；完成技术改造投资63.09亿元，增长14.3%。全年工业新开工项目490项，增加50项，其中实施超亿元项目28项，增加15项。中国化工橡胶总公司计划总投资28亿元年产100万套全钢载重子午胎、500万套半钢胎和10万套工程胎项目成功落户桂林，为打造桂林橡胶产业基地创造条件。

【县域工业发展强劲】 2008年，全市完成县域规模以上工业总产值364.2亿元，增长46.8%，高于全市规模以上工业总产值平均增幅12.4个百分点，占全市规模以上工业总产值的57.6%，对全市规模以上工业增长的贡献率71.7%。在市属12县中，工业主营收入增幅超过50%的有6个县，分别是全州县86.1%、资源县80.9%、灌阳县68.4%、平乐县66.8%、恭城瑶族自治县57.8%和兴安县51.8%。

【重点企业稳步发展】 2008年，桂林市汽车及零部件、食品饮料、锰业、机械电器、电子信息产业完成产值329.03亿元，增长40.9%，增速高于全市规模以上工业总产值6.5个百分点，对全市规模以上工业增长的贡献率达59.2%。其中食品饮料全年完成产值109.80亿元，增长43.0%，提前两年实现超100亿元大关的历史性跨越，成为全市首个实现100亿元目标的支柱产业。全市100个重点培育的工业企业累计完成总产值358.90亿元，增长21.2%，占全市规模以上工业总产值的比重达56.8%。全年共有10个企业年产值突破10亿元，其中桂林国际电线电缆集团有限责任公司、桂林市力源粮油食品有限公司年产值分别突破30亿元。

【非国有工业增速较快】 2008年，在全市规模以上工业中，非国有工业(除国有及国有控股企业外)完成产值477.46亿元，增长41.1%，增速高于全市平均水平6.8个百分点,对规模以上工业增长的贡献率达86.2%,推动全市规模工业总产值增长29.6个百分点。

【重工业化发展增强】 2008年,桂林市轻工业和重工业发展仍沿袭以往的增长格局。在全市规模以上工业中,重工业生产增速继续保持快于轻工业态势。全年重工业完成产值408.67亿元,增长34.7%,增速高于轻工业1.3个百分点;其产值占全市规模以上工业总产值的比重达64.7%,高于轻工业29.4个百分点。全市规模工业发展重工业化倾向依然明显。

【园区建设加快】 2008年,桂林市出台加快经济开发区建设的一系列文件,优化工业园区布局,桂林工业园区管理体制进一步理顺。全市园区(集中区)完成工业总产值233.80亿元,完成工业增加值80.76亿元。推进园区基础设施建设,全年完成投资6.8亿元,新建标准厂房51.5万平方米、平整土地2076.67公顷、修建道路10千米,铺设给排水管网23千米,建设供电线路10千米。向上级争取园区基础设施建设扶持资金3700万元,新增入园工业企业92家。年内,平乐、全州县工业集中区通过自治区A类产业园评审,资源县工业集中区通过自治区B类产业园评审。

【工业招商成果丰硕】 2008年,桂林成功引进中国建材集团、中国电力投资集团公司、中国五矿集团公司、广东天誉集团等世界500强和国内知名企业。全市新签市外境内工业项目362个,新签项目总投资162.8亿元,占全市新签项目总投资62.76%。实施市外境内工业项目596个,占实施项目总数58.15%。新签并实施内资亿元以上项目22个,总投资110.8亿元,其中总投资5亿元以上项目7个。

【科技创新力度加大】 2008年,市经济委员会组织企业开展科技创新活动,争创名牌产品。全年共组织审核申报自治区级重点技术创新项目计划15项,通过自治区级新产品鉴定验收8个,重点项目通过验收9个,新产品等级品率、质量稳定提高率均达96%。年内,桂北机器有限责任公司荣获自治区级企业技术中心,桂林电力电容器有限责任公司荣获国家级技术中心。全市国家级技术中心共有2家,占自治区7家的28.6%,处于自治区领先水平。向中国名牌战略推荐委员会申报中国名牌产品评价建议项目8个。其中,昊华南方全钢子午巨胎、星辰科技公司油电混合动力系统、桂林思超汽车科技有限公司车辆轮胎安全监控系统、桂林鑫鹰电子科技有限公司无人驾驶飞机等一批企业自主研发的新产品填补了自治区内空白。

【节能降耗成效明显】 2008年,桂林24家重点耗能企业节能标准煤34.0万吨,比全年节能目标(7.27万吨标准煤)多节约26.73万吨。规模以上万元工业增加值能耗降低15.63%,比计划4.84%降低10.79个百分点。 (雷志刚)

电力生产

【概 况】 桂林市电力生产包括火力发电和水力发电。2008年桂林并网发电的火电厂仅有国电永福发电有限公司。水力发电以中、小型水电站为主。全年发电量共64.68亿千瓦小时,(比上年,下同)增长10.9%。其中,火力发电26.76亿千瓦小时,下降13.9%,水力发电37.92亿千瓦小时,增长39.1%。

【火力发电】 2008年9月,桂林市在拆除兴安县火电厂后,全市只有一家并网发电的火电厂——国电永福发电有限公司。该公司共有4台发电机组,总装机884兆瓦,其中142兆瓦机组和300兆瓦机组各2台。该公司全年完成发电量25.84亿千瓦小时,下降13.64%;上网电量完成23.83亿千瓦小时,下降13.98%;全年完成产值8.01亿元,下降6.94%。实现利税2.59亿元,亏损2.98亿元。

2008年年初雨雪冰冻灾害期间,桂林电网遭受严重破坏,与广西主电网解列。国电永福发电有限公司不计成本发电,桂林电网依靠国电永福发电有限公司作为电源点成功实现孤网运行,避免了全城停电危险局面的发生,为桂林市夺取抗击雨雪冰冻灾害的胜利提供有效的电力支撑。国电永福发电有限公司荣获自治区抗击雨雪冰冻灾害先进集体一等功。

【水力发电】　2008 年，水力发电是桂林市电力生产的重要部分。桂林市的水电站以径流式电站为主，发电量受季节影响较大。主要的水电站有装机 90 兆瓦的平乐县巴江口电站、装机 30 兆瓦的全州县天湖水电站、装机 25 兆瓦的龙胜各族自治县银河水电站、装机 17.8 兆瓦的灵川县青狮潭水电站、装机 15 兆瓦的龙胜各族自治县南桂水电站、装机 12 兆瓦的龙胜各族自治县南山水电站及装机 10 兆瓦的资源县富源水电站等。

（余健）

供电与电网建设

【概　况】　2008 年，广西电网公司桂林供电局（简称桂林供电局，下同）有从业人员 987 人，营业客户 19.24 万户。年售电量 43.52 亿千瓦小时，增幅 1.23%；全社会用电量 63.56 亿千瓦小时，增幅 6.4%。主营业务收入 17.53 亿元，增幅 4.26%。应收电费余额 785 万元，下降 2.04 万元。线损率 4.60%，下降 0.08 个百分点。城市供电可靠率 99.90%，电压合格率 99.19%。桂林电网有 500 千伏变电站 1 座，220 千伏变电站 8 座，110 千伏变电站 28 座。110 千伏及以上输电线路 2675.70 千米。其中架空线路 2086.17 千米；电缆 589.53 千米。城区 10 千伏配电线路 958.85 千米（不含代维设备和镇供电所、村电工负责管理的设备）。其中，架空线路 522.27 千米；电缆 436.58 千米。

【桂林电网遭受冰雪凝冻灾害】　2008 年 1～2 月，桂林市遭受有气象记录以来持续时间最长的冰雪凝冻灾害，桂林电网遭受严重破坏。1 月 18 日 110 千伏南旺线首次出现覆冰断线，灾情迅速蔓延。冰雪凝冻灾害期间，桂林电网区域所有输电线路和配电线路不同程度覆冰，分布 12 个县域范围内电网全部受灾。冰灾最严重时，桂林电网与广西主网解列，除孤网运行范围内的桂林城区及灵川县保持由国电永福发电有限公司供电，其他 11 个县及部分城区都先后中断主网供电，其中 8 个县网与广西主网解列。110 千伏（含）以上线路停运 48 条，变电站停电 29 座，倒杆倒塔 224 基，断线 779 处。35 千伏（含）以下线路停运 3824 条，变电站停电 255 座，配电台区停电 5602 个，线路倒杆倒塔及损坏 9758 基，断线 7996 处，损坏配变 108 台。遭受冰灾停电的规模工业企业 450 家、居民 57 万户，涉及人口达 200 多万人，因冰灾损失预计 19.58 亿元。

【桂林电网保卫战】　2008 年，桂林冰冻灾情发生期间，桂林供电局成立 34 支抗灾抢险党员先锋队、16 支青年突击队赶赴一线抢险，共有 412 名共产党员和 206 名共青团员奋战在各抢险现场，有 5 名入党积极分子在冰雪抢修现场火线入党。在桂林电网与广西主网解列期间，桂林供电局一是提前完善应急组织机构，编制局部孤网运行方案 23 个，配合广西电网公司做好国电永福发电有限公司单机带孤网运行。二是解决精确调控负荷和发电机出力平衡的关键问题。协调市政府出台《关于全市电力用户控制用电的紧急通知》，把工业负荷用电高峰调至后半夜，并开启全市照明、空调和动力负荷，增加后半夜用电负荷。采用桂林电网运行首创的渐进式的负荷控制方式，成功解决火电机组负荷稳定问题。三是做好桂林市全城断电时的保供电准备。提前分析电网运行方式改变的危险点和制订相应的防范措施。细化机场、自来水厂等多个保电预案，在重点场所放置发电车应急备用，确保重要用户和重要场所供电。四是在 220 千伏沙侯、沙挡线停运后，对柳东—田岭—挡村线路进行特巡，抢修人员提前驻扎在冰雪封冻的山顶，做好抢修准备。五是全力抢通桂林与主网连接的主通道。2 月 1 日零时东田线故障停电，组织人员连夜登杆作业，经 40 个小时抢修完成。2 月 5 日，国电永福发电有限公司回归大电网，结束孤网运行。至此，桂林孤网成功稳定运行 7 天 7 夜，确保桂林市核心城区供电，避免大面积停电，取得了桂林电网保卫战的伟大胜利。

【完成特级保供电】　2008 年春节期间，桂林供电局为保证中央领导在桂期间的电力供应，制订详细的特级保供电方案，抽调人员对变电设施、配电线路进行检查，调配保电车榕湖饭店。保供电的所有变电站、开闭所均安排人员现场值守，对每一个点的值守及设备运行状况反复进行检查，随时掌握保供电各环节的状况。圆满完成特级保供电任务。

【确保灾区乡镇以上居民春节用电】 2008年春节期间，桂林供电局为保障冰冻灾区群众春节用电。与广西电网公司组织的队伍一道，集中力量重点突破，组织3000多人昼夜抢修110千伏挡道线。2月6日除夕下午新闻联播开始前成功供电，兴安、全州、灌阳县的乡镇以上居民过上了光明、温暖、欢乐的春节。争取到上级公司调拨发电机支援桂林市区重要客户和各受灾县，确保电网无法供电的乡镇都有发电机发电；2月6日，克服困难抢通110千伏良社线，阳朔县开始通电。

【紧急抢修南旺线】 2008年年初，资源县是桂林市雨雪冰冻重灾区。2月6日农历除夕，中共中央总书记、国家主席胡锦涛到资源县考察时提出元宵节一定要确保资源县城用上广西主电网供电。桂林供电局把落实中共中央总书记、国家主席胡锦涛的指示作为重要的政治任务抓好落实，与广西电网公司组织的队伍一道，加快抢修进度。2月10日，成功接通110千伏南旺线，资源县电网恢复主网供电，提前11天完成任务。2月14日，中共中央总书记、国家主席胡锦涛批示："我为资源县恢复电网供电感到欣慰，向仍奋斗在电网抢修第一线的南方电网公司广大职工和部队官兵表示崇高敬意！"

【冰灾预防系统的建设】 2008年，桂林供电局在抗击冰冻灾害重建过程中，着力提高桂林电网抵御冰冻灾害能力。完成8条重要线路和部分在建线路的抗冰加固工程；建设桂北地区重要变电站的应急通信网；引进输电线路覆冰预警系统、直流融冰装置和电力光缆监测系统3项重大科技项目。并对220千伏南湘线进行现场直流大电流试验，提高线路的融冰能力。

【强化基础管理】 2008年，桂林供电局加强安全监督体系化、标准化建设，对发现问题及整改情况采取闭环追踪管理。规范生产计划、停电检修、竣工验收流程，通过开展在线检测技术进行设备的状态管理。持续开展配网管理年、可靠性管理年、百日安全督察等活动，推进配网运行管理、可靠性数据库建立工作。抓好线损普查，全年共完成1294台公变、1680台专变的普查任务，完成1294张公变与用户对应关系图绘制工作，完成率100%。完成10座变电站变电运行标准化建设。全年实现两个百日安全周期，人身伤亡事故0起；电网一类障碍0起；一般设备事故下降50%；设备一类障碍下降28.57%。

【电网规划及电网项目工作】 2008年，桂林供电局全面落实"十一五"桂林电网规划，完成"十一五"规划年度修编工作，并开展"十二五"电网规划的前期准备工作。按照将临桂新区建成"网架坚强、布局合理、设备先进、环保和谐"一流电网的总体目标，将其纳入桂林市的电网规划建设重点。促成市政府颁布《桂林电网发展战略合作框架协议》《桂林电网建设绿色通道实施办法》，落实220千伏茶江变等送变电工程电力建设用地。并根据规划调整及时更新项目储备库，结合城市发展和负荷增长变化，对储备库实行动态管理，使电网工程尽快实施，产生效益。

【推进电网工程建设】 2008年，桂林供电局加快推进电网工程建设。全年开工220千伏项目8个、110千伏项目23个，完成主电网计划投资3.62亿元，投运输变电项目13个，增加桂林主电网供电能力近3成，增强桂北电网的供电能力和网架结构。完成配网投资0.52亿元、项目42个。项目开工率100%，投资完成率100%。

【实现户户通电】 2008年，桂林供电局做好营销系统电价数据变更，确保电费准确。利用稽查手段，加强对电价执行、电费抄核收各环节的督查，防范电费回收风险。重新修订电费回收经济责任考核制度，严密跟踪重点欠费户，采取多手段、多方式促进电费回收。加强用电稽查，全年查窃电、违章用电26.08万千瓦小时，追补电费60.16万元。成立农村电网工程指挥部，签订责任书，加强施工管理，全面实现"户户通电"，解决无电户6103户（共25105人）。完成农网完善化工程、县城网工程及一、二级农网冰灾加固工程项目。

（李晨）

医　药　工　业

【概　况】 2008年,桂林市规模以上医药企业共计完成工业总产值35.27亿元,增长17%;完成产品销售收入30.06亿元,增长8.27%;实现利税总额7.4亿元,增长21.5%;盈亏相抵后实现利润4.64亿元,增长18.9%。产值超亿元的企业有桂林三金集团(9.47亿元)、桂林天和药业股份有限公司(3.76亿元)、桂林制药有限责任公司(3.25亿元)、桂林乳胶厂(2.25亿元)、桂林优利特电子集团有限公司(1.69亿元)、桂林集琦药业股份有限公司(1.49亿元)、桂林中族中药股份有限公司(1.23亿元)、桂林莱茵生物科技股份有限公司(1.19亿元)、桂林市啄木鸟医疗器械有限公司(1.05亿元)、广西兴安银和天然植物制品有限责任公司(1亿元)10个企业。产值超亿元的产品有三金片、西瓜霜(系列)含片、天和骨通贴膏等。5月,新一届中国制药工业百强榜单揭晓,桂林三金(集团)股份有限公司排行第73位。

年内,全市拥有13种剂型的药品生产文号1000多个。其中,主导产品近100个;国家三类以上新药14个(一类新药3个);国家中药保护品种24个。有4个药品被列入中国药典目录并荣获中国名牌产品,有12个品种的药品和医疗器械产品通过美国FDA认证。

【桂林吉福思生物技术有限公司罗汉果甜甙生产线建成投产】 2008年11月16日,总投资5000万元的桂林吉福思生物技术有限公司罗汉果甜甙生产线在雁山建成投产。该生产线由新西兰维多利亚生物技术有限公司与桂林吉福思生物技术有限公司联合投资兴建。罗汉果甜甙在美国注册国际商标,并通过美国FDA认证。桂林吉福思生物技术有限公司与全球300多家客户建立合作关系。此次投产的项目主要包括一个贮量约2500吨的气调冷库和年产100吨的罗汉果甜甙生产线。新西兰驻中国大使托尼布朗及其驻广州领事馆总领事阿伦杨,自治区政协副主席黄日波,桂林市副市长巫家世出席投产庆典仪式。

【医药企业质量受权人履职】 2008年8月31日,桂林市20个药品生产企业全部确定质量受权人,开始履行职责,为广大群众的用药安全护航。全市各药品生产企业质量受权人将依据药品生产相关法律法规、药品GMP的要求,建立和完善企业质量管理体系,负责对企业质量管理体系进行监控,确保其有效运作;对进厂物料、中间产品、出厂药品的质量、生产工艺及涉及药品质量的各环节进行审核把关。质量受权人还将参与主要物料供应商的选取,主要生产设备、仪器的选取,生产、质量、物料、设备和工程等部门的关键岗位人员的选用,其他对产品质量有影响的活动等。未经质量受权人审核批准,企业的药品一律不能出厂销售。

【三宝药业获中国民营科技发展贡献奖】 2008年,桂林三宝药业有限公司以科技为导向,不断进行技术创新,研制开发多种具有自主知识产权,在国内处于领先地位的高科技产品。公司建立和完善知识产权制度,加强知识产权的申报,提高企业专利成果转化能力和产品技术含量,树立企业品牌。该公司共计申请专利40项,获专利授权34项,研发新产品20余种。11月6日,桂林三宝药业有限公司荣获2008年中国民营科技发展贡献奖。

单位:万元

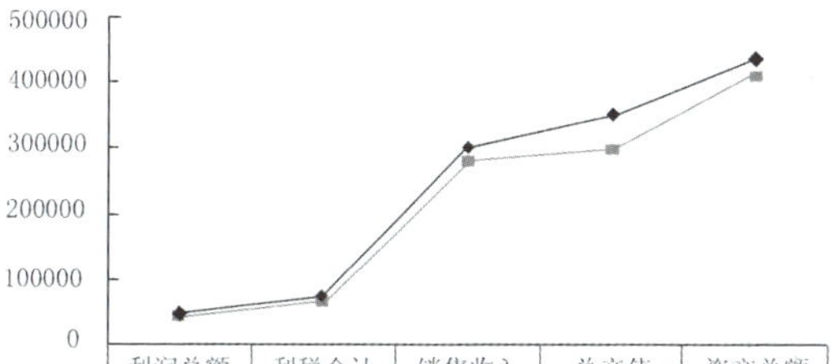

	利润总额	利税合计	销售收入	总产值	资产总额
2008	46417	74014	300645	352716	436222
2007	39039	60915	277682	299410	409723

2008年医药工业主要经济指标运行图

【两家制药企业被认定为高新技术企业】 2008年5月12日,在自治区科学技术厅主持的高新技术产品和高新技术企业认定评审会上,桂林三宝药业有限公司及其自主研发的新产品——桑黄白桦茸复合提取物、灵芝孢子制取物顺利通过"高新技术企业和高新技术产品"评审。专家一致认为:桑黄白桦茸复合提取物、灵芝孢子制取物两个产品符合国家产业政策,有自主知识产权,技术成熟、工艺先进,安全环保,质量稳定,建立了产业标准,客户认可、经济效益显著、市场前景广阔,具备了高新技术产品条件;桂林三宝药业有限公司具备了高新技术企业的条件,同意该公司"高新技术企业和高新技术产品"通过评审。同年通过高新技术企业认证的还有桂林南药股份有限公司。

【龙胜被确定为"中国罗汉果道地药材产区"】

2008 年 10 月,中国药文化研究会完成对龙胜各族自治县罗汉果的道地性考证,并对该县颁发"道地药材(罗汉果)之乡"证书。专家通过从本草、种质、资源分布、生态环境、产业资源分布等进行考证后得出结论:龙胜各族自治县罗汉果符合道地药材产区各方面条件,确定为中国罗汉果道地药材产区。在考证中,专家通过对《岭南采药录》《广西中药志》《中国药典》等古代、现代经典、权威本草考证,通过对全国罗汉果产业分布的调查,确定龙胜各族自治县生态环境符合罗汉果生长,已成为占全国罗汉果总产量 70% 的第一主产区。

【桂林晖昂公司向奥运举重冠军捐赠 50 万元】

2008 年 8 月 15 日晚,广西柳州市三江侗族自治县的侗族小伙陆永在 2008 年北京奥运会男子举重 85 公斤级赛场上,勇夺冠军,实现中国男子举重大级别的历史性突破。9 月 23 日,桂林晖昂生化药业有限公司向陆永捐赠 50 万元,以表彰其为国家体育事业作出的贡献。

【中药材玉竹 GAP 种植基地建设项目通过验收】

9 月 18 日,市科学技术局组织广西植物研究所、市林业科学研究所有关专家对资源县农村基层组织建设领导小组办公室承担的《中药材玉竹 GAP(管理规范)种植基地建设》项目进行实地测产,并通过专家组验收。测产区域玉竹为 2006 年 9 月份种植,测产面积 1 公顷平均达 5772.3 千克,超出合同任务指标(1 公顷 4000 千克)1772.3 千克,超产 44.3%。

【医药项目建设】 2008 年 3 月 12 日,桂林三宝药业有限公司中草药特效成分提取项目在荔浦县长水岭工业园开工建设,建设项目采用国际最新技术提取中草药特效成分的生物工程,项目总投资 1 亿元,工程年底前完工并投入生产。8 月 20 日,广西万丰药业有限公司中药配方颗粒及提取物产业化工程在荔浦县长水岭工业园区动工兴建,该工程是一项研发和开发新型精制饮片中药配方颗粒、标准提取物以及用提取后的废渣经生物技术酶制成生物肥料和饲料的高科技项目,项目总投资 5862 万元,项目建设年产 1100 吨中药

11 月 12 日,市领导为桂林天和药业聚异丁烯骨通贴膏透皮剂产业化项目奠基。 黄雷 摄

配方颗粒及提取物生产线2条；公司在药材种植上推行"公司+基地+农户"的模式，承担有国家科学技术部农业科技成果转化项目、国家级"星火计划"项目、国家发展与改革委员会的[illegible]，莪术新品种及规范化种植示范推广项目以及自治区多个重大项目的实施。11月12日，桂林天和药业聚异丁烯骨通贴膏透皮剂产业化项目奠基，项目总投资2亿元，计划3年建成。12月6日，桂林三金集团现代中药产业化生产建设基地项目开工建设，项目总投资4亿元。

【制订医药及生物制品产业科学发展三年计划】 2008年，桂林市经济委员会根据《桂林市国民经济和社会发展第十一个五年规划纲要》《桂林市工业化"十一五"发展规划修编》及桂林市"十一五"工业规划前两年执行情况及后三年发展目标，主持制订了《桂林市医药及生物制品产业科学发展三年计划》。规划分产业现状、三年科学发展目标、发展目标的支撑点、发展措施4个部分。

【桂林南药首次在海外举行青蒿琥酯抗疟药推介会】 2008年5月16日，桂林南药股份有限公司在坦桑尼亚首都达累斯萨拉姆举行抗疟疾药物上市推介会，向当地医学界介绍治疗重症疟疾的青蒿琥酯针剂和青蒿琥酯联合用药。这是该公司首次在海外举行产品上市推介会，吸引了许多坦桑尼亚医药卫生界的医师、药剂师等专家学者。公司董事长兼总裁虞哲敏向与会者介绍青蒿琥酯针剂和青蒿琥酯联合用药的生产环境和质量控制。坦桑尼亚热带病专家、坦桑尼亚立姆希比利医学院祖尔·普莱姆教授通过大量图片向与会者介绍青蒿琥酯针剂和青蒿琥酯联合用药的药效。坦桑尼亚是非洲疟疾高发国家之一，每年约有10万人死于疟疾，其中70%是5岁以下的儿童。

【《桂林市医药工业十年》完成编纂】 2008年，为纪念桂林地市合并10周年，全面反映10年间桂林市医药工业发展壮大历程，市经济委员会组织有关人员编纂《桂林市医药工业十年》书稿。书稿分桂林市医药工业概况和重点医药企业介绍，集中反映10年间桂林医药工业在经济运行、技术创新、产品开发、品牌建设、国家出口基地建设以及国家中药保护品种等方面的情况及桂林市医药工业10强企业的发展变化情况。书稿约3万字，资料丰富，内容翔实、图文并茂，配以表格、图表、结构图等。

【桂林天和药业荣获国家10年成就奖】 2008年10月，桂林天和药业股份有限公司以其在中药领域独树一帜的业绩得到国家高新技术产业专家组的肯定，与清华同方、青岛海尔等100家高新技术企业同时入选国家高技术产业化10年成就奖，这是广西唯一获此殊荣的企业。

【第三届国际青蒿素产业及市场研讨会在桂林召开】 2008年11月24～26日，由世界卫生组织和抗疟药物风险基金联合主办、桂林南药股份有限公司协办的第三届国际青蒿素产业及市场研讨会在桂林大瀑布饭店举行。研讨会围绕青蒿和青蒿素以及ACT（以青蒿素为基础联合用药名）产业的需求变化等议题进行研讨。主办方WHO（世界卫生组织）、MMV（以抗疟风险委员会）和抗疟药资金捐赠组织、NGO（国际公益性组织）采购部门、市场预测机构、全球主要抗疟药生产企业以及国内外相关高校、科研院所的专家学者出席研讨会。

【桂林三金集团荣获广西首批农产品加工重点龙头企业】 [illegible]年1月17日，桂林三金集团荣获自治区政府广西农产品加工重点龙头企业称号。该集团作为现代中药加工企业，通过自主创新，开辟传统中药材新天地，扶持本地原药材种植，带动桂林地区药材产业的发展。在节能降耗、保护环境、发展循环经济等方面取得显著成效。

【第三期疟疾防治研修班在桂林结业】 2008年6月27日，由国家商务部主办、上海复星医药（集团）股份有限公司承办的第三期疟疾防治研修班，在桂林榕湖饭店国际会议中心举行结业仪式。商务部援外司商务参赞余应福、市政府副市长巫家世、上海复星医药（集团）股份有限公司副总裁李显林出席仪式并分别致辞。来自东帝汶、泰国、印度尼西亚、孟加拉、埃及、苏丹、坦桑尼亚等26个发展中国家的55名"疟疾防治研修班"学员被授予结业证书。研修班由世界卫生组织、中国疾病预

表 13　　2008 年桂林市医药企业 GMP 认证情况一览表

公告号	企业名称	认证范围	证书编号	认证时间
第 144 号	广西万丰药业	中药饮片、毒性饮片	桂 I 0236	2008－02－01
第 145 号	桂林南药股份有限公司 桂林华信制药有限公司	片剂(生产线Ⅰ、Ⅲ) 原料药及生产线	桂 J 0247 桂 J 0252	2008－02－15
第 146 号	桂林南药股份有限公司	小容量注射剂	桂 J 4519	2008－02－29
第 153 号	兴安鑫鑫中药饮片公司	中药饮片、毒性饮片	桂 J 0260	2008－06－10
第 161 号	桂林毕生药业有限公司	中药饮片、毒性饮片	桂 J 0271	2008－10－15
第 163 号	桂林大华药业有限公司 桂林集琦药业股份有限公司	无菌原料药 片剂、硬胶囊剂、颗粒剂、滴眼液、软胶囊剂	桂 J 0274 桂 J 0275	2008－11－11
第 165 号	桂林天和药业股份有限公司	橡胶膏剂	桂 J 0280	2008－12－15

防控制中心和上海社会主义科学院的专家授课。

【桂林南药出口制剂生物等效性试验获国际认可】　2008 年 3 月中旬，桂林南药股份有限公司出口非洲的青蒿琥酯/盐酸阿莫地喹制剂临床生物等效性试验通过世界卫生组织(WHO)专家组现场考核和资料审查，并在其官方网站公布该项目通过检查的报告。该项目委托中国科学院上海药物研究所药物代谢研究中心与上海中医药大学附属曙光医院联合完成，是中国首次出口制剂生物等效性试验通过 WHO 的 GCP/GLP(药物临床试验管理规范/药物非临床研究质量管理规范)检查。青蒿素类药品是由桂林南药股份有限公司首创，具有自主知识产权，并以品牌形式打入国际医药市场的抗疟药，WHO 评价其是当前“最有效、首选”的抗疟药，并极力推荐青蒿琥酯/盐酸阿莫地喹片等四种联合用药处方用于治疗疟疾。该项目获得国际认可，具有标志性意义。　（陈治新）

橡　胶　工　业

【中国化工橡胶桂林有限公司取得新发展】　2009 年 1 月 19 日，中国化工橡胶桂林有限公司由昊华南方(桂林)橡胶有限责任公司更名成立。该公司由中国化工橡胶桂林有限公司和曙光橡胶工业研究设计院两个法人实体组成，隶属于中国化工橡胶总公司，是国有中央企业地域性集团公司，注册资本 17739 万元，资产总额 18.7 亿元，占地面积

1 月 13 日凌晨 5 点，昊华南方(桂林)橡胶有限责任公司生产的国内最大的 53/80－63－76 PR 工程机械轮胎成功下线。图为轮胎生产车间场景。

黄雷　摄

120 万平方米，名列中国化工企业 500 强，中国化工分行业 100 强和广西企业 100 强，广西优秀企业，桂林市工业发展重点骨干企业。拥有巨型工程轮胎、工程轮胎、航空轮胎、全钢载重子午线轮胎、翻新轮胎、橡胶制品六大实体和一个国家级的橡胶研究院，是国内唯一的可以同时为飞机、大型工程机械、载重汽车、特种车辆、乘用汽车配套的高新技术企业，为中国高端轮胎领域的科技型领军企业，是中国最大的高端轮胎生产基地和重要的高端轮胎研发实验检测基地。

2008 年，该公司自筹资金、自主研发的全钢子午线巨型轮胎项目获得国家科技支撑计划项目支持，在国内轮胎行业内尚属首家，研制的 36.00 R 51 规格全钢子午线巨胎产品通过省部级鉴定并投入试生产，填补了国内空白。下属企业桂林橡胶制品厂有限责任公司研制生产的橡胶制品为“神六”和“神七”航天作出贡献。桂林曙光橡胶工业研究设计院是国内唯一的特种轮胎研究院，取得国内唯一的美国联邦航空局民用航空轮胎适航认证。

年内，该公司全年轮胎销售 9 亿元，其中巨胎销售 7000 多条。实现销售收入 4.25 亿元，增长 65%。实现利润 6465 万元，增长 90%。全年在全球新开拓圭亚那、澳大利亚、南非、安哥拉、俄罗斯、意大利等国外市场，出口国家达 33 个。有巨胎客户数 69 个（国际 51 个），全年实现进出口总额 4.3 亿元，增长 61%。出口创汇 6287 万美元，增长 70%。该公司荣获自治区 2008 年度对外贸易工作先进单位。

加大科技创新　2008 年，公司组建统一技术平台，成立 8 个研究所、1 个检测中心和 1 个项目专家评审组，打造人才小高地、研发项目盆地。全年共投入科技经费 7504 万元，科技费用投入达到销售收入的 14% 以上。完成 40.00－57－68 PR、52/80－57－68 PR、53/80－63－76 PR 三个规格广西技术创新新产品鉴定会，完成全钢子午线巨胎关键生产工艺技术及装备项目验收鉴定会。全年研发项目 83 项。其中，国家科学技术部 2 项；国防科工委 3 项；广西科学技术厅 3 项。通过省部级鉴定验收项目 6 项；制订、修订国家标准、国家军用标准、行业标准共 7 项，其中行业标准 1 项。完成专利申请并受理 93 件。其中，发明 39 件；实用新型 48 件；外观 6 件。1 月，成功研发中国首条子午线航空轮胎，使中国成为世界上第五个有能力研发、制造、试验子午线航空轮胎的国家。

开展改革改制　2008 年，该公司整合下属企业资源，抓好规划，突出主业，搭建 5 个统一平台。一是成立公司技术中心，发挥人才和技术的整体优势，提升公司整体研发能力和科研水平。二是将桂林轮胎厂、曙光橡胶工业研究院全钢巨胎厂的轮胎销售业务统一，构建销售公司，使公司的营销资源得到优化和提升。三是建立统一采购平台，实现对所属各企业大宗原材料统一采购，降低原材料采购成本。四是构建统一结算中心，强化了财务管理和成本核算。五是完善文化和信息平台建设。通过统一平台建设及产品结构调整和机构合并，优化了企业管理水平，内部整合的企业优势更加突出。

加大项目建设　2008 年，公司利用科研实力、专利技术优势、信息化技术平台加大项目建设，围绕全钢巨胎和 60 万条全钢载重子午胎项目开展。年内，全钢巨胎项目首批产品投入国内大型现代化露天矿山，用于矿山重型车辆装车路试，迈出全钢巨胎走向市场的第一步，全钢巨胎生产线已全线打通并具备批量生产能力。9 月，公司启动年产 60 万条全钢载重子午胎项目，12 月 25 日成功下线第一条全钢载重子午线轮胎 11.00 R 20。12 月 26 日，曙光橡胶工业研究院自主研制的国家重点项目航空子午线轮胎实现首飞，创造了中国自主研发航空子午胎装机历史性“零”的突破。　（姚江雄　王云升）

【桂林橡胶机械厂生产销售技术改造创新高】
2008 年，桂林橡胶机械厂克服年初冰冻灾害、原材料价格巨幅波动、国际金融危机冲击等不利因素影响。研发世界上规格最大的硫化机及大规格机型系列，全钢巨胎设备初具“交钥匙”（提供从炼胶到成型再到硫化全套设备）能力，第 4000 台硫化机成功下线，利润首次突破 2000 万元。

创新生产经营　2008 年，该厂共完成橡胶机械 452 台（套）。全年打破原有生产组织方式，从推动生产改变为拉动生产，保重点客户，保有资金的产品优先安排，紧扣合同交货期，适时调整班次和人员配制进行 24 小时倒班。对加工能力不足采取外委加工、包料外委方式。保证了全年生产

所需原材料、配套件供应。重点关注外委配套件、大型铸钢件等生产瓶颈问题,积极组织,按时保质回厂。6月,该厂第4000台硫化机成功下线,成为中国第一家硫化机产量突破4000台硫化机大关的企业。全年精益生产立项63项,改善提案2910条,创造直接经济效益超过180万元。

加大销售力度 2008年,该企业明确业务人员年度销售、回款目标,并加大考核。争取世界知名及国内重点客户订单,保证出口订单。全年签订国内硫化机合同341台,出口硫化机合同114台,其他橡胶机械32台(套)。全年实际回款5.46亿元。调试验收硫化机371台。年内,该厂产品进入国际轮胎公司前十强,位列第九。与日本普利司通公司签订7台200″硫化机合同,该机型规格单笔合同金额超过1亿元,创下该厂单笔出口合同金额的最高记录。在稳定重点客户的基础上,拓宽印度市场,新开拓中欧市场,与欧洲轮胎公司签订150″、170″大规格硫化机供货合同。加强其他产品的出口销售,全年签订代理出口挤出机、贴合机265万美元,提高66%。

项目建设带动企业技术改造 2008年,该厂一是开发200″硫化机项目,向国家科学技术部上报项目申请书及项目预算书。二是200″硫化机技改项目,技改内容包括新专用厂房的建设及设备改造,计划投资1500万元。三是继续完成4800液压硫化机课题和51″全钢巨型工程胎成型机国家科技支撑计划项目。年内,企业重新整合技术部、成型机事业部及开发部,提高科研开发水平和创新水平,新产品的开发及科技创新共24项;申请专利14项,其中发明专利4项。全年科技拨款364万元,创历史最高水平。全钢巨胎设备初具"交钥匙"能力,确定该厂全钢巨胎设备的领先地位。188″、177″全钢巨型硫化机投产成功交付用户使用,51″全钢子午线巨胎成型机投入批量生产,首台57″全钢子午线巨胎成型机在用户调试成功。年内,该厂荣获中国石化协会2007年度中国化工行业技术创新示范企业。117″硫化机获2007年度广西新产品优秀成果奖一等奖、科技进步二等奖,桂林科技进步一等奖;并通过商务部优化机电和高新技术产品进出口结构资金项目组验收。70″液压式轮胎硫化机项目获第四届"骏马"杯橡塑工业创新技术奖。

开展增收节支活动 年内,该企业降库存、节约成本,做好减债和融资工作,加强审计,确保良好的资金流。3月,以提合理化建议的方式推进"开源节流、增收节支、节能降耗"活动,共收到合理化建议223条,对提出的合理化建议进行分类整理后落实到责任部门,经过实施所提建议基本落实,形成可行性报告2项,制定规章制度13项,整改、实施和技术改造为111项,直接节约成本超过100万元。达到规范制度、优化工艺、提高质量、降低成本的目标。 (李少铸)

汽车制造工业

【概　况】 2008年,桂林市汽车制造行业在面对年初的冰冻灾害和国际金融危机,克服诸多不利因素,实现生产快速增长。汽车及零部件制造业完成工业总产值24.07亿元,增长47%;实现工业增加值6.67亿元,增长38.7%;完成销售产值22.94亿元,增长43.6%。

【桂林客车工业集团有限公司实现发展战略转移】 2008年,桂林客车工业集团有限公司确立思想建设、制度建设、队伍建设,提出搞情报、重规划、抓研发,实现企业发展战略的转移。

推出自主知识产权 年内,桂林客车工业集团有限公司在上海设立产品中心,建立研发团队,确立情报信息收集、市场调研、产品规划、研发设计4大功能,协助完成对A 7客车的降成本工作,并实地调研、了解客户实际需求。11月,向广东、广西市场成功推出自主知识产权A6客车,一次性跨越底盘自制、全承载车身、配套体系切换、蒙皮冲压件生产4大门槛,为企业低成本、大批量生产及高性价比市场推广奠定基础。

客车销售实现突破 2008年,桂林客车工业集团有限公司销售各类客车2789台,销售收入9.07亿元。其中,上海万象汽车制造有限公司在公交整合背景下实现销量787台,增长51.05%,销售收入2.96亿元,净利润209万元;桂林大宇客车有限公司销售量1364台,销售收入5.60亿元,净利润1399万元;桂林客车发展有限责任公司V 2车实现销售637台,全年亏损53万元,主营业务实现赢利36万元;集团本部生产销售客车

11 月 27 日，桂林客车发展有限责任公司新开发的两款 V 2 系列新车下线。

张广宇　摄

47 台，销售收入 637 万元，投资收益 413 万元，净利润 308 万元。

【桂林大宇客车有限公司持续平稳发展】 2008 年，桂林大宇客车有限公司（简称桂林大宇，下同）在中国客车行业经历了欧Ⅱ车型停售、国际金融危机冲击带来的压力，取得了 5% 的业绩增长。公司成功开发出应用尖端科技的全承载车型，赢得客户好评，实现客车技术的突破。

推进技术创新　2008 年，桂林大宇在技术创新方面加大力度，一是设计部门升级为技术中心，设计开发手段全面实施三维设计，采用先进的 ALIAS 造型工具及 CATIA 1 工程设计工具进行产品开发，逐步实现虚拟数字化设计。在管理上实现设计工艺一体化，实现 PDM - CAPP - ERP 数据无缝对接，降低数据风险。二是完成对新产品试制场地的升级改造，补充先进的试制设备。通过技术革新，全面实施油漆罩光、前后围骨架与 FRP 蒙皮复合连接、空腔注蜡等全新工艺，提升工艺水平。

调整产品结构　2008 年，桂林大宇在原有热销车型的基础上，全新开发 8 个系列 10 个品种新车型，其中“变形金刚”6128 HK/HW 全面使用全承载、空腔注蜡防腐工艺、发动机“恒温专家”等多项最新的客车技术，把国际流行的设计元素与桂林大宇风格巧妙结合，成为 2008 年最受市场欢迎的新车型之一。顺应市场需求变化，将产品结构进行适当调整，加大对新能源和公交产品的投入。9 月，桂林大宇与桂林公交集团公司成立城市客车联合研发基地，双方合作研发的首款新型公交车将于 2009 年率先投放桂林市场。

开拓出口业务　2008 年，桂林大宇做好市场开拓工作，大力发展旅游客车、城市公交客车、团体通勤车，完善产品结构，不断推陈出新；以做好老客户的关系维护为焦点，确保市场占有率的稳定提升，在维护国内市场的同时，积极向外开拓海外市场。年内，凭借性价比的优势，成功在波兰、蒙古、菲律宾、越南等国实现销售，并实现在欧洲市场的突破。

【万向钱潮（桂林）汽车底盘部件有限公司争取市场份额】 2008 年，万向钱潮（桂林）汽车底盘部件有限公司（简称万向钱潮公司，下同）克服雨雪冰冻灾害、原材料大幅上涨、国际金融危机造成的市场需求紧缩，出口订单急剧下降等一系列困难，发扬迎难而上、危中求机精神，积极应对，全年实现销售收入 1.48 亿元，其中国内销售 9278.38 万元，增长 18.6%。实现利润 141.11 万元。

开拓国内市场　2008 年，万向钱潮公司完成设备技术改造投资 968.5 万元，建成年产 30000 台后桥总成生产能力。其中，车轮年生产能力从 60 万件提升到 75 万件。为上汽通用五菱开发的

CN 100后桥总成，完成OTS交样；为美国市场开发的HH系列液压车架总成完成3个品种，并实现批量销售；为美国福特汽车公司配套的P 150内球头拉杆总成，通过美国福特汽车公司的PPAP审核，产品通过路试、台试；为三一重工股份有限公司、广西柳工机械股份有限公司开发配套的驻车制动器总成实现批量供货；为一汽海马汽车有限公司开发配套的车轮、前悬挂横梁等实现批量供货。

改进产品质量 2008年，万向钱潮公司一是通过抓过程控制，产品出厂DPPM值（百万分比的缺陷率）从上年的189降为129，下降31.75%。对顾客的质量反馈、抱怨都做到立即反应，及时给予服务。二是车轮表面磕碰从17.2%下降到1.3%。三是通过技改推行以冲代压新工艺，车轮生产效率提高35%，全年共节约成本79.57万元。（李少铸）

机械·电子·冶金工业

【概　况】 2008年，桂林市机械、电子、冶金行业规模企业工业克服年初冰冻灾害和国际金融危机，实现生产快速增长。全年机械行业完成工业总产值97.15亿元，增长17.9%；实现工业增加值30.99亿元，增长10.8%；完成销售产值90.36亿元，增长14.7%。电子行业完成工业总产值38.58亿元，增长51.4%；实现工业增加值13.69亿元，增长47.9%；完成销售产值35.84亿元，增长46.5%。冶金行业完成工业总产值111.16亿元，增长60.6%；实现工业增加值37.99亿元，增长47.2%；完成销售产值102.03亿元，增长55.2%。

年内，桂林市国有企业改革改制全面推进、深化，桂林矿山机械厂等企业的改制进入实际操作阶段。年末，由于国际金融危机对实体经济影响扩大，企业面临着经营环境恶化，赢利空间受到大幅挤压，部分企业出现停产、半停产状况。

【桂林广陆公司技术创新应对国际金融危机】 2008年，桂林广陆数字测控股份有限公司（简称桂林广陆数控，下同）是自治区科学技术厅认定的高新技术企业，注册资本为8539万元，共有员工1000多人，其中科技人员约占30%。产品年生产规模达135万套，70%以上的产品出口到欧美等30多个国家和地区，产量占国内的50%以上。全年完成工业总产值2亿元，销售收入1.59亿元，其中出口交货值1亿元。上缴税金2622万元，实现利润1518万元。

2008年，桂林广陆数控坚持走产品创新之路，对关键技术和生产工艺自主研发，掌握一批具有自主知识产权、达到国际先进水平的核心技术。其中，数显类量具技术达到与国际同步水平，国内领先水平；电涡流位移传感器防水卡尺制造技术达到国际先进水平，填补了国内空白。年内，桂林广陆数控在传统的机械产品里融入微电子技术、计算机技术，创造出光机电一体化的新产品。防水型电子数显卡尺研发项目，通过自治区科学技术厅组织的鉴定，并获得桂林市科技进步一等奖和上海市科技进步三等奖。至年末，桂林广陆数控有49项国家专利，有4项专利申请及19项经备案的企业标准。公司生产的系列产品被国家科学技术部、国家商务部、国家海关总署、国家财政部、国家税务总局列入中国高新技术产品出口目录。产品新型电涡流式位移传感器及新一代防水型数显卡尺荣获2008年桂林市科技进步一等奖。

【桂林机床股份有限公司产品领先国内水平】 2008年，桂林机床股份有限公司是国家数控机床生产基地之一和广西出口商品生产基地之一。拥有各种机械加工设备665台套。其中高、大、精、稀设备200多台套。该公司现有国内外大中型加工中心、蜗轮砂轮磨齿机、高精度铣齿机、大型数控龙门铣床、数控滑枕铣床、三坐标测量机、激光动态检测仪等83台（套）高精尖生产与检测设备，建立年产1万吨的树脂砂铸件工艺生产线，完善CAD/CAM计算机辅助设计制造中心设施。全年公司实现工业总产值1.68亿元，实现利税1308万元。

年内，主要产品有数控自动万能铣头4个系列产品，全国产化的数控五轴联动龙门铣床，数控滑枕铣床、数控龙门铣床、龙门式五面体加工中心，滑枕式系列铣床，工作台宽度2.5米以下的数控龙门系列铣床，数控床身系列铣床、加工中心。其中XK 716/2－5 X数控五轴联动床身铣床、XHZ 7912/6立柱移动式加工中心，填补国内空目，达到国内领先技术水平。

【桂林国际电线电缆集团增强发展潜力】 2008年，桂林国际电线电缆集团加快技术改造力度，扩大生产规模；进行内部整顿，压产减少库存；开拓国内外市场，确保生产经营正常运行。全年完成产值18.05亿元，增长28.3%；完成销售收入14.02亿元，增长20%；出口创汇1.18亿美元，增长22.9%；实现利润5357万元，实现利税8329万元。至年末，总资产达到8.7亿元，净资产达到3.13亿元，分别比上年末增长17.4%和9%。年内，桂林国际电线电缆集团增加投资收益来源，投资4000万元入股广西北部湾银行股份有限公司，购买该行2000万股；投资750万元入股桂林市商业银行，购买该行750万股。投资500多万元入股桂林市方升旅游开发有限公司，占该公司出资额的10%。

年内，桂林国际电线电缆集团荣获广西五一劳动奖状，在世界知名商业杂志《福布斯》2008年度《中国最具发展潜力100强排行榜》名列第22位。公司生产的中型、重型橡套电线、铜塑软线用于装备“神州”1－6号宇宙飞船地面跟踪系统、“远望”号远洋测量船以及“嫦娥”工程跟踪天线的星辰伺服系统。

【桂林漓江信息产业集团有限责任公司稳步发展】 2008年，桂林漓江信息产业集团有限责任公司下辖8个产业实体，其中包括2个合资企业，是一个产、学、研相结合，集科、工、贸为一体，以国有资产为主体多种经济成分共存的，具有一定规模的企业集团。以数字微波通信设备、电力补偿设备、信息类产品、税控类产品为主导产业。年内，该公司克服流动资金严重短缺、市场需求下滑、原材料价格上涨、社会负担日益沉重等不利因素的影响，积极开展经营与管理，主要生产单位保持盈利，呈现出稳步发展态势。全年累计完成工业总产值6006万元，下降16%；实现产品销售收入6051万元，下降15%。

年内，该公司积极开拓市场，保持生产经营的正常运转。生产中心拓展了广西柳工机械股份有限公司、柳州五菱柳机动力有限公司等新用户，并通过提升产品质量保住老用户。该集团下属南力公司调整销售策略，向海外市场拓展取得良好进展；军工产品在部队联调试用。安德立天线技术有限公司狠抓产品质量，保住ISO 9001质量体系，通过ISO 14001环境管理体系和QC 080000有害物过程管理体系的认证，建立三合一管理体系。北京亚斯康公司走出单一产品发展模式，推出10千伏线路电能质量综合监测系统，保证公司的正常运行。注塑分厂在原材料暴涨的情况下，通过寻找源头供应商，回收废次料等方法，有效控制成本。集团公司小型非视距电视转播系统项目研制成功，并获得科技3项拨款22万元。

【桂林电器科学研究所保持良好发展态势】 2008年，桂林电器科学研究所有在职人员612人，其中专业技术人员335名（高级技术职务75人，中级技术职务119人，初级技术职务141人），工人277人。主要产品有电工合金材料（包括中高压触头材料、银基低压触头材料和磁性材料等）、电工绝缘材料（包括干式不饱和系列聚酯模塑料、密胺聚酯模塑料、粉云母带、云母板、电工绝缘漆等）、薄膜生产技术及成套装备（包括聚丙烯薄膜BOPP、聚酯薄膜BOPET、聚酰亚胺薄膜BOPI生产线的机械、电控设计及制造）、特种电机（印制绕组电机及直流伺服系统）。全年全所主营业务收入4.13亿元，增长17.34%。其中，电工材料收入占87.83%；成套装备和电气系统（含照明工程）收入占8.98%；特种电机收入占1.63%；行业收入占1.59%。技改投入资金660万元，新增固定资产658.35万元。实现利税2165万元，上缴税费1359万元。

年内，桂林电器科学研究所新承接3个拉膜机生产线项目，结转上年2个项目，合同总额5325万元，已完成3项。完成6.7米双向拉伸聚丙烯薄膜生产线项目，该项目属国内首创，刷新中国无大型国产薄膜生产线的历史。投入资金1000万元购买天津绝缘材料总厂二手宽幅聚酰亚胺薄膜生产线并对其进行技术改造，已完成生产线安装、改造、调试、研发。

全年桂林电器科学研究所共开展科研开发项目17项，标准制修订计划项目59项，组织完成课题鉴定7项，组织申报各类科技项目6项，落实科技计划及军标项目7项（获科技补助经费283万元）；启动本所技术创新基金项目申报工作，申报基金项目21项。获授权专利5项。其中发明专利1项，即《银复合氧化锡电触头材料制备工艺》；实用新型专利4项，即《拉伸薄膜生产线的链铗》《银基合金熔化炉除尘装置》《银基合金带材导电加热设备》《印制绕组电机》。

2008年，桂林电器科学研究所对混粉法$AgSnO_2$片材的整套制造工艺进行改进和完善，实现法国施耐德电气公司LC1D系列交流接触器用AgCdO材料年底全面替换为$AgSnO_2$材料的重要目标。完成同步拉伸生产线的设计及同步拉伸系统结构件的制造及安装调试。投入660万元用于购置固定资产和技改，完成聚酰亚胺薄膜生产线的改造、金格公司新产品开发和工艺设备改造。

【桂林漓佳金属有限责任公司克难攻坚】 2008年，桂林漓佳金属有限责任公司面对人民币持续快速升值、出口退税率降低、原材料价格大幅振荡猛跌、资金严重不足、国际金融风暴等经营困难和生存压力，克难攻坚，保持企业的正常生产经营和稳定发展。全年实现铜铝加工产量8023吨，实现工业总产值约5亿元。公司出口量占公司总量约86%，出口创汇名列桂林市前茅。年内，桂林漓佳金属有限责任公司荣获自治区商务厅广西对外贸易明星企业。

2008年，桂林漓佳金属有限责任公司推进公司股份制改造工作，为企业上市奠定基础的发展思路，年内完成改制筹备申请批复。抢抓机遇拓展市场，扩大产销规模，通过参加国际、国内专业展销会，扩大公司知名度，挖掘潜在客户；建立国际客商与公司定期互访沟通机制，改善服务质量，与客商建立长期稳定贸易关系；扩大产品面，批量生产海水淡化产品、C 71500白铜产品、扩大生产难度较大的小管比例，为公司拓展新的市场领域奠定基础，保证企业国际化经营战略的实施，市场占有率不断扩大。建立“小批量、多频次”原材料进口采购机制，理顺“点价”操作流程，统一各客户的定价模式，提高点价的主动性和原材料交易价差控制的可靠性。建立铜灰的含铜量管理考核制度、实施提高选铜灰处理的产能和产出率的改造方案、加强铸锭的表面质量管理和考核等措施，首次实现金属损耗控制在1010千克/吨的综合计划目标。全年铜金属消耗为1022千克/吨，减少2千克/吨。

年内，桂林漓佳金属有限责任公司加大企业创新力度，成功开发HA l77－2海水淡化管、大规格泵管、保内径厚壁管、HPb 62－2 As厚壁管、CDA 360厚壁管、外六角内圆HPb 58－3管、各种异型管、CuSn 8青铜管、导电用扁管，其中白铜晶粒度要求高的产品实现大批量生产，每月可生产100吨以上。完善企业品牌建设，开展产品技术专利权保护工作。进行广西名牌产品、中国有色金属产品实物质量金杯奖项目换证重新认定。

【桂林康密劳铁合金有限公司取得佳绩】 2008年，桂林康密劳铁合金有限公司经历年初冰冻灾害、国际金融危机，企业受到重创。该公司调整企业生产战略，生产经营形式得到明显增长。全年工业总产值11.80亿元，增长56%；铁合金产量11.82万吨，下降9%；营业收入1.25亿元，增长67%；利润总额4682万元，增长66.49%；上缴税金1.10亿元，增长108%。

2008年，桂林康密劳铁合金有限公司在年初的冰冻灾害期间，桂林电网与广西电网解列的重要时刻，为确保桂林市区和部分县的电力供应，平衡电力，将生产硅锰的9000千伏安电炉作为平衡电力设备，时开时停，以确保桂林电网孤网运行安全。该公司电炉停电4980分钟，损失产量245吨，直接经济损失202万元。

年内，桂林康密劳铁合金有限公司实行锰系合金搬迁和产品升级，新项目已取得土地使用权（拟建地址灵川县三街镇），公路和铁路修建正在办理之中。

全年公司荣获中国外商投资企业协会履行社会责任贡献突出奖；总经理胡永康荣获中国人力资源和社会保障部、中国钢铁工业协会授予全国钢铁工业劳动模范。 （李少铸）

轻 纺 工 业

【概 况】 2008年，桂林市轻纺工业遭受冰冻雨雪灾害、国际金融风暴等不利影响。各企业主动应对，积极开拓市场，加大调整产品结构力度，狠抓技术创新和新产品开发，主要经济指标继续保持较高速度增长。全市轻工业生产总值突破200亿元大关，达223.17亿元，增长33.4%；完成工业增加值72.69亿元，增幅20.0%；有规模轻工企业303家，增加23家。其中，食品工业完成工业总产值109.76亿元，增长43.0%，占全市轻工业总产值49.2%，纺织工业完成工业总产值5.33亿元，下降9.7%，占全市轻工业总产值2.4%。

【经济效益稳中有升】 2008年，桂林市轻工业继续呈现较强增长势头。全年规模轻工业主营业务收入201.42亿元，首次突破200亿元大关，增长26.69%；占全市规模工业主营业务收入36.2%；实现利润14.52亿元，增幅16.45%，实现利税总额25.57亿元，增长15.06%。全市303个规模轻工企业中，亏损企业58个，亏损总额1.25亿元。轻工业经济效益综合指数为211.31，比上年高13.57个百分点，高于全市9.14个百分点。其中，食品工业主营业务收入104.39亿元，是桂林首个主营业务收入突破100亿元大关的支柱产业，增长41.7%；占轻工业主营业务收入51.83%；实现利润7.64亿元，增幅16.1%；利税总额13.7亿元，增长15.4%。纺织工业主营业务收入5.2亿元，下降16.1%；占轻工业主营业务收入2.6%；亏损81万元，利税总额2397万元，下降15.2%。

【重点行业增长加速】 2008年，桂林市轻纺工业所属的9个主要行业中，农副食品加工、食品制造、饮料制造、纺织服装和木材加工业等行业发展较快，总产值分别增长65.6%、44.8%、30.5%、45.5%和44.0%。轻纺工业支柱产业增长加速，产业结构调整步伐加快，在轻工行业的总量比重稳步增长。重点企业在整个行业中的主导地位突出，燕京啤酒（桂林漓泉）股份有限公司、桂林娃哈哈食品有限公司、桂林市力源粮油食品有限公司、桂林立白日化有限公司等企业的高速增长，带动了大米加工、玻璃制造、包装材料、建筑建材装饰、交通运输等相关企业发展，成为桂林市拉动轻工行业经济增长的主要动力。桂林凯丽制衣有限公司逆势上扬，全年出口欧美各类针织服装220余万件，创汇超650万美元。

【主要产品产销两旺】 2008年，桂林市轻工行业产品产销率91.78%，一些主要产品继续保持产、销两旺。产品转向多样化和系列化，基本满足不同消费群体的需求。漓泉啤酒、"桂林三宝"等产品具有较强的市场竞争能力。年内，桂林漓泉啤酒总产量完成79.7万吨，增长5.0%。桂林娃哈哈食品有限公司纯净水、AD钙奶饮料、热灌装系列饮料、发酵奶系列饮料，年总产量达到70万吨，产值近10亿元，利税超1.5亿元。规模企业生产白酒25523千升，增长57.5%。桂林漓泉啤酒在全自治区市场占有率达88%以上，桂林三花酒在自治区内米香型白酒市场占有率达80%。

【新产品开发力度加强】 2008年，桂林市轻工行业新产品产值达18.33亿元，占全市规模工业新产品产值27.6%。新产品的开发改变企业产品单一、高附加值产品少的缺陷，提高企业承受市场风险的能力。燕京啤酒（桂林漓泉）股份有限公司成功开发并上市300毫升小支玻璃瓶装红扎啤和530毫升包装漓泉新纯生新酒体。桂林三花股份有限公司开发了28度桂林三花醇、珍品老桂林酒、红瓷牛年生肖酒、蓝坛牛年生肖酒等新产品。桂林花桥食品有限公司开发出油爆型辣酱和小米椒系列产品，桂林辣椒酱产品形成传统型（发酵型）、煮制型、油爆型3大系列共20多个品种，满足不同地域不同层次消费者需求。

【技术改造投入加大】 2008年，全市轻工行业技术改造投入加大，燕京啤酒（桂林漓泉）股份有限公司共组织开展技术改造项目154项（含扩建、土建项目），投入技术改造资金8460万元，新增年产20万吨啤酒生产能力项目启动，完成新增糖化线、立仓、发酵罐、过滤系统及配套公用工程等项目，为节能降耗、稳定提高质量、改善工作环境、提高效率及产能打下坚实基础。桂林娃哈哈食品有限公司进行水汽两用线项目的新建工作，新项目可生产柠檬茶、方瓶绿茶、富活含氧水等产品，促进产品结构调整，不断满足市场需求。

【节能减排成效显著】 2008年，桂林市轻纺工业节能减排取得明显成效。燕京啤酒（桂林漓泉）股份有限公司的综合能耗在全国啤酒行业排名第一，共创造直接利润近6300万元，27种大宗固体废弃物中23种均通过招标销售进入社会循环再利用；加强节电工作，采用变频恒压控制技术，投资800多万元，改造7台制冷机组，将制冷站耗电较高的氟利昂系统改成低耗电的氨系统，使制冷效率大幅提高，每年可节电520万千瓦小时；淘汰4条流化床麦糟烘干生产线，换成2条三回程滚筒式麦糟烘干线，项目投资250万元，年节能量节电90万千瓦小时；投资560万元，淘汰了1台1986年生产的10吨低效往复炉排燃煤锅炉，整体热效率由65%提高到80%。采用水循环使用工艺、中水回用，每年可减少水的排放960万立方米，节约水费1300万元。桂林娃哈哈食品有限公司对超净热灌装线（UHT）产品加热效能项目进行改造，脱气温度40度上升到65度以上，解决装量浅泡沫多及满口等问题，每月节约标准煤125吨。桂林奇峰纸业有限公司投入23.99万元，加强锅炉技改，使用麻石除尘器，减少废气的排放量。轻纺企业节能减排的突出成效，为桂林经济可持续发展作出贡献。 （任建忠）

建材工业

【概　况】 2008年，桂林市建材工业经济运行放缓：一是遭受雨雪冰冻灾害、国际金融危机的影响，房地产业不景气，建筑工地开工不足，水泥及商品混凝土需求量减少；二是构建临桂新区规划中，多数建设项目暂停批建，建筑材料滞销；三是城区和12县贯彻执行国家淘汰落后产业政策，完成关闭淘汰建材工业落后的制砖窑炉（各种土窑及其18门以下封顶轮窑）201个。全年全市规模以上建材工业企业共有60个。其中，非金属矿采选业10个；非金属矿制品业50个。固定资产原价116.01亿元，净价110.22元。完成工业总产值26.31亿元，工业增加值10.89亿元，分别增加32.22%和45.67%。实现利税3.29亿元，其中利润1.62亿元。

【水泥业有新发展】 2008年，桂林市有大、中、小型水泥企业27个，水泥产量308.24万吨，增长2.63%。其中散装水泥供应量137.87万吨，增长13.64%，散装率占42%。大、中型企业完成散装水泥供应量占71.08%；商品混凝土供应量106.47万立方米，下降5.8%。兴安海螺水泥股份有限公司，全年供应散装水泥量81.81万吨，增长37.38%，占全市散装水泥量的59.34%。由于桂林市散装水泥办公室以岗位责任制细分全年考核目标，以目标落实和行政执法为重点，因而确保全年推广散装水泥量的不断增长。因建筑业下滑，商品混凝土应用量递减，小型水泥企业散装水泥量下降10.9%。

【墙改节能取得成果】 2008年，市墙改节能减排取得丰硕成果，全市生产新型墙材（80%为烧结多孔砖）折合标准砖18亿标块，节约土地25.8公顷，节省标准煤14.2万吨；市区新型墙材建筑竣工面积110万平方米，新型墙材应用比例达85%；5城区和12个县分别关停淘汰落后砖窑35座、166座，可减少实心黏土砖产量12亿标准块，节约土地140公顷，节能标准煤17万吨。

【隧道窑填补空白】 2008年，桂林市、县墙改办引导民间融资0.3亿元，在各县（区）建成6条一次码烧隧窑先进的生产线，填补桂林市制砖业的一项空白。建成一次码烧隧窑先进的生产线的企业有：阳朔县普益多孔砖有限责任公司、阳朔县普益砖厂、临桂县业青新型建材有限责任公司、临桂县恒江有限责任公司、灵川县大义页岩砖厂、平乐县锦隆页岩砖厂。生产线的建成投产，为全市增添2亿标块的年产规模，为农村禁用实土黏土砖推广新型墙材开拓了新路子。

【新农村建设应用新型墙材】 2008年初，市墙改办向市政府申请获准70万元新型墙材专项基金，启动桂林市新农村建设推广新型墙材的试点工作。年中，市建设与规划委员会及其市墙改办组织考察组勘察及综合评定，确定永福县银洞村为桂林市首个新农村建设应用新型墙材试点村。该试点村节能住房由市综合设计院统一规划、统一设计，建筑面积约6000平方米。为确保示范村节能住房补贴的专项基金落到实处，市墙改办与相关部门签订责任书，将应用新型墙材补贴的资金存入建房专户，统一管理和使用。11月，市建设与规划委员会为示范村建设利用太阳能，向自治区建设厅递交《关于申请新农村建设试点村利用可再生能源补助的报告》。12月中旬，示范村建设应用新型墙材和太阳能的前期准备工作完成，进入实施阶段。

表14　2008年桂林市新型墙材认证企业一览表

企业名称	法　人	产品名称	标志
桂林市芬塘砖厂	黄五二	黏土多孔砖	△
桂林市雁山区二塘砖厂	林向群	黏土多孔砖	◇
桂林市雁山砖厂	高巧林	黏土多孔砖	○
桂林市尧山多孔砖有限责任公司	李　产	黏土多孔砖	△△△
桂林市世博新材开发有限公司	林　航	砼多孔砖	SR
桂林市超能建材有限责任公司	周小彦	隔墙条板	CN
桂林市龙口页岩砖厂	苏金旺	页岩多孔砖	8
灵川县长蛇岭页岩砖厂	易石生	页岩多孔砖	○
灵川县定江镇第二页岩砖厂	蒋宏强	页岩多孔砖	A
灵川县定江镇页岩砖厂	石　勇	页岩多孔砖	S
灵川县发源页岩砖厂	蒋来新	页岩多孔砖	9
灵川县恒兴页岩砖厂	李时恒	页岩多孔砖	L
灵川县定江镇莲花页岩砖厂	邓友仁	页岩多孔砖	○
桂林嘉骏页岩有限责任公司	蒙骏红	页岩多孔砖	○
桂林灵川县荣昌建材厂	吴翠媛	砼空心砌块	
临桂县宏润节能机制砖厂	欧毓润	砼空心砌块	
临桂县业青新型建材有限公司	黄仁响	页岩多孔砖	Y
临桂县佳源环保砖厂	陈尚荣	砼空心砌块	J
临桂县临桂镇创兴页岩砖厂	罗定良	页岩多孔砖	八
灵川县大义页岩砖厂	李国寿	页岩多孔砖	义

（周锡玉）

二轻城镇集体工业

【概　况】　2008年，桂林市工业合作联社（简称市工业联社，下同）有市区城镇集体工业企业8家，县属城镇集体工业企业40家。全年完成工业总产值4.82亿元，增长12.10%。其中，市区1.46亿元；各县3.36亿元。实现工业销售产值4.52亿元，增长8.30%。其中，市区1.52亿元；各县3亿元。实现工业增加值11678万元，增长9.23%；实现利税3409万元。主要产品产量：塑料制品2862.65吨，家具涂料产品1072.64吨，墨水397.69万瓶，表带143.12万条，小皮件16.79万个，木衣架720万支。

【提高经济运行质量】　2008年，市工业联社注重抓"龙头"企业的生产经营，积极培育新的经济增长点。桂林第三塑料厂加强高档墙纸系列产品的研发和技术改造工作，产品附加值和市场占有率均有较大幅度提高；桂林德隆股份有限公司抓住国家节能降耗的产业政策，引进环保、安全型建筑用中空玻璃、钢化玻璃生产线。荔浦县工业联社打造中国衣架生产基地品牌新形象。临桂县工业联社积极引进新企业，形成以建材、机械加工、竹木器加工、橡胶制品等产业为龙头的经济发展格局。

【加大技术改造项目】　2008年，市工业联社所属企业实施技术改造项目3项，完成技术改造投资811.96万元。其中，桂林第三塑料厂投资300多万元新建油墨壁纸生产线1条，企业生产能力由年产壁纸170万卷增加到350万卷；桂林德隆股份有限公司投资450万元，合资组建桂林泰德节能安全玻璃股份有限公司；桂林第五塑料厂投资固定资产56万元安装变压设备，修建办公室、仓库；临桂县工业联社下属的柳明钢化玻璃有限责任公司投入400多万元，新增1条生产线，开发新产品、扩大再生产；市属二轻系统新产品开发投入资金755.96万元，新产品产值2863.36万元，新产品产值率23.5%。

【推进企业改革】　2008年，市工业联社抓好全市城镇集体企业改革工作。全年完成桂林汽车运输总公司装卸队、桂林市东风被服厂、桂林市基础设施建设总公司的改制工作；指导和推进桂林电力电容器总厂下属5个集体分厂、市皮革塑料工业公司等9家企业改制的筹备工作；积极开展改制咨询、政策解释和指导建议工作，推动全市集体企业的改革改制进程。　（龙奕芬）

安全生产监督管理

【概　况】　2008年，桂林市的安全生产工作以构建和谐桂林、平安桂林为目标，坚持安全第一、预防为主、综合治理方针，狠抓安全生产措施和规章制度的落实，加强监督管理，有效遏制各类生产安全事故的发生，较好的完成安全生产各项工作，维护了全市的社会稳定。

【安全生产控制指标执行良好】　2008年，全市安全生产态势稳中有降，各项指标控制较好，总体保持稳定。全年的安全生产控制指标数为301人，全年共发生各类事故520起，死亡254人，受伤

359人，直接经济损失72.36万元。分别下降43.02%、14.22%、49.01%、57.82%。一次死亡3~9人较大事故8起，死亡35人，下降33.33%。其中，道路交通事故298起，死亡193人（一次死亡3~9人较大事故7起，死亡32人）；工矿企业事故28起，死亡28人。农机、水上交通安全无事故，全年没有发生10人以上重特大事故。在连续6年安全生产考核目标指标下降的基础上，全年再次实现考核指标下降，且全市年度死亡指标多年来首次压缩进300人以内。全年比自治区政府下达死亡指标数少47人。

【安全生产基础建设】 2008年，市安全生产监督管理局推进全市安全生产形势的平稳发展。一是贯彻落实《中华人民共和国安全生产法》《国务院关于进一步加强安全生产工作的决定》《广西安全生产工作条例》，探索安全生产监管工作的新思路、新方法。二是实行安全生产责任制，严格安全生产责任目标考核，实行对安全生产工作“一票否决”制度。三是抓好安全生产，加强领导，强化工作责任，级级责权分明。四是推行安全生产许可制度，公布行政审批项目的依据、条件、程序、时限、办理机构，公开安全生产事故及安全隐患举报电话和行政执法投诉电话。真正做到依法行政，依法治安。

【安全生产大检查及专项整治】 2008年，全市各级部门加大安全生产大检查，在元旦、春节、2008年北京奥运会、自治区成立50周年大庆等重大活动期间，全市全面开展大检查督查活动。市长李志刚、副市长巫家世、市政府秘书长张晓武多次率队对重点行业和领域的安全生产工作进行严格细致的检查。同时，组成6个年度综合督查组和若干个行业专项检查组，实行全年安全生产工作大包干，综合督查组在重要时段和特殊时期对安全生产工作进行督查指导。全市各部门共组织开展安全生产大检查、专项检查、各类督查180余次。

年内，全市各级部门加大对煤矿、非煤矿山、尾矿库、道路和水上交通、危险化学品、烟花爆竹和民爆物品、公众聚集场所消防、建筑施工、食品卫生等安全生产专项整治，并结合全市实际，督促各行业主管部门加大人力、物力、资金投入，对各自分管的重点领域进行专项整治，全市各重点领域的安全状况有明显好转。全年共治理各类专项隐患5564项。

【五级重特大隐患整改】 2008年，全市共确立自治区、市、县、乡、村五级隐患2413项（其中自治区级2项，市级10项，县区级136项，乡村级2265项）。年内，市安全生产监督管理局每月都对全市开展事故隐患排查、登记、整改、监控情况进行进度检查，从隐患立项，隐患整改的具体措施及应急处理预案，隐患整改责任人员、经费、物质落实方面进行详细检查，通过检查，督促各相关单位进行各种隐患的整改治理。全年确定的2413项五级重点监督整改的重特大安全生产隐患全部按要求时限完成整改，并通过各级专家组的验收。

【打击非法生产经营行为】 年内，市安全生产监督管理局落实安全生产行政执法责任，组织联合执法，依法打击取缔非法生产经营行为。打击取缔矿产资源非法开采行为，开展整顿和规范矿产资源开发秩序大行动，年内，全市共出动各种车辆560台次、人员1260人次，检查持证矿山824个（占持证矿山总数的100%），取缔无证矿点313个，填埋非法采矿洞453个，没收非法矿产品2400吨，销毁采矿工具540余件，暂扣设备60余台，遣送作业人员618人次，有效打击非法采矿和制止无证开采的行为。打击取缔烟花爆竹非法生产经营行为，全年共出动车辆48台次，工作人员150人次，检查烟花爆竹零售点106个（次），查处非法经营烟花爆竹摊点6个，收缴非法储存爆竹2.3吨，价值5万多元。打击取缔竹筏、船舶非法经营载客行为。年内，海事、交通、市容、渔政等部门联合行动，对“三无”船（无船舶号码、无船籍号、无船舶证件）、农用船、竹筏等非法从事渡运行为活动进行打击，对漓江草坪段简易竹筏进行强行兜售等非法经营进行专项整治。

【安全生产宣传教育培训】 2008年，市安全生产监督管理局在全市范围内开展以综合治理、保障平安为主题的安全生产月活动，以全面树立以人为本思想、切实加强安全生产教育为主题竞赛活动。通过安全生产月和安康杯竞赛活动的开展，使安全发展的科学理念和指导原则深入人心，提高全社会对安全生产的关注程度。（李伟）

8月1日，桂林市村级动物防疫冰箱冷链包发放仪式在兴安县举行，市政府出资110万元，配备给全市所有村级动物防疫员冰箱和冷链包。 （黄雷 摄）

概　　述

【概　况】 2008年初，桂林遭受罕见的低温雨雪冰冻灾害，全市农业、农村经济遭受巨大损失：受灾农作物占播种面积的69.04%，直接经济损失33.43亿元；林业损失惨重，直接经济损失107.75亿元，占自治区林业损失的80%，灾区县的林业受到毁灭性打击；水产畜牧业大量栏舍倒塌，大量畜、禽、鱼冻死，直接经济损失4.92亿元；农村水利和农村电网设施损坏严重，直接经济损失4.8亿元。低温雨雪冰冻灾害给全市农业稳定发展、农村生态环境建设和农民增收造成不利影响。年内全市继续深化农村改革，落实强农惠农政策，深化农业和农村经济结构调整，推进农业产业化、标准化、规模化建设，强化农业基础，突出灾后重建，克服了低温雨雪冰冻灾害的影响，完成了2008年各项农业农村经济发展指标，实现了大灾之年农业农村经济健康持续发展。全年全市实现农林牧渔业总产值276.32亿元，（比上年，下同）增长7.0%；农业增加值171.51亿元，增长6.0%。农民人均纯收入4465元，增加557元，增长14.3%。

【种植业获丰收】 2008年，全市粮食实现连续5年增产，播种面积达36.08万公顷，总产量185.19万吨，增长2.4%。经济作物（不含蔬菜、水果）播种面积5.38万公顷；蔬菜种植面积15.54万公顷，总产量达308.4万吨，与上年基本持平。水果面积15.38万公顷，总产量217.74万吨，增长6.1%。食用菌加速发展，面积达2398.50公顷，增长11.0%。

【规模化养殖实现新突破】 2008年末，桂林市万头猪场超过10个，千头牛场3个。全市动物疫病防控形势平稳，没有重大疫情发生。全年生猪出栏增长6.7%；家禽出栏增长11.0%；肉类总产增长8.1%；水产品产量增长4.8%。

【林业生态恢复良好】 全年完成人工造林3.15万公顷；迹地更新1.31万公顷；新种毛竹0.52万公顷，完成毛竹低改4.14万公顷。全市年内新建沼气池2.11万座，累计达53.3万座，农村可建池农户入户率达73.4%，成为广西建池总数和入户率最高的市。

【优势特色农业效益显著】 2008年，桂林市加大建设现代农业，发展优势特色产业，编制并实施了漓江、资江、湘江三大流域现代农业产业发展规划，启动古桂柳运河岩溶盆地2000公顷常年蔬菜生产基地、灵川县潭下—九屋公路柑橘标准化栽培示范基地、奥霖公司10万头香猪生产基地等规模化、标准化种养项目。年内粮食、水果、蔬菜、食用菌、毛竹、生猪、家禽等优势特色农产品产值占全部农业总产值的81%。

【农村劳务经济保持增长】 2008年，桂林市贯彻落实国家新出台的一系列保护农民工利益的政策，促进了劳务经济发展，全市外出就业农民工达100.6万人，增加10.5万人，全市农民外出务工可实现增收6亿元，农民人均增收150元以上。

【农业产业化加快推进】 年内，继续引进和培育了一批农产品生产、加工、销售龙头企业，认定了第三批市级农业产业化重点龙头企业。全市规模以上农业产业化龙头企业共有402个，直接或辐射带动农户56.68万户，安置农村富余劳动力3.55万人。年末，全市共有市级农业产业化重点龙头企业112个，其中国家级重点龙头企业2个，自治区级重点龙头企业10个，初步形成了各县（区）每个农业优势产业生产、加工、销售均有龙头企业带动的格局，全市农业产业化经营水平位于自治区前列。

【农民专业合作经济组织迅速发展】 全面开展农民专业合作社法人登记，引导扶持农民专业合作经济组织规范发展。年末，全市农民专业合作经济组织达1170个，增加630个，其中农民专业合作社831个，农民专业合作经济组织入会农户达11.23万户，带动农户21.86万户。全年有10个农民专业合作经济组织获自治区“合作之星”称号，16个被确定为自治区示范单位，3个被国家农业部确定为全国示范单位。

【农产品质量安全迈上新台阶】 年内全市加强

农产品标准化、规模化生产，确保农产品供给安全，全年全市共有无公害农产品标准化生产基地48个，累计通过认定面积19.95万公顷，增长7%；91个农产品获得无公害农产品标志使用权，增长9.6%；绿色食品认证面积3.83万公顷，增长9.7%；47个农产品加工产品获得绿色食品标志使用权，增长6.8%；绿色食品批准产量53.54万吨，增长11.4%。加强农产品质量安全体系建设，开展以蔬菜为主的农产品质量安全检测，确保农产品消费安全，全年市区农贸市场共抽检蔬菜样品62.7万个，样品合格率99.97%，全市没有发生蔬菜食用安全事故。加大农资市场监管力度，打击农资市场违法违规行为，全市共检查农资生产经营单位4830家次，整顿农业生产资料市场2827个次，种子市场903个次，查获违法违规农资产品1120.4吨。

【农业招商引资力度加大】 融入泛珠三角经济区，拓展与广东、浙江、福建等地的经贸合作渠道。2008年全市签约农业项目30个，合同金额11.45亿元，到位资金10.85亿元。年内有18个项目开工，12个项目投产。

【落实强农惠农政策】 加强对农资综合直补、粮食直补、水稻良种补贴、沼气池建设补贴、农村义务教育“两免一补”、农村新型合作医疗等惠农政策落实的监管。全年落实国家惠农政策补贴5.83亿元，增加3.70亿元，增长174%。其中农资综合直补2.46亿元，粮食直补2034万元，水稻良种补贴5814.6万元，农机购置补贴1274.6万元，畜禽养殖补贴3047.6万元，沼气池建设补贴1774.4万元，农村义务教育两免一补19769.7万元。农民人均实现政策性增收81元。完成扶贫投入3.13亿元，减少农村贫困人口4.5万人。

【农村基础设施建设加快】 2008年，全市完成农田水利基本建设投资3.6亿元，增长69%；新增灌溉面积867公顷，恢复灌溉面积1833公顷。完成病险水库除险加固9座，维修水库41座，修建防洪堤5.24千米，整治河道235.94千米，治理水土流失面积530公顷。

【农机化水平不断提高】 2008年，实施“千乡万村现代农机装备推进工程”，农机装备总量持续增长，全市农机原值达17.55亿元；农机总动力270万千瓦，增长7.7%；全年完成机犁、机耙面积增长26.3%；农业耕种收机械化水平达19.8%，增长7个百分点。全市连续5年取得农机安全生产事故“零”死亡的成绩。

【新农村建设加快】 2008年，全市投入资金2272万元，完成了3838个20户以上自然村（屯）新农村建设规划编制，涉及农户19.7万户，81.3万人。投入建设资金9607万元，完成了1029个自然村（屯）内道路硬化，硬化道路1216.7千米，受益农户6.7万农户、26.7万人。投入建设资金1.29亿元，完成了50个自然村新农村试点村建设，受益农户3950户、1.6万人。

【改善民生取得新成效】 全年建成通乡油路、通行政村等级路167.42千米；修建通村四级公路和通村（屯）道路284条882.5千米，解决了10.5万人的行路难问题。完成农村人口饮水安全工程343处，解决12.2万农村人口饮水安全问题。第二批82个贫困村整村推进扶贫开发扎实推进，全市绝对贫困人口减少1.1万人，相对贫困人口减少4.5万人；贫困村人均年收入增幅连续4年超过全市农民平均增收水平。新型农村合作医疗覆盖12县5城区，参合率达89.1%，超过广西平均水平。农村五保供养制度、农村特困救助制度全面落实，年内累计投入各类资金2.91亿元，按期完成1.3万户4.7万间因灾倒塌房的恢复重建工作。

（黎天义）

粮 油 生 产

【概　况】 2008年，桂林市的粮食生产克服年初百年难遇的雨雪冰冻灾害、6月罕见的洪涝灾害和特大“两迁”（卷叶虫、稻飞虱）虫灾的影响，实现连续5年增产。全市粮食播种面积36.08万公顷，增加0.59万公顷，增长1.66%；总产量185.19万吨，增加4.27万吨，增长2.36%。粮食平均每公顷产量5132.8千克，增加35.0千克，增长0.69%。其中：稻谷播种面积28.09万公顷，增加0.42万公顷，增长1.52%；总产量157.87万吨，增加3.2万吨，增长2.07%。玉米播种面积2.9万公顷，增加0.1万公顷，增长3.57%；总产量13.3万吨，增产0.7万吨，增长5.56%。大豆播种面积1.03万公顷，增加0.03万公顷，增长3%；总产量2.39万吨，增产0.15万吨，增长6.7%。红薯播种面积2.69万公顷，增加0.03万公顷，增长1.12%；总产量9.24万吨，增产0.28万吨，增长3.12%。其他粮食作物1.37万公顷，增加0.01万公顷。

【粮食高产创建活动成效显著】 2008年，全州县列为全国粮食高产创建示范县，永福县、临桂县列为自治区粮食高产创建示范县，其余9县和雁山区列为市级粮食高产创建县（区）。年内市、县农业局均成立了水稻高产创建活动领导小组和技术指导小组，制订实施方案和奖励措施，推进水稻创高产活动。全年全市建立了万亩水稻高产示范区3个，千亩水稻高产示范样板18个，千亩以下水稻高产示范点76个，示范范面积4455公顷，示范区水稻平均每公顷产量达到8236.5千克，比非示范区平均每公顷增产1234.5千克，增幅17.6%。同时，发挥科技攻关潜能，开展水稻高产示范竞赛活动，灌阳等7县高产竞赛双季稻0.7公顷连片每公顷产量达16500千克以上，资源县单季稻0.7公顷连片每公顷产量11266.5千克。

【超级稻示范推广】 市农业局制订《桂林市2008超级稻示范推广实施方案》，建立了各类示范样板37个，面积3846公顷，其中134公顷以上示范样板1个，67公顷~134公顷20个，34公顷~67公顷7个，14公顷~34公顷6个。全年超级稻推广面积5.66万公顷，增加1.4万公顷，增长32.7%。其中早稻2.4万公顷，中稻1.76万公顷，晚稻1.5万公顷。主要推广的品种有中浙优1号、淦鑫688、株两优819、Y两优1号、丰源优299和天优998。

【优质稻生产稳步发展】 全年优质稻播种面积25.91万公顷，占水稻播种面积的92.24%，提高1.06个百分点。其中，早稻优质稻面积11.78万公顷，中稻3.11万公顷，晚稻11.02万公顷。推广的主要品种有优质杂交稻岳优9113、T优207、早优11号、两优287、金优207、岳优华四、岳优360、丰源优299等，以及常规优质稻桂华粘、油粘八号、百香139、万源粘2号等品种。

【水稻优良新品种展示】 2008年，全市种子系统共建立水稻新品种示范片23个，面积250公顷，其中市种子站与灵川县农业局在灵川县潭下镇完成国家水稻新品种展示，共展示水稻新品种35个，面积13.4公顷。在灵川定江镇展示超级稻品种6个，面积26.7公顷；与荔浦县农业局种子站完成了国家水稻新品种面积8公顷的湘优66丰产示范片展示。并在永福县农科所成功举办2008年广西第五届“看禾选种”现场会，核心基地共计展示水稻品种152个，其中早熟组合30个，中熟组合48个，迟熟及超级稻组合63个，常规优质稻组合11个。

【推广编织布隔层育秧技术】 2008年，全市推广编织布隔层育秧新技术，在秧地畦面整平后铺上编织布（蛇皮袋、棉布、纱布等），结合秧田开沟，把沟土（泥浆）铺在编织布上，搅烂、拌匀、摊平后，定量均匀播种，并压种入泥或者用细土盖种，按湿润秧进行管理。全年推广面积1.09万公顷，其中早稻推广面积达到0.67万公顷，中、晚稻推广面积0.42万公顷。

【油料生产稳定增长】 全市油料作物收籽面积1.63万公顷，增加0.06万公顷，增长3.82%；总产量3.96万吨，增加0.44万吨，增长12.5%。其中油菜收籽面积0.12万公顷，总产量0.16万吨，主要品种为史力丰、油研七号、中油821。花生播种面积1.37万公顷，增加0.05万公顷，增长3.79%；总产量3.63万吨，增加0.43万吨，增长13.44%。花生品种有桂花17号、桂花18号、桂花22号、粤油551等，农民自留种有一定的种植面积。芝麻播种面积0.14万公顷，总产量0.16万吨。种子主要为农民自留。

【马铃薯免耕栽培获得成功】 2008年全市春收马铃薯0.358万公顷，增加0.11万公顷，总产量6.1万吨。主要推广的品种为克新1号、克新6号、东农303、费乌瑞它等脱毒种薯。全年推广稻草覆盖免耕栽培技术面积0.17万公顷，主要分布在临桂县、龙胜各族自治县、平乐县、荔浦县、雁山区等。年内临桂县测产验收免耕马铃薯平均每公顷产量25875千克，其中商品薯22830千克，商品率88.2%。 （阳美秀）

经济作物生产

【概　况】 2008年全市经济作物播种面积5.38万公顷。其中，中药材2.86万公顷，桑蚕0.28万公顷，甘蔗0.56万公顷，木薯0.64万公顷，茶叶0.20万公顷，其他0.84万公顷。

【中药材生产】 桂林市中药材以“三木”药材为主，罗汉果、金银花等种植较为集中。2008年全市中药材总面积2.86万公顷。其中，“三木”药材实有面积1.22万公顷（杜仲4684.92公顷、厚朴5616公顷、黄柏1722公顷），罗汉果完成种植面积0.66万公顷，增加0.10万公顷，金银花实有面积3327公顷。各县利用山区的有利地理和气候条件，种植有发展潜力的中药材，全州县依托千方药业公司发展以金槐、金钱草、吴茱玉为主的中药材；资源县依托富森药业公司种植主要以根类、花类、皮类药材为主的中药材；永福县依托亦生元公司种植佛手、金钱草、千斤拔、狗脊、龙骨风等中药材。

【罗汉果协会促产业发展】 受年初冰冻灾害影响，全市罗汉果种薯破坏严重，种薯罗汉果产量减产50%，罗汉果组培苗及扦插苗的种植比例大于种薯苗。2008年罗汉果收购价处于低迷状态，罗汉果主产区永福县、临桂县、龙胜各族自治县、兴安县及灵川县的部分乡镇的农户自发组建罗汉果产销协会组织本地产品进行外销。从罗汉果的苗木购买、发放到采收烘烤后的分级、包装，进行全程服务，将本地优势农产品推向外围市场。

【甘蔗生产基本保持稳定】 受年初冰冻灾害的影响，宿根蔗断垄缺株现象普遍，市、县农业部门会同相关企业从海南、南宁、玉林等地调入种茎、种苗送给种植户，因种茎的供应紧缺，全年甘蔗产量受到一定的影响。2008年全市甘蔗种植面积5635公顷，减少213公顷，其中，糖蔗种植面积3768公顷，果蔗种植面积1867公顷。糖蔗主产县永福县、荔浦县面积略有增加，果蔗减少460公顷，甘蔗生产基本保持稳定。

【木薯生产受灾减产】 受年初冰冻灾害影响，木薯种茎受损严重，市县农业部门组织外调补给，因种茎紧缺无法补全，种植面积大减。年内全市木薯种植面积6391公顷，减少119公顷。总产量172557吨，减少49145吨，平均每公顷产量27吨。

【桑蚕产业良性发展】 2008年全市桑树种植面积2218公顷，发放蚕种45000张，鲜茧产量1380吨。主要集中在永福县（1161公顷，261吨）、灵川县（356公顷，472吨）、临桂县（425公顷，332吨）和荔浦县（80公顷，61吨）。桂桑优12、桂桑优62桑树品种在种植新区得到有效推广；小蚕共育技术得到重点推广，重点扶持自发使用省力化蚕台和省力化上簇的农户，提高养蚕成功率及蚕茧的质量和产量。部分县乡走出了“一乡一品”的发展模式，桑蚕生产成为农民增收的项目之一。年内市农业部门加强对蚕种生产、经营、质量的管理，加强对蚕种生产经营许可证的审核、蚕种市场的监督检查和行政处罚，促使全市桑蚕产业良性发展。 （蒋玉梅）

水果生产

【概　况】 2008年，全市水果生产克服年初冰冻雪灾的影响，取得灾年夺丰收的成绩。全年全市水果栽培面积达20.14万公顷，增加0.26万公顷。水果总产量219.87万吨（含白果、板栗，下同），增加12.37万吨，其中柑橘类水果9.26万公顷，产量135.5万吨；秋冬熟落叶类水果6.23万公顷，产量41.59万吨；春夏熟水果4.65万公顷，产量42.78万吨。

【抗击冰冻雪灾】 2008年初，全市遭受百年一遇的低温雨雪冰冻天气，水果生产严重受灾。全市水果受灾面积10.07万公顷，其中重灾面积达3万公顷。受灾果树枝条被压折断，枝梢叶片干枯。

灾情发生后,市水果办研究制定了《桂林市水果抗击雨雪冰冻灾害和灾后恢复生产技术措施》,组织全市水果系统干部,深入灾区广大受灾果农传授水果抗灾恢复生产技术。全市共举办各种技术培训、讲座、咨询等活动达1000多期次,培训果农5万多人。同时,全市水果部门建立了20多个面积1300多公顷水果救灾恢复生产示范点,向果农示范指导水果救灾恢复生产技术。全年全市水果实现了灾年丰收。受灾最重的亚热带水果品种柑橘类水果,总产量135.5万吨,增产6.29万吨。

【建立水果示范基地】 2008年,全市水果部门围绕《漓江流域现代农业示范区建设规划》《湘江流域优质提子(葡萄)产业带建设规划》要求,开展水果示范基地建设活动,建立了灵川潭九公路两旁666.67公顷柑橘、临桂中庸66.67公顷连片柑橘、临桂会仙66.67公顷连片柑橘、兴安县界首镇333.33公顷连片柑橘、灌阳县新圩200公顷连片布朗李、雁山区雁山镇333.33公顷连片早熟温州柑标准化生产示范基地,以及资源县中峰镇200公顷优质提子(葡萄)、全州咸水镇千亩连片柑橘生产示范基地等8个上规模的水果生产示范基地,面积0.2万公顷,示范基地建设推动全市水果生产的迅速发展。全年全市新发展水果面积1.3万公顷。

【出境水果果园注册登记】 为确保出口水果质量,提高桂林市水果国际市场竞争力。年初,桂林市开展出境水果登记注册工作。市水果部门会同桂林商品检验检疫局帮助和引导果农建立水果专业合作组织,并按出境水果登记注册要求,完善和规范果园生产管理,使生产的果品达到出口质量要求。2008年全市获商品检验检疫局批准登记注册的果园15个,面积4919.66万公顷,果品产量27.41万吨。

【柑橘无病毒苗木繁育体系建设】 2008年,桂林市农业、水果部门积极争取资金扶持,建立全市柑橘无病毒苗木繁育体系。年内,市水果办争取到国家农业部的500万元资金,建立了《桂林市柑橘无病毒苗木繁育中心》,规模20公顷,年产苗木300万株,无病接芽500万个。各县也相继建立三级柑橘无病毒苗木繁育苗圃。年末,全市已建或在建柑橘无病毒繁育圃25个,面积58公顷,年生产柑橘无病毒苗木能力1000多万株,基本满足全市每年新种1万公顷左右柑橘用苗需求。

【水果销售价格下跌】 2008年,由于受到全球金融危机以及年初冰冻雪灾和10月份四川广元柑橘大实蝇的影响,桂林市水果销售价格普遍下降,冲击最大的是红江橙、新会橙和椪柑,每千克售价最低跌到0.4元~0.6元,同比下跌50%以上。

表15　2008年各县(区)水果生产情况统计

县(区)	总面积(万公顷)	总产量(万吨)
市辖区(不含雁山区)	0.07	0.14
雁山区	0.14	1.36
阳朔县	2.07	20.06
临桂县	1.19	5.27
灵川县	1.76	11.3
全州县	2.8	17.19
兴安县	2.48	17.93
永福县	0.99	6.03
灌阳县	1.34	15.45
资源县	0.48	3.12
平乐县	2.5	44.19
荔浦县	0.89	13.14
龙胜各族自治县	0.58	3.9
恭城瑶族自治县	2.85	60.79
合计	20.14	219.87

(何祖任)

蔬　菜　生　产

【概　况】 2008年全市蔬菜播种面积15.54万公顷,其中反季节蔬菜种植4.33万公顷;总产量302.4万吨。无公害蔬菜建设面积13万公顷。全市有18个蔬菜生产基地获得无公害农产品产地认定,面积3.99万公顷。有41个蔬菜类产品获无公害标志使用权。全市无公害农产品和绿色种植业生产基地建设产地认定和产品认证居自治区前列。

【灾后恢复生产迅速】 受雨雪冰冻灾害影响,早春提早种植的茄果类蔬菜苗木毁损严重,造成早春蔬菜种植品种物候期延后15天~20天。市农业部门采取防冻、抗冻措施,降低灾害损失程度;

组织外调蔬菜种子、种苗,使蔬菜得以迅速恢复正常生产。

【生产基地和示范样板建设】 冰冻灾害过后,重点建设了灵川县大圩镇,雁山区雁山镇,临桂县六塘镇、会仙镇和南边山乡及平乐县二塘镇等灾后恢复生产蔬菜示范基地,结合"三避"(避雨、避寒、避晒)技术,建设了雁山区雁山镇罗安村连片地膜覆盖西葫芦,明星桥、姊妹桥连片地膜覆盖马铃薯和春西瓜,灵川县大圩镇雄村柳叶菜心、大村包心芥菜,永福县罗锦镇林村、永福镇渔洞村高街屯菜用甜玉米等一批新的示范基地。同时,推行"一村一品"战略,实施无公害蔬菜标准化示范样板建设,促进全市蔬菜产业化发展。

【"三避"实用技术及间套种模式大面积推广】 2008年,西瓜避寒、避雨栽培,大蒜盖草、盖地膜栽培,早春瓜菜地膜覆盖+小拱棚育苗栽培,早秋芹菜遮阳网避晒栽培,马铃薯地膜覆盖栽培等"三避"技术得到广泛应用,全年推广应用农作物"三避"技术面积13.87万公顷。同时推广农作物间套种新栽培模式,采取幼龄果园套种蔬菜,辣椒间套种叶菜,豆角间套种叶菜,西瓜套种蔬菜、淮山间种西瓜,罗汉果套种生姜等间套种模式。全年全市共应用间套种面积41333公顷,增加经济效益60多万元。

【良种引进推广】 2008年全市共引进试验番茄、茄子、辣椒、萝卜、西瓜、桑蚕等新品种46个,如荷兰格雷、金满地、钻石、百旺、英雄等番茄品种,韩国白萝卜、广东紫红长茄、大优黑1号茄子和韩国指天椒、早佳8424大棚西瓜,引进试验新品种种植示范面积6800公顷。

【无公害蔬菜标准化生产】 2008年农业部门在蔬菜基地立无公害蔬菜生产禁用农药警示牌,推广使用高效、低毒、低残留农药,指导农民按照无公害生产技术标准和农艺要求进行标准化生产。做好无公害蔬菜生产基地的产地认定及产品认证工作,加强产品质量安全宣传,强化检测体系建设,实行采前产品流动检测和例行监测制度,从源头上提高产品质量安全水平。年内蔬菜基地产品农药抽检合格率达98.3%以上。 (蒋玉梅)

【食用菌生产】 2008年,桂林市发生严重的冰雪灾害导致食用菌生产受损,造成菇棚倒塌,食用菌生长停滞。全市所栽培的食用菌全部受灾,受灾面积1852.3公顷,损失总产量7.4万吨,其中全州县倒塌菇棚26200个,面积200多公顷,损失产量1万吨。灾害过后,种植食用菌农户积极恢复生产,全年全市食用菌种植面积2398.50公顷,增加245.50公顷,增长11%,主要分布在荔浦、全州、临桂、兴安、灵川等县,其中荔浦县种植面积702公顷,全州县715.5公顷,临桂县302公顷,兴安县280.5公顷,灵川县172公顷。全市食用菌总产量21万吨,增加1万吨,增长5%,总产值9.4亿元。主要品种有:蘑菇、香菇、金针菇、黑木耳(云耳)、毛木耳、茶树菇、鸡腿菇、平菇等。种植面积达100公顷以上的品种有:蘑菇1377.89公顷,产量9.25万吨;香菇497.18公顷,产量6.04万吨;金针菇135.16公顷,产量1.67万吨;黑木耳(云耳)98.29公顷,产量1.12万吨。全市种菇农户69129户,食用菌从业人员79854人,加工企业17家,年加工能力4.10万吨,实际加工量2.49万吨,销售额7811.75万元。2008年全市5个重点县及其他有关县都建立了标准化生产示范基地,共有标准化食用菌生产大棚约5300个,示范面积280公顷。 (徐春荣)

农 业 科 技

【概　况】 2008年,桂林市农业科技教育系统围绕全市农村工作暨灾后重建恢复生产工作目标,实施新型农民培训100万人、农村劳动力转移就业100万人的"双百工程",开展农业科学技术培训、农村劳动力转移培训、农业科学技术普及等工作,推广普及农业新技术、新品种和农业科技成果的转化应用,促进农村富余劳动力转移就业,促进农业增效农民增收。

【强化农业项目管理】 继续做好农业科教、科学技术项目申报和实施管理,争取项目支持。2008年,向国家农业部、自治区农业厅、市科技局等部门申报并获准实施的项目有:农业部的"农村劳动力转移培训阳光工程"项目县10个,获得项目资金458.8万元;农业部的"新型农民科技培训工程"项目县4个,210个培训示范村,占自治区的16.2%,获得项目资金315万元;广西农业重点科技计划(自筹资金)项目3个:"桂林资江流域欧亚葡萄避雨栽培技术示范"(资源县农业局承担)、"永福县杨梅早结丰产综合栽培技术试验示范"(永福县水果生产技术推广站承担)、"平乐县万亩马蹄测土配方施肥技术推广应用"(平乐县水果生产办公室、广西大长肥业有限公司承担);桂林市科学研究与技术开发项目1个:"柑橘冰冻灾后恢复生产重建技术示范"(桂林市水果生产办公室承担),获得项目资金6万元。

【农村劳动力转移培训】 组织开展农村劳动力转移培训,促进农村劳务经济发展。2008年,全市共有灌阳、全州、兴安、资源、灵川、临桂、永福、阳朔、平乐、荔浦县10个县承担实施农业部的农村劳动力转移培训"阳光工程"项目,承担示范性培训任务为12400人。年内,全市共组织开展培训农村劳动力7.49万人,完成年度任务6万人的124.8%,其中各项目县的34个培训基地对农村劳动力进行了家政服务、电子电工、计算机应用、餐饮、客房服务、建筑、拖拉机、汽车驾驶、农产品加工、烹饪、保安等培训,完成示范性培训12547人,经培训转移就业12258人,转移就业率达97.7%。

【新型农民科技培训工程】 2008年,全市组织实施"百万新型农民科技培训素质提升工程",农业科技培训共派出培训技术人员2.83万人次,举办培训班10537期,培训农民119.6万人次。年内,灌阳、兴安、资源、永福县承担实施新型农民科技培训项目,共建立培训示范村210个,其中种植业130个、畜牧业80个。全年项目县共进村开办培训班3180期、培训16.82万人次,建立科技书屋113个。 (曾沛繁)

农 业 执 法

【概 况】 2008年,市、县农业局进一步整顿和规范桂林市农资市场经济秩序,推动桂林市农资打假工作,确保全市农资市场稳定,保障灾后恢复生产,维护农民合法权益,促进全市粮食增产、农民增收、农村稳定。

【加强农资市场监管】 年内,市、县农业局加大农资市场的检查监管,组织执法人员对种子、农药、肥料的生产经营单位、摊点、仓库进行排查和专项整治,全市全年共出动执法人员11081人次,执法车辆2469台次,检查农资生产、经营单位4830家次,查获违法违规农资产品112.04万千克,货值439.29万元,整顿农资市场2827个次,受理举报投诉案件75起,立案查处1100起,罚没款170.62万元,为农民群众挽回经济损失近1000万元。其中,整顿种子市场903个次,检查生产、经营企业1157家次,查处违法产品3.18万千克,货值43.46万元,立案查处87起,罚没款27.55万元;整顿农药市场1015个次,检查生产、经营单位2155家次,查处违法产品20.08千克,货值265.9万元,立案查处886起,罚没款113.23万元;整顿肥料市场909个次,检查生产、经营单位1518家次,查处违规产品88.78万千克,货值129.94万元,立案查处127起,罚没款29.84万元。

【查处假劣农资】 加大内在质量的抽检力度,抽检种子产品57个,其中,水稻种子32个,蔬菜种子25个,有2个品种质量不合格,合格率96.5%;抽检肥料产品64个,有13个产品质量不合格,合格率为77%;抽检农药产品47个,有7个产品质量不合格,合格率为85%。对查获的未经审定和质量不合格的种子,以及质量不合格农药、肥料产品,市农业局及时通报各县农业局,在全市范围内全面排查,保证农业生产安全。

【实现农产品质量安全零投诉、零事故】 2008年,在北京奥运会、北京残奥会、国庆节和第5届中国—东盟博览会、中国—东盟商务与投资峰会及自治区成立50周年大庆、桂林地市合并10周年大庆等重大活动期间,市农业局开展了系列农产品质量安全整治行动,通过制订农产品质量安全保障行动方案、开展农产品质量安全月宣传活动、加大农业投入品的执法检查力度等措施,全年共发放农产品质量安全宣传资料20多万份,培训人次1.78万人，出动执法人员1495人次，检查农资经营门店1000多家次，立案查处194起，查获违规产品19472千克，货值15.23万元。实现了桂林市农产品质量安全零报告、零投诉、零事故。

【农业法律法规宣传】 年内，在市中心广场、市农资市场、雁山区雁山、柘木镇、草坪乡，灵川大圩、潮田等乡镇开展农业法律法规、农产品质量安全知识宣传等活动。全市全年共出动宣传人员8596人次，印发宣传资料71.32万份，悬挂横幅、标语4150条，举办培训班91班次，接受群众咨询7.65万人次，展销农产品10.99万千克。

（高强）

林　　业

【概　况】 2008年，桂林市遭受百年一遇的严重雨雪冰冻灾害，全市12县5城区全部受灾。受灾的林地面积80.86万公顷，蓄积量3818万立方米，其中严重受灾面积32.91万公顷，蓄积量1617万立方米。全市林业因灾直接经济损失107.75亿元，占全市受灾损失总数的50%，属自治区重灾区。国家林业局灾情评估组对桂林林业灾情估算，全市森林覆盖率降低10个百分点。全市广大林业干部职工按照大灾之年“目标不变，任务不减”的要求，迅速开展林业生产自救和灾后恢复重建工作，制订了用3年～5年恢复毛竹、桉树灾前水平，用8年～10年恢复杉松灾前水平，用10年～12年恢复林业生态灾前水平并有新发展的林业灾后恢复重建近期和中长期规划。

【抗击雨雪冰冻灾害】 2008年，雨雪冰冻灾害造成全市大片竹木被冰雪压垮、倒伏，林业基础设施被毁，道路、供电、通讯中断。全市林业系统积极开展抗灾救灾，并及时收集灾情上报，争取到中央和自治区向桂林市拨付林业专项资金34165万元；下达木材采伐蓄积量562万立方米；下达林地征占用指标360公顷。市林业局将自治区林业局紧急援助的救灾资金30万元，国家林业局紧急救灾资金20万元，市局拨出的紧急救灾资金5万元，局机关干部职工捐献救灾款18080元及时下拨受灾地区和单位，取得了抗击雨雪冰冻灾害的胜利。市林业局获自治区党委、政府“2008年抗击雨雪冰冻灾害集体二等功”，获桂林市委、政府“2008年抗击雨雪冰冻灾害先进集体”；花坪国家级自然保护区蒲教平获自治区党委、政府“2008年抗击雨雪冰冻灾害一等功”，市林业局阳靖溪获市委、政府“2008年抗击雨雪冰冻灾害先进个人”。

【春季造林】 2008年，为尽快恢复灾后林业生态市、县财政和林业部门组织救灾种苗资金1405万元，采购苗木3000多万株，给群众免费送苗造林，掀起春季造林热潮。全市共完成人工造林作业面积（含受灾恢复重建面积）3.15万公顷，占自治区下达计划任务的158%；完成义务植树1022万株，完成率为146%；完成新育苗面积247公顷。

【退耕还林工程】 2008年，全市退耕还林计划任务0.99公顷（荒山造林0.5公顷，封山育林0.49公顷），并于11月全部落实地块。全年国家安排退耕还林工程项目补助经费8833万元，其中，粮食补助6893.8万元、现金补助671.2万元、种苗补助1268万元。

【农村沼气池建设】 2008年，自治区下达桂林市沼气池建设任务27430座。全市把农村沼气建设工作列为重要议事日程，年末共完成沼气池建设27550座，其中，完成贫困村沼气池建设3220座，完成非贫困村沼气池建设24210座，完成服务网点沼气池建设120座。

【森林资源管护】 2008年，受冰冻灾害影响，全市出现了大量灾材，为加强森林资源管护工作，全市制订了《桂林市雪压材处理方案》，严禁未经审批的无序采伐。加强了森林防火工作。启动森林防火问责制，加大宣传力度，加强灭火专业、半专业队伍建设，加强监督检查，遏止了森林火灾的发生。加强林业有害生物防治。制订了《桂林市雨雪冰冻灾后林业有害生物防治应急预案》，开展松树和毛竹主要树种病虫害防治工作。2008年11月20日～12月4日，通过了自治区人民政府检查组对桂林市2006～2007年度林业生态保护和管理目标责任状执行情况检查，抽查的雁山区和阳朔县的森林资源培育、森林资源保护、森林生态系统保护、林业生态建设投入、林业生态建设政策保障5项内容共14项指标均达标。

【森林防火】 2008年，受雨雪冰冻灾害的影响，桂林林区存在严重的森林火灾隐患。全年全市共发生森林火灾124起，其中火警80起，一般森林火灾44起，过火总面积1465.08公顷，受害森林面积209.44公顷，森林受害率0.13‰，损失成林蓄积13546.9立方米。全市共出动扑火人工8606个工作日，出动扑火车辆508台次，投入扑火经费53.49万元。森林火灾过火总面积减少890.79公顷，下降37.8个百分点；受害森林面积减少294.78公顷，下降58.5个百分点；全市森林公安受理火警61起、火灾40起，立案97起，破案70起，逮捕19人，刑事拘留31人，行政处罚26人。没有发生一起人员伤亡事故。

【完成森林病虫害防治目标管理】 2008年，全市全面完成森林病虫害防治目标管理任务。一是森林病虫害防治目标管理5项指标全面达标：林业有害生物成灾面积为0公顷，成灾率0‰，优于控制指标（<4.5‰）；实际发生各种林业有害生物44831公顷，累计防治面积21577公顷，无公害防治面积21400公顷，无公害防治率99.18%，高于控制指标（无公害防治率控制指标是>75%）；预测2008年全市发生林业有害生物43106公顷，实际发生44831公顷，测报准确率96.15%，高于控制指标（测报准确率指标为>75%）；全市各种种苗繁育基地繁育560公顷，对其实施产地检疫560公顷，种苗产地检疫率100%，2008年度全市调运木材119.95万立方米，实施木材调运检疫119.95万立方米，木材调运检疫率100%，高于控制指标（检疫率指标>97%）；全市有马尾松林面积43.47万公顷，实际发生7731万公顷，其中成灾面积0公顷，成灾率为0（松毛虫成灾率指标为<4‰）。二是抓好林业有害生物防治。全市发生有害生物面积31699公顷，防治作业面积21000公顷，其中防治面积20723公顷，预防面积280公顷。其中桉树青枯病3公顷，黄脊竹蝗920公顷，松褐天牛192公顷，柄天牛67公顷，萧氏松茎象4160公顷，两色绿刺蛾645公顷，思茅松毛虫1565公顷，马尾松毛虫7254公顷，竹蓖舟蛾531公顷，竹蝼舟蛾1004公顷，丝点竹毒蛾74公顷，肋芽毒蛾2360公顷，刚竹毒蛾102公顷，松叶蜂383公顷，竹小蜂1254公顷，加拿大一枝黄花200公顷。

【林业产业“3134”发展规划实现】 2008年，全市林业产业发展以园区建设和培育龙头企业为重点，实施“3134”发展规划：培育3家年产值超亿元企业、10个年产值5000万元企业、30个年产值1000万元企业，实现林业二、三产业产值突破40亿元。年内，全市通过抓好竹木物流加工园区集聚产业和培育一批具有特色的品牌企业和品牌产品，做大做强林产加工业。截至年底，全市新增木材经营加工审批项目96个，林产企业2600多个。其中广西林业荔浦纸业有限公司、桂林裕祥家居用品有限公司、桂林俏天下家居用品有限公司、桂林速丰木业有限公司4个企业实现产值超亿元；华海木业等到10个企业实现年产值超5000万元；森利人造板有限公司等30个企业实现年产值超1000万元。43个林业龙头骨干企业实现年产值14.3亿元，占全市林产工业总产值的37.1%。此外，全市花卉产业实现3.5亿元，森林旅游收入4.78亿元，野生动物驯养繁殖利用实现产值1.55亿元。全市林业产业“3134”发展规划如期实现。

【花卉生产】 2008年，全市完成花卉种植总面积3117公顷，产值达3.50亿元，增加1.32亿元。其中，尧山花卉基地建设项目种植面积超过117公顷，投资5100万元；桂阳公路花卉长廊建成面积176公顷（雁山镇74公顷、从事花卉生产户数30户；象山区一带11公顷，北芬大村桂花苗木专业花卉基地和红继木园专业园艺场；临桂县六塘镇9.3公顷的桂花和罗汉松苗木专业生产基地；阳朔81公顷，产品以桂花、红叶石楠、红继木、杜鹃等绿化小苗为主的生产基地）。

【森林生态旅游开发建设】 2008年，全市利用森林景观开展生态旅游的景区、景点39个，森林旅游收入4.78亿元。花坪、猫儿山国家级自然保护区完成生态旅游总体规划，并通过国家林业局的批复；桂林国家森林公园、阳朔国家森林公园分别完成生态旅游总体规划，并上报上级林业主管部门审批。年内，灵峰生态文化旅游有限公司投资

2600万元在猫儿山自然保护区开展生态文化旅游开发建设;美国温蒂尼投资管理有限公司与市龙泉林场签署投资开发合作意向,计划投资8亿元分3期开发建设桂林国家森林公园。

【集体林权制度改革】 2008年,全市积极推进集体林权制度改革工作。选择永福、临桂县为全市集体林权制度改革试点县,年内试点县主要开展了林权制度改革宣传、培训以及基本林地类型、数量、分布、发证、权属纠纷、流转等基本林情的调查工作,以及林权制度改革的重点、难点问题摸底和统计上报工作。 (王晓阳 刘资灵)

畜　　牧

【概　况】 2008年,在饲料价格上涨、养殖成本增加,生猪、家禽价格下半年持续下降等不利因素影响下,全市畜牧业仍保持增长趋势。全年共出栏生猪372.22万头,增长6.68%;牛14.38万头,增长6.66%;羊16.40万只,增长5.37%;家禽9771.73万羽,增长11.04%。肉类总产量44.82万吨,增长8.10%。全年实现畜牧业产值99.50亿元,增长8.46%。

2008年桂林市畜牧业生产情况表

表16　　万元:万头(只、羽)

项目	当年出栏	上年同期	增减	年末存栏	上年同期	增减
猪	372.22	348.90	6.68	268.89	250.20	7.47
牛	14.38	13.48	6.66	44.66	43.05	3.74
羊	16.40	15.56	5.37	11.77	11.86	-0.74
家禽	9771.73	8800.55	11.04	3621.98	3377.44	7.24
鸡	8118.90	7297.36	11.26	2946.22	2733.87	7.77
鸭	1534.25	1403.07	9.35	623.03	594.53	4.79
鹅	118.58	100.12	18.44	52.73	49.04	7.52
兔	56.40	53.02	6.37	24.86	24.50	1.47

2008年桂林市畜牧业产品产量表

表17　　单位:吨

项目	当年产量	上年同期	增减(%)
肉类总产量	448241	414643	8.10
禽蛋产量	40686	36719	10.80
奶类产量	2553	2472	3.28
蜂蜜产量	512	478	7.01

【扶持标准化场舍建设】 2008年,桂林市继续贯彻落实国家和自治区扶持生猪生产稳定市场供应的政策,全年全市共获中央预算内补助资金1530万元,共改扩建生猪标准化规模养殖场(小区)45个,其中,年出栏500头~999头的猪场36个,每个场补助资金25万元;年出栏1000头~1999头的猪场2个,每个场补助资金50万元;年出栏2000头~2999头的猪场3个,每个场补助资金70万元;年出栏3000头以上的猪场4个,每个场补助资金80万元。年内,福芝农场、二塘猪场、龙胜土鸡场获得自治区生猪扩繁场和种鸡场建设项目扶持资金。年内国家对能繁母猪的补贴标准提高到每头100元,全市共补贴能繁母猪21.22万头,共发放补贴资金2122万元。

【无公害畜禽产品产地认证】 全年全市共申报无公害畜禽产品产地认定与产品认证18家,其中生猪养殖场15家,肉鸡养殖场2家,蜂蜜生产场1家。发挥已建成的30个无公害畜禽产品标准化生产示范基地作用,带动广大农户开展无公害畜禽产品标准化生产。

【农业产业化重点龙头企业】 2008年,全市共获得重点龙头企业24个,其中广西桂牛农牧业发展有限公司、桂林市阳朔县亮山种猪场等21个企业获得自治区水产畜牧行业重点龙头企业,桂林市奶牛场等3个企业获得桂林市农业产业化重点龙头企业。年末,累计全市畜牧业共有重点龙头企业64个,其中国家级1个,自治区级2个,自治区行业级32个,市级29个。

【畜禽生产】 2008年,年初冰冻雪灾造成全市畜禽栏舍倒塌面积52.08万平方米,牛、羊等人工草场受灾面积9045.50公顷,家禽死亡302万羽,猪死亡约27万头,牛死亡近6万头,羊死亡约5万只,直接经济损失高达7.36亿元。年内,桂林市畜牧业承受住了年初冰冻雪灾和6月洪水等自然灾害的影响,取得较快发展。全年肉类总产量达到44.82万吨,禽蛋产量4.07万吨,奶类产量2553吨。实现畜牧业产值99.50亿元,增长8.46%。

【品种改良】 全年全市共完成牛杂交配种9.84

万头，其中牛人工授精8.55万头（黄牛4.52万头、水牛4.03万头），本交改良1.29万头（黄牛1.03万头、水牛0.26万头），新生杂交牛犊5.29万头。

【饲料生产与监管】 2008年，全市饲料生产量87.39万吨，其中，配合饲料85.24万吨，浓缩饲料1.31万吨，添加剂预混合饲料0.84万吨，饲料工业产值超过25亿元。全年全市共有14家饲料生产企业获得“饲料生产企业审查合格证”。三聚氰胺奶粉事件发生后，市饲料工业办公室强化饲料质量安全监测控制，全年共抽查检测饲料生产企业14家，饲料经营企业36家，养殖企业78家，共抽检饲料90批，出动执法人员300人次，饲料产品合格率为100%。

【动物防疫与检疫】 2008年，加强动物防疫工作。继续对口蹄疫、高致病性禽流感、猪瘟、高致病性猪蓝耳病等重大动物疫病进行集中免疫和及时补免，全年口蹄疫共免疫猪339.25万头，免疫密度94.82%；牛72.34万头，免疫密度94.22%；羊35.39万只，免疫密度87.27%。高致病性禽流感免疫家禽7077.85万羽，免疫密度96.68%。猪瘟免疫373.58万头，免疫密度94.75%；高致病性猪蓝耳病免疫229.29万头，免疫密度84.48%。认真开展检疫工作，乡镇产地检疫开展面达到100%，屠宰检疫做到了有宰必检。全年产地检疫生猪180.59万头，牛8.03万头，羊1.42万只，家禽5234.57万羽；屠宰检疫生猪204.15万头，牛羊4.60万头，检出并处理病畜1418头，病禽2076羽，病害动物产品53.94吨，均做了无害化处理。

【畜禽污染源普查】 2008年，为加强养殖环境监管，掌握畜禽污染源的排放量和排放去向，桂林市对17个县（区）135个乡镇的规模化畜禽养殖场、养殖小区和养殖专业户的用水、饲料投放、畜禽养殖粪便及其他主要污染物、污染物处理等情况进行了详细调查，确定了畜禽养殖业污染源普查对象6273个，年内完成了养殖业污染源普查的清查、普查、数据录入、审核、汇总及上报等工作，为全国第一次污染源普查的顺利完成提供保证。

【桂林“美冠”原种猪育种处于国内领先水平】 桂林美冠原种猪育种有限责任公司是由桂林市环城牧业有限责任公司、桂林市福八戒种猪有限责任公司和美国世界动物出口公司3家共同出资组建的股份制企业，位于桂林市象山区二塘乡桂林市第二水产养殖场内。2008年，该公司引进美国冠军血缘的种猪135头和全套美国种猪育种、管理、养殖技术，是桂林规模较大的原种猪场，其生产工艺流程，生产技术，设备配套，管理水平在国内处于领先水平。（唐宁）

水　　产

【概　况】 2008年，桂林市渔业克服年初雨雪冰冻灾害和6月的洪涝灾害等不利影响，通过加强渔业规范管理、控制疾病死亡、提高产品质量等措施，全市水产品产量的持续增长。全市全年水产品养殖面积13549公顷，增加901公顷，增长7.12%；产量81169吨，增加3000吨，增长3.84%。生产鱼苗8.26亿尾，增加0.08亿尾，增长0.98%；投放鱼种9015吨，增加188吨，增长2.13%；鱼种产量9061吨，增加216吨，增长2.44%；渔业产值7.01亿元（按上年价格计为5.96亿元），增加1.25亿元，增长21.7%（按上年同比价计算增3.49%）。

【水生动物病害测报】 2008年，桂林市水生动物病害测报开始实施精确测报，由自治区有关鱼病专家通过网络传输方式，直接与测报员交流，准确判断测报点的养殖病害发生情况，提高测报工作的准确性。年内测报工作主要在全国重点扶持建立水生动物疫病防治站的临桂、全州、永福县实施。测报分池塘和网箱两类，共在9个乡（镇）建立了15个池塘测报点，督查59张鱼塘，面积30.87公顷；建立6处网箱测报点共99个网箱，面积2205平方米。监测品种为斑点叉尾鮰、草鱼、鲤鱼、鲢鱼、鳙鱼、黄颡鱼、光倒刺鲃等12个品种。

【水产品质量安全管理】 2008年，桂林市水产畜牧兽医局组织开展水产养殖业专项执法行动，共组织现场检查30多次,重点对水产苗种生产企业、渔用药物市场进行整治。开展水产无公害生产基地申报工作,全年共有5个单位通过无公害养殖产地认证,通过认证品种8个。全年共进行水产品药物残留监测抽样110个(含活样20个),其中,斑点叉尾鮰33个、草鱼30个、罗非鱼19个、鲫鱼17个、鲤鱼6个、对虾5个,没有检出药物残留超标。

【养殖业污染源普查】 2008年,桂林市水产畜牧兽医系统开展养殖业污染源普查工作,全年共举办了养殖业污染源普查(指导)员培训班3期,培训学员351名,对全市137个乡(镇)的8235个养殖业污染源普查清查对象(其中畜禽养殖业7149个、水产养殖业1086个)进行了入户清查登记及数据录入、核查。

【渔业技术推广】 2008年,桂林市水产研究所开展《虹鳟南移繁殖技术开发与健康养殖》《长吻鮠高产示范养殖》《美国斑点叉尾鮰人工选育》《引进漠牙鲆示范养殖》等科研课题项目,其中所承担的《虹鳟南移繁殖技术开发与健康养殖》项目通过验收。年内,市水产畜牧兽医局加强与桂林农业局合作,在全州县联合进行了435公顷"稻、灯、鱼、菇"综合农业项目;桂林市水产科研、推广机构加强与县、乡水产基地的合作,全年共引进培育了美国斑点叉尾鮰、黄颡鱼、青鱼、丁桂鱼、丰产鲫、杂交条纹鲈、虹鳟鱼、黄河裸裂尻鱼、长吻鮠、七彩鲑、沟鲶等优良品种,向社会提供优质鱼苗种2160多万尾。

【渔业资源保护】 2008年,加大渔业增殖放流力度,自治区水产畜牧兽医局安排放流资金35万元,分别在兴安、灵川、平乐、永福、资源等地进行渔业增殖放流,共放流草鱼、鲤鱼、鲢鱼、鳙鱼等鱼种350万尾。年内,团市委、市佛教协会等组织开展了放流活动,共放流鱼种100多万尾。规范水生野生动物管理,年内全市共新办《水生野生动物驯养繁殖证》和《水生野生动物经营利用许可证》25本。桂林市渔政站共查处各种违法违规经营利用水生野生动物案件30余宗,没收水生野生动物实物300余千克。恭城瑶族自治县三江乡古木源大鲵自然资源保护区被确定为自治区级自然资源保护区,成为桂林市第一个渔业资源保护区。

【渔业船舶管理】 2008年,全市加强渔业船舶管理:一是对全市289艘渔船进行年度检验,签订渔业船舶安全管理责任书;二是规范渔船标志,对全市渔船标志进行了重新喷刷;三是配齐安全设备,全市渔船共配置了救生圈289个、灭火器289个、救生衣578件;四是开展职务船员培训,全市有289名渔船职务船员参加系统培训;五是发放燃油补贴,全年共发放了渔用燃油补贴205.03万元;六是加大执法检查力度,严查渔船违规载客行为,对漓江草坪江段进行了重点整治,全年共出动渔政执法人员639人次,排查并治理渔业安全生产隐患14处,查处违规渔船2艘,维护了漓江正常的旅游秩序和渔业安全生产。

【庭院渔业养殖】 庭院渔业是指利用房前屋后空地、开展龟鳖类、鱼类和其他水生经济动物养殖的活动。2008年4月30日,全市"渔娘庭院兴业"活动在灵川县海洋乡大庙村举行启动仪式,由灵川县水产畜牧兽医局出资1.2万元购买2000千克鱼种分发到31户农户家中养殖。12月5日,全市"渔娘庭院兴业"现场会在灌阳县文市镇吉田村举行,促进了全市庭院渔业的发展。全年全市共有庭院渔业养殖户12185户,产值1.2亿元。其中,龟类养殖8户,产值108万元;鳖类养殖747户,产值6650万元;蛇类养殖6户,产值156万元;蛙类养殖72户,产值27.8万元;其他养殖户11353户,产值4935万元。

(侯德恩)

农　业　机　械

【概　况】 2008年,桂林市农机原值17.55亿元;农机总动力270万千瓦,增长7.7%;各类拖拉机13.36万台,增长12.6%;收获机械2400台,增长102.4%;插秧机械251台,增长148.5%。全市机犁、机耙面积32.15万公顷,增长26.3%,全市农业生产耕种收综合机械化水平达19.8%,增长近7个百分点。农机总作业值21.5亿元,增长11.2%。落实三级财政补贴资金1608.79万元。全年推广各种联合收割机、插秧机588台。完成中职教育招生1135人(机电校556人,农机校579人),培训农民工近8000人。年检审拖拉机18268台,办理新机入户2410台。年内,全市没有发生道路外农机安全事故,实现连续五年农机事故零死亡目标。

【全州县农民购补贴农机获贷款】 2008年,全市落实三级财政补贴资金1608.79万元,其中,中央补贴资金1183.23万元,自治区补贴资金122.56万元,市级补贴资金303万元。补贴各类农业机械5672台,其中,插秧机150台,联合收割机438台,拖拉机712台,耕整机3640台,其他机械732台。农机购置补贴率平均为38.27%。为鼓励农民购机,桂林市农机部门加大政策扶持力度,将购机补贴落到实处。年内,全州县农机局为鼓励农民购机,帮助16户购补贴机的农民联系县农村信用社获购机贷款60万元,开创了广西农民购补贴机获得贷款的先河。

【农机推广】 2008年,桂林市抓好水稻生产机械化示范项目建设,推进新技术新机具推广。全年全市共建设43个机插秧示范点,示范面积800公顷,各县开展机插秧育秧培训班29期,对1300多农民进行了机插秧育秧及插秧机操作技能培训。年末,临桂、平乐、灌阳等县1万多农户与广西康华生态农业种植发展公司签订租赁协议,将3333.33公顷水田出租给该公司开展"50万亩水稻生产全程机械化示范区"项目,进行规模化种植。项目的成功实施促进了桂林市水稻联合收割机、插秧机等新技术新机具的推广。

【发展农机专业合作社】 2008年,为使桂林市农机专业合作社成长壮大,市政府制订《桂林市千乡万村现代农机装备推进工程实施方案》,提出提高购机社员较非入社成员5至10个百分点的市级财政补贴率和提高2至3个百分点的县级财政补贴率扶持的优惠政策,鼓励农户踊跃加入农机专业合作社,引导农机大户、种粮大户、科技示范户带头组建农机合作社。5月,18个从事机耕、机收作业的农机合作社率先在8个县组建,年末农机合作社增至35个。同时抓好跨区机收工作,激发农民组建合作社的热情。全市共有9个机收服务队参与跨地区作业。

【连续五年农机事故零死亡】 2008年,桂林市农机部门强化安全生产管理,完善农机安全生产长效机制,取得全市连续五年农机事故零死亡的成绩。一是层层签订农机安全生产责任状;二是建立和完善农机安全生产应急预案,提高了事故防御和救援能力;三是定期开展安全生产教育,全年共印发农机安全宣传手册5230份,宣传资料25680份,《倡议书》15270份,播放安全警示影片62次;四是规范档案管理,严把新机入户关,做到机、牌相符,人、车相符;五是开展农机生产隐患大排查和专项整治活动,重点开展了安全生产百日督察专项行动和非法改装拖拉机专项整治活动,全年农机部门出动检查人员2276人次,出动检查车辆780台次,检查拖拉机4630台次,纠正违章拖拉机1747台次,补检拖拉机398台次,强制培训拖拉机驾驶员121人次;六是开展创建平安农机创建活动,2008年荔浦县被评为全国"平安农机"示范县,永福县被评为自治区"平安农机"示范县,全市另有17个乡(镇)达到"平安农机"示范乡(镇)标准,197个村达到"平安农机"示范村标准,2465个农机户达到"平安农机"示范户标准。

(袁桂兵)

农 村 扶 贫

【概　况】 2008年,桂林市共争取和整合农村扶贫资金3.13亿元,其中,财政扶贫资金6047.09万元,信贷扶贫资金2.13亿元(到户贴息贷款1亿元,大额信贷资金1.13亿元),群众自筹1188.1万元,地方配套资金1157万元,部门资金1031万元,社会扶贫资金367万元。累计实施扶贫项目1103个,286个贫困村人均增收340元,绝对贫困人口减少1.1万人,4.5万相对贫困人口脱贫。

【整村推进有新成效】 2008年,全市共投入产业开发资金1.32亿元,完成种植优势产业3890公顷,低产改造824公顷,养殖牲畜15.28万头

(只)、家禽36万羽,项目覆盖贫困户2.76万户。争取大额贴息贷款1.13亿元,为13家扶贫龙头企业发展生产,带动贫困村产业开发提供了资金支持;投入资金2799.26万元,修通村四级公路和通村屯道路284条882.5千米,桥梁31座935延米,解决了10.5万人的行路难问题。投入资金123万元,举办各种培训班216期,印发技术资料89099份,培训群众共2.4万人次。培训农村技术骨干585人。委托6所贫困劳动力转移就业培训基地,对2550名来自贫困村的劳动力进行了劳动技能培训,并全部输送到广东、上海等地就业,月收入都在1000元以上。

【为民办实事工程圆满完成】 2008年,全市共投入扶贫资金2033.4万元,为贫困村修建人饮工程110处,铺设饮水管道290千米,解决了2850户1.3万人的饮水难问题;建沼气池3220座,改造茅草房1400座,改善了4000多户贫困群众的生活环境,全市为民办实事工程圆满完成。

【项目资金监管】 2008年,全市用于第二批"整村推进"贫困村的资金达1.4亿元。资金使用管理实行专户管理,封闭运行制度。同时落实项目资金核准制、备案制、公示制、报账制,规范项目资金管理,实现了扶贫项目、扶贫资金的100%公示。年内全市没有出现挪用、挤占、贪污扶贫资金的现象,没有出现"关系工程"、"领导工程"和"领导承包工程"的现象。

【扶贫帮扶】 2008年5月,桂林市人民政府出台了《桂林市参与式扶贫管理办法》,形成了社会各界积极参与扶贫的新局面。2008年,各帮扶部门和社会各界共扶持贫困村1031万元,引进外资300多万元。实施扶贫项目380个,修建道路105条230千米,产业开发1067公顷。

(王善存)

国有农场

【广西国有良丰农场】 2008年,广西国有良丰农场战胜了年初罕见的雨雪冰冻灾害,全年实现经营总收入28852万元,增加9722万元,增长50.82%;实现国内生产总值14110万元,增加5042万元,增长55.6%;实现利润10.09万元,增加1.92万元,增长23.5%;固定资产投资1197万元,其中,桂林科技新城项目投资783万元;职工人均年收入18574元,增长22.31%。

狠抓生产经营管理 2008年,在遭受雪灾、洪灾等重大自然灾害的危害,该场柑橘仍获丰收。全年水果结果树面积323.13公顷,增加75.47公顷,增长30.47%。水果生产总产量13409吨,增产918吨,增长7.3%,其中,柑橙总产量13105吨,增加901吨,增长7.38%;其他品种水果总产量978吨,增产294吨,增长43%。该场一是加强农业生产技术培训及管理,多次对职工进行技术培训。二是加大柑橘黄龙病防控力度,全年黄龙病发病率大幅下降。三是落实质量追溯管理制度,年内该场通过了国家农业部的无公害认证和出口果园认证。四是加入以源头农场为龙头的桂北片水果销售联盟,单独成立水果销售公司,帮助职工群众广开销路、指导调整销售价格,年内该场克服柑橘价格持续低迷不振及四川大食蝇蛆事件的影响,未出现水果滞销情况。

抓好灾后生产恢复工作 6月上旬,桂林地区强降雨造成该场建场以来最严重的洪涝灾害,给农场造成严重的损失。农场制订了灾后自救措施,要求受灾岗位立足生产自救,尽快恢复生产,对果树受灾出现严重落果、落叶现象的承包岗位按其受灾程度适当减免2008年度的土地承包费。全场核定受淹面积93.33公顷,共减免承包费33.67万元。

桂林科技新城项目一期工程启动 2008年7月13日,占地57.66公顷的桂林科技新城项目一期工程"软件外包与人才培训输出基地"启动。桂林科技新城是广西农垦局与桂林市人民政府共建项目,主要发展无污染高科技产业项目,使科技研发与产品制造有效联系,形成科技研发产业集聚区,规划面积10平方千米,其中良丰农场2平方千米为"核心区"。自治区副主席、桂林市委书记高雄,自治区政协副主席林国强、自治区农垦局局长刘志勇出席启动仪式。 (周喆)

【广西农垦国有桂北农场】 2008年是"广西农垦管理年"活动开展的第二年,广西农垦国有桂北农场结合该场实际，完成自治区农垦局的各项建设指标任务。

抓好灾后生产恢复　年初该场遭受冰冻雨雪灾害，给该场的生产、生活造成重大损失和影响。该场制订了《桂北农场关于冰冻雨雪灾害后加快恢复柑橘生产的措施和办法》，在抓好更新改造和创建柑橘脱毒苗木繁育基地上下工夫。年内，全场更新改造种植面积84.07公顷，并在全州县才湾镇五福新村创建柑橘脱毒苗木繁育基地，全年可实现出圃无病毒优质柑橘苗木30万株，不仅为更新改造所需苗木提供保障，还可向社会提供无病毒优质柑橘苗木20余万株。

启动园区建设　年内，广西农垦国有桂北农场启动园区建设。与地方政府合作完成了“工业集中区”的规划修编工作及“广西桂北（绍水）工业集中区（A区）控制性详细规划”并经全州县政府批准报桂林市备案。完成了工业集中区用地的青苗及附属物的清查和补偿。签订投资2.5亿元铝制品加工和投资1亿元皮糠油加工的投资协议。

（陈繁）

水　　利

【概　况】　2008年，桂林市水利局积极争取投资，在病险水库除险加固、农村人口饮水安全、防汛抢险、桂林市防洪及漓江补水枢纽工程、水土保持、农田水利基本建设等方面，取得了显著成绩。截至年底，全市共争取投资77149.97万元，其中，中央投资32812万元，自治区投资21184万元，桂林市投资1275.2万元，自筹21878.77万元，争取的水利投资居自治区第一。全年全市共维修水库41座，完成水库除险9座，修建防洪堤5.24千米，整治河道235.94千米，保护人口6.65万人，保护土地2750公顷；新增水电装机容量35480千瓦，治理水土流失面积530公顷；新增节水灌溉面积54公顷，新增有效灌溉面积1760公顷，改善灌溉面积54730公顷，恢复灌溉面积11800公顷，解决农村饮水安全人口63769人。

【防汛抢险】　6月11～13日，桂林全市普降大到暴雨，局部大暴雨和特大暴雨。全市21个水文站有15个超防洪警戒水位，桂林水文站出现146.98米的洪峰水位，超警戒水位1.28米，并维持5个小时不退，阳朔、平乐、永福县出现建国以来的最高洪水位。全市128个乡镇179.67万人受灾，直接经济损失23.16亿元，24座小型水库损坏，1030处96.9千米堤防受损，2156处灌溉设施遭受破坏。

在洪水来临之时，市县各级领导及时防汛办了解灾情，指挥全市人民抢险救灾。市水利局及

6月13日，被洪水围困的阳朔西街。

刘桂丹　摄

时掌握水情、雨情、灾情，协助指挥抢险救灾工作，指挥各县防汛办科学抢险，全局共转移受困群众2840名，转移救灾物资23吨，运送矿泉水、干粮等生活用品25吨。

【桂林市防洪及漓江补水枢纽工程开工】 2008年12月7日，桂林市防洪及漓江补水枢纽工程在兴安县小溶江枢纽工程开工，桂林人梦寐以求的民心工程正式实施。桂林市防洪及漓江补水枢纽工程由斧子口、川江、小溶江3座水利枢纽组成，工程设计总库容4.67亿立方米，防洪库容1.95亿立方米，工程概算总投资30.48亿元，工程以防洪和漓江生态补水为主，结合发电、灌溉，实现水资源的综合利用。年初，自治区人民政府把桂林市防洪及漓江补水枢纽工程列为自治区层面统筹推进新开工重大基础设施项目，桂林市成立了以市长李志刚为领导小组组长，分管副市长为指挥长的工程建设领导小组和指挥部，开展工程建设协调、征地拆迁移民协调、综合开发等工作。2008年6月10日，国家发改委批准了《关于桂林市防洪及漓江补水枢纽工程项目建议书》，项目获得国家立项，确立斧子口、川江、小溶江3座水库捆绑立项、同步建设，国家发改委承诺支持项目资金的60%。11月17～22日，国家水利部委托水规总院对枢纽工程可行性研究报告进行审查并获通过。

【病险水库除险加固】 2008年，桂林市列入第二批除险加固规划项目的水库有73座，总投资9.29亿元，其中，国债投资6.20亿元，地方配套3.09亿元。73座水库中的14座大中型水库除险加固投资5.96亿元，其中国债投资3.98亿元，地方配套1.98亿元；59座小(一)型水库除险加固投资3.33亿元，其中国债投资2.22亿元，地方配套1.11亿元。年内，73座水库已下达或部分下达除险加固投资的水库有34座(其中，大型2座，中型6座，小(一)型26座)。下达投资3.82亿元，其中国债投资2.47亿元，地方配套1.35亿元。已完成病险水库除险加固9座，维修水库34座。

【水利体制改革工作顺利完成】 2008年，桂林市国营水管单位体制改革任务全面完成。全市完成体制改革的国营水管单位53个，定编1927人，定员1911人。其中，人员经费列入财政部门预算的水管单位48个，落实人员经费2290万元；工程维护费列入财政部门预算的水管单位51个，落实工程维护经费1574万元。

【农村人饮安全工程】 2008年，全市开工人饮安全工程64处，建成58处，占计划的71.6%，完成工程投资2919万元，完成计划总投资71.99%。共解决农村饮水不安全人口63769人，完成计划70.1%。在进行人饮安全工程建设的同时，市水利局完成了《桂林市十一五农村饮水安全工程规划》修编工作。

【农田水利建设】 2008年，完成了中央财政支持小型农田水利基础项目建设17处，共修建渠道77.46千米。完成投资1574.4万元，占总投资98.46%，其中中央及自治区投资720万元。恢复和改善灌溉面积2860公顷。基本完成自治区财政支持小型农田水利基础建设，2008年计划建设渠道工程89处，水源工程64处，年内完成渠道工程85处，占计划的95.5%，完成水源工程63处，占计划的98.4%。完成投资5020万元，占计划总投资96.6%。其中，自治区资金完成1945万元，县级财政完成699万元。完成渠道长度312千米，受益面积1.35万公顷，组建农村用水合作组织124处。

【安全生产检查】 2008年，桂林市及各县(区)落实“隐患治理年”工作，排查治理安全隐患，防范重特大安全事故发生。年内，市防汛抗旱指挥部在市级报刊上公布了大、中型及小(一)型以上水库水电站防汛行政责任人和技术负责人名单，并落实全市抢险橡皮舟95只，抢险冲锋舟36艘，机动船舶65艘，麻袋4万条，纺织袋40万条，铅丝30吨，桩木900立方米，救生衣2000件等；落实抢险队伍50支，抢险人员8950人。年内，桂林市水利系统举行了安全生产大检查和百日督查专项行动，共检查出事故隐患304处，整改234处，正在落实整改53处，全市水库在汛期没有出现安全责任事故，全市电站没出现任何事故。

（郭林）

4月28日，第二届桂林米粉节在兴安银杏广场举行。（唐侃 摄）

商务贸易

【概　况】　2008年，桂林市商务局采取多项措施，克服冰冻、汛涝灾害及全球金融危机等不利影响，确保全市煤炭、电力、燃烧油、液化气和生活必需品等物资的供应，全市社会消费品零售总额277.89亿元，(比上年，下同)增长23.71%。其中，市区实现社会消费品零售总额156.22亿元，增长23.54%；各县实现121.67亿元，增长23.93%(县以下实现50.68亿元，增长20.28%)。批发零售贸易业销售活跃，全年全市实现销售总额229.94亿元，增长24.52%，增幅提高5.1个百分点；餐饮业实现销售总额45.84亿元，增长20.31%；其他实现销售总额2.11亿元，增长12.95%。社会消费品市场增幅逐月加大，1月增幅为16.4%，6月增幅为23.5%，12月增幅为23.7%。市场消费热点突出，多类商品销售增长。全年25个大类商品中零售额增长的有22个，其中粮油、饮料、针织品、金银珠宝、体育娱乐用品、石油及制品、通讯器材增长超过20%，书报杂志、电子出版物及音像制品和办公文化用品呈下降趋势。全年居民消费价格水平在不断上升，居民消费价格总指数上升5.9个百分点，食品类增幅达16.5%。其中，粮油增长19.2%；豆制品增长33.5%；食用油增长15.9%；肉禽及制品增长21.5%；乳制品增长15.8%。

【整顿和规范市场经济秩序】　2008年，市商务局与有关部门共同开展保护知识产权宣传周活动，发放各种宣传资料1万多份。开展食品安全和食油安全专项整治，打击无证经营和食油掺假等现象，市场经营秩序进一步好转。开展市场价格专项整治和诚信兴商宣传月活动以及市场整治的行政处罚与刑事司法相衔接的专项整治，组织十多个部门对全市各个专项进行价格检查，查处4件价格违法案件，处理十余件价格违规案件。会同市监察局、市检察院、市公安局等部门对工商、税务、安监、烟草、食品药品监督等管理部门进行抽查，重点抽查2005~2007年行政处罚案件是否存在该移交而未移交司法部门的案件。开展诚信兴商宣传月活动，发放宣传资料4万余份。开展现场宣传台、咨询台65场次，张贴宣传画6000多幅，开辟电视专题栏1个，播放新闻及报刊报道62次，发送诚信短信息3200条，接受群众咨询5万多人次。

【生猪定点屠宰管理】　年内，全市共出动执法4100多次，执法人员3.4余万人次，打击私屠滥宰窝点3个，查处违法案件100余起，缴获私宰猪1万多千克，其中病害猪肉5000多千克。实现生猪定点屠宰129多万头，县城以上生猪进点屠宰率达96%以上，乡镇生猪进点屠宰率达92%以上。

【全面实行《酒类流通备案登记》制度】　2008年，桂林市在全面推广实行酒类经营行政许可证制度的同时，实行了备案登记。全年共换发酒类经营许可证3200份，许可证核发率达95%以上，“酒类流通随附单”的推行面达100%，酒类零售商对“酒类流通随附单”的索取率达75%以上。对全市酒类经营户进行全面检查，证件验审，备案登记，核实货源，查看票据，严罚假冒伪劣经营者，杜绝有害人民群众生命和身体健康的“酒案”发生。

【市场运行调控和监测】　年初，受冰冻灾害影响，全市电力、交通受到严重损坏，成品油销售一度紧张，市商务局组织人员到中国石油化工股份有限公司广西桂林石油分公司、中国石油天然气服务有限公司广西桂林分公司，协调成品油正常供应。规范成品油流通市场管理，下半年开始实行库存量与销售量周报、月报制度，及时掌握成品油流通状况。制订措施，确保鲜肉供应，年内，分别与桂林市盛霞种猪有限公司、平乐源头养殖场等10家规模养殖企业签订合同，让10家企业承担全市1.36万头生猪及冻猪肉150吨的储备任务。对市场运行状况实施监测，对春节、“十一”黄金周实行日报和周报综合分析；在市场运行出现异常被动时，立即启动日报监测制度，掌握市场运行状况；扩大样本监测企业，增加广西桂林石油分公司、桂林梦之岛百货有限责任公司等4家企业作为样本监测企业，使全市样本监测企业增至29家。

【健全农村流通网络】 年初,市商务局组织人员到全州、兴安等9个县、8家承办企业、32家农家店进行调研,解决农家店在配送链中出现的问题。抓好现有600多家农家店的长效管理,帮助农家店提高经营水平和管理能力,督促承办企业强化对农家店店主的培训。组织农户参加"新农村商网"网上农副产品购销对接会,开展"促进农产品流通510活动"(即选择餐饮、食品、服装、家具、家电等10个领域,组织5次集中宣传促销),收到良好的社会效益和经济效益。

【举办桂林地方特色美食展】 11月,市商务局在桂林市山水文化旅游节期间,在市联达商业广场举办以"游在桂林,吃在桂林"为主题的"2008桂林山水文化旅游节桂林地方特色美食展",有130余家展商,200余种美食参展,吸引了数万群众参与。美食展活动,扩大了桂林地方特色美食影响力,让游客在桂林既能欣赏到优美的自然风光,也能品尝到美味的桂林地方特色的各种美食。

11月14日,桂林山水文化旅游节地方特色美食展场景。 王瑾 摄

【烟草专卖】 2008年,市烟草专卖局(公司)实现卷烟总销量83.11亿支,增长5.76%;实现卷烟单箱销售额1.28万元(含税),增长13.1%;上缴税金1.83亿元,增长215.3%;资产负债率为6.53%,流动比率为13.02,速动比率为11.01。年内,市烟草专卖局(公司)继续保持卷烟打假打私高压态势,加强对卷烟零售户的服务和管理,提高了卷烟市场的控制力和净化率。全年共查获立案涉烟案件953起,查获各种非法卷烟1362.3万支,查获烟叶烟丝41.1吨,端掉窝点21个,判刑29人,刑事拘留5人,侦破了涉案金额达259.7万元的"一·八"销售假烟网络案,维护了卷烟市场的正常秩序。年内,市烟草公司在全州、临桂、平乐县11个乡镇28个村屯发展烟叶生产,共发展烟农354户,新建、改建密集型烤房100座,种植烤烟123.05公顷,收购烟叶260.05吨。2008年,桂林市烟草专卖局(公司)被自治区烟草专卖局(公司)评为"2008年度先进单位"、并获自治区烟草专卖局和自治区公安厅"2008年度全区卷烟打假工作贡献奖"。 (唐承恒)

【盐业专营】 2008年,桂林盐业分公司克服原盐市场萎缩及重大冰雪灾害影响,盐品销量创历史最高水平。全年销售3.6万吨,增长20%。其中,销售食用盐1.89万吨,完成年计划的90.96%;食用盐中铝塑小包装盐销售1.58万吨,完成年计划的113.94%;多品种盐销售360吨,完成年计划的200%。销售食品加工用盐1.22万吨,完成年计划的214.03%。销售工业用盐4880吨,完成年计划的139.43%。盐品年末库存13761吨,可保证年平均销售5个月的供应量。全年实现销售收入4900万元,实现利税450万元。年内,桂林盐业分公司探索终端销售模式,对全市范围人口集中、用盐量较大的学校、企业、机关单位、部队食堂及饭店等用户进行认真调查,改变销售方式。职工轮流送货上门,实行终端服务,满足了市场需求。拓宽多品种盐的销售渠道,以桂林城区为试点,与大型超市达成销售多品种盐的协议。通过直供铝塑包装盐和多品种盐等政策,在市区60多家大型超市、连锁店里推广销售多品种盐,满足广大市民的生活需要。年内,桂林盐务分公司加强盐政执法,确保市场稳定。加强市场管理和检查,有计划、有重点、分阶段组织安排各类检查和专项整治行动。加强跟踪服务,实施监督管理。在市场监管检查行动中,除自身独立开展大规模的检查外,还与市公安局、市工商行

政管理局、市卫生局等部门协作，联合执法。开展联合整治行动，加大检查和宣传，完善盐业市场管控方式和多部门协同机制，构建保障盐业市场行为规范的大监督格局。　　（李荣珍）

【石油供应】 2008 年，中国石油化工股份有限公司广西桂林石油分公司全力保供增效，强化精细管理，全年销售成品油 42.08 万吨，增长 9%，其中，零售量 37.35 万吨、增长 15.1%。年内，该公司狠抓市场保供，突出保零售、保重点、保夏季农机用油和奥运用油，扩大零售、增加直销，实现了保供扩量。全力服务抗灾救灾。在年初的雨雪冰冻灾害中，该公司积极组织油源，把救灾油送到灾区，解决灾区人民生活用油、发电用油和生产用油。9 月，受全球金融危机的影响，该公司及时调整经营措施，零售上开展小额配送、物品促销，直销、分销上贴近市场灵活作价，保持了销量和效益的总体稳定。年内，该公司强化责任考核，提高加油站服务质量。开展管理服务提升年活动，提升加油站管理服务质量。加强现场指导，推动非油品经营，全年便利店开业 23 座，完成考核指标的 115%。全年实施加油站形象改造 6 座，完成改造投产 4 座，完成自助站改造 1 座。加快信息化建设步伐，在销售企业率先试点运行零售电子账表管理系统，运营 IC 卡联网站和发卡充值网点，并在部分自助站配备了视频监控系统，提高加油站科技管理水平。年内，公司加强安全学习培训，组织分公司领导、片区 ME（区域管理经理）、加油站站长、安全管理员 118 人进行安全取证培训。加强安全检查、隐患整改工作，在公司 117 座加油站及 3 座油库进行月度、半年、节前及各项安全检查 15 次，共查出整改问题 160 个，消除了库站安全隐患。　　（黄莉）

【桂林百货大楼股份有限公司】 桂林百货大楼股份有限公司拥有两座大型现代化营业商场——桂林百货大楼和王城商厦，两座商场分别位于中山中路和解放东路步行街旁繁华地带。2008 年，桂林百货大楼股份有限公司按照“完善功能、突出特色、提升品位、优化环境”的要求，致力于优化经营、调整结构布局，对王城商厦商场进行经营改善，投入 300 多万元装修商场，使商场成为符合时代购物需求的现代卖场；实行品牌销售的末尾淘汰制，以优胜劣汰的经营策略，不断引进优势品牌，提升企业经营档次和效益。两座商场内共有上榜品牌 205 个。年内，桂林百货大楼股份有限公司获自治区 2008 年度广西保供应、促消费先进流通企业，是桂林市纳税企业前 50 强。公司总经理曾莲瑛获“全国商务系统劳动模范”荣誉称号。　　（黄志红）

物资流通与集市贸易

【物流产业发展加快】 2008 年，桂林市物流需求规模扩大，加快了现代物流产业发展。全社会货物运输总量 2280.08 万吨，增长 9.9%。其中，公路运输 2105.0 万吨，增长 11.85%；铁路运输 165.63 万吨，下降 10.3%；水路运输 7.5 万吨，增长 15.4%；民航运输 1.59 万吨，下降 17.7%。全市第三方物流服务企业营业收入 5 亿元以上。其中，桂林邮政物流营业收入 2 亿元；桂林小麻雀物流营业收入 3100 万元；桂林储运公司营业收入 1500 万元；玉柴物流营业收入 280 万元。

【物资流通工程建设】 2008 年，桂林市积极申报农产品市场流通项目，争取国家资金支持，完善物流基础设施建设，落实了中央国债资金 350 万元，支持桂林八里街农产品批发市场的信息系统、质量检验检测系统建设；争取中央服务业发展引导资金 170 万元，补助恭城汇坤月柿系列产品服务体系建设，并完成大部分实物工作量；争取自治区预算内补助 150 万元，支持桂林市金源通信有限公司中小企业物流信息管理系统产业化建设项目建设。加快农村“万村千乡”市场工程建设，全年共完成农家店建设 163 家，至年末，全市农家店达到 606 家，促进了农村双向物流的发展。加快“十一五”规划期间商贸流通业重点项目建设，开工的 10 个商贸流通业重点建设项目至年底累计完成投资 15.25 亿元，占计划投资的 55.45%，为加快桂林现代物流产业发挥了积极的推动作用。　　（徐国标）

【市场开发服务】 2008 年，桂林市市场开发服务中心所管辖的集贸市场有乐群、信义、东江、东环、北门、芦笛、雁山等11个市场和桂林国际旅游商品批发城。全年城市集市贸易商品成交额3617.70万元，农村集市贸易商品交易额728.18万元。

桂林国际旅游商品批发城的改造建设　2008年，桂林国际旅游商品批发城一期工程竣工并投入使用，全年商品年成交额达5亿元。该批发城位于市环城南二路与瓦窑路交汇处，占地面积4万多平方米，建筑面积6.6万平方米，市场商铺1300多间，从业人员来近6000人，批发城汇集了国内外千余种风格别致的旅游工艺精品，有缅甸的玉器、青田的石雕、福建的木雕、宜兴的紫砂壶，各种玛瑙石、鸡血石、东北的木板画、苏绣、湘绣等刺绣精品和各种民间工艺品等，其中最具桂林地方特色的字画、石玩、根雕工艺品已形成全国重要的集散地，市场的影响力已辐射到全国20多个省市。

乐群市场改造完成　年内，桂林市场开发服务中心加快对市场建设和改造的步伐。投资200多万元对乐群市场进行改造，工程从2008年9月开始，年底完工，方便了群众的生活和食品采购。

市场安全管理　全年市场开发服务中心组织安全生产专项检查，加强宣传教育工作，增强管理人员和广大经营户的消防安全意识，完善各项消防安全规章制度，加强对市场消防设施以及电线线路的管理、维护、检查，将各市场的不安全隐患消灭在萌芽状态。

（桂林市市场开发服务中心）

供销合作商业

【概　况】　2008年，桂林市供销合作社系统实现商品购进总额15.72亿元，增长20.9%。其中，农副产品购进2.76亿元；商品销售总额17.4亿元，增长20.5%，其中消费品零售5.52亿元；农业生产资料销售总额5.76亿元。全系统盈亏相抵实现净利润达200万元。带动农户34万户参加农业产业化经营，帮助农民实现增收2.92亿元。

【县联社、基层社和社有企业改革】　2008年，市供销合作社系统县联社、基层社和社有企业改革进展顺利。有6个县联社机关列入了“参照公务员管理”序列。全市135个基层供销社采取改制、托管、合并、重组、参股控股以及人员身份置换及减债等多种形式，基本完成改制任务，保留了一批社有资产，年内，全市组建中心社22家，领办农民专业合作社196家，新建、拟建农村社区服务中心11家，其中兴安县高尚供销社被自治区供销社连续两年认定为自治区“十强重点基层供销社”。直属企业改制稳步推进，全市69家市、县供销社直属企业通过承包、租赁、参股控股等方式改制重组，新发展培育了22家龙头企业，成为供销社新的骨干企业。

【积极政策扶持】　年内，市、县供销社加大向各级政府争取政策支持力度，全系统共争取各级政府扶持资金110多万元。市供销社争取市政府拨给专项扶持新网工程10万元。龙胜各族自治县供销社争取县政府授权县供销社冬储化肥并给予冬储贷款利息补贴10万元，在全市开创了县财政给予化肥冬储补贴的先河。

【农业产业化流通型龙头企业初审】　2008年，市政府授权市供销社初审全市农业产业化流通型龙头企业。市供销社对各县上报的流通型农业产业化龙头企业进行初审，上报市政府认定的流通型龙头企业13家，争取到自治区供销社第四批农业产业化龙头企业9家，促进了全市农业产业化经营持续发展。

【“新网工程”建设】　2008年，市供销社系统县联社运用现代流通方式，改造、提升、整合、优化供销社现有基层经营网络资源和传统经营业务，将供销社的经营服务网点改造成标准化的“农家店”，实施连锁配送，增强网络的协同运转能力。年内，全市供销系统“新网工程”建设发展配送中心8个，新建和改造县、镇、村连锁店480家，年底所有“新网工程”建设示范店全部通过自治区验收，并获得自治区供销社系统2008年度“新网工程”建设一等奖。

【“星光工程”建设】　2008年临桂县农村综合信息网络信息终端设备正式运转。全年农民共登载各种信息1200多条，销售商品231起，实现销售额4830多万元。年内，全市供销系统争取到自治区供销社下拨的90台、价值总额117万元信息平台设备，至年底已全部安装完毕，进入调试。

【专业合作社建设】 2008年，全市供销社系统累计领办、兴办农民专业合作社达196个，其中新增40个。全年带动农户34万户参加农业产业化经营，帮助农民实现增收29221万元。年内，永福百寿柑橘专业合作社、临桂中庸夏橙专业合作社、平乐月柿专业合作社等被评为自治区供销社“十佳示范专业合作社”。

【广西首个供销社农村社区综合服务中心成立】 2008年11月6日，荔浦县新坪镇新坪村委农村社区综合服务中心挂牌成立，为桂林市农村社区综合服务中心建设开启先例，成为广西首个供销社农村社区综合服务中心。年内，全市在建的供销社农村社区综合服务中心共有11家，项目计划总投资2891万元，总面积2.19万平方米。其中，荔浦、平乐、兴安、全州、灵川县和龙胜各族自治县已建好7个农村社区综合服务中心，被认定为自治区供销社首批扶持的农村社区综合服务中心建设示范项目，并争取到扶持资金90万元。

【招商引资和项目建设】 2008年，市供销社系统项目建设累计投资突破2.9亿元。占地9公顷、投资3500万元的龙胜各族自治县县供销社上塘农副产品综合批发市场项目，争取到国家发改委服务业引导资金250万元。临桂县供销社通过“闲置资产置换，外商全额投资”的招商引资方式，合作开发县供销社综合大楼“桂福国际时代广场”，该项目总投资2.1亿元，总建筑面积9.7万平方米。永福县供销社通过招商引资吸收开发资金1500多万元。其中，引资420万元建成了永福县“金海岸商务大酒店”；引资800多万元，与合作方共同开发县城十字街老门店，占地面积500多平方米，已竣工交付使用。

【切实做好抗冰冻救灾工作】 2008年初，受雨雪冰冻灾害影响，市供销社系统直接经济损失2320.86万元，有585户受困，受困人口2385人。灾情发生后，市供销系统积极筹措资金，做好化肥等重要农资供应，确保了全年春耕生产正常进行。1～6月，市供销系统共组织供应各种化肥36.1万吨，增长14.6%；供应各种化学农药5055吨，增长10.6%；销售农用塑料薄膜452吨，增长85.2%。争取到中华全国供销合作总社、自治区供销联社无偿援助兴安、资源、全州、灌阳、临桂等县供销社化肥共327吨。　（谭祥树）

粮　油　商　业

【概　况】 2008年，桂林市粮食局采取各种措施，确保粮食有效供给，维护全市粮食市场和价格稳定。全年全市国有粮食企业粮食（贸易粮，下同）总购进28.15万吨，销售27.72万吨，分别增加1.52万吨、3.34万吨，增长5.69%和13.7%。实现销售6.87亿元，增长率59%；实现利润156万元。有8个县和市直粮食购销企业实现盈利。全市粮油饲料工业经济运行各项指标均有较大增长，全年累计完成主营业务收入8.66亿元，增加1.84亿元，增长27%；实现利税2874.5万元，增加340.5万元；加工大米1.03万吨，增长7.05%；加工面粉3.78万吨，增长3.39%；加工饲料22.56万吨，增长16.20%（注：以上数据不含桂林力源公司在临桂、南宁等地的公司生产、销售数）。完成了财务挂账剥离工作，全市政策性粮食财务挂账3.68亿元，剥离政策性粮食财务挂账3.35亿元。

【加强粮食宏观调控能力　稳定粮食市场】 2008年，市粮食局确立“立足本地收购、加大外地采购力度、适时轮换储备、优先政策性粮食供给、确保市场供应”的调控策略，发挥国有粮食企业的主渠道作用，掌握必需的粮源，稳定粮食市场价格。年内全市国有粮食企业粮食总购销数均超额完成自治区下达的指标任务。全市全年没有粮食短缺、哄抬价格等现象的发生，确保了粮食安全。

【粮食直补订单收购】 2008年，全市粮食直补订单收购范围由原来的7个县扩大到12个县，自治区下达给桂林市直补订单收购计划14.32万吨，增加2.62万吨，占全自治区计划总量的17.9%，成为全自治区直补订单任务最多的市。截至12

月31日，全市直补订单粮食收购14.3万吨，占全年总任务数的99.9%。兑现给种粮农户补贴资金2860.1万元。

【粮食仓储保管】 2008年，市粮食局对下达轮换计划的自治区储备粮进行轮换出库，加大市、县粮食储备的补库，至年底，市、县级储备规模落实，粮食数量真实、质量良好。注重做好储备粮食保管，为确保储备粮食安全，4月，市粮食局组织140多人，对全市12个县、两个大库123个粮所、库及粮站的1500多间仓房，50多万吨的仓容，31.7万吨原粮进行了全面检查，各级储备粮基本达到上级要求。

【粮油市场的分析和监测】 2008年，市粮食局定期调查了解桂林市场价格行情变化情况，对安全问题与防范对策及时进行分析，供政府决策参考；做好粮油流通统计，整理粮食购销存资料，撰写统计分析，提供决策依据；加大信息服务，编辑《粮油经济信息》，利用网络优势传递客观、准确、全面的信息；开展2007年度社会粮食供需平衡调查，向全市约140家经营、加工、转化企业下发调查通知，对全市重点国有和非国有经营、加工、转化企业和个体户和城镇居民户进行调查，建立了330多户农户固定调查点，撰写了2007年度桂林市社会粮食供需平衡调查报告，为桂林市社会粮食综合平衡和宏观调控提供决策依据。

【完善粮食供应应急机制】 2008年，市粮食局完善《桂林市粮食供应应急预案》，健全粮食应急保障网络；建立了与市区人口规模相适应的市级成品粮储备1000吨、食用油300吨的成品粮油应急储备，为实施粮食宏观调控提供了充足的物质基础。

【确保政策性和“特殊时期”的粮食供应】 2008年冰冻灾害期间，市粮食系统及时启动粮食供应应急预案和应急机制，采取组织粮食加工，增加应急救灾大米的库存和市场商品粮的投放量，落实市场价格监测制度，合理调配粮源，确保灾区粮食有效供给和全市粮食市场稳定。雨雪冰冻灾害期间全市粮食部门共组织应急加工企业加工大米5650吨，给灾区发送救灾粮4550多吨，食用油1700吨，为抗灾胜利作出了积极的贡献。

【国有粮食企业改革取得进展】 2008年，全市国有粮食企业改革加大了产权制度改革和遗留问题的处理。在改制遗留问题处理方面，各县加大资产处置力度，争取改制资金，缩小改革成本缺口；加大协调力度，确保已置换身份职工的社会保险、医疗保险续保问题得到妥善解决。部分已改制或重组的企业，按照现代股份制企业要求，完善了法人治理结构，约束了企业法人行为。全市国有粮食企业通过深化改革、加快发展，经营状况有明显好转，全市国有粮食企业销售收入达5.37亿元。其中，市本级销售收入1.32亿元，实现利润827万元；市粮食局直属企业完成工业总产值16.75亿元，增长78%；实现利润4.9亿元，增加1402万元；实现利税4850万元，增加1179万元。

【粮食流通监督检查】 2008年，市各级粮食行政管理部门建立健全市、县两级粮食监督检查执法机构，落实专职的行政执法人员和经费，规范执法程序，明确检查重点，开展检查活动。对全市粮食库存、五城区和12县的217家具有粮食收购资格的粮食经营企业和粮食经营者执行粮食流通统计制度情况进行了专项检查，对纳入库存检查和粮食统计范围的粮食经营企业进行了集中整治；与工商部门组成联合检查组，对全市粮食市场情况进行专项检查。全年共查处粮食收购活动案件1件，移交工商部门处理非法经营粮食5吨。桂林市粮食流通监督检查工作被国家粮食局评为先进单位。

【粮食经济品牌效应活力显现】 2008年，市粮食部门积极培育和扶持龙头企业，大力发展粮食产业化经营，采取成立帮扶机构，建立工作联系制度，引导企业创新经营模式，取得了显著的成效。至年底，全市国家级粮食产业化龙头企业—桂林力源粮油食品有限公司实现主营业务收入7.8亿元（不含力源粮油饲料公司南宁、临桂分公司），增加1.74亿元，增长28.81%；实现利税2874.5万元，增加340.5万元，增长13.44%。2008年2月6日，中共中央总书记胡锦涛专程到桂林力源粮油食品有限公司进行考察和慰问。

（张咸忠）

4 月 22 日，桂林市非公有制企业运动会开幕。（唐侃　摄）

个体私营经济

【概　况】　2008 年，桂林市个体私营经济实现三个增长。一是个体私营数量增长，截至年末，全市共有个体工商户 14.56 万户，从业人员 24.99 万人，注册资金 22.35 亿元，（与上年比，下同）分别增长 3%、8%、8%；私营企业 9045 户，从业人员 16.58 万人，注册资金 106.03 亿元，分别增长 12%、15%、15%。二是个体私营实力增强，全市实现个体工商户户均注册资本增长 3%，私营企业户均注册资本增长 5%，注册资本 100 万元～500 万元的私营企业 917 户，增长 15.49%，注册资本 500 万元～1000 万元的私营企业 238 户，增长 21.43%，注册资本 1000 万元～1 亿元的私营企业达到 113 户，增长 26.97%，注册资本 1 亿元以上的私营企业达到 2 户，增长 100%。三是个体私营经济效益增加，全市个体经济总产值 10.87 亿元，销售总额或营业收入 55.31 亿元，社会消费品零售额 34.58 亿元，分别增长 8%、8%、8%，私营企业总产值 25.25 亿元、销售总额或营业收入 18.99 亿元、社会消费品零售额 14.37 亿元，分别增长 15%、15%、15%。

【引导个体私营经济发展】　2008 年，市政府出台《桂林市 2008 年促进个体私营经济和中小企业发展工作方案》，推动和支持个体私营经济向城镇和工业园区集聚，形成产业集聚效应。桂林市工商行政管理局（简称市工商局，下同）出台了 2008 年促进个体私营经济发展工作方案，把发展个体私营经济的任务指标落实到各工商分局及各县工商局，为个体私营经济加快发展营造良好环境。

【支持灾区个体私营企业抗灾自救】　市工商局一是发挥职能作用，促进搞活流通，保障市场供给，对鲜活农产品销售环节的行政事业性收费和经营性收费，执行国务院的规定，实行减半收取；二是切实减轻农民负担，对农村流动小商小贩、农民在集贸市场或者地方人民政府指定区域内销售自产农副产品的，免予工商登记，免收工商行政管理各项收费；三是完善各项服务制度，提高登记注册环节的服务质量，对个体私营企业灾后重建和开拓经营涉及变更登记等事项，开辟绿色通道，优先办理，并上门服务；四是提高办事效率，对个体私营企业因冰雪灾害而无法及时办理登记申请的，予以延缓期限。

【培育和规范农村市场】　2008 年，市工商局一是积极培育农村市场，扶持涉农企业、农民合作经济组织，特别是农业科技型企业发展，促进农业科技成果向农业产业化转化；二是推进农业产业化，实施“龙头企业培育工程”，鼓励投资农业，培育经济实力强、科技含量高、辐射范围广的骨干龙头企业做大、做强，以农产品加工业的发展带动种养业的发展；三是发展“订单农业”。开展“订单农业”帮扶活动，实行农产品订单事前、事中、事后的监管，提高农产品订单的签约率和履约率；四是促进农民专业合作社快速发展。至年末，全市共发展了 1093 家农民专业合作社。

【促进自主创业】　2008 年，市工商局一是完善和落实“绿色通道制度”，为下岗失业人员、高校毕业生、城镇退役士兵及农村转移劳动力等群体提供办照专项服务；二是引导下岗失业人员和其他待业人员在个体私营企业中就业；三是支持国有企业深化改革，增加就业岗位，吸纳下岗失业人员和其他待业人员；四是加强对执行再就业政策的监督检查，严厉查处利用各种方法骗取营业执照享受国家扶持优惠政策的不诚信行为。年内，桂林市个体工商户共吸纳 1417 名下岗职工、高校毕业生、城镇退役士兵就业；私营企业吸纳 541 名下岗职工、高校毕业生、城镇退役士兵就业。有 743 名下岗失业人员持“再就业优惠证”申办个体工商执照，免收各项规费 216 万元。有 9 名下岗失业人员投资兴办私营企业；有 69 名高校毕业生申办个体工商户，免收各项规费 3.92 万元。

【支持港澳居民申办个体工商户】　2008 年，市工商局执行国家工商行政管理总局下发的《关于进一步放宽港澳居民在内地设立个体工商户经营范围问题的通知》，加强港澳居民在内地设立个体工商户的登记和监管，促进了港澳居民在桂林市申办个体工商户的发展。至年末，全市已发展 7 户港澳居民个体工商户。

2008 年桂林市个体工商户分类统计表

表 18　　单位:户、人、万元

行业分类	户数	从业人员	资金数额
合计	144526	250217	224142.40
农、林、牧、渔业	1469	4153	7145.33
采矿业	630	2595	6087.17
制造业	13461	24634	27895.00
电力、煤气及水的生产和供应业	55	239	602.34
建筑业	211	834	815.37
交通运输、仓储及邮政业	14070	26566	66920.76
信息传输、计算机服务和软件业	3009	9898	2456.45
批发和零售业	81264	104085	67177.56
住宿和餐饮业	12158	39854	27373.00
房地产业	124	203	324.00
租赁和商务服务业	779	3129	1412.00
居民服务和其他服务业	10460	17871	10546.35
卫生、社会保障和社会福利业	2045	4720	747.10
文化、体育和娱乐业	646	1401	3396.47
其他行业	4145	10035	1243.50

2008 年桂林市私营企业分类统计表

表 19　　单位:户、人、万元

行业分类	户数	雇工人数	注册资本
合计	10131	132282	1039493
农、林、牧、渔业	252	2115	20448
采矿业	207	3621	76680
制造业	2182	34379	223231
电力、煤气及水的生产和供应业	488	4979	92899
建筑业	526	4468	89840
交通运输、仓储及邮政业	217	1665	20237
信息传输、计算机服务和软件业	351	3331	18284
批发和零售业	3571	34847	209660
住宿和餐饮业	441	20912	29037
房地产业	647	5431	225466
租赁和商务服务业	645	3915	9859
居民服务和其他服务业	252	3009	3504
卫生、社会保障和社会福利业	8	62	130
文化、体育和娱乐业	188	1613	11319
其他行业	156	7935	38898

（陈信保）

外商与中国港澳台地区商人投资企业

【概　况】 2008 年,桂林市新登记外商投资企业 24 户,其中中外合资企业 4 户,中外合作企业 2 户,外商合资企业 2 户,外国自然人独资企业 4 户;中国港澳台地区自然人独资企业 4 户,港澳台与境内合资企业 5 户,港澳台法人独资企业 2 户,港澳台合资企业 1 户。新登记企业投资总额 15522.36 万美元,注册资本 7252.38 万美元,外方认缴 5856.18 万美元。截至 2008 年 12 月 15 日,桂林市外商投资企业实有数 345 户,其中中外合资企业 67 户,中外合作企业 19 户,外商合资企业 9 户,外国法人独资企业 25 户,外国非法人经济组织投资企业 1 户,外国自然人独资企业 23 户;中国港澳台地区与外国投资者合资 5 户,港澳台自然人独资企业 44 户,港澳台与境内合资企业 77 户,港澳台与境内合作企业 14 户,港澳台法人独资企业 41 户,港澳台合资企业 19 户,中外合资股份有限公司 1 户,投资总额 20.99 亿美元,注册资本 13.29 亿美元,外方认缴 8.66 亿美元。

【开通重点项目绿色通道】 2008 年,市工商局对全市重点项目建设开通登记绿色通道,为企业增资服务。先后对广汇汽车服务股份公司增资、桂林港建高速公路有限公司增资、香格里拉大酒店有限公司增资等项目全程跟进,受到企业好评。年内,桂林市外资企业增资不断,资金到位迅速。其中,广汇汽车服务股份公司由 11.23 亿元增资至 30 亿元,到位 34272 万元;桂林市桂山旅游宾馆有限公司由 1000 万美元增资至 2980 万美元,到位 1980 万美元;桂林九铺香麒麟酒业有限公司由 60 万元增资至 5250 万元,到位 3384 万港币;桂林彰泰实业开发有限公司由 248 万美元增资至 1050 万美元,广西龙胜华美滑石开发有限公司由 1666 万元增资至 6666 万元。

【服务工业化和城镇化建设】 市工商局对桂林市各城区招商部门、工业园区重点引进项目,指派项目筹备联络员,对企业筹备、设立和经营过程中涉及工商行政管理职能的事务开展全程跟踪、预约、上门和事后回访等服务。2008 年 5 月,市工商局及时为桂林市涵碧楼酒店有限责任公司注册登记,该公司投资总额 3150 万美元、注册资本 1575 万美元,该项目弥补了雁山区无上档次酒店空白。年内,先后督促落户临桂秧塘工业园注册资本达 1.5 亿元的桂林鑫伟锡业有限公司及投资总额达 8000 万元桂林爱思开中宁生物科技有限公司的资金及时到位,确保项目顺利启动。

（陈信保）

4月1日，桂林市对外开放工作会议召开。（黄雷 摄）

对外贸易与经济技术合作

【概　况】 2008 年，桂林市对外贸易进出口总额10.1 亿美元（与上年比，下同）增长 27.7%，其中出口 6.9 亿美元，增长 31.0%；进口 3.2 亿美元，增长 20.8%。进出口总额首次突破 10 亿美元大关。下半年受全球金融危机不利因素影响，市商务局积极培育品牌，调整出口产品结构，开拓国际市场，以出口生产型企业为重点，在技改贴息、展位分配、市场开拓资金等方面给予倾斜，推动企业做大做强。桂林市商务局获自治区商务工作先进单位。年内，桂林国际电线电缆集团有限责任公司、桂林澳华贸易有限公司、昊华南方（桂林）橡胶有限责任公司、桂林漓佳金属有限责任公司获自治区出口明星企业；英格索兰（桂林）工具有限公司、桂林国际电线电缆集团有限责任公司获广西机电产品出口先进企业；桂林漓佳金属有限责任公司、桂林皮尔金顿安全玻璃有限公司、桂林天铿珠宝有限公司获广西加工贸易出口先进企业；桂林南药股份有限公司、桂林莱茵生物科技股份有限公司、桂林冶金机械总厂获广西高新技术产品出口先进企业；广西桂林平乐和利兴农产品有限公司、荔浦罐头食品有限公司获广西农副产品出口先进企业。

【出口贸易骨干企业增多】 年内，全市一般贸易出口 4.99 亿美元，增长 47.3%；加工贸易出口 1.96 亿美元，增长 3.2%，居自治区第一位。从出口产品上看，初级产品出口 7805 万美元，增长 22.4%，其中农产品出口 2576 万美元，增长 17.3%；工业制成品出口 6.17 亿美元，增长 32.2%，其中高新技术产品出口 3898 万美元，增长 37.8%，机电产品出口 2.13 亿美元，增长 4.6%。年内，有出口实绩的企业 214 家，减少 13 家，实现出口 1000 万美元以上的企业 16 家，桂林国际电线电缆有限责任公司、桂林澳华贸易有限公司、昊华南方（桂林）橡胶有限公司、桂林漓佳金属有限责任公司出口均在 4000 万美元以上，占出口总额的 32.2%。在出口企业中，国有企业出口 1.91 亿美元，下降 6.0%，占出口总值的 27.4%，外商投资企业出口 2.31 亿美元，增长 71.0%，占出口总值的 33.3%；集体企业出口 649 万美元，增长 17.9%，占出口总值的 0.94%；其他企业出口 2.67 亿美元，增长 42.6%，占出口总值的 38.3%，首次成为桂林市出口贸易的龙头。

【进口贸易品种增加】 2008 年，全市一般贸易进口 2.39 亿美元，增长 53.0%，来料加工装配贸易 680 万美元，下降 12.3%，进料加工贸易 6702 万美元，下降 20.9%，外商投资企业以实物进口抵投资 352 万美元，下降 72.0%。进口企业中，国有企业进口 6687 万美元，下降 22.1%；外商投资企业进口 2.19 亿美元，增长 49.7%，其中外商独资企业进口 2.02 亿美元，增长 75.9%；集体企业进口 0.4 万美元，下降 98.5%；私营企业进口 3030 万美元，增长 3.3%。进口的大宗商品有非食用原料（燃料除外）、金属矿砂及金属废料、有色金属、机械及运输设备等。进口国别（地区）有 70 个。

【对外贸易实现高速增长】 2008 年，桂林市实现对外贸易高速增长。一是对外贸易产业基础夯实。电线电缆、巨型轮胎、青蒿琥脂等一批拥有自主知识产权品牌，产品在国际市场上有较强的竞争力。二是产业结构优化，优势企业明显增加。桂林国际电线电缆集团有限责任公司、桂林澳华贸易有限公司、昊华南方（桂林）橡胶有限责任公司、桂林漓佳金属有限责任公司 4 家企业出口总额达 2.24 亿美元，占全市出口总额的 32.2%。三是科技兴贸出口创新基地促进作用明显，全市加快国家科技兴贸出口创新基地（生物医药）、广西科技兴贸出口创新基地（桂林橡胶工业）和一批科技兴贸出口创新骨干企业建设步伐，成为外贸出口稳定增长的重要力量。四是开展生产型企业和中小型企业帮扶，年内市商务局为全市进出口企业争取出口产品技改、产品研发以及科技兴贸出口创新基地建设资金 240 万元，中小企业国际市场开拓资金 242 万元，上报西部地区外经贸发展促进资金、广西外经贸发展促进资金项目 33 个，申报资金超过 1000 万元。

【利用外资效果显著】 2008 年，全市新批设立外商投资企业 22 家，其中中外合资 6 家，中外合作企业 2 家，外商独资企业 14 家。合同外资额

1.70亿美元(含已批企业增减资),下降30.9%,实际利用外资1.82亿美元,增长4.2%,其中列入国家商务部统计的达1.70亿美元,增长82.9%。年内新批外商投资企业和实际利用外资均排全自治区第二,合同外资额排第三。在新批的外商投资企业中,第一产业2家,合同外资额67万美元;第二产业9家,合同外资额3548万美元;第三产业11家,合同外资额2269万美元。新批企业的合同外资额为5883万美元,占全年合同外资额的34.6%。实际利用外资超过1000万美元的县(区)有:叠彩区1.07亿美元,高新区4182万美元,临桂县1090万美元。

【服务港澳台及外商投资企业】 年内,市商务局一是做好行政审批服务,为外商投资企业和外国投资者办理公司合同、章程、股权变更协议、上报上级机关等审批、审核事项67件,受理新发、换发外商投资和港、澳、台、侨投资企业批准证书91份,牵头组织工商、外汇管理、财政、国地税、统计等部门为全市289家外商投资企业进行联合年检。二是开展法律法规服务,年初,开展两税合一(征集税、企业所得税)专题培训班,培训了60多家外商投资企业近70余位企业领导及财务人员。三是跟踪服务,年内,确定了广汇汽车服务有限公司、港建高速公路有限公司、香格里拉酒店等16个重点进资项目和桂林驰利弗罗莎生物技术有限公司、桂林龙马建设开发有限公司等新批项目进行重点跟踪服务,定期了解项目的进展、进资情况,协调解决项目推进过程中遇到的问题。同时加强对各县、区有新批外商项目联系,发现问题及时协调解决,重点对临桂、灵川、阳朔县和高新、叠彩区的利用外资工作进行调研,督促进资企业按时进资。

【走出国门新增项目】 2008年,桂林市开展国际经济技术合作,发挥工业优势,帮助市优势企业走出国门办企业,谋求更大发展。年内,全市有3家企业实现走出国门办厂,项目总投资412.8万美元。一是恭城宏锦冶炼厂在越南河内成立越南宏定冶炼厂,总投资200万美元,其中中方投资120万美元,越方投资80万美元,经营矿产产品加工与销售。二是桂林广陆数字测控股份有限公司在德国埃森市设立广陆欧有限公司,中方全额投资200万美元,生产、销售量具量仪及配件。三是桂林国际电线电缆集团有限责任公司在中国香港设方华友有限公司,桂林国际电线电缆集团有限责任公司投资12.85万美元,港方投资7.71万美元,生产销售电线电缆及相关机电产品。

【第五届中国—东盟博览会成果丰硕】 2008年,市商贸局充分利用中国—东盟博览会的平台,使东盟国家对桂林市的投资环境以及出口产品有更

10月23日,桂林市代表团在第五届中国—东盟博览会上签约。
黄雷 摄

加深了解。在第五届中国—东盟博览会上，桂林市获展位13个，参加企业12家，参展、参观人员629人；贸易成交合同、协议、意向总金额5000万美元；走出去投资签约项目1个，合同金额210万美元，协议项目2个，拟对外投资150万美元。签订招商项目11个，其中利用外资项目6个，总投资额3.9亿美元；内资项目5个，总投资额89.66亿元。项目涉及化工生产、物流等产业，其中风能、太阳能等新能源项目受客商青睐。桂林市签约项目在自治区外资排名第二，内资排名第三。

【国际无偿援助获新成效】 年内，桂林市获国际无偿援助项目3项。一是联合国儿童基金会援助抗灾物资200条毛毯、300床棉被、400件儿童棉衣，价值8万余元，捐送全州县妇女联合会。二是澳大利亚政府无偿援助6.4万元，在荔浦县蒲芦瑶族乡下龙村建设人畜饮水工程。三是澳大利亚政府无偿援助6.4万元，在全州绍水镇石秀村修筑道路工程。 （龚振宇）

招　商　引　资

【概　况】 2008年，桂林市投资促进局创新招商方式，拓宽引资渠道，招商引资、非公企业服务工作取得新成绩。全年全市新签市外境内项目587个，总投资261.89亿元，减少9.32%，其中自治区外总投资100.31亿元，减少20.51%。实施市外境内项目1025个，其中自治区外项目613个；市外到位资金256.77亿元，增长52.66%，其中自治区外到位资金191.35亿元，增长47.31%；完成全年市外内资指标任务（180亿元）的142.65%。新批设立外商投资企业22家，合同外资额1.70亿美元（含已批企业增、减资），下降30.9%；实际利用外资额1.70亿美元，增长82.9%。实际利用外资、新批企业数在自治区均排位第二，合同外资额排位第三。

【完成招商引资目标】 全市1～10月内外资到位资金呈增长态势，内资自治区外到位资金123.95亿元，全年完成自治区下达自治区外到位资金110亿元任务的112.68%；1～9月，实际利用外资金额1.47亿美元，完成自治区下达全年任务1.12亿美元的131.6%。在投资产业方面，第一产业项目39个，占总实施项目数4.34%；第二产业项目521个，占57.95%；第三产业项目339个，占37.71%。

【招大引强初见成效】 全年新签并实施1亿元以上内资项目35个，完成引进22个亿元内资项

3月15日，广西银峰水泥有限公司2×4000 t/d熟料新型干法水泥生产线一期技改工程在恭城瑶族自治县西岭乡虎尾工业集中区破土动工。 唐侃 摄

目任务的159.1%。其中总投资1亿元~5亿元项目29个,5亿元~10亿元项目4个(北京中联科利技术股份有限公司在兴安县投资9.16亿元的太阳能光伏产业园项目、众阳集团在恭城瑶族自治县投资6.36亿元的广西银峰水泥项目、湖南客商在临桂县投资5亿元的桂林国际大酒店项目、云南客商在全州县投资5亿元的桂林湘山酒业项目),10亿元以上项目2个(绿景地产股份有限公司在永福县投资30亿元的福龙工业园B区建设项目、北京立元公司在兴安县投资12亿元的日月湖建设项目)。新批设立1亿元以上港澳台商及外商投资企业4个(台湾乡林集团在雁山区投资3150万美元的涵碧楼精品酒店项目、新加坡客商在雁山区投资1.5亿美元的天人谷旅游休闲项目、香港先思行集团在临桂县投资1.5亿美元的电子科技城项目、广汇汽车服务股份公司增资1.07亿美元)。引进中央企业2个:中国电力投资集团公司(在资源投资10亿元建风电资源开发项目)和中国五矿集团公司(在全州县投资3亿元的矿产品开采及深加工项目)。品牌企业2个:华泽集团和天誉集团。

【小分队招商成效好】 年内,市政府组织招商小分队外出招商洽谈,重点开展"点对点"的小分队招商。市招商小分队两次赴广东,促进了平乐电镀产业园、资源风能发电等5个项目在第五届中国—东盟博览会上签约,其中,平乐县金属表面精饰产业集控区项目投资75亿元,在苏桥园高科技项目量子光电基地投资2亿元。

【参加重大活动收效大】 年内,桂林市投资环境推介会(说明会)在中国香港、澳门特别行政区及日本、韩国举办,完成7个项目的签约,项目总投资额5.32亿美元。参与自治区举办的14个地市城市专场推介会、工业园区项目洽谈会、自治区大会签约仪式3场大型活动,共完成6个项目的签约,项目总投资额2.9亿美元,台商投资1.5亿美元。10月,参加第五届中国—东盟博览会,共组织81个内外资项目参加,签约总金额348.8亿元,增长7.4%,其中外资项目总数30个(合同数21个,协议4个,意向5个),签约外资额10.93亿美元(合同8.55亿美元,协议2.14亿美元,意向2370万美元),增长25%,内资项目总数51个(合同数36个,协议9个,意向6个),签约金额272.31亿元(合同205.66亿元,协议36.5亿元,意向30.15亿元),增长3.28%。内资签约项目个数和金额居自治区第一,外资签约项目个数和金额居自治区第二。

【重大项目督察】 年内,市投资促进局共组织大规模重大招商项目督查5次,小规模督查18次,对重点项目存在的"疑难杂症",进行归纳汇总,专题报告市政府,督促和协调项目各方及时解决存在的问题;定期收集整理3000万元以上在谈、在建项目情况,按照"一个项目,一个领导,一个服务小组,一个责任人,一个联络员"的"五个一"要求抓好落实,推进项目的进展。成立了大兑现工作领导小组和办公室,收集汇总全市拟纳入自治区级、市级大兑现项目173个,拟由市级层面协调解决的问题9个,拟由自治区级层面协调解决的问题2个;建立重大项目动态管理机制,逐项走访督办,从立项、审批办证、投资建设、享受的政策、遇到的各种问题等记录在案。召开重大开工项目推进工作经验交流及现场观摩会,推广恭城瑶族自治县、资源县、临桂县的成功经验和做法。

(于桂娟)

12月22日，由市财政局主管承办的融资平台——桂林市城市建设投资发展有限公司成立。图为市领导出席公司开业庆典。（市财政局城投公司　供稿）

财　　政

【概　况】 2008年，桂林市组织财政收入85.56亿元，（比上年，下同）增长18%，完成预算101.72%。其中，一般预算收入45.19亿元，增长24.40%，完成预算107.44%；上划中央收入31.55亿元，增长13.26%；上划自治区分享“四税”（增值税、营业税、个人所得税、企业所得税）收入8.82亿元，增长5.92%。组织财政收入市级47.74亿元，增长17.46%，完成预算100.65%；县级37.83亿元，增长18.69%，完成预算99.19%。

全年桂林市财政总收入142.04亿元。包括：一般预算收入45.19亿元；转移性收入75.70亿元，其中中央税收返还收入9.55亿元，自治区分享“四税”返还收入5.01亿元，自治区财力转移支付收入30.35亿元；上年结余收入21.16亿元。财政总支出119.75亿元。包括：一般预算支出116.37亿元，增长40.69%，完成预算120.86%；转移性支出3.18亿元，其中体制上解支出1.74亿元，专项上解支出1.44亿元；调出资金0.2亿元。收支相抵，扣除结转下年继续使用的专款等15.89亿元，当年净结余6.40亿元。

【财政收入稳定增长】 2008年，受低温雨雪冰冻灾害和国际金融危机及国家宏观政策的调整等因素影响，桂林市财政收入受到很大冲击。为积极应对严峻局面，确保收入任务的完成。市财政局全市财政收入任务进行分析和调整，明确各县（区）、收入征管部门的任务和目标；完善行业收入目标责任制、县（区）财政收入目标考核管理办法等收入增长激励机制，出台了“县（区）财政收入上台阶奖”、“企业纳税贡献奖”、“十大纳税进步企业奖”等奖励办法，并及时兑现奖惩政策，调动了各级、各部门组织收入和均衡入库的积极性；做好企业纳税排名情况公示，鼓励企业依法纳税、诚信纳税；加强与税务、金库等部门的联系，做好企业与银行之间的协调工作，确保收入及时足额入库；严格契税减免，清缴欠税，确保契税应收尽收；落实“收支两条线”管理办法，加强国土收入、国有资源有偿使用收入、防洪保安费、国有资产收益、罚没收入等非税收入征管，努力挖掘非税收入的潜力，全市非税收入16.62亿元，增长42.42%。全年全市组织财政收入85.56亿元，增长18%。

【确保经济发展】 2008年，市财政部门争取国债、基本建设投资、工业发展专项资金8亿元，支持城市基础设施、重点工业园区及临桂新区的建设。建立和完善临桂新区建设投融资机制，促成广西农业发展银行向临桂县环城北路改造工程（机场路改扩建工程临桂段）贷款5亿元。全年拨付773万元用于2007年度工业经济工作表彰奖励。支持“1234”工程的实施，对全市100强工业企业实施重点跟踪。支持企业实施“退二进三”异地搬迁改造和扩大再生产：安排专项资金990.8万元，解决桂林无线电一厂企业债务问题；安排500万元借款，解决桂林威达集团公司民工工资发放问题。开展中小企业融资担保和企业债务代偿业务，全年共办理担保额2亿余元，办理代偿金额4.61亿元，缓解了企业的资金压力。

【支持社会事业发展】 2008年，市财政部门筹措资金13.04亿元，为市政府为民办好18件实事。组织落实抗冻救灾灾后重建资金3.8亿元，帮助受灾群众恢复生产生活。及时拨付资金5.1亿元，确保农村粮食直补、综合直补、各种良种补贴和涉农补贴以及成品油补贴、生猪储备等相关政策的全面兑现。安排社会保障资金3100多万元，用于慰问困难群体、借支7家困难企业2900多名困难职工的基本生活费、困难企业军转干部生活补助、市区环卫工人岗位补贴和社会保险补发放等。拨付各级补助资金2亿元，推进新型农村合作医疗。安排资金540万元，启动城镇居民基本医疗保险试点。拨付就业再就业各项补贴支出3901万元，推进下岗失业人员小额信贷担保。支持教科文卫事业发展，落实城市义务教育阶段学生免学杂费政策，健全农村义务教育经费保障机制，全面启动职业教育攻坚工作；推进社区公共卫生服务改革，整合卫生资源，解决群众看病难、看病贵问题。安排资金400多万元，确保2008北京奥运火炬在桂林的传递取得圆满成功。

【加大新农村建设投入】 2008年，全市农林水事务支出13亿元，增长77.58%。加大农业综合开

2008年桂林市财政收支执行情况

表20 单位：万元

科　目	全　市	市　级			县　级
		合　计	市本级	城　区	
组织财政收入	855614	477363	304157	173207	378251
一般预算收入	451884	241386	159522	81864	210498
税收收入	285623	168908	99712	69196	116715
增值税17%	43290	21897	12594	9303	21393
营业税60%	71454	41308	22253	19055	30146
企业所得税30%	33459	24011	13854	10157	9448
个人所得税25%	15090	8505	5332	3173	6585
城市维护建设税	20554	13668	8043	5625	6886
房产税	14188	10383	5921	4462	3805
城镇土地使用税	13023	7520	3943	3577	5503
土地增值税	28085	20597	10317	10280	7488
耕地占用税	16947	5926	5926	0	11021
契税	19950	10814	10814	0	9136
其他各项税收	9583	4279	715	3564	5304
非税收入	166261	72478	59810	12668	93783
国有资本经营收入	38355	6040	6082	-42	32315
其中：企业亏损补贴	-144	-101	-59	-42	-43
国有资源(资产)有偿使用收入	7326	6334	2395	3939	992
行政性收费收入	67400	41250	37177	4073	26150
罚没收入	30228	9362	7673	1689	20866
专项收入	12445	6433	6433	0	6012
其中：教育附加收入	10350	5906	5906	0	4444
排污费收入	1502	451	451	0	1051
其他收入	10507	3059	50	3009	7448
上划中央收入	315515	185027	116056	68972	130488
增值税75%	190985	96604	55562	41043	94381
消费税100%	21396	19989	19989		1407
企业所得税60%	66918	48022	27708	20314	18896
个业所得税60%	36216	20412	12797	7615	15804
上划自治区收入	88215	50950	28579	22371	37265
增值税8%	20372	10304	5927	4378	10067
营业税40%	47636	27539	14835	12703	20097
企业所得税10%	11153	8004	4618	3386	3149
个人所得税15%	9054	5103	3199	1904	3951
一般预算支出	1171492	425002	327398	97604	746490
一般公共服务	229478	85154	60290	24864	144324
外交	0	0	0	0	0
国防	2263	830	397	433	1433
公共安全	83458	45773	36794	8979	37685
教育	240081	64829	44865	19964	175252
科学技术	12476	8493	6624	1869	3983
文化体育与传媒	16469	8667	7886	781	7802
社会保障和就业	136141	51497	43864	7633	84644
医疗卫生	83484	28780	24335	4445	54704
环境保护	20134	7772	7446	326	12362
城乡社区事务	64915	38735	24667	14068	26180
农林水事务	133527	30972	27671	3301	102555
交通运输	28461	16279	16239	40	12182
工业商业金融等事务	66681	27701	21174	6527	38980
其他支出	53924	9520	5146	4374	44404

发力度，完成上年度项目投资6115万元；完成了灵川等9个县的国家立项土地治理项目、永福等3个产业化经营项目和“中型灌区节水改造项目”的申报工作，项目投资额3700万元，已获得批复。支持农村基础设施建设。安排资金实施了1000个自然村（屯）内道路硬化，创建600个文明卫生村、农村饮水、防火安全工程等项目建设。拨付资金启动“家电下乡”工程。

【深化财政改革】 2008年，市财政局深化财政国库管理制度改革，将非税收入纳入国库集中支付，推动县（区）施行国库集中支付，12县全部启动改革试点，试点单位253个。推进“收支两条线”和“票款分离”管理，完善非税收入管理，建立政府非税收入收缴管理系统。建立政府采购工程备案监管制度，纠正违法违规行为，减少财政性资金流失。全年采购预算金额8.17亿元，增长130%，中标金额6.5亿元，节约额1.67亿元，节约率为20%。加大工程类纳入政府采购范围，金额达5.67亿元，占市本级政府采购范围金额的70%，增长174%。建立市本级部门预算专项项目库，完善部门预算基础信息库；按照“以收定支、收支平衡”的原则，严格部门预算审批和批复。制订了《桂林市政府非税收入资金拨款审批程序》、《桂林市预算单位非税收入支出核定办法》，将桂林市本级政府非税收入的收支统筹安排，纳入地方一般预算和基金预算管理。完善市对辖区财力补助办法。市财政局代拟了《关于桂林市苏桥经济开发区财政收入划分的决定》、《关于桂林市临桂新区财政收入划分的决定》。

【强化财政监管】 2008年，市财政局做好行政事业单位资产清查工作，为建立资产管理的长效机制奠定基础；加强国债资金、世界银行项目、外国政府贷款项目的监管，编制了2008～2012年全市政府债务还贷计划表，加强政府债务监控，切实防范财政风险。加强会计基础工作，搞好会计人员后续教育和会计行业资格证等三证的考试，做好会计拔尖人才的选拔培养和全市先进会计工作者评选活动。开展对价格调节基金手续费使用、土地收入的支出、农业综合开发、救灾等财政专项资金和国债资金使用的检查，加强财政专项资金使用的跟踪问效。年内，共查出违规资金3587万元，应追缴入库金额2251万元，已追缴入库金额1294万元；加强基本建设财务管理，完善财政性投资评审管理制度，做好重点工程项目财务决算批复，共完成单项工程预结算评审572个，审核资金62亿元，核减金额9.8亿元，核减15.85%。改进和完善财务总监管理，加强培训、考核，提高财务总监的综合素质。全市共向财政性投资重点项目派驻财务总监33名，实施财务监督管理单位和项目共70个。加强信息动态监控，通过账户监控系统，充分发挥财政监督作用。加强财政、税收法律法规的宣传，接受人大监督及审计监督，办结人大议案与建议9件，政协提案12件，办结率均为100%，促进了依法理财治税。

【非税收入收支管理】 2008年，桂林市政府增收节支，合理调度资金。全年市本级组织非税收入8.76亿元，非税收入支出10.34亿元，归还银行贷款本息及支付政府临时专项支出2.5亿元，合理调度资金，确保重点项目资金及时到位，落实政府偿债资金和行政事业单位干部职工生活补贴资金。强化政府非税收入资金的会计核算工作，政府非税收入管理信息系统于11月开始试运行。加强票据管理和执法监督检查，查处应缴未缴非税资金200多万元，违规违纪金额416万元，确保了政府非税收入应收尽收及“收支两条线”工作的顺利实施。

（蒋祖荔）

国家税务

【概　况】 2008年，桂林市国家税务局机关内设13个行政机构、3个直属机构和3个事业单位，下辖12县5城区国税局。全市国税部门有在职干部职工1541人，管辖全市纳税登记户52606户，其中，一般纳税人户数3237户，占纳税人总户数6.19%；小规模企业户数10392户，占纳税人总户数19.88%；个体户为38634户，占纳税人总户数73.92%。

【税收收入逆境中实现增长】 2008年受冰冻灾害和金融危机的影响，全市国家税收收入减收1.28亿元。面临组织收入的困难，市国家税务局采取措施抓税收：落实收入计划，开展税源调查，加强对税收计划执行情况的检查。强化税收分析，坚持税收管理质量分析联席会议制度，加强对宏观税负、弹性系数及其变化规律的分析。推行“广西国税重点税源企业监控管理分析系统”，完善重点税源预警分析机制，加强对市区入库税收超过100万元、县局入库超过50万元的重点税源企业的监控，把握收入主动权，逆境中税收收入实现增长。全年全市国税部门累计入库36.01亿元（不含出口退税及海关代征进口增值税），增收4.41亿元，增长13.96%。从分税种大类的情况来看，国内增值税、消费税入库27.80亿元，增长10.2%；企业所得税（含中央固定收入）入库5.76亿元，增长73.19%；储蓄利息个人所得税入库7189万元，下降42.18%；车辆购置税入库1.73亿元，下降3.93%。按自治区国家税务局计划口径计算，税收入库34.14亿元，增收4.56亿元，增长15.44%，完成自治区下达34.11亿元年度计划的100.08%，超额274万元。按地方财政预算口径计算（未减除财政系统退增值税），税收入库33.42亿元，增收5.09亿元，增长17.96%，占全市财政收入39.06%，下降0.02个百分点。其中，市区入库19.41亿元，增长21.22%；12县完成14.01亿元，增长13.73%。

【税务稽查】 2008年，市国家税务局集中查处制售假发票和非法代开发票，利用做假账、两套账、账外经营手段偷税等涉税违法行为，对整体税负偏低、案件线索指向集中的民政福利、房地产、烟草等行业进行专项检查；加强举报案件信息的筛选，提高举报案件的查实率。全年共检查纳税户345户，立案180户，查补税款、滞纳金、罚款合计4920万元，入库税款5110万元，入库率达103%，偷税处罚率达109%。该局在自治区国税部门稽查质量考评中获第二名。

【保持征管质量】 通过对征管“六率”（税务登记率、纳税申报率、税收入库率、欠税增减率、逾期申报处罚率、滞纳金加收率）工作情况实施监控，对影响各率的情况和问题及时督促解决，并按月进

2008年桂林市国家税收收入分征收单位统计

表21　　单位：万元

指　标	全市汇总	市区	阳朔	临桂	灵川	全州	兴安	永福	灌阳	资源	平乐	荔浦	龙胜	恭城
税收合计	335023	195079	5597	20193	21987	17371	15903	11118	5935	3362	6565	13726	11842	6345
国内增值税	256635	130497	4714	18929	17458	15486	14163	10735	5472	2880	6259	14760	9284	5998
国内消费税	21397	19516	17	19	26	1152	515	18	4	18	8	72	4	28
内资企业所得税	33302	25515	254	1004	1795	158	2443	233	203	257	150	592	574	124
涉外企业所得税	24278	18367	320	975	2607	37	12	0	0	21	0	101	1837	1
个人所得税	7189	4416	192	150	372	455	322	153	211	146	243	251	109	169
车辆购置税	17331	16198	124	136	101	83	81	103	45	40	140	185	34	61
出口退税（含免抵调）	-26333	-20654	-24	-1020	-372	0	-1633	-124	0	0	-235	-2235	0	-36
进口增值税	1224	1224	0	0	0	0	0	0	0	0	0	0	0	0

2008年桂林市国家税收收入分经济类型统计

表22　　单位：万元

指　标	全市汇总	国有企业	集体企业	股份合作企业	联营企业	股份公司	私营企业	其他企业	个体经营个人	港澳台投资企业	外商投资企业
税收合计	335023	43973	4361	1706	44	119976	63697	18287	30188	19847	32944
国内增值税	256635	35070	4344	1667	44	89978	63624	901	22808	12197	26002
国内消费税	21397	535	3	4	0	19731	845	0	191	0	88
内资企业所得税	33302	10283	44	35	0	16723	6162	55	0	0	0
涉外企业所得税	24278	0	0	0	0	0	0	0	0	9346	14932
个人所得税	7189	0	0	0	0	0	0	0	7189	0	0
车辆购置税	17331	0	0	0	0	0	0	17331	0	0	0
出口退税（含免抵调）	-26333	-1927	-30	0	0	-6748	-6958	0	0	-1810	-8860
进口增值税	1224	12	0	0	0	292	24	0	0	114	782

行考核和通报。年内,桂林市国家税务局的征管“六率”质量均达到了自治区国家税务局规定的优秀等级以上,其中申报率为99.93%,入库率为99.85%,滞纳金加收率为100%,逾期申报处罚率达100%,欠税增减率为-2.53%。

【信息安全管理】 建立健全网络信息安全管理制度,抓好雨雪冰冻灾害、2008北京奥运会、残奥会和中国—东盟博览会等重要时期的网络信息安全;落实计算机入网准入制度,加强对外联互联网计算机的检查,抓好计算机系统的安全保密工作。税务专用网络防病毒软件安装率由年初的97.41%提高到100%,计算机病毒感染率由4.16%降低到1.13%,计算机病毒未处理率由0.72%降低到0,高危病毒感染率为0。数据质量管理方面,全年有9个月数据差错率保持为0,更正率保持100%,均达到自治区国家税务局目标要求。 (周勇)

地方税务

【概况】 2008年,桂林市地方税务部门各项收入38.00亿元,增收5.23亿元,增长15.94%。其中,税收收入35.53亿元,增收5.05亿元,增长16.58%;教育费附加1.03亿元,增收748万元,增长7.79%;地方教育附加5675万元,增收862万元,增长17.91%;文化事业建设费730万元,增收57万元,增长8.47%;防洪保安费2712万元,增收222万元,增长8.92%;工会经费4674万元,增收184万元,增长4.1%;残联人就业保障金856万元,增收26万元,增长3.13%。

【税收特点】 2008年,桂林市地方税收特点:主体税种收入增幅偏低,大部分小税种税收增势良好。营业税、企业所得税和个人所得税三大主体税种全年共入库税收25.31亿元,增收6420万元,增长2.6%,低于全市地税收入增幅13.98个百分点。制造业、餐饮业、住宿业、交通运输业、建筑业、房地产业等全市地方税收主要行业全年共实现税收20.44亿元,增收1.63亿元,增长8.66%,低于全市地税收入增幅7.92个百分点。全年全市重点监控的600户重点税源企业共实现地方税收增长5.07%,低于除此以外的小企业和个体税收增幅33.38个百分点。全市18个具有同比性的征收单位中16个组织税收收入均实现增收,其中增幅高于全市平均增幅的有12个。增幅最大的恭城瑶族自治县地方税务局增长29.64%,增幅最高的单位与增幅最低的单位差30.57个百分点。

【税收分析】 2008年,受雨雪冰冻灾害、国家宏观调控及全球金融风暴的影响,桂林市地方税收增幅较上年同期回落1.92个百分点。执行新企业所得税法,税率从原来的33%下调为25%,降幅24.24%,小型微利企业税率下调为20%,降幅39.39%。税前扣除范围进一步扩大,工资扣除从限额扣除改为据实扣除。税前新办企业改为由国家税务部门征管后,地方税务部门企业所得税管户进一步减少。个人所得税从2008年3月1日起,工薪类个人所得税费用扣除标准由1600元提高至2000元。对企业的税收优惠逐年扩大,除国家鼓励类产业可享受15%的优惠税率外,部分行业如文化改制企业可享受免税优惠。年内全市地方税收共对152户符合国家西部大开发、高新技术、农口企业转制企业减免税收3.2亿元,增加0.94亿元,增长41.6%。

【重点税源监控】 2008年,桂林市地方税务局制订出台《桂林市地方税务局重点税源监控管理实施办法》,实施重大项目税收分析评估和项目管理,对纳入自治区地方税务局重点监控的550户纳税户进行了“扁平化”管理,对市区前600名纳税户实行重点监控,实施重点税源自治区局、市局、县(城区)局、分局(税所)四级管理;完善税收业务报表集中上报,推广使用“重点税源系统”和“财税库行联网系统”,加强重点税源信息数据研究和比对分析;组织开展重点税源监控管理考核和评估等。

【税收征管】 桂林市地方税务部门组织开展税源调查,清理漏征漏管户;实行收入计划动态管理;完善税收管理员制度,做好纳税户定额调整,加强对非正常户的管理,有选择地组织开展纳税评估;将发票管理纳入“广西地税信息系统”,依托信息系统实现发票信息化管理；开展纳税信用等级评定，实施企业分类管理；规范二手车交易税收征管；推进社会综合治税。行业税收和小税种管理水平提高，开展土地增值税清算，2008 年共入库土地增值税 2.81 亿元，增长 89.66%。建立土地税收财政、国土资源管理部门协调配合征管机制，强化土地税收管理，全年共征收土地税收 5.79 亿元，增长 193.73%。推广应用个税征管软件，完善全员全额明细申报和高收入者个人收入档案管理，组织开展年收入 12 万元以上个人所得税申报，年所得 12 万元以上自行纳税申报人数达 2166 人，增长 60.2%，补缴税款 134 万元。全年 7 个地方小税种（烟叶税、耕地占用税除外）共入库税收 8.53 亿元，增长 46.92%。

【强化税务稽查】 桂林市地方税务部门制订出台《桂林市地税稽查工作考核暂行办法》。与公安部门联合成立打击涉税违法犯罪联络室。年内，对装修装饰业、保险业、烟草业税收进行专项检查和制售假发票、非法代开发票进行专项整治。对市区工业、房地产业、旅游业等进行重点检查。及时查处举报案件，整顿和规范税收秩序，共查补入库税款、滞纳金和罚款 6500 万元。

【加强税收执法】 桂林市地方税务局加强对重大税务案件、税务行政复议的审理，2008 年共审理重大税务案件 5 户，涉税金额 2600 多万元，受理税务行政复议案件 2 起。组织开展税收执法、税收票据、税款缴库专项检查和规范性文件清理，做好案件移送。开展“五五”普法规划实施中期督导检查和验收，举办法制知识更新培训。

【纳税服务】 桂林市地方税务局完善办税厅规范化管理，优化窗口设置；简并办税手续，优化流程，升级“广西地税信息系统”，推行财税库行联网和 POS 刷卡缴税，提高办税效率；打造“一站式”服务，开展窗口服务创建，拓展服务方式；推广应用“税务短信平台”，落实首问负责、限时办结、责任追究等制度，完善纳税服务方式；推出节假日预约服务等，探索个性化服务方式；以纳税人需求为导向，开展纳税人意见需求征求调查，有计划分步骤进行整改。开通“银税通”POS 机缴税业务，利用金融系统先进网络与电子支付资源实现税务纳税申报、缴纳、汇缴、入库电子化。

2008 年桂林市地方税收收入统计

表 23　　　　单位：万元

指　标	全市	增长%	市区	阳朔	临桂	灵川	全州	兴安	永福	灌阳	资源	平乐	荔浦	龙胜	恭城
总计	380038	15.94	229575	17714	26356	23259	12641	15798	7433	5659	3972	6255	13866	7481	10029
税收收入合计	355310	16.58	213392	17005	25116	21988	11765	14871	6664	5377	3778	5895	12732	7157	9570
营业税	137060	1.73	80067	7104	8227	10268	5530	6244	3170	1962	1639	2744	4526	2620	2959
企业所得税	55640	7.40	36931	2636	3058	2567	1106	1053	791	240	174	507	2473	1529	2575
个人所得税	60359	0.43	34021	2176	4704	2897	2588	2362	1098	1264	1239	1234	2734	2051	1991
资源税	2944	-10.11	9	108	205	535	312	590	94	35	69	200	240	195	352
城镇土地使用税	13023	164.80	7521	122	1462	1398	523	633	476	163	7	56	380	137	145
固定资产投资方向调节税	1	0	1	0	0	0	0	0	0	0	0	0	0	0	0
城市维护建设税	20552	10.34	13668	529	914	1028	911	787	613	307	211	309	709	239	327
印花税	3379	27.51	2443	46	187	159	37	120	97	9	14	56	148	43	20
土地增值税	28087	89.66	20598	1929	1115	1491	161	548	137	694	344	283	543	54	190
房产和城市房地产税	14183	15.09	10376	597	595	359	425	505	170	92	60	263	350	205	186
车船税	3176	113.58	1832	35	502	280	72	63	18	28	15	93	116	32	90
烟叶税	71	42.00	0	0	10	0	58	0	0	0	0	3	0	0	0
耕地占用税	16835	0	5925	1723	4137	1006	42	1966	0	583	6	147	513	52	735
教育费附加	10347	7.79	5906	344	555	650	522	517	403	141	126	225	526	200	232
文化事业建设费	730	8.47	625	12	15	13	12	7	8	3	3	15	11	1	5
其他收入	25	-77.48	12	0	0	0	0	1	2	0	7	3	0	0	0
防洪保安费	2712	8.92	1590	125	190	228	79	118	60	38	26	46	96	57	59
地方教育附加	5675	17.91	4117	98	186	207	174	200	135	55	32	71	258	66	76
工会经费	4674	4.10	3645	114	210	108	67	74	134	37	0	0	206	0	79
残疾保障基金	856	3.13	579	16	84	65	22	10	27	8	0	0	37	0	8

（王军）

银行·证券·保险

7月11日，市民喜购奥运纪念币。　　（李凯　摄）

概　　述

【概　况】 2008年，受全球金融危机影响，桂林辖区银行业金融机构经历"适度从紧"到"适度宽松"的货币政策，全辖区银行业金融运行出现本外币存款增加，本外币贷款增速低于存款增速，银行业现金收入大于现金支出，呈现现金净回笼趋势。年内，桂林辖区银行业金融机构全年累计实现营业收入72.2亿元、营业支出58.03亿元、实现利润12.79亿元，比上年同期分别增加20.43亿元、17.58亿元、3.55亿元，分别增长39.45%、43.47%、38.49%，经济效益创历史新高。

年内，银行业机构改革有重大举措。2月28日，由邮政储蓄机构组建的中国邮政储蓄银行有限责任公司桂林分行挂牌成立；下半年，荔浦、资源、临桂、兴安、灌阳、阳朔、平乐等县和龙胜各族自治县的农村信用联社改制为农村合作银行。11月28日，广西第二家、桂林辖区第一家村镇银行——广西兴安民兴村镇银行在兴安县成立。

表24　2008年桂林银行业金融机构运行情况表

项　目	年末余额	比年初增数	幅度%
各项存款(万元)	8222215	1242724	17.81
企业存款	1490819	69161	4.86
财政、机关团体存款	741154	97503	15.15
储蓄存款	5259642	863662	19.65
各项贷款(万元)	4444080	808801	21.33
短期贷款	1748502	265012	16.20
中长期贷款	24371901	324926	14.87
外汇存款(万美元)	14401	608	4.43
外汇贷款(万美元)	3510	84	2.25
现金累计净回笼(万元)	390744	45275	13.10
现金累计收入(万元)	20172391	-847472	-4.03
现金累计支出(万元)	19781647	-892747	-4.32

【存、贷款业务加大】 2008年，桂林辖区银行业金融机构各项人民币存款在储蓄存款的拉动下，全年新增存款超过100亿元，比年初增加124.27亿元，其中储蓄存款新增86.37亿元，占全部新增存款的70%。下半年，由于国家信贷政策由"适度从紧"转为"适度宽松"，全辖区银行业金融机构纷纷修改考核办法，鼓励各网点积极放贷。12月，全辖银行业金融机构新增贷款29.08亿元，占全年新增贷款的35.95%。年末，全辖银行业金融机构不良贷款余额为21.19亿元，比年初减少22.35亿元，不良贷款率为4.74%，下降6.66个百分点，实现"双降"。

【确保辖区经济稳定运行】 2008年，桂林辖区银行业金融机构在人民银行桂林市中心支行(简称人行桂林市中支，下同)的协调下，采取各种措施，确保辖区支付结算、现金供应、安全保卫等工作的正常运作。一是在冰冻灾害期间，人行桂林市中支积极配合中国人民银行开通绿色资金通道，协助人行桂林市中支国库部门将1200万元救灾资金及时划拨救灾单位；在现金调拨方面，人行桂林市中支克服停电、路滑等因素影响，共完成调拨任务8次，行程3000多千米，确保灾害期间的现金工作供应。二是在2008年北京奥运会、第五届中国—东盟博览会、广西壮族自治区成立50周年庆典等重大事件期间，确保辖区大小额支付清算系统、人民银行会计集中核算系统、人民币银行结算账户管理系统和联网核查公民身份信息系统的安全稳定运行。

【举办桂林经济金融论坛】 10月22日，由桂林金融学会主办、桂林市商业银行和市中小企业投资担保有限责任公司协办的"桂林经济金融发展论坛"在桂林漓江大瀑布饭店举行。论坛以"改善中小企业金融服务，促进中小企业发展"为主题，旨在进一步提高桂林辖区企业与金融的融合度，建立互信、共赢的新型银企合作关系，营造经济、金融良性互动的发展环境，促进经济的又快又好发展。这是桂林金融学会成立17年来第一次举办此类活动。市政府、有关部委办局、金融机构、30余家中小企业代表共120人参加论坛，广西金融学会和市社科联应邀出席会议。副市长粟增林到会作了讲话，人行桂林市中支行长、桂林金融学会会长刘靖波、桂林银监分局局长熊小军、人行桂林市中支副行长陈杰、市商业银行董事长王能、市中小企业投资担保有限公司董事长王海涛在论坛上作了发言。

【开展银行卡推广宣传活动】 6月，桂林全辖银行业金融机构开展以"迎奥运、放心用卡、安全支付"为主题的推广银行卡的使用宣传活动，采取多种形式向县辖以下农村地区广泛普及银行卡知识，作好安全用卡知识宣传，提高广大群众银行卡风险防范意识和识别能力。宣传月活动期间，全辖共设宣传专柜16个，发放宣传折页、宣传册、传单等宣传资料近10万份，张贴海报147张，悬挂横幅163条，出版板报13版，接待咨询人员近3万人次。

【推进信用体系建设】 2008年，桂林全辖银行业金融机构积极推进企业、农村、个人信用体系建设，并在恭城瑶族自治县、兴安县开展信用乡镇创建试点工作。至年末，桂林辖区企业信用信息基础数据库采集企业信息1.4万户，其中有7000多户企业与金融机构有信用贷款往来，入库信用贷款余额238亿元。建立农户信用档案32.6万户。个人征集信用系统收录的自然人数达90多万个，入库信用贷款余额160多亿元。

【完善农村支付结算服务体系】 2008年，桂林全辖银行业金融机构进一步完善农村支付结算服务体系，至年末，城区农村信用联社29个营业网点全部开通大、小额支付系统；辖区12个县农村信用社(农村合作银行)251个营业网点，开通大额支付系统131个，开通小额支付系统的244个。邮政储蓄银行桂林分行在市区营业部、中山南路支行营业网点、县辖10个营业网点开通了大、小额支付系统。

【农村信用社专项票据兑付完成】 2008年上半年，荔浦县农村合作银行，桂林市区、临桂县、灵川县农村信用联社的专项票据通过中国人民银行和中国银行业监督管理委员会考核顺利兑付。至此，辖区13家农村信用社(含农村合作银行)专项票据兑付工作圆满完成，兑付资金额度2.6亿元，兑付通过率100%。

【开展反假货币工作】 2008年，全辖共收缴假人民币494.26万元、假美元100.52万元、假港币2.3万元、假欧元50元，维护了广大人民群众的切身利益。年内，人行桂林市中支组织辖区各银行业金融机构深入乡镇农贸市场，人民币反假宣传咨询台，与农民群众面对面地讲解人民币知识和识别假币技能，为群众进行反假货币知识宣传，取得良好效果。（任新东）

中国人民银行桂林市中心支行

【概　况】 2008年，人行桂林市中支认真执行货币政策，提高金融服务水平，维护地区金融稳定，

12月23日，桂林市商业银行创建和谐社区研讨会会场。
唐侃　摄

履职能力进一步提高，各项工作在广西人民银行系统的各项考核评比中取得好成绩。中国人民银行兴安县支行荣获中国人民银行文明单位，人行桂林市中支机关和中国人民银行灵川县支行荣获中国人民银行广州分行文明单位。

【维护金融稳定】 2008 年 3 月，人行桂林市中支全面启动综合执法检查工作，避免重复检查，提高工作效率。年内，人行桂林市中支尝试和探索维护金融稳定的新路子，与桂林辖区各银行业金融机构建立金融稳定信息通报工作机制；建立《风险监测重点联系行制度》，通过分析和研究桂林辖区地方法人金融机构月度会计财务报表及相关专题调研，将经营中存在重大问题和风险隐患的机构确定为风险监测重点联系行，及时给予警示，提出相关建议，确保全市金融稳定。

【加强信贷政策指引】 2008 年，人行桂林市中支加强货币政策指引。一是加强窗口指导，两次召开货币政策窗口指导专题会议，引导辖区金融机构贯彻执行相关宏观调控措施。在金融支持社会主义新农村建设方面，引导辖区农村信用社（农村合作银行）推广农户小额信用贷款，探索发放小额贷款的有效方式，支持辖区新农村建设。二是定期召开辖区经济金融运行季度分析联席会议，向政府相关职能部门、各金融机构等通报情况，传达指导货币信贷政策信息。三是建立信贷政策效果评估体系，印发《中国人民银行桂林市中心支行信贷政策导向效果评估体系试行办法》，对辖区金融机构有关信贷政策、房地产信贷、涉农贷款、节能减排、支持中小企业、小额担保贷款和国家助学贷款等 7 项政策导向效果进行评估。

【加强信贷政策工具操作】 2008 年，人行桂林市中支面对国家先后 10 次调整存款准备金率，及时传达政策，加强对存款准备金的监督管理，确保辖区金融机构无动用存款准备金情况发生。严格执行再贷款管理有关制度，按规定的权限、程序、条件、用途审批发放再贷款，切实做好再贷款的债权维护工作。辖区全年累计发放各项再贷款金额 5.98 亿元，累计收回 9.36 亿元。其中，累计发放支持中小金融机构再贷款 4.8 亿元，收回 8 亿元；累计发放支农再贷款金额 1.18 亿元，收回 1.36 亿元。加强利率监测。人行桂林市中支及时组织辖区金融机构贯彻落实利率调整政策，积极反馈动态信息，指导辖区金融机构进一步完善利率定价机制。

【反洗钱监管实现电子化】 2008 年，人行桂林市中支推广应用反洗钱综合管理信息系统，对辖区各金融机构报送的非现场监管数据进行分析评估。该系统在反洗钱工作中发挥了较大作用。下半年根据该系统反馈情况，市公安部门在辖区有关商业银行配合下，成功破获 1 起洗钱可疑交易案件，该洗钱可疑交易案件涉及嫌疑人 5 人，涉及各种账户 350 多户，涉案金额 27 亿元。该案件的告破，为桂林反洗钱工作积累了宝贵经验。

【国库工作取得新进展】 2008 年，人行桂林市中支组织市地税局、中国工商银行桂林分行共同开发出“银税通”业务系统。该系统经市叠彩区地税局和灵川县地税局试点运行后，效果良好，并在全辖金融机构进行全面推广。“银税通”业务系统的运行，有效降低国库手工业务量，国库科日高峰期税票由原来的 8000 多笔下降到不到 4000 笔，提高了国库业务的工作效率。

【创新发行库管理模式】 2008 年，人行桂林市中支建立市金融机构货币金银业务服务网，将金融机构缴领款电话预约改造为网上预约，提高了预约工作的时效性和准确率。同时在网上开辟公告栏、货币管理及反假人民币管理宣传栏、及时传导人民银行管理工作中的新信息，促进服务工作质量的提高。改造、优化入库业务工作流程环节，将市各金融机构在中心支库缴款时的“现金缴款单”传递方式由管库员“人工跑单”传递改造为通过电脑邮件系统“影像”传递，降低员工工作强度，提高工作效率。

【金融机构反假货币工作监督】 2008 年，人行桂林市中支对辖内 9 个金融机构 86 个营业网点执行《中国人民银行假币收缴鉴定管理办法》的情况进行了现场检查，对检查中发现的问题及时进行纠正。组织举办了辖区反假货币专管员的真伪货币鉴定业务培训，规范假币鉴定工作，各县人民银行对农村信用合作社、邮政储蓄银行、商业银行等金融机构的柜面人员进行了培训。

（任新东）

国家外汇管理局桂林市中心支局

【概　况】 2008年，国家外汇管理局桂林市中心支局（简称外汇局桂林市支局，下同）认真贯彻新的《中华人民共和国外汇管理条例》推出，掌握执行外汇管理政策的难度。推动外汇管理系统上线，强化外汇管理与服务，维护了桂林外汇金融秩序的稳定。

2008年桂林辖区结售汇统计情况表

表25　　单位：万美元

项　目	金　额	比上年增幅%
结　汇	90857	-1.8
货物贸易	62638	54.2
服务贸易	8269	-21.4
收益和经常转移	9942	10.3
资本和金融项目	10008	-69.1
售　汇	27795	51.0
货物贸易	20573	52.9
服务贸易	4315	51.4
收益和经常转移	815	-18.6
资本和金融项目	2092	90.9

【落实出口收结汇联网核查制度】 2008年，外汇局桂林市支局落实国家外汇管理局、商务部和海关总署联合推行的出口收结汇联网核查政策，结合辖区实际，在政策中注重真实性与便利性相结合，就联网核查"关注企业"名单管理造成辖区部分企业核销难、意见大的问题，约见企业高层管理人员了解情况，做好沟通解释工作。全年共审批"关注企业"结汇单38单次，涉及结汇金额折908.85万美元。加大逾期未核销催核力度，全年桂林辖区核销率达99.67%，逾期未核销率由年初的0.12%下降至0.02%。

【创新进口付汇监管方式】 2008年，外汇局桂林市支局在加强进口逾期未核销及企业延期付汇管理的同时，创新进口付汇监管方式，提升进口付汇的监管效率。与桂林海关建立信息共享机制备忘录，加强经常项下跨境资金流动的监测。将对外付汇进口单位名录和由外汇局审核真实性的进口单位名单的公布方式由原来以公文形式改为网上公布，加快了进口名录、名单的公布速度，推进辖区进口贸易便利化。

【完善货物贸易信贷登记管理制度】 2008年，外汇局桂林市支局为防范无真实贸易背景的异常资金以货物贸易负债方式流入流出，推广应用贸易信贷登记管理系统，对企业出口预收货款和超过一定期限的进口延期付款实行网上外债登记管理制度，并实施相应的监控。

【外商投资企业外汇年检】 2008年，外汇局桂林市支局将外商投资企业外汇年检工作的重点放在外汇收支情况表填报的真实性及企业外汇收支的合理规范性上，通过审核企业提供的相关材料，结合外汇账户系统、外债统计监测系统等，及时发现企业外汇管理中存在的问题，并与会计师事务所及企业沟通核实。全年参检企业217家，其中合格企业197家、不合格企业20家。

【创新外汇检查联动机制】 2008年，外汇局桂林市支局创新外汇业务检查方式。一是开展行局联动检查，9月，外汇局桂林市支局与人行桂林市中心支行对中国农业银行桂林分行实施综合执法大检查，提高了执法检查工作效率，开创了基层人民银行与外汇局联合开展现场检查的先河。二是开展相关部门间联动检查，与市公安局联合开展打击跨境资金违规流动专项行动，成立打击跨境资金违规流动专项行动联络协调小组，协助桂林市公安局成功查办1起"网络炒汇"的传销案件，维护了地方金融的稳定。

【加大国际收支核查】 2008年，外汇局桂林市支局加大对外汇指定银行非现场及现场检查力度，按季节开展大额交易非现场逐笔核查，有效提高银行申报数据质量，确保国际收支数据完整、准确。加大国际收支申报业务岗位学习培训，沟通交流核查方法，为做好国际收支核查工作奠定基础。

（任新东　王西兰）

中国银行业监督管理委员会桂林监管分局

【概　况】 2008年,中国银行业监督管理委员会桂林监管分局(简称桂林银监分局,下同)积极推动辖区银行业改革和发展工作,引导辖区银行业金融机构开展灾后重建、农村合作金融机构改革、新型农村金融机构改革试点、引银入桂等工作,加强城市商业银行监管,辖区银行业金融机构不良贷款实现"双降"目标,盈利能力持续提高,银行监管有效性得到良好体现。年内,桂林银监分局积极推动新型银行引进工作,12月18日,浦东发展银行桂林支行正式揭牌,实现了新型银行引进工作的历史性突破。

【日常监管】 2008年,桂林银监分局审批机构变更事项416项,批复终止营业机构4个,核准高层管理人员任职资格242人次。加强现场检查工作,全年共开展现场检查项目15个,检查金融机构网点186个,其中对桂林财富商业城有限责任公司授信业务管理现场检查中,通过运用延伸检查权,深入企业、中介机构和相关部门检查核实有关情况,查实其形成不良贷款的主要原因,得到了中国银行业监督管理委员会广西监管局和桂林市政府的充分肯定。做实非现场监管,加强与现场检查部门的协调配合,加强日常监管分析和监测,实施风险评估和监管评级工作。

【农村合作金融机构改革】 2008年,桂林银监分局在完成荔浦、资源县等8家农村合作银行组建的基础上,全面推动尚未完成农村合作银行组建工作的联社开展工作。截至11月底,尚未完成农村合作银行组建的灵川县、全州县、永福县、恭城瑶族自治县、桂林市区联社5家联社的相关监管指标实现达标,年底全辖区所有联社完成组建农村合作银行的验收、上报等前期工作,桂林农村合作银行组建工作整体走在广西辖区前列。

【设立村镇银行试点】 2008年11月26日,广西兴安县民兴村镇银行顺利开业。兴安县是广西新型农村金融机构改革试点的两个县之一,桂林银监分局加强与当地党委、政府领导沟通协调,争取落实新型农村金融机构优惠政策和人员场地等问题。民兴村镇银行的设立,为支持县域经济发展,支持"三农"建设搭建了新的融资平台。

【城市银行监管】 2008年,桂林银监分局强化对城市商业银行的监管,巩固监管指标达标成果。至11月末,桂林市商业银行除单一客户贷款集中度指标外,资本充足率、核心资本充足率、拨备覆盖率、流动性比率、超额备付率等指标都控制在年初制订的目标以内。监管评级结果经中国银行业监督管理委员会审定为3级,进入全国城市商业银行系列中较好监管等级的银行之列。积极推动城市商业银行的联合重组工作。桂林银监分局密切关注桂林商业银行参与重组改革期间的各项工作,包括增资扩股、清产核资、各项尽职调查等,加强风险提示,确保改革期间市商业银行的健康发展。

【案件防控效果显著】 2008年,桂林银监分局督促各银行业机构围绕案件防控目标,突出重点,分类治理,狠抓各项防控措施的落实,把案件治理工作不断引向深入,辖区银行业案件治理工作成效显著,全年辖内未发生大案要案,保持零案件。

(马荣安)

中国农业发展银行桂林分行

【概　况】 2008年,中国农业发展银行桂林分行(简称农发行桂林分行,下同)积极履行农业政策性银行职能,完善内部管理,加大信贷支农力度,各项工作取得明显效果。年末,各项贷款余额21.6亿元,全年累计发放贷款13.32亿元,比上年增加0.61亿元;实现账面利润5685万元,增盈783万元,职工人均盈利52.48万元;不良贷款余额继续保持为零,在全自治区农业发展银行系统综合绩效考核名列前茅。

【新业务发展】 2008年,农发行桂林分行积极支持粮食购销，在冰冻灾害期间，投放贷款5323万元，支持企业向市场投放大米、面粉(条)3400万千克、食用油510万千克；支持中央、地方储备粮增储和轮换，配合桂林市建立成品粮油应急储备体系，增加自治区、市两级成品粮油应急储备；落实国家惠农政策，支持粮食直补订单收购和多元主体收购，全年共发放粮食收购贷款7.93亿元，支持企业收购、调入粮食7.01亿千克。支持重大项目建设，促成市政府与农发行自治区分行签订120亿元的金融合作备忘录；支持临桂新区环城北路改造工程5亿元贷款项目，12月份，该项目合同已成功签订，首笔贷款5000万元投放到位；支持漓江补水工程、万福路建设项目、临桂新区路网、水网建设项目，与市政府达成初步合作意向。支持中小企业发展，全年共审批46个中小企业贷款项目，总金额11.88亿元，发放7.37亿元，占全年发放贷款的55.33%。其中，农业产业化龙头企业5家、农产品加工企业29家、农业小企业12家。发展存款和中间业务，加大对存款和中间业务的考核权重，制订专项奖励办法，调动全员营销；加强同业合作，建立起互惠互利的合作关系；拓展国际业务；加强与市内各保险公司的沟通和联系，做好保险理赔协调和服务工作。年末，全行各项存款余额达4.57亿元，比年初增加1.37亿元；实现中间业务收入97万元，增加43万元。

【建设经营管理基础平台】 2008年，农发行桂林分行建立委派客户经理制，由农发行桂林分行贷款营销调查中心直接管理，参与所驻县支行的商业性贷款营销，服从调查中心调遣开展商业性贷款调查，对派驻行贷后管理进行督促、检查、指导，有效解决人员调不动、贷款调查质量不高等问题。完善贷后管理机制，明确委派客户经理月度、季度、年度贷后管理工作要求。完善经营绩效考核办法，增强考核的针对性，完善员工岗位绩效考核机制，引入平衡计分卡和360度等先进的考核工具，推进绩效考核工作，初步形成绩效突出文化。制订一系列与二级分行经营管理基础平台建设相适应的工作制度和办法，将有关工作督办到县支行，每周以督办表格的形式通过局域网进行连续滚动式督办，并实行红黄牌警告。

【加强贷后管理】 2008年，农发行桂林分行配合桂林银监分局商业性贷款检查。对检查发现的问题采取有效措施整改纠正；组织开展为期3个月的信贷财会合规风险排查。组织全辖信贷人员进行了3次专项培训和集中自查；每月对派驻行的贷后管理情况进行检查，跟踪检查问题整改情况；严格执行贷后管理手册预警规定，发现问题及时按规定上报。积极改进金融服务，对贷款2000万元以上的客户纳入重点客户管理范围，制订个性化服务方案；落实客户回访制度、高端客户高层定期会晤制度、客户意见调查制度，创新银企沟通的有效形式。 （秦聪）

中国工商银行股份有限公司桂林分行

【概　况】 2008年，中国工商银行股份有限公司桂林分行(简称工行桂林分行，下同)围绕“质量、创新、效益”的发展要求，全力竞争市场资源，从严防范金融风险，着力改进金融服务。全行各项存款余额(含外币)141.9亿元，比年初增长19.3亿元；各项贷款余额65.6亿元，增长2.6亿元；实现拨备前利润2.3亿元，比上年增长1395万元。

【创新方式吸收存款】 2008年，工行桂林分行在全行范围内开展劳动竞赛活动，加大揽存、挖转力度，通过创新组合产品，利用该行产品优势吸收存款，加强个人产品与个人产品之间、个人产品与法人产品之间的综合捆绑营销，扩宽业务覆盖面；通过细分客户市场，拓展对公客户群，紧盯政府建设项目、行政事业单位代发工资户等大客户，以贷引存，稳定对公储蓄收入。主动发展战略伙伴，加强同业合作，至年末，全辖12个一级支行有11个一级支行与同业有业务合作，全年新增同业存款日均1.5亿元。

【拓展优质信贷市场】 2008年，工行桂林分行改革营销管理模式，挖掘存量优质贷款客户的业务潜力，实行名单制管理，派专人负责存量项目贷款的管理及全辖重大项目的直接营销，加强对已审批贷款项目的二次营销工作，挖掘信贷资源。确立了以发展房地产项目开发贷款和个人住房按揭贷款为主的经营思路，抓好辖内有融资需求房地产开发商的住房开发贷款项目，并捆绑营销按揭贷款，从源头控制按揭贷款资源。积极争揽纯按揭项目，全年全辖发放住房开发贷款3.24亿元，发放个人住房贷款5.82亿元，保持了个人住房贷款市场占比排名第一的优势。

【不良资产清收】 2008年，工行桂林分行加强信贷资产保全、不良资产清收和信贷风险预警工作，资产质量继续保持优良水平。通过信贷管理，有效应对内外部金融风险；通过优化信贷审批流程，把好信贷资产质量关，做好风险预警；通过建立旬、月、季的监测体制，将不良贷款风险控制在一定范围。第四季度，通过银企合作以及与市政府、相关管理部门的沟通协调，成功置换了两处账龄分别长达7年、11年之久的抵债资产，实现抵债资产“零余额”。通过法律诉讼、外聘律师、政府筹集资金等方式，成功收回、转化了一批不良贷款。年末，全行不良贷款余额2922万元，比年初下降621万元，不良贷款占比0.45%，比年初下降0.11个百分点。

【挖掘增收潜力】 2008年，工行桂林分行采取优惠方式引导客户使用该行企业网上银行代发工资，借助“网上理财产品”快捷方便的优势，引导企业通过网上银行购买理财产品。采取主动营销模式，开展上门服务，取得较好的市场效应。加大银医通、银税通的市场投放，满足市民的缴费需求，带动了发放工行卡业务。对电子银行、电话银行、工行信使业务的捆绑营销，拓宽中间业务收入渠道，为收单业务领域开辟新的空间。全年，实现了中国工商银行广西区分行进口保理、进口T/T融资、出口发票融资、进口信用证代付等国际业务新产品零的突破，改善了工行桂林分行信贷资产结构和中间业务收入渠道单一的不利局面。

【打造优秀企业文化】 2008年，工行桂林分行选派160名管理人员和业务骨干参加长春金融干部管理学院职业经理人培训班、南开大学高级经营管理培训班，2008北京奥运会期间组织了3期针对奥运服务的手语、英语的服务礼仪培训，提升了营业网点服务能力。鼓励员工参加各项业务技能培训与考试，年内全行获得AFP资格人数达11人，财资管理师33人。通过国家组织的银行从业资格考试、基金从业资格、保险从业资格、证券从业资格等考试有近200人。 （唐蜜）

中国农业银行桂林分行

【概　况】 2008年，中国农业银行桂林分行（简称农行桂林分行，下同）做好股份制改革，强化合理规范管理，提高风险防控能力和系统的执行力，全行各项业务健康、协调、稳健发展。年末，全行各项存款余额166.95亿元，比年初增加14.35亿元。本外币各项贷款余额81.02亿元，增加12.46亿元。实现中间业务收入8904.6万元，比上年增加971.6万元。全行实现账面经营利润2.93亿元。年内，通过ISO 9000质量管理体系的外部认证机构认证，农行桂林分行获农行广西区分行推行质量体系先进单位。

【实现业务转型】 2008年，农行桂林分行按照股份制商业银行改革的需要，进行业务转型。强化营业网点、人员和电子3个渠道建设，全年完成列入中国农业银行“擦亮牌子工程”计划的44个网点、农行广西区分行级6个骨干网点的建设，完成15个网点自助区的改造，全部实现功能分区；成立了15个营销团队，专职零售人员达到80多人，配备大堂经理71人；抓好电子渠道建设，投入大量资金完善网络，强力提升网络竞争力，银行卡特约商户总量达834户。全年在营业网点大量配备取款机、存取款一体机、自助终端，加大营销网上银行、电话银行、转账电话等电子产品，通过自助银行、网上银行、电话银行分流客户，业务分流率达40.82%。年末发放银行卡总量达188万张，网银注册客户5万多户。推广对公客户、个人优质客户管理系统的应用，年末全行累计一星级以上个人优质客户总数为8.5万多户。

【风险管理】 2008年，农行桂林分行按照股份制商业银行的标准实施全面风险管理，重点抓好信用风险和内控风险管理。实施风险管理机制改革，成立专业部门、专业队伍主抓信用风险防范。

至12月底，农行桂林分行全辖清收不良贷款本息2.97亿元，退出国家宏观调整政策明令禁止的多个小、散、差行业，收回资金8900多万元。优良法人客户贷款占比为90.39%，信贷结构得到优化。加强内控建设，有效防范案件风险，建立定期集中交叉检查制度，提高监管质量。层层签订财会内控管理目标责任状，落实管理责任。全年全行没有责任性经济和刑事案件发生。

【服务“三农”】 2008年，农行桂林分行加大“三农”（农业、农村、农民）业务工作力度，抓好惠农卡的发放和农户小额贷款业务营销及管理，惠农卡的发放量、授信户数、授信金额、贷款余额、贷款增量多项指标均列在全自治区农行系统前列。

（毛荣福　伍文悄）

中国银行股份有限公司桂林分行

【概　况】 2008年，中国银行股份有限公司桂林分行（简称中行桂林分行，下同）实施存款和内控“一把手”战略工程，提高市场竞争力，完成2008北京奥运会金融服务任务，各项业务快速发展。至年末，实现净收入2.01亿元，比上年同期增加0.21亿元，增长11.38%。本外币合计各项存款余额57.35亿元，增幅28%，本外币贷款总额23.53亿元，增幅15%。

【营业网点布局调整改造】 2008年，中行桂林分行加快营业网点布局调整改造、网点转型、业务流程整合步伐。全年完成17家营业网点的装修改造工作，完善网点的服务功能，不断提升网点形象，提高网点市场竞争力。

【服务北京奥运】 2008年，中行桂林分行建立了2008北京奥运服务应急机制，落实奥运金融服务工作，圆满完成2008年北京奥运门票及特许商品销售工作。举办“携手中行　共赢奥运”万人健步走活动，桂林市外商投资企业、进出口企业迎奥运“中行杯”气排球赛，“中行杯”桂林国际大学生服饰文化艺术节，“中行财政杯”计算机应用知识大赛等大型宣传营销活动，营销取得丰硕成果。

【加强内控管理】 2008年，中行桂林分行贯彻落实中行广西区分行党委提出的内控“一把手”工程。中行桂林分行“一把手”加强管理，对本单位内控工作承担全面领导、规划、协调和监管的责任。全年开展了“我来寻找风险点”自查自纠活动、“我来做案例”的案例评选活动、“我们行动实现双无”合规文化建设活动等一系列活动，合规内控工作走在全自治区的前列。　（莫燕华）

5月3日，“携手中行　共赢奥运”万人健步走活动场面。

李凯　摄

中国建设银行股份有限公司桂林分行

【概　况】 2008年,中国建设银行股份有限公司桂林分行(简称建行桂林分行,下同)以"创新服务、创造价值、创建首选"为主题,加强基础管理和风险内控、强化执行力、激发创造力、加快转型步伐,推进负债业务上台阶,实现中间业务大发展,开创资产业务新局面,推进全行各项工作高质量快速发展。至年底,本外币全口径存款余额111.13亿元,比年初新增10.75亿元,其中储蓄存款余额新增11.23亿元,完成全年计划的241.01%,在全自治区建设银行名列第一。全年各项贷款余额49.12亿元,实现贷款利息收入2.36亿元,办理票据转贴现业务超120亿元,实现经济增加值4031万元。共计压缩不良贷款4279万元,超值现金回收971.82万元,完成率323.94%。实现主营业务收入比上年增长17.43%,成本收入40.43%,下降3.14个百分点。实现考核利润1.74亿元,经济增加值10040万元。

【推进网点转型】 2008年,建行桂林分行积极推进网点转型及巩固工作,开展客户接待日活动,做好网点服务管理和客户投诉管理工作,通过狠抓旺季营销和重点时段增存竞赛活动、服务增值类沙龙、理财产品营销系列讲座等系列高端客户活动以及银行卡营销活动等,做到日日有产品进账,旬旬有进度通报,月月有活动开展,季季有营销总结。全年营销基金3.5亿元,名列建行广西区分行第二;分红保险1.4亿元,代理保险收入名列建行广西区分行第一;电子银行业务完成全年任务的101.6%;贷记卡、借记卡消费额分别完成全年任务的116.8%、133.6%;办理国际结算业增幅为55.29%;外汇业务实现中间业务收入增幅达260%。

【信贷风险防范】 2008年,建行桂林分行采取一系列措施,加强信贷风险防范。一是加强信贷风险管理,有效控制信用风险。二是加强会计基础管理,推进会计管理机制和会计营运机制改革,确保业务正常稳定发展。三是狠抓各项安全制度的落实,加强节日安全保卫工作的检查,做好安防设施的巡检工作,确保全行安全运营。四是加大纪检监察监督力度,增强全行依法管理、依法经营的自觉性。五是加强行风行纪检查和业务督办,提高全行的制度执行和管理效率。　　(李国铭)

交通银行股份有限公司桂林分行

【概　况】 2008年,交通银行股份有限公司桂林分行(简称交行桂林分行,下同)积极夯实基础,加快发展,基本实现平稳、健康的发展目标。年末,全行总资产比年初增长8.41%,本外币存款增加3.5亿元,增长7.2%;本外币贷款增加2.7亿元,增长11.2%,贷款质量明显改善,不良贷款实现余额和占比"双降"。

【主体业务发展平稳】 2008年,交行桂林分行一是以做深做细零售业务,加强营销人员管理,开展教育培训20余场次,年末取得AFP(金融理财师)7人、CFP(中国金融注册理财师)70人、EFP(金融理财管理师)专业资格1人;成立个金直销突击队,加强对重点项目和重点客户群体的营销;加大绩效考核,出台和调整一系列零售条线的考核办法,开展10余个主题劳动竞赛,有效激发内部活力;加强营销宣传,开展理财讲座30多期,举办批发类商户特惠100天、桂林首届欢乐购物季等大型活动6场次;加强产品销售,推介风险相对较低的"得利宝"、保险等产品;提升零售业务品牌,宣传"沃德财富"品牌。二是做大做强公司业务,抓好对重点客户的营销和挖潜,巩固与大客户的关系;抓好结构调整,针对客户集中度高、中间业务发展缓慢的现状,积极优化结构,拓展投资银行、承兑汇票敞口收费等业务,改善中间业务短腿现象;服从宏观调控大局,严格执行贷款投放限额,用好用足信贷资源,提高全行的资产收益;立足本地市场,发挥授信业务对零售、国际等业务的杠杆拉动作用,提高在本地市场的综合竞争力。三是挖掘客户资源,保持国际业务的平稳发展,通过授信业务的拉动,保持重点客户业务平稳发展。

【提高风险防控能力】 2008年,交行桂林分行严密防范操作风险。以思想教育为先导,提高员工的风险意识;加强会计主管队伍建设,推行轮岗轮调制度,加大违规违章处罚力度,提高会计内控条线的执行能力;利用会计操作风险管理系统、会计风险实时监控系统、监控录像等非现场监控手段,加强监督检查和辅导,提高风险防范水平。积极防范和化解信贷风险,调整信贷投放总量和节奏,优化信贷资产投向;及时发布客户预警信息,加大对列入风险监察名单客户的监控力度,使防范风险的关口前移;按照信贷手册要求对客户进行贷后管理,对客户项目进展情况以及资金使用情况做到适时监控;抓好不良资产的清收化解,加大信贷类不良资产的现金清收、重组和核销力度,加快非信贷类不良资产的处置清理速度,一些多年悬而不决的问题取得新突破。狠抓合理规范和安全管理,案件和商业贿赂专项治理工作有序开展,反洗钱工作严格按要求进行,安全保卫工作落实得力,有效遏制了各类违法违纪行为的发生。

【增强管理能力】 2008年,交行桂林分行调整服务办公室,明确工作职责,增强对工作成效考核,对全行服务质量检查标准进行重新梳理。实行外聘神秘访客检查、服务办公室成员现场检查和实时录像检查等多种方式,加大检查的频率,及时发现和纠正服务方面存在的问题。加快网点的改造,全行改造、扩建、搬迁的支行9家,占全行网点总数的53%,改造后的网点面积较原面积累计增加1800平方米,基本实现分区服务。年内,交行桂林分行开发区支行获中国银行业协会文明单位;交行桂林分行获中国金融思想政治研究所全国金融系统思想政治建设先进单位。

（黄开贤）

桂林市商业银行股份有限公司

【概　况】 2008年,桂林市商业银行股份有限公司(简称市商业银行,下同)强化"风险就是生命线,效率就是竞争力"的发展理念,主要业务指标增速位居全市前列,监管指标达到良好银行要求。年末总资产达91.47亿元,比上年增幅27.30%;各项存款突破75.95亿元,增幅34.71%,增幅位居全市银行系统第二位(其中储蓄存款达到21.8亿元,增幅80.18%,增幅位居全市银行系统第一位);各项贷款50.97亿元,增幅42.93%,增幅位居全市全市银行第2位;实现总收入4.83亿元,增幅64.78%;实现经营利润1.91亿元,增加71.86%;利润总额1.10亿元,增幅93.44%;上交各类税收0.54亿元,位居全市纳税大户前列。资本充足率、贷款损失准备充足率、拨备覆盖率和不良贷款率等主要监管指标保持良好状态,分别为10.19%、125.10%、105.01%和1.84%。

【拓展存款业务】 2008年,市商业银行形成以存款业务发展为重点的考核激励办法,各支行在成本费用核拨、人员调配和绩效考核等方面均与存款业务发展状况建立紧密联系,为存款目标任务的完成奠定基础。完善制度和流程,提升风险意识,培育合规文化,围绕监管达标要求,推动业务结构调整,加快风险资产管理和处置,有效化解风险。加大稽核检查力度,加强风险预警,促进规范经营。

【开拓中小企业伙伴银行和市民银行市场】 2008年,市商业银行围绕打造中小企业伙伴银行目标,推动公司类业务发展。全年累计投放公司类信贷资金44.25亿元,增幅58.72%;签发银行承兑汇票27.39亿元,增幅108%。推进市民银行的建设步伐,发展个人类金融业务,一是结合信贷结构调整,加大个人贷款业务的拓展力度。二是加大银行卡业务推广力度,扩大个人客户群。三是发展理财业务。四是推出网上银行业务,完善代收代缴等中间业务品种和功能,壮大客户群体,增加中间业务收入。五是推出漓江财富联盟业务。抓好全行的资金管理,组织资金的调拨、调剂工作,合理预测资金需求和资金盈余,利用间歇资金进行市场运作,提高资金盈利能力。全年实现资金市场业务收入1.14亿元,增加0.75亿元,增幅191.71%。

【发展特色业务】 2008年,市商业银行创新推广业务产品,推出中小企业轻松贷款、快捷贷款、园区(订单)封闭贷款、保兑仓业务和微小企业贷款等系列信贷产品,提供多种融资解决方案。推出财富积分联盟等新业务产品,突破结算瓶颈,增加服务功能。创新支行服务体系,设立事业部制的微小企业管理部门和拥有不同权限的授信支行。创新担保方式,推动桂林温州商会、桂林福州商会等企业商会和桂林广运实业投资有限责任公司、桂林市联坤商贸开发有限公司实业等商贸市场管理公司成立担保公司。

【搭建先进信息和技术平台】 2008年,市商业银行完成中心机房设备升级改造、网上银行系统的后期开发、办公自动化的单轨运行和本票业务系统的开发,在代收全市个人养老保险金,代收联通、移动话费,财政非税收入实时收费系统,个体工商户批量卡扣缴税项目等中间业务和"缴费通"项目开发取得进展。解决了兴安县民兴村镇银行的业务系统运行和对接问题,为漓江财富联盟业务开办及全行系统运行提供有效保障。依托科技进步,在网上银行、银行卡和缴费通等业务创新上取得进展。 (陆治国)

广西壮族自治区农村信用社联合社桂林办事处

【概　况】 2008年,广西壮族自治区农村信用社联合社桂林办事处(简称自治区农信社桂林办事处,下同)加强对辖内农村合作金融机构的督促、指导、检查、审计和服务工作。至年末,辖内13家农村合作金融机构各项存款余额172.09亿元,比年初增长36.76亿元,增幅27.16%;各项贷款余额126.7亿元,增长26.41亿元,增幅26.34%,其中"三农"(农业、农村、农民)贷款余额84.67亿元,增长20.69亿元;全年实现各项收入11.36亿元,实现利润2.36亿元,增加0.76亿元;按"五级分类"(正常、关注、可疑、次级、损失)口径统计,年末不良贷款占比4.01%,下降3.89个百分点。

【深化改革】 2008年,自治区农信社桂林办事处推进荔浦县等8家农村信用联社组建为农村合作银行,并通过中国银行业监督管理委员会审批,7月,全部顺利开业。年内,市区内的5家农村信用联社达到组建农村合作银行的指标要求,并向各级银监部门申报;加大对荔浦农村合作银行等4家金融机构的兑付工作检查、指导。5月,该4家金融机构通过专项中央银行票据考核兑付。至此,辖区13家县级农村合作金融机构央行票据全部成功兑付,兑付央行票据资金2.64亿元。

【加大信贷存款业务】 2008年,自治区农信社桂林办事处加大发行农村合作金融机构首张信用卡——桂盛卡,创新服务方式,提升服务品种,推行保险合作,粮食直补代理发放等服务,储蓄存款增长24.41亿元,增幅24.17%;推行存贷同比原则,做好财政国库集中支付、非税收入代理权等制度的实施,加大市场营销和以贷引存,全年新增对公存款12.34亿元,增长35.97%。围绕"三农"和县域经济的发展方向,推行小额农业贷款和中小企业贷款;创新信贷方式,探索林权抵押、经营权抵押、仓单质押和应收账款抵押等方式,加大支农和地方经济发展的力度。全年累计投放贷款96.47亿元,投放"三农"贷款61.66亿元,增长20.69亿元。

【加强内控管理】 2008年,自治区农信社桂林办事处开展案件专项治理,与13家县级农村合作金融机构签订《案件防范责任书》,全面推行员工互帮责任制,促使员工互查互纠,相互监督,倡导和培育员工树立合理规范经营理念;以执行制度为主线,落实岗位轮换和亲属回避制度,开展信贷、财务、安全保卫、案件专项治理等方面的检查,做好高级管理人员的任期经济责任审计和离任审计,全年无案件和经济责任事故发生。

【营业网点建设】 2008年,自治区农信社桂林办事处抓好营业网点的标志统一和亮化工程,改善服务环境,加大网点文明优质服务的检查和考核力度,辖区资源县大合分社、灵川县甘棠信用社、恭城瑶族自治县恭城镇信用社获全国银行业优质文明规范服务示范单位称号。

(莫建强)

证　　券

【国海证券有限责任公司桂林中山中路证券营业部】 2008年,国海证券有限责任公司桂林中山中路证券营业部稳步推进各项工作,取得较好成绩,全年实现股票、基金、权证代理交易额488.56亿元,比上年同期减少267.53亿元,减幅35.38%,新增客户6817户,实现资产净流入5.95亿元,交易量和客户数量在全市同行业排名保持第一。

年内,该营业部落实公司合理规范管理的长效机制,使管理更加规范、专业、精细。加强证券账户规范,专门成立证券账户清理工作小组,3月底完成账户的规范工作,并通过中国证券监督管理委员会广西监督管理局的现场验收。落实监督管理要求,完成4家服务部升级前的准备工作和服务部的机房改造。落实中国证券监督管理委员会和广西证券监督管理局关于安全维稳的各项要求,成立安全维稳工作领导小组,对营业部及各服务部安全维稳工作进行指导、督促和检查,完善应急管理机制,制订详细安全维稳方案和应急措施,扎实推进各项安全维稳工作。规范客户管理基础工作,探索核心客户管理和服务的手段与方法,通过走访、短信、电话通知、QQ、电子邮件等方式向核心客户提供资讯产品和理财服务,引导客户树立正确的投资理念,提示投资风险。(刘凤归)

【东方证券股份有限公司桂林中山中路证券营业部】 2008年,东方证券股份有限公司桂林中山中路证券营业部面对全球金融危机、国内股市出现大幅下挫、市场长期低迷,券商经营环境骤然恶化等状况,加强投资者风险教育,提高咨询服务水平,强化营业部规范管理工作,控制成本费用。全年实现利润在广西分公司内部排名第四,被评为2008年度广西证券期货业协会十佳营业部。

加强账户清理　该营业部针对经历多次转让,客户资料档案较繁杂的具体情况,从防范、核查、分类清理几个方面加强账户管理和清理,共核查了所属2.07万名客户资料,不合格账户从1000多户降至18户,完成公司总部安排的账户规范工作。营业部总经理罗志坚获中国证券监督管理委员会账户规范工作先进个人。

抓好投资者教育　该营业部利用投资者教育园地,普及证券基础知识,宣传相关法律法规,并对新业务、新产品的知识普及,对证券市场及权证高风险产品明确的进行风险提示。将公司下发的投资者教育材料系列宣传册发放给投资者,提醒他们仔细阅读,并利用广播等方式将投资者教育工作普及到投资者当中,提高投资者对风险的自我防范能力。加强专题培训,向投资者揭示风险,帮助投资者树立正确的价值投资理念。每周都举行股市沙龙,给新入市的投资者普及证券知识,对新产品及新业务进行讲解,避免投资者盲目投资。

提供咨询服务　年内,该营业部提升员工专业素质,每周坚持业务学习及讨论。制订全年精细化营销服务计划,将大中客户进行分类,安排专职咨询员开展咨询服务,并及时整理总部提供的行业及个股资讯,以短信、电话、面谈的方式将信息传递给大中客户。提供增值资讯服务,帮助客户发现盈利机会、规避投资风险。　(黄明海)

保　　险

【概　况】 2008年,桂林保险行业经受住经济金融形势急剧变化的严峻考验,继续保持快速发展的良好势头。全年实现保费收入19.79亿元,增长35.92%。其中,财产险保费收入4.44亿元,增长9.75%;人寿保险保费收入15.35亿元,增长45.98%。年内,太平人寿桂林中心支公司及民生人寿桂林中心支公司进入桂林,至此桂林市保险主体增加到17家,共有46个分支机构,74个营销服务部,有保险从业人员8000多人,其中保险营销员近6748人。

年内,桂林保险行业协会加大市场整顿规范力度,履行自律职能,针对车险、意外险、短期健康险等业务组织会员公司签订自律协议,加强自律检查和自律处罚。各保险公司认真排除风险隐患,抓住机遇调整业务机构,取得明显成效。

年内,桂林遭受罕见雨雪冰冻灾害和洪涝灾害,桂林保险业积极参与抗灾救灾,及时查勘理赔。全年桂林保险业共向企业和市民提供财产保

2008年桂林非寿险业业务统计

表26　　　　　　　　　　　　　　　　　　　　　　　　　　　单位：万元

公司名称	合　计	企财险	机动车险	意外险	其他险	同比增长%	产险占比%	总保费占比%
人保财险	22222.80	1777.60	14931.20	1543.90	3970.10	8.83	50.08	11.23
太平洋产险	10363.49	680.06	7657.45	866.01	1159.97	7.33	23.33	5.24
平安产险	3560.01	745.22	2666.24	115.72	32.82	28.23	8.02	1.80
华安产险	1959.57	223.37	1565.24	154.17	16.79	-13.48	4.42	0.99
天安保险	1559.94	85.24	1219.79	18.13	236.78	27.33	3.52	0.79
大地产险	728.14	2.17	680.96	36.18	8.83	-42.63	1.64	0.37
都邦产险	2197.27	215.85	1849.77	131.65	0.00	22.93	4.95	1.11
阳光产险	1128.09	8.45	1052.19	46.89	20.56	—	2.54	0.57
安邦产险	656.13	2.79	623.75	16.41	13.18	-36.78	1.48	0.33

2008年桂林寿险业业务统计

表27　　　　　　　　　　　　　　　　　　　　　　　　　　　单位：万元

公司名称	合计	银行代理	个人寿险	团体保险	同比增长%	寿险占比%	总保费占比%
中国人寿	105362.99	37464.37	64114.94	3783.68	33.08	68.63	53.24
太平洋寿险	22333.70	8154.56	11774.09	2405.05	33.03	14.55	11.28
平安寿险	4843.48	17.93	4722.35	103.20	21.84	3.15	2.45
新华人寿	6102.08	4752.60	1299.78	49.70	92.92	3.97	3.08
泰康人寿	5122.05	3121.22	1786.42	214.41	147.35	3.34	2.59
人民人寿	9767.40	8575.14	696.04	496.22	—	6.36	4.94

表28　### 2008年桂林部分保险公司承保、赔付一览表

公司名称	承保额（亿元）	赔付额（万元）	营业税及附加（万元）	公司名称	承保额（亿元）	赔付额（万元）	营业税及附加（万元）
人保财险	1275.98	14800.00	1110.79	中国人寿	344.89	3500.00	119.11
太平洋产险	2707.89	5000.00	567.85	太平洋寿险	130.86	600.00	29.49
平安产险	130.38	1400.00	204.74	平安寿险	25.90	3300.00	35.30
华安产险	107.18	1000.00	103.00	新华人寿	21.24	100.00	2.21
天安保险	75.24	700.00	81.32	泰康人寿	—	100.00	96.31
大地产险	0.11	600.00	75.27	人民人寿	3.61	0.00	7.80
都邦产险	2.58	3100.00	130.00	寿险累计	526.50	7631.00	290.22
安邦保险	23.31	300.00	36.68	总累计	4884.96	34700.00	2699.87
阳光产险	35.79	200.00	100.00				
产险累计	4358.46	27100.00	2409.65				

（黎露燕）

险保障和人身意外伤害保险保障4884.96亿元，支付各类赔款3.47亿元，增长48.29%。其中财产险赔付额2.71亿元，增长54.85%；寿险赔付额0.76亿元，增长26.67%。缴纳营业税及附加税2699.87万余元，发挥保险业服务改善民生和对社会的保障作用。

【中国人民财产保险股份有限公司桂林市分公司】 2008年，该公司克服交强险费率下调、业务增速乏力、市场竞争激烈、冰灾洪灾重创等重重困难，挖潜增新，较好完成全年经营目标任务。至年末，该公司共为社会承担各类风险保险金额和责任限额1256亿元，累计保费收入2.22亿元，增长8.8%。业务保持较快增长，累计支出赔款1.48亿元（其中冰灾和洪灾已决赔款2242万元），未决赔款4567.7万元。

实现业务全面发展　年内，该公司在车险业务发展上，落实“重点转移，稳中求快”的车险发展思路，重视业务新增拓展与续保巩固，抓好车行代理和招投标工作，开展竞争回流业务，确保车险

业务规模险种地位。在财产险业务上，攻克一批重点企业和工程项目及海外业务，拓宽营销渠道，发展货运险和船舶险。在农险业务发展中，按照“扩大规模，保障适度，风险可控，因地制宜，多样经营”原则，加强政府营销，服务“三农”和社会主义新农村建设，做好政策性和商业性农业保险业务，政策性能繁母猪保险有新发展；开展资源县柑橘保险试点工作，林木种植保险等农险业务，开辟农业保险新领域。在意外健康险、责任信用险业务，以政府与行业营销和基层推动为着力点，推进意外健康和责任信用险的多险种多渠道发展，新开办了社会保障超赔大额医疗保险、计划生育手术安心保险。开展产寿险互动业务交叉销售工作，桂林市银锭路营销服务部成功签下全辖首单鑫荣年金保险（万能型）业务，实现产寿业务互动“零”突破，该公司七星支公司成功签发全自治区系统最大的一单产代寿个单业务，保费收入200万元。

营销队伍建设规范化　年内，该公司新设立营销服务部网点16个，延伸机构拓展乡镇业务发展渠道，实现保险业务和理赔的完善服务。为加强营销队伍建设，全年新增营销人员97人，开展心系奥运，超越自我主题销售培训，首次制订下发《桂林市分公司个代营销员积分考核管理办法》，为营销员的职业生涯发展和规范考核管理提供良好平台和保障。

内控管理基础夯实　年内，该公司加强理赔质量管控，完善基层公司的理赔权限，制订《理赔质量考核奖罚办法》，提高全辖整体理赔质量。加强对案件追偿和打击假骗赔案件工作，取得较好成效。全年诉讼追偿案5件金额49万元，减少公司经济损失。加强数据质量管理，确保各项数据真实准确。依法合理规范经营，防范经营风险，遵守车险自律协议，规范车险优惠系数应用承保，维护保险市场秩序。

开展奥运保险品牌形象和营销宣传　5月5日，该公司2008年北京奥运火炬桂林传递保险服务领导小组，开展相关保险服务工作。6月3日，该公司与市体育局签订2008年北京奥运火炬接力传递桂林站活动保险协议，为参加2008年北京奥运火炬接力传递桂林站活动中的嘉宾、火炬手、演职人员、工作人员和观众承保公众责任保险。6月6日，2008年北京奥运火炬接力传递桂林站活动在桂林成功举行。7月30日，举行“服务奥运，共享五环”中国人保财险2008年客户节节暨奥运理赔服务体验季活动桂林启动仪式，开展以“理赔无忧、便捷体验、四海通行、客户关怀、黄金周客户关爱”等五大主题的差异化、个性化的客户节相关活动。

抗击雨雪冰冻灾害　年内，桂林遭受罕见雨雪冰冻和洪涝灾害，该公司共接到报案3814件，报损金额3378.3万元，公司快速进行灾害查勘核损和理赔，开辟绿色通道，现场赔款，累计支出各险种赔款2242万元。该公司获自治区党委、政府广西抗击雨雪冰冻灾害先进单位，全州支公司获广西保险监督局广西保险业抗灾救灾先进单位，灌阳支公司获中国人民保险集团公司抗灾救灾先进集体，全州、灌阳支公司获自治区分公司系统抗击雪灾抢险理赔先进单位。（范宗华）

【中国人寿保险股份有限公司桂林分公司】 2008年，该公司发展速度明显加快，全年保费规模突破10亿元，增长37%，居中国人寿保险股份有限公司广西分公司系统首位，占据桂林寿险市场68.6%。长期险首年保费完成5.68亿元，增长62.4%；首年期交保费完成1.49亿元，增长2.6%；10年期以上首年期交保费完成7084万元，增长8.3%，业务创费能力明显提高。

改善服务质量　年内，该公司增设象山和叠彩专对客户服务柜面，实现客户服务内柜、外柜相分离，方便客户就近办理业务，象山营业柜面荣获2008年中国人寿系统全国十佳柜面称号；推进全市系统柜面标准化建设，加大培训力度，提升柜员综合素质和服务水平；启动保险保全业务免填单服务，简化客户办理业务手续，提升服务时效；改进理赔服务，提高理赔时效，实现市区500元小额赔案即时赔付，并开展送理赔服务到校园活动，提升业务员和客户满意度。

提升品牌形象　年内，该公司在全市系统统一更换带有姚明形象的宣传广告，使具有中国人寿特色的品牌形象深入人心。加快“国寿1+N”（“1”表示一个客户或一张保单，“N”表示客户可享受到多种保单服务和附加值服务）服务品牌的推广和VIP（贵宾）客户服务项目的落实，开展牵手系列客户服务活动和“6·16”国寿客户节、国寿鹤卡发行等开展系列活动活动，推动特约商家签订工作，全市中国人寿特约商家达175家。与中国人民解放军181医院签署全面合作协议，为该公司客户提供住院理赔一站式服务活动，方便客户理赔。参与公益事业，全年向冰冻灾害、汶川地震灾区捐款24万元，捐献棉衣棉被等防寒衣物4000多件，提升了中国人寿的社会影响和形象。

提高管理水平　年内，公司开展以优化管理流程及保全免填单服务工作；推进保险资金银行转账代收代付的收付费流程再造工程，全年新单保费转账率达98.45%，转账代付率达97.17%。加强核保、核赔等基础工作的考核，新单平均出单和理赔结案平均时效提高60%。推广使用健康险、新一代财务与人力资源管理等重要应用系统，公司运营质态不断改善，精细化程度不断提高。

营销团队建设　年内，该公司探索以渠道和网点建设扩张带动营销增员的方式，做好增员工作，抓好增员目标考核与制度落实的管理。加大教育培训力度，全年开办新员工岗前培训班38期，培训1900人；开办新员工衔接班7期，培训650多人次。加强风险管控，加强销售人员依法合规教育，开展"依法合规教育进晨会"活动，派专人到营销职场晨会上对营销员进行依法合规深化教育，提高了营销员对依法合规经营认识。

【中国太平洋财产保险股份有限公司桂林中心支公司】　2008年，该公司坚持服务促销售、精细化管理出效益、事业留人才的经营之路。业务取得较大发展。全年实现保费收入1.04亿元，完成目标的100.91%，增幅6.6%，增长14.2%，累计支付赔款4998万元，简单赔付率48.59%，为全市2765亿元风险标提供保险保障。

服务促销售，创品牌　年内，该公司认真分析客户需求，在竞争激烈的市场环境下，不拼价格拼服务。理赔人员新增13人，达58人，占全公司人力成本25%，在案件上升35%的情况下，结案率提高1.08%。开展文明服务窗口创建活动，出单中心、客服部、定损部积极创建"青年文明号"。积极参与抗冻救灾，该公司获自治区政府抗冻救灾先进单位。

培育新的增长点　年内，该公司强化临桂新区的业务培育和全市12县服务机构布设。加大县域保险，推动"三农服务"。增强银行保险合作，使金融危机对公司业务的冲击影响降至最低，首次实现保费收入过亿元目标。　（毛维异）

【中国太平洋人寿保险股份有限公司桂林中心支公司】　2008年，该公司通过优化业务结构，发展核心业务，各项业务指标持续增长，全年累计实现保费收入2.23亿元，增长33%。

制度建设取得成效　年内，该公司班子成员坚持每周一次碰头会，每月一次办公会，每季一次总结会，重大决策集体讨论；坚持业务培训制度，

2月23日，太平洋人寿保险股份有限公司、桂林市总工会向供电抢险救灾一线员工赠送人身意外伤害保险。
黄雷　摄

对内外勤员工进行多层次培训，提升员工的能力和素质，学习内控管理、合理规范等方面的规章制度，制订《后援人员岗位互换学习规定》。加强后援人员管理和教育，提高服务质量，建设一流的客户服务平台。

强化经营理念　年内，该公司转变经营理念，采取优化保险结构和措施，巩固该公司保险市场的领先地位。推出理赔快捷方案，通过“万元赔案，立等可取”的人性化服务，得到客户好评。参与社会公益活动，为冰雪灾害期间参与桂林输电线路抢险的2000名电力工人无偿赠送人身意外保险，总保额达1亿元，对抗灾牺牲的电力工人蒙笑快速理赔5万元。（张孜瑀）

【中国平安人寿保险股份有限公司桂林中心支公司】　2008年，该公司全年规模保费收入4843万元，增长21%，支付赔款和给付保险金共2070万元。公司拥有一支专业化的营销业务队伍，建立完善的职业培训体系，培养外勤导师30人。

6月，该公司在桂林市展览馆举办“相伴成长共享平安”客服节系列活动，活动围绕着“我的奥运梦想”为主题，吸引市内10多所中小学校及幼儿园踊跃参加，参赛人数达2000余人。7月，该公司向桂林首例对境外捐献造血干细胞志愿者阳玉丹赠送1年期重大疾病保险5万元、意外伤害保险30万元及住院安心险1份。（孙卫华）

【华安财产保险股份有限公司桂林中心支公司】

2008年，该公司全面实施预算管理，至年末，共实现保费收入1959.57万元，完成全年任务计划的93.31%，市场占有率为4.41%。其中，人身险完成154.17万元；车险完成1565.24万元；产险完成223.37万元；其他险16.79万元。年内，该公司推进业务结构的战略性调整。在华安财产保险广西分公司2008年上半年业务竞赛方案中，该公司获华安财产保险广西分公司机构利润过半奖、非车险保费贡献奖，该公司营业二部和营业三部分别荣获异地机构团队展业先锋奖、3人获业务员展业先锋奖。

加强内部管理　年内，该公司通过管理促发展。通过一系列的措施，促进团队的稳定和管理工作的加强，内控机制得到强化，风险得到有效的控制，减少了浪费，降低了成本，实现增收节支。

业务取得发展　年内，该公司通过积极努力，不断开拓各种销售渠道，打通学生平安险、华安财产保险集团商业车险和交强险等险种销售渠道，渠道业务都走上良性发展轨道。

（华安财产保险股份有限公司桂林中心支公司）

【天安保险股份有限公司桂林中心支公司】　2008年，该公司狠抓基础管理与合理规范建设，优化资源配置，调整业务结构，提高承保盈利能力，取得良好经营业绩。全年公司实现保费入1559万元，增长27.2%。

抗灾救灾理赔　年初，桂林遭受雨雪冰冻灾害期间，该公司理赔查勘查勘人员克服重重困难，较好完成勘查工作。为加强对客户的防灾防损工作，该公司还专门成立工作小组，到各个单位对客户消防、排水、制度、工人意识等进行了检查和了解，并对客户可能存在的灾害风险提出建议，降低客户的经营风险。

实施新业务系统上线　2008年，该公司做好新旧两套系统的录入工作，为新业务的系统上线做好基础，并做好新业务系统的测试。年内，新业务系统成功上线，实现了机动车辆险见费出单。

（陈辉）

【新华人寿保险股份有限公司桂林中心支公司】

2008年，该公司实现保费收入6088.7万元，增长80.42%，共计赔付理赔案件196件，赔付金额为24.29万元。

加强内控管理　年内，该公司按照行业自律规定和公司的经营指导方针开展业务，对员工进行一系列的合理规范经营培训；开展分阶段性的自查自纠及效果评估工作。在新资金系统、新业务—财务接口系统、BPO（外包系统）业务顺利上线等一系列先进系统平台的支持下，全面推广零现金工作，提高后台服务时效与支持力度，降低了各类经营风险。

强化服务质量　年内，该公司为个人客户和企业客户提供系统的个性化产品和服务。全面升级异地通赔服务，理赔报案热线服务一线通达，为客户指导理赔相关事宜及定点医院。开设短信平台，为客户送去温馨问候。开展理赔优质服务活动，配合业务一线新险种推广活动，为开发客户资源提供契机，促进业务发展。（陈华宇）

俯瞰建设中的高新科技信息产业园（2008 年）。（黄雷 摄）

桂林国家高新技术产业开发区

【概　况】 2008年，桂林国家高新技术产业开发区实现技工贸总收入315.39亿元，(比上年，下同)增长13.12%；工业总产值340.01亿元，工业增加值99.36亿元，分别增长21.28%和22.71%；上缴利税20.8亿元，增长4.16%；实现利润17.72亿元，下降14.35%；出口创汇5.32亿美元，增长32.67%。

【园区建设】 2008年，桂林国家高新技术产业开发区完成漓东科技新城建设总体规划和土地利用总体规划的调查和修编前期工作，完成33.3公顷集体土地转用指标的申报工作，高新(七星)区与桂林监狱、广西第五劳动教养所签订开发利用两单位闲置土地141.2公顷的合同，为拓展高新技术产业发展空间，打下坚实的基础。完成英才科技园一期基础设施建设。信息产业园二期、综合产业园和铁山工业园建设共平整土地88公顷，铺设供水排水管8300米，建供电线路8000米，修建园区道路4300米；完成桂磨路医药园标准厂房建筑面积16000平方米、信息产业园标准厂房和会所建筑面积11400平方米、科技园孵化楼建筑面积11200平方米。年内，信息产业园、英才科技园、铁山工业园三大园区入园企业50家，建成竣工企业42家，投产32家，实现产值60亿元，税收3.6亿元。

【招商引资】 2008年，桂林国家高新技术产业开发区坚持招商引资与产业发展规划、园区基础设施建设、国有企业战略性改组相结合，突出引进龙头企业和能够加长产业链的项目。组织人员到日本、韩国及东南亚国家开展宣传桂林国家高新技术产业开发区的投资环境、推介项目，取得良好效果。年内，引进日本投资200万美元的新材料保健品生产基地项目；老挝万象硅业公司和桂林澳华贸易有限公司合资，总投资1.2亿元，首期注册资金达2500万元的单晶硅生产基地项目；广州华工百川科技股份有限公司投资3亿元的新型材料及橡胶设备生产研发基地项目；深圳鑫源通讯电子有限公司与深圳安防行业的部分企业共同建设的安防产品生产基地；浙江中拓橡胶轮胎有限公司总投资6000万元的汽车内胎垫带生产项目；上海广声电子科技有限公司与深圳精卓科技有限公司总投资8000万元的多层电络板生产研发基地等。全年共引进注册资金50万元以上的内、外资项目148个，其中投资额超过1000万元的工业项目12个。

【创业服务】 2008年，桂林国家高新技术产业开发区本级财政投入600万元用于企业科技自主创新。年内，帮助企业申报国家、自治区、桂林市级科学研究与技术开发项目60项，共获得上级政府资助资金1500多万元，城区申请专利387项，获得授权199项。提升优化创业环境，突出孵化功能，打造“三库五平台”(即建立项目库、人才库、检测研发设备库和电子稳定性试验平台、中心型企业数字化产品服务平台、企业高端人才服务平台、企业高端人才培训平台)等，创业服务中心协助26家企业获得各类专项经费32笔，共计552万元，向9家企业发放孵化资金借款278万元。全年新增入孵企业45家，在孵企业207家，留学人员、博士企业65家。

【桂林华侨旅游经济区】 桂林华侨旅游经济区总面积14平方千米，总人口4079人，其中华侨农场职工及家属1649人(其中有归侨454人，难侨272人，侨眷416人)，农业人口2430人，人口自然增长率2.92‰。建有中学1所，小学2所，医院1所。

加强投资环境和公司管理 2008年，桂林华侨旅游经济区与广州常邦旅游规划设计有限公司共同完成“桂林山水·华侨城”旅游概念规划文本。配合市供电局完成《磨盘山110千伏输变电工程线络规划》，该规划通过南方电网公司组织的专家论证，工程已动工。协助香港华锦集团公司投资兴办的“甲天下水果加工”项目办理土地变更，水、电、路等基础设施建设手续，调处矛盾，维护周边治安秩序，保障项目顺利进行。下属花木公司全年出圃苗木1.6万株，销售额达60多万元，参与桂林市绿化工程投标15个，完成桂磨路二期绿化工程，全年经营总收入120万元。综合服务公司全年经营总收入30.8万元。

加强农村侨居建设和社会救助　财政投资74.8万元，完成马家坊村、沙洲村5500米长的巷道硬化建设。7个自然村新建沼气池88座。全年筹集资金1.86万元，新建沙洲村230米三面光水利，加高修复水利渠道620米。启动了第三期危房改造工程，兴建职工住宅楼6栋168套住房。投入房屋维修资金25万元，对职工居住的500套危旧平房进行全面翻修，确保职工的生活和财产安全。利用上级救助资金60万元，完成受冰冻雪灾倒塌房屋的重建任务，发放职工低保金55.5万元（城镇居民人均每月169.7元；农村村民人均每月40.23元）。发放救济大米6吨，棉被22床，棉衣28件。（梁荣军　刘业定　莫炳国）

桂林市临桂新区

【概　况】　为贯彻实施国务院批准的《桂林市城市总体规划》“城市建设主要是向西发展”的战略规划，落实自治区党委关于“建设新区、疏解老城，组团发展、重点向西，优化布局、完善功能，为产业发展拓宽空间，给经济发展提供依托，建设现代化的山水宜居城市和国际旅游城市”，“保护漓江，发展临桂，再造一个新桂林”的发展战略。2008年3月25日，市委、市政府下发《中共桂林市委市人民政府关于加快临桂新区开发建设的决定》，将临桂新区定位为桂林新城的政务、经济、文化、商务中心，工业、物流、商贸基地，构筑“山—水—城”融为一体的城市特色，形成建筑与自然环境和谐的生态新城。年内，临桂新区加大开发、建设和管理力度，临桂新区总体规划、临桂新区城市设计方案通过评审，并成立了注册资金1.8亿元的桂林市临桂新区城市建设投资有限公司。

【桂林市临桂新区工作机构成立】　2008年5月4日，中共桂林市临桂新区工作委员会、桂林市临桂新区管理委员会成立，内设办公室（挂政务服务中心管理办公室的牌子）、规划建设环保部、计划投融资部、招商引资部、土地利用部、综合管理服务部、纪检监察室。中共桂林市临桂新区工作委员会、桂林市临桂新区管理委员会属市委、市政府派驻临桂新区的工作机构，主要负责临桂新区开发、建设和管理。

【临桂新区总体规划通过评审】　2008年1月25日，临桂新区总体规划编制通过自治区建设厅组织的厅际联席审查暨专家论证会的评审。自治区政府对临桂县总体规划予以批复。临桂新区由临桂新区中心区、临桂县城建成区、西城工业园、庙岭组团主要部分组成，规划范围为临桂县临桂镇、

5月4日，桂林市临桂新区工委、管委会领导班子第一次会议召开。　唐侃　摄

两江镇和四塘乡的部分区域及城市基础设施覆盖地域，包括两江国际机场区、临桂县城、远景规划需控制备用发展区，规划区面积为176.8平方千米。规划批复要求到2015年完成13.96平方千米的建城区目标，人口规模为15万人；到2025年完成47.63平方千米的建城区目标，人口规模为40万人。

【临桂新区城市设计方案通过评审】 2008年1月8日，市政府部署临桂新区中心区城市设计招标，共有34个设计机构报名参加，有6个机构（其中有4个外国设计机构）入围。4月10～11日，市政府组织方案评审会，邀请以中国工程院院士钟训正为组长的专家小组对6个方案进行评审，在市监察局和市公证处的同步监督和公证下，评选出美国艾斯弧（杭州）有限公司的5号方案为优胜方案。

【土地调查与征收】 2008年，临桂新区完成新区区域周边400平方千米范围二维影像数据采集和影像效果制作，完成13.6平方千米的1∶500数字化地形图测绘，完成13.6平方千米的工程地质勘察和水文地质勘察，完成100多平方千米的土地现状调查和测绘。年内，临桂新区完成用地材料并上报自治区审批批次16个，用地总面积达865.4公顷；获自治区批准批次6个，用地面积323.87公顷。并成立征地工作领导小组，由桂林市、临桂县派出100多名工作队员，参与临桂新区征地工作，至年末，共完成征地153.67公顷。

（张苏）

桂林市苏桥经济开发区

【概　况】 2008年，桂林市苏桥经济开发区通过招商引资，整合园区资源，挖掘企业潜力，推进园区各项建设发展。至年末，桂林市苏桥经济开发区共有66家企业落户。其中，投产企业28家，完成固定资产投资45亿元，完成工业产值30亿元；在建企业38家，总投资43亿元，预计完成工业产值40亿元。在谈项目18个，预计总投资41亿元。实现工业产值17.9亿元，完成规模以上工业增加值9.98亿元，实现财税收入1.28亿元。

【苏桥经济开发区成立】 2008年5月4日，桂林市苏桥经济开发区成立。该开发区是按照自治区和桂林市"保护漓江，发展临桂，再造一个新桂林"的总体规划，由市委、市政府利用"城市向西、工业向西"，"承接产业转移"的契机，将永福县苏桥镇范围内原有市属的桂林高新区苏桥工业园、永福县属福龙工业园两园合一，整合而成。桂林

5月4日，桂林市苏桥经济开发区工委、管委会领导班子第一次会议召开。　唐侃　摄

市苏桥经济开发区设中共桂林市苏桥经济开发区工作委员会和桂林市苏桥经济开发区管理委员会，属市委、市政府的派出机构，主要负责苏桥经济开发区开发、建设和管理。

【招商引资卓有成效】 2008年，桂林市苏桥经济开发区新引进项目19个，项目总投资62.5亿元，其中外资8000万美元。主要投资项目有：波兰ANEA公司投资2000万美元的太阳能光伏LED照明应用项目；韩国东焕产业株式会社投资4500万美元的汽车空调生产项目；香港澳林制药有限责任公司投资1500万美元的第三代头孢菌素类抗生素——盐酸头孢甲肟规模扩大再生产项目；深圳量子光电公司投资1亿元的量子光电桂林生产基地项目；广州绿景地产公司投资20亿元的狮子湖商务休闲度假村项目；ECO ISWIN shanghai纺织有限公司投资2.5亿元的聚酯色纺纱项目；桂林华艺生物技术有限公司投资8000万元的金嗓子·华艺植物提取项目；桂林奇峰纸业有限公司总投资2.5亿元纸业项目；总投资6600万元的广西鑫欣机械设备制造项目等。

【完善基础设施】 2008年，桂林市苏桥经济开发区重新调整整体规划，规划面积由1994年规划的68平方千米扩大到124.02平方千米。至年末，完成征用集体土地453.3公顷，加上原有国有土地199.3公顷，共形成652.7公顷的土地储备量，并已完成土地平整工作。着手开发的38平方千米的区域面积进行控制规划调整，确保开发区合理布局。加快道路建设，修建苏桥园Ⅰ期规划B区长2千米的园区东西向干道及长1.7千米南北向的干道；加快计划总投资4000多万元的福龙工业园一期规划4.2平方千米范围内“二纵三横”路网工程（道路总长4.97千米）建设，累计完成投入3715万元；扩充园区的用电容量，投资820万元实施园区“三纵四横”10千伏配电线路工程。加强客货运设施建设，12月2日，桂林骏达运输公司苏桥客货运站项目顺利开工。

【实现自治区首个实施集中供热工业园区】 2008年，桂林市苏桥经济开发区利用国电永福发电有限公司的供热优势，循环利用，推进热电联产项目。在开发区划定集中供热区，为需要蒸汽的企业提供集中供气，使苏桥经济开发区成为自治区首个实施集中供热的工业园区，为开发区的可持续发展创造良好的条件。此举符合国家节能减排的要求，为企业创造良好的社会效益，增强开发区的吸引力。

【招商引资兑现工作】 2008年8月，桂林市苏桥经济开发区全面开展招商引资大兑现工作，迅速成立专门机构，起草招商引资大兑现方案，将大兑现工作纳入到日常的招商管理工作当中，精心甄选可列入大兑现工作的项目，每月召开大兑现领导小组和大兑现办公室会议，讨论解决企业入园遇到的困难，使企业能够放心投资。按时填报大兑现申报表和推进表，核对大兑现项目进展情况，实现了项目合同履约率超过90%，开竣工率超过50%，资金到位率超过30%的目标。

【服务企业】 2008年，桂林市苏桥开发区为入园企业实行立项、审批、核发证照“一条龙”服务，凡在开发区投资兴办的企业，属永福县内职权范围应办的手续，从相关文件材料齐备的情况下，5个工作日之内，由桂林市苏桥开发区管委会协助办理完毕；属上级机关、部门办理的手续，管委会与有关部门派专门人员协助，或投资者全权委托该开发区管委会办理。实行“低门槛”政策，对投资者实行最优惠的土地政策和税收优惠政策。

（文衍坤）

10月21日，欢迎桂林机场口岸启动台胞签注首批贵宾仪式在两江国际机场举行。

（唐艳兰　摄）

宏观经济管理

【概　况】 2008年，市发展与改革委员会贯彻国家宏观调控政策，克服严重自然灾害和国际金融危机的影响，完成了市三届人大四次会议审议批准的国民经济和社会发展目标任务，全市经济平稳较快发展，社会各项事业全面进步。全市实现生产总值883.02亿元，（比上年，下同）增长12.9%。财政收入突破80亿元大关，达85.55亿元，增长18%，超出预期目标2个百分点。三次产业结构由上年的21.2∶42.6∶36.2调整为19.4∶45.2∶35.4，第二产业比重上升了2.6个百分点，经济结构逐步优化。

【项目前期和规划工作取得成效】 市发展与改革委员会重视项目前期工作，桂林市防洪及漓江补水枢纽工程、机场路改造工程、湘桂铁路扩能改造工程及贵阳至广州铁路工程前期工作取得重大突破。开展了生态市建设规划、广西主体功能区规划、市循环农业发展规划、湘江流域现代农业产业发展规划、新农村建设中心村或村庄规划等规划的编制工作。开展漓江风景名胜区总体规划修改、旅游总体规划修编、土地利用总体规划修编等规划修编工作。完成了临桂新区绿地系统、交通、给排水、垃圾、路网、中心区控制性详细规划等规划的初稿。

【重点项目建设稳步推进】 2008年，全市深入开展"项目建设年"活动，统筹推进重点项目建设，年内，全市固定资产投资485.96亿元，增长20.6%。计划实施重点项目147个，总投资758亿元，年度计划投资126亿元。全年全市重点项目完成投资70.75亿元，计划新开工项目73项，开工率为82%。其中：列入自治区层面统筹推进的10个重大新开工项目全部开工。年内，桂梧高速公路桂林段、全州至兴安高速公路、国道过境公路灵川至三塘段、东二环路、联达商业广场（一期工程）等项目竣工；百万伏特高压电力电容器生产基地、巨型子午线工程机械轮胎及中国化工橡胶桂林有限公司基地搬迁项目、桂林国际旅游商品批发城、桂林香格里拉大酒店、桂林工学院雁山新校区、桂林电子科技大学尧山新校区和广西师范大学新校区等项目在建。

【项目融资实现新突破】 2008年，落实国家增加对农业、教育、卫生、服务投资政策，争取到位的中央及自治区预算内投资10.56亿元，增长115.5%，其中病险水库加固11595万元、城市生活垃圾系统工程1000万元、桂林市西城污水治理

11月29日，全州至兴安高速公路建成通车。　　唐侃　摄

工程800万元、中西部农村卫生服务体系国债项目3086万元、红色旅游重点景区基础设施项目810万元、中西部农村初中校宿舍改造1107万元、农村沼气建设1723万元、农村饮水安全项目3875万元。不断拓宽项目融资渠道,桂林市国有资产投资经营有限公司改组成立。同时,开展“引金入桂”,加大银企合作,年内,桂林市与中国农业发展银行签订了5年内融资150亿元的贷款框架协议,并以机场路为切入点,首笔5亿元审批额度贷款工作进展顺利。组织制订了桂林市企业投资体制改革配套文件,对企业投资项目不再审批,改为核准和备案;落实中央和自治区非公经济政策,将非公有制与外商和公有制同等对待;深化行政审批改革,将原来行政审批90项减少到8项;年内,市发展与改革委员会将基建项目投资备案权限下放到5城区,简化了投资审批权限,提高了办事效率。全年全市实际利用外资1.7亿美元,增长82.9%,高于预期目标62.9个百分点。

【信息化工作取得进展】 2008年,全市规模以上电子信息制造业完成工业总产值31.2亿元,增长22.3%;完成工业销售收入29.8亿元,增长21.6%;完成工业增加值12.6亿元,增长15.2%。全市年末固定电话数99.23万部,增长5.9%;移动电话208.71万部,增加28.2%。计算机因特网用户23.19万户,增长15.2%。完成邮电业务总量71.70亿元,增长22.3%。其中邮政业务总量1.78亿元,增长3.1%;电信业务总量69.92亿元,增长22.9%。

【节能减排工作取得实效】 2008年,桂林市制订了《桂林市节能减排工作目标责任制考核办法》、《桂林市节能减排专项资金使用及管理暂行办法》,全市节能减排工作取得明显成效。年内计划实施的22个减排项目全面动工,其中,18个项目完成,通过环保验收并投入运行;关停计划淘汰198家小砖厂全面完成,其中,关停177家,技术改造21家;计划关停的13家工业类企业全部关停,淘汰了落后产能19.6万吨;万元生产总值能耗为1.09吨标准煤,下降4.5%,万元工业增加值综合能源消耗1.46吨标准煤,下降15.6%。化学需氧量和二氧化硫排放总量分别控制在4.28万吨和6.37万吨以内。 (蒋振峰)

国有资产管理

【国有企业改革与发展】 2008年,继续深化国有企业产权制度改革,完成了桂林市水泵厂、桂林桂风机械总厂、桂林市无线电五厂等7户企业的改制工作;引进资金2.5亿元,正式启动桂林化纤总厂和桂林电缆厂国有企业政策性破产工作,并对职工进行了安置。整合优势资源,发展国有经济,桂林客车工业集团收购了上海万象汽车制造公司50%的股权,桂林鲁山水泥厂与国电永福发电公司合作新建年产120万吨水泥粉磨站。年内,审批了桂林独秀水泥厂新建年产15万吨干混砂浆项目,推进桂林漓佳金属有限公司股份制改造;批准成立了桂林旅游发展投资有限公司,调整景区管理模式,实现景区资源管理权与经营权的分离。

【国有经济运行良好】 1~11月,国有独资及国有控股工业企业完成工业总产值117.83亿元、工业增加值40.48亿元,同比分别增长13.5%、6.03%;实现利税9.10亿元。桂林电力电容器有限公司、广西桂林滑石发展有限公司等骨干企业各项经济指标保持稳定增长。为推进新区产业园区建设,市国有资产投资经营公司通过无偿划入企业国有资产及国有股权,公司账面国有资产34.99亿元,注册资本金从0.82亿元调增至8.5亿元;市经济建设投资公司通过无偿划入企业国有资产和股权以及思安江水库等有关市政基础设施项目,公司账面国有资产28.07亿元,注册资本金从0.5亿元调增至10亿元。

【国有资产监管】 2008年,制订了《桂林市国资委聘请中介机构试行办法》和《桂林市企业国有资产处置管理暂行办法》等国有资产监管制度。完成国营桂林长海机器厂和桂林桂风机械总厂等7个改制企业的资产划转,完成桂林旅游发展总公司等23个企业国有资产(股权)划入市国有资产投资经营公司、市自来水公司等6个企业国有资产划入市经济建设投资总公司。完成全市100多个单位106项公有住房出售(房改)审批及评估结果核准。完成桂湖饭店、全州天湖电站、桂林机床股份有限公司等11个企业财务审计、资产评估的审核和桂林榕湖饭店等12个企业资产处置评估的审核备案工作;办理了桂林桂风机械总厂、全州湘山酒厂等5个企业国有产权公开交易和挂牌转让。

牵头开展国有资产清产核资。全市纳入清产核资的单位156个。共清产核资出市属经营性国有资产总额155.66亿元,总负债120.10亿元,所有者权益30.52亿元。市本级权益为24.19亿元。同时,对130个企业进行了土地清查,其中,78个企业有土地资产,土地面积为656.08万平方米(其中,已入账的432.51万平方米,账面值为11.76亿元;未入账223.57万平方米)。中介机构对上述土地资产的估值为27.11亿元。

【产权经营取得新成果】 对2007年授权经营企业可供分配利润2982万元按比例收取国有股股红1437万元。采取公开招租方式,提高接管的企业非经营性资产的租金标准,收入119万元。做好桂林橡胶厂、漓江信息产业集团、桂林威达集团、桂林内燃机配件厂、桂林伏波山酒店等债务的重组工作。对原桂林工具厂、桂林明珠大酒店和桂林无线电三厂地面附着物等资产进行收购,通过溢价处置,解决了职工安置和银行债务,实现国有资产增值;清收了桂林香江饭店、桂林桂风机械厂、桂林电子科学研究所下属的桂林辰山新技术发展公司、桂林凯杰印制电机公司等债权,收回资金601万元。核实了2007年度市直机关事业单位经营性资产收入。

【维护企业稳定】 为企业职工排忧解难,“元旦、春节”慰问企业退休领导、军转干部、困难职工2043户,发放慰问金70多万元。解决桂林宏伟集团、桂林第二造纸厂、桂林无线电二厂等5家特困企业的2474名职工基本生活保障问题。协调解决了55户特困企业6048名退休人员参加基本医疗保险问题。妥善处理了桂林量具刃具厂、桂林印刷厂、桂林电力电容器总厂、桂林味精厂、桂林乳品厂、宏信饮食公司、桂林杉湖大酒店等群体性事件15次,处理职工来信277件,接待来访1648人次,实现重大会议和节庆期间无非正常上访、无集体上访、无群体性事件的目标。

(赵祖俊　蔡召雄)

物　价　管　理

【概　况】 2008年,市价格主管部门发挥价格杠杆作用,控制价格总水平过快上涨,整顿市场价格秩序,促进经济发展和结构调整。全年市区居民消费价格指数105.9%,升幅为5.9个百分点。全年共计查处各类价格违法案件140件,查处价格违法金额634.49万元,退还用户209.78万元,没收108.13万元,罚款1.02万元,经济制裁318.93万元。

【加强价格调控管理】 年内,市价格主管部门围绕国家经济宏观调控目标,加强了价格调控工作,做好防止价格总水平过快上涨的各项工作,保持市场价格的基本稳定。全年居民消费价格涨幅同比上涨5.9%,全年价格总水平涨幅控制在社会可以承受的范围内,价格基本稳定。加强价格监测工作,按规定完成了国家和自治区布置的重要商品市场价格监测日报、周报、月报任务。在年初冰冻灾害期间,及时启动市场商品价格应急监测机制,对食品、副食品、瓶装液化气等价格进行每日监测。贯彻落实临时价格干预措施,对市区12家企业(公司、商场、超市)的大米、面粉、面条、食用植物油、猪牛羊肉、鸡蛋、牛奶、猪饲料、米粉店用消毒碗、照明用蜡烛、手电筒、电池等商品实行调价备案制度;落实各项收费减(免)政策。转发了自治区物价局、财政厅《转发国家发改委、财政部关于全面清理涉及鲜活农产品销售环节收费的通知》《关于延长对鲜活农产品销售环节收费减免期限的通知》和《关于对部分行政事业性收费和经营服务性收费实行减免的通知》,并开展收费专项检查,全年收费减免金额800余万元。加强价格调节基金征管,针对年内1~2月桂林市液化气价格连续上涨的情况,动用价格调节基金33万元对企业给予补贴,将液化气价格控制在120元/14.5千克以内,全市液化气价格水平保持在自治区较低水平。贯彻执行价格政策,做好成品油、电力价格调整,2008年6月,出台了桂林市使用乙醇汽油车辆燃油系统清洗服务价格,出台了污水处理费调价政策,调整了市区污水处理费收

5月1日，举行南溪山公园、虞山公园、穿山公园、西山公园免费对市民开放庆典仪式。

林京学　摄

费标准，同时加强宣传，确保政策的平稳出台。

【价格（收费）清理整顿】　2008年，继续开展收费年审工作，市价格主管部门会同市财政、审计部门开展了收费综合年审工作，审核收费许可证500多个，审核收费总金额5亿多元。开展涉农价格（收费）清理工作，清理取消和停止收费的涉农价格和收费项目共10个，年减轻负担近500万元，并将自治区公布的涉农价格和收费清理整顿结果逐一落实。开展整顿和规范游览参观点门票价格工作，2008年5月1日，桂林西山公园、桂林虞山公园等5个公园开始对市民免费开放。

【解决价格（收费）热点问题】　2008年，继续整顿和规范教育收费行为，严格审核城区中小学课本费收费标准，在市区的农村义务教育阶段学校贯彻落实免收课本费、作业本费和免收住宿费政策；加强医疗价格管理，严格审定药品价格，审核制订了市第三人民医院、市第六人民医院病房床位费收费标准，在市人民医院继续进行单病种限价试点；规范物业小区服务收费，制订了全市物业小区服务收费标准。2008年，市价格认证中心共完成业务案件1718件，鉴定价值2599.67万元，办理道路车物损失价格鉴定359件，鉴定损失价值316万元，与17家单位建立了价格顾问关系，提供价格咨询服务100多人次。　（林国友）

工商行政管理

【概　况】　2008年，桂林市工商行政管理局实现新跨越。全年该局获得自治区级以上表彰的先进集体38个，先进个人102人，其中，该局市场合同科获国家工商行政管理总局“红盾护农”先进单位和“陈化粮监管工作”先进集体；“12315”指挥中心获全国工商行政管理系统“12315”行政执法体系建设先进单位；七星（高新）分局等5个单位和13名个人分别被自治区工商行政管理局、自治区人事厅记集体二等功和个人二等功。

【整顿和规范市场经济秩序】　年内针对影响市场秩序和社会和谐的热点、难点问题，共开展了531次专项整治行动，检查经营户7.5万户次，立案查处各类经济违法案件6364起，全年罚没款上交国库1038.27万元。

【优化投资环境】　2008年，全市登记内资企业9382户，注册资本（金）262.97亿元，其中，国有企业2089户，集体企业2029户，股份合作制企业534户，公司3584户，其他企业1146户。登记的内资企业总户数为1284户，注册资本（金）16.59

亿元。其中市局本级登记的内资企业总户数为168户,注册资本(金)1.95亿元。开展了“继续解放思想、服务新城区建设”的服务个体私营经济宣传活动,建立新型企业登记指导制度、名称核准反馈管理制度、工商联络员等制度。2008年,临桂新区新增内资企业134户。

2008年桂林市内资企业行业分类统计表

表29　　　　　　　　　　　　　　　　　单位:户、万元

行业分类	企业总数	注册资本
合计	9496	2445582
农、林、牧、渔业	262	28441
采矿业	97	34688
制造业	1227	679870
电力、煤气及水的生产和供应业	268	241952
建筑业	390	273405
交通运输、仓储及邮政业	539	52892
信息传输、计算机服务和软件业	251	1554
批发和零售业	3548	299600
住宿和餐饮业	369	54556
金融业	839	282018
房地产业	357	195044
租赁和商务服务业	608	197435
科学研究、技术服务和地质勘查业	253	46067
水利、环境和公共设施管理业	64	12249
居民服务和其他服务业	225	11748
教育	5	66
卫生、社会保障和社会福利业	7	80
文化、体育和娱乐业	94	22083
其他	93	11834

2008年桂林市外资企业行业分类统计表

表30　　　　　　　　　　　　　　　　　单位:户、万美元

行业分类	企业总数	投资总额	注册资本
合计	345	209878.36	132940.36
农、林、牧、渔业	24	5679	3603
采矿业	8	3424	2674
制造业	149	38486.36	26486.36
电力、煤气及水的生产和供应业	12	3917	2125
建筑业	7	5484	3434
交通运输、仓储及邮政业	2	208	181
信息传输、计算机服务和软件业	5	168	132
批发和零售业	1	2500	400
住宿和餐饮业	40	38904	17375
房地产业	24	30072	13705
租赁和商务服务业	17	39286	38468
科学研究、技术服务和地质勘查业	6	11408	4881
水利、环境和公共设施管理业	12	5387	2908
居民服务和其他服务业	9	148	145
卫生、社会保障和社会福利业	2	4030	2015
文化、体育和娱乐业	25	18777	13590
其他	2	2000	818

【流通领域产品质量和食品安全保护】 2008年,市工商行政管理局一是开展产品质量和食品安全的专项整治活动,先后出动执法人员8260人次,执法车辆1245台次,检查经营户25623户,与经营户签订食品安全责任书22298份,检查批发市场、集贸市场等各类市场269个,查处制售假冒伪劣食品案件58件,罚没金额14.1万元;查获假冒伪劣食品、过期食品价值15.2万元。二是开展食品快速检测技术骨干培训,加强对水产品和农产品质量安全整治,全年共检测8个大类16个品种的食品115个批(次),查处问题水产品413千克,案值1.36万元;查处问题农产品1458千克,案值1.5万元,发布食品安全监督检查信息64次。三是加快农村食品安全示范店建设,将农村食品安全示范店建设与发展农村食品经营物流配送相结合,引导鼓励商场、超市向农村延伸,发展食品连锁经营。

【应对三鹿奶粉事件】 针对2008年9月发生的“三鹿牌婴幼儿奶粉事件”,桂林市工商行政管理局启动食品安全工作应急预案,一是全局紧急动员,全面排查,仅9月中旬就出动执法人员2760人次,检查超市、商场、批发商、零售店等奶粉经销户共6654户次,就地封存不合格三鹿牌婴幼儿奶粉448.48千克;责令经营者下架退市问题奶粉10493.7千克,其中,农村下架问题奶粉3242.6千克;封存含三聚氰胺液态奶584.5千克(蒙牛液态奶234.5千克、伊利液态奶333千克、光明液态奶17千克),受理消费者咨询、申诉、举报1556起,帮消费者调解退换奶粉2090.6千克。二是向全社会发布消费警示,全市各级工商系统印制和发放印有不合格奶粉企业名单及产品名单(22家企业69个批次),要求食品经营者在经营场所内特别是在奶粉及奶制品专柜上明榜张贴,提高经营者和消费者对不合格奶粉企业及不合格产品的知晓率。三是建立24小时受理消费者申诉举报机制和实行24小时值班制度,做好应急防范以及受理消费者咨询服务工作。四是与全市奶制品经销商座谈,广泛听取各奶制品经销商的意见,要求其配合工商部门处理好消费者退货工作、下架退市召回工作。

【推动商标助市名牌战略】 一是开展名牌商标

培育工作。至2008年末,全市共有注册商标4300多件,其中中国驰名商标3件、广西著名商标28件、"荔浦芋"、"恭城月柿"和"永福罗汉果"3件地理证明商标。年内,桂林市工商行政管理局指导企业申请注册商标达132件,同比增长32%,"商标助市"名牌战略取得积极成果。二是开展注册商标、"奥林匹克"标志知识产权保护战,全年共查处结案的假冒商标侵权、侵犯"奥林匹克"标志专有权案件178件,罚款63.26万元,没收并销毁侵权商品17837件,销毁侵权商标标志62629件,责令370户擅自销售假冒奥运会特许商品的商家改正违法行为,维护了商标权人和"奥林匹克"标志专有权人的知识产权。

【维护广告经营市场经济秩序】 2008年,桂林市工商行政管理局把医疗、药品、保健食品列为广告执法重点,共监测2.95万条(则)广告,对其中的4200条(则)药品广告,2500条(则)医疗广告,3700条保健食品广告进行重点监测,并对104条(则)虚假违法广告进行行政处罚,罚款34.02万元;同时还向社会发布了"鸿茅药酒"等48条(则)典型的违法广告警示公告,提醒广大消费者注意识别。

【打击传销和变相传销】 2008年,桂林市工商行政管理局开展了"飓风行动"、"挖鼠行动"等打击非法传销专项整治行动,全年共出动执法人员8112人次、车辆2564台次,与公安部门联合清查出租房屋9366间,其他场所1384处,捣毁取缔传销窝点743个,摧毁传销团伙84个,抓获传销头目骨干163人,教育驱散传销人员6350余人,收缴传销非法资金300余万元及传销物品、书籍、笔记一批。

【推进惠农工程】 一是对农民专业合作社的适度规范监管,全市已办理农民专业合作社1093户,恭城瑶族自治县工商行政管理局共办理农民专业合作社800户,占自治区一半以上。二是开展"农产品质量和食品安全示范店"创建活动,全市共创建农村示范店760家。三是做好红盾打假护农工作,全年共受理涉农问题投诉、举报144起,为农民挽回经济损失61.4万元,立案查处各类涉农案件214件,案值201.37万元,其中达到自治区级大案要案标准的有10件。

【"两费"停征和清退】 执行财政部、国家发改委、国家工商行政管理总局9月1日全面停止征收个体工商户管理费和集贸市场管理费的决定,加大了停征和清退"两费"宣传力度,至年末,应退个体工商管理费771.08万元,已退费557.09万元。全市未发生一例举报投诉事件,未发现违规继续或变相收取"两费"情况。

【完善12315维权体系】 一是开展以"消费与责任"主题宣传活动,通过组织万人签名活动、集中销毁假冒伪劣商品、召开消费者协会更名大会、举行纪念"三一五"大型文艺晚会暨"诚信单位"表彰大会、展示诚信单位的风采等一系列消费维权活动,营造全民共同维权氛围。二是完善"12315"投诉举报体系建设。灌阳、兴安县工商行政管理局开通食品安全监管短信平台;叠彩分局、生产资料生产要素分局推出网上监督。全年桂林市"12315"网络共接电话2.7万个,其中受理申诉电话2018个,举报电话743个,咨询电话2.5万个,为消费者挽回经济损失101.7万元。三是加强服务领域消费维权工作,组建全社会联动维权网络,全市共有1019个基层分会及投诉联络站。 (陈信保)

审　　计

【概　况】 2008年,桂林市审计局履行审计监督职责,全年共完成审计项目39个,查处违规金额5897万元,管理不规范金额94452万元,应上缴财政1040万元,应归还原渠道金额880万元,应调账处理金额43432万元。审计处理上缴财政491万元,督促被审计单位归还原渠道资金50万元,调账处理金额14131万元。

【固定资产投资审计实现"三突破"】 一是解决了政府投资审计机构、人员编制及工作经费问题。市审计局增设投资审计科,12个县全部成立政府投资审计机构,全市投资审计人员编制达60名。二是市县审计机关开展投资审计项目跟踪审计和工程造价审计，为政府节约了大量资金。三是自治区人民政府首次在桂林召开全自治区政府投资审计工作会议。自治区党委常委、常务副主席李金早，国家审计署副审计长石爱中参加会议并作重要讲话。

【专项审计和审计调查加强】 2008 年，全市审计机关加大民生资金审计力度，共开展专项资金审计和审计调查 9 项，审计资金 27329 万元。一是对桂林市雨雪冰冻灾害救灾资金和物资、四川汶川地震抗震救灾资金和物资以及各地捐款捐物进行审计，确保救灾款物的安全完整。二是开展社会保障资金审计，对农业救灾专项资金、农村中小学义务教育经费保障、校舍维修改造、贫困寄宿生生活补助资金、农村养老保险基金、五项社会保险基金等进行审计。三是开展新农村建设资金审计，开展了农业综合开发资金、农业国债资金等涉农资金的审计和审计调查，促进了相关领域政策措施的贯彻落实和制度的完善。

【经济责任审计】 2008 年，全市经济责任审计实现了从事后监督向事前、事中和事后全过程监督转变，全年共完成经济责任审计项目 19 个，审计经济责任人 19 人，其中，县处级领导 18 人，县处级以下领导 1 人，查出违规金额 4421 万元，管理不规范金额 76223 万元。

【行政事业审计】 2008 年，市审计局加大对行政事业单位的审计力度，全年共审计单位 24 个，查出违规金额 5891 万元，管理不规范金额 80392 万元。

【信息化建设】 年内，全市审计机关加大信息化建设投入，抓好“金审工程”二期建设，提高网络化水平；创新审计方法，加大计算机辅助审计人才和使用培训力度，举办了全市审计业务骨干计算机辅助审计培训班，取得较好成效。（刘长文）

统　　计

【重大普查和常规调查】 2008 年，全市各级统计机构圆满完成第二次农业普查，为科学认识市情市力，制订国民经济发展规划提供了翔实的数据资料。开展了第二次经济普查，首次在非人口普查年份计算县区常住人口及城镇人口数量，完成了规模以上工业成本费用、贫困监测、社会公众安全感等专项调查。与此同时，农业、工业、能源、服务业、投资、消费、居民收入、人口就业、社会科技等各项常规统计调查和国民经济核算取得新成效。市统计局和兴安、阳朔、平乐统计局获第二次全国农业普查先进集体，有 84 人获第二次全国农业普查先进个人。

【统计数据质量提高】 全市各级统计部门不断完善数据质量审核评估方法，提高统计数据质量。一是完善质量审核评估办法，基本实现“五个衔接”、“两个缩小”和“一个规范”（即市与县区之间、专业之间、统计与主管部门之间、进度统计与年度统计之间、总量与速度之间基本衔接，缩小县区汇总数与全市核算数的差距、缩小自治区审核评估认定数与桂林市核算数的差距，规范好审核评估工作及相关程序），审核评估指标强化所有专业指标，重点审核评估 GDP 和工业、农业、投资、消费、能源、城乡居民收入等主要指标数据；审核评估对象以全市数据为主兼顾县区主要指标数据；审核评估方式采取专业审核与专业联审并举。二是制订了《关于县区主要统计数据反馈方式和时间的暂行规定》，规范工作流程。三是建立和完善专业评比考核办法，规范对县区统计工作的考核评比。四是抓统计基础建设，加大数据质量检查力度。

【统计服务水平提升】 2008 年，全市各级统计部门强化服务意识，拓宽服务领域，市统计局突出抓好经济运行分析和预测，为市委、市政府的重大决策提供统计支撑。一是开展县（区）GDP 月度测算，为市、县区党政领导对宏观经济科学管理和决策提供依据。二是加强经济运行监测和分析，按月对全市及县（区）年度经济工作目标的监测，每月分批整理提供市县（区）主要经济指标。三是加强对雨雪冰冻灾害等应急统计。四是积极参与市委、政府重大问题的研究和重要报告的起草。五是创办了《领导参考》，以内参或汇报等形式及时向市领导汇报宏观经济形势。六是积极为桂林市争创广西经济发展十佳县(进步县)提供统计支持。七是加强统计信息查询和报送,完成了全市工农业企业名优产品申报资料的审核认定,为桂林市城市总体规划修编、漓江风景名胜区总体规划以及创建全国环保城市、文明城市整理提供了大量的统计数据资料。

【统计法制建设】 2008年,市统计局着力规范统计行政执法。一是积极推行统计执法责任和奖惩制度,市县(区)统计局签订了统计行政执法责任状。二是加大统计"五五"普法宣传力度,开展《中华人民共和国统计法》颁布纪念日活动。三是加大统计执法检查力度,组织开展全市统计系统内部工作质量自查,规范全市统计系统内部的统计工作秩序,全市依法查处统计违法案件37件。四是加强统计管理,开展了统计违法案件和办案质量评查工作。五是督促城区政府依法设置统计机构,年内,各城区政府全部依法设置了独立统计机构。

【完善统计制度方法】 2008年,全市各级统计部门推进统计制度方法改革。一是建立了县区GDP月度测算制度,加强了工业企业成本费用调查。二是与相关职能部门联合制订了《桂林市"飞地工业"园区统计管理办法》《桂林市"飞地工业"园区项目备案管理办法》,填补了园区工业统计空白。三是理顺了全市能源统计的有关基础数据来源渠道,建立了单位GDP能耗和工业企业能耗监测体系。四是完善了市、县区、乡镇三级按上年价格法计算农业发展速度的制度,实行了农林牧渔业总产值、增加值下算一级的工作。五是整合和开发统计资源,固定资产投资统计,每月整理提供重点项目、计划总投资亿元以上项目和本年新开工项目的投资进度资料,创新了固定资产投资进度监控手段和方法。

【统计信息化建设】 2008年,全市各级统计部门统计信息化系统建设显著增强,县级统计信息化基础设施得到改善。完成了农业普查数据处理工作,以"零"差错和100%的数据抽查合格率通过自治区农普数据处理事后质量抽查。实施了自治区—市统计信息网络提速工程、市统计局局域网扩建工程以及IP网络电话系统建设,开展了统计信息化系统建设基本情况调查和系统安全定级工作,在自治区首家建设统计信息实时通信系统,全面推行县区网站信息采编发系统,建立健全了安全保密、数据处理等规章制度。建立计算机设备管理台账,制订网络信息安全的应急响应预案。

(龙海)

国土资源管理

【概　况】 2008年,桂林市国土资源工作加大规范管理和服务发展力度,在保护资源、保障发展、维护权益、服务社会等方面狠抓工作落实,完成了全年的各项目标任务。

【土地资源保障】 2008年自治区下达桂林市用地指标新增建设用地总面积400公顷,全市累计上报项目用地98个批次,总面积1255公顷。批准78个批次用地,用地面积975公顷。全市共新征土地面积740.6公顷,供应土地面积415.11公顷,保障了桂林市经济建设。在土地利用申报中,优先保障桂林市扩大内需重大项目和临桂新区启动建设项目用地,年内桂林机场路改造扩建工程、桂林市防洪及漓江补水枢纽工程、桂林至三江高速公路用地、湘桂铁路扩能改造等工程用地预审获自治区国土资源厅审批,贵广高速铁路用地预审获国土资源部批复。年内完成临桂新区47平方公里规划范围内土地利用现状调查、压履矿产资源调查、地质灾害危险性评估、水文地质调查,提交了调查成果;编制了临桂新区土地利用总体规划修改方案;临桂新区建设用地获批5个批次,用地面积196.29公顷,截至年末临桂新区累计获批用地面积达800多公顷。同时,积极盘活存量用地,全年全市共盘活存量建设用地301.2公顷。

【耕地保护】 抓好基本农田保护,实现了全市耕地"总量不减少、用途不改变、质量有提高"的目标。落实了基本农田保护责任制,市、县(区)、乡(镇)、村到农户层层签订了责任状,户户发放明白卡。加强基本农田保护标志牌、界桩建设和维护,共筹资173.7万元,对全市永久性基本农田保护标志牌进行更换和维修,并在全州县召开了基本农田保护工作现场会，规范基本农田保护工作。同时，加大国土资源法律法规和耕地保护的宣传力度，采取文艺演出、知识竞赛、大型广场活动、举办山歌会、定向教育培训，播放电视宣传片等形式，抓好宣传教育培训工作。

【土地后备资源开发】 抓好土地后备资源复垦整理。2008年自治区下达桂林市土地开发200公顷、土地整理300公顷。全年共投入资金5688万元，完成土地开发项目345个、总面积1185公顷，竣工验收1120公顷，超额完成任务920公顷。全年投入土地整理资金6523.2万元，实施土地整理项目16个，完成土地整理面积3822公顷。

【规范土地管理秩序】 2008年，全市国土管理部门开展专项清理和“土地执法百日行动”回头看活动，严厉查处破坏耕地及包括“以租代征”、圈而不用、未批先用的土地违法违规案件。全年全市共查处土地违法案件立案374宗，涉及土地面积26.49公顷，办结312宗，结案率83%，查处违法占地面积10.5公顷，收缴罚没款153.73万元，及时制止了127起违法违规用地和破坏耕地行为。

【开展全市第二次土地调查】 执行《国务院关于开展第二次全国土地调查的通知》（国发〔2006〕38号）要求，落实专业调查作业单位，开展第二次土地调查工作。全市农村土地调查外业工作全部完成；完成内业880幅，完成面积1.7万平方公里，占总面积的52%，市、县两级城镇土地调查工作同步开展。

【桂林市本级土地利用总体规划修编通过评审】 2008年，市国土资源局加强对土地利用总体规划修编工作，市本级和各县区总规修编工作全面启动。年内市本级土地利用总体规划修编工作按照“体现桂林特点特色、体现桂林发展需求、体现发展用地保障水平”的总体要求完成规划修编，通过了国土资源部、自治区国土资源厅、市三级专家评审。

【地质灾害防治】 2008年，受年初雨雪冰冻灾害和5~6月强降雨影响，危岩崩塌成为市区地质灾害重大隐患。年内全市共发生地质灾害187起，造成7人死亡，4人受伤，直接经济损失600多万元。市国土资源局与水文、气象及广西地质环境检测总站桂林分站等部门和单位密切合作，建立全市地质灾害气象预警预报系统，及时发布地质灾害等级信息，同时，对397个地质灾害隐患点落实责任人和监测人员，建立了群测群防体系。及时对各种预警信息作出快速反应，保证了灾害防治的时效性。汛期期间，全市共出动5070人次，组织224户1153人应急撤离避险，成功避让两起地质灾害，避免9人伤亡，得到了自治区人民政府的通报表扬。组织申报和实施地质灾害治理项目，年内共申报地质灾害治理项目35个，争取到地质灾害治理补助资金800万元。全年共投入治理资金1133万元，治理龙胜县峦山滑坡一期工程、市叠彩区铁封山AB区危岩应急工程、阳朔县城荆风路危岩及资源县滑坡等22个地质灾害治理项目，有效排除了威胁6745人的地质灾害隐患。

【矿产资源开发秩序整顿】 2008年，对全州县界牌矿区、恭城瑶族自治县栗木锡矿、兴安县牛塘界矿区等进行重点清理整顿，打击和取缔涉及黑恶势力操纵的全州界牌矿区群发性无证开采行为，对全市非法采矿行为起到了震慑作用。加大全市矿产资源开发整合，全年全市确定整合重点矿种7个、重要矿区34个，完成整合矿区26个。通过整合，全市矿山总数减少至673家。同时，引进有实力的公司整合开发资源，中国五矿集团公司计划投资3亿多元对界牌矿区进行开发；中国建材集团投资6.4亿元、年产240万吨的恭城水泥项目开工；广西万利达矿业投资公司整合牛塘界矿区资源开发取得进展。通过整合，桂林市矿产开发利用“小、散、乱”局面得到根本改善。在平乐县锰矿区开展矿山环境治理恢复保证金试点工作，对明显破坏生态环境的锰矿矿山企业，按开采面积收取矿山生态恢复保证金，试点工作取得成效。增强矿业权有偿使用审批的透明度，2008年，全市共拍卖、挂牌出让采矿权148宗，取得采矿权价款790万元，延续登记协议出让采矿权459宗，取得采矿权价款374万元，矿产资源补偿费365万元。通过开展整顿规范和加强经常性管理，全市矿业秩序明显好转。

【做好土地纠纷处理工作】 2008年,市国土资源局积极化解各种矛盾纠纷,促进社会稳定。全年受理新发土地权属纠纷案件103件,调解处理结案93件,结案率90%,处理历年积案19件,结案13件,为群众挽回经济损失100多万元。妥善处理行政复议和行政诉讼,全年市本级受理行政复议申请9件,审查受理8件,全部审结。做好群众上访上诉调查处理,全年全市国土资源系统共接待群众来访1860人次,来信来访759件,办结709件。市本级接待来访400余人次,来信来访116件。 (李刚)

质量技术监督管理

【抓好行政审批和行政执法】 高度重视"六率"(行政服务工作及时率、行政服务工作差错率、年度工作目标完成率、行政执法结案率、顾客满意率、行政行为在行政复议或诉讼中的撤销和变更率)达标,严格进行"四大"监督(纪律监督、技术监督、法规监督、事务监督)。完善行政审批和行政执法电子监察工作,对所有行政审批和立案的行政执法事项实行全程实时监控。全年行政事务完成及时率99%,行政审批完成及时率100%,行政审批工作差错率为0,行政执法差错率1.6%,年度目标完成率98.4%,行政复议或诉讼败诉率为0,行政处罚案件结案率98%,顾客满意率99%。规范技术审查,充实技术审查专家数据库,加强对审查员队伍的监督管理,优化行政审批事项的业务流程,提高审批效率。将行政执法"三分离"(立案调查、审理、集中执行)工作延伸到县,明确业务处室、稽查部门、法规部门分工,将立案调查、审理、执行分离。

【推进以质取胜战略】 2008年,全州、兴安、临桂、灵川、平乐的质量兴县工作启动。全市136家获证企业完成年审,73家企业的89个名牌产品建立质量档案。推进9类69种重点产品生产企业加入电子监管网,全市共有328家企业签约加入电子监管网,46家企业赋码激活上市。对全自治区规模以上企业质量竞争力指数进行测算,组织全市158家规模企业进行测评,基本掌握全市规模以上企业情况。

【计量器具监督检查】 2008年,对在用的强制检定计量器具进行监督检查,全市强制检定工作计量器具建档率达90%,强检计量器具数据库内水表、电能表、贸易结算用衡器、农产品收购用衡器、燃油加油机等重点在用计量器具强检率达到100%。对定量包装商品进行专项监督抽查、对食品生产企业检验用计量器具受检情况的监督抽查。开展集贸市场诚信计量体系建设、完善强检计量器具数据库的录入及动态更新。

【特种设备安全监察】 全年特种设备综合定检率、使用登记率、持证上岗率均达100%。开展特种设备隐患排查治理、特种设备百日安全督查和导热油炉安全专项整治工作等安全专项整治行动。发现事故隐患整改率100%,事故结案率100%,事故报告及时率达100%。提高特种设备安全应急救援能力,与2家重点企业开展了应急救援培训演练,提高了应急反应能力。

【抓好食品安全工作】 做好食品安全日常监管工作,全市474家食品生产加工企业全部取得食品生产许可证。开展无证查处,基本解决市区、县城及乡镇政府所在地和城乡结合部饮料、白酒、米粉等食品无证照生产加工问题;474家食品生产加工企业、335家食品小企业小作坊全部建立质量档案;小企业小作坊全部签订食品质量安全承诺书;抓好食品安全监管重心下移的工作,全市145个乡镇、街道办事处全部落实了食品安全协管员;所有获证企业100%建立了食品生产质量安全四本台账和索证索票制度;230家食品添加剂使用企业全部添加剂备案。

【规范行政执法】 对全系统230名执法人员进行培训和考试,进行执法行为检查,规范行政执法行为。年内,组织开展食品、农资、建材、抗震救灾专项执法打假等专项执法打假行动,共出动执法人员2923人次,出动执法车辆800辆次,查处各类违法案件190起,其中,现场处罚案件6起,立案查处案件184起,查处违法货值5万元以上的重大违法案件9起,销毁假冒伪劣产品货值39.9万元,捣毁制假窝点1个,责令改正101起,遏制了制售假冒伪劣产品的违法活动。

【加强信息化建设】 2008年完善了食品质量安全监管系统、计量业务监督管理系统、工业产品质量监督管理系统、标准化业务系统和特种设备安全监察系统和行政业务网上审批系统，实现行政审批和行政执法事项的动态电子监管。加入了广西质监业务主干网，加入自治区集中式12365呼叫中心网络平台，提高执法打假快速反应能力。建立了OA系统，推行无纸化办公，市局实现电子公文传输、交换与共享。

【加大技术机构投入】 全系统共投入623.33万元资金用于技术机构建设，进一步改善了技术机构检测条件和装备水平。加大人才引进力度和技术人员培训力度，编外聘用高级工程师2个，工程师3人，硕士生2个，工科本科大学以上毕业生21人，制订措施鼓励技术人员参加在职教育，专业技术人员参加培训65人，市级技术机构理工科本科以上比例达59.5%，县级技术机构达69.5%。加强检验人员学习培训，提高检验机构技术人员素质及技术水平，入选国家级专业技术委员会专家库7人。（王雪芬）

食品药品监督管理

【食品药品安全保障】 2008年，市食品药品监督局抓好食品药品安全保障。在抗击冰冻雪灾、洪涝灾害中，及时启动应急预案，实行24小时值班制，加大对灾区食品药品供应协调和质量安全监管的力度，全市没有发生1起食品安全事故和药害事故。在北京奥运会、“两会”和自治区成立50周年大庆活动中，制订了桂林市重大节庆食品药品安全保障总体方案、食品安全保障工作实施方案，组织卫生、农业、质监等部门实施食品安全从源头到餐桌的全程监管，抓好接待宾馆饭店和活动场所的食品药品安全保障工作，实现了食品安全保障、药品安全保障的目标。积极协调，及时处置食品药品突发事件。“三鹿牌婴幼儿奶粉事件”发生后，市食品药品监督局充分发挥食品安全综合监督职能作用，加强对婴幼儿奶粉的安全监督、病例排查和救治工作，全市出动执法人员2160人次，执法车辆283台次，共封存问题产品15519.5千克。受理咨询、申诉和举报593件，消费者退换奶粉1703.5千克。筛查食用含三聚氰胺奶粉的婴幼儿10753人，确诊患泌尿系统结石疾病的患儿362人，门诊治疗314人，住院治疗48人。

【食品安全综合监管】 2008年，市食品药品监督局深入开展食品安全监管工作，推进食品安全责任体系建设，强化农村群体餐饮食品安全管理，农村“食品安全示范县”工作取得明显成效。建立完善了“各级政府负总责、监管部门各负其责、企业是第一责任人”的食品安全责任体系，市人民政府分别与各县（区）、各职能部门签订了《食品安全责任书》。开展以农村为重点的食品安全专项整治。建立完善食品安全应急制度，制订了《桂林市重大食品安全事故应急预案操作手册》，强化应急准备和响应能力。建立食品安全事件信息报告制度，完善了信息员网络。推进农村50人以上聚餐报告制度，制订下发《农村50人以上聚餐饮食卫生指导办法》，充分发挥各村“红白理事会”作用，拓展食品安全监督体系广度，年内，全市127个乡镇共有88个乡镇推行了50人以上聚餐报告制度，推行率达69%，报告宴席数达2558起。在荔浦县开展农村食品安全示范县创建工作，2008年3月荔浦县获得全国首批农村食品安全示范县。

【药品医疗器械监管】 2008年，市食品药品监督局加强对药品、医疗器械生产、流通和使用环节的日常监管，做好药物不良反应的监测报告工作。全年共检查药品生产企业197家次，检查药品批发企业51家次，连锁门店369家次，零售药店1315家次，医院、诊所3742家次，检查医疗器械生产企业74家次，经营企业193家次，二级以上医疗机构26家，检查覆盖率达到100%。开展违法药品、医疗器械广告专项整治，共监测广告46个，发现违法广告37个，全部移送工商部门处理。开展特殊药品专项整治，加强对重点企业、重点产品、重点环节的监督检查。市食品药品监督局和市公安局联合下发了《桂林市开展麻黄碱经营、使用专项检查方案》，并组成联合检查组，开展麻黄碱经营、使用专项检查,检查覆盖率达100%。开展蛋白同化制剂、肽类激素生产经营联合专项治理检查,检查覆盖率100%。开展兴奋剂生产专项检查,对14家药品生产企业进行检查,覆盖率100%。加强特殊药品流通使用环节日常监管,检查特殊药品经营企业14家次,审批发放麻醉药品精神药品邮寄证明139份。抓好GMP(药品生产质量管理规范)、GSP(药品经营质量管理规范)认证和认证后跟踪检查,规范企业生产经营。完成48家新开办零售药店的行政许可和163家零售药店的变更申请审查,建议自治区食品药品监督局吊销了2家药品零售企业GSP认证证书。推行药品生产企业质量受权人制度,强化药品生产企业"产品质量第一责任人"意识。

【药品医疗器械市场专项整治】 加强药品医疗器械专项检查,开展了特殊药品、兴奋剂生产经营、电疗磁疗光疗物理治疗设备和隐形眼镜、义齿、体外诊断试剂、中成药中非法添加化学物质、肝素钠、静脉注射人免疫球蛋白、刺五加注射液专项检查整治工作。出动车辆270台次,检查单位620家次,立案23起,专项检查整改措施落实达100%。加大稽查执法,严肃查办一批影响重大的典型案件。查处制售假劣药品、医疗器械违法行为,年内,全市共查处违法药品和医疗器械违法案件110余件,罚没款100万余元。

【推进农村药品"两网"建设】 推进农村药品供应网和监督网络建设,在全市范围内建立了集中配送的药品供应网络,在资源县率先开展创建农村药品"两网"示范县建设。规范农村药品来源渠道,一批通过GSP认证的药品批发、零售连锁企业通过直配式、代购式以及设点经营等方式,将终端扩展到乡村,全市农村药品零售药店已发展至396家,药柜357个,农村买药难的情况得到缓解。农村药品供应网覆盖率县、乡、村分别达到100%、100%、98.17%;农村药品监督网络县、乡、村三级覆盖率都达到100%,形成了有效覆盖乡镇村药品监管网络。 (邬文慧)

口　岸

【概　况】 2008年,国家驻桂各查验执法部门,充分发挥开放口岸作用,保证了桂林市开放型经济的发展。全年共验放国际航班3130班次,下降19%;验放国际旅客309380人次,下降23%,其中,外籍旅客14万人次,占全年入出境旅客人数的45%,中国香港、中国澳门、中国台湾地区旅客15万人次,占全年入出境旅客人数的48%。

桂林海关全年共监管验放进出口货物1524吨,货值4715万美元,按政策减免关税和进口环

10月16日,市政府举行桂林机场口岸启动台胞签注新闻发布会。20日起,桂林机场口岸被授权成为台胞签注点。 吕建伟 摄

节税共1686万元，查获毒品走私案5起。桂林出入境检验检疫局检验检疫验放进出口商品14420批次，货值58635万美元，检出不合格商品16批次，截获旅客携带动植物及其产品164批次。桂林边防检查站全年共检查验放出入境旅客和机组员工33.35万人次，查获偷渡2起。桂林市口岸办公室实施了口岸奥运安保演练，完善了国际航班运行保障机制。10月20日，中共中央台办和国务院台办批准桂林为台胞签注点，桂林成为海峡两岸直航航点城市。（麻耀麒）

【海　关】 2008年，桂林海关共监管进出口货物1524吨，货值4715万元，税收入库1771万元，审批减免税1686万元。

提高税收征管质量，稳定辖区税源 建立多层次、多角度、多方位的海关—企业沟通对话联络机制，按照承诺作业时限办理进出口业务，坚持实行24小时预约通关制度和进出口商品预归类、预审价等事前核定制度，加强税收的追踪、调研、分析和预测，对重点税源企业和重点税源商品进行动态分析，及时掌握属地税源和税收进度情况。

旅检渠道查缉毒品实现新突破 桂林海关加强口岸练兵和缉毒预演，坚持关警融合，推进反走私综合治理，年内共查获毒品走私大案5起，涉嫌走私毒品海洛因、可卡因总量10296.8克，抓获境外涉毒犯罪嫌疑人6人。其中，"七一四"案是广西航空口岸查获的首例人体藏毒案。

加强出口监管，规范监管场所 改善出口监管工作，加大对出口敏感商品的查验率，确保监管到位。监管环节共布控查验货物54票，查验率为6.15%，查获存在问题报关单3份，查获率为5.66%。加强对辖区监管场所进行摸底调研，加大对监管场所整改，防止逃避海关监管事件发生。

圆满完成奥运安保工作 在北京奥运会期间，桂林海关以机场通关监管为重点，开展奥运安保各项工作，完善应急预案，建立备勤制度，抽调9名关警员投入监管一线。改造和完善机场海关监管场所监管、监控设备，实现对现场实行监管全程监控录像。加强与口岸联检部门的联系配合，加大安保情报收集和风险防控力度，将监管工作"6个100%"落到实处，确保对口岸监管区和进出境物流、人员的有效监控，圆满完成奥运安保工作。

加强正面监管，各项业务取得新进展 执行新的企业分类管理办法，推介"属地申报，口岸验放"、电子手册等便捷通关措施，推动辖区企业贸易便利化。坚持稽查与规范并重原则，全年开展常规稽查11家，专项稽查5家，验证稽查2家，查处有问题企业7家。提高加工贸易、保税监管信息化水平和工作效率，全年核发加工贸易电子化手册49本，备案进口总值1.4亿美元。全年监管进出境航班3294架次，进出境人员33万人次，查获违禁印刷品771份，音像制品112张，黄色电脑图片和视频22691张(部)，查获了非法携带入境的47.7万元人民币案、象牙及制品2520克案，查获违禁动植物产品190多批次近400千克。

（时世东）

【边防检查】 2008年，桂林边防检查站以服务定式和严密管控为重点，完成了抗冻救灾、抗震救灾、奥运安保等各项工作任务，年内共检查出入境旅客309380人次，其中，出境160412人次，入境148968人次；检查出入境航班3130班次，员工24793人次；查获偷渡2起2人次，查获一起特大毒品走私案件，查获海洛因1076.2克，妥善处置口岸突发事件1起，维护了桂林口岸的安全稳定和正常出入境秩序，有1个集体获公安部边防局集体三等功，1人获公安部边防局优秀党员，1人获公安部边防局基层执法标兵，1人获公安部边防局提高边检服务水平活动成绩突出个人，1人获自治区优秀人民警察。

奥运安保任务圆满完成 桂林边防检查站围绕奥运安保，一是开展实战轮训，举办了奥运身份注册卡、奥运英语、奥运边检查验要点等专项培训。二是加强演练，增强应急处置能力，制订奥运安保系列方案，加强联合演练和处置口岸突发事件演练。三是科学组织勤务，提高口岸管控能力。奥运期间对警力进行了合理调配，确保口岸管控密度和力度，共检查奥运会身份注册卡人员42人次，残奥会身份注册卡人员5人次，查获偷渡人员1人。四是完善联动机制，加强与口岸相关单位的沟通协调，完善奥运安保联防协作机制，提高口岸处突防范能力。

部队管理和基层建设 严格管理训练，实现部队安全"保底工程"，确保内部安全稳定。一是抓好军事训练，坚持以训促管、以管保稳原则，抓

好军事训练，提高部队战斗能力。二是增强重点岗位警力。制订奥运期间勤务调整、营区安全防范工作等方案，加强重点部位的安全防范工作。三是加强部队管理，确保内部稳定。针对奥运战备，加强安防工作制度的落实，加强安全隐患排查，确保营区防范措施落实到位。8月，抓获持刀抢劫犯罪嫌疑人2名。年内部队没发生任何案件和责任事故。（黄新华）

【出入境检验检疫】 2008年，桂林出入境检验检疫局共检验检疫出入境货物14428批次，货物总值58635万美元，其中，检出出境货物不合格11批次，总值118万美元，不合格入境货物6批次，总值58万美元；签发出入境货物证单18025份；签发产地证书3296份，金额16000万美元。检疫出入境交通工具3170架次，出入境人员322478人次；检疫入境飞机1581架次；截获旅客携带动植物及其产品164批次，3次检出活体害虫；传染病监测健康体检2498人次，预防接种975人次，检出传染病及病毒携带者351例。

应对“三鹿牌婴幼儿奶粉事件”后续处置 桂林出入境检验检疫局采取措施应对“三鹿牌婴幼儿奶粉事件”。一是对辖区2007年以来进出口乳制品检验检疫情况开展全面排查。二是对含乳成分和在风险分析的基础上产品有可能污染三聚氰胺的生产企业要求对乳源实施批批检验。三是落实出口乳制品及相关产品生产期间派驻检验人员驻厂监管制度。四是执行自治区出入境检验检疫局关于进出口食品安全日报告制度。五是对出口食品生产企业的卫生安全管理情况进行全面检查。针对核查时发现的问题督促企业及时整改。

开展产品质量安全专项整治 年内，桂林出入境检验检疫局开展五类重点产品质量安全专项整治。一是对辖区的第一批五类重点产品及出口生产企业的生产出口情况进行全面调查了解，摸清辖区的重点产品、重点单位、重点区域。二是与辖区25家五类重点产品及出口小家电企业签订《产品质量安全承诺书》。三是建立企业质量档案，25家企业全部建立档案。四是将专项整治与竹木制品注册登记及质量许可准入工作结合，指导企业建立健全产品质量安全体系，督促企业按照进口国标准和要求组织生产，年内80%的竹筷出口企业都具备自检自控能力。

推行出境水果果园区域化管理 桂林出入境检验检疫局探索适合该辖区出境水果果园注册管理的新模式，在水果种植相对集中的恭城县、永福县百寿镇全面推行区域化管理模式。2008年桂林辖区计划纳入出境水果果园区域化管理的专业合作社及其联合社，全部完成考核验收，并获得注册登记，种植面积4546公顷，占全部水果果园注册登记的70%。

建立质量监管长效机制 桂林出入境检验检疫局制订下发了桂林出入境检验检疫局《出口企业、备案种养殖基地质量档案管理规定》。2008年共完成出口企业、种植基地建档71家，其中，出口食品企业37家、建档37家，出口蔬菜备案种植基地3个、建档3家，出口木制品企业23家、建档23家，出境水果果园5家、建档5家，出口服装2家、建档2家，出口小家电1家、建档1家。同时积极推进出口企业电子档案的试点，桂林国际电线电缆集团公司进行了电子档案的试点工作。

服务地方外向型经济发展，推进检验监管模式改革 2008年，桂林出入境检验检疫局推动广西罗汉果制品厂进入分类管理，推动桂林葛仙翁药业有限公司及2家木制品生产企业进入分类管理二类企业；桂林机床股份有限公司进入分类管理一类企业。全市进入一类企业9家，进入二类企业共2家。年内，全市一、二类企业出口3733批次，占总出口批次的28.8%；货值19100万美元，占出口总额39.5%。（谢成就）

2月28日，全市职业教育攻坚工作动员暨“两基”工作总结表彰大会召开。

（黄雷　摄）

基 础 教 育

【概　况】 2008年，全市中小学共有专任教师35988人。其中35岁以下青年专任教师16360人，占教师总数45.46%。小学教师19474人，学历合格率99.33%，(比上年，下同)提高0.03个百分点，具有专科以上学历占66.8%；初中教师11287人，学历合格率98.89%，提高0.23个百分点，具有本科以上学历占59%；高中教师5134人，学历合格率91%，提高2.5个百分点，具有研究生同等学力占3.56%；特殊教育学校专任教师79人；工读学校专任教师14人。幼儿园专任教师2895人。全市有小学高级职称教师12015人，有中学高级职称教师1683人。

2008 年桂林市基础教育学校及学生情况

表 31

类　别	数量（个）	在校生（人）	入学率（%）	辍学率（%）	每万人有在校生（人）
幼儿园	464	98954	—	—	195
小学	1304	278961	99.95	0.012	549
小学教学点	563				
九年一贯制学校	13				
普通初中	193	163332	114.23	1.83	322
普通高中	65	82618	—	—	163
特殊教育学校	5	1102	—	—	—
特教班	46				
工读学校	1	8	—	—	—

注：此表包括民办学校。幼儿园的在校生人数包括学前班幼儿

年内，全市申报的广西“十一五”规划2008年课题获立项27项。其中，广西教育厅委托重点课题1项；A类课题4项；B类课题8项；C类课题14项。申报的246项教育科学“十一五”规划课题获立项220项。其中，A类30项；B类73项；C类117项。完成国家教育部重大项目《促进广西教育公平的阶段性目标及政策性措施的研究》之分课题《桂林市义务教育均衡发展若干问题的研究》的研究，课题研究报告达10万字。评出并表彰桂林市首届教育科研带头人25人，桂林市第三届教育科研工作先进单位26个、先进个人63人。编辑出版《教研员专业成长之路》《让生命的价值在教育科研中闪光》两部专著。组织教师参加12个学科的自治区级以上教学比赛活动，7人获全国一等奖，8人获全国二等奖；29人获自治区一等奖，8人获自治区二等奖。组织学生参加全国、广西的数学、化学、物理、生物、地理等学科知识竞赛，93人获国家一等奖，130人获国家二等奖，338人获国家三等奖；326人获自治区一等奖，451人获自治区二等奖，436人获自治区三等奖。

在全市中小学开展交通安全、防溺水、防地震、防火灾、疏散逃生等自救自护安全演练活动，全市1900所中小学校60万人次学生参与了各种安全教育活动。联合市公安局、市文化局、市工商行政管理局等部门对市区的102个网吧进行整治；加强校车安全管理，建立学生上下学乘坐车辆动态监管机制；开展“无毒校园”创建活动，推进平安校园建设；完善《桂林市教育系统突发公共事件应急预案》，全年全市中小学幼儿园安全责任事故下降29%。

全年举办中小学生乒乓球、排球、羽毛球、足球、游泳、围棋、武术、象棋等单项比赛，举办中小学生田径运动会和第十届重点中学学生篮球赛。实施《国家学生体质健康标准》，组织学生冬季长跑，推广《第一套全国中小学校园集体舞》，确保学生每天锻炼1小时。开展高中新生军训，高中学校军训率达100%。组织学生参加广西第八届中学生运动会，团体总分名列广西第三名。开展艺术教育骨干教师评选活动，评选出艺术教育骨干教师51人。举办了中小学生绘画书法现场比赛、桂林市第六届童声合唱节和第五届全国中小学音乐教师基本功大赛选拔赛。秀峰区教师陆芳获第五届全国中小学音乐教师基本功大赛三等奖。

开展“卫生优秀学校”创建活动，全市9所重点职业学校获自治区级“卫生优秀学校”称号、39所学校获市级“卫生优秀学校”称号。开展环境教育实践活动，对42所学校进行评估，19所学校被评为“绿色学校”。

【示范幼儿园建设】 年内，桂林市教育管理部门制订《桂林市幼儿园评估管理试行办法》，并通过举办桂林市第六届幼儿园教师基本功比赛，举行园本教研（指由单个的幼儿园作为研究的主体，以教学实际问题解决为目标而营造起来的一种教

学研究制度）经验交流会，举办园长岗位资格培训班、幼儿教育培训班等方式，提高幼儿教师的素质。5月，桂林市在灵川县幼儿园召开桂林市学前教育工作现场会，推广全市县级幼儿园创建自治区示范幼儿园的经验。当月，兴安县第二幼儿园通过评估成为桂林市示范幼儿园。至年底，全市共有8所自治区示范幼儿园，9所桂林市示范幼儿园。

【中小学德育建设】 年内，桂林市采取各种措施强化中小学德育工作：将中小学德育工作纳入督导评估体系，促进中小学德育工作的制度化、规范化和科学化；各县（区）教育局、市属各学校均成立普法工作领导小组，全市1198所学校聘请了法制副校长，占全部学校数的88.9%；将每年4月定为"桂林市中小学校园读书活动月"，开展了"为祖国争光、为奥运添彩"和"做一个有道德的人"为主题的首届桂林市中小学校园读书活动月活动；开展网络文明创建活动，在清风实验学校、第十四中学、榕湖小学、育才小学、南溪山小学实施"为了明天——网脉工程"，聘请102名网吧管理员，促进校园网络健康发展；组织中小学生参加"感动中华——桂林航天展览"和"我心目中的航天"征文比赛，进行主题班会课评比；在兴安、全州、灌阳县开展市心理健康教育中心组送教下乡活动，观摩教师2000人次；邀请中国德育杂志社家庭教育报告团到桂林市，对2.5万名学生家长免费作家庭教育报告；开展评选表彰先进活动，全市有5名学生获自治区优秀学生，144名学生获自治区三好学生，73名学生获自治区优秀学生干部，36个班集体获自治区先进班集体，10名学生获桂林市优秀学生，2965名学生获桂林市三好学生，1479名学生获桂林市优秀学生干部，597个班集体获桂林市先进班集体。

【中考、高考】 2008年，桂林市提出中考确保当年"40%以上的初中毕业生就读中等职业学校"的目标。全市统一使用一套课改试卷，学生综合素质评价直接使用等级评价，市属学校学生综合素质评价采用网络评价系统进行，评价结果经学生签字认可。学区生占自治区示范性普通高中指令性计划的27%，保送生占自治区示范性普通高中指令性计划的5%，特长生占普通高中指导性招生总计划3%。全年全市共有初中应届毕业生61273人，中考报考37982人（其中市区6207人），实际参考37670人。普通高中计划招生27467人（含保送生、学区生、特长生），减少4270人；实际招生24379人，完成计划数的88.82%。市区招生4741人，完成计划数的94.61%。

全市普通高考报名37592人，参加高考人数37013人。"一本"（即第一批录取的本科院校）上线人数2846人，万人"一本"上线率居自治区之首；"二本"（即第二批录取的本科院校）、"三本"（即第三批录取的本科院校）和专科万人上线率自治区第二，有22名考生进入自治区理科百强；市区示范性高中"一本"上线率均超过30%，"二本"上线率均超过55%，其中广西师大附属外国语学校"一本"上线率为全市最高，达62.1%，位居自治区前茅；恭城中学、首都师大附中、全州高中等"一本"上线率均超过20%；全市被清华大学、北京大学录取的考生有21人。

【教育结构和布局调整】 2008年，市第五中学停止招收初中新生，原属该校初中学区学生按就近原则分别划入市第十四中学、市第十九中学和秀峰区长海实验中学学区。各县也根据实际情况，对辖区内学校布局进行调整，全州县树人中学、阳光中学和湘江高中，阳朔县白沙中学，灵川县三街中学5所普通高中学校不再招生。7月29日，市政府通过《桂林市培智学校、聋哑学校、第七中学三校搬迁工作方案》。该方案将市第七中学整体搬迁至桂林市职工培训基地，将桂林市培智学校和聋哑学校搬迁至市第七中学原校址进行重建，年内，三校搬迁工程已启动。

【义务教育补助及学杂费改革】 2008年，全市农村义务教育学生继续实行"两免一补"（即免杂费、免费提供教科书并补助寄宿生生活费），全市全年中央及自治区免杂费补助公用经费1.16亿元，39.79万名学生享受免费提供教科书，中央、自治区及市县财政补助贫困寄宿生资金共计0.71亿元。自秋季学期起，按小学生每生每学期115元，初中生每生每学期165元标准，全部免除城市义务教育阶段公办学校（含企业、事业单位举办的非民办机制学校）学生杂费，全市共有46603名学生享受此政策。

【资助贫困生】 年内，市政府继续将资助贫困家庭子女上大学确定为为民办实事之一，截至7月30日，共为9762名家庭经济困难大学毕业生，建立纸质档案和电子信息档案，贫困大学新生资助工作实现网上查询与管理。8月，桂林市编制委员会批准设立桂林市学生资助管理中心，各县教育局内设了学生资助机构，市县资助机构均设立了财政专户，确保资助经费专款专用。全市全年共筹集资金815.87万元用于资助贫困大学新生。其中，通过募捐及各种方式筹集资金214.17万元；自治区财政补助134.7万元；市财政补助50万元；县财政补助135.7万元；上年结余资金281.3万元。共资助贫困大学新生6082人，发放助学金542.41万元；共资助中职学生4.96万人次，发放资助金3751.63万元。全年全市共有5355名公办普通高中的城镇和农村特困生获得彩票公益金资助，金额总计为535.5万元。

【抗灾保学】 年初，全市1078所学校遭受雨雪冰冻灾害，直接经济损失1.3亿元。灾情发生后，各级教育管理部门和学校迅速组织防灾、抗灾、救灾工作，全市4.7万名教职工、63.8万名中小学（幼儿园）学生无一伤亡。市教育部门向上级争取资金4944万元，组织人力物力抢修受灾校舍，并向灾区捐款45.9万元，确保了全市中小学春季学期按时开学。

【教师资格申请认定】 年内，市各级教育管理部门面向师范院校毕业生和社会人员进行两次教师资格申请认定。全市共有5414人取得中小学教师资格（师范院校师范类应届毕业生2643人，非师范类应届毕业生1335人，社会人员1436人），其中，取得幼儿园教师资格244人，小学教师资格69人，初级中学教师资格1594人，高级中学教师资格3302人，中等职业学校教师资格189人，中等职业学校实习指导教师资格16人。

【勤工俭学】 年内，桂林市中小学校开展勤工俭学活动，勤工俭学纯收入2400万元，其中60%用于补助教育经费，扶助贫困生2万名。全市有以学校商店为主的各类校办产业974家，农村学校种养基地1100处（占地总面积2316.33公顷），确立了边远农村中小学校园经济建设和劳动实践基地建设示范点18个。全年各类劳动实践场所接纳学生参加劳动实践100万人次。　（秦延）

中等职业教育和成人教育

【概　况】 2008年，全市有中等职业学校58所，其中自治区直属中专4所，自治区直属技工学校1所，市劳动部门办技工学校6所（含一校两制2所），教育部门办学校15所，行业办学校9所，民办中等职业学校23所。开设有商贸与旅游、信息技术、加工制造、农林、财经、文化艺术与体育、社会公共事务等13大类共80个专业。全年全市中等职业学校招生24681人，其中，市属中等职业学校招生22063人，技工学校招生2618人，完成自治区下达招生任务的125.92%；毕业1.3万人，毕业生就业率97.2%。年末，全市有中等职业学历教育在校生6.4万人。有各类职业培训机构77所，全年共为城镇人员开展各类培训2.5万人次。

【启动职教攻坚】 2月27日，市委、市政府印发《关于全面实施职业教育攻坚决定的实施意见》及《桂林市职业教育攻坚方案》，提出2008～2010年进行职教攻坚，将投入6.32亿元用于中等职业教育基础能力建设。2月28日，全市召开职教攻坚工作动员大会，动员部署职教攻坚工作。3月28日，市政府下发《整合中等职业教育资源，加快全市职业教育发展的意见》，把完成20所中等职业学校改扩建工程25%投资建设任务列为2008年为民办实事的项目之一。9月，市教育局、发改委、财政局、国土资源局、建规委等35个单位联合组成桂林市职业教育攻坚项目建设指挥部，统筹协调市属职业学校各项建设工程，组织实施各项目建设，督促职教攻坚经费的落实。年内，市、县两级投入职教攻坚专项建设经费9331万元，完成自治区下达任务的101%；市县两级统筹推进的54个职教攻坚基建项目有26个竣工，有10个县启动了县级职教中心建设。全市中等职业教育新增校园面积72.34万平方米，新增校舍建筑面积3.7万平方米，新增设备价值1849万元，新增图书8.5万册。

【开放职业教育】 2008年,市政府鼓励支持行业企业办学,扶助民办职教资源发展,鼓励市职业学校与东部地区职业学校联合办学,推进职业教育对东部经济发达地区全面开放;鼓励职业教育学校与企业进行“校企合作”、“订单办学”(即企业或单位根据自身人才需要和要求,委托学校进行有针对性的培养,学生毕业后到该企业或单位工作)。年内,桂林市职业教育中心学校与苏州英格玛人力资源公司、广东肇庆工贸学校开展联合办学,龙胜各族自治县民族职业技术学校与辽宁沈阳电力学校开展联合办学。全市大部分职业学校开展了“订单办学”。

【中职学生技能竞赛获佳绩】 2008年,桂林市中等职业技术学校代表队参加自治区中等职业教育技能比赛暨全国赛广西区中等职业教育技能选拔赛,在参赛的16个项目中,获一等奖11个、二等奖12个、三等奖12个,有10名选手代表广西参加全国技能大赛美容美发专业4个项目和数控车床项目的总决赛。北京奥运会期间,市职业教育中心学校有40名学生因良好的表现入选为奥运志愿者,为北京奥运会服务。

【成人教育】 2008年,全市共开展农村劳动力转移培训6.92万人次,其中,新增劳动力培训2.01万人次,富余劳动力培训4.91万人次;农民科技实用技术培训47.12万人次,其中,绿色证书培训3.68万人次。全市139所乡镇成人文化技术学校共开展农村先进实用技术、农村致富骨干培训等培训班,共培训约50万人次。全市成人高考报名10603人,其中报考高中升专科6897人,报考高中升本科224人,报考专科升本科3482人;录取9766人,录取率92.1%,其中,专科升本科录取3129人,高中升本科录取188人,高中升专科录取6449人。自学考试全年开考3次,全市共报考2.21万科次,总及格8833科次,及格科次占报考科次的40%;年内,自学考试毕业396人,其中,专科毕业196人,本科毕业200人。

(莫珏)

【桂林市职工大学】 该校是国家教育部备案的独立设置综合性成人高校。2008年,该校有教职工86人,其中专任教师59人,副高级以上职称13人。开设有中专、大专、本科3个层次学历教育。其中,中专学历教育有旅游管理与服务(英语)、计算机及应用、计算机网络技术专业,在校班级8个,学生273人;大专学历教育有经济管理、法律、计算机信息管理等专业10个,全年在校班级33个,学生1274人;本科设有专业7个,在校班级20个,学生350人。年内,该校大专招生538人,本科招生145人;大专毕业生260人,中专毕业生90人,本科毕业生153人。该校与中南民族大学、河北科技大学、桂林工学院、广西师范学院、广西工学院5所高校联合办学,设立了本科函授教学点,共有学生350人。除学历教育外,该校还开展各种形式的非学历教育、继续教育和技能培训,开办各类职业鉴定及考前辅导培训班。该校培训部全年共培训各类文化技能人才3100人。该校配合市政协、市总工会开展民生帮扶工程,承办桂林市首期免费慈善职业技能培训班,对114名特困职工家庭人员、零就业家庭人员、有残疾人的家庭人员及农民工进行职业技能培训。鼓励全市职工参加学历教育,落实工会干部、工会会员、农民工等身份的学生应享受的学费补贴。

(龙云枝)

【桂林市广播电视大学】 该校主要通过广播电视和远程教育网络为社会成员提供高、中等学历教育以及汉语言文学、经济学、会计学、哲学、法学等学科高等学历教育相关的科学研究、专业培训、学术交流等,并与广西大学、广西民族大学政法学院、广西师范学院联合举办在职研究生班。2008年,招生867人,其中,研究生班招生54人,开放教育本科招生95人、专科招生356人、“一村一”(即:由国家教育部启动,中央广播电视大学组织实施,依托全国广播电视大学系统,通过现代远程开放教育形式开展的“一村一名大学生计划”项目)专业招生24人,网络学院招生338人;毕业1125人,其中,研究生班毕业55人,开放教育本科毕业69人、专科毕业75人、“一村一”专业毕业14人,网络学院毕业912人;年末各类在校生2771人,其中,研究生205人,试点本科生372人,开放教育专科生697人,“一村一”专科生139人,网络学院本科生1358人。该校有固定资产3860万元;有教职工80人,其中副教授等高级职称14人,讲师等中级职称36人。年内,该校投入近100万元改善教学设备和办公环境，新增电脑146台、空调25台。完善网络设施和软件系统，形成卫星电视网络、计算机网络和教学与教学管理网络的“三网合一”教育教学管理模式。

（阳继华）

普通高等教育

【广西师范大学】 该校是自治区属重点大学。分为育才、王城、雁山3个校区，2008年有教学科研实验设备总价值2.03亿元，图书馆馆藏纸质图书244.5万册，电子图书49.15万册。设二级学院22个，独立学院1个，校属研究所27个，附属中学2所，附属幼儿园1所；有国家文科基础学科人才培养与研究基地（汉语言文学）、中小学骨干教师国家级培训基地、国家大学生文化素质教育基地、教育部基础教育课程研究中心、教育部高校辅导员培训和研究基地、广西高校师资培训中心、广西高校政工干部培训中心、广西马克思主义理论研究与建设工程研究基地等一批国家级和省级人才培养与研究基地；有博士后科研流动站1个，二级学科博士学位授权点3个，一级学科硕士学位授权点5个，二级学科硕士学位授权点87个，专业学位授权点2个（教育硕士、法律硕士）；设置普通高等教育本科专业49个，成人高等教育本科和专科专业106个。全年有教职工2219人，其中专任教师1280人。教师中正高级职称257人、副高级职称576人，博士学位270人、硕士学位605人，经国务院批准享受政府特殊津贴38人。年内，招收各类学生14261人，毕（结）业各类学生13370人。至年末，应届毕业的硕士研究生就业率91%，本科生87%，在校（在籍）学生42259人。

年内，该校化学、思想政治教育专业获国家教育部批准为国家级特色专业，物理实验教学中心被批准为国家级实验教学示范中心，汉语言文学国家文科基地教学团队被评为国家级教学团队。有4个教学团队被评为首届广西高校自治区级教学团队，2名教师获第二届广西高校教学名师奖；有5门课程被评为自治区级精品课程，6门课程被确定为自治区级教师教育精品课程。该校推荐20项成果参加自治区级优秀教学成果评比，获特等奖1项、一等奖5项、二等奖4项、三等奖9项。该校投入1100万元实施45项实验室建设改造项目，年内新增3个自治区级实验教学示范中心。在2008年度自治区高校硕士学位论文抽样检查和优秀硕士学位论文评估中，该校的优秀论文总数和论文优秀率居自治区第一。

全年获得立项的高级别科研项目共27项，其中国家重点基础研究发展计划项目1项，国家自然科学基金项目12项，国家社会科学基金项目12项（含专项项目），霍英东基金项目2项。科研人员和教师年内共获得科研成果1515项（其中鉴定成果5项），出版专著39部、其他著作51部，在国内外学术刊物发表论文1385篇（其中被SCI、EI、ISTP三大检索工具收录158篇），创作成果29项，获得专利授权3项。年内有55项成果获广西社会科学优秀成果奖，其中专著类一等奖2项、二等奖3项，论文类二等奖13项，调研报告类二等奖1项。有1项科技成果年内获广西科技进步奖三等奖。该校继续实施“三对创新行动计划”，与来宾市、灵川县、蒙山县等市县结成科研对子，在灾后重建、环境科学、植物种苗培育、专业人员培养、历史文化研究、地方旅游规划等领域开展合作，被评为2008年度广西高校“三对创新行动计划”先进集体。年内举办学术会议28次，邀请专家到校作学术报告、讲学209人次，应邀外出讲学90人次，外出参加学术会议343人次。《广西师范大学学报》影响因子和转载率上升，自然科学版与哲学社会科学版双双入编全国《中文核心期刊要目总览》，哲学社会科学版成为全国中文核心期刊。组织3次学位授权预申报，受理61个学科申报博士、硕士学位授权，申报专业学位点2个。年内，珍稀濒危动植物生态与环境保护实验室获国家教育部批准为省部共建教育部重点实验室立项建设。

该校全年与国外（境外）高校、教育或科研机构签订合作交流协议33份。派出6个出访团组和268名师生到国外教学、学习或访问，接待19个国家和地区60批共1200人次的交流团组来访。首次招收中国政府奖学金留学生67名；招收自费留学生和中外合作办学的中外学生，有来自23个国家的长期外国留学生719名，中外合作办学项目在校学生486名；派出中外合作办学中方学生165人到法国、德国、韩国、越南、泰国等国家完成后续阶段的学业。完成联合共建的泰国宋卡王子大学孔子学院理事会换届，与越南河内大学共建孔子学院已报送越南政府审批。派出33名国际汉语教师志愿者赴泰国任教。

年内，有4200名学生获得国家助学贷款；全年向银行支付国家助学贷款利息300万元、助学贷款风险补偿金110万元；为贫困生提供勤工助学岗位1600个，学生受益180万元；发放各类奖、助学金2800万元，8100人次获得资助；向学生发放伙食补贴260万元，转付学生伙食补贴130万元。组织学生参加全国大学生数学建模竞赛、第五届全国高校音乐教育专业大学生基本功比赛、第四届教育工程就业技能大赛、全国大学生英语大赛、广西大学生电子设计竞赛、广西高校大学生化学化工类论文及设计竞赛等学科竞赛，获全国一等奖8项、二等奖18项、三等奖5项，获自治区特等奖2项、一等奖37项、二等奖36项、三等奖45项。运动训练专业学生李文全、覃和参加北京奥运会比赛，李文全获射箭男子团体铜牌，李争获全国男子举重锦标赛暨奥运会选拔赛56公斤级抓举冠军；学生拉拉队获全国拉拉舞挑战赛冠军、世界拉拉队锦标赛国际舞蹈拉拉队街舞组第七名。　（冯建和）

【桂林电子科技大学】　2008年，该校成为国家工业和信息化部与自治区政府共建高校。该校分为西校区、东校区、尧山校区和北海校区，占地面积207.4公顷，校舍建筑面积71.6万平方米。全年有固定资产8亿元，其中，教学科研设备总价值1.45亿元；图书馆藏书151.4万册，中外文电子文献数据库39个，中外文期刊2800种，中外文电子期刊1.53万种。设教学单位18个，校属研究所17个，附属中学1所；开设专科专业13个，本科专业45个；有硕士学位授予学科34个，工程硕士领域8个，联合培养博士点1个，省部级重点学科14个；拥有国家软件与集成电路公共服务平台广西分中心，省部共建教育部重点实验室1个，广西重点实验室3个，部级重点实验室3个，广西高校重点实验室6个，广西高校重点建设研究基地1个，国家实验教学示范中心1个，自治区级实验教学示范中心3个。教职工1423人，其中，专任教师941人；教授136人，副教授358人；具有博士、硕士学位教师747人；享受国务院特殊津贴教师34人，国家"百千万人才工程"人选1人，国家教育部"新世纪优秀人才支持计划"人选2人，"八桂学者"、广西优秀专家、广西新世纪十百千人才等各类人才60人。全年共引进教授10人，博士后、博士35人；培养返校博士20人，硕士23人，国外留学、访学归来6人。年末在校学生1.8万余人。至8月31日，本科毕业生就业率96.84%，硕士研究生就业率96.24%。

年内，国家软件与集成电路公共服务平台广西分中心落户该校，该校成为全国第8个承建"国家软件与集成电路公共服务平台地方分中心"的单位，中共西部地区承建单位中唯一一所高校。新增3个自治区级教学团队，1个国家级教学团队，1个省部共建教育部重点实验室；新增教育部特色专业建设点1个，教育部特色专业达到2个；新增自治区级精品课程4门，精品课程增至18门。年内该校被确定为"国家大学生创新性实验计划项目"实施单位，首次获国家重点基础研究发展计划项目1项，获国家自然科学基金项目资助项目15项。全年获得广西教育科学"十一五"规划立项课题15项，获得"广西教学改革工程项目"立项课题15个。新增国防类项目8项，国家社科基金项目1项，中标08年自治区党委、政府重大公开招标研究课题1项。科研项目获得全军科技进步三等奖1项、国防科技进步二等奖1项、自治区科技进步三等奖2项。获得广西第十次社会科学优秀成果奖6项。年内获授权发明专利1项，实用新型专利14项，软件著作权3项。出版专著17部，编著8部，发表论文1500篇，其中被SCI(科学引文索引)收录73篇，EI(工程索引)收录179篇，ISTP(科学技术会议录索引)收录14篇。

该校参加第八届全国多媒体课件大赛获得一等奖1项，二等奖4项，三等奖2项；参加第二届广西高校教育技术教学应用大赛获得特等奖1项，一等奖1项，二等奖2项，三等奖2项；参加第三届全国大学生"飞思卡尔杯"智能汽车竞赛获全国一等奖，参加第六届"挑战杯"中国大学生创业计划竞赛获铜奖，参加第三届"挑战杯"广西大学生创业计划竞赛获一等奖5个，参加第三届"挑战杯"广西大学生课外科技竞赛获特等奖1个、二等奖4个和三等奖5个。学生社团根与芽环境社获国际珍·古道尔研究会根与芽项目2008年度成就奖,为广西首个获此荣誉的高校学生环保社团。

年内,该校与北海市政府签订在北海市建立桂林电子科技大学职业技术学院协议,10月,桂林电子科技大学职业技术学院北海校区正式开学,北海校区占地面积11.2公顷,新建面积5万平方米,建筑面积7万平方米,秋季学期招生800人。与自治区内32家企业签订了科研合同;与美国摩根大学等9所大学签订了校际合作协议,220名学生到美国、英国、爱尔兰、德国、法国等国学习。尧山校区完成总体规划设计调整,新建及续建的房屋建筑面积7万平方米;信息科技学院新校区建筑面积8万平方米,并于12月完成整体搬迁。 (周芳莉)

【桂林理工大学】 2008年,桂林工学院通过自治区和全国高校设置评议委员会专家组的实地考察,2009年3月26日获国家教育部和自治区政府批复,更名为桂林理工大学。该校分桂林屏风、雁山和南宁校区。全年有固定资产12.3亿元,其中教学仪器设备总价值1.3亿元,图书馆藏书142万册。设11个系、部,6个二级学院。有硕士学位授权点35个,工程硕士领域5个,本科专业55个;自治区级重点学科7个,自治区级重点实验室4个,自治区高校重点建设实验室2个和国家教育部重点实验室1个、教育部工程研究中心1个;国家级实验教学示范中心2个,自治区级实验教学示范中心5个;国家级特色专业3个,自治区级优质专业17个;国家级精品课程4门,自治区级精品课程18门;国家级教学团队1个,自治区级优秀教学团队3个。年末各类在校学生2.7万人,其中全日制学生1.7万人;毕业生就业率达94.87%。有教职工1588人。其中教授129人;副教授336人。

年内,该校被列入自治区2008~2015年新增博士学位授予单位立项建设。化学工程与工艺专业获评全国高校特色专业,普通化学课程获评国家级本科精品课程,水污染控制实验教学中心成为国家级实验教学示范中心,资源勘查工程教学团队成为国家级教学团队,建筑给水排水工程和物理化学课件获得全国多媒体课件大赛一等奖,《微积分基础》教材被列入国家"十一五"规划教材,给水排水工程专业通过国家建设部组织的专业认证评估;16项教学成果获得自治区教学成果奖,其中特等奖1项、一等奖4项;两名教师获得广西高校教学名师奖。

全年到位科研经费5760万元,年内新增国家级科研项目13项。其中,国家"863"计划(国家高技术研究发展计划)项目1项;"973"计划(国家重点基础研究发展计划)前期专项1项;国家自然科学基金7项;国家社科基金3项;教育部项

8月26日,桂林工学院召开会议,研究加快雁山新校区建设问题。 黄雷 摄

目1项。获自治区级科研项目34项。全年获省部级奖励10项,其中广西科技进步奖6项;获广西社科优秀成果奖4项。申请专利50项。其中,发明专利38项;获得专利授权30项。

雁山新校区完成投资1.3亿元,总建筑面积12万平方米,二期工程69.33公顷建设用地征地于7月获得自治区政府审批。

年内共引进教授4人,副教授6人,博士18人。全年共送出教师进修58人。其中,攻读博士10人;攻读硕士20人;短期培训19人;出国留学9人。选派10名教师赴日本参加日圆贷款人才资助项目培训。该校扩大对外合作办学规模和留学生规模,与英国伯明翰城市大学、澳大利亚格里菲斯大学开展2+2本科培养工作和面向东盟等国家招收留学生工作,对外合作办学项目在校学生由上年的351人增加到743人;留学生招生数量由上年的15人增加到82人。（唐壮东）

【桂林医学院】 该校分乐群、东城和临桂校区,占地总面积82公顷,其中临桂校区正在筹建中。2008年,有教学科研仪器设备总价值8052.85万元,图书馆藏书57万册。设二级学院(系、部)15个、直属附属医院1所、非直属附属医院4所、临床教学医院21所。招生专业22个。其中,自治区级重点专业1个、重点学科2个、重点建设学科4个、重点实验室2个、重点建设实验室3个;自治区级实验教学示范中心2个,自治区级实验教学示范建设中心2个,自治区级精品课程12门,硕士学位授权点3个。年内毕业学生3145人,初次就业率92.84%;招收各类学生4130人,增加1262人,增幅44.30%,其中首次招收本科外国留学生47名;年末在校生10830人。教职工及医务人员2120人,其中教师506人。年内获自治区级教学名师1人,获“广西高等学校骨干教师培养计划”资助3人,获“广西高校优秀人才资助计划”资助2人。

年内,该校新增3个本科专业,新增自治区级精品课程3门,新增自治区级实验教学示范建设中心1个,新增中国人民解放军第三〇三医院为教学医院。获自治区级教学团队2个,获自治区级教学成果奖一等奖2项、二等奖1项、三等奖5项,编写教材37部,获得自治区级大学生科技文化活动奖励19项。全年在研项目265项,增长41.71%,其中国家自然科学基金项目6项。通过成果鉴定获国家专利2项。年内,附属医院成功整合临桂县人民医院,全年实现收入3.09亿元。（崔俊娜）

【桂林旅游高等专科学校】 该校是自治区职业教育攻坚示范性高等职业院校。2008年该校教学仪器设备总价值3064.48万元,图书馆藏书111.6万册(含电子图书)。设教学单位7个系3个部共29个专业,此外与广西维伯公司合作设立国际教育合作部。该校有教职工532人,其中专任教师422人。专任教师副高级以上职称127人(其中正高职称11人,副高职称116人),占专任教师总数的30.09%;研究生以上学历182人,占专任教师总数的43.12%;外籍教师10人。该校有国家教育部高职高专教学指导委员会委员3人,自治区级教学名师1人,广西高校百名中青年学科带头人1人,广西高校百名中青年骨干教师5人。有2人获广西西部计划出国留学特别项目资助,1人获广西财政资助出国留学,2人获得“广西高校优秀人才资助计划”资助。年内,毕业学生2691人,就业率97.95%,名列自治区高校前茅;面向全国招收各类学生3131人,年末在校生9348人。

年内,该校新增应用泰国语、导游(户外导游方向)、导游(非物质文化遗产方向)、航空服务(地勤服务方向)、旅游管理(会所运营管理方向)5个新专业,新增3门自治区级精品课程、1门国家精品课程、1门国家级建设性精品课程。2个教育实训基地被评为自治区示范性高等职业教育实训基地,1个教育实训基地获评自治区示范性建设高等职业教育实训基地,1个教学团队被确定为自治区级教学团队。全年获新世纪广西高等教育教学改革工程“十一五”规划第四批项目立项6项,国家旅游局“国家旅游发展基金项目”1项,自治区科技厅资助项目2项,自治区旅游局项目3项,自治农业厅项目2项,自治区教育厅面上项目(即教育厅科研项目立项、有经费支持的项目)及立项项目9项,广西优秀人才资助项目1项,获横向项目2个。该校学报经国家新闻出版总署批准更名为《旅游论坛》,并入选《中文社会科学引文索引》扩展版来源期刊和《全国报刊索引》核心期刊目录,获广西高等学校优秀学报一等奖。全年接待来自泰国、韩国、日本、英国、意大利、越南、以色列、加拿大及世界旅游组织及香港理工大学等访问团 20 次。 （李伟华）

【桂林航天工业高等专科学校】 该校是自治区职业教育攻坚示范性高等职业院校。2008 年，教学仪器设备总价值 4858 万元，图书馆藏书 150.3 万册（含电子图书）。设 9 个教学单位 49 个专业，其中自治区级优质专业 11 个，自治区级精品课程 6 门，自治区示范性教育实训基地 6 个。有教职工 634 人，其中专任教师 511 人。在专任教师中，正、副高级职称教师 158 人，具有硕士研究生学历 178 人，博士 10 人。年内引进硕士研究生 53 人，副高职称教师 4 人，教授 1 人；有 2 人分获“广西高校青年骨干教师资助计划”、“广西高等学校优秀人才资助计划”资助。与 12 家企业签订校企合作协议，新增 30 个毕业生就业基地；年内毕业 3138 人，至年末平均就业率 98.62%。面向全国 26 个省（自治区、直辖市）招生 2128 人，年末有各类学生 9106 人。

年内，该校动力工程系与汽车工程系合并为汽车工程系，汽车检测与诊断技术课程被确定为自治区级精品课程。1 个实训基地被认定为自治区示范性高等职业教育实训基地，2 个实训基地被认定为自治区示范性建设高等职业教育实训基地。在第二届广西高校教育技术教学应用比赛中，获一等奖、三等奖、优秀奖各 1 个。全年共立项课题 39 项，其中自治区级 16 项。教职工发表学术论文 506 篇，其中核心期刊 146 篇、被 EI 检索 14 篇、人大复印资料全文数据库收录 1 篇；出版专著、教材 10 余部。该校学报被评为广西高校优秀学报一等奖。该校与自治区教育厅合作开发的职称评审系统于 7 月自治区教育系统推广运用；与桂林鑫鹰电子科技有限公司合作研发的《微型无人机在防灾减灾中的运用》项目，被运用到南方雨雪冰冻灾害和四川汶川大地震的赈灾救灾工作中，被自治区教育厅列为 2008 年广西高校科技十大最具影响力事件之首。该校参加全国数学建模竞赛获二等奖 2 个，“正保教育杯”第四届全国教育工程就业技能大赛二等奖 1 人，第二届广西大学生电子设计竞赛获一等奖 2 个、二等奖 1 个、三等奖 5 个，全国大学生英语竞赛广西赛区获非专业组特等奖 2 个、一等奖 1 个、二等奖 8 个、专业组一等奖 2 个。

全年有 3536 名学生获国家奖学金、助学金，资助金额 816 万元；有 553 名学生获得助学贷款，金额 569 万元；共减免灾区学生学费 3.85 万元；全年共设置 765 个勤工助学岗位，发放补助金 100 万元。设立特殊困难补助基金，对特殊困难的学生给予补助共计 20 万元。

该校年内投入 1200 万元启动新校区建设，新建 2 万平方米的塑胶田径运动场、5000 平方米的风雨球场和 4500 平方米的实验实训场所。

（黄丽）

【桂林师范高等专科学校】 2008 年，该校教学仪器设备总价值 3685 万元，图书馆藏书 118.45 万册。有 6 个校内实训基地，105 个校内实训实验室，84 个校外实训基地，校外基地的专业覆盖率 100%。设有中文、政治与社会学、外语、数学与计算机科学、物理与信息技术、化学与工程技术、音乐、美术、教育与管理 9 个系，社会科学教学部、公共体育教学部、公共艺术教学部、大学计算机教学部、大学英语教学部 5 个部，共有 40 个高职高专专业。有高级职称教职工 115 人，占专任教师总数 37.2%；具有研究生学历或硕士以上学位 95 人，占青年教师总数的 55.56%。年内申报新专业 5 个，其中 4 个专业方向获得批准。2 门课程被评为自治区级精品课程。年内毕业 2230 人，就业率 95.38%；招生 2194 人；年末在校生 6471 人。

年内，该校自治区级课题立项 24 项，5 个项目通过验收结题；校级立项 46 项，出版论著、编著 26 部，自编教材 15 部；发表科研论文 348 篇其中核心期刊论文 8 篇。参加国家教育部举办的第五届“珠江钢琴”全国高校音乐教育专业大学生基本功比赛获团体三等奖 4 个，获广西第十次社会科学优秀成果奖论文类成果三等奖 1 个，获广西第十次社会科学优秀成果奖著作类成果一等奖 1 个。获第二届广西高校教育技术应用大赛一等奖、二等奖各 1 个，优秀奖 3 个及优秀组织奖。

该校年内完成甲山校区教学大楼、图书馆、学生宿舍等基础设施建设，完成甲山校区教工宿舍楼工程建设。全年投入 1500 万元购置教学仪器设备 2000 台（件）；投入 75 万元，购纸质图书 1.56 万册，定购报纸 108 种、期刊 787 种；投入 100 万元建设电子阅览室，提高文献信息保障能

表 32　　2008 年桂林市高等院校学生情况统计

类别		学校	广西师范大学	桂林电子科技大学	桂林理工大学	桂林医学院	桂林旅游高等专科学校	桂林航天工业高等专科学校	桂林师范高等专科学校
普通高等教育	博士生	毕业	0						
		招生	21						
		年末在校	37						
	硕士生	毕业	1054	403	322	0			
		招生	1539	677	461	113			
		年末在校	4363	1838	1265	195			
	研究生	毕业	1180	219		0			
		招生	1173	292		101			
		年末在校	2449	830		101			
	本科生	毕业	3727	3097	2687	1100			
		招生	4097	4937	3545	1146			
		年末在校	15035	15671	11933	4957			
	高职高专	毕业		0	1379	325	2691	3138	2127
		招生		801	1473	824	2825	2128	2194
		年末在校		1000	4529	2222	8492	9106	6407
留学生		毕业	106	5	8	0	5		
		招生	323	61	72	47	6		
		年末在校	719	101	78	47	10		
成人高等学历教育		毕业	6076	851	2983	1720	189	396	103
		招生	5585	490	3243	1899	138	591	0
		年末在校	18456	1544	9290	3308	379	1399	64
其他		毕业	1227				684		
		招生	1523				162		
		年末在校	1200				467		
合计		毕业	13370	4575	7379	3145	3569	3534	2230
		招生	14261	7258	8794	4130	3131	2719	2194
		年末在校	42259	20984	27095	10830	9348	10505	6471

（覃丰展）

力。

6 月 24 ~ 26 日，自治区教育厅受国家教育部委托，组织高职高专院校人才培养工作水平评估专家组，对该校进行全面考察和评估，确定该校高职高专人才培养工作水平评估为优秀。

（欧阳钦）

民　办　教　育

【概　况】 2008 年，经市教育局批准的民办教育机构共 149 所。其中，中等职业学校 23 所，各类培训机构 77 所；普通高中 11 所，在校生 4141 人；普通初中 12 所，在校生 9944 人；小学 26 所，在校生 10046 人。

【民办学校办学评估】 年内，市教育局对该局审批开办的 25 所民办职业学校、77 所民办培训机构进行 2007 ~ 2008 年度办学水平督导评估和办学情况评估。经评估合格的民办中等职业技术学校有 21 所，桂林市科技中等职业技术学校、桂林市甲天下中等职业技术学校需要整改，并获市教育局验收合格后，方可举办中等职业教育；桂林新华电脑职业技术学校、桂林市清源外语职业学校没有通过合格评估，被停止举办中等职业教育，取消办学资格；经评估合格的民办培训机构有 56 所，需要整改的民办培训机构 13 所，8 所民办培训机构没有通过合格评估被停止举办培训业务。

（莫珏）

3 月 18 日,全市科技工作暨科学技术奖励大会召开。 （林京学　摄）

科 研 机 构

【中国地质科学院岩溶地质研究所】 2008年，该所在职人员154人。其中，中科院院士1人，研究员24人，副研究员及高级工程师52人，中级职称30人；博士生导师5人，博士8人，硕士18人。全年开展科研和地质调研项目72项。其中，纵向科研项目32项；横向科技项目33项；地质调研工作项目7项。获科研和地质调研项目合同经费共3041万元。其中，科研1538万元；地质调研1503万元。全年发表论文87篇，其中被SCI（美国《科学引文索引》）收录5篇，核心期刊43篇。出版专著2部。全年实现货币工作总量3900万元；固定资产增加728万元，达3936万元。该所通过ISO 9001质量管理体系认证，并获得水文地质、工程地质、环境地质调查领域地质勘查甲级资质；该所内的国土资源部岩溶资源与环境监督检测中心通过部质检中心现场评审，岩溶生态重点实验室被批准为中国地质科学研究院重点实验室。12月15日，国际岩溶中心挂牌仪式及第一届理事会会议在该所召开。

年内，该所在岩溶动力系统运行机制与岩溶生态系统研究、岩溶生态与石漠化治理、岩溶资源及环境研究、岩溶塌陷地质灾害监测预报、岩溶景观与洞穴研究、岩溶水文地质调查与示范等方面科研项目取得成果。岩溶动力系统运行机制与岩溶生态系统研究重点揭示土下碳酸盐岩的溶蚀特征，在一个水文年中雨季土下碳酸盐岩溶蚀量占全年的65%～71%，在雨季竹林下碳酸盐岩溶蚀速率明显高于其他土地利用类型，但在旱季竹林下的碳酸盐岩溶蚀速率则低于林地和草地。岩溶生态与石漠化治理，通过开展国家科技支撑计划课题“岩溶峰丛山地脆弱生态系统重建技术”、广西配套的科技攻关课题和所控项目，完善不同环境峰丛洼地的生态重建模式与配套技术方法，进一步探索典型植物的地质适宜性；研究岩溶峰丛洼地地区水土流失过程，发现岩溶峰丛洼地各个部位向地下流失的土壤均大于总流失量的80%，建立了脆弱岩溶生态系统及其服务功能评价的指标体系与评价模型。岩溶塌陷地质灾害监测预报，初步建立了一整套岩溶塌陷形成演化过程和发育判据的室内分析测试方法，针对岩溶区高速公路、高速铁路、输油管线等生命线工程建设面临的岩溶土洞发育和稳定性问题，运用以光纤时域反射BOTDR和同轴电缆时域反射TDR为代表的分布式光电传感技术，在桂阳高速公路建成国内第一个岩溶土洞（塌陷）监测预报试验站，为线性工程岩溶塌陷的时空预报研究提供平台。岩溶景观与洞穴研究方面，开展广西岩溶地质遗迹调查评价，并对国内不同气候地貌区代表性洞穴进行调查与空气环境监测，在广西桂林、河池，海南儋州，重庆武隆，河北兴隆建立五个洞穴空气环境系统自动远程监测系统，初步掌握洞穴空气环境的变化规律，基本查明洞穴钟乳石蜕变原因，利用宇生核素^{36}Cl、^{10}Be、^{26}Al来确定天坑的形成年代，具有首创性。 （杨初长）

【桂林电器科学研究所】 2008年，该所安排科研开发项目17项，标准制修订计划项目59项，申报技术创新基金项目21项，获授权专利5项，提交8项专利申请均被国家知识产权局受理。主营业务收入4.13亿元，增长17.34%。主要产品有电工合金材料（中高压触头材料、银基低压触头材料和磁性材料等）、电工绝缘材料（干式不饱和系列聚酯模塑料、密胺聚酯模塑料、粉云母带、云母板、电工绝缘漆等）、薄膜生产技术及成套装备（聚丙烯薄膜、聚酯薄膜、聚酰亚胺薄膜生产线的机械、电控设计及制造）、特种电机（印制绕组电机及直流伺服系统）。主营业务研发力量及技术水平在行业中处于领先地位，电工材料产品销售收入和电工材料高端产品市场占有率在行业中名列前茅；拉膜机成套装备、特种塑料产品占国内市场约75%，成为用户替代进口国产化的首选供应商；特种电机产品主要为军工配套和出口美国。年内，该所利用技术优势，投入1000万元购买天津绝缘材料总厂二手宽幅聚酰亚胺薄膜生产线并对其进行技术改造，项目完成生产线安装、改造、调试、研发工艺试验、产品批量生产前期准备及市场调研与开发。完成6.7米双向拉伸聚丙烯薄膜生产线项目，成为国内首创幅宽最宽、速度最快、最大最新的双向拉伸聚丙烯薄膜生产线。年内，该所承担的AgSnO2触头材料的研制和新产品的推广应用项目，国家科学技术部院所资金项目

《电子用聚酰亚胺薄膜产品及生产技术开发项目》《特种功能性增强酚醛模塑料系列产品研究》,广西科技开发项目《双轴定向薄膜同步拉伸机的研制》及中国机械工业集团有限公司科技发展基金项目等一批重点科研项目取得良好成果。

（全啸林）

【中国电子科技集团公司第三十四研究所】 2008年,该所有职工702人,其中专业技术人员543人。具有副高级以上职称55人,中级职称242人;大学本、专科以上学历558人;享受政府特殊津贴专家23人,部级优秀专家和优秀科技青年专家8人,自治区优秀专家3人。年末拥有固定资产超亿元,总收入2.24亿元,增长17.1%;结余(利润)3348万元,增长32.8%;资产保值增值率达110.87%。

年内,该所共承担军方、国家信息产业部、国家科委、省市地方科技管理等部门和各类纵向科研项目33项,全年科研总经费3375万元。其中,通信装备型号研制项目3项,军事预研项目19项,集团技术创新项目1项,技术基础项目4项,国家重大专项1项,地方科技项目5项。一些项目在技术上获得重大突破,具有国内先进水平。全年签订军工生产合同项目70项,合同金额6267万元。包括预研、型研、定制、装备和光通信工程等五大类军工任务均按合同要求完成任务。军用装备产品种类发展到几十种五大军工类型,能够面向全军军事光通信装备开展系统和配套工作。光通信工程和民品开发用户遍布中国人民解放军各兵种以及全国相关用户。年内,以优质工程标准按期完成甘肃酒泉2.5G本地光传输网项目、内蒙古着陆场项目、西安本地网优化项目3个新建通信工程的建设。在"神舟"七号飞船发射工作期间,该所派出技术骨干到北京航天指挥控制中心和酒泉卫星发射中心,参加现场通信保驾护航,圆满完成技术保障任务,得到中国载人航天工程办公室、解放军总装备部和中国电子科技集团公司的嘉奖,有2人获中国电子科技集团公司颁发的"神七"先进工作者荣誉称号。

（王胜勇）

【广西壮族自治区中国科学院广西植物研究所】 2008年,该所获准立项项目59项,获科技经费555.8万元。其中,国家基金项目3项;国家科技支撑计划项目4项;中央补助地方科技基础条件专项1项;中科院"西部之光"人才培养计划项目1项;广西区基金和应用基础研究专项项目9项;广西区科技三项项目9项;桂林市科技局项目3项;广西林业局动植物保护站委托项目5项;岩溶动力学重点实验室和药用资源化学与药物分子工程教育部重点实验室开放基金资助项目3项;该所基本业务费项目19项;其他2项。全年通过结题验收或鉴定项目12项。其中,自治区基金项目通过结题验收4项;通过成果鉴定项目6项(《广西青蒿种植适生地等级区划研究》项目达到国际领先水平,另5项达到国内领先水平)。全年获科技进步奖和科技成果奖共9项次。其中,获广西科学院科技成果一等奖4项次;获桂林市科技成果一等奖2项次、二等奖1项次、三等奖2项次。全年共发表论文124篇,其中SCI(美国《科技引文索引》)收录12篇;出版《桂林植物园栽培植物名录》专著1部;获准授权技术专利2项。该所出版的《广西植物》入选为国家中文核心期刊,并被确定为中国科技核心期刊,被《中文核心期刊要目总览》(2008年/第五版)、中国科学引文数据库收录,成为中国科技论文统计源期刊。

年内该所的广西特有植物园区新引种特有或准特有植物150种,棕榈苏铁区共引种种植棕榈科、苏铁科植物140株,种植花灌木3000株,地被植物2000平方米;桂林植物园被列入国家科学植物园体系,作为国家以收集保存石灰岩资源植物为重点的区域性综合植物园。该所与唐传生物科技有限公司合作,由该公司投资1.8亿元建设、计划年产木糖醇5000吨的世界上第一条木糖醇工业发酵生产线,年末完成在该所的中试车间厂房建设和设备安装。加强国际合作,获得国家外国专家局引智项目《混播草地生态系统在广西岩溶地区的应用和推广》,引进泰国乌汶大学国际著名热带草地学家Michael Hare教授和荷兰牧草专家Loek van Soest到该所指导工作。该所派出人员出访新西兰、英国、美国学习国外先进的科学技术及管理模式,寻求合作与交流机会。年内接待日本、美国、英国、新西兰、泰国、荷兰等相关专家学者31人次到该所进行洽谈与学术交流。

（赵志国）

【中橡集团曙光橡胶工业研究设计院】 2008年，该院作为国内唯一的特种轮胎研究院，专业从事航空轮胎、军用特种轮胎、巨型工程轮胎的研发及生产，是国内航空轮胎标准化分技术委员会、化学工业特种轮胎工程技术中心、化学工业特种轮胎质量监督检验中心、广西轮胎工程技术研究中心所在单位，取得国内唯一的美国联邦航空局民用航空轮胎适航认证，主要产品航空轮胎出口到越南、印度等10个国家或地区。年内，该院利用承担舰载机、舰载直升机、大型运输机等重点型号配套轮胎研制任务，向国防部科工委提出了2个民口配套项目大型运输机轮胎的研制保障建设项目，向中国人民解放军总装备部提出2个标准化项目，向地方科技系统提出1个科研项目，均获批准。自主创新的航空子午线轮胎研发成功，J－X飞机航空子午线轮胎科研项目取得重大进展，成为国内第一条完成装机前全部试验验证并达到国际最高速度等级的航空子午线轮胎；大型运输机的子午线主轮胎第一次试制就通过全部试验验证。年内，该院共完成30项专利申请，其中16项获得受理。航空子午胎研制保障条件建设项目的可行性研究批复、专利申请全面达标，独揽新型战机轮胎配套研发权。质量管理方面，该院制订年度质量计划，对体系运行设置监控节点，年内通过了德国莱茵TUV审核员TS 16949获证后的第一次现场监督审核，汽车轮胎的3C认证第六次监督检查。全年完成3次工艺检查，合格率均达到96%以上，工艺执行情况达到质量目标中工艺检查合格率大于或等于90%的要求。年内迎接中国民航中南地区管理局适航审定处专家和领导的审查，取得B 737－300、B 737－500、B 737－200飞机的主轮胎换装持证人设计和生产H 40×14.5－1924 PR型号资格。获得中国民用航空总局批准颁发的重要改装设计批准书，并通过民用航空器部件修理人员执照基础部分培训考试，取得了部件修理人员执照，使该院具备航空轮胎翻修放行资格。 （姚江雄）

【桂林矿产地质研究院】 2008年，该院有在岗职工334人，其中工程师160人，高级工程师92人，教授级高级工程师22人。工程技术人员中具有博士学位有31人（含在读生），硕士66人。柔性引进（即在该院工作但不转人事户口关系）高级人才20人，其中院士8人，教授12人。全年实现综合收入1.3亿元；实施科研项目223项，落实经费7425.8万元，到位5029万元，增长11.1%。年内，该院承担的国家危机矿山找矿项目和商业地质找矿勘查服务项目，通过成矿理论创新和综合找矿技术方法集成，累计完成钻探工作量近1.7万米；承担的“十一五”规划国家科技支撑计划课题“湘黔桂三角区铅锌金矿产三维精细勘查技术及深部找矿应用研究”项目，初步建立成矿模式和矿体定位有效的勘查技术组合，提出快速定位找矿有利地区；承担的“楚伊犁—西天山成矿带整体研究与勘查技术集成”项目，初步优选出下一步的找矿靶区，扩大找矿远景。新材料研究项目取得突破性进展，取得一批享有自主知识产权的科研成果：国家“863”项目“HGTR－KTP晶体水热法生长技术研究”提出了创新的生长体系，提高了晶体质量，生长的KTP晶体抗灰迹性能、抗激光损伤阈值达到国际先进水平；国家自然科学基金重点项目“大尺寸、高质量ZnO晶体的水热法生长关键科学技术”，采用高纯原料生长出了大尺寸ZnO晶体，并从中切割出近无色ZnO晶片；掺铌KTP晶体水热法生长的研究获专利授权；建筑用绳锯、激光焊接超薄壁钻头研制成功，填补了国内空白。该院的科研成果获有色金属工业科学技术二等奖2项、三等奖1项，自治区优秀工程勘察二等奖2项、三等奖2项，桂林市科技进步奖二等奖1项。专利申请获批准6项。

年内，该院加强新产品开发，推进科技成果产业化，提升绳锯、激光焊接锯片、玻璃磨边轮、立方氮化硼复合片等产品的技术性能，成功开发出激光焊接超薄壁钻头、钢混薄壁钻头、柔性磨轮和新一代建筑用切割钢筋混凝土绳锯等产品，扩大国内及东欧市场销售额，实现销售回款6046万元，增长17.8%。新增塑胶绳锯和激光焊接锯片生产线各1条，新建了KTP晶体材料工程化车间。该院投入资金，对现有矿权通过遴选、分类、排队，进行转让、引资合作开发，加强矿权经营，落实矿权转让费1000万元，引入矿权勘查资金1000万元，解决勘查经费不足的问题。以国内矿权合作开发为基础，加强东南亚周边国家矿业市场的开发平台建设，组建中泰矿业公司，奠定实施矿产资源开发走出国门的发展战略基础。

（蒋卉）

科 技 活 动

【概 况】 2008年,桂林市科技工作以创建全国科技进步示范市和国家知识产权示范城市目标为动力,开展技术创新和产品创新,提高自主创新能力,为全市经济社会发展提供了有力支撑。全市共有34个课题(指工业方面项目的课题数)列入自治区科技计划,获得科技经费863.5万元。

【启动实施《桂林创新计划(2008~2010年)》】 2008年,市政府启动实施《桂林创新计划(2008~2010年)》。全年全市共完成技术创新投资5.46亿元,实施技术创新项目357项。新培育创新型企业5家,培育孵化科技型企业32家;组织开发新增创新产品113个,创新技术85项;建设科技创新示范基地11个;试验示范推广农业新品种63个;引进、培育标准化种养农业新品种4个,新品种的推广应用面均达到养殖项目千头以上、种植项目666.67公顷以上;引进、开发、推广标准化种养新技术8项;开发应用农产品加工新技术4项;开发农产品加工新产品8个。

【支撑工业化进程】 2008年,全市科技工作加强产品创新,发展高新技术及其产业,壮大支柱产业,支撑桂林市工业化进程。全年争取到国家支撑计划项目1项,获经费960万元;争取到国家科技型中小企业技术创新基金项目4项,获无偿经费资助300万元。全市共34个课题列入自治区科技计划,获科技经费约863.5万元。年内,安排工业科学研究与技术开发项目3批53个课题,下达科技经费547万元,支持桂林市制造业信息化、电子信息及光机电产品开发等项目。将制造业信息化列为重大专项来抓,以三维CAD为代表的产品创新设计、以ERP为代表的制造资源管理、以数控机床为代表的数字化装备等为重点方向,在科技开发经费方面扶持相关项目的研发。在汽车、医药和食品、新材料和电子信息等支柱行业选择20家有行业代表性的企业,实施制造业信息化应用示范工程,带动全市制造业信息化技术的应用和发展。全市共组织实施制造业信息化项目18项,其中自治区级项目10项,市级项目8项;累计投入信息化项目经费1650万元,其中自治区拨经费285万元,市级经费118万元,企业自筹2247万元。项目实施共取得经济效益5700万元。有7家企业纳入广西制造业信息化"两甩"(国家科技部"十一五"制造业信息化科技工程提出以"甩图纸"为标志的设计制造一体化和无纸化、以"甩账表"为标志的企业信息流/物流/资金流以及经营管理业务的集成应用示范)试点。

【支持节能环保汽车动力新技术项目】 2008年,桂林星辰电力电子有限公司加强节能环保汽车动力新技术油电混合技术项目研发,研制的电磁直耦油电混合动力项目完成功能性样车试制,3月31日,该产品在江苏大学进行国家标准工况的转毂测试,试验数据为标准城市工况下油耗典型值为每4.45升/百千米,城郊工况为7.19升/百千米。整个循环平均工况油耗典型值为每百千米6.17升,其中城市工况节油率被证明大于50%。通过控制策略的改进,上述指标仍存在改进空间。该公司已申请7项伺服系统及伺服电机专利技术,20余项与电磁直接耦合相关的技术专利(含PCT国际发明专利10项)。市知识产权局联合有关单位和部门,帮助该公司制订一整套知识产权专利保护战略并形成保护机制。

【培育微型无人驾驶飞机生产基地】 2008年,在桂林雨雪冰冻灾害、四川汶川地震和广西洪涝灾害期间,桂林鑫鹰电子科技有限公司自主研发的千里眼无人驾驶飞机成功运用遥感遥测技术获取灾区情报,引导决策部门抗灾救灾,得到国家民政部和自治区政府的高度评价。下半年,市政府成立桂林市无人驾驶飞机产业化领导小组,培育和打造无人驾驶飞机产业基地。由市科技部门牵头联合市生产力促进中心、市产品质量监督检验所和市持衡专利商标事务所共同对微型无人驾驶飞机相关生产企业重点进行技术帮扶,在市级项目中安排"微型无人飞行器及图像快速处理系统研究开发"和"微型无人机生产基地建设与培育"课题,投入科技经费28万元。桂林高新技术开发区为无人驾驶飞机产业孵化场地落实厂房。年内桂林鑫鹰电子科技有限公司在高新技术开发区的无人驾驶飞机产业孵化基地建成2000平方米的产业化标准厂房和1条具备年产能力1万架的微型无人飞行器生产线。该基地被确定为民政部国家减灾中心唯一的无人驾驶飞机生产研发基地、民政部紧急救援促进中心广西分中心无人驾驶飞机装备基地。

【科技新城核心区一期工程启动】 7月13日，桂林科技新城核心区一期工程正式启动。桂林科技新城是桂林市与广西农垦局共建项目，其核心区一期工程为当年自治区层面统筹推进重大新开工项目。核心区主要为电子与软件产品生产、软件外包、软件人才培训、展销中心、生活及商业配套设施等。科技新城项目规划通过产业延伸，带动工控、通信、LED产业发展，形成3万人的产业规模，在10年内达到产业销售总额超过百亿元的产业集群，项目分4期进行建设。

【加强技术研究中心建设】 2008年，市科技部门投入40万元工程技术研究中心培育与建设专项资金，重点支持桂林市星辰电力电子有限公司的电磁直接耦合油电混合动力工程技术研究中心、桂林皮尔金顿安全玻璃有限公司的安全玻璃总成系统工程技术研究中心和桂林海威科技有限公司的LED显示技术工程技术研究中心建设。年内，新认定自治区级工程技术研究中心3个，市级工程技术研究中心9个；研发新产品48个。至此，全市共有国家工程技术研究中心1家，国家级企业技术中心2家，自治区级工程技术研究中心15家，自治区级企业技术中心25家，市级工程技术研究中心32家。

【产学研结合项目】 2008年10月28日，市政府与广西大学签订市校科技合作协议。每年双方将通过举办校企新技术、新产品成果科技对接活动，采取技术投资、技术咨询、试验示范、人才培训和联合开展科学技术普及、申报项目、科学研究等方式，在机械、建材及电子信息产业，中药、壮瑶医药的现代化，节能减排新技术开发和示范推广，轻纺工业、日用化工和食品工业，旅游文化产业和旅游规划，农业新品种、新技术，矿产资源（有色金属材料）开发利用新技术，水利电力工程及技术，农业标准化和农产品的质量安全，生物技术及生物质能源，人才培养等11个重点领域进行密切合作。市科技部门积极为企业牵线搭桥，与国内重点院校、科研院所建立对口交流机制，收集、推广介绍和更新院所的科技成果信息，促进科技成果转化。年内与广西大学、桂林工学院、广西师范大学、桂林电子科技大学、桂林电器科学研究所、广西柑桔研究所等单位对接12场次，对接项目48项。全年共有产学研结合项目35项，占市本级科技计划项目数27%。

【支撑现代农业发展】 2008年，桂林市共下达农业科技项目2批10项25个课题，投入财政科技经费330万元，重点支持有关市内农业特色产业的共性关键技术研究，培育农产品深加工龙头企业。围绕培育县域特色产业，先后投入资金3.3亿元，增加工农业产值6.7亿元，辐射带动农民增收4.1亿元。全市有5个县获得国家级"科技富民强县专项行动计划"项目，新培育恭城瑶族自治县汇坤农品有限公司等农产品深加工龙头企业4家。继续以灵川、灌阳、永福县为试点，下派科技特派员155名，帮助建立种养示范基地（场）121个，面积0.12万公顷；举办实用技术培训班790期，培训农民4.6万人次，带动周边农民科学种养、增收增效。年内，兴安县、全州县绍水镇、灵川县大圩镇毛洲岛村、永福县永福镇曾村被自治区科技厅列入第二批广西新农村建设科技示范试点县（镇、村）。

【科技抗灾救灾】 年初，桂林农业遭受罕见雨雪冰冻灾害。市科学技术局开展科技抗灾救灾，争取到自治区科学技术厅科技救灾项目资金256万元，市政府科技救灾项目资金23万元，用于科技富民强县专项行动计划项目，及林业、柑橘、蔬菜和食用菌等项目的灾后重建。利用广播电台，电视台、科技信息网络、手机短信等传媒播发农业生产抗灾救灾科普知识，印发灾后重建生产技术手册3万册；组织指导各县（区）科学技术局对当地农业生产进行灾后重建，派科技专家对实施中的科技项目开展技术培训，组织科技专家小分队深入田间地头对农民进行恢复生产技术培训；实施7个灾后恢复生产重建技术示范点示范项目，为灾后重建恢复生产提供示范。

【农村科技信息网络建设】 2008年,桂林市加强农业信息"三网通"示范与应用项目示范村建设工作,至年末,已发展各类用户1673个。其中企业用户532个;农户1069个。在全市78个乡镇设立有信息节点,共培训信息员9600人次;开办专家技术讲座140期、技术培训261期,培训4.95万人次;开展技术咨询2673场次,服务农民12.5万人次;累计收集到技术需求信息4.68万条,提供市场价格信息1.52万条,解决用户技术需求问题0.82万个;发放各类技术和宣传资料11.52万份,配送农业技术光盘814盘,发布各类信息9.56万条,促成网上交易、引资引项金额达5.28亿元。 (秦文生)

科 技 成 果

【概 况】 2008年,桂林市共登记科技成果49项。其中,国际先进成果5项;国内领先成果28项;国内先进成果8项;自治区内领先成果7项;自治区内先进项1项。共有16个项目获自治区科技进步奖。其中,二等奖7项;三等奖9项。共有27个项目获得桂林市科技进步奖。其中,特别贡献奖1项;一等奖5项;二等奖6项;三等奖15项。

【40.00-57-68 PR(E-4)斜交巨型无内胎工程机械轮胎】 该项目由中国化工橡胶桂林有限公司完成。胎体采用先进的均匀伸张设计及有限元模拟分析,使胎体帘线合理排布伸张均匀。四个钢丝圈采用增厚系数设计,使轮胎钢圈部位受力更合理,提高了轮胎的稳定性。为轮胎适用不同环境使用要求,选用新型原材料,采用配方优化设计技术,设计出耐热、耐磨、耐切割、耐寒4个特色配方。轮胎采用高硫化内压和高合模力定型硫化,对产出高品质轮胎提供有效保障。2007年4月25日试制出第一条样胎,经检查和使用证明,符合国家标准GB/T 2980-2001、国际标准ISO 4250:2006、美国标准TRA以及欧洲标准ETRTO的要求。主要出口到澳大利亚、加拿大、美国、南非等国家该产品40.00-57巨胎在澳大利亚矿山使用已超过2500小时(客户要求2000小时),得到用户好评。

【巨型工程子午胎成型机】 该项目由桂林橡胶机械厂完成。产品用于制造51″巨型工程子午线轮胎,属国内首次研制的巨大型机械式成型机,填补了国内空白。其为国内首创第一台适合制造36.00 R 51轮胎的全钢子午线巨胎成型机,采用人机操作界面,并附有步序指示、程序监控、故障诊断、参数设定和修改、规格存储和调用等功能。该成型机集机械制造及控制技术于一体,是全国成型机领域的最高水平,国内尚无该设备的生产和供给,具有较大的推广前景。

【XK(Z)、XH(Z)29系列数控龙门移动铣床】 该项目由桂林机床股份有限公司完成。产品XK(Z)、XH(Z)29系列数控移动铣床和技术扩展产品龙门移动式加工中心,是桂林机床股份有限公司龙门式系列铣床的代表产品。产品整体结构采用龙门移动工作台固定的形式,可满足不同用户对数控或加工中心等机型的要求,可任意选配(含两种自有专利的)数控自动万能铣头于该系列产品,实现自动对工件的标准五面和其他多种空间方向的加工;可配置刀库,形成龙门移动式加工中心;结构新颖先进,刚性、稳定性、抗颠覆能力得到提高;主传动轴的扭矩、恒功率范围、传动平稳性和主传动部分的制造、装配、维护工艺性等有显著提高。该系列产品可任意选配国内外先进的数控系统,系统兼容性好。产品总体技术水平属国内领先,达到国际同类产品的先进水平。

【光纤千兆以太网交换机】 该项目由中国电子科技集团公司第三十四研究所完成。项目完全自主开发,所研制的设备具有集成光纤接口,可作为高速宽带数据传输设备,也可作为桌面宽带以太网接入设备,具有快速长距离传输交换能力、安全隔离的虚拟局域网功能等特点。产品小批量生产交付用户试用6个月,设备工作稳定可靠,性能可满足局域网工程中的使用要求。项目所研制的光纤千兆以太网交换机设备各端口均可级联,技术达到国内同类产品先进水平,自治区内尚未有同类产品。该机有集成的光纤接口,具有专项优势。

【HL 532 B水平定向钻机】 该项目由桂林市华

力重工机械有限责任公司完成。水平定向钻机所应用的技术，是计算机技术、通信技术、自动控制技术、地质勘探技术等多种学科领域的综合技术。产品完全自主研发，产生5项实用新型专利。主要优势有：整机设计紧凑，转弯半径小，可自行走的履带式设计；人性化设计，可倾翻玻璃钢机罩，方便维护，座椅式操作台设计；半自动换杆机构，简单可靠，创新的钻杆箱设计；采用卧式泥浆泵；最大扩孔直径1200毫米，回拖力320千牛顿；开式夹钳，方便钻杆的安装和调整；成本低，整机性能接近国外同类型产品，价格仅为国外的三分之一。该产品国内市场销售良好，并远销俄罗斯、印度、欧美等国。

【智能化新型多功能超声洁牙、根管治疗机L型】 该项目由桂林市啄木鸟医疗器械有限公司完成。项目产品是市场上新型口腔专用医疗设备，具有洁牙和根管治疗、自动供水（选配）、光固化（选配）功能，攻克了长期困扰超声洁牙机生产商的两个世界性难题：一是超声洁牙机手柄在反复高温、高压消毒时，易进水蒸气、易开裂导致手柄损坏的问题；二是超声洁牙机在进行根管治疗时由于频率不稳而造成的断针问题。产品获5项专利授权。年内，实现产量7.4万台，新增产值7144万元，销售收入5406万元，利税1817万元，创汇430万美元，占有国内70%市场份额，并出口到全球90个国家和地区。

【新型敏感膜电化学传感器】 该项目由桂林工学院和浙江大学合作完成。电化学传感器是广泛用于环保、工业过程控制、安全、食品卫生、临床和生物医学等领域的器械，其表面的敏感膜选择与设计是决定整个传感器的关键。该项目研究开发了5个系列无机、有机、生物复合敏感膜，研制了一系列灵敏度高、选择性好的新型敏感膜电化学传感器，取得了重要成果，取得国家专利1项。在《Analytica Chimica Acta》《Electroanalysis》等国际知名学术刊物上发表学术论文13篇；在SCI（美国《科学引文索引》）源期刊《化学学报》《高等学校化学学报》《分析化学》等国内权威刊物发表学术论文20篇；在国内其他核心刊物发表有关学术论文10篇。论文中有30篇被SCI收录，部分成果被国内外专家学者广泛引用。

【现代中成药的药材炮制与应用】 该项目由桂林三金药业股份有限公司完成。项目首次提出现代中成药的药材炮制理论，主张炮制应根据现代中成药的特点、需要和发展方向进行创新和提高。项目对10味代表性药材进行研究：首次论述苦玄参的泡制方法，自苦玄参中分离鉴定了10个新化合物，发现了一个新活性部位，建立了三萜类成分的HPLC、TLCS和分光光度分析法；对无患子果制炭进行了系统的药学、药理研究，首次将真空微波法用于制炭，收率提高60%；简化了苦杏仁、黄芩的泡制工艺，降低能耗50%，提高有效成分转移率逾1倍；首次系统地研究醋制、醋拌对延胡索水煎、醇提、药粉入药的意义，为客观评价传统的炮制机理提供多视角的思维模式；用动力学方法研究酯型生物碱的降解规律，首次提出以药材成分含量确定炮制参数来稳定制川乌质量的观点；首次以风干法实现玄明粉的工业化生产，优选绿矾、硼砂、白矾的结晶水去除方法，首次揭示绿矾煅制加醋的机理。该项目以实例证实新理论在提高中药GMP水准、节能降耗、推动泡制现代化等方面的价值。成果应用后创造直接效益690万元、间接效益0.73亿元；申请发明专利6项，其中3项获授权；制订9项技术标准；发表学术论文18篇（含SCI论文3篇），出版专著1本。

【酶工程法生产魔芋甘露低聚糖】 该项目由桂林微邦生物技术有限公司完成。魔芋是国内西部地区所独有的特种经济作物，魔芋产品仅以初级加工开发利用，没有完全实现其经济价值。该项目产品甘露低聚糖，主要应用于食品、医药、饲料、农业等领域，利用国内的魔芋资源，通过酶工程法生产魔芋甘露低聚糖，实现魔芋更高的经济效益和社会效益。项目通过选育出高效分泌表达甘露聚糖酶的枯草芽孢杆菌菌株，发酵产酶活力高达25万单位（U）每毫升；以魔芋为原料，用自主知识产权菌株产生的酶进行酶法规模化生产魔芋甘露低聚糖，甘露低聚糖纯度达到90%以上，聚合度3~8；采用陶瓷膜微滤与超滤浓缩工艺，优化了魔芋甘露低聚糖液的物料分离过程，缩短处理环节，有效节省成本。项目的发酵酶活力达到国际领先水平。

表33

2008年桂林市获自治区科技进步奖成果一览表

获奖项目	获奖等级	完成单位
利用有益环境的动物繁殖系统进行岩溶地区休养再生研究与示范	二等奖	桂林矿产地质研究院、桂林市科学技术局等
广西家畜布鲁氏菌病综合防治研究及应用	二等奖	桂林市动物疫病预防控制中心等
3000(117″)轮胎定型硫化机	二等奖	桂林橡胶机械厂
漓泉纯生啤酒的研制	二等奖	燕京啤酒(桂林漓泉)股份有限公司
“三农”科技服务网建设	二等奖	桂林市科学技术局等
水污染治理技术研究及其在桂林市的工程示范	二等奖	桂林工学院
天然钛铁矿原位合成制备金属/陶瓷复合材料的研究	二等奖	桂林工学院
《广西植物志》(第二卷)	三等奖	广西壮族自治区中国科学院广西植物研究所
大型地网状态评估研究	三等奖	广西电网公司桂林供电局等
基于Oracle城市空间数据库建立及数据集成技术研究	三等奖	桂林工学院
现代通信原理实验及开发平台	三等奖	桂林电子科技大学
城市固体废弃物资源化研究	三等奖	桂林工学院
工程建筑物小波自适应变形分析模型研究	三等奖	桂林工学院
高性能二次电池电极活性材料合成新方法	三等奖	桂林工学院
钢铁材料表面等离子钨、钼、铬、钛、碳、氮复合处理强化技术研究	三等奖	桂林电子科技大学等
混合模型及总体差异比较的似然推断	三等奖	广西师范大学等

表34

2008年桂林市科技进步奖成果一览表

获奖项目	获奖等级	完成单位
新型高精度电子数显量具量仪系列	特别贡献奖	桂林广陆数字测控股份有限公司
3000(117″)轮胎定型硫化机	一等奖	桂林橡胶机械厂
罗汉果组培苗规模化栽培技术研究	一等奖	广西壮族自治区中国科学院广西植物研究所、永福县科学技术局、临桂县科学技术局、龙胜各族自治县科学技术局
桂林市制造业信息化技术应用示范	一等奖	桂林市科学技术局、桂林工学院、桂林市生产力促进中心
《广西植物志》(第二卷)	一等奖	广西壮族自治区中国科学院广西植物研究所
四复合橡胶挤出机组系列产品研制	一等奖	中国化学工业桂林工程公司
曼地亚红豆杉繁殖育苗及规范化栽培技术研究	二等奖	桂林市林业科学研究所、桂林晖昂生化药业有限责任公司
银杏高产高效技术示范	二等奖	广西壮族自治区中国科学院广西植物研究所
红花、蒲黄、黄芩等4种药材中有害染料的检测标准研究	二等奖	广西壮族自治区桂林食品药品检验所、中国药品生物制品检定所
漓泉纯生啤酒的研制	二等奖	燕京啤酒(桂林漓泉)股份有限公司
汽车430拉式膜片弹簧离合器开发	二等奖	桂林福达集团有限公司
多媒体农村科技信息点播系统设备研制	二等奖	桂林市自动化技术研究所、桂林市思奇通信设备有限公司
妊娠糖尿病胰岛素抵抗与酯联素、瘦素的相关性研究	三等奖	桂林医学院附属医院
纳污河净化技术研究	三等奖	桂林矿产地质研究院
地不容等5种广西珍稀濒危药材种质(基因)保存繁育技术研究	三等奖	广西壮族自治区中国科学院广西植物研究所
BMP人工骨植入在骨质疏松性髋部骨折内固定治疗中的应用研究	三等奖	桂林医学院附属医院
现代农业技术多媒体科普光盘制作—银杏早结丰产栽培技术	三等奖	桂林市科普工作联席会议办公室、广西师范大学、桂林市林业科学研究所
桂林园林航天植物选育	三等奖	桂林市花木公司
岩黄连种植规范化研究	三等奖	广西壮族自治区中国科学院广西植物研究所
频振杀虫新技术的推广应用	三等奖	桂林市植保站
瑶族新生儿α地中海贫血发生率及其指导优生优育的研究	三等奖	广西恭城瑶族自治县人民医院
球囊逼出试验对功能性出口梗阻型便秘的诊断价值	三等奖	桂林市中西医结合医院
一次性医用输注器废弃物中常见传染性微生物的污染研究	三等奖	广西壮族自治区南溪山医院
桂林地区中学生心理健康水平、人格特征及心理干预研究	三等奖	桂林市人民医院
桂林市12县5城区科技系统办公自动化协作平台	三等奖	广西科技信息网桂林市中心、桂林市信息化办公室
糖尿病足危险因素患者的护理干预研究	三等奖	桂林市第二人民医院
可视心电监测听诊器的临床应用	三等奖	桂林市人民医院

表35　　2008年桂林市科技成果登记一览表

项目名称	完成单位	技术水平
智能化新型多功能超声波洁牙、根管治疗机L型的开发	桂林市啄木鸟医疗器械有限公司	国际先进
40.00 – 57 – 68 PR(E – 4)斜交巨型无内胎工程机械轮胎	中国化工橡胶桂林有限公司	国际先进
52/80 – 57 – 68 PR(L – 4)斜交巨型无内胎工程机械轮胎	中国化工橡胶桂林有限公司	国际先进
53/80 – 63 – 76 PR(E – 4)斜交巨型无内胎工程机械轮胎	中国化工橡胶桂林有限公司	国际先进
新型敏感膜电化学传感器研究	桂林工学院、浙江大学	国际先进
低熔点高性能铝基钎料BAl80CuSiNi研究开发	桂林市庆通有色金属工艺材料开发有限公司	国内先进
物流配送系统	桂林瀚特信息产业有限公司	国内先进
罗汉果病虫害综合防治技术研究	广西壮族自治区中国科学院广西植物研究所、永福县科学技术局、临桂县科学技术局、龙胜各族自治县科学技术局	国内领先
从银杏叶中提取高纯度银杏总内酯的新工艺	桂林市振达生物科技有限责任公司	国内领先
酶工程法生产魔芋甘露低聚糖	桂林微邦生物技术有限公司	国内领先
全钢子午线巨型工程机械轮胎关键生产工艺技术及装备	中国化工橡胶桂林有限公司	国内领先
桂北地区生态农业科普旅游开发示范	桂林旅游高等专科学校	国内领先
优良柑橘品种无病毒繁育及示范	广西柑桔研究所	国内领先
松材线虫病防治技术应用示范	桂林市森林病虫害防治检疫站	国内领先
歼十型飞机前轮390×125 – 178无内胎轮胎研制	中橡集团曙光橡胶工业研究设计院、空军驻桂林地区军事代表室	国内领先
歼十型飞机主轮730×210 – 381 Ⅱ无内胎轮胎研制	中橡集团曙光橡胶工业研究设计院、空军驻桂林地区军事代表室	国内领先
强酸防护服	桂林橡胶制品厂	国内领先
慢性HBV携带亚健康状态证候分布特点及诊断指标的研究	桂林医学院	国内领先
破壁灵芝孢子粉生产工艺研究	桂林三宝药业有限公司、荔浦县生产力促进中心	国内先进
酯联素对2型糖尿病胰岛素抵抗及心血管并发症的影响	桂林医学院	国内领先
桂林雷达定量估测降水技术研究	桂林市气象局	国内领先
桂林市伤寒、副伤寒发生与环境地质关系的研究	桂林市疾病预防控制中心	国内领先
甜玉米引种栽培及加工技术研究与示范	广西桂果食品有限公司、兴安县生产力促进中心	国内领先
XK(Z)、XH(Z)29系列数控龙门移动铣床	桂林机床股份有限公司	国内领先
茶树优良品种扦插繁育产业化开发研究	广西桂林茶叶科学研究所、昭平县科学技术局、三江侗族自治县农业局	国内领先
珍惜濒危植物金花茶种苗繁殖技术研究与开发	广西壮族自治区中国科学院广西植物研究所、广西桂人堂金花茶产业集团股份有限公司	国内领先
匙羹藤规范化种植研究与示范	广西壮族自治区中国科学院广西植物研究所、桂林集琦药业股份有限公司、广西亚热带作物研究所试验站	国内领先
黄花蒿良种商品生产基地的建立与高产技术开发	广西壮族自治区中国科学院广西植物研究所	国内领先
广西岩溶区适生果树新品种及种苗基地建设	广西壮族自治区中国科学院广西植物研究所	国内领先
兴安县6000吨/年速冻果蔬加工技术开发	兴安县科学技术局、桂林日盛食品有限责任公司	国内先进
合金锌粉理化性能检测及应用效果研究	桂林恭城瑶族自治县翊龙傲锌化工有限公司	国内领先
现代中成药的药材炮制与应用研究	桂林三金药业股份有限公司	国内领先
广西特色药用植物菝葜的系统研究与产业化应用	桂林三金药业股份有限公司	国内领先
巨噬细胞移动抑制因子在炎症性肠病中的作用	广西壮族自治区南溪山医院	国内先进
子宫移位对宫颈癌放射治疗的影响及应对措施研究	广西壮族自治区南溪山医院	国内领先
广西高中学生心理健康水平、人格特征及心理干预研究	桂林市人民医院	国内先进
巨型工程子午胎成型机	桂林橡胶机械厂	国内领先
HL 532 B水平定向钻机的研制	桂林市华力重工机械有限责任公司	国内先进
介孔TiO 2 – SiO 2刚性粒子增强增韧聚合物的研究	桂林工学院	国内领先
金橘"三避"栽培技术应用示范与推广	阳朔县科学技术局、阳朔县农业局	国内先进
肾移植排斥反应分子机理系列研究	中国人民解放军第一八一医院	国内领先
高频电泪道成形并改良穿线术与高频电泪道成形留置导管术的对比	桂林市第二人民医院	自治区内先进
虹鳟南移繁殖技术开发与健康养殖	桂林市水产研究所	自治区内领先
低弹长丝覆合短纤维纱线	桂林银海纺织集团公司	自治区内领先
光纤千兆以太网交换机开发	中国电子科技集团公司第三十四研究所	自治区内领先
牛品种改良与肉牛饲养	平乐县科学技术局、平乐县水产畜牧兽医局	自治区内领先

续表35

项目名称	完成单位	技术水平
长吻鱼危养殖技术推广与健康养殖	桂林市水产研究所	自治区内领先
腔内人工血管置入治疗主动脉夹层动脉瘤的临床研究	桂林市人民医院	自治区内领先
临桂县万亩无公害蔬菜标准化栽培示范基地建设及产业化示范	临桂县科学技术局	自治区内领先

（刘麟飞　秦文生）

科 技 普 及

【概　况】　2008年，桂林市科技普及工作以春季科技下乡、五月科技活动月、全国科普日、十月科普大行动等品牌科普活动为载体，开展针对农民、城镇务工人员、青少年和公务员4个重点人群的科学素质建设。全年共举办各种培训班2378期，受训39.32万人次；培训农村劳动力，转移就业人员2.75万人次；举办科普讲座289场次，听课14.85万人次；发放科普资料187.44万份，展出各类科普系列展板3.8万块；开展广场科普文艺活动36场次，观众2.7万人次；播放电影和影像1333场次，观众28.61万人次；发放科普图书6.8万册，科技资料187.45万份，接待群众16万人次。举办了桂林市首届公众科学素质大赛和科普文艺演出、“八桂先锋行”科技进村入户大行动活动、“农家女田间课堂”灾后技术培训工程、首届“纸桥过车”科技创新大赛、科普短信创作竞赛、职工技能大赛等活动，扩大科普工作的覆盖面，提高社会公众的科普意识。年内，全市新建科普示范乡（镇）10个，科普示范村25个，科普示范户130户，农村科普示范基地20个。荔浦县荔浦芋无公害生产科普示范基地、平乐县十里坪沙田柚协会被中国科学技术协会、国家财政部评为全国科普惠农兴村先进单位，永福县的吕开敬、灵川县的莫红英被评为全国科普惠农兴村先进个人。

（石峰　秦文生）

【科普学会活动活跃】　2008年，全市各科普学会积极组织学术交流活动，促进学术学科建设和培育创新人才。全年各学会组织交流活动共计356次，交流论文1000篇；组织参加桂林市首届自然科学优秀学术论文的评选和表彰工作，推荐论文共100篇，其中获一等奖5篇，二等奖10篇，三等奖20篇；组织参加中国科协年会论文征集，中国西南学会研究会26届年会论文征集等国内外学术交流活动。市通信学会连续5年举办“华夏杯”计算机知识竞赛；市医学会结合业务技能培训，举办学术讲座60场次，为全市及市直、驻桂部队等医疗机构进行技术鉴定工作，全年共受理医疗事故争议案件70例；市数学学会组织参加“希望杯”第二十九届全国数学邀请赛1.2万人次。年内，市护理学会发展会员586人，组织学术活动36次，参加人员4000人；市图书馆学会新增会员单位29家；市软件行业学会吸收会员单位7家。

【青少年科普教育形式多样】　2008年，全市各中小学重视对青少年的科普宣传教育，通过课堂教学及各种形式的活动提高青少年的科技意识。市第十八中学，兴安县、灵川县等从提高科技辅导员素质入手，专题举办科技辅导员培训班5期，培训辅导员350多人。年内，全市完成由中国科协与英特尔公司合作的“英特尔求知计划”项目培训任务的学校5所，获得结业证书学生870名。组织学生参加全国第二十三届青少年科技创新大赛，桂林市获得全国青少年科技创新成果竞赛项目二等奖1个，全国青少年科学幻想绘画作品二等奖、三等奖各1个。组织学生到市内的青少年科技教育基地参观学习，新创建桂林中学地质展览馆为市级青少年科技教育基地，使桂林市青少年科技教育基地增加到22所。22个青少年科技教育基地共免费或优惠接待青少年学生参观学习、开展各种科普活动8.5万余人次。年内，桂林乐满地主题乐园、桂林海洋世界、燕京啤酒（桂林漓泉）股份有限公司3家市级青少年科技教育基地升格为广西青少年科技教育基地，至此，桂林市已有1家国家级青少年科技教育基地，6家自治区级青少年科技教育基地。年内，市科学技术协会23次组织科普大篷车到荔浦、灵川、兴安、阳朔、象山、秀峰等县（区）以及桂林市之外的乡镇共计17所中小学进行科普宣传，展出展板2300块，展具500件（次），发放科普宣传资料2.18万份，参与活动学生3.42万名。（石峰）

科技管理与服务

【科技项目管理】 2008年，桂林市全年实施高新技术项目521项，总投入达13.5亿元。全年有45个项目获国家科学技术部立项，获1674万元科研经费支持，增长22.3%；66个项目（指含工业项目在内的所有项目数）获自治区立项，科研经费2256万元，增长23.2%。下达市本级科技计划项目67项，投入科技经费1222万元，增长20%。

【科技创业服务中心建设】 2008年，桂林市加强科技创业服务中心建设，创业服务中心为科技企业提供孵化场地、开发条件、政策扶持、资金筹措、项目申报、人才培训等综合服务，打造投融资、信息网络服务平台，孵化服务体系日臻完善，成为桂林科技创业者成果转化的首选之地，广西科技企业、科技项目和科技人才的聚集地，桂林高新区规模企业和高新技术企业的重要来源，成为承担国家计划项目的重要基地。2008年末，创业服务中心累计向桂林高新区输送35家规模企业和80家高新技术企业，均占桂林高新区规模以上企业和高新技术企业总数的1/3。创业中心2.7万平方米的孵化场地内聚集了100家初创型科技企业。其中，电子信息、光机电类企业超过60%；在孵项目280项。

【高新技术企业认定】 8月22日，为落实国家科技部、财政部和国家税务总局三部委制定出台的高新技术企业认定新办法，市科学技术局组织25家原高新技术企业参加在南宁市举行的高新技术企业认定管理培训班。9月20日，承办自治区科技厅在桂林主办的高新技术企业认定管理培训班。年内，全市新认定高新技术企业21家，占自治区新认定总数的1/3。

【科技交流与合作】 2008年，桂林市新争取国际科技合作、科技交流和科技兴贸项目15项，获科技拨款和无偿援助经费256万元，增加15%。项目数量和经费占自治区国际科技合作项目的40%，在自治区各市中排名第一。1月，桂林市组团参加2008年广西科技活动周交流交易会，共计106家企事业单位携120项新产品新技术参加，总签约金额2.04亿元。2月，国土资源部与联合国教科文组织签署在桂林建立联合国教科文组织国际岩溶研究中心协定。3月，桂林市被自治区批准为广西科技兴贸出口创新基地（橡胶工业）。5月，桂林市组团参加2008年第十一届中国北京国际科技产业博览会，展示交易项目6项，技术需求和对接洽谈项目6项，签约项目2项，签订各种销售合同、合作协议金额1.29亿元。10月，组织桂林鑫鹰电子科技有限公司微型机无人飞行器、昊华南方（桂林）橡胶有限责任公司巨胎系列产品、桂林玉柴工程机械有限公司玉柴叉车系列产品、桂林量具刃具有限责任公司的电子数显量具系列产品、桂林南药股份有限公司的青蒿琥酯高新技术产业化示范工程等30家企业24个项目参加第十届中国深圳国际高新技术成果交易会，签约项目2项，总签约金额0.86亿元；成交意向协议5项，总金额0.71亿元。12月15日，由联合国教科文组织设立的地球科学研究中心——国际岩溶研究中心在驻桂林的中国地质科学院岩溶地质研究所内挂牌成立。按照协议，该中心将通过科学研究、出版活动和国际合作促进岩溶动力学的发展，促进国际合作与交往，为世界各地有关机构搭建岩溶资源可持续利用和生态保护的科学信息交流平台，提供相关咨询服务、技术信息和培训，建立示范基地网，提供相关生态系统服务等促进岩溶生态系统的治理和恢复以及岩溶地区的可持续发展。（秦文生）

知识产权工作

【概　况】 2008年，桂林市知识产权工作围绕创建知识产权示范城市主题，利用知识产权联席会议平台，开展知识产权服务和联合执法行动。全年全市专利申请1055件。其中，发明专利299件，占申请量的28.34%；实用新型437件，占申请量的41.42%;专利授权578件。专利申请及授权量实现历史性突破。全市有国家级专利试点企业1家,自治区级试点企业17家。

【桂林市成为国家知识产权示范城市创建市】 2008年,桂林市在科技计划、重大项目实施中,把专利技术产业化的规模和效益作为科技立项的一个重要指标,加大对发明专利、国外专利申请和专利申请资金的扶持力度。年内,中国化工橡胶集团桂林有限公司建成国内首条具有自主知识产权的36 R 51全钢工程巨胎生产线,该生产线有104项工艺专利,已申报专利56项(发明专利32项,已获授权专利21项)。桂林市通过举行“四二六”世界知识产权日宣传周活动和开通桂林知识产权网站,开展知识产权宣传活动;成立由市知识产权局、市工商局、市版权局、市文化局、市商务局、市公安局等部门组成的知识产权保护联合执法检查组,开展联合执法行动,打击各种知识产权侵权行为。市知识产权局荣获国家知识产权执法先进集体称号。3月,桂林市通过国家知识产权试点城市验收。8月,经国家知识产权局批准,桂林市成为广西唯一的国家知识产权示范城市创建市。

(秦文生)

防震减灾

【概　况】 2008年,广西壮族自治区成立50周年大庆项目“桂林市数字地震观测系统指挥中心”建设如期竣工投入使用。全市各县(区)级地震机构进一步完善,兴安、灵川、永福、平乐县地震局确定为县政府直属参公事业单位,独立履行防震减灾工作职责;阳朔县地震局增加1名编制,充实专职人员1名;临桂县地震机构定编7人;5个城区均成立地震机构,与城区建设局合署办公。地震安全性评价工作和抗震设防行政许可全面有序开展。全年依法办理建设工程抗震设防行政审批75项。

【地震应急处置】 2008年5月12日,四川汶川发生8级特大地震,桂林市区和各县都有不同程度的震感,诱发了桂林市内的一系列地陷地裂和房屋开裂等灾情。永福县罗锦高崇小学教学楼出现多处裂缝,临桂县六塘中学教学楼出现多处裂缝,灵川县青狮潭镇油塘村委官桥自然村地面下陷,叠彩区大河乡大村桂林市陶园花卉公司生产基地及附近发生地陷,桂林工学院操场地面下陷,灌阳县黄关镇唐官村地面下陷,桂林市胜利路东四里2号铁路住宅小区3号楼地面塌陷,灌阳县新圩乡大龙村机耕路60米长的地段地面塌陷。地震当天,市地震局及时报告分管副市长及市委办、市政府办,并与桂林气象局联动,通过气象服务平台及移动通信网络同时发布“四川汶川县今天14时28分发生8级地震,桂林市有震感,但无地震危险,请正常生活”短信息,平息干部群众恐慌情绪。同时,市地震局从5月12日~6月18日安排人员24小时震情值班,解答市民的咨询电话和待命处置灾情。四川大地震期间,桂林市民情绪稳定,工作生活秩序未受影响。

【地震灾害预防宣传】 2008年,市地震局进行通过多种方式进行地震灾害预防宣传。四川汶川地震期间,市地震局组织专家在桂林市中心广场、桂林市榕湖小学、广西师范大学等7个重点地段、学校开展地震知识宣传;会同自治区地震局宣传组到兴安、全州、资源、灵川等县开展地震科普知识宣传活动;配合学校抓好安全教育工作,分别到广西师范大学漓江学院、市第十三中学、市南溪山小学等学校,现场指导学校开展地震应急疏散演练。年内,市地震局共组织10次地震应急演练,指导县地震局等单位开展地震应急演练24次。

【农村民居防震保安工程】 2008年,市地震局、规划建设委员会、科学技术局、新农村办公室联合组织编制印刷《桂林市农村民居防震保安工程建设知识》挂图4000套(每套10张),发至全市133个乡(镇)的1861个村民委员会、社区和新农村试点。挂图揭示地震对建筑物的危害,提示农村民居的建造结构、抗震、选址等技术要求,对农民建房有积极的指导意义。年内,市地震局深入村屯,开展农村民居防震保安知识巡展,使民居防震知识深入民心,提高农村民居设防水平。全市共建立防震减灾示范村20个,示范点86个,推进了农村民居防震保安工程建设。

(苏喜妹　刘玉萍)

社会科学

9月21日，“神舟耀中华”桂林航天园区科普宣传活动举行。图为市委副书记束华在活动开幕式上致辞。（蒙启恒　摄）

概　　述

2008年末，桂林市社会科学界联合会（简称市社科联，下同）所属学会、协会、研究会共61个，会员总数12123人。在职在岗从事社科研究的300多人，其中，具有高级专业技术职务资格37人、中级专业技术职务资格242人。年内，在桂林召开全国区域性社科学术研讨（交流）会2次，226人参加，共收到论文86篇。全年社科界发表论文238篇，约300万字。组织社科研究成果参加自治区政府设立的“广西第十次社科优秀成果奖”评选，一批成果获奖，其中《加强和改进桂林市未成年人思想道德建设实效性研究》获二等奖；组织社科界参加广西社科学术年会征文活动，共有7篇论文获广西社科学术年会论文奖。年末，2006～2007年度的《增强桂林中心城市综合实力的战略研究》《桂林产业布局研究》等10个市级社科重点研究课题，结集为课题文集《一个城市的发展探索》公开出版；《桂林文化产业研究》等研究成果为市委、市政府科学决策提供参考。

年内，各社科学会通过开展“规范学会管理”活动，各项工作取得明显进步，涌现一批先进学会和先进个人，其中市教育学会、市旅游学会、市茶文化研究会被评为全国大中城市社科联先进学会。（家启恒）

社　科　活　动

【概　况】　2008年，桂林市社会科学界各学会、协会、研究会发挥自身优势和专长，开展了促进桂林经济社会发展的系列活动。市社科联与市委宣传部联合举办“桂林市纪念改革开放30周年理论研讨会”，与儒学学会联合举办“2008·中国桂林儒学的历史发展与当代儒学的普及”学术研讨会，与抗战文化研究会联合举办“纪念桂林抗战文化研究30周年暨张曙诞辰100周年”座谈会，与茶文化研究会联合举办桂林第三届茶艺暨评茶大赛等。党建学会召开“改革开放30周年与党建改革创新”论文交流会，思想政治研究会召开“继续解放思想，全面贯彻落实党的十七大精神”主题研讨会，经济学会召开“阳朔印象”理论研讨会，金融学会召开“桂林经济金融发展论坛”理论研讨会，法学会举办“人身损害赔偿案件适用法律实务”研讨会，旅游学会组织桂林旅游沙龙，钱币学会建立了钱币陈列馆，旅游饭店协会举办2008·桂林国际酒店用品暨户外旅游休闲运动用

9月15日，桂林工学院大学生社团联合会组织“三下乡”出发仪式。　唐侃　摄

品博览会，演讲家协会参与承办第二届桂林读书月“知识改变命运，读书就是希望”演讲比赛，职业教育与成人教育学会举办桂林市中等职校教育教学改革培训班。全年，市社科联组织学会参加“科技、文化、卫生”、“今冬明春”三下乡联合大行动，“八桂先锋行”科技服务社会主义新农村建设科技下乡活动，2008 全国科普日暨桂林市“十月科普大行动”启动仪式，2008 年全自治区社会科学普及十月联合大行动莲塘村“农家书屋”读者座谈会暨“书香满农家”图书捐赠活动等，共发放宣传资料 1 万多份。

【社科研究重点课题结集出版】 年内，桂林市社科联对通过评审的 2006～2007 年度 10 项桂林哲学社会科学规划研究重点课题，进行整理，根据专家评审组对课题提出的修改意见，进行修改、充实和完善。并由主席周明忠主编，广西师范大学出版社出版，集结为课题文集《一个城市的发展探索》公开出版发行。该课题文集是桂林社科工作者结合政治、经济、文化诸方面因素，对桂林城市化进程、城市定位与发展，提升桂林城市核心竞争力，提高桂林历史文化名城和国际旅游城市的影响力等方面所进行的有益探索。

【公开征集立项重点课题选题】 6 月 27 日，桂林市哲学社会科学发展规划领导小组办公室向社会公开征集桂林市哲学社会科学 2008 年立项重点课题选题。专家评审组从征集到的 40 个课题中确定《桂林西部发展战略研究》《泛北部湾经济区域合作中桂林经济崛起机遇战略研究》等 10 个课题为 2007～2008 年度哲学社会科学重点课题选题。

【开展桂林航天园区科普宣传活动】 10 月 12 日上午，自治区社科联、市社科联、广西桂林图书馆、桂林航天电子有限公司、市交警支队、桂林医学院等单位在桂林航天电子有限公司神舟花园南区举办 2008 年自治区社会科学普及十月联合大行动“神舟耀中华”桂林航天园区科普宣传活动。此次活动以“高举旗帜，科学发展”为主题，采取播放科普宣传专题片、展板宣传、发放资料、知识问答和设置咨询点、现场指导等形式，向广大市民进行思想教育，宣传交通法规、家庭理财、老年人权益、邻里纠纷处理、假币识别、中华茶文化、健康养生等知识。共制作宣传展板 90 多块，发放宣传资料 9000 多份。桂林市委副书记東华、自治区社科联副主席张瑞枝在开幕式上致辞讲话。

【“农家书屋”读者座谈会暨图书捐赠活动】 10 月 16 日，自治区社科联、桂林市社科联、广西桂林图书馆在平乐县青龙乡莲塘村联合举办“2008 年全区社会科学普及十月联合大行动社科知识进十

10 月 12 日，“神州耀中华”桂林航天园科普活动现场。
蒙启恒 摄

10月16日，市社科界在平乐县青龙乡莲塘村举办"农家书屋"读者读书座谈会。

蒙启恒 摄

村"活动。活动采取组织召开"农家书屋"读者读书座谈会的形式进行。座谈会主要了解"农家书屋"的图书管理、借阅和农业科学技术应用、农民群众思想道德水平提高以及村民对图书的需求等情况。自治区社科联、桂林市社科联、广西桂林图书馆等向该村"农家书屋"捐赠图书3000多册，并检查指导，帮助"农家书屋"完善图书管理制度。（蒙启恒）

社　科　成　果

【《北部湾多区域合作格局中桂林经济崛起战略研究》课题】 该课题选题适切，在动态的环境下从桂林经济发展的现状切入开展调查研究，对促进桂林经济的崛起具有积极的参考价值和现实意义。课题研究报告在区域经济发展规律的基础上，较深入地分析了桂林经济崛起的前提条件，从战略高度阐述桂林经济应主动融入到北部湾多区域合作格局中。依据桂林的经济特质来提升区域竞争力，提出了一般性战略、生态优势、文化优势、产业发展、旅游非线性、通道、空间布局、软实力等八大战略规划思路，并构造设计了具体方案。

【《桂林城市新区建设投融资体制创新研究》课题】 该课题运用定性分析与定量分析、总体分析与个案分析、横向比较与纵向比较相结合的方法，探讨城市新区建设的投融资模式和管理体制，在借鉴国内外城市新区建设投融资经验的基础上，提出桂林新区建设投融资的对策。课题选题具有较大的现实意义，课题研究成果框架结构合理，思路清晰，内容丰富，资料翔实，层次分明，研究成果具有较强的针对性和可操作性，对桂林市委、市政府作相关决策具有一定参考价值。

【《桂林文化产业集群式发展研究》课题】 该课题从桂林文化产业的现状入手，通过大量的调研与考察，运用产业经济学的分析方法，充分论述桂林文化产业集群的发展思路，综述性地提出一个中心、三个基地、四大亚文化旅游圈和五大主导产业，并就桂林文化产业集群式发展提出有针对性的对策。研究报告思路较清楚，结构合理，研究重点突出，引用资料翔实，对推动桂林文化产业的发展具有积极的现实意义和参考价值。

【《提升桂林旅游业核心竞争能力研究》课题】 该课题对桂林旅游业发展现状进行分析，选题具有前沿性，研究思路清晰，提出的提升桂林旅游业核心竞争能力的模式和对策建议，对提升桂林旅游业核心竞争力有较重要参考价值，对加快桂林旅游业发展具有积极意义。

【《桂林市现代服务业发展研究》课题】 该课题根据桂林城市性质、功能定位和资源禀赋,结合桂林市服务业的发展基础和产业技术条件,指出优先发展现代消费性服务业、大力发展现代生产性服务业、加快发展文化创意产业的发展思路。这对指导桂林现代服务业阶段发展有积极意义。课题组还提出现代服务业发展保障措施,可为政府部门科学决策提供参考依据。 (蒙启恒)

社 科 期 刊

【《社会科学家》】 该刊由中共桂林市委主管,桂林市社科联主办,国内外公开发行的社会科学学术性理论月刊,主编黄晓伟。2008 年,《社会科学家》由双月刊改版为月刊。全年共出版 12 期,发表论文 480 多篇、300 余万字。主要栏目有《名家访谈》《名家特稿》《博士论坛》《法学与法制建设》《旅游时空》《政治文明与构建和谐社会》《社会主义新农村与现代化进程》《经济新视野》《教育新探索》《有文家园》等。《名家访谈》栏目邀请国内著名专家、学者,就有关学科的前沿理论问题、社会热点问题作前瞻性的学术阐述,提升了刊物的学术影响力,奠定了刊物在学术界的地位。其中《劳资冲突对社会治安的影响实证研究》《人文奥运与和谐社区建设》《当代生态批评的后现代生态构想》被中国人民大学复印资料转载。年末,刊物再度被确认为全国中文核心期刊、中国人文社会科学核心期刊、中国社会科学研究院推介中心组织实施的《中文社会科学引文索引》(CSSCI)来源期刊,被广西新闻出版局评为广西优秀社科期刊。 (蒙启恒)

【《广西师范大学学报(哲学社会科学版)》】 该刊是综合性的学术理论刊物。有专职编辑 5 人,其中教授 2 人,副编审 2 人,编辑 1 人;5 个编辑均为研究生以上学历,其中博士研究生 2 人。2008 年学报编辑部学报重点组发校内外相关国家级、省部级等基金项目稿,基金项目稿件占发稿的 1/3 以上,创建了一批以各科科研基金为依托的品牌栏目,其中,《太平天国研究》《古代汉语研究》《教育研究》等栏目在自治区内外学界享有较高声誉,年内该刊再次获评广西“十佳期刊”。成为中文社会科学引文索引 CSSCI 扩展版来源期刊,入选全国 18 种高校综合性社科学报之一,成为中国中文核心期刊。全年出版 6 期,发表论文 157 篇、书评 9 篇,发表的论文被《中国人民大学复印报刊资料》《高等学校文科学报文摘》等刊物转载(摘)25 篇次,在全国 85 所师范院校学报中排名第 18 位,在广西文科学报中排名第 2 位。年内刊发的文章主要有:廖义军的《试析江泽民对邓小平侨务思想的继承与发展》,潘宁的《马克思“以人为本”思想探析》,莫其逊的《论马克思主义艺术生产理论的实践化问题》,谭培文的《以人为终极关怀的马克思主义哲学新形态研究》,胡大雷的《从〈焦氏易林〉占辞看“公无渡河”的早期影响与原型》,陈恩维的《汉代模拟辞赋的文体意义》,张明非的《论李商隐诗的象征艺术》,张译文、张松献的《普通高校成人高教教师能力结构及培养》,马佳宏、张人崧的《广西高校科研服务地方经济的成绩与问题分析》,徐学莹的《教育学的行动与体验》,宾长初、王崇员的《清代徽商资本诸问题探析》,胡方的《秦汉时期岭南历史地理若干问题的探讨》,朱从兵的《上海小刀会对太平天国的“争取接管”战略述论》,贾熟村的《太平天国的进贡制》。 (李启贤)

【《桂林发展研究》】 该刊由桂林市政府发展研究中心主办,自治区连续内部资料。全年共编辑出版 6 期,总发行 6000 余册;刊发工业、农业、商贸旅游、城市建设、文化教育、科技等方面的课题研究成果、调研报告、论文及文摘等约 180 篇,70 多万字。其中,重点文章有:中共桂林市委、市政府的《众志成城 抗灾救灾》,市政府发展研究中心课题组的《桂林市区节能减排问题与对策研究》《桂林山水文化体验之都》,市政协法制委的《完善桂林城乡低保制度 推进生活保障制度建设》,邓晓强的《赴山东潍坊(青州)、北京西城区考察报告》,张菊生的《将桂林打造成新兴创意城市》,蒋桂珍的《桂林市二手车交易市场调研报告》,黄九一的《提高漓江旅游效益的问题与对策》,刘春燕的《试论目标管理对政府提高行政效能的积极意义》,钱尚志的《桂林市财政收入问题研究》,魏华龄的《桂林抗战文化研究 30 年》等。

(蒋桂珍)

2月25日，桂林市抗灾救灾重建家园晚会举行。　　（黄雷　摄）

概　述

【中国文联、中国红十字会抗灾救灾慰问团到桂林慰问】 2008年2月25～26日，在桂林市遭遇百年罕见冰冻雪灾期间，以中国文学艺术界联合会党组成员、书记处书记、副主席冯远，中国红十字会副会长郭长江，中国曲艺家协会分党组书记、常务副主席姜昆为团长的慰问团一行32人，在桂林进行慰问活动。25日晚，慰问团出席在市漓江剧院举行的桂林市抗灾救灾重建家园文艺晚会，并为观众进行精彩表演。26日，慰问团到达资源县进行慰问演出，并向资源县捐赠受灾救济款，中国书法家协会、中国摄影家协会还捐赠了书法、摄影作品。慰问团在桂林期间，自治区副主席、桂林市委书记、市人大常委会主任高雄宴请慰问团一行，答谢艺术家们以文化救灾形式为桂林灾后重建树立信心。

【桂林市文艺家协会换届】 2008年，桂林市文学艺术家各协会先后完成换届。从当年11月至次年1月，除市文艺理论家协会外，桂林市作家协会、市戏剧家协会、市音乐家协会、市舞蹈家协会、市美术家协会、市书法家协会、市摄影家协会、市曲艺家协会、市杂技魔术家协会、市电视艺术家协会、市民间文艺家协会顺利完成换届，选举产生各协会第三届理事会及领导班子。　（何志琏）

【阳太阳获"人民艺术家"称号】 7月3日，桂林市榕湖饭店九岗岭会议厅举行阳太阳百岁庆贺暨"人民艺术家"荣誉称号授予大会。自治区主席马飚出席庆典活动并为阳太阳颁发"人民艺术家"荣誉证书。中国文联领导，自治区党政及桂林市有关领导出席当天庆典活动。阳太阳为桂林人，生于1909年，1931年毕业于上海艺专，1935年入日本大学研究绘画艺术，1937年回桂林参加抗日救亡文化运动。新中国成立后历任中国民主促进会中央委员、广西艺术学院院长、中国美术家协会理事、广西美术家协会副主席和名誉主席、自治区政协副主席等职。20世纪30年代以来创作了大量油画、水彩画和中国画，出版有《阳太阳画集》《阳太阳水彩画集》《阳太阳艺术文集》等。1962年首次提出"漓江画派"的学术主张，是这一画派的开拓者和领军人物。其创作的《漓江木排》《漓江烟雨》《青罗碧玉图》等作品风格独具，生动表现桂林等地的山水风情，在国内艺术界享有盛誉。　（荣健霄）

文　学

【文学活动】 2008年4月，桂林市文联、市作家协会、市文艺理论家协会联合主办康泽祥《市长与城市》作品研讨会。康泽祥历时三年撰写的《市长与城市》上年10月由新华出版社出版。在该作品中，康泽祥从企业家、艺术家的双重角度，对城市的建设和管理进行研究思考，运用中外城市比较的方法，宏观与微观结合的多维视角，全面系统地讨论城市中关系国计民生的重大问题，提出城市建设、发展战略及其精神文明建设的思路和措施，表现了一个城市市民的热情心声、艺术家的智慧才华和研究者的科学理性。7月，桂林市作家协会、市文艺理论家协会、桂林文学院联合为覃翘的长篇小说《生活是这样子》举办研讨会。覃翘是桂林市高中学生，其作品于上年9月由中国文联出版社出版发行。作者以亲身经历和感受，在作品中生动描绘了当代高中学生的生活。与会的学者、作家对作品的主题、人物形象塑造、语言等进行了探讨。12月上旬，桂林市作家协会、市文艺理论家协会、桂林文学院举办桂林文学院成立18周年及第四届桂林本土文学创作研讨会，总结本土文学创作成就，探讨本土文学的发展方向，并对桂林语言如何转换为文学语言，文学文本与影视文本互换的"双文本"写作，本土文学作家人才队伍的建设等问题进行深入探讨。当月下旬，由市文联、市作家协会、市文艺理论家协会和桂林文学院联合主办的桂林市青年作家中短篇小说选《水莲》研讨会暨桂林文学院高级作家班开班典礼，此届高级作家班学员有11位，均为《水莲》一书的入选作者。

【文学成果】 年内，由桂林市作家协会筹资、广西师范大学出版社出版的桂林青年作家中短篇小说选《水莲》面世，全书32万字，收录杨丽达、唐沁、唐女、刘永娟、伍维平、方平、陈亮、蒋育亮、刘莹、李浦松、徐强等青年作家的中篇小说5部、短篇小说23篇。盘文波的长篇小说《王痞子的欲望》，庞俭克的散文集《秋天的情书》，周收的散文诗选集《阳光河畔——周收散文诗选集》，黄伟林的文学理论评论集《中国当代小说家群论》，周作秋、黄绍清、欧阳若修、覃德清合著的《壮族文学发展史》，在广西文联、广西民委主办，广西作家协会承办的第三届广西少数民族文学创作“花山奖”评选中获奖。王咏创作的反映桂林抗击百年罕见冰雪灾害感人事迹的长篇报告文学《冰与火》，在《广西文学》《当代广西》《中国作家》等刊物上发表。黄继树主编的乡土散文集《福寿之乡》由漓江出版社出版。刘春的《朦胧诗以后》由昆仑出版社出版，其主编的《命运的火焰——桂林九人诗选》，收集桂林市9位青年诗人的代表作约200首，由太白文艺出版社出版。伍维平的中短篇小说《独自前往》《十七岁的夏天》和散文集《荒原水车》由远方出版社出版，小小说《心愿》入选2008年《小小说选刊》。杨丽达的中篇小说《天地玄黄》在大型文学刊物《钟山》上发表。

（何志琏）

美术·书法·摄影

【美术书法摄影活动】 1月12日，桂林市文联、《中国画坛》杂志社主办，桂林市美术家协会、桂林美术馆等单位承办的“继承与发展第四届全国中国画名家学术邀请巡回展”在桂林美术馆开展，展出国内60位中国画名家作品。1月28日~2月2日，市文联3次组织书法家到灵川县，义务为老百姓写春联数千幅。2月23~26日，中共桂林市委宣传部、桂林市文化局、桂林市文联、广西书法家协会主办，桂林市展览馆承办潘琦唐诗宋词元曲书法作品展，共展出潘琦书法作品200余幅。5月31日，市文联与市工商联、市慈善事业会、市美术家协会、市书法家协会、桂林日报社、桂林电视台、市展览馆等单位联合在市中心广场举办桂林市抗震救灾百名书画家作品义卖活动，共筹集善款11.46万元。5月30日~6月1日，桂林市慈善事业会、桂林中国画院在漓江大瀑布饭店联合举办书画作品义卖活动，桂林中国画院的画家共捐赠美术作品33幅，现场创作书法、美术作品55幅，义卖筹得善款11.17万元，全部由桂林市慈善事业会捐赠给四川地震灾区。6月7~9日，桂林市文联、日本葵会在桂林美术馆联合举办田端季子和纸绘画作品展，同时展出50位日本葵会会员的美术作品。8月2~5日，桂林市文联、市美术家协会、市书法家协会在市展览馆举办桂林市迎奥运美术、书法作品展览，展出作品130幅，其中美术作品50幅，书法作品80幅。10月18~22日，桂林市文联、市文化局，以及自治区和桂林市两级美术家协会联合在桂林市展览馆举行庆祝广西壮族自治区成立50周年暨桂林地市合并10周年美术作品展览，展出作品110幅，并评选出一、二、三等奖及优秀奖41幅。11月15~18日，由中共桂林市委、市人民政府主办，第二届桂林读书月组委会办公室、市文联、市书法家协会联合承办“翰墨书香”书法作品展在市展览馆举行，共展出书法作品126幅。

年内，市书法家协会筹资出版了《2008年桂林市艺术书法展览作品集》《桂林市书法家协会会员作品集》。市摄影家协会在临桂红溪创立第四个摄影创作基地，并与临桂县人民政府共同举办魅力临桂摄影大奖赛，与碧园房产公司举办碧园印象桂林摄影比赛，与新广角数码公司联合举办都市田园杯摄影比赛。

【美术书法摄影成果】 美术方面：1月，张超的国画《凌寒翠微》获中国文联、中国美术家协会主办，中国艺术报社协办的2008造型艺术新人展金奖。9月，罗克中的钢笔画作品《侗寨风情》（10米长卷）获中国钢笔画联盟、中国美术报、中国建筑学会壁画艺术专业委员会、国家文化部世界民族文化促进会联合举办的第三届全国钢笔画展金奖。同月，徐朝玉的《秋实物华》、许华新的《暮色寻幽》、卢伟的《南国清香》、廖新军的《月亮出来亮汪汪》，在中国美术家协会、广西文联联合主办，广西美术家协会承办的2008年全国中国画作品展中获优秀奖。

书法方面：4月21~24日，陈沛彬、黄家城、欧家玉的书法作品获日本国际艺术家协会于日本大阪市举行的日中友好文化交流展银奖。

摄影方面。2月，毛向琳的摄影作品《广场夜色》在广西摄影家协会和钦州市政府共同举办的钦州摄影比赛中获二等奖。6月，许沂的《农山春色》《印象里耶》在中国摄影家协会和湖南农山联合举办的农山摄影大奖赛中分别获一、二等奖。7月，许沂的摄影作品《苗家炊烟》在中国摄影家协会与贵州都匀市政府共同举办的魅力新都匀摄影大奖赛中获一等奖。8月，梁孝凤的《辉映群峰》在广西对外宣传办公室和广西摄影家协会共同举办的第三届美丽神奇的广西摄影展览中获二等奖。12月，李桂柏《她从仙境来》在广西摄影家协会举办的广西第八届摄影艺术作品展览中获金牌。（何志琏）

【首届中国山水画艺术双年展在桂林举办】 11月11～18日，由中国美术家协会和桂林市政府联合主办，中共桂林市委宣传部、市文化局、市金刚房地产开发有限公司联合承办，广西美术家协会和桂林美术馆协办的首届中国山水画艺术双年展在桂林美术馆展出。双年展组委会共收到山水画作品近3000件，展出292件。桂林画家肖舜之的《山乡日记》、张贤的《桂山语境》、韦广寿的《晓色》、张云昊的《家山秋晓》、韦丹意的《幽谷羁旅图》、张馨月的《桂林晨曦》在展览中获优秀奖。《美术家》《中国文化报》等国内外20余家媒体对该展进行了报道。（荣健霄　何志琏）

【美术名家画桂林】 2008年下半年，戴士和、丁一林、闫平、任传文、王克举、张冬峰等来自全国各地的31位油画名家应邀到桂林，进行“美术名家画桂林”写生创作。数十位画家徜徉于桂林漓江，用五彩的画笔描出一幅幅清幽秀丽的桂林山水画。2008年12月31日～2009年1月6日，中国漓江画派促进会、桂林市文化局、邕江湾美术馆、桂林美术馆联合举行“美术名家画桂林——画布上的漓江”油画作品展览，展出画家们在桂林写生的油画作品85幅。（荣健霄）

艺 术 表 演

【概　况】 2008年，桂林市文化局组织了一系列主旋律、导向性演出活动，较大型的有：桂林市抗冻救灾春节“三下乡”慰问活动，桂林市抗冻救灾募捐晚会和表彰大会文艺演出，迎奥运火炬接力仪式，2008年桂林山水文化旅游节开幕式暨地市合并十周年庆典晚会。7月，市桂剧团创作演出的全国十大精品剧目《大儒还乡》由国家文化部选送北京参加奥运重大文化演出活动，在北京海淀剧院为中外观众演出3场。（荣健霄）

【创作表演成果】 年内，桂林市表演艺术的创作和表演均有出色表现。1月，广西文联、广西音乐家协会联合主办的第三届广西音乐金钟奖评奖活动揭晓，刘璐获金钟奖声乐表演奖。8月，市桂剧团、彩调团参加第四届中国戏曲“红梅奖”广西中青年演员大赛，获一等奖8个、二等奖5个、三等奖3个。由市戏剧家协会会员杨戈平创作的小品《接站》，9月获广西首届农民工主题文艺会演表演一等奖，11月获自治区党委宣传部、自治区精神文明办公室和文化厅举办的自治区小品大赛一等奖。10月，廖小润在中国宝丰第四届魔术文化节中表演魔术节目《木兰》，获“宝丰杯”银奖。12月，桂剧团演员谢俊芳参加深圳世界魔术交流大会暨“金牌奖”国际魔术比赛，表演魔术节目《运动时刻》，获舞台艺术铜奖。

年内，曾宪瑞作词的歌曲《我家住在漓江边》《榕树爷爷》获全国第七届少年卡拉OK电视大赛作品一等奖。梅文作曲、周昭麟作词的歌曲《让爱汇成滔滔大海》《你是巍峨的大山》获得中国群众创作歌曲大赛一等奖、全国职工大赛一等奖。韦海曦创作、指挥的合唱《瑶人哪里来》获2008年全国民族歌曲合唱大赛金奖。在由中国文联、山西省人民政府、国家教育部艺术教育委员会、中国舞蹈家协会等部门主办的中国舞蹈“荷花奖”校园舞蹈大赛暨首届青年舞蹈节中，市舞蹈家协会选送的三人舞《孩子，抓住老师的手》获校园舞蹈作品铜奖及优秀园丁奖，颜聪、农春雀等创作的三人舞《职场、知己》获十佳作品奖、黄河优秀园丁奖。在由新加坡音乐舞蹈家协会主办，北京市东城区少年宫协办的首届新加坡国际音乐舞蹈比赛中，桂林市的双人舞《血色记忆》获得编导金奖。桂林市曲艺家协会组织创编人员和业务骨干编导的壮族天琴弹唱《情系北部湾》获得全国海事文艺节目调演一等奖。桂林市的瑶族铃鼓《一张泥巴照》(石维佳、王志梧创作)、壮族师公锣鼓《壮歌飞扬》(李侃、杨弋平创作)获第六届广西曲艺文学奖特别奖,桂林大鼓《火凤凰》(王志梧创作)、桂林竹琴《漓江渔歌》(李侃创作)获一等奖。卢榕峰、胡克、袁怿颖创作的公益公告《清明》获2008年度"广西广播电视奖(文艺类)"优秀作品评选一等奖。（何志琏　荣健霄）

【举办抗灾救灾重建家园文艺晚会】 1~2月,桂林市遭遇罕见雨雪冰冻灾害。桂林市举行了以"博爱奉献真情"为主题的桂林市抗灾救灾重建家园文艺晚会。刘兰芳、姜昆、冯巩等国内曲艺名家与桂林艺术家同台献艺。晚会表演的大型歌舞《冰火南天》、情景歌舞《大雪无情人有情》、歌曲《冰雪中有一种特别的爱》《冰雪真情》等原创节目,再现了面对罕见冰冻灾害,桂林人民所表现出的百折不挠、奋勇向前、顾全大局、团结拼搏、共渡难关的抗灾救灾精神。（荣健霄）

【国家舞台艺术精品剧在桂林展演】 11月10~18日,国家文化部、自治区文化厅、桂林市人民政府联合主办国家舞台艺术精品剧展演,在桂林市漓江剧院演出5场。共展演了桂林市桂剧团创演的大型历史桂剧《大儒还乡》、河南郑州歌舞剧院打造的大型原创舞剧《风中少林》和无锡市歌舞团打造的大型民族舞剧《西施》。三台精品剧目的展演给观众带来强烈的视觉震撼和全新的艺术享受。（文劲）

社　会　文　化

【文化下乡抗击冰雪灾害】 2008年初,桂林市遭遇罕见的雨雪冰冻灾害。市直专业剧团和市群众艺术馆组成11个演出小分队,到资源县梅溪乡、灌阳县新圩乡、灵川县海洋乡、全州县才湾镇等18个乡镇进行慰问,共演出18场,受到灾区广大群众热烈欢迎,观众达2万多人次。市文化部门还调拨22个电影拷贝,组织电影放映队,携带发电机,随同演出队到受灾乡镇放映电影。春节期间共放映电影128场,观众3万多人次。（荣健霄）

【新春文化月火红依旧】 春节期间,尽管遭遇罕见冰冻雪灾,市区和12个县依旧举行民间艺术表演、文艺游行、文艺演出、游园等活动。市群众艺术馆举办了第二十一届迎春漫画展,并深入全州、资源、平乐县以及灵川大圩镇巡回展出。大年初一,文化部门组织舞狮队、高跷队在市中心广场进行春节拜年活动,为节日增添喜庆气氛。2月19~21日,市群众艺术馆在市展览馆举办桂林市2008年新春民俗风情摄影展,收到作品600多件,展出140幅,吸引近千市民观看。

【广场文化活动】 2008年,市中心广场活动丰富多彩,成为文化部门弘扬主流文化的阵地,全年共演出42场,演出节目428个,观众约21万人次。市群众艺术馆5月24日上午在中心广场举办桂林市"我为奥运添光彩"少儿自绘文化衫活动,组织来自全州县学校、市少年宫、宁远小学、美术馆画童培训基地、叠音艺术学校的小朋友500多人,现场作画,描绘喜迎奥运的激动心情,同时表达对四川地震灾区小朋友的祝福和哀思。

【举办第二十九届"漓江之声"】 9月15日~11月24日,第二十九届大型群众文化活动"漓江之声"在桂林市举行。"漓江之声"历时3个多月,共演出35场,演出节目近300个,参演人员数千人,观众5万余人次。12县5城区分成17个预赛区,选出105个优秀节目参加决赛。和谐新农村山歌擂台赛是"漓江之声"活动的精彩项目之一,由上届歌王全州县代表队守擂,叠彩区、雁山区、龙胜各族自治县和恭城瑶族自治县4支代表队进入决赛攻擂,共有51位参赛歌手。经过两天的角逐,恭城代表队获得此届"漓江之声"山歌王称号。与往年相比,此届"漓江之声"体现大众文化与精品文化相结合、时尚艺术与传统艺术相结合、舞台艺术与广场文化相结合的特点,一些创作作品反映了桂林地市合并10周年的城乡巨变与和谐新桂林的精神风貌。

【2008年桂林山水文化旅游节艺术巡游】 11月9日晚,桂林市举办2008年桂林山水文化旅游节艺术巡游活动。此活动是桂林市庆祝自治区成立50周年项目之一,来自桂林各高校、企业和各县(区)的巡游队伍3000多名演员,组成29辆花

车、15个方块队，从中山中路南门桥出发，沿中山中路，经十字街到达终点中山北路桂林大酒店，全长近2千米。巡游集中展现桂林地市合并十年间全市各行业取得的新成就，吸引众多中外游客和市民观看。

【举办文艺骨干培训班】 年内，桂林市群众艺术馆与各县(区)文化馆努力提高全市社区、村屯文艺队的整体水平，从3~8月，开展了社区、农村文艺骨干培训活动。开设的培训班主要有：彩调基础培训班、群众歌咏活动组织基础培训班、舞蹈编导基础训练班、小品小戏创作班、美术培训班等，共举办29期，培训学员3108人次。 （陶佳）

【广西文场入选国家级非物质文化遗产保护名录】 6月，由桂林市曲艺家协会申报的地方剧种广西文场入选第二批国家级非物质文化遗产保护名录，成为桂林市唯一一个国家级非物质文化遗产保护名录项目，李伟群被公布为“广西文场代表性传承人”。广西文场产生于清代中叶，流行于桂北官话地区，至今已有数百年历史。其音乐律旋清新优美、婉转流畅而细腻抒情，传统曲目丰富，唱本有：成套的《琵琶记》《西厢记》《红楼梦》等，单出的《双下山》《王婆骂鸡》等，段子《武二探兄》《贵妃醉酒》等，新作品《漓水情深》等。新中国成立后桂林市的文艺工作者和广西文场爱好者创作不少歌颂桂林山水风光的抒情小段，如《画中游》《仙境怎比我桂林》《七星夜游》等。11月，广西曲艺家协会、桂林市曲艺团、桂林曲艺家协会联合举办首届广西传统文场演唱会。12月，广西曲艺家协会、桂林市曲艺团、桂林电视台联合摄制广西文场首张音画光碟《奇山秀水美桂林》并出版发行。 （荣健霄）

【推进非物质文化遗产保护工程】 年内，桂林市加大推进非物质文化遗产保护工作。2月21~23日，在百花剧场共举办6场桂林市迎新春地方戏曲专场演出活动。组织各县对所有乡村的非物质文化遗产资源进行普查，查遗补漏，并建立市级非物质文化遗产名录数据库，共录入桂林市《第一批桂林市市级非物质文化遗产保护公布目录》文字数据69条，图片210幅，视频数据4条。至年末，桂林市共有国家级非物质文化遗产保护名录项目1个，自治区级非物质文化遗产保护名录项目13个，市级非物质文化遗产保护名录项目84个。

【公益性文化基础设施建设】 年内，桂林市发展和改革委员会会同市文化局向上级申请“十一五”规划期间重建72个乡镇综合文化站，其中兴安、阳朔、临桂、永福4县的16个乡镇综合文化站获批准列入中央新增1000亿元预算内投资项目。市人民政府把新建400个农村文化图书室作为年内为民办十件大事之一，并于11月20日顺利完成建设任务。 （王林杰）

【Flash科普作品创作大赛举行】 5月15日，桂林市第四届青少年Flash科普作品创作大赛举行颁奖仪式。此届大赛由桂林市科技局、桂林市教育局、广西桂林图书馆联合举办，历时一年。参赛作品内容涉及广西本土特有的地形地貌、动植物、民族民间文化、生活百科、信息技术、环保科学、地球科学、生物现象以及资源利用等方面，收到参赛作品123个，评出获奖作品15个，优秀指导老师1名，组织奖1个。12月，桂林市科学技术局、桂林市教育局、广西桂林图书馆再次联合举办第五届Flash科普作品创作大赛。参赛者中有12岁的小学生，亦有工作在各行业的爱好者。大赛评出获奖作品成人组一等奖1名、二等奖3名、三等奖4名，少年组一等奖1名、二等奖3名、三等奖5名。

【桂林市2008年少儿网络知识竞赛】 6月14日，以“向广大小学生普及基本计算机网络知识，倡导良好的网络行为”为主题的桂林市2008年少儿网络知识竞赛在广西桂林图书馆举行。竞赛由桂林市科技局、桂林市教育局、广西桂林图书馆联合举办，桂林市18所小学的90名小学生参加比赛，最小的选手年仅9岁。比赛分为初赛和决赛。初赛为笔试，决赛为上机比赛。决赛评出团体一等奖1名，二等奖2名，三等奖3名。

【桂林图书馆】 2008年，桂林图书馆对已建的文化共享工程县级支中心以及基层点，提供技术指导和远程维护，并帮助指导兴安县、阳朔县、恭城瑶族自治县完成县级支中心建设任务。国家文化部文化共享工程国家中心的资源建设项目《广西抗战文化》《广西农业科技》《刘三姐文化资源》数据资源建设年内取得新进展。其中，完成《广西农业科技》数据库文字数据2710条，图片约2600幅；《刘三姐文化资源》数据库文字数据1672条，图片约1000幅；《广西抗战文化》数据库文字数据1500条，图片1382幅。4月8～13日，该馆和市展览馆共同举办台湾印象摄影展桂林巡回展，展示台湾9位摄影家的110幅作品，内容涉及台湾风景之名胜、城市风貌、民俗节庆和人文艺术。此展由上海图书馆提供展览资源，免费向市民开放。5月底至6月初，该馆开展图书馆服务宣传周活动，接待读者近万人。

9月20日上午，该馆读者网上服务系统暨“读秀知识库”开通，持证读者使用“读秀知识库”不需增办任何手续，上网登录该馆网站并注册成功，可阅览到解放后国内正式出版的上百万种中文图书全文，此系统解决了该馆纸质图书品种少、复本少，很多读者到馆借不到所需图书的问题。

（白薇）

【桂林市展览馆】 2008年，桂林市展览馆举办4次精品艺术展览：2月14～17日，“金奖之路”龙福林、龙鼎中父子摄影艺术作品展，展出近年获奖作品94幅；2月23～29日，潘琦唐诗宋词元曲书法作品展，展出作品208幅；10月11～13日，展出由中国美术家协会、清华大学美术学院、中共桂林市委宣传部共同主办的情系桂林——白雪石山水画展；12月18～21日，展出由江苏省书法家协会、广西书法家协会主办的“墨韵心迹”徐锡澄、魏建勋书法作品展。

该馆全年还主办、承办了系列宣传图片展，主要有：3月15～21日，桂林市2008年抗冻救灾纪实摄影大展，展出250多张来自抗冻救灾一线的精彩照片，真实记录罕见自然灾害给桂林造成的伤害，展示全市各界人士在抗灾救灾时涌现的感人瞬间，影展免费向市民开放，参观者12万人次。4～7月，桂林市抗冻救灾纪实摄影大展及桂林市艺术摄影展览深入社区、高校及兴安、全州县巡回展出。5月，该馆与市文联、市慈善事业会等8个单位联合举办两次抗震救灾书画家作品义卖活动，筹得善款近15万元。7月23～27日，市委宣传部、新华通讯社广西分社联合主办抗震救灾众志成城——2008年中国抗震救灾大型新闻图片展，展出作品200多幅，观众10多万人次。10月，市纪律检查委员会、市监察局与贺州市纪律检查委员会、市监察局共同举办两广六市廉洁文化摄影“清风廉影”桂林巡回展。11月8～13日，市政府主办庆祝桂林地市合并10周年大型图片成果展。下半年，该馆承办的展览还有迎奥运主题展览9个，庆祝广西壮族自治区成立50周年展览3个。

（黄琼）

文　化　产　业

【概　况】 2008年，桂林市文化部门培育文化产业品牌，打造体现桂林山水和历史文化特色的文艺精品，走政府主导、市场运作的产业化发展路子。5月23日，总投资3000多万元的民营大型影院梦露影城在桂林市象山区落成并开业，影城有6个放映厅，近千个座位。9月，桂林市港岛网络科技有限公司、桂林梦幻漓江演艺传播有限公司成为第二批自治区级文化产业示范基地。市、县电影公司配合科技、文化、卫生“三下乡”活动，做好送电影下乡工作。桂林市电影公司推进“国产新片进农村”放映活动，全年给5城区84个行政村和边远村寨送去电影1000余场。全州县电影公司连续9年送电影到乡村中小学校放映，受到民众欢迎和政府部门肯定。

（文劲　韦锦星）

【举行献爱心义映活动】 5月24日，桂林电影院发起心系四川灾区献爱心义映活动。活动经《桂林日报》《桂林晚报》和桂林电视台报道后，市民慷慨解囊，影院4个放映厅排映，投入5个节目全天放映共21场，当天收入1.1万元，全部捐给灾区。

（文劲）

【电影放映】 2008年，市城区电影放映增至14块银幕，其中桂林电影院4块、叠彩电影院1块、心连心影城3块、梦露影城6块；城区电影从业人员共177人。为保证市民们都能看上电影，市电影公司组织3个流动放映队，开展“电影进社区”活动，采取影企联姻等多种形式，到社区、大中专院校和市内部分广场放映电影,受到市民欢迎。全年,市内各家电影院共放映12045场;观众31.78万人次;票房收入707.34万元,其中,桂林电影院票房收入448.6万元,占市区电影票房63.42%,是连续四年票房递增的电影院。5月下旬开业的梦露影城取得199.93万元的票房成绩。2008年的桂林电影市场,观众欣赏习惯悄然发生变化,观看国产影片观众明显增多。各类影片中,票房成绩最好的是国产影片《赤壁(上)》,达84.50万元。桂林电影院票房成绩超30万元以上的影片还有《画皮》42.71万元、《功夫之王》32.89万元、《长江七号》32.44万元。进口美国动画片《功夫熊猫》、英国影片《007大破量子危机》取得较好票房成绩。（韦锦星）

文化市场管理

【概　况】 2008年,市文化局推进文化市场建设,加强日常监管,开展专项治理,打击文化市场中违法违规行为。全年全市共出动检查人员11880人次,检查文化经营场所17295家次,立案436件,办结案件413件,收缴非法音像制品20.8万张,收缴非法电子游戏机134台,警告违规经营场所595家次,罚款73.16万元,停业整顿42家次,取消经营资格2家。4月26日,在保护知识产权日活动中,市文化局组织统一销毁违法音像制品14.6万张。

【文化娱乐场所合作共度非常时期】 年初,桂林遭受罕见的雨雪冰冻灾害,全市仅存1条供电线路处于满负荷运行。市政府下发《关于市区大型商场超市公共娱乐场所限时营业的紧急通知》,防止大型娱乐场所及其他经营场所发生因突然停电而致踩踏、哄抢等安全事故。市文化局号召业主积极配合,同时采取各项有效措施,确保限时营业工作落实。市文化稽查支队分片包干,责任到人,实行问责制,反复巡查。全市公共娱乐场所在市政府要求的特殊时段内全部暂停营业,配合缓解供电压力,没有发生任何安全事故。5月19~21日是纪念四川汶川特大地震的全国哀悼日,全市所有歌舞、游艺场所根据国务院公告精神,停止了一切娱乐活动;网吧停止了各类游戏网站、游戏频道的经营活动。

【整治无证或赌博电子游戏经营】 年内,市文化局与公安、工商管理部门联合整顿市区电子游戏机娱乐场所无证经营,以及在场所内设置具有赌博功能电子游戏机等违规经营。县(区)文化体育局对辖区所有无证经营文化娱乐场所进行调查、登记,书面提请公安、工商管理部门采取联合行动。9月2日,市文化局、公安局、工商局联合行动,检查电子游艺娱乐场所128家,取缔11家,收缴赌博机422台,行政拘留8人;10月31日,3部门再次联合出击,查处非法游戏机室54家,网吧9家,缴获赌博游戏机166台和用于赌博的电脑主板30块,抓获涉赌人员15名。12月4日,对收缴赌博电子游戏机进行统一销毁,共销毁游戏机495台,电脑板903块,主机33台。

【巩固网吧整治成果】 市文化局开展网吧专项整治行动,针对校园周边、居民楼院、城乡结合部和农村等重点部位,采取不同的整治措施。在寒暑假、节假日、重大政治活动期间,加强实时监控;建立并完善行政执法检查日志制度、网吧市场明察暗访制度,落实网吧经营管理技术措施,完善日常监管。开展清理网上淫秽色情等有害信息行动,规范互联网上网秩序,整治网上低俗之风。同时,加强对网吧从业人员法制培训教育,组织开展互联网行业自律,增强业主的自觉性,切断传播网络淫秽色情违法犯罪活动的信息传播和牟利渠道。从严审批网吧,健全市场准入和退出机制。网吧变更和增加计算机台数时,必须通过公安部门互联网安全审核、消防安全审核,落实计算机经营管理技术措施、安全技术措施,对不符合条件的不予发证。对违规网吧重罚,与通信部门继续保持密切联系,对被停业的网吧予以切断互联网接入。

【娱乐场所阳光工程启动】 5月9日,由市综合治理办公室、文化局等7部门组织实施的桂林市娱乐场所阳光工程启动,计划在2008~2010年间,解决部分娱乐场所经营不规范,治安秩序混乱,安全意识、版权意识淡薄,噪音扰民等问题,提高桂林市娱乐场所服务质量,增加市民娱乐消费满意度，形成健康文明、具有竞争活力的品牌娱乐产业。5月11日，娱乐场所阳光工程在市中心广场举行文艺宣传和有奖知识问答，向市民宣传娱乐场所阳光工程的指导思想和宗旨，倡导守法经营、文明娱乐。

【打击非法盗版音像制品】 年内，市文化局通过群众举报、暗访蹲点和主动出击等方式，开展音像市场检查，打击销售非法盗版音像制品行为。5月，市文化局、公安局、工商局等执法部门联合行动，整治小东江花桥街销售非法盗版音像制品地摊点，查处销售非法盗版音像制品摊点7家，收缴非法盗版音像制品5000多张。7月，市文化稽查支队和七星区公安分局联合出击，在安新区居民楼出租房内查获非法音像制品3万多张。

【聘任网吧监督员】 4月17日，桂林市网吧监督员聘任仪式在桂林第十七中学举办，103名网吧监督员接受聘任证书。聘任的监督员都是市属学校（含职业学校、民办学校）分管领导或负责人。市文化局、教育局、公安局、工商局、精神文明建设委员会办公室、团市委、市直机关工委及市属学校（职业学校、民办学校）分管领导，网吧业主、部分网吧监督员、桂林第十七中学代表参加仪式。与会学生代表400人现场集体诵读《全国青少年网络文明公约》，网吧业主代表郑重承诺遵纪守法、文明经营，自觉接受行政管理等部门的管理，配合网吧监督员的工作。（孙小良）

文 物 保 护

【文物规划及维修】 年内，继续组织开展《靖江王府保护规划》《桂林石刻保护总体规划》的编制，推进甑皮岩遗址二期项目的前期工作，实施桂海碑林改扩建工程。至年末，完成《甑皮岩遗址保护规划》文本初稿，靖江王陵大遗址景区建设性规划方案的上报及靖江庄简王陵陵恩门的抢救性维修工程，桂海碑林旧馆舍改造装修工程，李宗仁官邸副官楼抢救性揭顶维修及主楼、副官楼水涧检修、更换项目。桂林石刻第一期保护修复工程在完成前期病害调查和样区实验工作的基础上，完成雉山石刻、骝马山摩崖造像等桂林石刻文物点的保护修复工作。

【文物宣传展示】 年内，市直文物博物单位开展了形式多样的文物宣传、陈列展示活动。全年各博物馆累计开设临时专题展览9个，接待参观117.8万人次，其中免费接待参观58万人次；开办各类学术研讨讲座、座谈会14次。甑皮岩遗址博物馆配合英国广播公司（BBC）《人类之旅》摄制组完成科教片《人类之旅》（桂林甑皮岩遗址篇）的拍摄工作，该片反映了甑皮岩万年古陶器及原始先民适应自然环境的模式。

【八路军桂林办事处纪念馆免费开放】 3月19日，八路军桂林办事处纪念馆开始免费向社会开放，是广西首批5家免费开放试点的纪念馆之一，也是桂林市唯一免费开放的纪念馆。该馆于1977年1月依托八路军桂林办事处旧址而建，馆藏周恩来、李克农、胡志明等使用过的珍贵文物以及丰富的历史图片资料，是全国重点文物保护单位、全国爱国主义教育示范基地和全国百家经典红色旅游景区之一。

【考古调查与学术研究成果】 7月1日，第三次全国文物普查之田野调查工作在全市铺开。至年末，共完成秀峰、叠彩、象山及高新（七星）区247个文物点的调查，其中，新发现文物点194处，以古井、古桥、祠堂、庙宇为主。年内桂林市文物部门与中国社会科学院考古研究所、香港中文大学人类学系、中国地质科学院岩溶地质研究所、广西师范大学、桂林旅游高等专科学校等共同实施相关文物保护研究课题，全年编写并出版了《史前明珠甑皮岩——纪念桂林甑皮岩遗址博物馆建馆三十周年》《甑皮岩遗址研究文集》和《丰碑——桂林抗战纪实文物史料图集》等书籍。（严铭）

1月1日，桂林人民广播电台旅游音乐广播和桂林电视台科教旅游频道正式开播。图为开播庆典仪式。 （黄雷　摄）

广播·电视

【概　况】 2008年，桂林市广播、电视部门围绕市委、市政府工作大局开展广播电视新闻宣传，确保舆论导向正确；完成安全播出、对外宣传、事业建设、体制改革、机制创新、行业执法和队伍建设等方面的工作目标，广告经营创收呈现恢复性增长态势。桂林电视台、桂林电台、《桂林广播电视报》广告共创收2206万元，（比上年，下同）增长23%。

【重大宣传】 年内，桂林市广播、电视工作坚持正面引导，为全市经济社会发展营造良好的舆论氛围。桂林电台、电视台对重大宣传题材加强策划，为加强对中共十七大精神学习、贯彻和继续解放思想大讨论的宣传报道，开设《思想大解放，促进大发展》栏目；为宣传好市委“保护漓江，发展临桂，再造一个新桂林”精神，开设《建设临桂新区，再造一个新桂林》等栏目。在对桂林市经历的历史罕见雨雪冰冻灾害和四川汶川特大地震等抗灾救灾工作的宣传报道期间，桂林电台、电视台密集推出相关栏目。桂林电视台在奥运火炬桂林传递活动的宣传报道期间，第一次在移动状态下全程17千米直播工作，直播时间长达4个多小时。

【对外宣传】 2008年，桂林广播、电视部门注意发挥桂林地域和文化优势，开展对外宣传，提升桂林在境内外的知名度和美誉度，全年桂林电视台上报稿件被中央电视台采用109条，被广西电视台采用636条，两项指标均在自治区14个城市台中排名第一；12县电视台上报稿件被中央电视台采用共30条，创历年县级台被中央台采用稿件数量记录。在奥运圣火桂林传递的宣传工作中，由桂林电视台摄制的《城市名片》及其他10部山水风光宣传专题片，多次被中央电视台、北京电视台、广西电视台选用或剪辑播出，并有大量的影像资料被各大新闻门户网站采用。

【节目改版】 2008年初，桂林电台每周一至周五早上7:45增设一档新闻“及时播”节目——《新闻在路上》，使早间新闻节目收听率在桂林电台两套频率所有栏目中位列第一。3月，桂林电视台新闻综合频道的《桂林新闻》，播出时间从原来20:05提前到18:40；已开办5年的反映桂林民生的新闻栏目《新闻时间》改名为《身边》，并新开办一档20多分钟的桂林方言新闻栏目《板路》，栏目推出得到广大市民的认可。

【桂林与深圳广播电视媒体实现资源共享】 2008年1月1日，由深圳、桂林两地广电媒体跨地区合作的桂林人民广播电台旅游音乐广播（FM 88.3 MHz）和桂林电视台科教旅游频道正式开播，合作的广播频率平均收听率由2007年9月的0.56%上升到2008年10月的0.84%；听众平均占有率由26.5%上升到38.3%。合作的电视频道的黄金时段平均收视率从合作前的0.24%上升到2.87%；频道的市场份额由合作前的0.8%上升到7.2%。与深圳广电媒体实现资源共享，得到了国家广播电影电视总局发展研究中心编制的《2008年中国广播电影电视发展报告》（广电蓝皮书）的充分肯定，认为“深桂广播电视通过跨地区合作，实现资源共享，优势互补，这是广电品牌发展的战略选择”。

【确保广播电视安全播出】 2008年，市广播电视局通过修订完善《安全播出应急预案》，健全市、县两级广播电视安全播出指挥调度机构，建立了与市公安局、国家安全局、无线电管理委员会、教育局等部门协调统一的应急联动机制，并把安全播出工作纳入目标管理责任制，确保重要播出期的正常供电和广播电视的安全播出。2007年10月1日～2008年9月30日，桂林电台两个频率共计播出12956小时、桂林电视台3个频道共计播出23744小时，桂林广播电视发射台累计发射电视信号17155小时、调频广播16624小时，全年没有发生一起节目停播事故。

【广播电视无线覆盖工程建设】 9月，全市广播电视无线覆盖工程通过自治区、市两级部门组织的检查验收。该工程自2007年4月启动，市政府共投入工程建设资金278万元，建设大、中功率无线发射台（站）11个（其中市区1个，县10个），增设播出广播电视节目发射机67部。全市广播无线覆盖人口400多万人，电视无线覆盖人口200多万人。

【有线网络产业发展】 2008年，市广播电视局协调和支持广西广电网络公司桂林分公司实施数转、网络改造、乡镇广电网络整合、网络增值、安全播出等工作。至年末，全市有12个县(区)启动有线电视整体转换工作，共拥有数字电视用户约29万户，其中，市区约16万户；市区9个乡(镇)427个行政村(雁山区除外)有90%的行政村实施有线联网。全年，广西广电网络公司桂林分公司完成年度经营创收5950万元，增长29%。

【移动多媒体广播开机试播】 12月3日，桂林市移动多媒体广播(CMMB)正式开机试播，共传输4套中央和广西电视节目。年末，桂林广播电视局成立移动多媒体广播筹备工作领导小组，协助国家广播电影电视总局技术人员在桂林市尧山广播电视发射台区完成移动多媒体广播(CMMB)天馈线、发射机等设备的安装调试工作。

(罗宗昌)

新闻·出版

【概　况】 2008年，桂林市有出版物发行零售单位503家(其中属县195家)，电子出版物经营单位31家；全市出版物发行单位资产总额2500万元，年利润总额380万元，年销售总额2847万元，销售码洋4501万元。有印刷企业222家。其中：按管理类别分，出版物企业15家，排版、制版、装订专项许可企业4家，包装装潢印刷企业90家，其他印刷品印刷企业113家；按企业类型分，国有企业19家，集体企业31家，个体私营企业146家，股份制企业24家，外资企业2家；按年销售收入分，销售额1000万元(含)以上企业13家，500万元(含)~1000万元企业15家；按资产总额分，5000万元(含)以上企业3家，1000万元(含)~5000万元企业15家，500万元(含)~1000万元企业13家，500万元以下企业191家。全年全市印刷企业工业总产值10.4亿元，其中，出版物印刷企业3.03亿元，排版、制版、装订专项许可企业285万元，包装装潢印刷企业6.23亿元，其他印刷品企业1.14亿元；印刷企业从业人员6561人。全市有复制企业1家，年产值近3亿元，从业人员260人；打字、复印、影印“三印”企业252家。中央和自治区新闻单位设立的记者站6家。

全年共审核审批报刊型、图书型内部资料性出版物80多种(期、次)，审核上报图书型内部资料性出版物20多种(次)。全年实施新闻出版行政执法案件43件，无一发生行政复议或行政诉讼，群众投诉率为零。全年共接待群众各类咨询和提供法律援助208人次，及时调解化解各种纠纷12起。

【印刷业发展】 2008年，桂林市印刷工业园确立形成集展销、培训、商务、设计、印刷、金融、仓储、物流为一体的新型印刷工业园区规划思路，至年末完成大量前期工作。年内，桂林艺宇包装印刷有限公司投资上亿元落户苏桥经济开发区项目完工并投产；桂林鸿瑞科技发展有限公司投资5000万元，成立了经营出版物印刷的桂林鸿瑞商务印刷有限公司；甲天下全塑包装有限公司完成新厂房建设。桂林市印刷业已发展成为自治区重要印刷基地。

【建设农村文化图书室】 2008年，市政府将建设400家农村文化图书室确定为为民办18件实事之一。年内，共建设农村文化图书室413家，覆盖全市25%的建制村。农村文化图书室建设财政资金到位254.92万元(市财政到位资金96万元，县(区)财政到位资金158.92万元)，群众自筹到位资金17.93万元。

【向灾区献爱心】 年初，桂林市遭遇罕见雨雪冰冻灾害。市新闻出版行业积极向灾区献爱心。桂林鸿瑞科技发展有限公司捐款25万元，民营书店、电子出版物经营店捐赠图书等出版物3.6万元码洋，印刷企业捐赠图书5000元码洋。5月，四川汶川特大地震，市新闻出版行业共为四川地震灾区捐款140多万元。

【大案要案查处】 5月2日，灵川县新闻出版局和县公安局配合，查获湖南省邵东县至南宁市的货车装载的非法出版物1000多册2万多元码洋。5月3~5日，市新闻出版局与市公安局配合，对三多路、铁西小区一带的贩卖非法音像制品的地摊、游商采取联合行动，破获3个地下储存批销盗版和非法音像制品窝点，共缴获非法音像制品32万张，刑事拘留1人，行政拘留2人，治安警告教育5人。5月22日，全州县新闻出版局和县公安局配合对车辆进行检查，收缴非法图书8000多册15万元码洋，并对非法经营者进行了处罚。7月19日，市公安局七星分局联合文化执法人员，在一居民楼内捣毁长期从事地下批发非法、淫秽光盘的窝点，当场收缴非法音像制品3万余件，抓获犯罪嫌疑人2人。

【“扫黄打非”成效显著】 全年全市共收缴各类非法出版物52万件，其中，淫秽色情出版物2500多件，非法图书报刊6.5万件，盗版教材教辅资料3600件，非法盗版光盘45万件；查处违规网吧、游戏娱乐场所287家次，缴获有赌博性质的游戏机及电脑板400多台（件）；查办“扫黄打非”案件302起，其中，行政处罚案件300起，刑事处理案件2起。4月20日，市“扫黄打非”工作小组举行集中销毁侵权盗版及非法出版物活动，现场销毁侵权盗版和非法出版物8.2万件。

【新华书店经营状况下滑】 2008年，市新华书店及各县新华书店实现总销售1506万册，下降28%。销售金额1.16亿元，减少2149万元，下降16%（总销售仅龙胜各族自治县新华书店增长35%，其他新华书店销售下滑幅度不等）。其中，课本教材发行总金额6556万元，减少1831万元，下降22%；销售课本教材之外的一般图书5091万元，减少312万元，下降6%。全市人均购书3.2册24.5元，减少4.5元；职工年人均劳动生产率30万元，减少4万元；共实现税利632万元，减少27万元，下降4%；固定资产原值8543万元，与上年基本持平。市新华书店全年总发行图书371万册4642万元，码洋销售减少362万元，下降7%。其中，一般图书销售3911万元，增长0.2%；课本教材发行销售731万元，下降34%。实际税利300万元；年人均劳动生产率为29万元，下降2万元；固定资产原值为5510万元。

（王善庠）

【桂林日报社】 全年《桂林日报》平均期发行量4.96万份，《桂林晚报》平均期发行量6.86万份，《休坛导报》平均期发行量9.6万份。《桂林日报》《桂林晚报》广告收入增长6.39%。桂林日报报社获中国报刊广告30年改革创新卓越贡献媒体、自治区抗击雨雪冰冻灾害集体二等功。

年内，桂林日报社围绕市委、市政府中心工作，坚持正面宣传为主的方针，精心策划了“抗击低温雨雪冰冻灾害”、“四川汶川特大地震”、“抗洪救灾”、“北京奥运会、残奥会”、“奥运火炬——桂林传递”、“纪念改革开放30周年、庆祝自治区成立50周年”、“桂林地市合并10周年”等大型新闻采访系列报道，提高了报纸舆论引导的权威性、公信力和影响力。与市政府联合举办“感动中华——桂林（安厦）航天展”和第五届桂林“房车”节，与中央电视台合作组织举办《非常6+1》——“三金药业杯”桂林选手选拔赛活动。《桂林日报》《桂林晚报》全年分别开辟《思想大解放促进大发展》《深入学习实践科学发展观，努力实现桂林经济新跨越》《十年历程、十年辉煌——桂林地市合并十周年纪念特别策划报道》《我的创业故事》《50年50人50岁》等专题栏目11个。与市商业银行联手推出“创业群英谱、最佳和谐社区”主题活动，为企业量身打造新闻新产品。开设《创业者论坛》，推动全市经济的发展。围绕“保护漓江，发展临桂，再造一个新桂林”和园区建设，共刊发具有较大影响力的报道198篇。

年初，桂林遭受严重雨雪冰冻灾害。桂林日报社派出20多名记者第一时间奔赴受灾最严重的资源、全州、灌阳、兴安、临桂县和龙胜各族自治县，《桂林日报》《桂林晚报》每天分别用4个版~5个版和8个版~10个版篇幅开辟系列评论，共刊发抗灾救灾稿件1900余篇（幅）。以长篇纪实报告文学的形式创作出版了《冰雪桂林2008》，该书获中华优秀出版物奖。

四川汶川特大地震期间，该社制作了16个版的《汶川地震号外》5万份，免费派送到读者手中；同时在第一时间派出4位记者组成的首批特别报道组赶赴四川灾区采访。《桂林日报》《桂林晚报》及时调整版面，每天分别以8个版和10个版开设《聚焦四川汶川大地震》《关注四川大地震》《本报记者灾区一线直击》《记者在现场》《动态》《综合》《现场》《视图》等13个专栏，形成报道强势。在一个多月时间里，两报共刊发该社记者采写抗震救灾稿件780余篇(幅)，并出版《震撼》特刊。

年内，桂林日报社推进报业改革发展，成立了改制工作办公室，增设监察科和第一读报人岗位，加大工作督察和报纸审读力度。　(王长科)

【漓江出版社】 2008年，漓江出版社共印制图书831种，其中，初版524种，重印307种；总印数735万册，总印张66575千印张，总码洋9672万元，发货总码洋9512万元。全社主营业务收入3187万元，减少361万元，下降10.2%；全年图书回款3315万元，减少497万元，下降13%；其他业务收入296万元，减少140万元，下降32.1%；全年总收入3483万元，减少765万元，下降18%。全年漓江出版社一般图书市场占有率上升4个位次，在全国586家出版社中排名第125位。

年内，漓江出版社出版以军垦题材和农村题材为主题的作品——《戈壁母亲》《喜耕田的故事》，被拍摄成电视连续剧在中央电视台一套节目黄金时段热播，受各方面好评。承担国家新闻出版总署对外交流资助翻译出版任务，完成《希腊诗歌选》的翻译出版。围绕主营板块初步形成社科教育板块、文化艺术板块、生活类板块和心理自助板块，效益初步显现。其中，社科教育板块在全国同类细分市场保持领先地位；《我不是教你诈5》《二十几岁，决定男人的一生》《天下女人》《一本杂志和一个时代的体温》《把孩子培养成财富》图书获中国书刊发行业协会2008年度全行业优秀畅销品种。利用网络平台进行推广和销售，年内，该社图书在当当网、卓越网的销售额增长率超过100%。开展版权贸易，《假如我能行走三天》《二十几岁决定男人的一生1》《二十几岁决定男人的一生2》《让孩子做最好的自己》《穷道理富道理》《三国那些人儿》图书的版权分别输出到中国台湾和中国香港地区。寻求教科辅导书合作，8月，新成立的综合读物编辑室完成《青少年安全教育知识读本》中学版和小学版的编写、插图、编校、排版、印制等工作，投放市场后取得较好销路。　(廖玉桦)

【广西师范大学出版社】 2008年，广西师范大学出版社通过发稿的新版和重版图书543种，付印的新版、重版、重印图书共计2580种。共引进版权图书73种，版权输出图书7种。至10月31日，图书发行码洋4.68亿元，销售收入1.99亿元。全年完成近800种图书的装帧设计。配合电子音像社完成多媒体光盘的制作。

年内，广西师范大学出版社图书策划与出版取得新突破。与广西师范大学、广西师范学院合作，出版普通高等学校本科生专业学习指导丛书(16本)、普通高等学校本科专业学习指南丛书(14本)、大学艺术教材《走进艺术》(5种)，以及《成人学习指导与研究》等高校读物和读本；出版了教师发展哲学研究丛书、三维教育研究丛书、新视界教育文库，以及《教育的陷阱》等一批教育理论专著；出版了《中国思想学术史》(6卷本)《活着的女神》《战国策》《记忆与欲望的耦合》《蒙曼说唐：武则天》《郎朗，千里之行》等学术著作及图书。策划组稿《大学实用语文》《大学生职业发展与就业指导》《计算机应用基础实用教程》《体育与健康》《数控车床编程与操作》等一批高等职业教育教材。

年内，广西师范大学出版社专门成立信息平台建设班子，为营销工作提供客户分级、未结清单汇总、片区客户欠款及回款情况表等信息化管理，制作专业化书目，收集整理了10万余条各类客户用户信息。与15家媒体签订年度合作协议，与新浪、搜狐、腾讯网站读书频道结成合作关系，连载该社出版的图书，扩大图书宣传影响。在第七届中国大学出版社装帧艺术评奖中，该社共有12种图书获奖，《桂林老板路》《地下乡愁蓝调》获中国大学装帧艺术"十佳最美图书奖"。

(莫曲波)

11月22日，桂林市举行第十五届"解放杯"长跑赛，纪念桂林解放59周年。图为参加长跑赛的学生。（李凯　摄）

卫　　生

【概　况】 2008年，桂林市有各级各类医疗卫生机构1562个。其中，医院55家(综合医院37家、中医医院11家、中西医结合医院1家、专科医院6家)；疗养院6家；乡镇卫生院137家(中心卫生院36家)；门诊部15个；采供血机构1个；妇幼保健院(站)13个(其中市妇幼保健院与市妇女儿童医院合为一个医院)；疾病预防控制中心和卫生防疫站共13个；卫生监督所12个；诊所、卫生所、医务室共1275家；社区卫生服务机构35个(其中卫生服务中心11个，站24个)。全市卫生工作人员23256人，其中卫生技术人员19222人(执业医师6331人、执业助理医师1445人、注册护士7334人、药剂人员1070人、检验人员1050人、其他1992人)。乡村医生和卫生员4803人。全市医疗卫生机构有床位14051张，其中医院床位8927张。全年，医疗机构完成诊疗总数1394.8万人次。其中，门诊、急诊1364.3万人次；病人住院44.5万人次，出院47.6万人次；住院病人治愈率66.03%，好转率31.21%，死亡率0.56%；危重病人抢救成功率89.08%。病床周转次数35.7次，病床使用率72.28%，出院者平均住院7.2日。城区人口平均期望寿命77.25岁。

年内，桂林市卫生部门申报科研项目29个获准立项。其中，省部级6项(有经费3项)；厅级13项；市级10项(有经费5项)。第五人民医院《球囊逼出试验对功能性出口梗阻型便秘的诊断价值》成果获自治区卫生厅适宜技术推广奖。荔浦、资源县和叠彩、七星、秀峰、象山区通过自治区第二轮农村初级卫生保健终期考核评估。全年全市有6个县中医医院及桂林市中医医院、叠彩社区卫生服务中心被推选为国家卫生部糖尿病救治定点医院。全市无偿献血率连续第五年实现100%，桂林市第三次获全国无偿献血先进城市。

【应对灾害疫情威胁】 年初，桂林市遭遇罕见冰冻灾害。市卫生部门迅速组织人员应对灾害期间可能出现的各种卫生状况，共出动卫生监督员899人次，车辆311台次，对965家食品生产经营单位和餐馆进行监督检查，采样180份，销毁不合格食品44千克；出动疾病预防控制人员661人次，车辆283台次，消耗防疫物资折算19.24万元；派出医疗队439批，医务人员2687人次，发放药品价值约28.85万元，累计救治伤病员13.12万人次，抢救危重孕产妇95人。冰冻灾害期间，全市共有孕产妇4495人分娩，没有因灾造成1例孕产妇死亡，没有出现传染病疫情暴发流行。5月20日，市卫生局组建并派出卫生监督应急队

11月28日，得知桂林血站急需某种血型后，60多名喜来登饭店员工踊跃无偿献血。
黄雷　摄

10人赶赴四川地震灾区，对都江堰灾区生活饮用水和食品开展卫生监督工作，历时23天，圆满完成抗震救灾工作任务。6月，桂林市区及相关县区遭受洪灾，市卫生部门向受灾地区免费发放漂白粉、万消灵等消毒药品4500千克，杀虫药品300千克，发放灾后防病宣传资料7万份；为市区受淹学校、街道环境消毒6万平方米，配合市教育局对永福、阳朔、平乐等县7所受灾学校的环境卫生进行消毒指导，对水质情况进行检测；共出动监督车辆50台次、监督员100人次，对200余家餐饮店和食品销售店进行监督检查，确保了洪灾后不发生食物中毒和食源性疾病。

【医疗救援应急网络建设】 年内，市卫生局加强医疗救援应急工作建设，修订《桂林市医疗救援工作应急预案》，完善市120急救网络，组织迎2008年北京奥运会反恐怖全市应急医疗救援大演练，加强院前急救网络建设，增设灵川大圩镇、市区海军疗养院、市区北门3个急救点。120指挥台全年接听电话12.49万次，调度派车10847次，救治病人9800人，群死群伤救援派车86次，各类应急保障派车48车次，现场调度指挥15次。

【新型农村合作医疗覆盖全市】 年内，市政府把全面推行新型农村合作医疗制度作为为民办十项实事之一，建立起政府主导、农民参与、多方筹资、运转正常的新型农村合作医疗（简称新农合，下同）保障体系。年内，新增全州县和七星、叠彩、秀峰、象山4城区推行新农合，新农合已覆盖全市17个县（区）386.56万人；全市参加新农合农民344.52万人，参加新农合人数占全市总人数的89.12%，超过自治区和市政府提出的85%的目标。年末，全市参加新农合农民获补偿人数203.75万人，补偿总额23392.79万元，农民平均受益率68.9%；新农合基金平均使用率84.65%，住院平均补偿率42.82%。各县（区）群众受益率和大部分新农合基金使用率、人均住院补偿率均达到年度工作目标要求。

【农村卫生服务体系国债项目建设】 年内，全市共有12个县医院、5个县妇幼保健院、113个乡镇卫生院得到中央、自治区农村卫生服务体系国债项目专项资金支持。年末有4个县医院、2个县妇幼保健院、60个卫生院所实施的项目竣工并投入使用。2008年规划在建的国债项目有：平乐、灌阳、兴安、荔浦、资源、永福、临桂县7个县医院建设项目和资源、灌阳、永福县3个妇幼保健院建设项目以及32个乡镇卫生院建设项目（灌阳县7个、临桂县8个、荔浦县10个、平乐县7个）。

【支援农村卫生工作】 年内，全市各级卫生部门继续实施第四周期城市卫生对口支援农村卫生工作。全年共组织14家市级、53家县级医疗卫生单位对口支援47家乡镇卫生院，共有511人次城市医师到乡镇卫生院开展对口支援工作，为农民门诊治病26032人次，开展手术595例，培训基层卫生技术人员936人次，赠送医疗设备122台（件）、药品总价值29.90万元，推广适宜技术35项，建立规章制度292项。

【城市社区卫生服务】 年内，桂林市有城市社区卫生服务机构35家（卫生服务中心11家，卫生服务站24家），社区卫生服务覆盖市区人口63.27万人，覆盖率89.11%；年门诊量68万人次，出诊2.9万人次，健康体检14万人次；建立老年人健康档案2.5万份、高血压病人健康档案1.4万份、糖尿病病人健康档案0.4万份；指导残疾人、精神病患者在社区康复2235人。年内，市卫生局为推动社区卫生服务机构规范化建设，共组织172名医务人员参加自治区举办的社区管理、预防保健、院前急救适宜技术、全科医生和全科护士岗位培训，并举办社区卫生服务机构人员培训班5期，培训社区卫生服务人员676人次。年内，全市有10个社区卫生服务中心通过自治区组织的创等评估，其中5个达到三级优秀社区卫生服务中心标准。

【防治手足口病】 5月8日，桂林市成立手足口病防治工作领导小组、流行病调查组和医疗救治专家组，规范手足口病的诊断、收治、报告程序，确定手足口病救治定点医院和后备医院，在县级以上定点医院开设小儿发热病“绿色通道”，立足早发现、早治疗。加强疫病知识宣传教育，通过宣传栏、板报、新闻媒体等多种形式宣传到每个5岁以下儿童的家庭，提高群众预防意识和防病能力。全年共印制手足口病预防宣传单3万份、防病知识宣传资料5万份,发送手机信息15万条。5~7月,市卫生部门监督检查托儿所(幼儿园)77家、小学20家、医疗机构50家,保证手足口病防治工作各项措施落到实处。截止10月30日,全市累计报告手足口病1219例,死亡1例,治愈1218例。

【“问题奶粉”食用筛查救治】 9月中旬,市卫生局针对全国大范围发生多种奶粉含三聚氰胺(简称“问题奶粉”,下同)造成婴幼儿生病死亡事件,启动突发公共卫生事件应急预案,整合全市卫生资源,在39家医院及时建立“问题奶粉”婴幼儿筛查、治疗“绿色通道”,成立“问题奶粉”医疗专家技术指导小组,开展督查和医疗救治技术指导,做好全市食用“问题奶粉”婴幼儿筛查、救治工作。截止12月24日,全市共筛查食用“问题奶粉”婴幼儿89214人,确诊食用含三聚氰胺配方奶粉泌尿系结石婴幼儿1466例,累计住院192例,治愈191例。

【妇幼卫生工作】 年内,市卫生管理部门完善全市孕产妇急救网络和三网监测网络建设,开展孕产妇死亡病例评审,建立孕产妇急救“绿色通道”,实行贫困孕产妇分娩免费救助,继续实施艾滋病母婴传播阻断项目和爱婴卫生院创建工作,促进全市妇幼卫生工作的发展。全年孕产妇住院分娩率98.96%,孕产妇死亡12人,死亡率19.68/10万。婴儿死亡率7.79‰。5岁以下儿童死亡率10.71‰。全年新生儿建卡73355人,上卡率14.81‰;新出生婴儿上卡率11.00‰以上,达到自治区规定标准;卡介苗、脊髓灰质炎疫苗糖丸、百白破、麻疹、乙肝疫苗五苗接种率均达98%以上。

【疾病预防控制】 年内,桂林市无甲类传染病报告。报告乙类传染病15种13265例,死亡177例,年发病率267.31/10万、死亡率3.57/10万、病死率1.33%,年发病率(比上年,下同)上升7.67百分点,死亡率上升5.1百分点,病死率下降2.37百分点。鼠疫、霍乱、传染性非典型性肺炎、脊髓灰质炎、人禽流感、登革热、炭疽、流脑、百日咳、白喉、布鲁氏菌病、血吸虫病无病例报告。报告丙类传染病6种6276例,死亡1例,年发病率126.47/10万、死亡率0.02/10万、病死率0.02%,年发病率上升71.9百分点、死亡率和病死率分别下降66.89百分点、80.82百分点。报告伤寒、副伤寒共585例(其中伤寒368例、副伤寒217例),发病率11.79/10万,上升7.05百分点,无死亡病例。全市无伤寒、副伤寒暴发疫情。全年完成新涂阳肺结核病人1459例,完成率105.04%,其中发现率78.78%,治愈1336例,治愈率93.17%;网络直报肺结核病人追踪率99.12%,追踪到位率79.24%,总体到位率95.83%,以上各项指标均达到和超过国家结核病防治规划指标要求。报告HIV(艾滋病病毒)感染者420例,AIDS(艾滋病)病人226例;自愿咨询检测2854人次,HIV初筛阳性281人;公安系统监管场所筛查143人,阳性8人;司法系统监管场所筛查1001人,阳性94人。3~6月开展五个人群(孕产妇、男男同性恋、吸毒人员、暗娼、性病病人)血清学哨点监测工作,共监测1606人,阳性36人,男男同性恋(MSM)共对1926人次进行艾滋病宣传干预;妇女健康中心累计接受宣传教育的女性性服务工作者(CSW)人数1522人;清洁针具交换共发放针具129200支,回收针具123840支,回收率达95.85%,接受针具交换服务的吸毒人员303人。

【公共卫生监督】 年内,市区有各类食品行业共计6076家。其中,宾馆饭店98家(含三星级以上32家);其他餐饮店2199家;集体食堂224家(含学校食堂153家);各类食品批发零售店(含商场超市)3086家;食品生产加工业192家;食品摊贩277家。全年对6076家食品生产经营单位开展经常性卫生监督2.04万户次,专项监督检查9800户次。各类食品及餐具检测合格率97.44%。发放食品卫生许可证2252件,培训食品从业人员卫生知识3.69万人次。全年共查处食品违法案件111起,处罚金额19.67万元。取缔无卫生许可证小餐饮店30多家。

学校的卫生监督。2008年春季、秋季,全市卫生监督部门开展专项检查共监督检查各类学校260所次,检查食堂153户次。检查出不符合卫生要求的食堂4家,下达卫生监督意见书要求限期改正。全年全市未发生学校群体性食物中毒。

公共场所的卫生监督。2008年,市区共有公共场所经营单位1857家。其中,宾馆281家(三星级以上32家);旅社、招待所420家;娱乐场所115家;桑拿、公共浴室66家;理发美容店959家;游泳场所16家。年内,市卫生监督部门对市区公共场所经营单位开展经常性卫生监督4491户次。发放公共场所卫生许可证1004家;培训公共场所从业人员卫生知识3902人。全市卫生许可证持证率98%,健康证以及卫生知识培训合格证持证率95.52%。

生活饮用水卫生监督。年内,市卫生监督部门对市辖区内4家市政自来水厂、14家集中式及分散式供水单位(含1个自建水厂)、43家二次供水单位进行卫生监督检查。丰水期和枯水期间共抽检4个市政自来水水厂出厂水水质样品8份,合格率87.5%;抽检企事业自建水厂及学校分散式供水水质样品28份,合格率67.86%;监测市区32个点的城市自来水管网末梢水质样品181份,合格率88.95%;抽检二次供水单位水质样品18份,合格率88.89%。

【职业病防治检查监督】 年内,全市开展职业病危害现况调查。共调查职业病危害企业108家,调查职工总人数45264人,其中接触职业病危害人数8112人,主要职业病危害因素为粉尘、化学物质和物理因素。开展重点职业病危害监督检查,共检查重点职业病危害企业108家。其中,设立管理机构的51家,占47.2%;设置职业病防治警示标志的56家,占51.8%;进行作业场所职业病危害因素检测的26家,占24.1%;使用职业病防护个人用品的93家,占86.1%;进行职业健康检查的48家,占44.4%,建立职业健康档案的41家,占37.9%。

【医疗市场监管】 年内,市卫生监督部门出动卫生监督执法人员600人次,对全市医院、疗养院、门诊部、社区卫生服务中心(站)、诊所、医务室、卫生室(站)等开展监督执法,共查处违法行医机构65家,处罚62起,罚款17.53万元;吊销医疗机构2家,依法注销医疗机构1家,注销医师执业证书1人。全年发放医疗机构执业许可证247件(延续156件、新注册登记41件、变更50件);设置批准64件,注销33件;不予许可31件;受理医护人员执业许可申请4256件,发放证照3414件,变更837件,注销5件。

【考务工作】 年内,全国卫生专业技术资格考试桂林考点4001人参加考试,通过国家合格分数线1549人。全国医师资格实践技能考试桂林考点3352人参加考试,合格2549人,其中参加医师资格考试医学综合笔试2531人。参加2008年护理和助产专业毕业生护士资格考试724人;参加2008年广西住院医师规范化培训考试405人,合格320人。年内,开展中医民族医资格认定,报名总人数189人;开展传统医学师承人员资格认定,申报12人(其中市区6人);开展确有专长人员考核报名工作,申报考试28人。 (吴向东)

【爱国卫生】 2008年,桂林市爱国卫生工作以冰冻灾害后治理环境卫生、保障饮用水安全、预防人禽感染、预防手足口病为重点。春夏秋三季除"四害"(蚊子、苍蝇、老鼠、蟑螂)活动,全市单位及居民区共投药9吨,公共场所投药3.6吨;市卫生消杀站技术人员对各城区、公共场所、绿化带等进行堵洞投药灭鼠,共堵洞1.2万个。迎接自治区和全国爱国卫生运动委员会两级检查复审桂林市"国家卫生城市",对城区除"四害",社区、单位、城中村、城乡结合部卫生,集贸市场整治,环境保护,食品、公共场所、生活用水卫生,传染病防治,健康教育等工作进行整改。11月28日~12月10日,全市共组织6次大规模爱国卫生清扫活动,参加活动干部群众8万人次,共出动车辆350台次,清理卫生死角和蚊蝇孳生地4500处,清除垃圾渣土850吨,填平坑洼地8400平方米,投入活动资金90万元。实施农村饮用水水质监测和改造厕所工作,全市全年共投入农村改厕资金3830.85万元,其中个人筹资2074.97万元;政府投资1755.88万元。灵川、永福、兴安、灌阳、荔浦、临桂县和龙胜各族自治县完成中央改厕项目8800座,中央和自治区共投入改厕经费440万元。年内新增不同类型无害化卫生厕所2.92万座,完成633个文明卫生村建设任务。

【开展戒烟大赛活动】 年内,桂林市积极配合国家卫生部、全国爱国卫生运动委员会、中国疾病预防控制中心等共同举办的全国性戒烟运动"2008年中国戒烟大赛",号召全市公务员、教师、医务人员作戒烟表率。全市共有807人报名参加。其中,大众报名760人;医务人员报名47人。12月

12 月 25 日,桂林市第五人民医院开展健康教育进工地活动。图为医务人员向建筑工人普及健康知识。

黄雷 摄

29 日,在桂林市公证处公证员的监督下,“2008 年中国戒烟大赛”桂林市赛区组委会对参赛人员进行抽奖,抽出大众一等奖 1 名、二等奖 3 名、三等奖 5 名、鼓励奖 10 名;医务人员奖一等奖 1 名、二等奖 3 名。

【桂林市代表队获亿万农民健康知识大赛广西赛区决赛冠亚军】 年内,桂林市卫生局、市爱国运动委员会办公室组织广大农民参与由自治区卫生厅、自治区爱国卫生运动委员会办公室等多部门共同主办的亿万农民健康知识大赛,活动旨在向农村居民普及基本健康知识,提高广大农村居民健康素养水平。经过乡、县逐级选拔,9 月 9 日,桂林市在桂林电视台举办亿万农民健康知识竞赛预选赛,并从竞赛选手中挑选 8 名农民选手,组成 2 个队代表桂林市参加自治区总决赛。11 月 25 日,由自治区卫生厅、自治区爱国卫生运动委员会办公室等共同主办的亿万农民健康知识大赛广西赛区总决赛在广西电视台演播厅举行,桂林两支代表队分别获得冠、亚军。 (袁海德)

体 育

【概 况】 2008 年,桂林市有体育场地 4764 个。其中,标准体育场地 3442 个(体育部门 64 个、教育部门 2338 个、其他部门 1040 个);非标准体育场地 1322 个。有业余体校 15 所,专职教练 78 人,文化教师 11 人,在训学生 1739 人,输送运动员 34 人,发展等级运动员 64 人,发展等级裁判员 45 人。桂林籍运动员参加世界大赛获银牌 1 枚、铜牌 1 枚,国际赛获金牌 1 枚,全国大赛获金牌 19 枚、银牌 12 枚、铜牌 20 枚。桂林市体育局获 2008 年北京奥运会火炬接力广西传递活动组委会授予“突出贡献奖”,获国家体育总局授予 2008 年全民健身活动优秀组织奖和第三次全国群众体育现状调查工作先进单位;秀峰区人民政府、永福县文化体育局获国家体育总局授予全民健身活动先进单位;唐黎、刘天峰获国家体育总局授予第三次全国群众体育现状调查工作先进个人。7 月 5 日,奥运主题“顶呱刮”即开型体育彩票在桂林市上市,全市共设销售网点 132 个,市体育局获自治区体育局授予“2008 年度全区增机扩点奖”。

【群众体育赛事】 年内,桂林市举行的大型群众体育比赛活动主要有:1 月 1 ~2 日,迎新春乒乓球赛,设儿童组、青少年组、成年组、女子组、中老年混合组、家庭组 6 个级别,295 人参赛;1 月 12 ~13 日,机关干部新春气排球比赛,全市机关的 39 个代表队 304 人参加比赛;2 月 11 日,迎春

8月1日，桂林市第十届“五人制”足球节暨2008年“漓泉啤酒·桂林晚报”杯五人制足球赛开幕。图为开幕式上运动员代表在台上高唱会歌。　　唐侃　摄

中老年健身大赛，市直机关及各县（区）的48个队966人参加24式太极拳、32式太极剑以及腰鼓、柔力球等项目比赛；7月24～25日，首届桂林市爱国卫生部门体育运动会；8月1日～9月6日，由桂林市体育局与桂林日报社共同举办的“五人制”足球赛，在桂林市三里店马艺城五人制足球场举行。比赛设小学组、初中组、高中组、大学组、青年组、中年组、县队组、女子组共8个组别，有239个队近3000人参加比赛；9月22日～10月，体育彩票杯羽毛球，设机关事业单位混合团体、企业单位混合团体，自由组合混合团体三个级别，共有27个队100人参加比赛；10月3日～12月7日，气排球比赛，全市企事业单位及社会团体共91个代表队831人参加比赛；10月18日～12月6日，体育彩票杯男子篮球锦标赛，全市共有21个队202人参加比赛；11月22日，“秀峰——解放杯”长跑活动，来自机关、企事业单位、部队、学校及离退休老年人约3500人参加全程5000米长跑；12月26～28日，乒乓球赛，比赛设老年女子组、老年男子组、普通女子组、普通男子组，共有78个队300名运动员参加了比赛。

【2008北京奥运会火炬接力桂林传递活动】 6月6日上午9时～11时27分，2008年北京奥运会火炬接力桂林传递活动在桂林市甲天下广场举行隆重的起跑仪式。市长李志刚主持仪式，2008年北京奥运会组委会执行副主席兼秘书长王伟，自治区主席马飚、副主席李康出席起跑仪式。第一棒火炬手由桂林籍奥运冠军唐灵生担任，最后一棒火炬手由桂林籍奥运季军肖建刚担任。传递接力途经漓江路、三里店圆盘、七星路、龙隐路、穿山路、解放桥、解放东路、十字街、中山路、中山北路、铁佛路、翊武路、解放西路、十字街、解放东路、滨江路、文昌桥、民主路、民航大厦、漓江桥、漓江路、金龙大酒店、穿山东路、毅峰路、桂林市体育中心，全程16.5千米，208名火炬手和52名护跑手参加传递活动，火炬接力桂林传递活动取得圆满成功。

【桂林籍运动员参加世界（国际）大赛取得好成绩】 6月，桂林籍运动员李文全在法国参加射箭世界杯男子个人淘汰赛，夺得银牌1枚。8月19日，水球运动员马欢欢在2008年北京奥运会的水球女子团体决赛，取得水球女子团体第五名。8月22日，李文全参加2008年北京奥运会射箭男子团体淘汰赛，获铜牌1枚，是广西第1块2008年北京奥运会奖牌。12月10～14日，桂林籍女运动员廖曾芸在印度尼西亚巴厘岛参加第二届世界青少年武术锦标赛，获女子乙组南拳第一名。

【桂林市首届少数民族传统体育运动会】 11月26～28日，由桂林市政府主办，市民族事务委员

11月26日，首届少数民族传统体育运动会三人板鞋竞速比赛。
唐侃 摄

会、市体育局承办的桂林市首届少数民族传统体育运动会在市体育中心举行。比赛设射弩、投绣球、陀螺、高脚竞速、武术、三人板鞋竞速6个大项33个小项，来自全市12县5城区及桂林市民族职业技术学校的10多个少数民族运动员，共18支队伍453人参加比赛。恭城瑶族自治县代表团获团体总分第一名，雁山区、象山区代表团分获团体总分第二、三名。

表36　　2008年桂林市运动员参加全国大赛成绩表

姓　名	性别	比赛时间	地　点	比赛名称	比赛项目	成　绩	名　次
罗　曦	女	5月19～25日	浙江杭州	全国艺术体操个人冠军赛	个人团体总分		3
李文全	男	9月25～29日	江苏南京	全国射箭冠军赛	男子个人排名赛	658环	2
汪　龙	男	10月21～27日	山东青岛	全国蹦床冠军赛	男子网上团体		3
袁佳雪	女	10月27～29日	江苏苏州	全国艺术体操集体锦标赛	团体总分		3
唐甜恬	女	10月27～29日	江苏苏州	全国艺术体操集体锦标赛	团体总分		3
黄萧萱	女	10月27～29日	江苏苏州	全国艺术体操集体锦标赛	团体总分		3
罗　曦	女	10月27～29日	江苏苏州	全国艺术体操集体锦标赛	团体总分		3
韦　笑	女	12月8日	江苏江阴	全国技巧、拉拉操锦标赛	女子双人第二套		1
韦　笑	女	12月8日	江苏江阴	全国技巧、拉拉操锦标赛	女子双人全能		1
韦　笑	女	12月8日	江苏江阴	全国技巧、拉拉操锦标赛	女子双人第一套		2
梁林虎	男	12月8日	江苏江阴	全国技巧、拉拉操锦标赛	男子四人第二套		3
韦　笑	女	12月8日	江苏江阴	全国技巧、拉拉操锦标赛	团　体		3
罗维维	女	12月8日	江苏江阴	全国技巧、拉拉操锦标赛	团　体		3
梁林虎	男	12月8日	江苏江阴	全国技巧、拉拉操锦标赛	团　体		3

表37　　2008年桂林市运动员参加全国一般性比赛成绩表

姓　名	性别	比赛时间	地　点	比赛名称	比赛项目	成　绩
刘　婵	女	5月25～6月1日	河南郑州	射击系列赛第一站暨中南赛	女子飞碟双向	1
何巧莲	女	5月25～6月1日	河南郑州	射击系列赛第一站暨中南赛	女子飞碟双向	2
曾　峰	男	5月25～6月1日	河南郑州	射击系列赛第一站暨中南赛	男子飞碟双多向	2
刘　军	男	5月25～6月1日	河南郑州	射击系列赛第一站暨中南赛	男子飞碟双多向	3
邱铭琦	女	7月2～4日	广西南宁	第22届“李宁杯”西南体操联盟邀请赛	女子个人全能	1

续表 37

姓　名	性别	比赛时间	地　点	比赛名称	比赛项目	成　绩
邱铭琦	女	7 月 2～4 日	广西南宁	第 22 届“李宁杯”西南体操联盟邀请赛	女子自由操	1
邱铭琦	女	7 月 2～4 日	广西南宁	第 22 届“李宁杯”西南体操联盟邀请赛	女子高低杠	1
张　辛	女	7 月 2～4 日	广西南宁	第 22 届“李宁杯”西南体操联盟邀请赛	女子自由操	1
张　辛	女	7 月 2～4 日	广西南宁	第 22 届“李宁杯”西南体操联盟邀请赛	女子个人全能	2
邱铭琦	女	7 月 2～4 日	广西南宁	第 22 届“李宁杯”西南体操联盟邀请赛	女子平衡木	3
李林静	女	7 月 2～4 日	广西南宁	第 22 届“李宁杯”西南体操联盟邀请赛	女子高低杠	3
张　辛	女	7 月 2～4 日	广西南宁	第 22 届“李宁杯”西南体操联盟邀请赛	女子平衡木	6
唐林灿	男	11 月 22～25 日	江西宜春	全国武术套路冠军赛(传统项目)	男子三节棍	1
周琳海	男	11 月 22～25 日	江西宜春	全国武术套路冠军赛(传统项目)	男子规定样式太极拳	2
钟灵艳	女	11 月 22～25 日	江西宜春	全国武术套路冠军赛(传统项目)	女子三节棍	2
钟灵艳	女	11 月 22～25 日	江西宜春	全国武术套路冠军赛(传统项目)	女子形意	3
唐林灿	男	11 月 22～25 日	江西宜春	全国武术套路冠军赛(传统项目)	男子翻子	6
周琳海	男	11 月 22～25 日	江西宜春	全国武术套路冠军赛(传统项目)	男子 42 式太极剑	7

表 38　　**2008 年桂林市运动员参加全国青少年比赛成绩表**

姓　名	性别	比赛时间	地　点	比赛名称	比赛项目	成　绩	名　次
于安华	男	3 月 18～22 日	江西宜春	全国青年举重锦标赛	56kg 挺举	141kg	2
于安华	男	3 月 18～22 日	江西宜春	全国青年举重锦标赛	总成绩	252kg	3
于安华	男	3 月 18～22 日	江西宜春	全国青年举重锦标赛	56kg 抓举	111kg	5
莫凤娇	女	8 月 25～29 日	河南开封	全国少年女子举重(13～16)分龄赛	抓举	75kg	1
莫凤娇	女	8 月 25～29 日	河南开封	全国少年女子举重(13～16)分龄赛	挺举	95kg	1
莫凤娇	女	8 月 25～29 日	河南开封	全国少年女子举重(13～16)分龄赛	总成绩	170kg	1
莫凤娇	女	8 月 25～29 日	河南开封	全国少年女子举重(13～16)分龄赛	身体素质	36.06	1
蒋　婷	女	8 月 25～29 日	河南开封	全国少年女子举重(13～16)分龄赛	抓举	67kg	3
蒋　婷	女	8 月 25～29 日	河南开封	全国少年女子举重(13～16)分龄赛	总成绩	120kg	3
蒋　婷	女	8 月 25～29 日	河南开封	全国少年女子举重(13～16)分龄赛	身体素质	26.73	4
蒋　婷	女	8 月 25～29 日	河南开封	全国少年女子举重(13～16)分龄赛	身体素质	24.25	4
蒋　婷	女	8 月 25～29 日	河南开封	全国少年女子举重(13～16)分龄赛	总成绩	129kg	5
向正权	男	8 月 28～9 月 3 日	河南开封	全国少年男子举重(13～16)分龄赛	16 岁 56kg 抓举	103kg	1
向正权	男	8 月 28～9 月 3 日	河南开封	全国少年男子举重(13～16)分龄赛	总成绩	230kg	1
向正权	男	8 月 28～9 月 3 日	河南开封	全国少年男子举重(13～16)分龄赛	16 岁 56kg 挺举	127kg	2
黄世平	男	8 月 28～9 月 3 日	河南开封	全国少年男子举重(13～16)分龄赛	15 岁 62kg 挺举	128kg	2
向正权	男	8 月 28～9 月 3 日	河南开封	全国少年男子举重(13～16)分龄赛	身体素质	45.98	3
黄世平	男	8 月 28～9 月 3 日	河南开封	全国少年男子举重(13～16)分龄赛	总成绩	228kg	3
黄世平	男	8 月 28～9 月 3 日	河南开封	全国少年男子举重(13～16)分龄赛	身体素质	49.88	3
黄世平	男	8 月 28～9 月 3 日	河南开封	全国少年男子举重(13～16)分龄赛	15 岁 62kg 抓举	100kg	4
莫凤娇	女	9 月 16～20 日	北京	全国高水平基地举重锦标赛	抓举	75kg	4
莫凤娇	女	9 月 16～20 日	北京	全国高水平基地举重锦标赛	挺举	90kg	7
莫凤娇	女	9 月 16～20 日	北京	全国高水平基地举重锦标赛	总成绩	165kg	7
向正权	男	9 月 18～23 日	北京	全国高水平基地举重锦标赛	52kg 挺举	129kg	1
向正权	男	9 月 18～23 日	北京	全国高水平基地举重锦标赛	总成绩	224kg	1
向正权	男	9 月 18～23 日	北京	全国高水平基地举重锦标赛	52kg 抓举	95kg	2
廖曾芸	男	10 月 9～12 日	重庆	全国青少年武术套路锦标赛	少年组规定南拳		1
向正权	男	11 月	北京	全国青年举重冠军赛	52kg 挺举	135kg	1
向正权	男	11 月	北京	全国青年举重冠军赛	52kg 总成绩	238kg	1
向正权	男	11 月	北京	全国青年举重冠军赛	52kg 抓举	103kg	2

（黄世茂）

社会生活

6月8日，端午节习俗展示活动在榕湖边举行。图为展示者表演“沐兰汤”，即向众人洒艾叶水，以驱除毒气。 （唐侃　摄）

民　　政

【概　况】 2008年，市民政工作以抗灾救灾、保障民生为核心。全年全市各民政部门共争取上级各类民政补助资金5.7亿元，资金投入创历史新高。支援四川抗震救灾，全年共接收捐款3335万元，捐赠物资总价值495万元。全市完成村委会换届选举1655个、社区居委会换届选举208个。落实优抚、安置政策，全市纳入财政预算义务兵家庭优待金3400户，完成报到、审核档案、接收退役士兵1557名。全市农村“五保”（保吃、穿、住、医、葬）供养对象33175人，全部纳入财政转移支付资金供养，月人均供养标准100元；城镇“五保”供养标准按当地城市居民最低生活保障标准全额供给。全市共筹集资金2864万元，新创办民政基础设施建设项目86个。全年火化遗体5720具。年内依法办理国内结婚登记48058对，离婚登记6561对；涉外及涉港澳台结婚登记608对，离婚登记36对。年检社团425个，民办非企业单位312个。社团新成立登记37个、变更登记63个，民办非企业单位新成立登记36个、变更登记48个。至年末，全市共有社团1180个，民办非企业单位476个。市民政局获自治区党委、政府抗击雨雪冰冻灾害工作二等功。

【救灾救济】 2008年，全市受灾人口325.96万人，被困人口72.76万人，因灾死亡8人，倒塌房屋4.98万间，农作物受灾面积21.15万公顷，成灾面积9.62万公顷，绝收面积2.34万公顷，直接经济损失224.02亿元，其中农业经济损失102.95亿元。全市共下拨救灾资金1.59亿元，转移安置灾民48.48万人次，发放衣被40.25万件，发放救济粮7489.4吨。全市累计投入3.27亿元完成16130户因灾倒房恢复重建和困难群众危房改造任务。全年接待求助人员5508人。在抗击雨雪冰冻灾害期间，中共中央总书记、国家主席、中央军委主席胡锦涛等领导到桂林市视察抗灾救灾工作。

【启用无人驾驶飞机航拍灾情】 年初，桂林遭遇罕见冰冻雨雪灾害。市民政局与桂林鑫鹰电子科技有限公司联系，首次利用桂林生产的无人驾驶飞机，对资源县道路中断的乡（镇）实施航拍，获取大量灾情图片和影像资料，促成桂林市解放以来首次由空军、民航等部门参与空投救灾应急物资的联合大行动。5月，受国家减灾中心委托，市民政局与市相关部门协调，再次委派桂林生产的无人驾驶飞机飞赴四川、甘肃、陕西等地震灾区航拍灾情，为国家减灾中心调查地震灾情、实施救灾决策提供可靠依据，并促成国家减灾中心在桂林市启动“建立应急救灾无人驾驶飞机研发生产基地”项目。

【提供最低生活保障】 2008年，桂林市城乡居民最低生活保障（以下简称低保）基本实现应保尽保。市区居民低保标准每人每月210元，各县保障标准每人每月不低于150元，每月平均保障6.48万人，月人均补差128元，全年累计发放低保资金10305万元；农村居民低保标准每人年保障683元～1200元，每月平均保障23.04万人，月人均补差30.7元，全年累计发放低保资金8490万元。

【建立社会救助体系】 2008年，全市逐步完善医疗救助、临时救助、廉租房、教育救助制度，对城乡低保对象和特殊群体实施大病救助、住院和门诊费适当减免的医疗救助。全年共为12万名五保、低保对象和困难群众购买新型农村合作医疗，累计救助城乡困难群众14.8万人次，支出医疗救助资金1340万余元；城市居民临时困难救助，支出救助资金227.3万元；民政部门与房产部门协调认定解决93户低保对象享受廉租住房租金补助；资助城乡低保家庭子女上大学1021人，支出资助资金44.38万元。

【社会福利】 2008年，桂林市新设立民办养老机构5个，新审批4个，新建和改造福利院、敬老院、老年公寓等福利机构83个。年末全市共有市、县、乡三级福利机构1045个，床位12605张，入住老人10900人。桂林市的社会福利工作已形成以市社会福利院、龙胜各族自治县社会福利院、桂林夕阳红养老中心、桂林心之乐养老中心等8个养老机构为示范点，集福利性、公益性、经营性为一体的养老服务模式。桂林市率先在自治区启动城市社区居家养老服务,秀峰区丽君社区于11月建立广西第一家居家养老服务站。至年末,秀峰、七星、叠彩、象山4个城区的16个社区开展了居家养老服务工作,在社区享受居家养老服务的老人有近6000名。年内,启动桂林国际老年公寓建设项目,项目投资11亿元。全市有28家福利企业通过资格认证,年销售收入总额超亿元,上缴税金624.12万元,安置残疾职工498人。全市投入福利彩票公益金558万元为870名贫困家庭残疾儿童实行免费手术康复治疗,手术成功率99%以上。继续实施国家民政部的“残疾孤儿手术康复明天计划”,年内,纳入该计划并进行手术治疗的残疾孤儿40人,其中18人康复出院。全年办理收养登记的夫妇381对。其中,国内公民收养375对;港澳台收养6对。桂林市社会福利院全年收养弃婴和孤儿160名,办理送养儿童84名;桂林市社会福利医院全年为668名特困精神病人减免医疗费用80万元。

【基层政权与社区建设】 年内,全市完成村委会换届选举1655个、社区居委会换届选举208个。所有村委会都建立村民会议、村民代表会议制度,完善村民自治章程、村规民约、民主议事决策、村务公开等管理机制,资源县被评为全国“村务公开、民主管理”示范县。开展农村社区建设试点,全市共挂牌66个农村社区试点单位。秀峰区投入200万元建设社区文化广场;象山区投入260万元建设社区服务中心1个、社区服务站3个。秀峰、七星、叠彩、象山4个城区社区专职工作人员的平均生活补贴由原来每人每月600元~900元提高到平均每人每月1000元。开展“全国婚姻登记规范化建设合格单位”创建工作,桂林市婚姻登记处和恭城瑶族自治县、临桂县、灵川县、永福县、秀峰区、七星区、象山区的婚姻登记处,分别通过自治区和国家民政部检查验收。

【优抚安置】 2008年,全市15308名参战退役人员和220名退役人员落实了定期补助待遇。全年共对1634名伤残军人、民兵、警察等人员,736名烈士遗属和因公牺牲及病故军人遗属,1294名老复员军人、带病回乡退伍军人和红军失散人员,发放伤残、定期抚恤金和定期补助金计4740多万元。年内,落实医疗保险伤残军人1543人,农村优抚对象办理农村新型合作医疗保险27439人。全年重点优抚对象大病救助12190人次,发放救助金314.87万元。市区二次入伍下岗失业人员全部落实三险(养老、医疗、失业保险);12个县二次入伍下岗失业人员落实三险183人。全市接收退役士兵1557人,其中应安置459人,年内已安置454人,自谋职业389人。军队离退休干部和无军籍退休职工各项待遇全部落实920人。

【双拥工作】 2008年,在桂林市抗击雨雪冰冻灾害和洪涝灾害期间,驻桂部队及民兵预备役部队共出动官兵3.4万人次,车辆及装备2500多台次,清扫、疏通道路310千米,运送生活物资等6000余吨,为灾区人民捐款73万余元,转移受困群众6400多人。全年,驻桂部队参与驻地植树造林2万多人次,植树6万多棵,为群众做好事2万多件(次);桂林市为残疾军人发放、更换三轮残疾车、轮椅车80辆,更换新型假肢20副,为100多名随军家属提供就业培训服务,优先恢复重建因灾倒房的231户孤寡、伤残老军人家庭住房。春节和“八一”期间,全市组成慰问团(组)46个,慰问驻桂部队、武警,送去慰问金和慰问品价值共200多万元。 (韦天佑)

【行政区域界线联合检查】 2008年6月4日~8月31日,由桂林市牵头联合湖南省永州市、邵阳市、怀化市,以走、听、访和实地查看等方式,进行行政区域界线联合检查,共联合检查界线12条,总长752.88千米;界桩30个(其中三面界桩6个)。这些界线界桩中,桂林市与邵阳市行政区域界线有4条,长256.18千米,界桩9个(其中三面桩2个);桂林市与怀化市行政区域界线有1条(即龙胜各族自治县与湖南通道县行政区域界线),长75.2千米,双面界桩2个;桂林市与永州市行政区域界线7条,长421.5千米,界桩19个(其中三面桩4个)。联合检查结果:资源县与湖南新宁县过龙江地段10号双面界桩丢失,全州县与湖南零陵区4345016号界桩被毁,全州县与湖南道县4345018号界桩丢失;其余界线两侧明显标志物、地形地貌无异常,界桩完好无损。经协商,丢失及毁坏的界桩分别由湖南新宁县、零陵区和道县制作。年内,桂林市与来宾市联合对桂林市荔浦县与来宾市金秀县行政区域界线进行检查，联合检查界线长68.9千米，界桩2个，发现荔浦、金秀、蒙山县三面界桩被雷电击坏。完成桂林市内毗邻县7条行政区域界线联合检查，界线总长346.65千米，界桩12个(其中三面桩5个)，未发现问题。（邓丕旺）

民　族　事　务

【概　况】 2008年，桂林市少数民族语言文字工作委员会、龙胜各族自治县少数民族语言文字工作局、恭城瑶族自治县少数民族语言文字工作局先后成立。全市民族工作部门围绕自治区成立50周年大庆开展工作，实施为少数民族和民族地区办实事工程，保护弘扬少数民族文化，推动民族团结进步。年内，市本级财政落实少数民族发展资金150万元、民族工作经费60万元，12县5城区共落实少数民族发展资金160万元、民族工作经费93万元；中国致公党桂林市委员会提供价值10多万元的文教用品，资助灵川、兴安、资源等县民族地区发展教育，使1000多名师生受益。市民族事务委员会(简称市民委，下同)在龙胜各族自治县的西腰村和永福县的银洞村建立民族团结进步示范点。年内，全市获自治区第六次民族团结进步先进集体21个、先进个人26名。11月24～28日，市政府举办桂林市首届少数民族传统体育运动会，全市共有10多个少数民族400多人参加比赛。

【争取资金为民族地区灾民服务】 年初，桂林市遭遇雨雪冰冻灾害，市民委深入受灾严重的资源、全州、灌阳县和龙胜各族自治县了解灾情，及时把自治区民委下拨的80万元慰问金送到受灾群众手中。并争取到中国香港乐施会资助灾后重建项目资金100多万元，为灌阳县购买大米93吨，解决3320名灾民粮食短缺问题；为灵川县民族地区灾民购买化肥30.5吨，受益群众2100多名；为资源县两水苗族乡修建道路8千米，受益群众2000多名。

【确保民族专项资金规范使用】 2008年，市民委严格管理民族专项资金的使用，对实施的项目实行全程跟踪，确保少数民族发展资金专款专用。全年争取到自治区民族发展资金和民族工作经费共623万元，为民族地区修建村屯道路、桥梁25个项目，总长86.7千米，解决1.39万人的行路、运输问题；修建人畜饮水项目5个，解决512户群众饮水困难；修建拦河坝250米，解决353.33公顷农田缺水问题，受益群众1.6万人。市本级的少数民族发展资金150万元，主要用于龙胜各族

11月24日，桂林市首届少数民族传统体育运动会开幕。

唐艳兰　摄

自治县、恭城瑶族自治县和全市15个民族乡民族自然村人畜饮水、村寨防火功能设施建设,总受益5379人,其中少数民族3609人。

【弘扬少数民族文化】 2008年,全市各民族工作部门注重保护和弘扬少数民族文化工作,市民委组织编写的《红瑶历史与文化》由民族出版社出版发行,平乐县完成《平乐少数民族》初稿,龙胜各族自治县编写出版了《五彩龙脊梁》《中国侗族古楼》,恭城瑶族自治县编写的《恭城瑶族》系列已进入第3集~第4集,兴安县组织人员搜集该县瑶族的历史与文化资料。市民委于年内开展少数民族语言文字调查,掌握全市少数民族语言文字使用状况。7月17~20日,市民委在龙胜各族自治县广南、西腰、地灵和宝赠等村召开全市民族文化与古籍保护工作现场会,总结交流民族文化和古籍保护工作经验。 (盘进庆)

宗 教 事 务

【依法管理宗教事务】 2008年,市宗教部门审核批准荔浦县东昌镇设立观音寺,批准兴安县猫儿山降龙庵作为佛教活动场所;审核同意市天主教会接受香港教会对桂林市天主堂、永福县土养槽天主堂捐赠维修款共计39万元。3月25日,对尧山白云观作为自治区内唯一正式道教活动场所进行依法登记。年内,广西天主教"两会"(天主教爱国运动委员会、天主教教务委员会)换届选举,桂林市天主教有3人当选广西天主教"两会"常委,陶守赢当选广西天主教教务委员会副主席,李春英当选"两会"副秘书长。

【支持宗教场所建设】 2008年,为贯彻落实党的宗教信仰自由政策,合理设立宗教活动场所,满足信教群众过宗教生活需要,国家、自治区两级宗教部门向桂林白云观核拨建设资金共20万元,自治区人民政府向平乐县清真寺、永福县土养槽天主堂、临桂县五通清真寺、荔浦县佛教鹅翎寺、恭城瑶族自治县佛教观音寺等宗教场所各核拨维修款1万元,临桂县政府为五通清真寺全面维修拨款3.5万元。年初,桂林市遭遇冰冻雨雪灾害,部分宗教场所受损,自治区宗教局向桂林市核拨救灾赈灾款4万元;龙胜各族自治县宗教部门帮助受损严重的宗教场所购买生活用品、粮食等价值2万元的物资,同时向上级争取扶助资金进行灾后重建。6月,兴安县自筹资金15万元重修因大雨而倒塌的佛教飞霞寺,8月修复完工,并筹资为佛教佛音寺庙进行维修,安装自来水管,解决僧人吃水问题。

【慈善活动】 2008年,市宗教部门和宗教团体积极开展慈善活动。一是捐助救灾款物,在桂林市抗击冰冻灾害活动中,市佛教、伊斯兰教、基督教、天主教4个宗教团体总计捐款20.18万元,捐大米800千克及衣物一批。四川汶川地震发生后,桂林市宗教界为地震灾区捐款总计36.2万元,其中市区内宗教团体共捐26.53万元、12县各宗教场所捐款共计9.68元。二是捐资助学,市宗教界全年捐资助学共计9.7万元,资助10名贫困家庭大、中学生上学。三是举办公益事业,年内,市宗教局与山东淄博临淄区宗教局联系,引进10.86万元善款与桂林市妇女儿童医院捐赠的1万多元共同建立桂林市贫困儿童医疗救助基金;灌阳县佛教场所捐款6.1万元帮助村民扩建机耕路、架桥和引水工程建设;龙胜各族自治县引进香港宗教人士捐资2万元修筑三门镇同烈村公路;荔浦县佛教鹅翎寺筹集善款2万元购买粮食、衣物送乡镇养老院100名五保老人,并资助贫困学生1.8万元。市区宗教界全年捐献善款及引资共计76万余元。

【打击邪教活动】 2008年,全市各级宗教部门维护合法宗教活动正常开展。取缔兴安镇道冠村违法新建佛教场所一处,并对相关责任人做出处罚。灌阳县公安政法部门处理非法传教组织15个。资源县对基督教私设聚会点进行调查,引导教徒遵纪守法、依法过好宗教生活,制止国外传教人员在车田龙塘等地开展非法传教活动。阳朔县依法取缔普益乡非法宗教活动场所一处,收缴光碟4张及书籍一批。龙胜各族自治县宗教部门对县内的地下宗教活动点进行打击。叠彩区依法制止一起打着基督教旗号聚集在鹦鹉社区的非法传教活动。临桂县依法取缔非法宗教活动场所2处,打击非法宗教活动4起,关闭滥建寺庙1处,劝散违

法宗教活动点3处。（庾祥元　苏护保）

侨务和港澳台事务

【概　况】 2008年，桂林市侨务办公室（简称市侨办，下同）牵头与市人大民族侨务外事委员会、市政协联谊委员会、中国致公党桂林市委员会和市归国华侨联合会建立联席互动活动机制，利用社会力量和资源开展侨务工作。年内，市侨办协助桂林华侨农场完成268户归侨侨眷危旧房改造，兴建安置过渡房50户，维修住房188户；牵线搭桥或直接参与引进项目3个，合同（协议）投资15亿多元，其中美国华商唐双元投资2亿元的宇一国际艺术中心项目已开工。全年共接待来信来访120件400人次，办结率96%。

【澳门优异生夏令营活动在桂林举行】 7月15～18日，由中国澳门特别行政区政府基金会、澳门日报社和广州市侨办主办的第二十六届澳门优异生夏令营活动在桂林举行，夏令营旨在通过体验桂林甲天下的山水美景和了解桂林深厚的文化底蕴，使中国澳门学生感受祖国发展变化，增进对祖国的了解，激发爱国热情。共有79名中国澳门各级各类学校优异生参加。夏令营学生们在桂林期间，与广西师范大学及桂林中学学生进行了联欢活动。

【市侨办获全国侨办系统抗击雨雪冰冻灾害先进集体】 2008年初，桂林市遭受雨雪冰冻灾害。6月中旬，阳朔、平乐、永福等县遭受特大洪涝灾害，造成巨大损失。市侨办按照市委、市政府的要求投入到抗灾救灾第一线，主动向上级侨务部门和海内外侨胞呼吁，争取到救灾款56万元，衣服700件（折合35万元），支援桂林市抗灾救灾和灾后重建。9月28日，市侨办被国务院侨办评为全国侨办系统抗击雨雪冰冻灾害先进集体。

【捐资扶贫助学】 年初，市侨办联系争取到香港方树福堂基金捐款70万元，帮助广西师范大学雁山新校区兴建树华电子智源中心。该中心总面积300平方米，配置142台电脑，总投资105.94万元，其中方树福堂基金70万元、校方配套35.94万元，并于当年秋季开学时交付使用。2月中旬，市侨办争取到香港宝莲禅寺捐款45万元，帮助灌阳县青山镇永华村修建一所希望小学，工程于秋季竣工。12月初，市侨办争取到海外捐赠款10万元，帮助临桂县六塘镇道莲村修建村级公路1.1千米。（陆汉宝）

人口和计划生育

【概　况】 2008年，桂林市人口和计划生育工作坚持依法行政，搞好基层基础建设，全面落实奖励扶助政策，加快新机制建设步伐。市委、市政府将县（乡）计划生育服务站（所）建设列入当年为民办实事之一，全年投入资金3192.8万元（其中中央投资760万元，自治区投资1201万元，市投资322万元，县自筹909.8万元），新建、扩建、改建计划生育服务站（所）54个。全市全年出生人口55885人，出生率10.9‰，其中政策内出生51562人，符合政策生育率92.1%。全年出生人口中属二孩16419人，其中政策内出生13396人，符合政策生育率81.6%。政策外多孩率0.80%。出生婴儿性别比112。长效避孕节育率82.7%。桂林市人口和计划生育委员会（简称市计生委，下同）年内获全国流动人口计划生育工作先进集体，灵川县获全国计划生育优质服务县（区）。

【宣传教育取得显著成绩】 年内，市计生委发挥主流媒体的宣传引导作用，在《桂林日报》《桂林晚报》、桂林电视台、桂林广播电台分别开辟《人口与计划生育》《人口之窗》《关注人口》之类专栏节目，对市民进行计划生育宣传教育。加大对外宣传力度，在6月23日《广西日报》头版头条刊登《30年，一面不倒的旗帜——桂林市人口和计划生育工作纪实》；在《中国人口与计划生育》杂志2008年第12期刊登《实施三项工程，将生育关怀落到实处》，介绍桂林市人口和计划生育工作以人为本的具体做法；制作完成彩调剧《老来福过年》、桂剧《两亲家》《计划生育工作队进村来》等宣传计划生育的光碟参加全国人口和计划生育文艺调演活动，其中《老来福过年》获得戏剧类银奖;制作完成广播剧《龙脊母亲唱新歌》并获国家人口和计划生育委员会优秀人口新闻作品三等奖。

【开展“阳光计划生育行动”试点】 2008年,市计生委在阳朔县开展“阳光计划生育行动”试点,从政务公开、民主评议、社会监督方面开展阳光计划生育行动。试点展开后,阳朔县以政务公开带动阳光管理,将计划生育法律法规、办事程序、工作纪律、服务项目,按政策类、程序类、维权类、服务类、公示类向群众公开;以民主评议推动阳光服务,农村基层开展请农民评计划生育活动,县城居委会开展请流动人口评计划生育活动,计划生育部门内开展下级评上级活动,推动基层和机关转变工作作风,保障群众的合法权益。加大措施保障阳光维权,一是充实人口计划生育工作监督员,每个乡镇聘请6名监督员,每个村委聘请5名监督员,每季度召开一次监督员座谈会,听取监督员的意见和建议;二是畅通诉求渠道,开通阳朔县人口计划生育自动服务热线12356,全天候接受群众咨询和投诉;三是在办事大厅放置群众监督卡,设置监督卡投放箱,让群众直接监督办事人员;四是开展工作效能监察;五是发挥媒体监督作用;六是实行有奖举报。

【人口早期教育】 2008年,市计划生育部门开展人口早期教育工作,弥补优生筛查、出生缺陷干预与学前教育的断档问题,扩大人口和计划生育公共服务的涵盖范围。早期教育的对象,不仅针对0岁~3岁宝宝,更针对婴儿父母。市人口和计划生育服务中心指导县(区)计划生育服务站(所)定期组织家长开展沙龙活动,使家长在交流中学到知识,得到方法。市人口和计划生育服务中心依托民政部门婚姻登记平台,设立计划生育宣传咨询服务点,为办理结婚登机的新婚夫妇赠送计划生育服务指南卡,发放优生优育资料,第一时间掌握已婚育龄妇女的孕前孕情情况;针对婚检制度放开出生缺陷增加,高文化人群对性保健常识缺乏等问题,定期开办新婚期、孕期知识讲座;在农村进行分片轮回讲课,送教下乡;定期举办《如何添加辅食》《如何预防疾病》《如何帮助宝宝做好早期教育》等专家讲座;在婴儿出生一个月内入户回访;推行“一句关心的话语,一本育儿指导手册,一张儿童生长发育表,一个母乳喂养咨询电话,一场育儿知识推广活动”等做法,使早期教育取得实效。 (雷榜育)

老 龄 工 作

【概　况】 2008年,市政府增加市公用事业管理局、市公安局为市老龄工作委员会新成员,调整后的成员单位增至26个。9月27日,桂林市下发新修订的《桂林市老年人优待办法》。年末,全市共有老年人协会1858个。其中,市、县(区)老年人协会84个;乡、街老年人协会171个;村居民委员会老年人协会1571个;其他老年协会32个。共有老年活动站(中心、室)1219个,其中县(区)级老年活动中心39个;乡镇、街道级老年活动中心592个。共有老年学校55个,在校人数9189人。共有老年法律援助中心98个,老年维权协调组织188个,全年共处理涉及老龄人案件1013起。全市有老年人口74.8万人,其中80岁以上老年人13.76万人、100岁以上老年人353人。全年办理寿星优待证1万本,老年人优待证4000余本。9~12月,在象山、秀峰、叠彩、七星4城区和兴安、全州、临桂3县的17家民办养老机构进行基本状况问卷调查。年内,有18人被全国主题教育组委会评为全国孝亲敬老之星,七星区老龄工作委员会办公室获优秀组织者奖。

【居家养老服务业发展】 2008年,象山、秀峰、叠彩、七星4城区开展居家养老方面的相关调研工作,并加强社区居家养老服务设施建设。11月15日,广西首家居家养老服务站——丽君社区居家养老服务站在秀峰区丽君社区挂牌成立。该服务站由秀峰区民政局出资建成,实行公办民营,政府购买服务,给予专项补贴,聘请专职管理人员3人。服务站的服务对象为社区60周岁以上的老年人,特别是高龄、空巢、独居、经济特别困难的老人,为他们提供生活照料、医疗保健、法律维权、文化教育、体育健身、志愿服务等。桂林市居家养老试点工程七星区毛塘路居家养老服务中心建设有新进展,资金筹措到位,服务中心装修完毕,管理人员组建完成。

【老年人文体活动】 年内,市、县(区)各级部门举办形式多样的老年文体活动,参加活动的老人约40万人次。2月,市老龄工作委员会办公室在群众艺术馆举办桂林市老年人春节文艺联欢活动,城区及市直老年团队的300余人演出19个节目。4月,市老年人协会在桂林中心广场举行"迎奥运"桂林市老年人文艺演出,近400名老年人演出大型节目10个。8月8日前,500多名老年人在中心广场举办声势浩大的迎奥运健身展示活动。10月10日,市老龄工作委员会办公室、市委老干局、市文化局联合在漓江剧院举办桂林市第六届老年人文艺调演,县(区)及市直老年群众团体的24支代表队近300人演出节目24个。

【服务社会】 2008年,桂林市老年人发挥自己的经验及智力优势,参与桂林市的经济社会发展。年内,全市老年人参与配合市委、市政府中心工作的宣传活动6.8万人次,参与维护社会治安巡逻值勤近4万人。市老年文化艺术团全年组织参加各类演出400余场,市老年科技协会全年开展科普讲座100多场,30余名专家6次参与桂林市科技、文化、卫生三下乡活动。春节前,市老年书画协会组织老年人下乡为民众写春联,共计2000余幅。四川汶川大地震发生后,桂林市老年人积极向灾区老人献爱心,市老年人协会组织老年人捐款近5万元;市老年书画协会组织近200幅书画作品进行义卖,为灾区捐款。

【慰问老年人活动】 2008年,桂林市遭遇罕见冰冻雨雪和洪涝灾害。4月上旬,市老龄工作委员会办公室争取自治区老年基金会为受灾的灌阳、全州、资源、兴安等县老年人送温暖,共慰问老年人16万余人,送去的慰问金及物品900余万元,其中80%以上发放给贫困老年人。重阳节期间,全市共慰问老年人3.88万人,发放慰问金及物品折合276万元。其中,慰问贫困老年人20111人;发放慰问金及物品近160万元。 (刘松年)

城镇居民生活

【人均可支配收入增长平稳】 2008年,桂林市统计局对全市17县(区)1240户城镇居民抽样调查结果显示,桂林市城镇居民收入增长平稳,全年全市城镇居民家庭人均可支配收入14636元,(比上年,下同)增长13.4%。由于2007年下半年桂林市开始执行规范的公务员津贴以及国家启动拉动内需政策等原因,桂林市城镇居民的工资及经营收入平均水平得到提升,其中人均工薪收入、经营性收入和转移性收入分别增长19.4%、9.1%和7.9%。

10月22日,桂林市第六届离退休人员运动会开幕。

黄雷 摄

【人均消费支出呈六增二减】 2008年，桂林市城镇居民人均消费支出9470元，增长12.6%，在八大类消费类别中食品、衣着、家庭设备用品及服务、医疗保健、交通通信、其他商品和服务等六类均不同程度增长，居住类和教育文化娱乐类略有下降。

表39　2008年桂林市城镇居民八大类消费增幅表

消费类别	人均消费量(元)	比上年增幅(%)
消费支出	9471	12.6
食品类	4303	21.4
衣着类	858	32.5
居住类	925	-5.1
家庭设备用品及服务类	607	4.1
医疗保健及个人用品类	522	5.4
交通与通信类	960	20.1
娱乐教育文化用品及服务类	1091	-6.9
杂类商品和服务类	204	7.9

【食品消费支出增加】 2008年，桂林市城镇居民人均食品支出4303元，增长21.4%。由于食品价格上涨，全年桂林市城镇居民人均食品支出占消费支出的比重增加3.2个百分点；占消费支出的比重(恩格尔系数)为45.74%，上升3.6个百分点。从食品消费构成看，人均粮油类支出532元，人均增加94元，增长21.4%；人均肉禽蛋水产品类支出1529元，增加323元，增长26.7%；人均蔬菜类支出380元，增加59元，增长18.3%。各种食品类消费支出的增加，使得恩格尔系数回升。

【衣着消费追求高品质】 2008年，桂林市城镇居民人均衣着支出858元，增长32.5%，其中人均服装类支出586元，增长29.4%。人均服装类支出中，服装购买数量增长21.7%，支出增长百分比比服装购买数量增长百分比高7.7个百分点，衣着消费在服装购买数量增加的同时向更高品质转变。

【交通和通信支出增加】 2008年，桂林市城镇居民人均交通和通信支出960元，增长20.1%。其中，人均交通支出增长16.2%；人均通信支出增长22.8%。至年末，桂林市每百户城镇居民家庭拥有摩托车38辆、助力车45辆、家用汽车6辆，人均交通工具与服务支出增长16.2%；每百户城镇居民拥有移动电话182部，增长37.5%，人均通信工具、电信费支出分别为72元和499元，分别增长19.5%和23.3%。

【居民保健意识增强】 2008年，由于生活水平提高，桂林市城镇居民医疗保健意识增强，医疗保健品消费实现增长。全年桂林市城镇居民人均医疗保健支出522元，增长5.4%，其中滋补保健品消费增长近1倍。

【娱乐教育文化丰富】 2008年，虽然桂林市娱乐教育文化用品及服务类消费比上年下降，但城镇居民娱乐教育文化形式却越来越多。一是参加各种培训班和购买各种学习资料支出分别增长64.1%和13.6%；二是参加游览和健身支出增加；三是家用电脑数量增长19.1%，每百户拥有量增加到54.4台，其中联上互联网的比重为68.5%，业余时间上网的城镇居民日益增多。

【居住条件改善】 2008年，城镇居民人均居住面积38.2平方米(建筑面积)，增长18.6%。从住户结构看，二居室以下的减少，三居室以上的增加。全年桂林市平房及其他、普通楼房、一居室、二居室的住户比重分别减少1.9、0.3、3.4、3.8个百分点，三居室、四居室、单栋住宅比重分别增加5.1、1.4、2.9个百分点。年末，每百户城镇居民家庭拥有洗衣机95台、电冰箱96台、微波炉60台、空调器88台。　(李昭亮)

10月1日，永福县与中央电视台《乡约》栏目组共同举办第三届桂林永福国际养生福寿节开幕式“我们的田野——走进长寿之乡永福”大型文艺演出。

（唐侃　摄）

秀 峰 区

【概　况】 秀峰区位于桂林市区中西部，辖秀峰、丽君、甲山3个街道办事处，下设19个社区委员会、7个村民委员会，总面积53.5平方千米。2008年末户籍常住人口11.01万人，人口自然增长率4‰。全年实现地区生产总值39.55亿元，增长14.3%。其中，第一产业增加值0.71亿元，增长5.9%；第二产业增加值8.58亿元，增长8.1%；第三产业增加值30.26亿元，增加16.4%。人均地区生产总值28665元。农林牧渔业总产值1.19亿元，工业总产值15.93亿元。全社会固定资产完成投资11.13亿元。社会消费品零售总额43.29亿元，增长26.9%。实际利用外资333万美元。实现本级财政收入2.96亿元，其中一般预算收入15428万元；财政一般预算支出14884万元。城镇居民人均可支配收入14901元，增长15.9%。农村居民人均纯收入5612元，增长10.8%。年内，秀峰区荣获自治区人口和计划生育先进单位、荣获建设平安广西活动先进县区。

【社区居家养老服务】 2008年，秀峰区投入5万元成立丽君社区居家养老服务站。为解决因独居、子女不在身边、身体行动不便的老年群体日间照料问题，在社区中组织志愿者队伍，为老年人提供优质服务。制订《秀峰区居家养老帮扶实施细则》，完善居家养老服务体系，充分利用"数字民政信息化服务网络"，通过区、街道办、社区三级联网，为居家养老提供数字化、信息化、网络化服务。利用"4050"人员再就业优惠政策，支持居家养老工作的开展，构建以政府为支撑、以市场为主导、以家庭为核心、以社区为依托、以社会法人实体为主体的居家养老服务平台，全年为社区居民提供3200人次的优质服务。

【扶贫济困】 2008年，秀峰区政府为建立和完善覆盖城乡居民的社会救助制度，下发《关于继续推进扶贫济困春风行动的意见》，出台《秀峰区劳动就业与再就业工作实施细则》《秀峰区城乡残疾人帮扶实施细则》等细则，保障城市低保家庭5709户12250人次，累计发放低保金202.54万元，月人均补差165.34元；保障农村低保对象191户567人次，累计发放农村低保金29.45万元，月人均补差47.35元；救助城市医疗救助对象62人次，发放救助金14.59万元；救助农村医疗救助对象14人次，发放农村医疗救助金4.08万元；对贫困家庭子女实施教育救助216人次，发放教育救助金10.79万元；对28户符合救助条件的家庭实施临时救助，发放临时困难救助金1.14万元，解决辖区贫困群众生活、医疗、就业、教育、居家养老等方面困难。

【招商引资成效显著】 2008年，秀峰区实际利用外资331.62万美元。引进百企入桂项目16个，实际到位资金2.74亿元，完成全年任务119.2%，引进总部企业26家，实际到位资金1.06亿元。参加第五届中国—东盟博览会，新签约合同项目1个，成果4项，总投资额4.5亿元，外资合同额2000万美元。

【改善人居环境】 2008年，秀峰区加强对信义路、解放西路、机场路、中心广场周边和正阳路步行街的206栋临街楼立面改造。完善城市市容环境卫生长效管理机制，城市"五乱"现象得到有效整治。依法拆除中隐路、机场路、矮山塘村、五里圩村、莲花塘村等地的违法建筑5万多平方米。对解放西路、信义路等19个主次干道的户外广告及九岗岭、红岭路等街区扰民夜市进行专项整治，城区人居环境得到改善。

【园区建设实现新突破】 2008年，秀峰区出台并实施《关于加快琴潭园区开发建设的决定》，琴潭组团控制性详细规划编制完成并获市政府批复，中隐路一期改造完成并于春节前通车，中隐路二期改造征地拆迁工作基本完成，胜利桥重建及机场路改造工程秀峰段征地、拆迁的前期工作稳步实施，广源·国际社区、耀和商业广场、红岭御苑等项目进展顺利，路口村改造、农民安置点建设等项目的前期工作取得重大进展。全年固定资产投资完成2.81亿元。

【违法生育查处跨区域合作】 2008年，秀峰区推进计划生育跨区域合作，加强与流动人口户籍地联

5 月 29 日，秀峰区举行“榕湖之春”社区文化大看台活动。图为水上竞技赛场面。
李凯 摄

系，落实双向管理责任。年内与桂林市 12 县人口和计划生育局、贵港市港南区人口和计划生育局签订《流动人口计划生育双向管理协议书》，并就流动人口婚育证明的办理查验和计划生育违法案件的处理进行交流。发出《桂林市市内、县（区）间流动人口计划生育处理建议函》158 份，通过流动人口信息平台提交信息 2729 条，合作查处或移交流动人口计划外生育和计划外怀孕案件 22 例。全年协助户籍地征收社会抚养费 9.85 万元。

【教育和谐、均衡发展】 2008 年，秀峰区投入 450 万元建设飞凤小学新教学楼；投入 90 多万元完善偏远薄弱学校的教育教学设备、厕所修建、校舍整修、场地平整等校园基础建设项目，使区属学校设施设备和校园建设日趋均衡化。开展集团办学试点工作，逐步实现城区优势学校与偏远薄弱学校捆绑式发展，扩大秀峰区优质教育的覆盖面。对 8 名小学校级领导及 8 名小学一线教师进行区内校际交流，规范选拔、合理配备 48 名小学中层干部，进一步均衡区属学校师资配备。组织开展送教下校活动，借助教研室与优势名校的教研力量，促进教学科研均衡发展。年内，秀峰区荣获桂林市 2008 年度县（区）教育目标考核第一名。

【楼道文化建设】 2008 年，秀峰街道办事处和丽君街道办事处在全市率先开展楼道文化建设，根据自身特长量身定做科普楼道、歌艺楼道、门球楼道、平安环保楼道、工友和睦楼道、守望相助楼道等特色楼道，设立“一长五员”职责、宣传告示栏、全家福照片、八宝工具箱和居民才艺展示等 5 项内容。通过楼门建设，建立民主自治，形成自我管理、自我服务意识的管理模式，打造楼门似客厅、文化聚人心、特色促素质、创新出奇迹的楼道文化。

【平安建设取得新成绩】 2008 年，秀峰区政府投入 150 万元加大“三基”建设，对公安秀峰分局、派出所办公场所以及重点部位、安全设施进行整治和更新，提高安全防范。全面落实“一岗双责”领导包案责任制和维稳工作责任制及社会治安综合治理各项措施，狠抓“天天平安”建设活动，取得明显成效。年内，秀峰区获 2008 年建设平安广西活动先进县（区），桂林市综治平安建设二等奖；秀峰街道办事处、丽君街道办事处、甲山街道办事处被桂林市命名为平安街道。（殷允章）

叠 彩 区

【概　况】 叠彩区位于桂林市区北部，辖叠彩、北门街道办事处和大河乡，下设 15 个社区居民委员会、15 个村民委员会，总面积 52 平方千米。2008 年末户籍常住人口 13.45 万人，人口自然增长率 4.99‰。全年地区生产总值 39.81 亿元。其中，第一产业增加值 0.82 亿元；第二产业增加值 11.10 亿元；第三产业增加值 27.89 亿元。人均地区生产总值 2.96 万元。农林牧渔业总产值 1.35 亿元，工业总产值 22.10 亿元。全社会固定资产投资额完成 20.56 亿元。社会消费品零售总额 32.91 亿元。商品出口总额 1140 万美元。实际利用外资 1.07 亿美元。实现本级财政收入 2.17 亿元，其中一般预算收入 1.27 亿元；财政一般预算支出 1.42 亿元。城镇居民人均可支配收入 14703 元，人均消费性支出 9988 元。农民人均纯收入 4640 元，人均生活费支出 5220 元。

【区域性消费物流中心地位确立】 2008 年，叠彩区贯彻落实市委、市政府关于建设叠彩区商贸物流园区的决定，制订并实施《叠彩区实施商贸物流园区项目工作方案》，编制完成《叠彩区商贸物流园区概念性规划》《叠彩区商贸物流园区站前路分园控制性详细规划》，形成建设区域性消费物流中心的基本思路。年内，广汇汽车营销中心、奥林匹克体育文化城项目成功签约园区。商贸物流设施建设取得新发展，桂北装潢材料市场联坤家居二期，美居商城二期、驿前休闲美食街建成开业；沃尔玛、肯德基签约落户美居商城；百业乌石商贸城、盛业商贸城、联坤家居三期等项目建设进展顺利。新增商贸经营面积 8.30 万平方米。实现社会消费品零售额 32.91 亿元，同比增长 25.80%。商贸物流业增加值 11.68 亿元，同比增长 9.10%。商贸业的税收收入超过 0.38 亿元，占财政收入的 17.59%。

【招商引资效果显著】 2008 年，叠彩区围绕项目招商，全面做好招商引资项目落实、落地、实施、建设的服务工作。通过参加桂台经贸洽谈会，赴日本、韩国招商推介会和中国—东盟博览会，促成奥林匹克体育文化城、漓江艺术研究院艺术创作中心、广汇汽车营销中心、台湾宏全国际、桂林苏桥生产基地等一批项目签约。全年实际利用内资 8 亿元，利用外资 1.07 亿美元，超额完成市政府下达的利用外资任务。年内，叠彩区获桂林市引进内资、外资签约项目专项奖和组织奖。

【城市规划与建设】 2008 年，叠彩区提出“改造老城，建设新区”的城区建设新思路，编制叠彩区城市分区规划调整方案、中山北路环境综合整治和宋城木龙湖文化旅游商业特色街区概念性规划方案等一系列城区建设与改造的重大规划。实施片区开发战略，推进南洲、星华片区已征土地的平整，做好清风、五福片区补征土地工作，全年累计储备建设用地 200 余公顷。启动桂林钢厂片区改造开发项目和桂林水泵厂异地搬迁改造项目。鑫灿·爱琴湾畔花园、帝景华庭·棕榈滩、碧水嘉园等一批房地产项目建成并投入使用。完成中山北路、北辰路路段两侧 261 栋建筑物的立面改造、清洗任务。实施中山北路道路绿化隔离带、路灯改造和重要节点的绿化、亮化、美化工程，提升城区主干道品位。东二环路叠彩区段基本完工。

【重点项目建设】 2008 年，叠彩区开展“项目建设年”活动，实行重点项目责任分工制，每个项目均明确牵头领导和牵头部门，制订考核奖惩制度，推进重点项目建设。年内，40 个重点项目进展顺利，共完成投资 10.6 亿元。重点项目的实施和建成投产，促进了叠彩区经济社会发展。

【城郊特色农业发展迅速】 2008 年，叠彩区突出“三种一养”（种果、种菜、种花，生猪养殖）特色，打造城郊农业新格局。巩固“大河”牌丰水梨品牌的水果基地，种植面积扩大到 196 公顷；推广丰水梨标准化示范生产，年产优质丰水梨 1400 吨。蔬菜种植面积 433.33 公顷，其中无公害蔬菜种植扩展到 86.67 公顷，年产蔬菜 6.50 万吨；占地 6.67 公顷的潘家村旺荣蘑菇生产基地，新建大棚 31 个，菌种培育面积 1.50 万平方米，成为桂林市近郊规模较大、大棚建设较为规范的蘑菇生产基地。规划面积 200 公顷的花卉基地实现 106.67 公顷的生产规模，是桂林市面积最大、基础设施条件较好的花卉生产集中区。生猪养殖向标准化规模化推进，生猪标准化养殖小区初具规模，年内新增生猪规模养殖场 23 个。全年出栏生猪 5.12 万头，同比增长 34.70%。

【社会事业协调发展】 2008 年，叠彩区完成新增就业 2691 人，就业培训 1559 人，农村劳动力转移培训 750 人。落实“两个确保”和“三条保障线”

(确保国有企业下岗职工基本生活费与离退休人员基本养老金按时足额发放;国有企业下岗职工基本生活保障、失业保险、城市居民最低生活保障)制度,发放城镇低保金371万元、农村低保金37.80万元,实现动态管理下的“应保尽保”。恢复重建因灾倒塌房屋72户(间),发放救济粮12吨、食油等物资一批,发放赈灾款54.10万元;为冰冻灾区和地震灾区募集善款157万元。对97名参加自卫反击战退役人员的各类补助全部发放到位。区属中、小学校领导班子优化调整,校、点布局规划通过桂林市认定;芦笛小学、大河初中改扩工程顺利实施;教师培训和争创名师名校活动成绩突出,荣获桂林市2008年度县(区)教育岗位目标评估一等奖。科技成果《叠彩区南方优质梨管护技术推广》通过桂林市科学技术局验收。计划生育利益导向机制基本健全,全年共出生1412人,自然增长率为4.99‰,符合政策性生育率为98%。推行新型农村合作医疗制度,参合农民22347人,参合率96%。社会医疗卫生服务和软硬件设施建设投入30万元,“六位一体”(医疗、康复、计生、健康教育、预防、保健工作形成一体)的社区卫生服务体系全面建立。村、居“两委”换届工作顺利完成,基层政权建设得到加强。叠彩街道办事处红十字会被中国红十字会总会授予优秀乡镇(街道)红十字会,清风社区被评为桂林市十佳社区。大河乡卫生院维修改造工程竣工,新建农村文化图书室5个、篮球场3个,成功举办了第23届“叠彩桂花香”文艺汇演和“金凤飞扬”、“快乐歌会”、“叠彩杯”篮球、气排球赛等系列文体活动。地方志工作成绩显著,被评为2006~2008年度广西地方志系统先进集体。

(叠彩区志办)

象 山 区

【概 况】 象山区位于桂林市区南部,辖象山、南门、平山街道办事处和二塘乡,下设29个社区居民委员会,8个村民委员会。总面积87.6平方千米。2008年末户籍常住人口22.96万人,人口自然增长率为4.84‰。实现城区生产总值87.68亿元。其中,第一产业完成增加值0.69亿元;第二产业完成增加值33.53亿元;第三产业完成增加值53.46亿元。全社会固定资产投资总额29.81亿元,实现本级财政收入5.31亿元,城镇居民人均可支配收入15148元,农民人均纯收入4371元,实际利用外资373万美元。

【农业经济成效显著】 2008年,象山区全年实现农业总产值1.28亿元,(比上年,下同)增长7.5%。年内,认真抓好冰冻、洪涝灾后恢复生产工作,发展蔬菜、水果、花卉和园林等新兴产业,推动“一村一品”特色农业的发展。落实各项强农、支农、惠农政策,加大基础设施建设投入,完成农村水利、饮水安全工程、乡村公路、村屯道路硬化、沼气池等建设任务。鼓励农村富余劳动力转移就业,加强实用技术培训,注重农产品质量安全检测及畜禽防疫等工作,促进农业增产增收。

【工业经济稳步发展】 2008年,象山区全年完成工业总产值97.33亿元,增长6.9%;规模以上工业总产值为75.87亿元,增长4.3%;实现规模以上工业增加值21.60亿元,增长4.6%。年内,加快国有工业企业和集体企业改制,培育小企业上规模,对20多家重点工业企业派出帮扶小组,实施“一厂一策”等帮扶措施,推动工业经济的发展。加强银企协调、加大科技投入和扶持力度,鼓励企业通过技术改造和科技创新。

【第三产业有新发展】 2008年,象山区商贸物流业在提高零售业档次、完善批发市场建设和推进物流园区规划方面取得明显进展。以万福路沿线休闲、度假、娱乐和康体旅游等设施为依托的“旅游休闲度假园区”建设方案通过评审。全区社会消费品零售总额完成50.16亿元,第三产业对全区经济贡献率达71.8%。

【财税工作高效运行】 2008年,象山区实现本级财政收入5.31亿元。全年财税工作克服政策性财政减收、支出增大的困难,完善税收征管制度,做到开源节流,压缩财政预算支出的10%用于抗雪救灾、抗震救灾,取得明显效果。合理安排调度资金,重点保证教育、科技、社会福利救济和社会保障等基本支出。加强财政支出管理,完善会计集中核算制度,对财政资金实行国库集中支付进行试点运行。

【招商引资成效明显】 2008年，象山区优化区域投资环境，巩固扩展外联关系，加强对新项目和原有项目的跟踪协调服务，提高项目履约率；参加重大招商活动，组团参加桂台经贸洽谈会、中国—东盟博览会等大型招商引资活动，引进项目28个。全年区外到位资金9.16亿元，市外到位资金13.29亿元，为城区经济发展注入新的活力。

【为民办实事】 2008年，象山区减免了393名上小学低保家庭子女的学杂费，对128名低保家庭在读大学生和28名低保家庭子女新入学的大学生进行救助，共发放教育救助金23万元；推行新型农村合作医疗制度，参合率92.05%；配套62.8万元完成二塘乡计划生育服务所建设；通过群众自筹、政府资助共投资198.66万元，完成6个文明卫生村主干道和巷道的硬化，象山区获得2008年度桂林市创建文明卫生村工作一等奖；完成84户农村危房改造和坍塌房屋重建工作。投资35万元实施二塘乡额头村新村建设试点；完成10个自然村新村建设规划编制；投资92.37万元完成平山北村人畜饮水安全项目工程；投资212.49万元建设二塘乡上沙河村和下沙河村人畜饮水安全项目。

【城市建设与管理】 2008年，象山区推进彰泰城、润鸿水尚、万象城等大型开发项目建设，启动瓦窑国际旅游批发城二期改造，完成御林湾、中央尊馆、畔山阅江台、万正国际、兴进·曦镇、鸣翠新都(二期)等小区建设；完成文明路、尚智巷、将军路南巷等7条小街小巷的改造；筹措各类资金5355万元，对5条路341栋房屋进行立面改造工程。以建设促管理，落实工作责任制，拓展“城乡清洁工程”，开展治理“五乱”和薄弱环节整治，对中山路、桂阳公路象山段等交通干线，无物业管理小区，城乡结合部进行重点整治，把“城乡清洁工程”向小街小巷、城乡结合部以及乡村拓展，城乡面貌得到明显改观。年内，象山区荣获自治区第六届市容“南珠杯”竞赛先进集体奖。

【社会事业蓬勃发展】 2008年，象山区落实技术研究和开发经费240万元，立足科技为企业和农村服务，企业技术创新能力和农业科技水平不断提高。围绕教育年度工作目标，突出“一校一品”办学特色，科学规范教育布局，合理优化资源配置，促进教育均衡发展，全年投入建设资金及教学装备资金755.64万元。年内，象山区荣获自治区“两基”先进县区等12项荣誉。投入近40万元新修农村篮球场、文化站、文化图书室等，规范辖区文化市场管理，创新活动形式，“象山水月”群众文化活动精彩纷呈，全市“漓江之声”文艺汇演荣获团体总分第二名，全市首届少数民族运动会获得团体第三名。加强公共卫生建设，实施新型农村合作医疗，农民参合率达到92.05%，提前两年完成自治区农村初级卫生保健规划任务指标。社区卫生服务体系逐步健全，2家社区卫生服务中心通过自治区三级评审，获得三级优秀社区卫生服务中心资格。全面完成二塘乡计生服务所建设任务；创新服务管理体制，全面启动出生缺陷一级干预工程，促进出生人口综合素质的提升；稳定低生育水平，人口出生率为7.5‰，出生婴儿男女性别比为100:105。完善救援应急机制，基本建立区、乡(街道)、村(社区)、单位四级防灾救灾网络救援体系，全年共下拨74.91万元对辖区群众冰冻灾害、倒房重建等方面给予救济；组织3次社会募捐活动，共接受捐赠278.6万元；健全了社会保障体系，规范和完善了城市低保、城乡特困居民临时救济、城乡医疗救助五保供养运行机制。年内全区城乡累计发放低保金696万元，获得桂林市城乡低保工作先进单位。落实就业再就业扶持政策，优化就业环境，全区城市新增就业4230人，城镇登记失业率控制在4%以内。深入推进村务公开和民主管理，落实象山区村(居)务公开民主管理10项制度；注重解决社区“四有”问题，完成“十一五”规划期间社区办公用房标准化任务的83.0%以上；启动平山街道社区服务中心、社区服务站项目建设。组织双拥共建活动330多次，深入开展“三体联创”共建服务，走访慰问辖区双拥共建部队，送去慰问金28万多元，全年发放义务兵家属优待金、残疾军人抚恤金、无军籍职工退休金共290多万元。国防教育效果明显，人民武装部工作得到加强，预备役建设和征兵工作成绩优异，连续13年无责任退兵现象。

【综合治理得到加强】 2008年，象山区加强矛盾纠纷的排查,各类上访事件得到妥善处理。抓好安全生产,全年有效控制安全生产“四项”主要考核指标,无重大安全事故发生;推进公安“三基工程”,启动将军桥派出所办公楼的建设,全面实施“打防控”一体化,开展打黑除恶、禁毒禁赌、禁传销、反邪教专项斗争,辖区治安案件和各类刑事案件得到有效遏制。稳步实施“五五”普法规划,贯彻落实《行政许可法》,规范执法行为。

(赵国诚)

七　星　区

【概　况】 七星区位于桂林市城区的东部,下辖七星、东江、穿山3个街道办事处和朝阳乡、桂林华侨旅游经济区,下设28个社区居民委员会、16个村民委员会。总面积97平方千米。2008年末户籍常住人口21.01万人,人口自然增长率5.23‰。全年地区生产总值99.89亿元,增长14%。其中,第一产业增加值1.13亿元;第二产业增加值64.82亿元;第三产业增加值33.94亿元。规模工业增加值54.05亿元,增长23.02%。全社会固定资产投资34.42亿元,增长15.9%。工业总产值340亿元。其中,规模工业总产值149.87亿元;农林牧渔业总产值1.97亿元。社会消费品零售总额28.48亿元,增长22.02%。实现本级财政收入6.36亿元,增长20.18%,财政一般预算支出2.81亿元。实际利用外资3885.83万美元,市外内资39.40亿元。城镇居民人均可支配收入15015元,增长13.45%,人均消费性支出10757.65元;农村农民人均纯收入5272元,增长10.61%,人均生活费支出2647元。

年内,七星区荣获全国中医药特色社区卫生服务示范区、自治区2008年度人口与计划生育目标管理先进城区、自治区优秀残疾人康复示范区,东江街道办事处和七星街道办事处分别荣获全国和谐社区建设自主创新先进街道,东江街道办事处羊角山社区荣获了全国“平安家庭”创建活动先进示范社区,区精神文明建设办公室荣获全国未成年人工作思想道德建设工作先进单位。

【招商引资】 2008年,七星区坚持招商引资与产业发展相结合,组织人员员到日本、韩国及东南亚等国开展宣传桂林国家高新技术产业开发区的投资环境,推介项目,取得良好效果。引进一期投资200万美元的新材料保健用品生产基地项目;老挝万象硅业公司和桂林澳华贸易有限公司合资企业,总投资1.2亿元,首期注册资金2500万元的单晶硅生产基地项目;广州华工百川科技股份有限公司投资3亿元的新型材料及橡胶设备生产研发基地项目;深圳鑫源通电子有限公司与深圳安防行业的部分企业共同建设的安防产品生产基地;浙江中越橡胶轮胎有限公司总投资6000万元的汽车内胎垫带生产项目;上海广声电子科技有限公司与深圳精卓科技有限公司总投资8000万元的多层电络板生产研发基地等。全年共引进注册资金50万元以上的内外资项目148个,其中投资超过1000万元的工业项目12个。

【未成年人思想道德教育】 2008年,七星区坚持未成年人思想道德建设工作联席会议制度、工作汇报会制度和工作督察制度,建立学校、社会、家庭、“三位一体”的未成年人思想道德建设教育网络,形成齐抓共管,相互协作,人人关心爱护未成年人的良好氛围。结合中国改革开放30年,自治区成立50周年和桂林地市合并10周年庆典,举办有奖读书征文比赛、小发明比赛和组织学生参观成果展等多项活动,增强青少年的自信心、自豪感,激发发奋学习的热情。组织区属中小学校、社区,举办未成年人思想道德教育板报展评,展示未成年人奋发向上的精神风貌。整治学校、周边环境,对辖区24所中、小学校周边的互联网有害信息、违法违规网吧进行清理整治,净化未成人健康成长的社会文化环境,区精神文明建设办公室被评为全国未成年人思想道德建设工作先进单位。

【社会各项事业有新发展】 2008年,七星区财政投入1665万元,整体改造合心中心校、育才小学综合楼;基本完成汇通小学、龙隐小学、穿山小学新建教学楼工程;2008年秋季学期,七星区义务教育阶段的中小学全部实施免除杂费入学。各中小学建立健全安全卫生工作制度,开展创建卫生学校活动,龙隐小学、东江小学、汇通小学、七星中心校、七星幼儿园、广西师范大学幼儿园被评为自治区优秀卫生学校。养老、助残事业取得发展,区老年公寓正式投入使用,成为桂林市首家星级老年公寓;投资700万元,建成五保集中供养中心和居家养老服务中心。城乡社会救助进入制度化运行轨道,区政府出台《七星区临时困难救助机制》《七星区医疗救助机制》《七星区教育救助机制》《七星区灾民救助机制》等规定和办法,全年共发放城市居民低保金234.72万元,农村低保金91.61万元。　　(梁荣军　刘业定　莫炳国)

雁　山　区

【概　况】 雁山区位于桂林市区南部,辖雁山街道办事处和雁山、柘木镇,大埠乡、草坪回族乡,下设3个居民委员会、37个村民委员会。总面积274平方千米。2008年末户籍常住人口7.50万人,人口自然增长率3.95‰。全年完成地区生产总值14.91亿元。其中,第一产业增加值3.01亿元,增长7.8%;第二产业增加值6.27亿元,增长14.1%;第三产业增加值5.63亿元,增长22.3%。实现本级财政收入0.96亿元,增长28.79%。工业总产值19.95亿元,增长18.5%。全社会固定资产投资6.4亿元,增长52.1%。社会消费品零售总额完成1.365亿元,增长24.4%。城镇居民人均可支配收入12886元,增长13.2%;农民人均纯收入3871元,增加415元,增长12%。

【大灾之年农业不减收】 2008年,雁山区克服雨雪冰冻、洪涝等自然灾害的影响,农业生产实现大灾之年"目标不变、任务不减"。全年实现农业总产值5.41亿元,增长9.3%。水果面积1606.7公顷,产量1.76万吨,增长37.18%;优质稻面积2540公顷,优质率98.33%;优质高效经济作物面积达1820公顷,增长13.28%。养殖业稳步发展,年出栏家禽632.21万羽、生猪7.16万头、水产品产量2000吨,分别增长15.01%、7.11%、5.26%。

【农业发展后劲增强】 2008年,雁山区全年发放各项涉农政策补贴420.1万元,涉农补贴发放率达100%。筹措资金2600多万元,新修三面光水渠24千米,实施饮水安全工程8处,解决2188人的饮水安全问题。完成兰口水库除险加固工程、白竹境水库水源林工程和竹园村电灌站建设。完成灾林清理、恢复造林170.7公顷,灾后林木抚育管理333.3公顷,重建防火林带13.5千米。新建农村户用沼气池120座、养殖小区大型沼气池5座,沼气入户率达48.5%。农业机械化水平达39.55%,农机助农增收作用进一步增强。完成40个自然村新村规划和20个自然村道路硬化,修建乡村道路69千米。投资200多万元,完成区级新农村建设试点村各项建设工程,全区新农村建设取得新成效。

【工业、旅游商贸开创新局面】 2008年,雁山区实现工业总产值19.95亿元,增长18.5%,其中规模工业总产值12.29亿元,增长16.75%。年内关停落后砖厂8家,万元生产总值能耗同比下降3.56%,万元工业增加值能耗同比下降5.34%,工业企业节能减排目标任务全面完成。全年共接待游客106万人次,实现旅游收入4360万元,增长26.37%。完成"万村千乡市场工程"工作,全区15家农资店、农家店分别通过国家、自治区及桂林市商务部门的检查验收。

【项目建设取得新成效】 2008年,雁山城区中心环线道路、污水处理设施等一批重点项目建设取得重大进展,城区基础设施得到改善,雁山城区中心环线道路一标段1.8千米完成快车道、慢车道、人行道及路灯亮化工程。桂林旅游高等专科学校、广西师范大学、广西师范大学漓江学院、桂林工学院、桂林市卫校雁山校区等重点项目完成投资2.4亿元,入住师生3.5万人。投资1702万元建成日处理污水5000吨的污水处理厂,完成厂区到桂阳公路段进厂管道铺设工程。年内,《雁山科教组团控制性详规》获市政府批准,《城区总体规划调整修编方案》已报市政府审批。全年新签项目2个,实际利用外资302万美元,完成市政府下达任务的101.5%;区外到位资金5806.81万元。

【各项社会事业齐头并进】 2008年,雁山区义务教育政策全面落实,素质教育质量稳中有升。科技培训和科技宣传专项活动积极开展,科技攻关和新技术新成果应用示范项目稳步实施并取得实效。文化体育事业全面发展,各项赛事取得优异成绩。参加桂林"漓江之声"比赛,共获14个奖项,其中一等奖3个;参加桂林市首届少数民族运动会获得团体总分第二名,并获17个单项奖,其中第一名5个;举办2008年《蒙牛〈城市之间〉——奔向北京全国113城市全民健身展示活动》和第19届雁山杯足球赛等大型文化体育活动。农村卫生医疗条件得到改善,新型农村合作医疗逐步实现规范化管理,群众参合率89.94%,兑现新型农村合作医疗补偿金218.35万元。为民办实事工程扎实推进,全年共落实资金3000多万元。人口和计划生育工作全面加强,违法生育专项治理工作扎实开展,人口计划生育奖励扶助政策全面落实。社会就业和再就业进一步扩大,城乡最低生活保障制度更加完善,社会保障覆盖面逐步拓展。（秦双有）

阳朔县

【概　况】 阳朔县位于桂林市区南部,总面积1428平方千米。辖阳朔、白沙、福利、兴坪、葡萄、高田6个镇和金宝、普益、杨堤3个乡,下设9个居委会,6个社区,99个村委会。县政府驻阳朔镇。2008年末户籍常住人口31.24万人。人口出生率9.44‰,人口自然增长率4.44‰,计划生育率93.18%。

完成经济总指标　全年生产总值38.52亿元,增长10.3%。其中,第一产业增加值10.62亿元,增长3.1%;第二产业增加值11.92亿元,增长12.8%;第三产业增加值15.98亿元,增长13.5%。人均生产总值13692元。全社会固定资产投资64.73亿元,增长17.9%。社会消费品零售总额9.0亿元,增长23.8%。

农业　全年农林牧渔业总产值16.79亿元,增长3.38%。其中,农业总产值97488万元;林业总产值5387万元;牧业总产值55388万元;渔业总产值5018万元;服务业总产值4646万元。全县粮食播种面积2.34万公顷,其中优质稻种植面积13507.8公顷。粮食总产量10.99万吨。水果种植面积14433.33公顷,水果总产量19.86万吨,总产值33421万元。肉类总产量24887吨,增长5.55%。水产品产量5719吨,增长3.4%。完成营造林333公顷。全县新建沼气池2600座,沼气入户率达59%。全年完成农业科技推广示范项目11个,建立示范基地5个,示范总面积142公顷。农机总动力15.66万千瓦。社会用电量1.74亿千瓦小时。

工业　全县工业总产值23.32亿元,增长21.2%,其中规模以上工业产值完成9.11亿元,增长18.5%。抓好福利、葡萄2个县级工业集中区的建设,投入资金600多万元完善供水、供电及道路等基础设施建设,建成1万平方米的标准厂房。加强对兴源铅锌矿、林威香业、瑞峰木业的扶持力度。

财政·金融　全年财政总收入3.25亿元,增长18.18%,其中地方财政收入22202万元,增长26.97%。财政总支出6.25亿元,增长12.1%。年末金融机构各项存款余额29.2亿元,增长10.6%;各项贷款余额21.8亿元,增长16.8%。

旅游　全年接待国内外游客559.1万人次,增长8.3%。其中,境外游客89.9万人次,增长3.8%;接待留宿游客157万人次,增长10.0%(境外游客30.9万人次,增长16.9%)。旅游总收入17.9亿元,增长40.0%。旅游对财政的贡献率达65%。全年未发生重大旅游安全事故和重大旅游投诉案件。全县拥有350多个自然景点和人文景观,营业景区15个(AAAAA景区1个,AAAA景区1个,AAA景区4个)。宾馆饭店390家(三星级2家,四星级4家),床位2万多个;旅游从业人员5万多人,占全县总人口的六分之一。阳朔县是中国旅游强县、中国县域旅游品牌百强县、中国文化旅游大县、2008年中国十大文化休闲基地、2008中国最佳旅游目的地。阳朔西街是中国最佳值得外国人去的50个地方之一、广西10个最好玩的地方、中国民间文化遗产旅游示范区。阳朔田园风光被评为广西最美的田园风光,世外桃源是全国农业旅游示范点和广西少数民族风情旅游示范点,高田历村是全国农业旅游示范点,白沙龙潭门和龙泉度假山庄是自治区旅游示范点。

招商引资　全年全县在建、续建的项目19个,合同总额41.86亿元,其中市外建设项目资金2.93亿元,自治区外建设项目资金2.43亿元,完成年度任务的142.9%。引进外资项目到位资金470.16万美元，完成利用外资年度任务的195.9%。

教育·科技·卫生　实施农村中小学基础教育12个单项工程，建筑面积9970平方米。资助贫困学生7066人次，资金300.6万元。全年投入科技三项经费3328.1万元，列入科技三项计划项目15项，申请专利11项，国家知识产权局授权3项，项目承担单位自筹资金3104.1万元。强化公共卫生工作，加强疫病、食品、饮水和公共场所卫生的监督监测工作，加强农村卫生服务体系建设。连续3年孕妇死亡率和新生儿破伤风发生率为0。农村新型合作医疗工作进展快，参保农民23.84万人，参合率为88.24%，参合群众受益率为88.24%，受益率81.68%，报销医疗费1719.17万元，参合资金使用率达90.15%。全县建成文明卫生村40个。

文化·广播电视·体育　全年送文艺、电影下乡1151场次，观众人数125万人次。营业网吧46家。文化艺术创作成果喜人，获国家奖1项，自治区级3项，市级奖14项。参加自治区第十一届运动会，获得2枚金牌1枚银牌2枚铜牌的成绩。启动第二轮“村村通”广播电视工程，超额完成卫星转播调整任务，覆盖率达90%以上。

人口与计划生育·社会保障　全年免费做计划生育手术963例。全年出生人口3211人，出生率为10.78‰，计划生育率为9.18%；人口出生率、死亡率、自然增长率和婴儿出生男女性别比分别为9.44‰、4.95‰、4.44‰和105:100。基本养老保险参保8975人，失业保险参保6897人，医疗保险参保14166人，工伤保险参保5076人，生育保险参保4898人。全年城镇新增就业2280人，困难对象再就业192人。建成经济适用房2.75万平方米。全年发放城镇低保资金401万元，受益1211户2.52万人次。实施重大疾病医疗救助1468户，获得医疗救助金140.7万元。发放农村低保730万元，受益7885户14.81万人次。城镇居民人均可支配收入为17409元，增长42.52%。农民人均纯收入4936元，增长41.07%。

【节能减排取得成效】　2008年，阳朔县委、政府把节能减排工作作为调整经济结构，转变增长方式的突破口。坚持依法行政，强化监管力度，签订环境保护目标责任书，把污染物减排工作落实到具体的部门和企业，取得较好成效。全年GDP万元能耗下降3.6%，规模以上工业综合能源消费总量13446吨标准煤，万元增加值能耗0.89标准煤。下降5.11%。全县COD(化学需氧量)控制目标为1563吨，新增量48.2吨，COD减排量0吨，核定排放量984.2吨，低于控制目标。全年二氧化硫的控制目标为1253吨，二氧化硫新增量141吨，完成二氧化硫减排量548.9吨，消减21.5%，低于控制目标。关闭淘汰5个18门以下生产能力和装备落后的砖瓦轮窑和无顶轮窑，减少实心砖生产量7000万块，实现节约土地7.93公顷，节能标准煤9600吨。县城生活污水处理率达78.97%。建立了田家河水源净化厂，日处理污水量13000吨。抓好全国第一次污染源普查工作，全县共完成510家工业、生活污染源的普查工作。

【荣获自治区“城乡清洁工程”先进集体】　2008年，阳朔县把“城乡清洁工程”纳入经济社会发展总体规划，投入专项经费6200多万元，建设城乡基础设施。加大宣传力度，创新宣传方式，发放温馨提示卡5万多张，开展“清洁家、从阳朔做起”的实践活动100多次；在电视播出“城乡清洁工程”专题片；印发专刊3000多份，编印400页的《让城乡面貌与山水同美》小册子400本；制作成果图片展17版(次)。进行专项整治行动230多次，干群参与达6万多人次，清理卫生死角2650多处，清理垃圾6000多吨，清淤县城水系3000多米，清除乱贴乱画2070多平方米，拆除违章建筑27200多平方米，处理车辆乱停乱放3830多辆(次)，占道经营1530多起，清理“牛皮癣”小广告3100多处。创建全线禁停车辆的示范路——叠翠路和蟠桃路以及一批示范街、示范市场、示范社区和示范村。投入1000万元，完成桂阳公路集镇段的亮化、绿化和美化，完成桂阳公路沿线房屋立面的改造，对沿线的砖厂进行搬迁或关停，清洁和复垦工作。投入600万元对城乡市容环境和生态农业旅游观光带进行整治，规划建设神山路人行道、绿化带1000米。投入3100万元规划建设14千米长的人行道、绿化带，对桂阳公路沿线的“五乱”进行节点、立面、空中布局的立体整治，打造“一江一河、一带一路”旅游亮点，提升了阳朔县旅游文化品味。年内,阳朔县获得自治区深入实施“城乡清洁工程”先进集体。

【李文全获2008年北京奥运会男子射箭团体赛铜牌】 2008年8月11日,在2008年北京奥运会上,阳朔籍射击运动员李文全和他的队友们代表中国男子射箭队在男子射箭团体铜牌争夺战中,以222:219环击败乌克兰队夺得第三名,创造了中国射箭队历史上的最好成绩。李文全是此次参加2008年北京奥运会中最年轻的中国射箭男选手。2000年,李文全被荔浦县体校射箭教练李嘉兰选中,2001年,参加广西少年射箭锦标赛获得4块金牌、1块银牌。2002年,获得5块金牌并打破广西青少年锦标赛4项记录,同年8月入选广西射箭队。2006年获得全国冠军赛个人冠军,同年,入选国家射箭队。2008年北京奥运会获男子射箭团体赛铜牌。

【荣获自治区人口与计划生育目标管理先进单位】 2008年,阳朔县在全县推行阳光计生行动,开通12356阳光计生服务热线电话。实施让计生法律法规政策、计生办事程序、计生工作纪律、计生服务项目向群众公开,印刷人口计生办事程序告知卡等阳光管理工作。代办各种计生证件1476件,违法生育对象从上年的488个降低为219个。在西街设立自治区首家性文化用品店,宣传预防艾滋病,接受宣传达200万人次。安排奖励扶助资金210万元,兑现计生奖励扶助对象758户。为城镇居民和农村居民办理独生子女父母光荣证4422户,全县放弃生育二孩夫妇318户。实行“一证管多证”制,全县共出具计生证明2648份,依法处理违法生育案件96件。建立征收社会抚养费长效工作机制,依法征收社会抚养费453.78万元,群众主动交纳344.18万元,占75.85%。年内,阳朔县获自治区人口与计划生育目标管理先进单位。

【白沙镇获全国服务农民服务基层文化建设先进集体】 2008年,白沙镇党委、政府加强广播电视村村通工程建设,成立领导小组,实行责任到人,共筹措资金66万元,完成32个自然村49千米的有线电视光纤网络升级改造建设,新增有线电视用户450户;完成与县城有线电视光纤联网工程建设,收视节目由20套增至26套,有线电视清晰度高,用户满意率达98%。对有线电视网络实行分片管理,责任到岗,任务到人。有线电视维护费收取率达98%以上,实现了广播电视“村村通、户户通、长期通”的目标。年内,白沙镇获中共中央宣传部、国家文化部、国家广播电影电视总局、国家出版总署全国服务农民服务基层文化建设先进集体。

【阳朔镇获第一批国家级环境优美乡镇】 2008年,阳朔镇党委、政府开展创建全国环境优美乡镇的活动,实现了经济、社会、环境的协调发展和经济发展与环境保护目标。城镇居民自来水普及率99%,农村饮用水卫生合格率达95%,生活污水处理率达74.95%,地表水声环境质量的重点工业污染源排放达标率100%,生活垃圾无害化处理率90%。城区绿化面积为30万平方米,绿化覆盖率42%,人均公共绿地面积11.17平方米,主要道路绿化普及率97.9%。农业生态环境良好,水土流失治理达标,农用化肥施用量强度、农产品农药残留均控制在标准之内。发展建造农村沼气池,重点抓好漓江水土的保持和生态修复工作,加强旅游设施和相关企业的废水整治,废水及游客排泄物不直接排入漓江。漓江水质达到一、二类水质标准,城市水域功能区的水质达标率为100%,饮用水水源地达标率大于96%,自来水水质综合合格率高于99.97%。镇城区实行定时定点收集垃圾制度,公共场所和主要街道实行全天候保洁,面积达17万平方米,垃圾清扫率达100%,垃圾清运率达100%,垃圾无害化处理率达90%。县城大气环境质量优于国家《空气质量标准》二级标准,噪声达标率为90%以上。依法拆除违法违章建筑6000多平方米。在全镇辖区内创办“绿色医院”、“绿色酒店”活动,结合创建“绿色学校”,组织环保法规培训班,增强环保意识。高洲小学与广西师范大学、县环境保护局联合创建“万众爱心学校绿色环保分校”,在中小学校师生中举行环保知识讲座,征文比赛、知识竞赛,让学生学习环保理论,参与环保宣教活动。投入4万元,在全镇11个村(居)委建成36个垃圾池,确保镇、村环境整洁、防止“白色污染”。全镇范围内创造了一个城镇管理有序、街道整洁、环境优美的生活环境。年内,阳朔镇获国家环境保护部全国环境优美乡镇。

【阳朔金橘被列入全国第六批农业标准化示范项目】 2008年，阳朔金橘被国家质量监督检验检疫总局列入全国第六批农业标准化示范项目。金橘是阳朔名优水果，已有百余年种植历史，是农村经济的支柱产业。2004年12月，阳朔金橘被国家质量监督检验检疫总局列入全国第五批农业标准化示范项目。2006年3月，自治区农业厅授予阳朔金橘避雨避寒栽培技术“农业科技创新一等奖”。2008年12月，广西地方标准《地理标志产品阳朔金橘》(送审稿)通过自治区质量技术监督局组织有关专家的审定。专家一致认为阳朔金橘的生产技术、地理环境、质量要求、检验、流通等都具有科学性和操作性。实施地理标志产品保护，从根本上规范阳朔金橘生产、销售等环节，促进金橘产业健康发展。

【专题纪录片《月亮妈妈》获十佳全国纪录片奖】 2008年，阳朔县委组织部拍摄制作的建设社会主义新农村百名新型农民《月亮妈妈》专题纪录片，真实地记录了居住在高田月亮山下“月亮妈妈”徐秀珍从一名普通平凡的农家妇女，勤奋学习熟悉掌握8国语言，开发当地旅游资源，走上致富路并带富一方的故事。该纪录片选题独特，拍摄精良、故事贴近生活，从1400部作品中脱颖而出，夺得第五届中国纪录片国际选片会十佳纪录片奖，并入选德国世界女性电影电视节目参评，为全国党建类电视节目第一次走出国门，登上国际屏幕。年内，该纪录片参加中国广播电视协会主办的纪念改革开放30年中国优秀纪录片专题片的评比中获银奖。

【文化引领旅游上新台阶】 2008年，阳朔县依托山水资源优势，做大做强旅游产业。把山水文化、历史文化、民俗文化、现代文化、西方文化融入到旅游业中，使文化成为旅游的灵魂，形成文化兴旅游、旅游促文化、文化旅游助产业的强劲发展态势。全县有5万多农民吃上“文化旅游饭”，以旅游为龙头的第三产业占全县经济总量41%，旅游对财政贡献率达65%。全年接待旅游总人数559.1万人次；旅游总收入17.9亿元。年内，阳朔县荣获2008年中国(国际)休闲发展论坛组委会“2008中国十大文化休闲基地”、第二届中国旅游论坛组委会“2008中国最佳旅游目的地”称号。

(廖艺　莫晓峰)

临　桂　县

【概　况】 临桂县位于桂林市西南部，总面积2202平方千米。辖临桂、六塘、会仙、两江、五通5个镇和南边山、四塘、茶洞、中庸、宛田(瑶族乡)、黄沙(瑶族乡)6个乡，下设6个社区居民委员会，161个村民委员会。县政府驻临桂镇。2008年末户籍常住人口47.79万人，其中壮、瑶、回等少数民族人口3.59万人。

完成经济总指标　全年生产总值(可比价，下同)71.65亿元，(比上年，下同)增长15.2%。其中，第一产业增加值17.51亿元，增长4.9%；第二产业增加值39.00亿元，增长23.7%；第三产业增加值15.14亿元，增长8.3%。

农业　全年农林牧渔业总产值36.50亿元。其中，农业产值15.13亿元；林业产值1.23亿元；牧业产值18.16亿元；渔业产值0.97亿元；服务业产值1.01亿元。粮食播种面积达到4.70万公顷，减少0.01万公顷，粮食总产量达24.36万吨，增加0.21万吨，增长0.86%；完成蔬菜种植面积1.79万公顷，建立马铃薯、葛根、淮山、大白菜等示范点35个，示范面积0.08万公顷。全年蔬菜总产量34.79万吨，减少12.54万吨，下降26.50%；新增水果种植面积0.029万公顷，水果总产量5.19万吨，增加0.31万吨，增长6.29%；食用菌种植面积400万平方米，全年总产量3万吨，总产值1.6亿元；在会仙、两江、茶洞、临桂等乡(镇)建立食用菌生产示范基地4个，生产示范基地有高标准化大棚400多个，其他各种类型的生产大棚1000多个，面积100万平方米。罗汉果总产量2.45亿个，增长4.30%。全年完成造林面积4108.89公顷，完成率206%。其中，荒山造林2491.72公顷；火烧迹地造林1190.61公顷；采伐迹地造林426.56公顷。完成毛竹新造林790.22公顷，桉树造林586.14公顷，杉松造林239.89公顷。毛竹低改6667公顷，全民义务植树63万株。新增种苗花卉面积169公顷。新建沼气池4203座。

全年生猪出栏32.30万头,年末存栏22.52万头。牛出栏1.90万头,年末存栏5.08万头。羊出栏1.20万头,年末存栏0.46万头。家禽出笼3479.45万羽,年末存栏1201.46万羽。肉类总产量7.92万吨,减少0.76万吨,下降8.73%。禽蛋产量1.16万吨,增加0.25万吨,增长27.17%。水产品产量1.13万吨,减少0.71万吨,下降38.68%。规模养殖户4500户。全县落实能繁母猪6404头,每头补助100元,补贴58.92万元。投资100万元建设4个标准化生猪养殖场。

工业　全年工业总产值119.42亿元,增长34.60%;工业增加值43.09亿元,增长25.90%;工业增加值占全县生产总值的49.88%;工业对全县经济增长的贡献率达75.43%。规模以上工业实现总产值87.75亿元,增长40.90%;完成主营业务收入81.81亿元,增长37.87%,实现利税8.33亿元,增长21.41%。新增规模以上企业11个,全县规模以上工业企业达到93个。其中,年产值超千万元企业70个;超亿元企业14个。纳税超100万元的企业33个;超1000万元的企业4个。

商业　全年社会消费品零售总额12.92亿元,其中餐饮业销售额2.72亿元,占社会消费品零售总额的21.05%。

旅游业　全年旅游综合收入4899.8万元,接待旅客35.28万人次。

固定资产投资　全县固定资产投资85.03亿元,增长20.70%。其中,基本建设投资46.78亿元,增长12.30%;更新改造投资6.18亿元,下降30.25%;房地产业投资17.89亿元,增长25.19%;其他投资14.19亿元。

财政·金融　全年财政收入7.04亿元,增长21.49%,其中地方财政收入4.48亿元,增长31.53%。财政支出8.37亿元,增长48.81%。年末,金融机构各项存款余额46.05亿元,增长22.97%。其中,居民存款余额30.56亿元,增长22.66%;各项贷款余额18.72亿元,增长50.28%。

交通·邮电　全年完成农村通达公路7条94.5千米,农村通畅公路3条10.3千米,实施飞机坪至南边山三级通乡水泥路改造工程,完成农村公路建设投资及固定资产1.28亿元,增长56%;完成客运量270.8万人,客运周转量8843.45万人千米;完成货运量118.12万吨,货运周转量9413.18万吨千米。全县拥有客运车辆199辆,3771个座位;货运车辆712辆,3606个吨位,办证拖拉机1859辆,1266.75个吨位,全县拥有道路运输业户1953个。其中,客运企业3个;货运企业1841个;维修企业107个(一类汽车1个,二类汽车6个,三类汽车50个,二类摩托车修理50个);二级资质驾驶员培训学校2个。道路运输从业人员4433人。新增二塘至南边山班线2辆共43个座位,开通二塘至会仙矮村县内班线,投放中型客车4辆,74个座位。全县养护县道89.92千米、乡道265.96千米、村道298.94千米,实现重保县道好路率83%,一般县道好路率72%,乡道晴雨通车率97%。邮路总长130千米,完成邮政业务总量134万元,业务收入850万元。

计划生育　全年全县出生人数5391人,符合政策生育率90.28%,其中二孩符合政策生育率76.46%,政策外多孩率1.43%;出生男女性别比为118:100。人口自然增长率8.97‰。完成4种手术7701例。

环境保护　全年为31个建设项目办理环保审批手续,总投资共7635万元,其中环保投资583万元,环境影响评价制度执行率为100%。为15个建设项目办理环保设施竣工验收手续,项目总投资达4581.81万元,环保投资为407.4万元,执行率和合格率均为100%。共对辖区内265家排污单位发放或更换排污许可证。

教育　年末共有中小学(园)144所,在校学生56145人。其中,小学118所,在校学生27185人;独立初中18所,在校学生20847人;高(完)中5所,在校学生7713人;学前班174个,在班幼儿5453人;残疾儿童随班就读47人;幼儿园1所,在园幼儿400人;中等职业学校1所,在校学生579人;教师进修学校1所。有民办幼儿园40所,在园幼儿3155人;民办小学1所,在校学生1228人;民办初中1所,在校学生589人。全年接收进城务工农民工子女在公办学校接受义务教育1346人,全部免收借读费,并享有学区内当地学生同等待遇,享受国家免费教育。普通高考报名人数3824人,其中参加全国高考统考3822人。

本科上线人数为1931人，上线率为50.5%。其中，一本上线文史类62人，理工类177人；二本上线文史类为426人，理工类为604人；三本上线文史类为801人，理工类为1130人。本专科共录取2355人，录取率为61.6%，其中本科录取1119人，录取率为29.3%。中考报名人数4023人，其中应届生3989人，往届生34人。普通高中实际招生2473人（含28名保送生、172名学区生、12名特长生），完成计划数的84.84%。

科技　全年申报自治区科技厅科技项目3项，桂林市科技局科技项目9项。获立项6个，获科技经费73万元。协助企业科技创新，获自治区、桂林市科技项目5个，科技经费支持130多万元。实施国家、自治区、桂林市等科技项目11项，组织科技专家及技术人员讲、演（座）8次，为群众授课36次，发放种养种植资料15000份，接受群众科技咨询技术难题3500多人次，赠送蘑菇等种养科技书籍2500册。

文化　原创歌舞节目《瑶乡行》赴南宁参加自治区党委宣传部、精神文明建设委员会办公室、文化厅举办的"全自治区田园欢歌"文艺汇演，获自治区铜奖；《和谐社会人欢欣》参演桂林文场并入选广西唯一节目参加全国"四进社区"文艺展演比赛，获金奖；参加桂林市第29届"漓江之声"系列文艺大赛，其中舞蹈《爱的力量》在"轻舞飞扬"舞蹈比赛环节获一等奖、编导奖，彩调《下乡》获表演一等奖、创作奖、编导奖。全年共组织计生知识宣传、食品、药品知识宣传、安全生产工作宣传、社会主义新农村建设宣传等下乡演出80多场次。在广场放映故事片52场、科教片26场，每场观众达3000人。在农村放映故事片1250余场、科教片700场，观众达40万人次。年内，开展非物质文化遗产普查前期准备工作，共完成普查名录48项和申报书简介28项，拍摄专题片6项；其中非物质文化遗产项目入选县非物质文化遗产名录27项，荣获第一批桂林市市级非物质文化遗产名录11项，荣获自治区级非物质文化遗产名录4项。

体育　承办2008年"桂林奥林匹克花园杯"广西青少年举重锦标赛，县籍运动员获9枚金牌，并打破广西女子乙组53公斤级挺举和总成绩两项纪录。全年向自治区运动队输送7名优秀运动员。

卫生　全县有医疗机构16个，医务人员762人，三级医疗预防保健网健全，161个村委会都建立卫生所，有村医540人。开展新型农村合作医疗工作，全年共有353588农民参加新型农村合作医疗，参合率85.29%。截止10月25日，全县门诊报账47571人次，门诊医药费报销金额106万元。住院报账18192人次，住院总费用为3585万元，住院医药费报销金额1453万元。新农合基金报账总金额为1683.59万元，共有98521人次受益，人均住院总费用1970.97元，人均报销住院医药费799.20元，住院补偿率40.55%，资金使用率59.52%，受益率27.86%。

居民生活　全县在岗职工年平均工资21547元，增长11.53%，城镇居民人均可支配收入17262元，人均消费性支出9267元。农民人均纯收入5143元，增长13.90%，人均生活费支出3231元。全年发放农村低收入人口低保金1015万元，发放城镇居民低保金1153.53万元。城镇新增就业人数2531人；领取再就业优惠证的下岗失业人员再就业人数571人，完成任务的190%；城镇登记失业率为3.9%，低于市政府下达4%的控制数。新增劳务输出5306人。农村劳动力转移就业职业培训3247人；职业资格鉴定500人；创业培训150人；新增小额担保贷款14人；开发公益性岗位96个；技师考评35人。

社会保障　城镇企业职工参加基本养老保险人数7528人，新增参保人员176人，完成全年任务的100%；基本养老保险费当年征缴3573万元，收缴率为98%，完成全年任务的144%。失业保险参保人数11556人，完成任务的102%，保险费征缴330万元，完成任务的147%。基本医疗保险参保人数19650人，保险费征缴1534.1万元，完成任务的101%。工伤保险参保人数6275人，保险费征缴79.3万元，完成任务的111%。生育保险参保人数5690人，保险费征缴42.4万元，完成任务的121%。全年发放农村低保金1015万元，月均保障人数33984人，月人均补差25元。发放城镇低保金882.15万元，月人均保障6126人，月人均补差120元。全县共有五保户3823人，其中集中供养908人，全年共发放资金177.06万元；分散供养2915人，共发放资金314.82万元。临时救助413人次，发放临时救助金24.73万元；医疗救助1638人次，发放医疗救助金81.78万元。投入4.74万元，帮助4740名五保户、低保户参加新型农村合作医疗保险；农村五保户、一类低保对象门诊医疗救助4731人次，投入经费47.31万元。全年共资助贫困家庭子女139人，发放助学金5.72万元，其中新入学大学生47人，发放助学金2.04万元；资助中、小学生92人，发放助学资金3.68万元。

【土地资源管理】 2008年，临桂县依法上报桂林市机场路改扩建、桂林华力重工履带式锚杆钻车系列产品生产、桂林华奥国际射击射箭比赛训练基地3个自治区重大建设用地项目和临桂新区建设用地等5个项目的农用地专用和土地征收审批手续，申请建设用地面积共339.92公顷。全年通过土地开发新增耕地107公顷，经自治区确认土地开发项目22个，确认新增耕地面积60.64公顷；经市级初步验收的土地开发项目28个，新增耕地面积108.82公顷；自治区投资的土地整理项目——花堽秧塘土地整理项目，通过市级验收，实施面积394公顷，投资732万元。以拍卖挂牌方式公开出让国有土地使用权27宗，成交面积191.68公顷，成交金额34470.28万元；其中工业用地15宗，面积58.23公顷，土地出让成交价款8734.32万元。以划拨方式供地7宗，供地面积1.61公顷。以协议出让方式供地239宗，供地面积2.90公顷，签订合同出让金共588.64万元。依法审批农村建房用地1211宗，面积9.56公顷。完成国有土地使用权登记发证1976宗，面积3055705.33平方米，其中单位发证106宗，面积2342668.97平方米；个人初始登记和变更登记发证792宗，面积为54042.57平方米；商品房发证465宗，面积11119.75平方米。完成县直单位集资建房登记352宗，面积6607.78平方米。审核乡镇上报国有土地使用权登记发证261宗，其中单位42宗，面积621532.37平方米。个人初始土地登记219宗，面积19733.89平方米；集体土地使用权登记发证389宗，面积56684.65平方米。办理国有土地使用权抵押登记123宗，面积355.45公顷，抵押金额42131.4万元。整顿和规范矿产资源开发秩序，全年查处无证开采5起，越界开采1起，收缴部分开采工具，遣散民工35人。查处土地违法行为20起，涉及土地面积1.5公顷；立案查处四塘乡江西村闽发砖厂毁坏耕地、桂林市正文房地产开发有限公司少批多占土地两起案件，罚款6.7万元；立案查处越界采矿1宗。

【城乡建设】 2008年，临桂县共办理规划项目389项，办理建设项目选址意见书18项，办理建设用地规划57项，办理建设用地规划许可证25项，办理建设工程规划许可证80项。乡镇共完成规划定点114项，项目选址6项，用地规划许可3项，工程规划许可22项，村镇私人建房审批560余户。协助市政府完成《桂林市临桂县城临桂镇总体规划（2008～2025）》规划修编工作，其中完成临桂镇总体规划13平方千米控制性规划。完成413个村庄地形测绘和411个村庄规划方案编制工作。投资2965万元建成秧一路和秧六路。城市给排水设施、污水处理设施、垃圾无害化处理设施建设有新的突破，投资800多万元完成西城污水处理系统工程建设，县城地下排污主管网工程完成650万元投资。全年共完成19个商品房开发项目的小区综合验收，验收面积33.13万平方米。

【遭受雨雪冰冻和洪涝灾害】 2008年1月，全县遭受雨雪冰冻灾害，受灾人口12.3万人，被困人口2.6万人，部分村屯饮水困难，直接经济损失11.96亿元。6月8～13日，境内普降暴雨，造成洪涝灾害，全县受灾人口17.8万人（其中有41个自然村3.82万人被洪水围困），房屋倒塌553户1638间，损坏房屋2907间，直接经济损失1.23亿元。

【上海东方卫视在临桂制作“板凳龙”节目】 4月6日，上海东方卫视“非常有戏之寻根之旅”栏目组到两江镇录制“板凳龙”节目。“板凳龙”是一种舞龙运动，因把龙体绑在板凳上而得名，可由2人舞～3人舞。板凳龙运动在两江镇深受群众喜爱。两江群众在盘龙、戏水等套路中融入少年武术独舞表演，展现孩童的天真烂漫和浓浓的亲情。民国时期，艺人谢济舟将四脚凳改进为三脚凳，更便于翻滚舞动和表演头顶板凳龙的特技，同时把彩调的身段、扇花、锣鼓等融入到“板凳龙”表演中，并在板凳龙表演的高潮部分加入了桂剧的演艺特色。把“桂剧”和“彩调”两大剧种融入到其中的艺术表现形式在广西独有。

【大雄村发展“节能减排”循环农业】 2008年，临桂镇大雄村是全国6个省(自治区)18个实施“节能减排”项目试点村之一。开展试点的目的是通过组织农户学习培训，掌握运用农业生态学规律，把农业资源投入到农业生产、农产品消费、废弃物排放等环节。年内，大雄村发展农业循环经济，推进“节能减排”项目实施。以稻草、牛粪、木屑作为主要原材料的食用菌种植业成为该村的主要支柱产业，全年食用菌种植面积达13万平方米，年总产值近800万元。食用菌栽培后的废弃物可作为蔬菜种植和果树种植的有机肥料，加上以沼气为纽带的农村可再生资源综合开发利用，促进了大雄农业节本增效、农民增收和农村经济的可持续发展。

【中国/FAO降低农药风险项目开班】 2008年8月29日，由临桂县农业局、科学技术局、科学技术协会联合举办的中国/联合国粮农组织(FAO)降低农药风险项目在四塘乡腊村开班授课，国家农业部农业技术推广中心及桂林市、临桂县的农业专家就如何合理使用农药、农药存放、农作物病虫害防治及管理等方面知识进行了讲解。该项目是由瑞典政府出资，通过联合国粮农组织(FAO)在大湄公河次区域实施，旨在通过加强对化学农药的管理和农民田间学校的推广，以减少该区域化学农药的滥用，降低农药对人类健康和环境的风险。

【桂林医学院附属医院(临桂)揭牌】 2008年12月18日，桂林医学院附属医院(临桂)举行揭牌仪式。随着桂林市向西发展，临桂新区建设步伐加快，桂林医学院附属医院向西发展，整合后的桂林医学院附属医院(临桂)在原临桂县医院的基础上，建设拥有800张～1000张床位的三级医院，医疗资源得到优化配置。

【招商引资成效显著】 2008年，全县共引进审批项目83个，合同投资总额31.74亿元，实际到位资金27.88亿元，增长40.2%。其中，自治区外境内项目18个，合同投资额9.92亿元；实际到位资金10.25亿元，增长42.7%。引进外资项目4个，合同投资额1.69亿美元；实际利用外资1090万美元，增长14倍。 (李松成)

灵川县

【概 况】 灵川县位于桂林市东北部，总面积2287平方千米。辖灵川、潭下、大圩、定江、三街、青狮潭6镇，海洋、潮田、大境(瑶族乡)、灵田、蓝田(瑶族乡)5个乡，下设18个居(街)委会，129个村委会，1421个村民小组。2008年末户籍常住人口36.59人。其中农业人口30.20万人。

完成经济总指标 2008年全县生产总值61.55亿元，增长8.4%。其中，第一产业增加值16.33亿元，增长5.2%；第二产业增加值27.99亿元，增长8.1%；第三产业增加值17.23亿元，增长11.70%。全社会固定资产投资41.39亿元，增长30.8%。

农业 全县农业总产值26.04亿元，增长5.60%。全年粮食播种面积31666.67公顷，优质谷率达99.57%；蔬菜播种面积17466.67公顷，总产量40.99万吨；食用菌栽培面积221.04万平方米；水果扩种1280公顷，毛竹扩种397.47公顷，低产林改造4400公顷；肉猪出栏30.44万头，家禽出笼1097.49万羽，水产品产量0.74万吨。全年筹措救灾资金646万元，帮助雨雪冰冻灾区受灾群众解决生活困难和灾后恢复生产。投入水利建设资金3347.75万元，新建和修缮水利工程110处，新增、改善、恢复灌溉面积5120公顷。落实粮食直补、良种直补、农资综合直补等支农惠农政策，全年共发放各类涉农补贴3520万元。组织农民工技能培训5864人次，实现转移就业5139人。海洋小桐木湾、潮田毛村新村、定江社塘、蓝田罗湾等4个市级社会主义新农村试点村通过市政府检查验收，完成80个自然村(屯)的村内道路硬化和410个自然村新村规划，灵川县新农村试点建设工作被桂林市评为先进县。

工业 全县工业总产值79.16亿元，增长29.2%；工业增加值25.09亿元，增长9.2%。其中，规模以上工业总产值49.15亿元，增长36.8%；规模以上工业增加值14.44亿元，增长9.22%。

财政·金融 全年财政收入5.22亿元，增加9117万元，增长21.35%。其中，国税部门2.14

亿元,增长38%;地税部门2.00亿元,增长11.13%;农业两税3020万元,增长15.7%;非税收入7746万元,增长12.8%,非税收入占总收入的14.85%。年末金融机构存款余额46亿元,增长19%,其中城乡居民储蓄存款余额33.9亿元,增长20.19%。各项贷款余额26.13亿元,增长19.50%。

社会保障　全县新增城镇就业2680人,安置就业困难对象再就业228人,帮助“4050”人员实现再就业500人,开发公益性岗位64人,城镇登记失业率控制在全年任务指标4%之内。基本养老保险参保9186人,征收基本养老保险基金8527万元。发放基本养老保险金3667万元,基本养老保险新增参保3640人,办理退休手续1525人。失业保险参保11075人,征收失业保险基金400万元。基本医疗保险参保20106人,征收基本医疗保险1795.56万元。工伤保险参保6378人,工伤保险基金收入48.08万元。生育保险参保5182人,生育保险基金收入117.41万元。征收机关事业养老保险基金733万元,拨付离退休金815万元,基金滚存结余976万元。农村养老保险金领取1016人,支付农村养老保险基金7.5万元。

旅游业　全年接待国内外游客119.16万人次,旅游收入1.45亿元,分别增长48%和59%。编制完成《灵川县旅游总体发展规划》,新增全国农业旅游示范点大圩毛洲岛、自治区级农业旅游示范点青狮潭月亮湾、潮田绿洲园。年内,灵川县荣获广西优秀旅游县。

交通·邮电　全年投资6928万元对农村公路、渡口进行改造,续建新建项目共23个。其中,投资6100万元新建公路项目13个,修建公路116.96千米;投资128万元新建渡改桥项目4个,94延米;投资700万元续建公路项目6个。完成邮政业务总量2600万元,电信业务总量(含电信、移动、联通)1.13亿元。全县固定电话用户32800户,移动电话用户136700户。

教育·科技　全县共有高中5所,职校1所,教师进修学校1所,培智学校1所,九年一贯制学校3所,初中13所,小学62所,教学点73个,乡镇成人文化技术学校12所。有教职工3578人。其中,高级职称118人;中级职称2059人;初级职称1273人。小学专任教师1518人,学历合格率为100%;初中专任教师921人,学历合格率100%;高中专任教师429人,学历合格率为90%。全县小学适龄儿童入学率100%;初中阶段入学率98.68%;7周岁～15周岁“三残”(听残、视残、智残)儿童入学率98.72%;全县义务教育阶段中小学生全部免除学杂费、课本费、作业本费。全年补助学校公用经费807.24万元。全县义务教育阶段学校寄宿生住宿费全部免收。全年补助5244名贫困寄宿生生活费373.68万元,发放免费教科书168.81万元,发放贫困大学生入学补助14.75万元。全县统一免费发放九年义务教育阶段学生校服夏装26443套、冬装26358套。高考考生一本上线185人,上线率全市排名第三;二本上线1879人,上线率全市排名第二;三本上线1528人,上线率全市排名第二。全县完成农村先进实用技术培训35920人次、农村科技致富骨干培训3087人次、绿证培训2033人次、初(高)中新增劳动力转移培训3116人次。文化信息资源共享工程项目基本建成县乡村三级网络。大圩镇毛洲岛村被自治区科技厅列入广西2008年新农村建设科技示范村。

文化·体育·卫生　投资近80万元率先在自治区实施文化信息资源共享工程,在全县11个乡镇全部建立文化共享工程基层服务站和16个文化共享工程村级服务点,通过国家文化部共享工程督察组检查验收。开展“甘棠之夜”周末公益电影放映活动,放映公益电影66场,播放宣传光碟32张,观众达8万人次。举办“地税杯”趣味体育比赛、迎奥运“信用联社杯”篮球赛、迎国庆“中国移动杯”气排球赛、“金融杯”篮球赛等系列体育活动。全县公立医疗卫生单位16个,其中乡镇卫生院11家,县直医疗单位2家,疾病预防控制中心、卫生监督所、妇幼保健院各1家,开放病床658张,在职职工1057人。卫生专业技术人员881人,其中高级职称16人;中级职称321人;初级职称435人。有民营医院3家,职工医院1家,开放床位240张。全县参合农民达到284775人,参合率达97.7%,达到农村居民全覆盖。

环境保护　投入9800多万元资金用于污染防治工程、县城污水处理厂、八里街工业园区污水收集管网、甘棠江的环境综合整治、县城的绿化美化硬化以及城乡的垃圾处理设施等生态环境基础建设,全年环保投资指数占到全县生产总值的

1.7%以上，全县工业企业污染物排放达标率达100%，工业固体废物处置利用率超过90%以上，工业危险废物处理利用率达100%。全县规模以上工业增加值能耗下降14%，万元GDP单位能耗下降3.8%。全年化学需氧量排放总量为2453.95吨，二氧化硫排放总量为4157.39吨，两项指标均控制在市政府下达的控制指标之内。

计划生育　全年全县出生人口4116人，符合政策生育率95.92%，二孩计划生育率87.97%，政策外多孩率0.58%，人口出生和主要工作指标统计合格率96%，长效避孕节育率81.16%。征收社会抚养费137.3万元，独生子女保健费、奖扶政策兑现率达100%。享受自治区奖励扶助的对象6062人，兑现奖扶资金680.18万元，全年新增国家60岁奖励扶助对象54人，全县共507人享受国家奖励扶助，有26人享受国家特别扶助。落实对持"独生子女父母光荣证"非财政拨款的企、事业退休人员的增资5%～10%奖励政策，兑现退休增资6.95万元；独生子女户、双女结扎户考生享受中考加分454人，享受高考加分130人。灵川县荣获全国计划生育优质服务先进县。

居民生活　城镇居民人均可支配收入15051元，增长12.67%。农民人均纯收入4509元，增长11.72%。全社会消费品零售总额13.96亿元，增长25.8%。

扶贫　投入基础设施项目资金266万元扶持第二批"整村推进"的贫困村。修建村屯道路8条27.5千米；人畜饮水工程9处，建水池8座200立方米，水管总长16000米；码头1处600米；铁索桥1处200米；新建沼气池350座。

【遭遇罕见自然灾害】　2008年1月，灵川县遭受历史罕见的低温雨雪冰冻灾害，11个乡镇受灾面积1500平方千米，受灾群众19.2万人，直接经济损失30.13亿元。全县有76条输电线路1594处断线，1477根电线杆断折和倒伏；20条公路中断；农林牧业受灾面积达83240公顷；49家规模企业和1925家中小企业大部分全面停产；主要旅游景区景点全部封闭；受灾学校27所，毁坏校舍5000多平方米；公立医疗卫生单位受灾16个，乡村卫生所受灾达30个，重灾30个；房屋倒塌2650间，损坏房屋7732间；冻坏城市自来水表15300多块，爆管17060处；损坏农村供水设施829处，管道1.71万米。6月，灵川县遭受严重洪涝灾害，受灾群众12.8万人，直接经济损失1.27亿元。

【中国国际青少年文化艺术交流选拔活动在灵川举行】　8月22日，第四届中国国际青少年文化艺术交流选拔活动在灵川县大境瑶族乡的大野神境景区举行，来自湘西的6岁女孩毛二等人，分别获得文艺新人"十佳"、"十优"、"十新"奖。此次选拔活动先在各省、区、直辖市进行初选，然后再组织初选过关者进行总决赛。国际青少年文化艺术交流选拔活动全国组委会、桂林市旅游局、灵川县领导和有关负责人参加活动。

【贵广铁路开工动员大会在灵川举行】　10月13日，贵广铁路开工动员大会在灵川县举行。中共中央政治局委员、国务院副总理张德江出席开工动员大会，宣布贵广铁路开工并为贵广铁路奠基。贵广铁路是国家铁路"十一五"规划重点项目，自贵州省贵阳市至广东省广州市，是一条客货兼顾、以客为主、完善西部路网布局的区际快速铁路干线。全长857千米，沿线共设30个车站、为双线电气化国家Ⅰ级铁路，设计时速200千米，年运输能力为货运量3500万吨，日开行客车100对，设计工期6年，投资估算总额858亿元。贵广铁路经灵川段长度为59.15千米，总投资39.8亿元。

【桂林首个廉政文化教育基地揭牌】　2008年11月10日，桂林市首个廉政文化教育基地在灵川县青狮潭镇江头洲村揭牌。江头洲村在清朝期间，出了200多个官员，其中五品以上官员有37人。为官者大多勤政爱民、清正廉洁，是桂林有名的"才子村"、"清官村"。该村先后获得中国最具旅游价值古村落、全国重点文物保护单位、中国魅力景区等荣誉。灵川县依托江头洲村得天独厚的人文资源，建立廉政文化教育基地，将从历史文化入手，以古鉴今，对党员干部进行反腐倡廉教育。

【重大项目建设】　2008年，灵川县引进桂林康密劳有限责任公司锰系合金搬迁及产业升级改造、桂林美食文化博览园、兄弟木业、青狮潭金山国际旅游开发等新建或续建项目246个，实际到位资金37.51亿元，其中投资上亿元的项目39个。推进"项目建设年"活动，建立一个项目、一名领导、一支队伍、一抓到底的“四个一”工作机构和定目标、定时间、定措施、定责任的“四定”工作机制,强化项目协调服务和督查工作,确保项目按期顺利推进。年内,灵川县荣获2008年度全国最具投资潜力中小城市百强和全国最具区域带动力中小城市百强称号。

【再次荣获全国婚姻登记规范化单位】 2008年,灵川县民政局按照“规范化管理、文明服务”要求,以群众满意为标准,健全规章制度,提高服务水平,推动自身规范化建设,实现登记场所美观化、管理服务规范化、工作手段信息化。开创了灵川县婚姻登记工作新局面。年内,灵川县民政局再次获全国婚姻登记规范化单位。 (全静)

全州县

【概　况】 全州县位于桂林市东北部,总面积4021平方千米,辖全州、石塘、绍水、才湾、龙水、大西江、黄沙河、庙头、文桥9个镇和枧塘、两河、安和、蕉江(瑶族乡)、凤凰、永岁、咸水、白宝、东山(瑶族乡)9个乡,下设284个村(居)委会,4236个村民小组。县政府驻全州镇。2008年末户籍常住人口78.44万人,其中农业人口69.61人。

完成经济总指标　全年生产总值87.54亿元,增长19.2%。其中,第一产业增加值24.81亿元,增长5.8%;第二产业增加值43.30亿元,增长30.1%;第三产业增加值19.43亿元,增长15.4%。三次产业在生产总值中的比例为28.3∶49.5∶22.2。全社会固定资产投资30.45亿元,增长35.4%。社会消费品零售额11.63亿元,增长23.09%。

农业　全年农业总产值39.73亿元,增长6.1%。粮食播种面积7.66万公顷,增加0.36万公顷,总产量40.31万吨,增加2.17万吨,增长5.69%。水稻播种面积6.33万公顷,增加0.36万公顷,增长6.09%,产量35.97万吨。蔬菜播种面积2.01万公顷,减少0.25万公顷,产量38.64万吨。油料作物种植面积0.34万公顷,其中油菜0.06万公顷,花生0.27万公顷。水果种植面积1.98万公顷,产量16.99万吨,增产1.36万吨,增长8.7%。生猪存栏46.4万头,出栏70.5万头;牛存栏7.34万头,出栏2.5万头,黄牛杂交改良8190头,水奶牛改良1.04万头;家禽存栏290.9万只,出栏702.64万只。水产品产量1.69万吨,增加2.42%。投资1亿余元实施了五福、源口、山塘里等中小型水库除险加固工程,其中源口、山塘里水库除险加固工程已经完成,水利工程实灌面积37800公顷。完成4个自然村新农村试点建设和100个自然村村内道路硬化工程,

11月23日12时30分,CCTV4频道《直播广西》节目在阳朔《印象·刘三姐》剧场进行现场直播。 唐侃　摄

新建沼气池4166座。

工业 全年工业总产值97.85亿元，增长38.9%，其中完成规模工业总产值31.55亿元，增长96.4%。工业增加值占全县生产总值比重达44.73%，提高4.71个百分点。乡镇企业营业收入149.26亿元，增长26%。新办内资企业40户，注册资本3103万元；办理私营企业52户，注册资本3873万元。工业总投资5.90亿元，增长49.6%；在建技改项目10个，完成技改投资1.82亿元，增长58.2%。

财政·金融 全年财政收入3.33亿元，增长22.35%，其中地方财政收入1.46亿元。兑现各种惠农资金，将粮食直补资金27万元，水稻良种补贴资金336万元，退耕还林补助818万元，农资综合补贴4650.89万元及油价补贴301.23万元及时发放到农户手中。年末，金融机构各项存款余额53.62亿元，增长21.9%，其中城乡居民储蓄存款余额41.8亿元，增长21.93%。金融机构各项贷款余额23.29亿元，增长10.78%。

教育 全县有小学259所，教学点80个，在校生36599人；初中30所，在校生21646人；高(完)中7所，在校生16582人；职业中专1所，县机关幼儿园1所。有教职工6330人，其中小学专任教师2605人、初中专任教师2141人。有乡镇成人文化技术学校18所，专职教师57人；村级农民文化技术学校257所，乡、村兼职教师289人。高考上线人数3339人，其中一本上线808人、二本上线1082人、三本上线1449人。清华大学录取2人，中国科技大学录取1人。推荐参加自治区和桂林市课堂教学优质课比赛，获自治区二等奖2人，获桂林市一等奖5人。全年争取项目资金1028万元，新建校舍项目13个，总建筑面积11045平方米。

交通 11月30日，全州至兴安高速公路正式通车营运，全州段累计完成投资12.5亿元。大西江至将军坳公路改造工程进行路面铺沙；全州至小禾坪公路完成部分路面铺改。

环境保护 做好全国第一次污染源普查，全县共完成普查工业源352家，其中重点工业源127家、一般工业源225家；生活源354家，其中集中式处理设施1家；农业源2373家，其中种植业1610家、畜牧水产业763家。全年共审批建设项目23个，开展"三同时"(同时设计、同时施工、同时投入使用)执法检查50人次，全县建设项目环境影响评价和"三同时"执行率100%。全县完成人工造林3912公顷，其中退耕还林2924公顷。新建沼气池4166座。

卫生·科技 全县有医疗卫生机构42个，其中县直医疗卫生单位5个、乡(镇)卫生院19个、防保所18个。有床位875张，其中县直520张、乡镇355张。医疗卫生单位有卫生技术人员1431人，其中具有高级职称32人、中级职称583人、初级职称806人。全县共有乡村医生1209人，个体医生216人。完成19个卫生院的危房改造，新建龙水等7个卫生院的业务用房4500平方米。装备了19个卫生院的X光机、B超、生化分析仪、心电图机、胎心监测仪等医疗设备。全县住院分娩率达98%以上，婴儿死亡率和孕产妇死亡率分别降至15‰和45/10万以下，无新生儿破伤风发生。农村改水改厕、创建文明卫生村(卫生单位)活动收到良好效果。农村改水受益人口达到农村总人口的92%；改厕61161户，受益人口占农村总人口的30.98%。全县共创建成自治区级文明卫生村2个，文明卫生单位1个；市级文明卫生村364个(其中80个待验收)。全年参加科技下乡的专家及技术人员258人次，举办科技大集会4场，科技培训921期，培训农民6.55万人次，发放科技资料65.12万份，赠送图书5700册，科技光碟260张。

计划生育 全年出生9126人，死亡4148人，人口自然增长率6.25‰。完成长效避孕节育手术10167例，长效避孕率为71.99%，比市下达指标值高1.99个百分点。

社会保障 全县有城市低保对象4256户7245人，发放低保金956.8万元，月人均补差115元；农村低保对象17475户27558人，发放低保金1055.51万元，月人均补差35元。全面实施新型农村合作医疗制度，参加农民59.3万人，参合率87.7%。全县新增就业岗位4300个，领取再就业优惠证的下岗失业人员再就业1370人，其中安置困难人员再就业382人。农村劳动力转移就业新增人数13000人。免费培训下岗失业人员756人，农村劳动力转移就业职业培训5100人，创业者培训130人，职业资格鉴定912人，年末登记城镇失业率3.97%以内。全年企业职工养老保险参保17816人，医疗保险参保32080人，失业保险参保21000人,工伤保险参保8700人,生育保险参保8629人,各项保险均完成全年的工作目标。

居民生活　全年城镇居民人均可支配收入12163元,增长18.47%。农民人均纯收入4566元,增长16.37%。

【遭受50年未遇冰雪灾害】　2008年初,全州县遭遇罕见雨雪冰冻灾害,全县76.8万人受灾,倒塌房屋946户3296间,损坏房屋10920间,直接经济损失34.34亿元。供水、供电及农田水利灌溉等设施损毁惨重,损坏35千伏输电线路439.6千米、10千伏输电线路52千米、400伏输电线路31.6千米,损坏变压器6台,发电设施6台,升压站2座,被迫停产电站172座;损坏输水管道142.1千米,水表和闸阀各8万多只;城乡供水工程通水中断432处,造成26.8万人饮水困难;750千米灌溉渠道无法通水;9座水库的71千米通讯线路损毁。面对突如其来的冰冻灾害,全县军民众志成城,集中全力保交通、电力、民生,没有因灾饿死、冻死1人。2月29日,全县全面恢复供水、供电和通讯;6月底全县倒房恢复重建(分散建房1259户,集中建房129户)和危房改造300户全面完工。

【工业园区建设】　2008年,全州县工业园区规划开发面积1029.57公顷。其中,福坪工业集中区424.68公顷;新塘坪176.22公顷;城南428.67公顷。2008年2月,工业集中区被自治区批准为A类园区。年内,共投入3000多万元,建成1.2万平方米标准厂房,完成部分主干道及水、电、通讯等基础设施建设。金六福湘山酒业、南珍药业等25家企业落户园区。

【创新农业发展模式】　2008年,全州县大力发展"稻——灯——鱼——菇"高效循环农业(即种植超级稻,在水稻中装诱虫灯;稻灯下养鱼,收割后种菇;收菇后菌渣还田培肥土壤)。年内,在全州镇、绍水镇、龙水镇、咸水乡、才湾镇、凤凰乡建立8个示范基地,面积433.33公顷,经自治区、市专家组测产验收,示范基地内单季稻平均公顷产10503千克,禾花鱼平均公顷产237千克;粮食示范基地3个,面积733.33公顷;"稻——稻——油(菜)"示范基地3个,面积200公顷;金槐示范种植基地133.33公顷。其中"稻——灯——鱼——菇"模式成为桂北现代化生态循环农业发展的推广模式。

【项目建设迈出新步伐】　2008年,总投资5亿元的华泽集团重组湘山酒业项目加快推进,建成后年产值5亿元,税收超亿元。5月,总投资3.16亿元,年产值13亿元的翔云锰业项目一期建成并投产。6月,总投资5000万元,装机容量2.5千伏安的两台铁合金电炉建成试产。

【县城基础设施建设】　2008年,总投资1001万元的湘源大桥完成桥墩建设;投资250万元的民主路二期工程完成部分道路硬化、房屋拆迁及管线等工作;飞鸾桥、城北、城南节点改造工程顺利进行;寺门前菜市场启动部分房屋主体工程建设,完成投资630万元;滨江路四期工程完成部分房屋拆迁和防护堤建设;日处理污水能力2.5万吨的城区污水处理工程,完成投资385万元,启动进厂道路测量、设计等工作;日供水能力2.5万吨的城区给水系统扩建工程,完成投资600万元,完成土地征用、初步设计等工作;廉租房项目已开工在建。

（伍玉萍）

兴　安　县

【概　况】　兴安县位于桂林市北部,总面积2344平方千米。湘桂铁路、322国道过境,是湘江和漓江发源地。辖兴安、溶江、界首、高尚、湘漓、严关6个镇和漠川、白石、崔家、华江(瑶族乡)4个乡,县政府驻兴安镇。2008年末户籍常住人口37.14万人。有壮、瑶等少数民族1.2万人。人口自然增长率5.56‰。

完成经济指标　全县生产总值70.56亿元。其中,第一产业增加值16.15亿元;第二产业增加值34.59亿元;第三产业增加值19.82亿元。完成固定资产投资47.56亿元。

农业　全县农业总产值25.69亿元。耕地面积2.17万公顷。农作物播种面积6.33万公顷,增长7.5%。其中,粮食作物播种面积3.88万公顷,调增1.28万公顷,粮食总产量20.85万吨,增长3.52%;经济作物种植面积0.27万公顷。林地面积17.71万公顷,森林覆盖率78.2%。完成植树造林1600公顷,毛竹低产改造400公顷。新建沼气池3045座,建成能源示范村2个。农田有效灌溉1.69万公顷,社会用电量4.03亿千瓦时。农业机械总动力33.8万千瓦。地方特产品有银杏(又名白果)、柑橘、葡萄、毛竹、香菇、木耳等。是全国白果之乡、柑橘之乡、毛竹之乡和全国绿化模范县。

工业　全县规模以上工业企业产品销售收入31.42亿元,增长49.1%,利税49105万元,增长14.1%。完成改制国有工业企业1家。

财政·金融　全县财政收入4.33亿元,财政支出7.48亿元。年末金融机构各项存款金额37.92亿元,增长20.5%,其中城镇居民年末储蓄存款余额29.36亿元,增长19.06%。贷款余额21.27亿元,增长47.3%。

教育　年末全县有普通中学20所,专任教师1268人,在校生14726人;小学87所,专任教师1449人,在校生15642人,适龄儿童入学率100%。

旅游业　全年接待游客113.38万人,增长12.3%;旅游营业收入5.6亿元,增长28.1%。主要旅游景区(点)有灵渠、水街、乐满地、红军突破湘江战役烈士碑园、世纪冰川大溶洞、猫儿山原始森林公园、秦城遗址和湘江战役旧址。桂林乐满地休闲世界为国家AAAAA级旅游景区,秦城遗址和湘江战役旧址为全国重点文物保护单位。

科技　全县有科研机构4个。全年科技经费总投入783万元,组织实施科研项目11项。其中,国家级1项;自治区级4项;市级6项。

环境保护　全年投入环境保护经费1.77亿元,县城烟控区面积10.02平方千米,覆盖率100%,噪声达标面积8.24平方千米,覆盖率81%,污染源行业达标率100%。

交通·邮电　全县有等级公路里程107.7千米。其中,高速公路17千米;一级公路48千米;二级公路42.7千米。年末固定电话36080户,移动电话用户17.09万户,计算机互联网用户7128户。

文化·体育　全县电视人口覆盖率96.8%。有公共图书馆1个,总藏书量11万册;有博物馆1个;文化站11个;艺术表演团体1个。开展了"文化三下乡"活动,各电影公司、流动电影队深入农村放电影900多场,文工团进行文艺巡回演出60多场,观众3万多人次。参加在北海市举行的广西全区摔跤锦标赛,获男子丙组古典式48公斤级第一名1个;男子甲组古典式47公斤级第二名1个;女子自由式52公斤级第二名1个。

计划生育　全年出生4335人,人口自然增长率5.56‰。落实国家奖励扶助人数546人,兑现率100%,兑现奖励扶助金32.76万元;落实自治区《奖扶办法》规定奖励4457人,发放奖扶金共492.47万元。

居民生活　全县在岗职工平均工资23700元,增长17.7%;城镇居民人均可支配收入14791元,增长12.1%;农村居民人均纯收入5234元,增长14.1%。

【工业园区建设】　2008年,城西工业园区初具规模,集聚功能和带动作用初步显现。年内,县财政投入资金7000多万元,对工业园区进行"水、电、路、房"等各类基础设施建设。全年新签约进入工业园区项目16个,计划投资12.79亿元,其中北京中联科利技术公司的太阳能光伏产业项目一期投资2亿元。

【招商引资】　2008年,兴安县全年引进固定资产投资50万元以上的项目112个。其中,投资1000万元以上的项目12个;投资1亿元以上项目5个。计划总投资38.93亿元,完成桂林市外到位资金25亿元,其中自治区外到位资金21.8亿元。

【"桂林米粉发源地——兴安"碑刻揭幕】　4月28日,"桂林米粉发源地——兴安"碑刻在兴安县城水街万里桥旁举行树碑仪式。市委书记高雄为"桂林米粉发源地——兴安"碑刻揭幕。桂林米粉是桂林地方美食,经国内一批知名民俗专家、学者论证,认定其起源于秦代秦始皇修灵渠之时。《齐民要术》里对秦人制飧的过程与现代手工制作桂林米粉的工序基本相同,佐证了兴安县为桂林米粉的发源地。

【全兴高速公路通车】　11月30日,全州至兴安高速公路正式开通运行。全州至兴安高速公路是自治区的重点工程项目,是衡昆国道主干线和国家高速公路网规划泉州至南宁公路的重要组成路段，对于完善广西公路网布局，促进广西以及西南地区经济发展有着十分重要意义。全州至兴安高速公路道路全长61.48千米，总投资16.7亿元，其中兴安境内17千米，投资约6亿元。

【漓江补水枢纽工程开工】 12月7日，桂林市防洪及漓江补水工程在兴安正式开工，桂林市防洪及漓江补水枢纽工程包括斧子口、川江和小溶江3个水库，总投资33.71亿元，总库容量4.67亿立方米，其中防洪库容1.95亿立方米，计划31个月完成。该工程建成后将成为桂林市防洪工程体系的重要组成部分和漓江生态补水的重要水源工程，可使桂林市的防洪能力从20年一遇提高到100年一遇，每年枯水期可向漓江补水4.3亿立方米，可保证漓江生态环境用水和游览通航流量每秒60立方米的要求，使漓江生态环境和景观环境彻底改善。

【遭受冰雪灾害】 2008年1月，兴安县遭受1951年该县有气象记录以来的特大冰雪灾害。全县有10个乡镇36.7万人不同程度受灾，被困人口15万人，造成5.6万人饮水困难，倒塌房屋2846间，损坏房屋8508间，工农业生产直接经济损失达2.5亿元。 （王永贵　周荣）

永　福　县

【概　况】 永福县位于桂林市西南部，总面积2806平方千米，辖永福镇、百寿、罗锦、苏桥4个镇和广福、堡里、三皇、永安、龙江5个乡。县政府驻永福镇。2008年末户籍常住人口27.58万人，其中农村人口24.34万人。人口自然增长率8.24‰，下降2.11个百分点。

完成经济总指标　全年生产总值49.36亿元。其中，第一产业增加值11.07亿元；第二产业增加值28.75亿元；第三产业增加值9.54亿元。全社会固定资产投资18.36亿元，减少6.54万元。苏桥经济开发区完成固定资产投资24.9亿元，增长120.7%。全社会消费品零售总额9.50亿元。

农业　完成农林牧渔服务业总产值18.03亿元。其中，农业8.61亿元；牧业6.81亿元；林业1.47亿元；渔业0.42亿元；农林牧渔服务业产值0.72亿元。耕地面积2.19万公顷。粮食种植面积2.77万公顷，其中水稻面积2.28万公顷，优质稻率95%。超级稻推广面积2.73万公顷，被列为自治区粮食高产创建县。粮食总产量13.21万吨。经济作物种植面积6033公顷，水果总面积1.05万公顷，水果总产量5.85万吨。罗汉果总面积1466.67公顷，罗汉果总产量1.15亿个。有13个农产品获得国家无公害农产品认证，订单农业规模9733.33公顷。年末生猪出栏32.7万头，财政共为4000多户的6000多头母猪补贴资金60多万元；牛出栏1.11万头；羊出栏2.91万只；兔出栏2.75万只；家禽出笼1054万羽。禽蛋总产量1328.7吨，肉类总产量3.11万吨，水产品总产量4843.3吨。年内规模养殖户突破2000户，其中新增379户，永福县成为桂林市第二大家禽养殖县。完成人工造林面积4400.7公顷。其中，毛竹415.6公顷；速丰林3799.9公顷。荒山荒地造林3812.2公顷；迹地更新和低产林改造面积427.6公顷；中幼林抚育面积666.6公顷。全民义务植树50万株，2666.7公顷退耕还林地通过检查验收，保存合格率97.33%。森林覆盖率74.1%。新建沼气池3350座。农机总动力12.1万千瓦。投入水利建设资金7544.9万元。全年落实中央各项支农惠农资金4665万元，为历年之最。

工业　完成全部工业总产值72.97亿元，增加值25.44亿元，对全县经济增长贡献率达71.37%。全县年产值超亿元的企业11家，其中国电永福发电有限公司等25家骨干企业共完成工业总产值24.70亿元。规模以上工业总产值33.50亿元，完成增加值9.99亿元，主营业务收入32.53亿元。年内新增规模企业4家，新增产值2亿元。其中苏桥工业区规模以上工业产值16.33亿元，占全县规模以上工业总产值48.75%。

招商引资　年内招商引资重点围绕机械制造、制药、酿酒、电力、农副产品加工五大产业集群，商贸、物流等新兴产业集群开发一批有吸引力的精品项目。500万元以上新上、续建、技改项目共51个，计划投资总额57.84亿元，累计到位资金18.77亿元，年内到位资金14.14亿元。其中，新上项目30个，到位资金共计8.93亿元；最大项目1个，计划投资33亿元，到位资金3.31亿元；1亿元～2.2亿元项目4个，到位资金1.26亿元；7000万元～8000万元项目3个，到位资金1.64亿元；1000万元～3000万元项目18个，到位资金2.72亿元；500万元～800万元项目4个，到位资金1710万元。续建项目21个，计划总投资额12.33亿元，累计到位资金9.80亿元，年内到位资金5.17亿元。桂林市商业银行成功入驻永福。

交通·邮电　全县完成客货运周转量8897万吨千米。征费拖拉机1765辆，征收吨位1981吨；征费摩托车11200辆，征收地方规费475万元；征收公路客货运附加费22.13万元，运管费6.44万元，交通规费70.9万元。清理外挂车辆81台，补征规费47.76万元。完成邮电业务总量2.41亿元。其中，邮政业务总量838万元；电信业务总量2.33亿元。

广播电视　全县农村20户以上通电自然村“村村通”广播电视工程通过中星9号广播电视直播卫星入户的方式，让152个自然村点，3739户16619人能收到电视节目，全县广播电视人口综合覆盖率96.5%。

劳动·社会保障　年内新增城镇就业人员2385人，安置下岗失业人员再就业543人，安置“4050”大龄困难人员258人，免费培训下岗失业人员522人，完成农村劳动力转移就业3436人，城镇登记失业率3.56%。参加城镇企业养老保险7461人，当期征缴保险费4526万元。参加机关事业单位养老保险869人，征缴保险费307.4万元，支付养老保险金285.9万元。参加农村养老保险累计22149人，领取养老金862人，累计发放保险金16.3万元。参加失业保险6227人，征收失业保险费150万元。参加基本医疗保险15156人，保险金收入1312万元。参加工伤保险3787人，其中农民工950人，基金收入41万元。参加生育保险3050人，基金收入38万元。有城市低保对象3851户4719人，发放低保金640.04万元。有农村低保户8675户11292人，发放低保金542万元。有五保对象2452人，其中五保村供养623人，乡镇敬老院供养128人，分散供养1701人。集中供养每人月标准160元，分散供养月标准135元，米15千克。完成廉租房建设30套。

科技　全年实施自治区级科技项目2项，市级项目6项，科技项目投入1891万元。举办各类技术培训1510期次，培训7.6万人次，举办科普讲座24场次，参加人数1.6万人次，发放科技图书3270册，印发科普资料12.5万份，接待群众咨询5.6万人次。建立科技示范基地18个、示范村（屯）9个，示范户1120户（典型示范户40户）。

教育　全县有完全中学1所，高中2所，初中11所，职教中心1所，中心校9所，幼儿园3所，小学89所，教学点5个。有专任教师1773名。其中，小学专任教师1019人；初中专任教师502人；高中专任教师223人；职教专任教师29人。有在校生29137人。其中，小学在校学生15160人；初中在校生9558人；高中在校学生3891人；职教在校生528人。年内共向农村寄宿制学生提供困难补助经费650万元，向24718名农村学生提供免费教科书。建成农村党员现代远程教育终端接收站点67个。

卫生　全县有各类医疗机构270个。其中，农村卫生所90个；卫生室114个；个体诊所54个；其他12个。有医院病床559张，医疗技术人员616人。其中，执业医师（士）306人；执业护师（士）177人；药师（士）42人；技师（士）39人；其他52人。有乡村医生242人。9月，县人民医院整体搬迁工程（由凤城路搬迁至五里桥）正式投入使用。县级和乡镇医疗机构建设利用国债资金共计589万元，其中投入县医院140万元，投入县妇保院50万元，投入乡镇卫生院改扩建工程485万元，乡镇卫生院共拆除危房面积3986.5平方米，增加病床146张。3～6月，县内部分学校突发风疹疫情，个别托幼机构发生手足口病例，县公共卫生事件应急预案立即启动，进行防治风疹接种学生15368名，确保全县没有风疹和手足口病的暴发流行。全县参加农村合作医疗206214人，参合率87.15%。共筹集合作医疗基金1683.90万元。其中，中央补贴858万元；自治区补助351万元；市财政补贴103.10万元；县财政补助165万元。为19万人次支出基金1531.15万元，受益率92.16%，其中为73人大病支出基金61.68万元。

环境保护　年内，国电永福发电有限公司完善脱硫工程项目一期2×135兆瓦机组脱硫系统工程通过自治区验收，二期2×300兆瓦机组扩建工程通过国家验收，各项指标均控制在上级下达的目标以内。完善白马造纸厂、桂林五洲制糖有限公司、县医院等排污单位的废水处理系统建设，年减排废水COD(废水需氧量)140多吨。对18门以下砖、无顶轮窑(即开口窑)等土窑、国家明令禁止使用的淘汰落后设备的14个黏心土砖生产企业，下发关停或整改通知书，淘汰关停落后产能企业2个，减少二氧化硫排放量60多吨。关闭选矿企业1个，关停饮用水源上游“农家乐”饭店4个。

文化·体育　举办第三届桂林永福国际养生福寿节。中央电视台《乡约》栏目组共同举办养生福寿节开幕式“我们的田野——走进长寿之乡永福”大型文艺演出，上海大世界基尼斯总部授予“千人变脸节目”和“百寿图”“规模最大的千人变脸活动”和“含同字异体最多的古代摩崖石刻百寿图”基尼斯纪录。4月，县新体育馆开工建设。上级资金援建的总投资140万元3个乡镇文化站和20个村级篮球场正在建设，实现了乡镇全部建有文化站的目标。建成农家书屋23个，共投入资金15万元。举重项目获得亚洲青年男子举重锦标赛金牌3枚，获全国比赛金牌4枚、银牌4枚、铜牌2枚，获自治区青少年比赛银牌4枚、铜牌3枚。年内，永福县通过广西文化先进县评估验收。

财政·金融·保险　全年财政收入2.74亿元，其中一般预算收入1.59亿元，一般预算支出3.78亿元。年末金融机构各项存款余额20.67亿元，其中城乡居民储蓄余额14.88亿元。金融机构各项贷款余额10.19亿元。保险机构全年保费收入4516万元，其中人寿保险收入3593万元。

旅游　以金钟山景区为龙头的旅游景点共接待游客10.84万人次，旅游总收入2086万元。

居民生活　城镇居民人均可支配收入15235元，人均消费性支出8863.4元，农村居民人均纯收入4362元，人均生活费支出3038元。

【创新干部教育培训】　2008年，永福县打破以往干部培训以县委党校集中培训、学员面授为主的单一模式，开拓了干部教育培训“走进高校”办学新途径。7月，组织换届后建制村“两委”主要干部99人和9名乡镇党委组织委员到桂林市委党校进行岗前和岗位培训，开创桂林市县(区)在市委党校举办村级干部培训班先例。9～12月分别组织组工干部、党校教师和党外、民族、妇女、青年干部共208人到广西师范大学进行脱产学习培训，为县(乡)干部大规模“走进高校”开展培训作了好的开端。

【完成无电村屯照明用电工程】　2008年，永福县委、政府把解决无电村屯的用电问题，提高无电村的经济发展和群众生活水平作为为民办实事之一，利用广西区电网公司批复的670万元资金，完成了户户通电工程项目23个，新建10千伏线路42.12千米，新建0.4千伏线路60.92千米，为22个自然村692户1961人解决用电问题，让全县无电村屯成为历史。

【基础设施和农村建设实现新突破】　2008年，永福县共完成公路建设投资7000多万元，完成县发展与改革局至十字街县城主干道改造工程；新建、改建良(丰)永(福)二级路永福段、苏桥干校至罗锦镇上园区段二级路等公路13条，行政村通车率达到86%。完成大溪河大桥加固工程，湘桂铁路扩能改造(永福段)重点项目江岩至喇塔公路完成路基工程80%，凤凰至独州公路完成路基工程60%，上塘大桥完成总投资的20%，矮岭客运站项目完成“三通一平”(路通、电通、水通，土地平整)。投入资金720万元，完成100个村屯109.35千米道路硬化；投入资金602万元，完成48个文明卫生村建设。投入农村改水改厕资金260万元，改造厕所2000座。投入沼气建设资金310.4万元。投入人畜饮水工程资金303.6万元。全县生态文明建设通过“国家级生态示范区”初审验收。

【遭受特大自然灾害】　1～2月，全县遭受罕见的冰冻雨雪灾害，受灾人口16.5万人，660户居民倒塌住房2640间，损坏房屋1112间，紧急转移安置人口4000人。5条县道，10条乡道，12条村道交通中断。1月19日，35千伏李(家寨)凤(凰)线因覆冰断线停运，永福电网几乎所有输配电线路都不同程度覆冰，造成全县2座110千伏变电站、11座35千伏变电站停运，35千伏线路共停电37条次，倒杆2基，断线36处；10千伏线路(支线)共停电637条，断杆395基，断线601处，共造成1513个(含用户专变)台区停电，30台变压器受损坏，0.4千伏断杆841条，断线1217处；百寿、三皇、永安、龙江等乡镇长时间停电;全县遭停电工业企业35户,居民5.12万户。农作物受灾面积11600公顷,绝收面积1200公顷。林木受害面积73333.33公顷,损失林木蓄积187万立方米、苗木330万株、竹类4020公顷。死亡大牲畜549头。全县各项经济损失累计12.94亿元。

6月11日20时至6月12日20时,全县连降暴雨、大暴雨,平均降雨量达269.6毫米,永福县遭受有水文记载以来最大洪涝灾害,9个乡镇全部受灾。县城西河最高水位143.45米,超警戒水位5.45米,东河最高水位142.20米,超警戒水位4.20米,县城多处发生洪涝,近三分之一居民住房和县医院门诊楼(旧址)一楼进水,县城跨河24芯光缆、72芯光缆被冲断,30%电视用户信号中断。12日,境内公路306省道、鹿清线、永堡线、永两线、永兴线、良永线、永广线路段因暴雨淹没,导致7个乡镇通往县城的道路中断,16条村级路中断,全县公路受损共计117.7千米,路面损坏8.4万平方米,路基塌方31565立方米,挡土墙损坏1085立方米,桥、涵海底毁坏严重。损坏输电线路5.1千米,广福乡和永福镇政府所在地断电。损坏通讯线路2千米,县城通往百寿、三皇、永安、龙江乡镇的电视信号、电脑网络全部中断,龙江乡通讯中断(仅有一部卫星电话可用)。全县房屋倒塌268间,损坏188间,受灾人口18.51万人,被困人口4900人,转移安置人口24651人。116所中小学校设施不同程度受损,其中65所学校校舍受损较严重,有23栋(间)1.48万平方米停止使用,38栋(间)1.96万平方米观察使用,校园围墙倒塌4600余平方米,校园内山体滑坡塌方4000余平方米。32家工矿企业停产。水利设施损坏堤防42处15.6千米,损坏护岸51处,堤防缺口3处1.3千米;冲毁塘坝40座,损坏灌溉设施122处、排洪道6处,损坏机电泵2座。46座中小型水库中有42座超警戒水位,全部处于排洪状态。农作物受灾面积12273.33公顷(水稻7173.33公顷,水果2200公顷);成灾面积6800公顷,绝收面积3533.33公顷。经济作物受灾2900公顷。山体塌方、滑坡共109处。全县因灾造成直接经济损失2.8亿元。

【国电永福发电有限公司抗灾保电保卫战】 2008年1月下旬,桂北地区遭受罕见的低温雨雪冰冻恶劣天气,广西电网遭受严重破坏。1月31日,广西主电网向桂林电网供电的3回220千伏线路全部断开,桂林电网与主电网已经解列,桂林电网被迫分成两个独立的小网运行。为确保电网安全、确保桂林市供电,国电永福发电有限公司,不分昼夜保电抗灾,实现了将永福电厂2号和3号机组各自单独带上桂林市负荷孤网运行的创举,在桂林电网失去全部三回联络线路的情况下,避免了桂林电网发生全“黑”事故。2月4日,随着广西电网2回220千伏线路的修复,3号机组并入主电网运行。2月5日上午,2号机组并入主电网运行。到2月13日止,2号、3号机组运行稳定,发电正常,最高负荷约为45万千瓦。

(潘仁松　唐贤珍)

灌　阳　县

【概　况】 灌阳县位于桂林市东北部,总面积1837平方千米,辖灌阳、黄关、文市3个镇和新街、新圩、水车、观音阁、西山(瑶族乡)、洞井(瑶族乡)6个乡,下设3个社区居委会,138个村委会1714个村民小组。2008年末户籍常住人口28.58万人,其中农业人口25.64万人。

完成经济总指标　全县生产总值29.61亿元,增长16.4%。其中,第一产业增加值9.46亿元,增长11.2%;第二产业增加值11.66亿元,增长26.5%;第三产业增加值8.49亿元,增长11.4%。人均生产总值10403元。全社会固定资产投资16.90亿元,增长42.9%。社会消费品零售总额5.97亿元,增长25%。

农业　全年完成农林牧渔业总产值15.40亿元。其中,农业产值7.29亿元,增长2.5%;林业产值1.63亿元;牧业产值5.57亿元;渔业产值0.31亿元;服务业产值0.60亿元。粮食播种面积2.35万公顷,总产量12.7万吨;水果总面积1.17万公顷,总产量16.43万吨,增长16.5%。生猪出栏30万头,牛出栏5791万头,羊出栏4521万头。肉类产量2.47万吨;水产品产量0.44万吨。新增1万头以上的规模肉猪场1个,年出栏2000头~5000头的规模肉猪场6个,年出栏300头以上规模肉猪场116个,新增50头以上二元杂母猪规模养殖小区34个，年出栏20头以上规模牛场26个。全年造林面积1620公顷，森林覆盖率73.12%。建成新农村试点村24个，新建沼气池2135座；完成道路硬化试点建设70个，涉及全县9个乡（镇）农户总数3269户，人口数12223人，硬化道路达71605米。完成200个村庄规划编制。

工业　全年工业总产值27.67亿元，增长42.6%；工业增加值10.05亿元，增长29.4%；规模以上工业企业总产值13亿元，增长69.6%，产品销售收入12.63亿元，增长68.4%。年发电量3.72亿千瓦小时，社会用电量2.62亿千瓦小时。大理石板材产量376.2万平方米，花岗岩板材35.5万平方米。

财政·金融　全年财政收入1.53亿元，增长20.3%，其中一般预算收入0.89亿元，税收收入1.10亿元，财政支出5.42亿元。年末金融机构各项存款余额20.2亿元，增长22.9%，其中城乡居民储蓄存款余额15.39亿元，增长17.2%。贷款余额7.91亿元。全年保险费收入3561万元，增长38.9%，其中财险保费收入648万元，寿险保费收入3013万元；全年已决赔款1193万元。

交通　定岗坳至洞井公路完成，茶叶场至鹰嘴公路、双河口至大坪公路在建。完成通达工程砂石路面改造项目10个，公路里程共计66.7千米。车田村渡改桥项目完成前期工作。完成文市客运站综合楼建设工程，观音阁客运站在建，黄关客运站已征地。交通协调中心运管业务用房工程在建。农民群众出行条件明显改善。

教育·科技·文化　全县有小学143所，在校学生数14002人，小学学龄人口入学率达100%；初中11所，在校学生数8638人；普通高中生3所，在校高中生3949人。年末教职工2337人。其中，小学专任教师1137人；中学专任教师908人。全年举办大型文艺演出36场次，创作了抗冰救灾小品《雪中情》、祝福奥运健美操《为奥运加油》、建党87周年大庆舞蹈《燃烧的七月》、抗冰救灾音乐情景剧《最美的姿势》等优秀剧目，参加第29届“漓江之声”和2008年桂林山水文化旅游节。组织和辅导群众文艺演出6场次，辅导节目68个，举办“第五届‘二月八’山歌擂台赛”大型群众文化活动、“迎春书画展”和“漫画展”等，完成“第二十届楹联征集评比”活动。广播电视事业基础设施不断加强，县城90%以上的有线电视用户实现有线电视数字转换，广播、电视综合覆盖率分别达94.4%和96.7%。

卫生·体育　全县有医疗机构18个。其中，医院、卫生院15个；妇幼保健站1个。病床537张，卫生技术人员437人，获得执业医生及执业助理医生资格326人。有个体诊所94家，村卫生所（室）394个，有乡村医生和卫生员488人。全县参加新型农村合作医疗22.98万人，参合率91.73%。开展全民健身活动，竞技体育成绩显著，承办2008年广西青少年武术散打锦标赛，并代表桂林市队参赛，获得金牌2枚、银牌1枚，取得总分第四名的成绩；参加桂林市首届少数民族运动会获得金牌5枚、银牌3枚，取得总分第四名的成绩；参加桂林市中小学生武术锦标赛获得金牌10枚、银牌7枚、铜牌3枚，取得总分第一名的成绩。

计划生育　年内出生2376人，计划生育率9.9‰，人口自然增长率4.6‰，出生婴儿男女性别比为128:100。

居民生活　全年城镇居民人均可支配收入13022元，农民人均纯收入3377元。全年城镇新增就业人员2048人，城镇登记失业率3.5%。新增劳务输出7502人。年末参加基本养老保险的职工数5183人，参加基本医疗保险的职工数10490人。全县享受城镇最低生活保障6302人，年末共发放低保金1382.81万元；享受农村低保救济19598人，发放农村低保金601.39万元。

【抗击冰冻灾害】　2008年1～2月，灌阳县遭遇建国以来罕见的雨雪冰冻灾害，持续时间达20多天，全县经济遭到重创，造成各项直接经济损失达17.94亿元，受灾人口22.12万人。灾情发生期间，灌阳县委、县政府积极抗击低温雨雪冰冻灾害保障受灾群众有饭吃、有衣穿、有地方住，有病能得到及时医治，组织抢修损毁的基础设施，及时下拨中央、自治区救灾救荒补助款物共计3185万元，县本级财政调拨596万元，救助11.5万人。加强灾后恢复生产的技术指导和服务工作，取得抗灾救灾胜利。

【举办2008年广西青少年武术散打锦标赛】
2008年7月15～20日，广西青少年武术散打锦标赛在灌阳县体育馆举行。共有8个市的9支代表队67名男运动员参赛,竞赛分甲、乙两组各6个级别(48公斤、52公斤、56公斤、60公斤、65公斤、70公斤),共决出金、银牌各8枚,铜牌7枚。灌阳县运动员代表桂林市队参赛,获团体总分第四名。其中,何建明取得甲组52公斤级金牌;刘飞取得甲组56公斤级金牌;于康取得乙组52公斤级银牌。

【工业经济实现新突破】 2008年,灌阳县工业经济快速增长,实现两大突破,一是工业经济总产值突破20亿元,全年工业总产值27.7亿元,增长42.6%。二是规模工业企业突破20家,从17家上升到23家,产值超亿元企业4家;规模以上工业企业总产值13亿元,增长69.6%。工业经济创历史最高水平,对经济增长贡献率达64.7%,拉动经济增长10.6个百分点,成为全县财政收入的主要来源。年内,灌阳县获桂林市2008年度工业发展特等奖。

【项目建设】 2008年,灌阳县实施招商引资项目75个,合同金额12.7亿元,其中新签项目42个,合同金额3.5亿元。贵达有色金属冶炼厂、发鑫锰业有限公司、富泉铁合金有限公司、兴盟铁合金有限公司、桂林兄弟木业公司、黄关110千伏变电站等重点项目建设进展顺利,灌阳至文市、文市至永安关110千伏送变电工程及文市110千伏变电站投入运行。

【灌阳高中荣获自治区示范性高中】 2008年,灌阳县加大对灌阳高中创建自治区示范性普通高中力度,投入4000多万元加强学校各项建设及设施配备:新建校舍总建筑面积达43506.78平方米;修建文化长廊和面积3850平方米的文化广场;硬化道路3755平方米;修建近200米板报专栏框;配置2400套学生单人桌铁木课桌凳;配备教职工办公桌椅150套,空调机10台、电脑20台;添置实验药品、仪器、摄像机、录像机、电脑、图书等设备近150万元;配备价值30万元的64座高标准语言室。年内,通过自治区示范性普通高中验收评估团专家验收,获自治区示范性普通高中。

【为民办实事】 2008年,灌阳县总投资5956.83万元,做了14件为民办实事工程。投入100万元,完成新农村规划编制200个;筹资350万元,完成村屯道路硬化建设70个;投资140.81万元,完成文明卫生村建设36个;投资481.1万元,完成农村困难户120户、贫困残疾人危房100户及茅草房61座改造;投资408.21万元,完成村屯饮水安全工程10个、贫困村引水工程13处、家庭水柜13个的建设任务;筹资1743.3万元,完成毛竹低改2666.67公顷,完成新种毛竹333.33公顷;投资76.5万元,完成新(扩)建乡镇兽医站5个;投资38.44万元,完成农村文化图书室建设31个;投资297万元完成廉租房补贴项目,超额完成市下达的经济适用房建设任务;投资66万元,完成计生服务站的建设1个;筹集42.31万元,资助贫困生上大学666名;投资1838.06万元,完成农村合作医疗扩大覆盖面任务;投资16.8万元,完成16个社区和农村警务室建设任务。

【水利建设】 2008年,雨雪冰冻灾害期间,灌阳县水利水电设施遭到严重损毁:7处乡镇供水工程、67处农村供水工程无法正常供水,34.99千米灌渠和10座水库不同程度受损,0.33万公顷农田灌溉面临困难,电力设施基本瘫痪。年内,共完成投资1817.83万元,修复水毁132处;完成文市镇磨头坝的加固,观音阁乡大堰洞口灌渠的修复,新圩乡二级渠道的防渗加固,新圩乡集中供水工程的抢修;完成9个安全饮水工程,解决8506人的饮水安全;动工各类水利工程56处,改善灌溉面积926公顷,保护人口1.29万人;投资6067万元的水车水库除险加固工程开工建设;完成江东城区防洪堤设计评审;做好全县农田灌溉现状调查及农业水利规划工作。 (蒋人军)

资　源　县

【概　况】 资源县位于桂林市东北部,全境处于越城岭西麓、金紫山、银竹老山的东南侧,总面积1954平方千米,辖资源镇1个镇和中峰、梅溪、瓜里、车田(苗族乡)、两水(苗族乡)、河口(瑶族乡)6个乡,下设71个村委会,3个街委会,2008年末户籍常住人口17.01万人,其中苗、壮、侗、瑶、黎等12个少数民族3.6万人。

完成经济总指标　全年生产总值18.02亿元，增长16.4%。其中，第一产业增加4.88亿元，增长6.0%；第二产业增加值完成6.95亿元，增长26.7%；第三产业增加6.19亿元，增长16.3%。全社会固定资产投资12.32元，增长40.2%。社会消费品零售总额4亿元，增长20.7%。城镇居民人均可支配收入12748元，增长12.9%。农民人均纯收入3571元，增长14.1%。

农业　全年农林牧渔业总产值7.57亿元。其中，农业产值3.73亿元；林业产值1.56亿元；牧业产值1.84亿元；渔业产值0.09亿元；农林牧渔服务业产值0.35亿元。粮食种植面积8926.67公顷，下降10.6%。粮食总产量5.18万吨，下降2.7%。水果种植面积2380公顷，增长25.6%，其中葡萄（红提）种植面积553.33公顷。水果总产量3.09万吨，增长9.1%。西红柿种植面积1180公顷，总产量5.39万吨，总产值0.54亿元。

工业　全年工业总产值14.77亿元，增长58.6%。其中，规模以上工业产值10.04亿元，增长84.6%；规模以下工业产值4.73亿元，增长22.1%。工业增加值5.45亿元，增长31.8%。其中，规模以上工业增加3.33亿元，增长52.9%；规模以下工业增加值2.12亿元，增长12.6%。

财政　全年财政收入1.03亿元。其中，国税完成3176万元，增长0.57%；地税完成3660万元，增长18.53%；财政完成3483万元，增长12.03%。

教育　全县有小学124所，在校师生11010人，适龄儿童入学率100%。初级中学7所，在校师生5392人，入学率达99.48%。高级中学1所，在校师生1686人。高考本科上线人数472人。其中一本46人；二本188人；三本238人。中等职业学校1所，在校师生879人。全县中小学校全部通过自治区“两基”评估验收。教育系统有专业技术职称1843人。其中，高级职称60人；中级职称1147人。

文化　全县有文化馆1个，文化站8所，艺术表演团1个，图书馆1个。全年组织和承办大型文艺活动8次，共演出80场，观众达10万人次。

计划生育　全年出生2210人，计划生育率为88.78%，人口出生率为13.19‰。死亡1075人，人口死亡率为6.42‰。人口自然增长率为6.77‰。

旅游　全年接待旅游人数28.84万人次，增长14.1%；旅游收入9625万元，增长18.5%。举办“漓泉杯”2008年五排河国际大众漂流节暨第一届中国旅游城市全能定向越野赛。完成中峰乡红提观光长廊和竹子水抗击冰冻雪灾纪念馆（“全家福”“农家乐”）建设；启动投资5000万元的资江旅游改造升级和投资1亿元的县城资江漂流码头及五星级宾馆建设。

社会保障　全年新增就业人1658人，下岗职工再就业258人，城镇失业率为3.9%，大龄困难人员再就业146人。新增劳务输出5130人。免费培训下岗失业人员335人，农村劳动力转移培训3364人。全年发放涉军抚恤定补金165万元，义务兵家属优待金15.62万元，救助伤病人数1550人（其中大病重病人数251人），伤病救济款77.5万元。发放城乡医疗补助金18.76万元；资助农村合作医疗7463人。冰冻灾害期间向受灾群众发放棉被6500床、棉衣5500件、军衣11500套、大米550吨、救灾款391万元。灾后倒房重建资金发放752.8万元。下拨危房改造资金54万元。冬季备荒救济人口2300人（其中发放救济款264万元、救济粮738吨、衣被33500件套）。城镇低保1659户，发放低保金393.97万元；农村低保5511户7307人，发放低保金422.60万元。

【城镇化建设】　2008年，资源县以城北新区重点的城市建设取得新成效。城北城步冲限价商品房一期工程完成土地平整。城北安置户共254户，建成239户。资源县民族会议中心、县建设与规划局办公楼、科技培训中心等单位的新办公楼投入使用。桂林安厦集团投资1亿元，占地6700平方米的城北商贸城开工建设，城北大市场二期和资江漂流新码头启动建设。老城区改造稳步推进，“丹霞花园”二期工程竣工，三期“丹霞家庭”开工建设；凤凰景湾房地产开发项目开工建设，城南廉租房完成50%的主体工程量；河灯文化长廊建设一期工程和修睦路改造完工。

【招商引资】　2008年，全县共引进新建和投资的项目14个，总投资15.69亿元，增长349.57%，项目到位资金6.442亿元。其中，自治区外项目到位资金2.04亿元，增长171.09%；桂林市外项目到位资金4.41亿元，增长447.59%。年内，资源县获桂林市项目大兑现工作先进单位。

【重大项目建设】 2008年，资源县重大项目建设取得突破。中国电力投资集团公司南宁分公司总投资15亿元的金紫山风能电站项目，第一期投资6亿元，装机5万千瓦工程，已办理核准开工手续。投资2500万元的天宝矿产品公司、投资2000万元的资源镇矿产品加工厂、投资2000万元的桂林双合饰品有限公司资源晶体分公司扩建工程正式投产。投资7600万元的高氯酸钾项目已试产，投资5000万元的佳乐美竹木有限公司，投资4000万元的鑫龙选矿厂项目开工建设。中峰工业集中区建设进展顺利，新增入园企业5家。

【同心协力抗冰灾】 2008年1～2月，资源县遭遇有气象记录以来最惨重的雨雪冰冻天气袭击，时间长达45天。冰冻灾害给资源县的基础设施、工农业生产造成极大的损失。全县冰灾造成直接和间接经济损失超过19亿元，直接经济损失达4.98亿元。资源的灾情引起社会各界的关注，中共中央、国务院及各级党委、政府和部门对资源的抗冻救灾工作高度重视。2月6日，中共中央总书记、国家主席胡锦涛到资源县视察指导抗冻救灾工作，并作出重要指示。自治区党委书记郭声琨、自治区主席马飚到资源县指导抗冻救灾工作。资源县委、政府在抗灾救灾期间，出台一系列扶持工农业恢复生产的优惠政策，县财政安排资金1400万元，并争取灾后重建资金3888万元，用于救灾和灾后重建工作。5月1日，由自治区发改委、民政厅资助，资源县政府自筹，投资100万元，在中共中央总书记、国家主席胡锦涛视察的中峰乡枫木村竹子水建设的抗击冰冻雪灾纪念馆正式开馆。

【"漓泉杯"2008年五排河国际大众漂流节】 2008年5月6日，"漓泉杯"2008年五排河国际大众漂流节暨首届中国旅游城市越野赛在五排河开漂码头隆重开幕。国家体育总局航管中心副主任、中国定向运动协会副主席张西岭，中国定向运动协会秘书长马惠敏，桂林市人大常委会副主任黄阐，燕京啤酒（桂林漓泉）股份有限公司董事长毕贵索等领导及嘉宾出席开幕式，来自美国、英国、澳大利亚、日本等20多个国家及国内20多个省、直辖市、自治区的漂流爱好者参加开幕式。随后进行了紧张的比赛。　（邹显林　陈小吉）

平　乐　县

【概　况】 平乐县位于桂林市东南部，总面积1919平方千米。辖平乐、二塘、沙子、张家、同安、源头6个镇和阳安、青龙、桥亭、大发（瑶族乡）4个乡，下设134个村委会，10个居委会，3个社区，916个自然村，2267个村民小组。县政府驻平乐镇。2008年末户籍常住人口44.10万人。

完成经济总指标　全县生产总值51.31亿元，增长20.7%。其中，第一产业增加值17.96亿元，增长6.2%；第二产业增加值20.50亿元，增长36.2%；第三产业增加值12.85亿元，增长22.0%。全社会固定资产投资15.05亿元，增长25.6%。财政收入1.76亿元，增长18.2%。社会消费品零售总额8.37亿元，增长23.6%。在岗职工年平均工资24081元，增长22.8%。城镇居民人均可支配收入12616元，增长12.7%。农民人均纯收入4351元，增长15.9%。

农业　全县农林牧渔业总产值27.34亿元。其中，农业产值17.78亿元；林业产值1.68亿元；牧业产值6.47亿元；渔业产值0.62亿元；服务业产值0.79亿元。粮食种植面积28553.33公顷，油料作物种植面积2926.67公顷，蔬菜种植面积19013.33公顷，水果种植面积22186.67公顷。粮食总产量14.34万吨，蔬菜总产量40.89万吨，水果总产量43.72万吨。肉猪出栏27.25万头，肉用牛出栏1.14万头，家禽出栏448.96万羽。肉产品产量2.89万吨，渔业产量0.71万吨。新建沼气池3226座，累计总数达51527座，入户率53.5%。农业机械总动力28.80万千瓦。农村用电量0.37亿千瓦时。

工业　全年工业总产值56.86亿元，增长43.4%。工业增加值18.75亿元，增长22.1%，其中规模以上工业总产值27.56亿元，增长

74.1%;利税1.55亿元,增长57.9%。乡镇企业总产值61.73亿元,增长29.3%。

财政·金融　全年财政收入1.76亿元,增长18.2%;财政总支出6.02亿元。年末金融机构各项存款余额26.00亿元,增长19.1%;各项贷款余额11.53亿元,增长12.7%。

交通·邮电　公路、水路运输完成客货运周转量12431万吨千米。邮电业务总量32584万元。固定电话用户3.6万户;移动电话用户9.6万户。

教育　全县有自治区示范性普通高中1所,专任教师157人,在校高中生2814人。普通高中2所,专任教师195人,在校高中生2702人。初级中学16所,专任教师980人,在校初中生14537人。小学74所,专任教师1978人,在校小学生22486人。小学适龄儿童入学率99.7%,初中毛入学率98.0%,高考录取率61.7%。

文化·卫生　全县电视人口覆盖率95%。县图书馆有藏书14万册、报纸46种、期刊116种,全年接待各类读者53300人次,借出图书13850册次。全县有医疗卫生机构98个,床位637张,卫生技术人员692人。其中,执业医师215人;执业助理医师88人;注册护士191人;药剂人员51人;检验人员42人;其他卫技人员105人。

计划生育　全年出生5042人,计生率87.25%,人口自然增长率5.7‰。

劳动和社会保障　全县下岗失业职工实现再就业983人,新开发公益性岗位86个,城镇登记失业率3.8%。农村劳动力转移培训9174人。城市居民低保对象2359户4665人,发放保障金707.1万元。社会养老保险参保人数9864人,参加失业保险9086人,参加基本医疗保险15742人。

【抗击自然灾害】　年初,平乐县遭受罕见的雨雪冰冻灾害,受灾人口2.9万,倒塌房屋532户2128间,直接经济损失2.34亿元。6月13日,发生百年不遇的洪涝灾害,县城三分之二的街道被淹,8个乡(镇)被洪水围困,受灾人口32.28万人,倒塌房屋1697户5093间,损坏房屋6194间;直接经济损失7.65亿元。该县两次启动自然灾害应急救助预案,组织干部群众深入灾区抓好被困灾民紧急安置,抓好核灾、查灾、报灾和组织调运、发放救灾款物等工作,确保灾民有饭吃、有衣穿、有临时住所、有干净水喝、有病能及时医治,没有发生冻死、饿死人现象发生。

【政府为民办实事】　2008年初,平乐县政府承诺为民办20件实事。项目全年投入9100多万元。年内,除廉租房建设项目和县城污水管网改造工程未完工外,其余18件全部完成。完成情况:县中等职业学校改扩建工程完工;383名家庭贫困的大学新生得到资助;新型农村合作医疗覆盖面扩大,参合率达85.2%;建成社区警务室5个;新种毛竹77公顷;建成村级图书室34个;新建计划生育服务站所4个、乡镇兽医站3个;通乡柏油公路、通行政村等级路路面硬化工程和通村水泥路面、通乡沥青路面工程建设全面完工;完成80个自然村(屯)内道路硬化,创建文明卫生村40个;完成社会主义新农村建设试点4个;完成自然村新村建设地形测绘和规划编制420个;150户农村困难群众和50户残疾人的危房得到改造;完成农村人畜饮水安全工程的建设;县城公交车投入运营;县城2条进城主干道和5条街道改扩建工程完工;中山公园景观环境改造工程完工;新增通电自然村7个。

【被列为国家级生态示范区】　2008年5月,平乐县被国家环境保护部列为国家级生态示范区。2002年,平乐县启动生态示范区创建,大力推进生态农业、生态工业、生态旅游和生态城镇建设,取得显著成效。2007年9月9日,自治区国家级生态示范区考核验收组实地考察桥亭乡大塘口生态村、广西农垦国有源头农场畜牧公司和柑橘物流中心、沙子镇十里坪果园基地、同安镇冷库、同安镇大窝生态村等生态示范点,逐项审核创建目标完成情况,通过国家级生态示范区建设试点考核验收。

【工业集中区被列为自治区A类产业园区】

2008年,平乐工业集中区全年投入3840万元,加强道路、排水管网、供电线路和标准厂房等基础设施建设。引进企业10家。工业集中区产业实现总产值18.1亿元,上缴税金1600万元,分别增长35.6%和26.9%。2月,自治区产业园区确认委员会审核并确认县工业集中区在园区规模、产业发展规模等方面达到自治区A类产业园区标准，将其列为自治区A类产业园区。

【招商引资】 2008年，平乐县引进招商项目27项，实际利用市外资金6.5亿元，自治区外资金3.27亿元，引进外资138万美元。一批重大项目落户工业集中区，其中有计划投资总额75亿元的金属表面精饰产业集控区项目和计划投资总额2.5亿元的电解金属锰项目。

【城镇化建设】 2008年，平乐县投入城镇基础设施建设资金7650万元，完成县城令公庙至同乐新区及罗汉街一带的土地测绘，完成同乐迎宾大道和汽车站整体搬迁规划设计，并重点建设桂江二桥、县城防洪堤、桂江桥底休闲园等工程。房地产开发完成投资7000万元，新建商品房面积7.84万平方米，建成廉租房2500平方米。城镇化率提高到25.7%。

【公路交通明显改善】 2008年，桂梧高速公路平乐段(50.4千米)全线建成通车。总投入资金5737万元的国道323线14.3千米路面改建，省道305线二塘工业园区段2.5千米道路改建，同安至恭城莲花公路平乐段6.36千米道路改建和斑山尾危桥除险加固等工程完工。县乡公路提级改建全面铺开，完成投资4741.4万元。平榕公路和治平至西岭平乐段的柏油路面改造工程，朝阳桥建设，显堆至桃林和夏登坡至古端2条通村道路路面硬化，巴江至黄龙等8条共68.3千米通村公路，福兴季鱼塘便民码头和巴江、黄龙2个候车亭建设等项目相继完工。

(平乐县年鉴编写组)

荔　浦　县

【概　况】 荔浦县位于桂林市南部，总面积1759平方千米。辖东昌、新坪、杜莫、荔城、青山、大塘、花箦、双江、马岭、修仁10个镇，茶城、蒲芦(瑶族乡)、龙怀3个乡，下设21个居民委员会，123个村民委员会。县政府驻荔城镇。2008年末户籍常住人口为37.64万人，其中男19.47万人，女18.17万人；农业人口322055人。

完成经济总指标　全年生产总值57.68亿元，增长13.09%。其中，第一产业增加值14.17亿元，增长5.6%；第二产业增加值25.58亿元，增长20.4%；第三产业增加值17.93亿元，增长9.8%。产业比例为24.7∶44.6∶30.7。全县工业总产值66.6亿元，增长33.5%；财政收入3.57亿元，增长18.4%；社会消费品零售总额18.7亿元，增长25%；全社会固定资产投资20.6亿元，增长45.7%。农民人均纯收入4599元，增长14.5%；城镇居民可支配收入14410元，增长15.3%。荔浦县获自治区党委、政府授予2007年县域经济发展进步奖。

农业　全年粮食作物种植面积22126.67公顷，粮食总产量11.05万吨；经济作物种植面积24960公顷；造林总面积467公顷；肉类总产量3.96万吨，肉猪出栏42.6万头，存栏35.6万头。全县有自治区、市级农业产业化重点龙头企业16家，各种农业专业合作组织和协会56家，带动农户3万余户。全年新增农业基础设施建设项目资金3500万元；进行14座水库除险加固工程和滨江南岸防洪堤建设；建成沼气池1451座；投入各类新农村建设资金2260万元，用于4个市级新农村试点村及88个自然村屯的道路硬化。有471个自然村屯规划编制建设项目通过市级验收，综合评分名列全市第一。首批5个“整村推进”贫困村扶贫项目全面通过自治区级检查验收。8月，荔浦县通过了自治区“无公害蔬菜生产示范基地县”验收。11月，自治区第一家供销社农村社区服务中心在荔浦县新坪镇正式挂牌。

工业　全县工业总产值66.5亿元，增长33.3%。其中规模以上工业总产值37.82亿元，增长43.7%；规模工业增加值12.26亿元，增长44.7%。引进投资1.1亿元的爱明荔浦芋深加工项目被列入了自治区层面重点推进项目。实施“超亿过千”工程，全年投入1000万元对重点企业进行扶持，全县上规模的企业达到78家，销售收入过亿元企业达到7家。有72家食品企业通过QS认证，各类企业注册商标达400多件。共投入3000多万元进行工业集中区管网、道路、污水处理厂等基础设施建设，启动长水岭工业区三期建设，完成了金鸡坪工业区标准厂房建设3万平方米。引进外资项目10个,外资2.1亿元。荔浦县工业集中区成功挤进自治区A类工业产业园区。荔浦县被中国日用杂品工业协会授予中国衣架生产基地。

财政·金融　全县财政收入3.57亿元,增长18.4%,财政支出6.19亿元,增长48.5%。年末金融机构各项存款余额31.85亿元,增长23.3%,其中城乡居民储蓄存款余额24.9亿元,增长18.9%。

旅游业　全年累计接待游客150.2万人次,增长12.2%;旅游收入5.92亿元,增长21.9%。投资5700万元的银子岩二期工程全面启动,双江镇兰花旅游度假区正在开发建设中。龙怀景区实行整体托管,恢复对外开放。举办了第二届中国桂林·荔浦旅游文化节暨2008年全国汽车短道拉力赛。荔江湾景区获得国家AAAA级景区,天河瀑布获国家AAA级景区。桂林俏天下家居用品有限公司申报国家级工业旅游示范点通过初评。

科技　荔浦县全年专利申请量65件,获专利授权63件,专利申请量和授权量名列全自治区各县第一,是自治区的两个专利工作试点县之一,通过自治区组织的专家组验收。所承担的国家科技富民强县专项行动计划——"荔浦芋产业开发与示范"和自治区"县市科技创新试点"等4个项目,通过自治区科技厅、财政厅组织的专家组验收;获自治区科技项目立项4项、市科技项目立项4项。年内,荔浦县获"全国科普示范县"称号。

教育　全县有自治区示范性高中1所,专任教师121人,在校学生2182人;普通高中3所,专任教师250人,在校学生3277人;初中13所,专任教师627人,在校学生9780人;小学80所,在校学生20236人。小学入学率100%,初中入学率97%;职业中专1所,专任教师71人,在校学生2498人,全县共有2409名学生参加高考。荔浦中学的理科考生倪剑以成绩(不含加分)名列桂林市12县第1名,被清华大学录取。全县一本上线137人,二本上线462人,三本上线575人,上线率48.73%。全县共清退2007年秋季国家教科书费123.28万元,免费提供当年学生用教科书价值435.5万元;补助学校公用经费94.66万元,义务教育阶段免杂费补助870.97万元,发放家庭经济困难寄宿学生生活补助费559.68万元(含高中16万元);共筹集资金37.01万元,资助370名贫困大学新生,资助率达100%。全县对职业教育攻坚共投资金452.5万元,其中市财政下拨30万元,县财政投入395万元,职业技术学校筹措27.5万元。

交通　全年县辖10镇3乡123个行政村中有122个行政村修通了四级公路,通车率达99.2%。全县公路建设新建、改建、续建项目12个,共计公路里程70千米,桥梁408米;公路建设计划总投资4790万元,完成总投资2472万元,完成计划投资总额的51.3%,完成年计划的99.8%。全年客运量331万人次,客运周转量22094万人千米,货运量263万吨,货运周转量32849万吨千米。县交通局公路所荣获自治区文明公路所。

【"绿枝园"牌荔浦芋获中国名牌农产品称号】 2008年,国家农业部颁布2007～2008年度中国名牌农产品称号产品目录,荔浦县的广西绿源有限公司生产的"绿枝园"牌荔浦芋榜上有名,这是荔浦县唯一的中国名牌农产品。

【举办农村劳动力转移暨返乡农民工就业专场招聘会】 11月27日,荔浦县在县城中心广场举办了桂林市荔浦2008年冬季农村劳动力转移暨返乡农民工就业专场招聘会。自治区和桂林市劳动和社会保障部门的主要领导到招聘会指导。参加招聘会有县内外的52家企业,提供就业岗位2000多个,进场求职的有乡镇农民朋友、返乡农民工、下岗失业人员及大中专毕业生近3000人,达成就业意向的有850人,其中返乡农民工206人。

【酶工程生产魔芋甘露低聚糖产业化项目启动】 3月26日,自治区层面统筹推进重大项目——桂林微邦生物技术有限公司酶工程生产魔芋甘露低聚糖产业化项目在荔浦县长水岭工业区开工,标志着荔浦县突破了原有的传统产业模式,填补了工业高科技产业的空白。酶工程生产魔芋甘露低聚糖产业化项目由桂林微邦生物技术有限公司承建,是利用魔芋生产甘露低聚糖的项目,项目建设占地15.33公顷,预计投资1.3亿元,总设计生产规模为年产魔芋甘露低聚糖500吨。项目分两期建设。

【中药配方颗粒及提取物产业化工程开工】 2008年,广西万丰药业有限公司中药配方颗粒及提取物产业化工程在荔浦县长水岭工业区正式开工建设,标志着荔浦县巩固和扩大中药产业链工作取得新进展。广西万丰药业有限公司中药配方颗粒及提取物产业化工程总投资5862万元,项目建设年产1100吨中药配方颗粒及提取物生产线2条,预计年产值达1.32亿元,年创利税1000多万元。

【县城总体规划(修编)通过评审】 11月17日,桂林市建设与规划委员会按照城市规划编制审批程序召开评审会,对荔浦县县城总体规划(修编)(2008~2025)进行评审。国家建设部规划督察员王宪宗、桂林市副市长刘明昱到会并讲话。自治区建设厅、市建设与规划委员会等部门参加评审会。以广西风景园林学会理事长、高级工程师张高为组长的9人专家组听取中国城市建设研究院关于荔浦县总体规划成果介绍,并进行评议。专家组一致同意通过评审,并对荔浦县县域经济发展、产业结构调整、城市性质描述、深化城市景观风貌特色规划等方面提出具体修改意见。

【改善民生工程出成效】 2008年,荔浦县的马岭至青山乡级公路改建提级项目累计完成投资1156万元,占总投资的40%。全年完成5个农村饮水安全建设项目;启动廉租房一期工程建设;残疾人、特困农户危房改造已全部竣工;县城的荔桂路改造工程完工,完成投资1500万元;县城污水处理厂工程完成投资3450万元;荔江河综合治理取得明显成效;公墓园建设进入征地阶段。

【实施学校基础设施建设项目】 2008年,荔浦县投入184万元建设国债工程4个;争取香港宝莲寺捐赠款45万元,用于3所小学的学校建设;投入27万元用于新农村新校园卫生项目建设。投入231.8万元农村中小学校舍维修改造项目资金建设青山镇初级中学教学楼。投入50万元中央基础教育奖励项目资金建民族中学宿舍楼。投入160万元改善其他学校的办学条件。

(覃有玉　龙纯章)

龙胜各族自治县

【概　况】 龙胜各族自治县位于桂林市西北部,总面积2538平方千米,全境为山地,是一个典型的山区县。辖龙胜、瓢里、三门3个镇与和平、泗水、江底、马堤、伟江、平等、乐江7个乡。县政府驻龙胜镇。2008年末户籍常住人口17.28万人,有苗族2.73万人、壮族3.28万人、侗族4.86万人、瑶族3.08万人,少数民族总计13.95万人。

完成经济总指标　全年生产总值24.84亿元,增长16.7%。其中,第一产业增加值5.62亿元,增长12.5%;第二产业增加值13.11亿元,增长21.3%;第三产业增加值6.11亿元,增长12.4%。第一、二、三产业的结构比例为22.64:52.77:24.59。财政收入2.00亿元,增长21.9%。全社会固定资产投资14.12亿元,增长34.37%。城镇居民可支配收入13874元,增长13.28%;农民人均纯收入2890元,增长10.43%。

工业　全县工业生产总值24.63亿元,工业增加值11.68亿元,增长21.8%。其中规模工业企业工业增加值8.24亿元,增长25.8%;实现利润13561万元,增长45.7%。滑石工业产值5.72亿元,增长36.7%;水电行业产值3.09亿元,增长19.1%,实现利税6371万元。滑石工业和水电行业总产值达8.81亿元,占全县规模工业总产值的62.4%。工业对经济增长的贡献率达54.6%。

农业　全年实现农林牧渔业总产值8.73亿元,增长13.41%。水稻总产量完成4.11万吨,水果种植面积4695.73公顷,总产量达3.88万吨,蔬菜种植6000公顷,罗汉果种植686.67公顷,西红柿种植601公顷;完成造林面积853公顷,完成沼气池1584座,肉类总产量完成0.98万吨,增加617吨,增长6.7%。整村推进扶贫开发投入资金1116.38万元,支持贫困户19393户,发展农业产业项目;完成通组公路39条102.2千米,项目实施使39个自然村7300人解决行路难问题。

旅游　全年接待游客93.85万人次,增长

11.6%,其中接待境外客人17.22万人次,增长14.5%。全年旅游营业收入3.68亿元,增长13.2%。以龙脊、温泉景区旅游为龙头,带动“农家乐”旅游的发展,带动第三产业的发展。

固定资产投资　以滑石工业、水电、旅游、公路、教育卫生等为重点的生产性和基础设施项目建设投资保持增长,全年固定资产投资14.12亿元,增长38.9%,全年城镇固定资产投资8.83亿元,增长28.3%。其中,基本建设投资5.52亿元,增长4.3%;农村投资4.22亿元;其他零星投资4998万元。

招商引资　全年新引进项目34个,投资总额4.60亿元,实施外来投资项目58个,年度到位资金4.85亿元,直接利用外资209万美元。

社会保障　全年新增安置就业人员1720人,占任务的106%;下岗失业人员再就业260人,占任务的104%,城镇登记失业率3.24%。年内,失业保险参保单位126个6441人,征缴失业保险费144.82万元,为921名失业人员发放281.5万元失业金,失业保险基金滚存结余505.87万元。

交通·邮政　年内在建的交通基础设施建设项目18个,完成投资2940万元。扩改公路14条126.8千米,新建桥梁1座,新建乡镇客运站1个,新建便民亭3个。全年全县邮政业务总量375万元;电信业务总量1.80亿元,增长9.8%;安装固定电话用户18253户,其中乡村电话用户12050户;注册电信宽带因特网的计算机用户3819户。

广播·电视　全面完成20户以上已通电自然村直播卫星覆盖建设任务,全县453个自然村屯实施“村村通”直播卫星覆盖工程,受益群众14000多户5.5万名。巩固县乡广播电视光纤联网建设成果,增加乡镇广播电视光纤网的有效覆盖,推进乡镇村广播电视网络整合。县城数字电视整体转换试点工作进展顺利,年内完成县城网络内试点所有用户数字电视信号转换。

卫生　全县共有国有医疗卫生机构15家,床位337张,卫生系统在职人员453人,卫生专业技术人员377人。新型工作成效显著,全县参加农村合作医疗农民13.41万人,参合覆盖率100%,占全县农村人口的92.62%。全年共有8.8万人享受合作医疗补助,补助金额920万元,基金使用率为85.8%。全县现场卫生监督检查4581户次,监督覆盖率100%,提出卫生监督整改意见830户次。全年全县住院分娩率97.39%;新生儿破伤风发生数为零,产前检查覆盖率为98.08%;产后访视率95.95%。

计划生育　全年全县出生人口1946人,人口出生率11.03‰,出生男婴957人,女婴989人,出生人口男女性别比为97:100,人口自然增长率3.99‰。全县共有1393名农村独生子女父母享受计划生育贡献奖,有189名农村独生子女就读高中生获得每年1320元的奖励,有6736名农村独生子女和双女结扎户子女享受免交新型农村合作医疗参合金政策。发放幸福工程款62.86万元,救助贫困母亲244人。

教育　全县小学、初中入学率分别为99.97%、99.41%。全县投入2565万元对学校基础设施建设进行改造;资助贫困家庭学生上学和贫困教师学历提高共1328人,合计82.56万元。落实国家“两免一补”政策,全县义务教育阶段中小学生13664人全部享受免费教科书和学杂费,对8563名农村家庭经济困难学生提供生活补助565万元。在县城桑江北岸新开发区内新建龙胜县第二初级中学,总投资6000万元,年内完成投资1800万元。

科技　全年共引进新技术、新品种6个,新成果转化6项。利用“科技活动周”开展、举办各类各层次的科技培训近百期,培训3万多人次。

体育　全年组织篮球对抗赛、“文明杯”气排球赛、舞龙舞狮等文体活动,开展“健康杯”龙胜县第二十届职工体育运动会、“世茂花园杯”龙胜县“桑江龙”篮球俱乐部联赛、承办桂林市检察系统球类比赛龙胜分区赛赛事和桂林市财政系统气排球赛、“水电杯”龙胜各族自治县第十二届科级领导干部篮球赛、自治县第十三届农民体育运动会。11月,组成公务员组男子气排球队代表桂林市参加在钦州市举行的“庆自治区成立50周年”自治区公务员气排球比赛。参加桂林市首届少数民族传统体育运动会,获打陀螺男、女团体冠军。

文化　有23个项目列入桂林市非物质文化遗产名录,其中,申报的《侗族百家宴》《六甲歌》获第二批自治区级非物质文化遗产保护名录,《红瑶服饰》《盘瑶服饰》获第一批自治区级非物质文化遗产扩展项目名录。组织参加桂林市第29届“漓江之声”文艺比赛,山歌擂台赛获一等奖;自创自编的侗歌剧《情满鼓楼》获地方艺术大展演出一等奖。组织农民歌手代表桂林市参加自治区非物文化遗产民歌演唱赛获二等奖。

【遭受特大雨雪冰冻灾害】 2008年1月,龙胜各族自治县遭遇气象记录以来罕见的雨雪冰冻灾害。全县有10个乡(镇)119个村1296个村民小组12多万人(次)不同程度遭受雨雪冰冻灾害,造成包括农作物、林木、畜禽、电力、交通、水利、通讯等基础设施损坏,直接经济损失16.5亿元。灾害发生期间,全县干部群众全力以赴抗灾救灾。共发放大米86吨,棉衣被等14063床(套),柴油13500升,蜡烛10万多支,发电机80台。重建、修复因灾倒房或受损民房499座;修复人畜饮水40处;抢修县级公路5条、乡道17条、村道45条,里程600多千米;修复35千伏输变电路5条,光纤线路26千米。因灾倒塌房屋和损坏基础设施重建工作完成,取得了抗击雨雪冰冻灾害的胜利。

【县人民法院荣获全国模范法院】 2月29日,龙胜各族自治县人民法院荣获全国模范法院,是自治区唯一获得此项荣誉的基层人民法院。多年来,该院牢固树立“公正司法,一心为民”的思想,带出了一支思想和业务过硬的法官队伍,确保审理案件的质量和公正,结案率达100%,调解结案率均在70%以上,执行和解率达50%以上,裁判准确率达99.8%,连续7年无重大违法违纪事件发生。其经验被最高人民法院总结推广。

【县城桑江北区基础设施建设工程开工】 4月20日,龙胜各族自治县县城桑江北区基础设施建设工程举行开工仪式。桑江北岸新区规划面积1.2平方千米,第一期开发总面积400000平方米。年内,投入5000万元,完成大部分房屋拆迁、项目建设用地征收、土地平整等工作,进入项目建设阶段。

【中非共享发展经验高级交流会与会官员考察龙胜】 4月24日,由国家财政部、商务部、国务院扶贫开发领导小组办公室主办的中非共享发展经验高级交流会与会人员一行对龙胜各族自治县“整村推进”扶贫开发项目进行学习考察。来自非洲15个国家的政府高级官员和国内专家来到该县瓢里镇孟化村、和平乡大寨村实地参观考察早蜜梨示范园、村寨建筑、农家旅馆和沼气池建设等项目。与会人员对龙胜各族自治县开展的“整村推进”扶贫开发项目所取得的成果和做法表示赞赏。

【龙胜农村合作银行挂牌成立】 6月13日,广西龙胜各族自治县农村合作银行正式挂牌成立。广西银监局、自治区联社、市、县有关领导及农村合作银行等金融机构负责人共同为其揭牌。这是经中国银监会批准成立的广西第3家农村合作银行。

【联合国教科文组织“以ICT促进中国成人扫盲教育”项目启动】 7月29日,该项目启动仪式在龙胜各族自治县举行。来自联合国教科文组织、广西教育厅、广西师范大学等考察组领导和专家出席启动仪式。该项目的启动实施,有效推动了西部民族地区的民族教育和社会文化的不断发展,满足了农民群众日益增长的文化教育需求。期间,联合国教科文组织官员先后到和平乡黄洛村的扫盲学校、扫盲社区进行考察,对该县扫盲工作取得的成绩予以充分肯定和高度评价。

【被确定为“中国罗汉果道地药材产区”】 9月25日,在广西龙胜罗汉果产业发展研讨会上,中国药文化研究会会长张洪亮为龙胜各族自治县颁发“道地药材(罗汉果)之乡”证书。专家通过从本草、种质、资源分布、生态环境、产业资源分布等各个方面进行考证后得出结论:龙胜罗汉果符合道地药材产区各方面条件,确定为“中国罗汉果道地药材产区”。2008年,龙胜罗汉果种植面积2000公顷,年产罗汉果2亿多个,产量占全国的50%。

【全国侗族经济文化研讨会暨全国侗族文学学会年会在龙胜举行】 9月26~27日在龙胜各族自治县召开。来自广西、贵州、湖南3省(自治区)的160多名专家学者参加会议。与会代表分别介绍各地区抓住社会主义新农村建设的机遇,联系

10 月 14 日，桂西北少数民族聚居村寨火灾整治试点示范工程竣工仪式暨广西少数民族村寨防火改造工程启动仪式在龙胜各族自治县平等乡广南村举行。图为自治区党委常委、统战部部长黄道伟(前右一)和自治区副主席陈章良(前左一)向广南村配送消防器材。

唐艳兰 摄

实际，探讨新形势下侗族地区经济文化发展，促进侗族地区各项社会事业发展的主要做法和思路。并就侗族文化与促进经济发展等问题进行探讨，就侗族地区经济文化协作和侗族地区社会主义新农村建设等达成共识。期间，3 省(自治区)的专家学者到龙胜各族自治县的银水侗寨、宝赠古侗寨、大塘湾民俗山寨等民俗旅游点参观和考察，对龙胜各族自治县加强生态保护、丰富旅游市场、加快少数民族地区社会主义新农村建设的做法给予肯定。

【广西少数民族村寨防火改造工程在龙胜启动】 10 月 14 日，桂西北少数民族聚居村寨火灾整治试点示范工程竣工暨广西少数民族村寨防火改造工程启动仪式在龙胜各族自治县平等乡广南村举行。自治区、市、县有关领导出席启动仪式。桂西北连片木结构少数民族村寨历史上曾经火灾频发，为切实解决村寨防火问题，自治区选取融水苗族自治县、三江侗族自治县、龙胜各族自治县的 13 个自然村屯进行试点示范。年内，试点工程全部完工。有效提高少数民族聚居村寨抗御火灾的能力。

【温泉景区荣获中国最佳文化生态旅游目的地】 11 月 2 日，由中国环境文化促进会、亚太旅游联合会、中国生态学会旅游专业委员会和中华民族文化促进会旅游文化研究中心联合举办的“中国文化生态旅游与区域经济发展高峰论坛”上，龙胜温泉景区凭着得天独厚的旅游资源、良好的自然生态、浓郁的民族文化特色，荣获中国最佳文化生态旅游目的地，成为自治区唯一获此殊荣的单位。

【贵广铁路龙胜段开工】 11 月 10 日，贵广铁路龙胜段举行开工仪式。贵广铁路始于贵州省贵阳市终至广州新客运站，全长 857 千米。贵广铁路龙胜段 19.42 千米，经过龙胜各族自治县三门镇大罗、同烈、双江 3 个村。为双线电气化国家 I 级铁路，设计时速 200 千米，设计工期 6 年。

【电影《浔江山月》在龙胜开机】 12 月 6 日，电影《浔江山月》在龙胜各族自治县龙脊景区开机。该剧以龙脊梯田景色和红瑶风情为背景，通过描述主人公的生活、成长经历，讲述山区人民自觉爱护环境、保护环境，利用科学知识改善环境，提高物质文化生活水平的故事。展现了山区人民积极参与经济建设，山区经济蓬勃发展的新面貌。是在龙胜各族自治县境内拍摄的第一部反映少数民族生活的影片。

【杨敏春荣获全国十佳春蕾园丁奖】 12 月 10 日，在由中国儿童少年基金会和全国妇联儿童工作部联合举办的第七届“全国十佳春蕾园丁”、“全国十佳春蕾女童”表彰大会上，龙胜各族自治县平等小学女童班教师杨敏春荣获全国十佳春蕾园丁奖，成为自治区唯一获此殊荣的教师。杨敏春所带的女童班获国家级奖39人次、自治区级奖35人次、市级奖51人次、县级奖26人次。中央电视台拍摄的大型系列教育专题片《同饮一江水》摄制组专门到该校拍摄十多天。

【荣获全国文明县城】 1月20日，在全国精神文明建设工作表彰大会上，龙胜各族自治县县城被评为“全国文明县城”。该县在狠抓县城和旅游景区基础设施建设基础上，加大对县城与旅游市场的整顿和规范管理力度，通过开展系列活动，调动广大群众参与创建文明县城的积极性，纠正社会上的不文明行为，县城面貌焕然一新，不文明现象得到有效遏制，文明风尚基本形成。全县有67家单位获市级(含市级)以上“文明单位”和“文明庭院”，82家单位被评为县级文明单位。

（周功文　刘凯锋　杨辉）

恭城瑶族自治县

【概　况】 恭城瑶族自治县位于桂林市东南部，总面积2149平方千米。辖恭城、莲花、栗木3个镇和嘉会、西岭、平安、三江、观音、龙虎6个乡，下设8个社区居委会，117个村委会。县政府驻恭城镇。2008年末户籍常住人口29.00万人，其中农业人口25万人。人口出生率11.46‰，人口自然增长率5.35‰。

完成经济总指标　全年生产总值36.15亿元，增长15.20%。其中，第一产业增加值12.50亿元，增长7.1%；第二产业增加值12.77亿元，增长28.8%；第三产业增加值10.88亿元，增长12.5%。第一、第二、第三产业结构比例为34.59∶35.32∶30.09。人均地区生产总值13038元，增长15.01%。全社会固定资产投资17.13亿元，增长74.2%。全社会消费品零售总额9.63亿元，增长25.1%。

农业　全年完成农林牧渔总产值19.17亿元，增长8.31%。其中，农业产值12.91亿元；林业产值0.73亿元；牧业产值4.57亿元；渔业产值0.43亿元；服务业产值0.53亿元。全县粮食播种1.6万公顷，粮食总产量6.9万吨。水果种植面积达2.8万公顷，水果总产量60.79万吨。全年生猪出栏18.45万头，增长5.33%；牛出栏1.36万头，增长10.72%。全县新增规模养殖示范点(场)33个。其中，年出栏500头以上的瘦肉型猪养殖小区10个；年出栏2万羽以上的肉鸡养殖小区15个。新种毛竹800公顷，抚育毛竹1000公顷，毛竹低改573.33公顷。新建沼气池3734座。申报“全国绿色食品原料标准化生产基地”通过农业部验收，“月柿红饼”被认定为“绿色食品A级”产品。启动191处小型水利和水毁修复工程，完成165处，年内，恭城瑶族自治县被评为全国农田水利基本建设先进单位。

工业　全年工业总产值19.67亿元，增长22.19%；工业增加值11.1亿元，增长28.9%。其中规模以上工业总产值6.25亿元，增长35.4%。

财政·金融　全县财政收入2亿元，增长20.6%；财政支出4.85亿元。年末金融机构存款余额21.77亿元，增长24.6%，其中城乡居民储蓄存款余额15.18亿元；各项贷款余额11.03亿元，增长25.3%。

旅游　全年接待旅游人数38.01万人次，增长33.29%，旅游收入1.3亿元，增长35.1%。

交通·邮电　交通企业5家，客、货运服务站各1个，汽车、摩托车维修厂家149家，汽车、摩托车驾驶员培训公司3家。开行各类客运班线44条。全年，完成客货运周转量57343吨千米。邮政业务总量639万元；电信业务收入25323万元，有固定电话用户3.82万户，互联网用户5620户。

教育·卫生　全县有中小学学校125所，教师员工2409人，学生21375人。新建校舍面积7250平方米，投入资金930万元。卫生医疗机构84个，病床520张；卫生技术人员747人。全年住院分娩率98.90%，孕产妇死亡率0.30‰。

居民生活　城镇居民人均可支配收入13312元，增长17.85%，人均消费性支出9854元，农民人均纯收入4188元，增长18.97%，农民人均生活费支出3599元。

【工业集中区建设】 全年新建项目5个,续建项目8个。投入1500万元用于虎尾工业区主干道、排水管道铺设、国防光缆改移、场地平整等项目建设以及茶东、燕新工业园区的完善。工业集中区达自治区B类园区标准。

【精神文明建设】 2008年,恭城瑶族自治县新建的52个"市级文明卫生村"通过市精神文明建设委员会办公室验收,恭城中学被中央文明办评为全国精神文明创建先进单位,北洞源村被授予自治区巾帼示范村。7项文化遗产被列入"非物质文化遗产名录"。其中,5项被列入市级非物质文化遗产名录;2项被列入自治区级非物质文化遗产名录。该县体育健儿在自治区第六届农民运动会上,获金牌2枚、银牌2枚;在首届桂林市少数民族传统体育运动会上,获恭城瑶族自治县代表队获团体总分第一名。

【为民办实事工程】 2008年,恭城瑶族自治县投入6197万元完成15项为民办实事项目。其中,实施农村饮水安全项目55处,3万多农村群众受益;完成5个农村公路通达项目建设;实施新型农村合作医疗项目,全县农民参合率89.38%,补偿支出1500多万元;资助431名贫困大学新生,发放家庭贫困学生生活费补助980万元;硬化80个自然村屯道路;建成乡(镇)计生服务所2个;建成4000平方米经济适用住房和800平方米廉租住房,符合条件享受住房租赁补贴的城镇困难居民100户;实施3个乡办公用房和干部职工住房修缮工程;6个乡(镇)畜牧站建设完工;农村文化图书室新添图书1万多册。

【重大项目建设】 3月15日,总投资6.36亿元的广西银峰水泥有限公司2×4000 T/D熟料新型干法水泥生产线项目在恭城瑶族自治县虎尾工业园区举行奠基仪式。该项目将于2009年投产,年产水泥熟料124万吨。该公司由中国建材南方水泥有限公司、桂林市恭城财贸水泥有限公司、浙江诸暨众阳集团、浙江宁波华盛通讯工程有限公司共同投资组建。3月30日,桂林龙星集团锌业有限责任公司年产10万吨电锌技改扩建项目在恭城瑶族自治县燕新工业园区举行奠基仪式。该项目总投资10亿元,项目规模设计年产0号电解铝锭10万吨、工业硫酸18万吨,综合回收有价金属约500吨,建成投产后年销售产值25亿元,年实现税金2.1亿元,利润1.5亿元,可安排就业岗位980个。

【加快县城建设步伐】 2008年,恭城瑶族自治县完成县城总体规划修编。以绕城线为重点的城西片区建设扎实推进,民族文化体育中心、千钧大酒店、西区联网路、新汽车站等项目开工建设;惠景花园等小区和城西行政办公区建设基本完成;县城管线下地规划建设、主要街道和公路沿线房屋立面改造、绿化美化全面启动。

【常美玲被评为全国优秀农民工】 常美玲,女,恭城瑶族自治县恭城镇乐湾村人。1986~1989年,她与丈夫在家种果树,培育苗种,每年收入超万元。1990年,开始做水果推销生意。1991年,在农村信用社和工商部门的支持下,在县城成立水果销售服务部,年推销水果400多万千克。2002年,投资200多万元,成立桂林联发食品有限公司并任公司经理,每年收购恭城鲜月柿1200多吨,加工销售柿饼400多吨。2004年9月,中央电视台到公司拍摄月柿加工专题片。1999~2008年期间,常美玲先后荣获全国、自治区、桂林市、恭城瑶族自治县"双学双比"先进女能手荣誉称号,荣获自治区"五一"劳动模范和自治区"三八红旗手"。2008年11月16日,常美玲被评为全国优秀农民工。

【全国第三届柿生产和科研进展研讨会在恭城召开】 10月18~19日,全国第三届柿生产和科研进展研讨会在恭城瑶族自治县召开。林业部植树造林经济林处处长李达,农业部种植业司经济作物处副处长李建伟,广西农业科学院院长李扬瑞,自治区农业厅总农艺师白先进,华中农业大学园艺林学学院副院长、教授罗正荣,以及来自全国19个省、市(自治区)的专家、学者出席会议。会议期间,与会代表就中国月柿生产形势,存在问题,解决途径及产业化经营等方面展开讨论。会议通过《中国园艺学会柿分会章程》,成立中国园艺学会柿分会,选举产生第一届中国园艺学会柿分会理事会成员。

(林贤培　陈文彦)

人物

4月29日，桂林市庆祝“五一”国际劳动节暨劳动模范表彰大会召开。

（黄雷　摄）

全国五一劳动奖章获得者

雷振南 男，汉族，1962年2月出生，广东五华人，中专学历，中共党员，1980年11月参加工作。桂林市自来水公司客户服务中心维修服务队班长。1996年从部队转业到桂林市自来水公司任供水管道维修工人。他尽职尽责，每年自查市区范围漏水点100多处，维修漏水管400多处。2007年担任桂林市自来水公司查漏队队长。他和查漏队队员一道，查出几十处大的漏水点，为国家和客户挽回经济损失累计达100万元。2003年，以雷振南名字命名的“小雷义务维修服务队”，获共青团桂林市委会授予的桂林市学雷锋志愿服务“十佳集体”。雷振南多次被公司和市政公用局评为先进生产工作者，多次被评为桂林市自来水公司和市政公用局的优秀共产党员，2003年、2005年被中共桂林市直属机关工作委员会评为优秀共产党员，2006年被评为桂林市劳动模范，2009年获全国五一劳动奖章。

黄光年 男，汉族，1969年1月出生，广西桂林人，在职研究生学历，三级警督，中共党员，1989年7月参加工作。桂林市公安局交通警察支队支队长。2008年在抗冰冻救灾期间，他担任桂林市交通警察支队副支队长，分管桂林市12县的交通警察大队业务工作。在抗冰冻灾害工作中，他协调各方交通警力，顽强抗灾，因冰雪滑倒造成右手掌骨折，仍坚持在抗冰灾第一线，带领应急小分队24小时在受灾路段巡逻，确保了全市受灾瓶颈路段的畅通。在他的指导下，2008年全市道路交通事故、死亡人数、受伤人数、直接财产损失数四项指数比2007年分别下降43.02%、14.22%、49.01%、57.82%。桂林市交通警察支队圆满完成“奥运火炬”在桂林的传递、桂林山水旅游节、桂林地市合并10周年庆典、自治区成立50周年庆典等大型活动的交通指挥，完成国际国内外事交通警卫工作281件。2008年，黄光年被国家公安部授予全国公安部门抗冰雪救灾先进个人，被广西壮族自治区公安厅授予个人二等功，获广西五一劳动奖章；2009年获全国五一劳动奖章。

张　旺 男，汉族，1964年3月出生，北京顺义人，大专学历，中共党员，1983年7月参加工作。燕京啤酒（桂林漓泉）股份有限公司常务副总经理。长期从事市场营销工作，面对啤酒行业的激烈竞争，结合企业实际，带领营销部门员工，形成一套具有鲜明“漓泉”特色的营销模式，确保“漓泉”成为国内西南地区最具竞争力的品牌之一。加强市场信息化管理，提高对市场反应速度。推行“深度分销”模式，完善市场丢失问责制，营销队伍的服务质量大幅提高，在广西啤酒市场的占有率由68%上升至85%。2008年燕京啤酒（桂林漓泉）股份有限公司产销啤酒79.7万吨，实现利润2.93亿元，上缴税金3.6亿元，燕京啤酒（桂林漓泉）股份有限公司连续第七年成为桂林市纳税首户。实现了啤酒市场疲软之年销量同比稳中有升，“漓泉”品牌价值达32.09亿元。张旺获得2008年“桂林市劳动模范”称号、2009年全国五一劳动奖章。

广西五一劳动奖章获得者

黄长贵 男，汉族，1953年4月出生，广西桂林人，初中文化，1970年12月参加工作。桂林立白日化有限公司工程部工人。主要负责设备的维修和管理，经常牺牲自己的休息时间处理设备方面的紧急性维修工作，指导维修工抢修工程设备。每年为公司节约8.5万元以上的维修费。2008年，公司设备事故停机从2007年的每月12小时，降低到2008年的每月5小时。他对公司的关键设备如高压泵、喷粉皮带、空压风机等设备进行技术改造与创新，提高了产品质量、生产能力和工作效率。2006年被广州立白企业集团授予优秀员工称号，2008获桂林市明星职工称号，2009年获广西五一劳动奖章。

黄运弟 男，汉族，1955年3月出生，广西桂林人，初中文化，中共党员，三等船长，1973年1月参加工作。桂林旅游股份有限公司漓江游船公司桂林旅游1号游船船长。他带领全船员工以“诚信旅游、优质服务”为主题，深入开展创建“文明客船”和“诚信旅游年”、创建“服务品牌”、创漓江

"AAAAA 旅游景区"等活动。多次出色地完成公司布置的重要接待任务和有关部门对游船进行的各项检查工作,成功接待了中国—东盟博览会等到桂林游览漓江的各国宾客。他多次被漓江游船公司和桂林旅游股份有限公司评为优秀共产党员和"双文明"建设先进个人;2008 年被授予桂林市明星职工称号;2009 年获广西五一劳动奖章。

王立忠 汉族,1968 年 10 月出生,广西柳州人,大学学历,中共党员,1990 年 7 月参加工作。桂林航天电子有限公司总工程师。长期从事航天继电器研制开发工作,有 8 项重点新品应用于航天重点型号,他研制的航天继电器大面积应用于中国航天、航空及其他领域。其中用于"神舟"飞船的关键控制系统,经受了从"神舟一号"到"神舟七号"的飞行考验,为中国航天事业和国防事业作出了突出贡献。在他担任技术部门领导期间,组织公司技术人员研制的新品全面满足了航天、航空以及其他系统各重点型号的配套要求,新品项目全部达到国内先进水平,其中 6 项达到国际先进水平,4 项达到国内领先水平,7 项填补国内空白,为实现宇航继电器全面国产化作出了贡献。2006 年获广西青年五四奖章和第十一届中国青年五四奖章,2009 年获广西五一劳动奖章。

周锦林 男,汉族,1963 年 7 月出生,湖北仙桃人,大学学历,中共党员,1984 年 7 月参加工作。桂林市科学技术局高新技术产业化科科长,高级工程师。2008 年,他组织认定桂林高新技术企业 21 家;组织实施制造业信息化项目 18 项,其中自治区级项目 10 项,得到自治区政府拨给的 285 万元经费。有 7 家企业纳入广西制造业信息化"两图纸、甩账本"试点,示范企业年新增产值近 20 亿元,年新增利税近 8 亿元,加快了桂林市工业化进程。加强了对口"帮扶"重点企业工作。2008 年他为 22 家企业争取国家科技经费、自治区科技经费共 2366 万元。周锦林被评为 2005 ~ 2006 年度全国科技进步考核工作先进工作者、2005 ~ 2007 年度广西创新计划组织实施先进个人、2006 年和 2007 年桂林市科技管理工作先进工作者,2008 年被授予"明星职工"称号,2009 年获广西五一劳动奖章。

朱　平 男,汉族,1950 年 10 出生,广西博白人,大专学历,中共党员,1968 年 2 月参加工作。桂林市民政局副局长,2007 年,主持制订桂林市农村低保制度实施方案,使桂林市成为自治区第一个全面建立和实施农村低保制度的城市,纳入农村低保人口总数在自治区位列第一,被自治区民政厅作为典型推广。2008 年,在抗击冰冻灾害工作中,他带领业务科室的工作人员紧急组织调运救灾物资,连续 20 多天每天工作超过 18 小时,确保了雨雪冰冻灾害期间全市未出现因冰灾死人现象。在支援四川抗震救灾工作中,积极开展赈灾募捐活动,全市民政部门接收赈灾物资近 4000 万元。2008 年,朱平被桂林市委、市政府以及自治区民政厅评为先进个人,被自治区授予"二等功臣"荣誉,2009 年获广西五一劳动奖章。

李白燕 女,汉族,1962 年 8 月出生,广西柳州人,在职研究生学历,中共党员,1982 年 7 月参加工作。桂林市育才小学校长,广西特级教师。她从事小学教育 27 年,科研成果突出,是桂林市首届学科带头人。先后参加 2 个全国重点课题和 6 个市级课题的研究,担任 5 个课题的负责人,她所负责研究的课题获自治区"创新教育"课题成果一等奖。她多次被评为自治区教育部门先进个人,2009 年获广西五一劳动奖章。

陶　然 男,汉族,1963 年 9 月出生,安徽明光人,大学学历,中共党员,1986 年 8 月参加工作。桂林乳胶厂厂长、党委书记。多年来,大胆创新,科学决策,建立了《不要物处理流程》《6S 整理整顿标准》等系列 6S 标准,出台《提案管理制度》《6S 区域责任制》等相关制度,把先进生产理念运用到各个管理环节。2007 年该厂安全避孕套年产量突破 9 亿只,出口突破 6 亿只,成为联合国人口基金的最大国际供应商,年出口创汇 1021 万美元;企业获得 4 项国家专利授权;实现生产总值、销售收入都超过 2.2 亿元。桂林高邦橡胶安全避孕套获"中国名牌产品"称号。2002 年陶然被评为获桂林市劳动模范,2006 年获桂林市优秀企业家称号,2008 年获抗震救灾先进个人,2009 年获广西五一劳动奖章。

庞绍忠 男,汉族,1960 年 5 月出生,广西博白人，大专学历，中共党员，1978年12月参加工作。桂林市国际旅游商品批发城工商所副所长。2008年4月7日上午，他和同事在桂林市国际旅游商品批发城内执行日常巡查任务时，在与两名骑摩托车抢夺金项链歹徒搏斗中身受重伤，医院诊断他为颅脑特重症外伤，至2008年末尚未康复。2008年，他被桂林市人民政府授予“劳动模范”称号；2009年获广西五一劳动奖章。

赵继红 男，汉族，1971年6月出生，安徽寿县人，在职研究生学历，中共党员，1989年4月参加工作。桂林市公共交通集团有限公司党委书记、董事长。规范企业内部管理，主持制订桂林公交《安全管理实施细则》《技术管理工作规程》《员工管理手册》《服务规范》；引进现代高新技术，优化企业资源配置，降低企业运营成本。提出创建“一流服务”的工作目标，使服务技能和服务质量上了新台阶。在他的领导下，实现企业效益与员工收入逐年提高的目标，2008年实现总收入1.35亿元，上缴税金808万元。2009年获广西五一劳动奖章。

肖成弟 男，汉族，1955年8月生，湖南新宁人，本科学历，中共党员，1976年2月参加工作。桂林供电局工会主席。2004年开始担任工会主席，围绕企业安全生产、经营管理和核心业务开展工作。积极组织开展劳动竞赛、安全生产检查、技术创新等系列企业文化建设活动。在推进“当好主力军、建功‘十一五’、和谐奔小康”主题竞赛活动中，注重维护企业改革发展成果和职工合法权益，大力推进企业民主管理和民主监督工作，为企业发展作出重要贡献。2009年获广西五一劳动奖章。

唐国芬 男，汉族，1959年6月出生，广西全州人，大专学历，中共党员，1980年11月参加工作。桂林公路管理局工会副主席。积极配合工会主要领导，组织桂林市公路管理部门参加自治区总工会开展的“迎奥运、迎自治区庆、保安全、保质量”竞赛活动。为了提升工会的凝聚力，他与局党委一道，强化单位合同管理制度。把职工与地方群众的利益放在第一位，为企业职工营造良好的施工环境。在开展竞赛活动中，主动协调地方政府部门以及材料供应商的关系，处理好单位与地方政府、公安、税务部门的关系，使单位效益明显提高。处处为施工单位着想，常为施工单位出谋划策，做到了科学组织、均衡施工。2009年获广西五一劳动奖章。

李翠珍 女，汉族，1974年4月生，广西临桂人，初中文化，中共党员，1990年5月参加工作，桂林银海纺织集团公司纺织工人。她为掌握过硬技术本领，用心操作练习。2008年李翠珍参加全国棉纺织行业细纱操作工职业技能竞赛广西区预选赛，取得广西细纱工职业技能竞赛绕头接法单项综合成绩第一名，获“广西棉纺织细纱操作技术能手优级手”称号。同年参加“经纬—常山杯”全国棉纺织行业细纱工职工技能竞赛，取得全国细纱绕头接法第三名，获“全国棉纺行业细纱操作能手”称号。2009年获广西五一劳动奖章。

（廖亮　陈维琴）

桂林市道德模范

蒙　笑 男，瑶族，1965年11月出生，广西都安瑶族自治县人。1982年参加工作。广西电网送变电公司职工。20多年来，蒙笑在平凡的岗位上，以朴实的工作作风、高度的主人翁责任感，踏踏实实工作，用勤劳和智慧书写了短暂而壮丽的人生。2008年年初，桂林市遭受历史罕见的雨雪冰冻灾害，电力设施遭受严重损坏。蒙笑受广西电网送变电公司指派，参加桂林电网保卫战。在抢险过程中，蒙笑负责400多名抢修人员的后勤保障工作。在停电停水、天气寒冷的恶劣环境下，他想尽一切办法为同事们解决食宿问题。2008年2月7日凌晨3时左右，蒙笑由于劳累过度，心脏骤停，经抢救无效，不幸殉职，年仅43岁。

蒙笑的感人事迹在桂林市引起了强烈反响。他所展现的人格魅力和道德力量，是对中华民族传统美德的继承和弘扬，是新时期社会主义荣辱观的生动实践。2008年3月6日，市精神文明建设指导委员会追授蒙笑为桂林市道德模范。

（年鉴）

表40

2008年北京奥运会火炬接力桂林段火炬手一览表

编号	姓 名	性别	民族	出生日期	国籍	工作单位
1	唐灵生	男	汉族	1971－01－01	中国	广西体育局
2	罗 毅	男	汉族	1948－12－01	中国	广西中烟工业公司
3	余小萱	男	汉族	1947－06－03	中国	北京奥组委工程和环境部
4	王 钢	男	汉族	1970－10－24	中国	广西公安厅信息通信处
5	李桂凤	女	汉族	1952－10－09	中国	桂林市体操学校
6	兰 茵	男	壮族	1960－03－18	中国	桂林市体育局
7	陈小珠	男	汉族	1951－05－05	中国	桂林市体育局
8	王 健	男	汉族	1977－12－20	中国	桂林长海发展有限责任公司
9	陈君龙	男	汉族	1978－11－25	中国	桂林市石油六公司
10	石 乐	男	汉族	1983－11－19	中国	无
11	杜广宇	男	汉族	1984－05－30	中国	中国人民解放军第五七一八工厂
12	容代生	男	汉族	1955－05－06	中国	广西体育局
13	黄先兆	男	汉族	1951－10－22	中国	广西体育局
14	傅丽娜	女	汉族	1957－06－26	中国	广西体育局
15	胡晓亮	男	汉族	1981－08－03	中国	中国人民财产保险股份有限公司广东分公司
16	程宏海	男	汉族	1965－02－01	中国	无
17	卢宗艺	男				
18	王景波	男	汉族	1965－08－01	中国	上海大众汽车有限公司
19	黄尚文	男	汉族	1981－03－02	中国	桂林消防支队
20	王晓松	男	汉族	1976－03－21	中国	中国国际航空股份有限公司华南基地生产保障中心
21	谭玉成	男	汉族	1970－06－04	中国	桂林国家高新区七星区经济贸易局
22	张 峰	男	汉族	1965－04－04	中国	中国银行广西桂林分行
23	Sorrentino Adriano	男		1958－06－23	意大利	中国银行米兰分行
24	Ximena Chacon	女		1979－02－27	智利	S30－BHP Billiton
25	叶 晨	男		1972－02－25	中国	源讯
26	张 辛	女	汉族	1994－01－10	中国	桂林市体操学校
27	唐 涛	男	汉族	1977－09－15	中国	桂林三金药业股份有限公司
28	赵 普	男				
29	邓国海	男	汉族	1981－10－19	中国	广西陆军预备役步兵师
30	黄文毕	男	壮族	1964－10－12	中国	广西建工集团第一安装有限公司
31	黄来焕	男	壮族	1979－01－23	中国	共青团广西区委
32	陶国兵	男	汉族	1976－02－07	中国	广西军区军械修理所
33	王文玲	女	汉族	1967－09－14	中国	广西军区演出队
34	杨 勇	男	汉族	1986－06－14	中国	广西军区通信站
35	周媛媛	女	壮族	1986－01－02	中国	广西师范学院化学系
36	蒋树生	男	汉族	1957－12－17	中国	桂林市全州县全州高中
37	李叔美	女	汉族	1963－08－28	中国	桂林市全州县才湾镇白石村妇代会
38	林运华	女	汉族	1958－08－27	中国	广西水利电业集团有限公司平乐供电分公司
39	龙凤英	女	汉族	1958－08－10	中国	桂林市灵川县青狮潭镇九屋村委会
40	陆 路	男	汉族	1991－03－07	中国	桂林市兴安县兴安中学
41	王英辉	女	汉族	1970－01－15	中国	桂林工学院
42	刘文杰	男	汉族	1991－04－25	中国	桂林市第四中学
43	梁 隽	女	汉族	1967－06－12	中国	桂林市第四中学
44	白 强	男	汉族	1970－03－11	中国	北京新奥传媒有限公司
45	陆庆芬	女	布依族	1976－06－27	中国	广西南城百货(集团)控股有限公司
46	求伯君	男	汉族	1964－11－20	中国香港	金山软件股份有限公司
47	庞桂华	男	汉族	1979－04－28	中国	广西财政厅
48	廖艳娜	女	水族	1987－08－20	中国	南宁可口可乐饮料有限公司

续表40

编号	姓　名	性别	民族	出生日期	国籍	工作单位
49	王　利	男	汉族	1975－03	中国	桂林消防支队
50	张京京	女	汉族	1976－02　25	中国	微软(中国)有限公司
51	罗　宾	男	汉族	1978－04－01	中国	英特尔中国有限公司
52	沈庆行	男	汉族	1963－07－28	中国台北	Asia Vital ComponentsCO.,LTD
53	王朝辉	男	汉族	1975－05－12	中国	柳州市鹰飞灿科贸有限公司
54	杨志坚	男	汉族	1959－03－15	中国	中国教育部高等教育司
55	于　敏	女	汉族	1982－04－23	中国	北京师范大学
56	雷堂彩	女	汉族	1954－07－15	中国	桂林电子科技大学国资处
57	陈　辉	女	汉族	1960－01－29	中国	瑞士康特齿科集团中国代表处
58	邓小兰	女	汉族	1968－07－01	中国	柳州高级中学
59	高　敏	男	汉族	1972－11－26	中国	深圳市思高电子有限公司
60	李　林	男	汉族	1959－07－21	中国	东莞市嘉田五金塑胶制品有限公司
61	刘　捷	女	汉族	1956－03－05	中国	中国教育报刊社
62	陆立刚	男	满族	1974－02－12	中国	英特尔(中国)有限公司
63	曾　明	男	汉族	1965－05－31	中国	英特尔(中国)有限公司
64	韩建新	男	汉族	1955－03－09	中国	新疆教育电视台
65	胡道鑫	男	汉族	1964－03－20	中国香港	Ramaxel Technology Limited
66	刘镇中	男	土家族	1965－09－01	中国	桂林市莎娜服饰
67	沈先锋	男	汉族	1966－06－27	中国	桂林市交通局
68	周　明	男	满族	1966－12－21	中国	桂林海威科技有限公司
69	王世伟	男	汉族	1966－09－26	中国	桂林市刑警支队技术大队
70	夏荣岗	男	汉族	1957－09－11	中国	桂林市市政府督查室
71	莫雁群	男	汉族	1962－12－19	中国	桂林市公安局
72	农玉葵	女	壮族	1963－07－03	中国	广西师范大学附属中学
73	宋宗耀	男	回族	1990－10－20	中国	广西师范大学附属中学
74	刘永洪	男	汉族	1968－08－20	中国	桂林市科技局
75	李东平	男	汉族	1959－09－15	中国	昊华南方(桂林)橡胶有限责任公司
76	秦忠平	男	汉族	1953－03－15	中国	桂林市经济委员会
77	谭晓云	女	汉族		中国	
78	梅国正	男	汉族	1938－12－16	中国	柳州汽车总站
79	李熙烨	男	汉族	1959－01－14	中国	澳门饮料有限公司
80	黄承伟	男	汉族	1965－01－12	中国	中国国际扶贫中心
81	余德坤	男	汉族	1960－09－19	中国	珠海可口可乐饮料有限公司
82	李　娆	女	侗族	1987－04－01	中国	南宁市体育职工运动技术学校
83	张　威	男	汉族	1990－10－14	中国	桂林市桂林中学
84	张　弥	男	汉族	1965－03－12	中国	桂林市桂林中学
85	陈圣麟	男	汉族	1981－09－26	中国	桂林市中医医院行政科
86	赵晓丽	女	汉族	1986－01－28	中国	桂林工学院
87	程瑞宽	男		1992－11－06	中国	深圳市实验学校
88	甘青锋	女	汉族	1993－10－03	中国	桂林市知行双语实验学校
89	张筱华	女	壮族	1954－03－12	中国	广西307核地质大队
90	Howlett Aaron	男		1975－10－31	英国	Private volunteer/Lifestyle Coach
91	Jung Ku－Hyun	男		1947－12－28	韩国	Samsung Economic Institute
92	Graham Reeve	男		1957－09－07	英国	Danwood
93	Grzegrz Rzonca	男		1987－03－07	波兰	
94	Werner Winkelmann	男		1944－03－02	德国	
95	李礼善	男		1957－04－13	韩国	三星数据系统(中国)有限公司
96	吕会民	男	汉族	1952－11－18	中国	北京晚报社

续表40

编号	姓 名	性别	民族	出生日期	国籍	工作单位
97	Magdalena Piotrowska	女		1984-09-28	波兰	Endemol Poland
98	任泰相	男		1969-01-06	韩国	Cheil Worldwide
99	谢星文	男	汉族	1968-11-04	中国	北京新奥传媒有限公司
100	Alexis Delb	男		1964-12-08	法国	LOCATEL
101	Andy Gas	男		1964-12-23	英国	Tech Data
102	陈 卫	男	汉族	1967-09-07	中国	广西体育局
103	吴宗浪	男	汉族	1971-11-19	中国	广西体育局
104	王 琛	女	汉族	1973-10-30	中国	广西体育局
105	胡建飞	男	汉族	1958-03-17	中国	燕京啤酒(桂林漓泉)股份有限公司
106	刘宇一	男	汉族		中国	香港宇一画院名誉院长
107	宋保太	男	汉族	1973-08-15	中国	桂林市同方计算机有限公司
108	陈 锋	男	汉族	1982-03-23	中国	桂林警备区
109	郑文宝	男	汉族	1970-02-09	中国	武警桂林市支队
110	王立忠	男	汉族	1986-10-07	中国	桂林航天电子有限公司
111	侯守刚	男	汉族	198-105-26	中国	桂林自来水公司
112	曾一新	男	汉族	1959-08-14	中国	桂林市财政局
113	赵荣桂	男	汉族	1953-09-06	中国	桂林市档案局
114	张清琳	女	汉族	1985-01-08	中国	广西球类运动发展中心
115	黄忠胜	男	汉族	1967-11-16	中国	广西射击射箭运动发展中心
116	王 竞	男	汉族	1965-03-27	中国	阿迪达斯
117	胡 彬	男	汉族	1985-09-13	中国	广西球类运动发展中心
118	覃坤明	男	汉族	1959-10-03	中国	广西体操武术运动发展中心
119	张 忠	男	汉族	1967-11-16	中国	广西体育高等专科学校
120	曹薇薇	女	汉族	1959-12-23	中国	广西体育馆
121	颜玮霞	女	汉族	1965-03-18	中国	广西体操武术运动发展中心
122	廖向荣	男	汉族	1977-06-11	中国	广西江南训练基地膳食科
123	沈建国	男	汉族	1961-02-12	中国	广西青秀山训练基地
124	钱 峰	男	汉族	1977-10-23	中国	广西乒乓球羽毛球运动发展中心
125	陆瑞珍	女	汉族	1965-03-18	中国	广西射击射箭运动发展中心
126	陆宣成	男	壮族	1953-11-30	中国	广西武鸣体育训练基地
127	林 伟	男	汉族	1974-10-26	中国	广西田径运动发展中心
128	刘艺霞	女	汉族	1975-06-23	中国	桂林旅游股份有限公司漓江游船公司
129	李干锋	男	汉族	1955-05-01	中国	桂林市圣隆房地产开发有限公司
130	章 杰	男	汉族	1982-08-28	中国	桂林市电器科学研究所
131	秦旺胜	男	汉族	1974-09-11	中国	桂林市华侨旅游经济区竹江村委党支部
132	潘秀勤	女	壮族	1964-11-16	中国	广西象州县黄氏水稻研究所
133	唐劲军	男	汉族	1975-07-31	中国	广西电网公司来宾供电局
134	吴 谦	男	壮族	1968-09-25	中国	崇左市体育局
135	张清莲	女	汉族	1962-10-10	中国	桂平市垌心乡金鸡林场
136	李祥军	男	壮族	1972-02-03	中国	南宁市人民路东段小学
137	苏 兴	男	壮族	1969-01-10	中国	南宁白马公共交通有限公司
138	杨朝龙	男	汉族	1965-05-15	中国	南宁皇龙居房地产开发有限公司
139	滕新源	男	壮族	1972-07-14	中国	南宁糖业股份有限公司明阳糖厂
140	黄甜甜	女	族壮	1984-09-10	中国	柳州市高等师范专科学校
141	黄建琼	女	汉族	1966-06-21	中国	柳州铁路生活服务总公司柳州公寓
142	罗文教	男	汉族	1966-07-09	中国	贺州市教育局
143	罗瑞田	男	汉族	1976-09-26	中国	贺州市委办公室
144	李 波	男	汉族	1983-07-31	中国	贺州市科技局

续表 40

编号	姓　名	性别	民族	出生日期	国籍	工作单位
145	黄家强	男	汉族	1964－10－24	中国	贺州市体育局
146	谭燕飞	女	汉族	1978－04－21	中国	贺州市体育运动学校
147	唐旺旗	男	瑶族	1966－06－10	中国	贺州市富川瑶族自治县葛坡镇马槽村委白牛村
148	王景春	男	汉族	1962－09－08	中国	贺州市光明氰酸盐有限责任公司
149	谢天伟	男	汉族	1980－05－24	中国	贺州市桂东电子科技有限责任公司
150	梁广南	男	汉族	1948－08－19	中国	中国化学工业桂林工程公司
151	陆　森	男	壮族	1978－10－18	中国	武警桂林市支队荔浦县中队
152	陆　军	男	壮族	1971－09－08	中国	桂林市阳朔县业余体校
153	廖贤军	男	汉族	1976－12－04	中国	桂林市农业科学研究所
154	张　圆	男	汉族	1982－03－27	中国	昊华南方(桂林)橡胶有限责任公司
155	丁新龙	男	汉族	1965－03－15	中国	桂林市彩虹照相馆
156	廖雨多	男	仫佬族	1987－07－28	中国	广西民族大学
157	凌　齐	男	汉族	1978－03－21	中国	广西民族大学
158	莫再美	男	苗族	1973－10－06	中国	广西民族大学
159	欧新声	女	瑶族	1986－09－12	中国	广西民族大学
160	李　云	女	京族	1982－02－26	中国	广西民族大学
161	陈炳烽	男	壮族	1986－10－10	中国	广西民族大学
162	方　毅	男	彝族	1986－05－27	中国	广西民族大学
163	傅　洁	女	回族	1986－09－24	中国	广西民族大学
164	郭金世	男	仡佬族	1967－10－11	中国	广西民族大学
165	侯真勇	男	汉族	1968－07－20	中国	桂林市兴安县兴安镇董田村委
166	韦海平	男	壮族	1960－05－27	中国	河池市业余体校
167	吴　平	女	汉族	1953－09－12	中国	河池市妇联
168	黄　怡	女	壮族	1990－05－17	中国	河池市河池高中
169	王建生	男	汉族	1973－04－26	中国	贵港市业余体校
170	欧振宏	男	汉族	1972－09－25	中国	柳州市雅维乳品有限责任公司
171	谭志华	男	汉族	1971－01－13	中国	柳州铁路公安局南宁铁路公安处
172	谢　萍	女	汉族	1964－04－11	中国	柳工机械股份有限公司
173	徐庆江	男	汉族	1965－10－06	中国	岑溪市富民路兴宁五街 35 号
174	曾庆佳	男	汉族	1964－02－02	中国	梧州市青年业余体校
175	陈家强	男	瑶族	1974－11－22	中国	贺州市圣武体育用品服务中心
176	古越南	男	汉族	1963－08－10	中国	贺州市八步区鹅塘面村
177	黄桂永	男	汉族	1966－07－09	中国	平桂飞碟股份有限公司钛白粉厂
178	封　涛	女	汉族	1969－12－14	中国	桂林市永福县永福中学
179	雷　天	男	汉族	1973－05－15	中国	贺州市市政府办公室
180	黄　海	男	汉族	1968－04－27	中国	广西体育高等专科学校
181	曾世林	男	汉族	1958－08－30	中国	广西八一铁合金集团有限责任公司
182	周雅源	男	壮族	1973－11－06	中国	来宾市象州县业余体育运动学校
183	覃朝归	男	汉族	1972－11－01	中国	广西八一铁合金集团有限责任公司
184	覃荣平	男	壮族	1974－05－09	中国	来宾市忻城县欧洞乡里苍村民蚕协会
185	覃继寒	男	壮族	1962－06－08	中国	来宾市泰商品混凝土有限责任公司
186	张建新	女	汉族	1976－05－14	中国	桂林市桥头村委会张家村
187	彭俊伟	男	汉族	1987－07－26	中国	广西体育高等专科学校
188	韦昌远	男	侗族	1985－01－28	中国	桂林市龙胜各族自治县平等乡庖田村
189	韦　阳	女	壮族	1993－11－01	中国	桂林市灌阳县民族中学
190	严景超	男	汉族	1983－09－03	中国	桂林市荔浦县沙街村上洋洞 41 号
191	秧双福	男	汉族	1970－06－12	中国	桂林市象山区二塘乡红光村委会
192	韩　瑜	女	汉族	1984－10－03	中国	钦州市小董镇中心小学

续表40

编号	姓　名	性别	民族	出生日期	国籍	工作单位
193	秦滨辉	男		1977－06－25	中国	钦州市业余体校
194	何可荣	男	壮族	1945－07－10	中国	来宾市业余体育运动学校
195	黄瑞标	男	壮族	1966－12－25	中国	来宾市公安局
196	黄献武	男	壮族	1968－11－11	中国	来宾市体育局
197	廖树茂	男	汉族	1989－11－01	中国	来宾市第一中学
198	龙荣姣	女	壮族	1965－04－22	中国	广西电网公司来宾供电局
199	秦培松	男	汉族	1976－05－20	中国	桂林市阳朔县福利镇渡头村85号
200	杨伟建	男	侗族	1973－03－04	中国	桂林市龙胜各族自治县龙胜中学
201	易世德	男	汉族	1989－10－15	中国	桂林市资源县资源中学
202	唐更生	男	汉族	1971－07－17	中国	桂林市临桂县业余体校
203	肖明林	男	汉族	1964－10－03	中国	桂林市体育运动学校
204	陈雨露	男	汉族	1966－11－28	中国	中国人民大学
205	蒙少松	男	壮族	1957－12－26	中国	来宾市第一中学
206	田玉梅	女	汉族	1966－05－07	中国	广西田径运动发展中心
207	江佩珍	女	汉族	1945－11－16	中国	广西金嗓子有限责任公司
208	肖建刚	男	汉族	1972－11－12	中国	广西举重竞技运动发展中心

（黄世茂）

附录

2008 年新建成的桂林园林植物园。（李腾钊　摄）

2008年桂林市国民经济和社会发展统计公报

桂林市统计局　国家统计局桂林调查队

（2009年2月2日）

2008年是极不寻常、极不平凡的一年。全市各族人民在市委、市政府的正确领导下，以邓小平理论和“三个代表”重要思想为指导，深入贯彻落实科学发展观，以开展继续解放思想大讨论活动为动力，以加快发展为第一要务，团结拼搏，迎难而上，开拓进取，采取有力措施，战胜了罕见的雨雪冰冻和洪涝灾害，认真落实国家宏观调控政策，积极应对国际金融风暴，努力克服各种困难，全市经济保持平稳较快增长，社会各项事业全面发展，人民生活继续改善。

一、综合

初步核算，全年生产总值（GDP）883.02亿元，增长12.9%。其中，第一产业增加值171.51亿元，增长6.0%；第二产业增加值399.45亿元，增长17.7%；第三产业增加值312.06亿元，增长11.0%。第一、二、三产业增加值占生产总值的比重分别为19.4%、45.2%和35.4%。第一、二、三产业对经济增长的贡献率分别为9.4%、59.7%和30.9%。全市人均生产总值（以户籍人口数计算）17435元，比上年增加2607元，按可比价格计算，增长11.9%。

市区居民消费价格总指数105.9点，上涨5.9%；商品零售价格指数106.8点，上涨6.8%。

年末全市城镇单位从业人数31.31万人，年内安置城镇就业人数6.20万人。年末城镇登记失业率为3.98%，与上年末持平。在岗职工年平均工资24216元，比上年增加2974元，增长14.0%。

全年财政收入85.55亿元，增长18.0%。其中，一般预算收入45.18亿元，增长24.4%。各项税收收入68.93亿元，增长13.3%。一般预算支出116.38亿元，增长40.7%。

全年一至四季度企业景气指数分别为112.14点、110.43点、103.25点、99.55点，同比分别下降5.1点、16.5点、16.2点、21.9点。一至四季度企业家信心指数分别为119.64点、113.75点、104.18点、90.60点，同比分别下降7.1点、20.2点、27.0点、39.5点。

2008年市区居民消费价格比上年涨跌幅度

单位:%

指　标	市　区
居民消费价格	5.9
食品	16.5
粮食	19.2
肉禽及其制品	21.5
油脂	15.9
鲜蛋	-2.2
鲜菜	5.0
鲜果	5.5
烟酒及用品	-0.9
衣着	1.0
家庭设备及服务	0.3
医疗保健及个人用品	0.7
交通和通信	-3.1
娱乐教育	-0.7
居住	5.5

二、农业

全年实现农林牧渔业总产值276.32亿元，增长7.0%。其中，农业产值144.21亿元，增长3.4%；林业产值17.42亿元，增长36.9%；畜牧业产值99.49亿元，增长8.2%；渔业产值7.14亿元，增长5.3%；农林牧渔服务业产值8.06亿元，增长8.7%。

全年农作物播种面积61.69万公顷，增长2.1%。其中，粮食作物播种面积36.08万公顷，增加0.59万公顷；蔬菜播种面积15.54万公顷，增加0.27万公顷。年末实有耕地面积26.30万公顷，增长0.3%。农田有效灌溉面积21.83万公顷，增长0.6%，其中新增有效灌溉面积0.12万公顷。

全年粮食产量(按自治区统计局、农业厅反馈的农业普查口径)185.19万吨,增长2.4%;油料产量3.96万吨,增长12.5%;蔬菜产量308.40万吨,下降0.2%;水果产量217.74万吨,增长6.1%。

2008年主要农产品产量及增长速度

单位:万吨

指　标	产　量	增长%
粮食	185.19	2.4
谷物	171.80	2.3
豆类	4.15	3.0
薯类	9.24	3.1
油料	3.96	12.5
花生	3.63	13.5
水果	217.74	6.1
蔬菜	308.40	-0.2

全年生猪出栏372.22万头,增长6.7%;家禽出栏9771.72万羽,增长11.0%。肉类产量44.82万吨,增长8.1%,其中猪肉产量27.92万吨,增长6.7%;禽蛋产量4.07万吨,增长10.8%;水产品产量8.24万吨,增长4.8%。

全年造林面积14043公顷,增长93.4%;退耕还林面积666公顷,下降24.2%。年末拥有农业机械总动力300.02万千瓦,增长19.6%。全年农村用电量4.43亿千瓦小时,增长5.0%。农用化肥施用量(按实物量计算)61.97万吨,增长0.3%;农用塑料薄膜使用量2093吨,增长6.9%;农药使用量(按实物量计算)6999吨,增长0.1%。

三、工业和建筑业

全部工业增加值350.71亿元,增长19.0%。规模以上工业增加值210.90亿元,增长23.3%;产品销售率93.25%;工业品出口交货值48.75亿元,增长12.6%。

主要工业产品产量保持增长。

规模以上工业经济效益综合指数202.17点,比上年提高9.4点;主营业务收入555.97亿元,增长27.2%;利税总额52.75亿元,增长0.6%;实现利润总额(盈亏相抵)25.70亿元,下降8.1%,其中大中型企业实现利润14.69亿元,下降19.7%。

2008年规模以上工业增加值及其增长速度

单位:亿元

指　标	增加值	比上年增长%
规模以上工业增加值	210.90	23.3
其中:国有及国有控股企业	54.11	10.2
其中:大中型企业	22.01	5.3
其中:国有企业	40.85	12.1
集体企业	1.43	-2.2
股份合作企业	1.41	11.6
股份制企业	125.39	26.5
外商及港澳台投资企业	29.99	25.7
其他经济类型企业	11.83	35.3
其中:轻工业	72.69	20.0
重工业	138.21	25.1

2008年主要工业产品产量及其增长速度

产品名称	单　位	产　量	比上年增长%
饮料酒	万千升	91.00	6.6
啤酒	万千升	78.78	4.9
白酒	万千升	10.68	18.8
软饮料	万吨	91.48	60.4
机制纸及纸板	万吨	17.21	-1.4
中成药	万吨	1.92	5.0
水泥	万吨	434.36	9.1
铁合金	万吨	60.40	19.6
钢材	万吨	34.56	54.8
收获机械	台	48039	40.8
橡胶轮胎外胎	万条	89.58	-11.5
金属切削机床	台	3187	-30.8
电力电缆	千米	12973	70.0
通信及电子网络用电缆	对千米	5832	-22.1
汽车	辆	1873	290.2
改装汽车	辆	121	-87.8
电子元件	万只	1182	55.9
发电量	亿千瓦小时	64.68	10.9
火电	亿千瓦小时	26.76	-13.9
水电	亿千瓦小时	37.93	39.1

2008年规模以上工业企业实现利润及其增长速度

单位:亿元

指　标	利润总额	比上年增长%
规模以上工业	25.70	-8.1
其中:国有及国有控股企业	2.62	-47.4
其中:大中型企业	14.69	-19.7
其中:国有企业	3.00	0.1
集体企业	0.01	-0.4
股份合作企业	0.17	-37.1

续 表

指 标	利润总额	比上年增长%
股份制企业	16.02	-11.4
外商及中国港澳台商投资企业	4.81	-12.1
其他经济类型企业	1.68	49.3
其中:轻工业	14.52	16.5
重工业	11.18	-27.8

全年具有资质等级的建筑企业完成总产值113.46亿元,增长26.3%。全部建筑业增加值48.74亿元,按可比价计算增长9.6%,完成房屋施工面积1178.78万平方米,增长3.8%,房屋竣工面积356.23万平方米,增长35.9%。

四、固定资产投资

全社会固定资产投资485.96亿元,增长20.6%。其中,城镇固定资产投资391.59亿元,增长15.7%;农村固定资产投资79.20亿元,增长47.1%。在城镇投资中,基本建设投资226.60亿元,增长21.2%;更新改造投资64.31亿元,增长10.0%;其他投资15.81亿元,增长19.3%;房地产开发投资83.26亿元,增长5.3%。商品房销售面积265.55万平方米,下降8.0%。在基本建设投资中,公共设施投资33.69亿元,增长21.1%。

2008年分行业城镇固定资产投资及其增长速度

单位:亿元

行 业	投资额	比上年增长%
总 计	391.59	15.7
农、林、牧、渔业	7.53	34.0
采矿业	12.13	42.6
制造业	90.15	39.6
电力、燃气及水的生产和供应业	33.48	-8.1
建筑业	2.11	76.7
交通运输、仓储和邮政业	37.19	-15.0
信息传输、计算机服务和软件业	5.57	14.5
批发和零售业	11.27	44.0
住宿和餐饮业	19.60	24.0
金融业	0.19	-41.1
房地产业	91.30	9.5
租赁和商务服务业	6.55	129.2
科学研究、技术服务和地质勘查业	2.96	-16.1
水利、环境和公共设施管理业	48.75	33.5
居民服务和其他服务业	0.55	-67.6
教育	9.44	27.6
卫生、社会保障和社会福利业	2.11	92.5
文化、体育和娱乐业	2.37	-38.7
公共管理和社会组织	8.34	-10.4

在城镇固定资产投资中,第一产业投资7.53亿元,增长34.0%;第二产业投资137.87亿元,增长24.6%,第三产业投资246.19亿元,增长10.8%。

工业建设项目稳步推进,全市完成工业投资166.35亿元,增长25.5%,其中更新改造投资63.09亿元,增长14.3%。

五、国内贸易

全年社会消费品零售总额277.89亿元,增长23.7%。按区域分,市区消费品零售额156.22亿元,增长23.5%;县域消费品零售额121.67亿元,增长23.9%。按经济类型分,国有经济实现零售额17.62亿元,增长23.8%;集体经济实现零售额11.31亿元,下降2.6%;其他各种不同类型经济零售额248.96亿元,增长25.2%,其中个体经济实现零售额146.30亿元,增长23.8%。按行业分,批发和零售业实现零售额229.94亿元,增长24.5%;餐饮业实现零售额45.84亿元,增长20.3%;其他行业实现零售额2.11亿元,增长13.0%。

从商品主要类别看,在限额以上批发零售贸易业中,石油及制品类零售额21.84亿元,增长23.0%;汽车类零售额6.34亿元,增长7.5%;家用电器和音像器材类零售额5.69亿元,增长23.6%;金银珠宝类零售额0.92亿元,增长48.2%;化妆品类零售额0.70亿元,增长31.6%;通信器材类零售额1.20亿元,增长60.5%。

六、对外经济

全年外贸进出口总额(海关数)10.11亿美元,增长27.7%。其中,出口6.95亿美元,增长31.0%;进口3.16亿美元,增长20.8%。实现贸易顺差3.79亿美元。从出口企业性质看,国有企业出口1.91亿美元,下降6.0%;外商投资企业出口2.31亿美元,增长71.0%;集体企业出口0.06亿美元,增长17.9%;其他企业出口2.67亿美元,增长42.6%。

全年新签市外境内项目587个,到位资金

256.77亿元，增长52.7%。全年新批设立外商投资企业22家，实际利用外资金额1.70亿美元，增长82.9%。

七、交通、邮电和旅游

全年交通运输、仓储及邮电通信业增加值39.43亿元，增长6.7%。年末公路里程10962千米，其中新增公路里程419千米。

2008年各种运输方式完成运输量及其增长速度

指　标	单　位	绝对数	比上年增长%
全社会货物运输总量	万吨	2280.08	9.9
铁路	万吨	165.63	-10.3
公路	万吨	2105.00	11.8
水运	万吨	7.50	15.4
民航	万吨	1.59	-17.7
全社会旅客运输总量	万人次	7614.91	4.4
铁路	万人次	383.01	3.0
公路	万人次	6646.00	4.8
水运	万人次	360.00	6.5
民航	万人次	225.90	-6.7

全年完成邮电业务总量71.70亿元（可比价），增长22.3%。其中，邮政业务总量1.78亿元，增长3.1%；电信业务总量69.92亿元，增长22.9%。年末固定电话网容量124.07万门，固定电话用户99.23万部，移动电话用户208.71万部，计算机因特网用户23.19万户，全年新增移动电话用户45.08万部，固定电话普及率为每百人19.52部。

全年接待国内外旅游者人数1626.90万人次，增长6.3%。其中，国内游客1501.88万人次，增长7.1%；海外游客125.02万人次，下降2.8%。旅游总收入100.26亿元，增长17.2%。其中，国内旅游收入73.78亿元，增长26.4%；海外旅游收入26.48亿元，下降2.4%。

八、金融和保险

年末金融机构各项存款余额822.22亿元，比年初增长17.8%；金融机构各项贷款余额444.41亿元，比年初增长21.3%。

全年保险业实现保费收入19.79亿元，增长35.9%。其中，财产险业务保费收入4.44亿元；寿险业务保费收入15.35亿元。支付各类赔款和给付3.43亿元，增长37.8%。其中，财产险业务支出2.80亿元；寿险业务支出0.63亿元。

2008年金融机构存贷款及其增长速度

单位：亿元

指　标	绝对数	比年初增长%
各项存款余额	822.22	17.8
企业存款	149.08	4.9
居民储蓄存款	525.96	19.7
各项贷款余额	444.41	21.3
短期贷款	174.85	17.0
工业贷款	32.22	15.1
农业贷款	68.65	31.8
个人短期消费贷款	1.87	-20.3
中长期贷款	243.71	14.9

九、教育和科学技术

全年普通中小学招生人数12.58万人。其中普通中学7.69万人；小学4.89万人。全市小学入学率为98.8%，下降0.8%；小学毕业升初中的比例达到了100%，初中毕业升高中的比例达到87.85%。

全市科技项目总投入13.80亿元，增长24.3%。全年组织实施科技项目175项，其中国家级项目21项，自治区级项目82项，市级项目72项。全年科技成果31项，其中获奖的有27项。全年受理专利申请量1055件，授权专利578件，年内技术合同登记31项，技术合同成交金额1229.72万元。全年获科技进步奖43项，其中自治区级进步奖16项，市级进步奖27项。

十、文化、卫生和体育

年末拥有专业艺术表演团体17个，演出场次2132场；公共图书馆13个，图书藏量332万册；剧场18个，文化站135个；电影放映单位17个，放映电影39267场次；博物馆5个，接待观众33万人次。

全市各级各类医疗机构床位数1.30万张，其中医院床位8897张，妇幼保健院床位945张。卫生技术人员18465人，其中执业医师7667人，注册护士6875人。

全年向上级输送各类优秀运动员22人。获国际奖牌8枚，其中获金牌3枚，银牌4枚，铜牌1

枚。

十一、人口、人民生活和社会保障

年末总人口(户籍人口)508.32万人,比上年末增加3.70万人。全年出生人口5.38万人,出生率为10.62‰;死亡人口2.25万人,死亡率为4.45‰;人口自然增长率为6.17‰。

全年农民人均纯收入4465元,增长14.3%;城镇居民人均可支配收入14636元,增长13.4%。

全年城镇居民人均生活消费支出9471元,增长12.6%。其中,食品类支出4303元,增长21.4%;衣着类支出858元,增长32.5%;家庭设备用品及服务类支出607元,增长4.1%;医疗保健及个人用品类支出522元,增长5.4%;交通和通信类支出960元,增长20.1%;娱乐教育文化用品及服务类支出1091元,下降6.9%;居住类支出925元,下降5.1%;杂项商品和服务类支出204元,增长7.8%。

全年农村居民人均生活消费支出3420元,增长12.4%。其中,食品类支出1803元,增长21.9%;衣着类支出142元,增长37.9%;家庭设备用品及服务类支出169元,增长12.8%;医疗保健及个人用品类支出192元,增长8.4%;交通和通信类支出297元,增长9.6%;娱乐教育文化用品及服务类支出252元,下降4.6%;居住类支出503元,下降6.9%。

全年参加城镇基本养老保险人数45.26万人,增长11.7%。其中,参保职工33.28万人,增长8.9%;参保离退休人员11.98万人,增长20.2%;参加城镇职工基本医疗保险人数45.03万人,增长12.4%;参加城镇医疗保险农民工2.79万人,增长224.4%;参加失业保险人数25.81万人,增长2.5%;参加工伤保险人数25.73万人,增长19.6%;参加生育保险人数23.90万人,增长12.1%。全年有17个县(区)开展了农村合作医疗保险,344.43万人参加了新型农村合作医疗,参合率达89.1%。全年城市医疗救助人数0.41万人,农村医疗救助15.00万人。全年领取失业保险金人数1.87万人,增长12.0%;城镇居民得到政府最低生活保障的人数6.90万人,增长3.0%;农村居民得到政府最低保障的人数23.30万人,下降3%。年末拥有社会福利机构888个,比上年增加28个;各种社区服务设施152个,综合性社区服务中心54个。全年销售社会福利彩票2662万元,筹集社会福利资金671万元,直接接收社会捐赠款4504万元。

十二、环境、能源和安全生产

年末市区拥有污水处理厂4个,日处理污水能力22.50万吨,城市污水处理率为83.4%。

全年道路交通事故298起,比上年减少225起,道路交通伤亡人数552人,比上年减少377人,道路交通事故造成的经济损失72万元,下降57.8%。

全年全社会用电量63.56亿千瓦小时,增长6.4%。其中居民用电13.06亿千瓦小时,增长16.7%;工业用电41.98亿千瓦小时,增长5.7%。初步测算,全年能源消费总量824.43万吨标准煤,增长5.58%。万元生产总值能源消耗1.0903吨标准煤,下降4.5%。万元工业增加值综合能源消耗1.463吨标准煤,下降15.6%。

全年抽检工业和商品营销企业1709个,查出不合格产品生产或经营企业131个,共抽检产品或商品批次839次,合格率为80.9%。

注:

1. 公报中数据均为初步统计数或预计数,正式数以统计年鉴为准。

2. 生产总值、各产业增加值、农业总产值绝对数按当年价格计算,增长速度按可比价计算。

3. 邮电业务总量完成额按2000年不变价格计算。电话普及率的计算含接入用户交换机的话机数。

4. 交通运输、邮电通信、招商引资、外贸进出口、金融保险、教育、科技、文化、卫生、体育、人口等方面的数据为部门提供数。

5. 部分数据因四舍五入的原因,存在与分项合计不等的情况。

6. 农业有关数据按农业普查口径进行了调整。

桂林市1978～2007年部分

指标名称	单位	1978年	1980年	1985年	1990年	1995年
年末户籍人口	万人	376.71	388.07	419.83	452.88	471.23
地区生产总值	亿元	11.22	13.76	24.42	49.88	178.03
第一产业	亿元	4.87	6.11	10.47	20.45	65.00
第二产业	亿元	3.96	4.73	7.54	14.44	57.62
#工业	亿元	3.66	4.26	6.55	12.36	49.75
第三产业	亿元	2.39	2.92	6.40	15.00	55.41
人均地区生产总值	元	301	357	586	1105	3792
财政收入	亿元	0.92	0.96	1.74	5.07	15.32
财政支出	亿元	1.13	1.30	2.82	6.35	13.67
全社会固定资产投资	亿元	0.91	1.48	3.27	7.34	42.58
农牧渔业总产值	亿元	6.92	8.48	14.23	29.70	98.03
全部工业总产值	亿元	11.22	12.56	19.29	46.87	174.05
规模以上工业总产值	亿元					
规模以上工业利润总额	亿元					
社会消费品零售总额	亿元	4.17	5.60	11.02	22.22	67.28
进出口总额(海关数)	亿美元				0.27	1.91
#出口	亿美元				0.18	1.64
实际利用外资	亿美元	0.01	0.01	0.26	0.15	0.97
旅游总人数	万人次					
#海外旅游人数	万人次	4.82	11.04	33.65	48.50	36.32
旅游总收入	亿元					
#海外旅游收入	亿元		0.30	1.31	6.15	9.37
城镇居民人均可支配收入	元		360	757	1492	5506
城镇居民人均消费性支出	元		408	813	1437	4531
农民人均纯收入	元					
金融机构各项存款余额	亿元	1.98	3.5	10.68	34.31	137.11
#城乡居民储蓄存款余额	亿元					
金融机构各项贷款余额	亿元	6.42	7.4	12.81	33.79	102.57
居民消费价格指数	%	101.3	104.9	114.4	99.0	119.3
商品零售价格指数	%	99.8	105.3	113.5	98.5	113.8
耕地面积	千公顷	283.71	285.85	280.81	281.59	180.32
普通高等学校在校学生数	万人	0.38	0.6	0.85	1.06	2.14
中等学校在校学生数	万人	24.64	17.12	15.78	18.95	28.09
小学在校学生数	万人	54.37	52.11	58.3	64.35	71.18
医院、卫生院数	个	180	170	198	211	247
医院、卫生院病床数	万张	1.47	0.66	0.9	1.02	1.15
医生数	万人	0.32	0.36	0.43	0.62	0.71

年份主要经济社会指标

1998 年	2000 年	2001 年	2002 年	2003 年	2004 年	2005 年	2006 年	2007 年
477.29	482.00	484.73	487.62	490.47	493.88	495.11	499.29	504.62
259.64	302.49	332.53	360.78	391.54	459.16	531.76	607.02	744.32
90.67	99.50	104.96	107.50	105.63	118.05	125.92	133.46	157.78
82.92	93.57	101.41	112.47	139.89	170.73	210.92	250.23	317.22
70.89	79.49	86.81	95.60	117.51	143.52	179.60	215.74	277.05
86.05	109.42	126.16	140.81	146.02	170.38	194.92	223.33	269.32
5447	6294	6880	7421	8006	9329	10754	12209	14828
22.73	24.22	29.52	32.90	37.04	42.74	51.61	59.33	72.50
19.92	24.15	30.92	36.57	40.95	45.09	54.62	64.8	84.67
63.20	79.23	88.51	97.41	111.05	146.90	198.73	260.87	403.05
137.76	137.43	142.65	143.22	153.79	174.63	187.19	199.84	241.97
218.96	241.95	257.86	273.73	304.92	405.17	505.21	618.43	792.83
109.59	126.69	132.47	142.66	161.36	218.29	276.84	344.37	472.4
1.03	3.52	4.66	4.79	6.94	9.61	13.50	19.27	31.35
78.76	93.21	101.88	111.66	123.39	142.88	163.78	188.86	224.63
2.39	2.62	2.13	2.38	2.62	3.59	4.42	5.84	7.92
1.33	1.29	1.19	1.42	1.65	2.4	3.08	4.29	5.31
1.55	1.16	0.84	1.02	0.64	0.25	0.35	0.67	0.93
803	963.37	1009.22	1095.80	854.29	1111.43	1205.08	1337.95	1530.64
41.29	95.02	93.26	98.43	44.56	80.77	100.09	110.62	128.6
32.15	45.12	45.87	49.33	34.34	50.14	57.95	68.75	85.51
9.33	18.87	17.41	18.52	8.94	15.62	19.19	20.97	27.14
6230	6997	7547	7852	8246	8149	9268	10713	12908
5358	5893	6111	6123	6326	5933	6677	7492	8407
1731	1939	2063	2194	2354	2638	3003	3391	3908
239.47	295.54	324.16	366.31	414.78	471.52	530.19	623.26	697.95
164.41	193.83	217.64	248.77	282.68	319.27	366.16	412.68	439.60
170.91	166.43	183.27	215.54	245.41	280.3	296.17	317.25	379.18
98.2	99.5	102.2	100.0	100.6	104.0	104.0	100.7	106.6
98.0	99.2	97.5	99.7	100.1	103.7	102.0	101.0	104.8
281.34	278.54	276.42	272.39	261.42	261.26	262.02	262.16	262.32
2.86	3.16	4.86	5.44	8.79	6.64	10.57	11.5	11.34
33.66	34.15	34.57	34.68	34.67	29.72	28.82	28.5	34.6
53.09	43.68	39.95	36.81	33.75	31.17	28.58	28.5	27.93
202	206	206	206	196	199	196	195	195
1.12	1.14	1.14	1.14	1.03	1.06	1.14	1.09	1.17
0.56	0.74	0.75	0.70	0.67	0.56	0.56	0.74	0.76

桂林市 1978～2007 年部分年份

（以 1978 年

指标名称	1980 年	1985 年	1990 年	1995 年	1998 年	2000 年	2001 年
年末户籍人口	103.0	111.4	120.2	125.1	126.7	127.9	128.7
地区生产总值	112.3	169.0	223.5	477.0	696.6	839.2	921.1
第一产业	108.7	141.5	159.2	275.0	389.8	435.2	467.1
第二产业	117.7	179.0	244.2	682.6	998.5	1213.3	1323.8
#工业	115.0	170.5	235.1	680.0	988.1	1197.7	1323.2
第三产业	111.2	210.1	323.7	681.1	1025.8	1320.2	1487.4
人均地区生产总值	108.8	151.1	184.6	378.8	545.0	651.1	717.9
财政收入	104.2	188.5	551.1	1664.3	2469.9	2631.4	3207.4
财政支出	114.4	249.2	560.3	1206.2	1757.7	2130.9	2728.3
全社会固定资产投资	162.2	357.6	802.4	4656.5	6911.0	8663.7	9678.8
农牧渔业总产值	104.6	133.6	157.3	287.2	396.7	449.3	478.4
全部工业总产值	111.9	171.9	417.6	1550.6	1950.7	2155.5	2297.2
规模以上工业总产值						115.6	120.9
规模以上工业利润总额						341.7	452.4
社会消费品零售总额	134.4	264.5	533.4	1614.8	1890.3	2237.1	2445.2
进出口总额（海关数）						109.4	89.0
#出口						97.0	89.5
实际利用外资	70.6	2361.5	1346.8	8922.9	14220.2	10642.2	7706.4
旅游总人数					100.0	120.0	125.7
#海外旅游人数	229.3	698.7	1007.1	754.3	857.4	1973.2	1936.7
旅游总收入						140.3	142.7
#海外旅游收入						202.3	186.6
城镇居民人均可支配收入						112.3	121.1
城镇居民人均消费性支出						110.0	114.1
农民人均纯收入						112.0	119.2
金融机构各项存款余额	176.8	539.4	1732.8	6924.7	12094.4	14926.3	16371.7
#城乡居民储蓄存款余额					100.0	117.9	132.4
金融机构各项贷款余额	115.3	199.5	526.3	1597.7	2662.1	2592.4	2854.7
居民消费价格指数	103.6	112.9	97.7	117.8	96.9	98.2	100.9
商品零售价格指数	105.5	113.7	98.7	114.0	98.2	99.4	97.7
耕地面积	100.8	99.0	99.3	63.6	99.2	98.2	97.4
普通高等学校在校学生数	157.9	223.7	278.9	563.2	753.4	831.6	1278.9
中等学校在校学生数	69.5	64.0	76.9	114.0	136.6	138.6	140.3
小学在校学生数	95.8	107.2	118.4	130.9	97.6	80.3	73.5
医院、卫生院数	94.4	110.0	117.2	137.2	112.2	114.4	114.4
医院、卫生院病床数	44.9	61.2	69.4	78.2	76.5	77.6	77.6
医生数	112.5	134.4	193.8	221.9	175.8	231.3	234.4

注：1. 地区生产总值、人均地区生产总值、农业总产值为可比价发展速度，其他价值量指标为现价发展速度。

2. 由于 1998 年以前年份无数据，城镇固定资产投资、规模以上工业总产值、规模以上工业增加值、规模以上工业利

年为 100 计算发展速度。

主要经济社会指标发展速度

为 100）

单位：%

2002 年	2003 年	2004 年	2005 年	2006 年	2007 年	1979～2007 年年平均增长速度	1999～2007 年年平均增长速度
129.4	130.2	131.1	131.4	132.5	134.0	1.01	0.62
1005.9	1104.4	1249.0	1417.2	1589.5	1824.2	10.5	11.3
478.7	507.6	554.3	598.1	637.3	674.4	6.8	6.3
1476.9	1655.9	1919.1	2274.2	2643.0	3189.0	12.7	13.8
1467.1	1616.8	1872.3	2234.4	2625.2	3199.7	12.7	13.9
1678.2	1854.9	2102.6	2366.0	2635.4	2995.0	12.4	12.6
779.5	842.0	946.3	1068.6	1192.0	1355.1	9.4	10.7
3574.4	4024.5	4643.9	5607.6	6445.8	7877.0	16.2	13.8
3226.9	3613.3	3978.6	4819.6	5717.8	7471.1	16.0	17.4
10651.6	12142.9	16063.1	21731.4	28525.5	44072.8	23.4	22.9
489.8	523.1	569.2	620.2	665.5	705.7	7.0	6.6
2438.7	2716.5	3609.7	4500.9	5509.6	7063.3	15.8	15.4
130.2	147.2	199.2	252.6	314.2	431.1		17.6
465.0	673.8	933.0	1310.7	1870.9	3043.7		46.2
2679.9	2961.5	3429.3	3930.9	4532.8	5391.3	14.7	12.4
99.4	109.4	149.9	184.4	244.0	330.8		14.2
106.8	124.1	180.5	231.6	322.6	399.2		16.6
9357.8	5871.6	2293.6	3219.3	6188.1	8545.9	16.6	-5.5
136.5	106.4	138.4	150.1	166.6	190.6		7.4
2044.0	925.3	1677.3	2078.5	2297.2	2670.5		13.5
153.4	106.8	156.0	180.2	213.8	266.0		11.5
198.5	95.8	167.4	205.7	224.8	290.9		12.6
126.0	132.4	130.8	148.8	172.0	207.2		8.4
114.3	118.1	110.7	124.6	139.8	156.9		5.1
126.7	136.0	152.4	173.5	195.9	225.8		9.5
18500.5	20948.5	23814.1	26777.3	31477.8	35250.0	22.4	12.6
151.3	171.9	194.2	222.7	251.0	267.4	3.4	11.5
3357.3	3822.6	4366.0	4613.2	4941.6	5906.2	15.1	9.3
98.7	99.3	102.7	102.7	99.4	105.2	0.2	0.9
99.9	100.3	103.9	102.2	101.2	105.0	0.2	0.7
96.0	92.1	92.1	92.4	92.4	92.5	-0.3	-0.8
1431.6	2313.2	1747.4	2781.6	3026.3	2984.2	12.4	16.5
140.7	140.7	120.6	117.0	115.7	140.4	1.2	0.3
67.7	62.1	57.3	52.6	52.4	51.4	-2.3	-6.9
114.4	108.9	110.6	108.9	108.3	108.3	0.3	-0.4
77.6	70.1	72.1	77.6	74.1	79.6	-0.8	0.4
218.8	209.4	175.0	175.0	231.3	237.5	3.0	3.4

润总额、进出口总额、旅游总收入、城镇居民人均可支配收入、农民人均纯收入、金融机构各项存贷款余额等指标以 1998

（市统计局　供稿）

第一批桂林市市级非物质文化遗产保护公布名录

类别	编号	项目名称	申报单位
民间音乐	1	贺郎歌	兴安县文化局
	2	六甲歌	龙胜各族自治县文化局
	3	桂江船歌	平乐县文化局
	4	民间山歌调	资源县文化局
	5	兴安龙船歌	兴安县文化局
	6	挖地歌	龙胜各族自治县文化局
	7	哭嫁歌	全州县文化局
	8	苗族酒歌	龙胜各族自治县文化局
	9	北壮二声部民歌	龙胜各族自治县文化局
	10	龙舟歌	雁山区文化局
	11	会仙贺郎歌	临桂县文化局
	12	全州民间小调(柳柳歌、苏柳歌、满江红等曲调)	全州县文化局
	13	广南岩坪调	龙胜各族自治县文化局
	14	喜丧吹打乐曲	全州县文化局
民间舞蹈	15	马仔调	兴安县文化局
	16	草龙舞	龙胜各族自治县文化局
	17	草狮舞	龙胜各族自治县文化局
	18	板凳龙舞	临桂县文化局
民间舞蹈	19	四塘牌灯	临桂县文化局
	20	香龙舞	平乐县文化局
	21	吹笙挞鼓舞	恭城瑶族自治县文化局
	22	桂林傩舞	桂林市文化局
	23	疱颈龙舞	龙胜各族自治县文化局
	24	闹春牛	龙胜各族自治县文化局
	25	临桂草龙	临桂县文化局
	26	瑶族长鼓舞	灌阳县文化局
	27	临桂傩舞	临桂县文化局
民间曲艺	28	全州渔鼓	全州县文化局
民间文学	29	孝　歌	李肇隆、雍明诲、蒋太福
	30	民间口头传统童谣	徐承翰
	31	红军长征过桂北歌谣、传说	市群众艺术馆
	32	瑶族发祥地—千家洞	灌阳县文化局
	33	寿佛的传说	全州县文化局
	34	八角寨山水故事传说	资源县文化局
民间手工技艺	35	蕨粑制作工艺	资源县文化局
	36	六塘麻布制作工艺	临桂县文化局
	37	桂林三花酒传统酿造技艺	桂林三花股份有限公司
	38	草龙草狮制作技艺	龙胜各族自治县文化局

续　表

类别	编号	项目名称	申报单位
民间手工技艺	39	红油米粉制作工艺	全州县文化局
	40	豆豉制作工艺	全州县文化局
	41	湘山酒传统酿造技艺	全州县文化局
	42	四塘横山豆腐乳制作工艺	临桂县文化局
	43	兴安米粉制作工艺	兴安县文化局
	44	东山瑶自制酒饼药	全州县文化局
	45	五香豆腐干制作工艺	全州县文化局
	46	乌饭制作工艺	全州县文化局
	47	纸扎工艺	秀峰区文化局
	48	六塘白切狗肉制作工艺	临桂县文化局
	49	禾花鱼干制作工艺	全州县文化局
生产商贸习俗	50	龙脊梯田造田技术	龙胜各族自治县文化局
消费习俗	51	恭城油茶	恭城瑶族自治县文化局
	52	盘瑶服饰	龙胜各族自治县文化局
	53	侗族百家宴	龙胜各族自治县文化局
	54	红瑶服饰	龙胜各族自治县文化局
	55	荔浦芋扣肉	荔浦县文化局
	56	东山瑶族服饰	全州县文化局
	57	侗家三宝	龙胜县文化局
	58	北壮服饰	龙胜各族自治县文化局
	59	平乐水上油茶	平乐县文化局
	60	壮族干栏建筑	龙胜各族自治县文化局
	61	柚叶艾粑	阳朔县文化局
	62	五排油茶	桂林市五排油茶店
	63	灌阳瑶族油茶	灌阳县文化局
人生礼俗	64	红瑶长发	龙胜各族自治县文化局
	65	新合瑶族婚礼	恭城瑶族自治县文化局
	66	丧葬十大仪式	全州县文化局
	67	船家婚礼	平乐县文化局
	68	东山两头扯婚俗	全州县文化局
岁时节令	69	河灯歌节	资源县文化局
	70	端午节龙舟民俗活动	市群众艺术馆
	71	灌阳二月八农具节	灌阳县文化局
	72	八岩瑶牯圩	恭城瑶族自治县文化局
	73	禁风节	临桂县文化局
	74	福利五月八民俗活动	阳朔县文化局
民间信仰	75	九板婆王节	恭城瑶族自治县文化局
	76	侗族祭祀仪式	龙胜各族自治县文化局
民间知识	77	盘瑶药浴	龙胜各族自治县文化局

续　表

类别	编号	项目名称	申报单位
游艺传统体育与竞技	78	红瑶打旗公	龙胜各族自治县文化局
	79	六塘斗鸡	临桂县文化局
	80	抬合顶马	临桂县文化局
民间戏曲	81	彩调发源地	永福县文化局
民间信仰	82	爱莲文化	灵川县文化局
民间曲艺	83	文场	桂林市曲艺团
	84	零零落	桂林市曲艺团

（市政府办　供稿）

桂林市文物保护单位一览表

序号	名　称	时　代	所在地	公布时间
1	窑里村琉璃窑遗址	明	大河乡窑里村	1984－10－08
2	宝积岩洞穴遗址	旧石器	宝积山南麓	1998－02－26
3	庙岩洞穴遗址	新石器	雁山镇李家塘村庙山	1998－02－26
4	桂州窑窑址	南朝至北宋	柘木镇上窑村	1998－02－26
5	雁山汉墓群	汉	雁山镇竹园村	1966－04－01
6	张同敞墓	清	朝阳乡唐家里	1966－04－01
7	雷酒人墓	清	骆驼山	1984－10－08
8	陈宏谋墓	清	临桂县四塘乡	1987－05－31
9	寿佛塔	明	塔山	1966－04－01
10	云峰寺	清	象鼻山西麓	1966－04－01
11	崇善路清真寺	清	崇善路11号	1979－10－26
12	圣母池	清	东安街	1984－10－08
13	筌塘村河伯石塔	明	甲山乡筌塘村东	1984－10－08
14	狮子山河伯石塔	清	狮子山西麓	1984－10－08
15	冷氏宗祠	清	朝阳乡冷家村	1984－10－08
16	五通镇清真寺	清	临桂县五通镇	1984－10－08
17	六塘镇清真寺	清	临桂县六塘镇	1984－10－08
18	桂柳运河	唐至清	临桂县会仙乡	1987－05－31
19	伏波山河堤驳岸	元	伏波山北	1987－05－31
20	虹桥	明	南门桥东	1987－05－31
21	横山石刻	清	临桂县横山	1987－05－31
22	苏军中校巴布什金墓	1956年	西山南麓	1966－04－01
23	王鹏运墓	清	育才小学内	1966－04－01
24	岑毓英墓	清	尧山西麓	1984－10－08
25	中山纪念塔、仰止亭	1925年	独秀峰下	1984－10－08
26	裴邦焘墓	1927年	普陀山北麓	1984－10－08
27	何信墓	1938年	尧山西麓	1984－10－08

续　表

序号	名　称	时　代	所在地	公布时间
28	《救亡日报》社旧址	1938～1941年	太平路8号	1984－10－08
29	钟毅墓	1940年	尧山西麓	1984－10－08
30	桑霖纪念碑	1942年	黑山植物园	1984－10－08
31	广西省立艺术馆	1940年	解放西路58号	1978－05－31
32	《救亡日报》印刷厂旧址	1938～1941年	大河乡白面山	1987－05－31
33	大岗埠唐氏庄园	清	大埠乡大岗埠村	1987－05－31
34	李济深故居	民国	东镇路11号	1987－05－31
35	白崇禧故居	民国	榕湖饭店内	1987－05－31
36	黄旭初故居	民国	还珠路	1987－05－31
37	仰止堂	1958年	叠彩山风洞前	1987－05－31
38	白鹏飞墓	民国	普陀山东麓	1987－05－31
39	雁山公园	清	雁山镇	1998－02－26
40	中共桂林市工委联络站旧址	1946～1948年	月牙山北麓	1998－02－26
41	李征凤烈士墓	1993年	普陀山北麓	1998－02－26
42	罗盛教烈士陵园	1959年	奇峰镇	1998－02－26
43	三烈士纪念碑	1988年	尧山西麓	1998－02－26
44	周元纪念塔	1938年	桂林棉纺厂	1998－02－26
45	梁漱溟墓	1988年	穿山西麓	2006－01－07
46	七星公园枫树台古城墙及壕沟	唐	七星公园骆驼山至普陀山之间	2006－01－07
47	李宗仁公馆	民国	桃江宾馆内	2007－06

注:47处(市区42处,临桂县5处)

（市文物工作队　供稿）

桂林市“工农业旅游示范点”

一、国家级“工农业旅游示范点”的单位12家

1. 燕京啤酒(桂林漓泉)股份有限责任公司(工业)
2. 阳朔县世外桃源景区
3. 恭城瑶族自治县红岩旅游新村
4. 龙胜各族自治县龙脊梯田农业观光区
5. 临桂县刘三姐茶园
6. 临桂县蝴蝶谷瑶寨旅游区
7. 阳朔县历村
8. 兴安县兴怡度假山庄
9. 兴安县梦里水乡
10. 龙胜各族自治县大唐湾民俗山寨
11. 灵川县毛洲岛
12. 荔浦县荔江湾农业旅游区

二、自治区级“工农业旅游示范点”的单位21家

1. 灵川潮田绿洲园
2. 灵川月亮湾山庄
3. 桂林俏天下家居用品有限公司(工业)
4. 桂林集琦科技园(工业)
5. 临桂县五通镇义江缘休闲山庄
6. 阳朔县白沙镇龙潭门生态旅游村
7. 阳朔县龙泉度假山庄
8. 灵川县龙门瀑布景区
9. 龙胜各族自治县泗水乡八滩村里排壮寨
10. 龙胜各族自治县龙胜镇金车村金车寨
11. 永福县龙江镇社边农家乐旅游度假村
12. 兴安县华江乡高寨村
13. 永福县虎森山庄
14. 灵川县兰田乡西江旅游山庄
15. 灌阳县月岭山古民居
16. 资源县大坨村红提山庄
17. 平乐县桥亭乡大塘口村
18. 临桂县中庸莲花岛休闲山庄
19. 雁山区蛇王李庄园
20. 阳朔县七仙峰茶场
21. 禅方药业有限公司(工业)

(市旅游局　供稿)

索引

榕湖（2008 年）。 （林京学 摄）

索　　引

说　　明

一、本索引采用主题分析方法，款目按汉语拼音字母（同音字按声调）顺序排列。索引范围包括主要条目和表格。

二、文中的类目、分目在本索引中用黑体字标明，其余款目用宋体字排印。表格在其款目后注明“表”。

三、索引款目后的数字表示内容所在页码，数字后的拉丁字母（a、b）表示栏别（即版面的1、2 栏）。

四、同一主题的内容在文中多处出现的，在其款目后用不同的页码标明。空两字起排的款目为上一主题的“附见”。内容有交叉的款目在本索引中重复出现。

A

B

C

D

E

F

H

J

M

N

P

Q

R

S

T

W

X

Y

Z